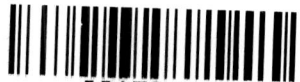

USURPACIÓN CONSTITUYENTE (1999, 2017)

La historia se repite: una vez como farsa y la otra como tragedia

SOBRE LA PORTADA:
La portada es un detalle del cuadro de
Francisco de Goya y Lucientes (1746 -1828),
conocido con los nombres de

El Aquelarre, El Gran Cabrón, y *Asamblea de brujos y brujas,*

de la serie de las "Pintura Negras,"
que representa una reunión nocturna de iniciación,
presidida por un personaje demoníaco simbolizado en la figura tradicional
de un gran macho cabrío.

Los asistentes que miran al Cabrón y que parecen prestar atención a sus palabras, están representados con algunas fisonomías de frailes y beatas, de aspecto grotesco, con rostros fuertemente caricaturizados e incluso animalizados.

"Cualquier parecido con la realidad es pura coincidencia"

Allan R. Brewer-Carías

USURPACIÓN CONSTITUYENTE (1999, 2017)

La historia se repite: una vez como farsa y la otra como tragedia

Con un *Epílogo* de Asdrúbal Aguiar

Colección Estudios Jurídicos N° 121

Editorial Jurídica Venezolana International
2018

© Allan R. Brewer-Carías
Email: abrewer@bblegal.com

Depósito Legal: DC2017002931
ISBN: 978-980-365-413-9

Editado por: Editorial Jurídica Venezolana
Avda. Francisco Solano López, Torre Oasis, P.B., Local 4,
Sabana Grande,
Apartado 17.598 – Caracas, 1015, Venezuela
Teléfono 762.25.53, 762.38.42. Fax: 763.5239
http://www.editorialjuridicavenezolana.com.ve
Email fejv@cantv.net

Impreso por: Lightning Source, an INGRAM Content company
para Editorial Jurídica Venezolana International Inc.
Panamá, República de Panamá.
Email: ejvinternational@gmail.com

Diagramación, composición y montaje
por: Francis Gil, en letra Times New Roman, 12
Interlineado: Sencillo, 11,5x18

A la memoria de *Alberto Baumeister Toledo*,
mi querido amigo durante setenta años,
compañero del colegio, de las clases universitarias,
de tantas horas de estudio, de reflexión y de trabajo,
de la cátedra universitaria y de la Academia,
y socio durante cuarenta y cinco años
en nuestro Despacho de Abogados
Baumeister & Brewer.

CONTENIDO GENERAL

A MANERA DE INTRODUCCIÓN

CICLOS DE LA HISTORIA EN VENEZUELA, ANOMIA CONSTITUCIONAL Y "APOPTOSIS" DE UN RÉGIMEN QUE "TIENE SUS DÍAS CONTADOS."

La Asamblea Nacional Constituyente convocada e instalada inconstitucional y fraudulentamente en 2017, fijó la realización de la elección presidencial en Venezuela para el primer cuatrimestre de 2018, estableciéndola anticipadamente por varios meses a la que debía corresponder, dado que el período constitucional de Nicolás Maduro (2013-2019) conforme a expresas previsiones de la Constitución (arts. 231, 233), termina el 10 de enero de 2019. De resultar ganador en dicha elección cualquier candidato diferente al mismo Maduro quién ha anunciado su candidatura, se abriría un larguísimo interregno de cohabitación entre un presidente en ejercicio y un presidente electo que no sería otra cosa que un disparate político.

Esta es una confirmación más de que Venezuela es un Estado que carece de Constitución,[1] gobernado por una montonera agrupada bajo la denominación de Asamblea Nacional Constituyente que se ha configurado como gobierno asambleario y tumultuario que actúa sin reglas preestablecidas.

Este libro está dedicado a estudiar la configuración de dicha Asamblea en el país, usurpando la voluntad popular, así como de su

---

1 Véase por ejemplo, Jesús María Alvarado Andrade, "Sobre la destrucción del "Estado de derecho" (*Rule of Law*) y la democracia en Venezuela (Reflexiones sobre una obra de Allan R. Brewer-Carías)," *Revista De Derecho Público*, Nº 145-146, (enero-junio 2016), Editorial Jurídica Venezolana, Caracas 2016, pp. 49- 69.

antecedente que fue la Asamblea Nacional Constituyente de 1999. Como introducción general al mismo, sin embargo, nuestra intención es explicar a continuación cómo y porqué, esta Asamblea Constituyente de 2017, viene a ser la última manifestación del régimen político de destrucción institucional, económica, social y cultural del país que caracteriza al que se instaló en el país desde 1999, y que pasó progresivamente de ser un régimen autoritario al régimen totalitario de la actualidad.

Ese régimen, sin embargo, ya no goza de buena salud, y desde hace ya unos lustros viene entrando en un estado de "apoptosis," término que si bien se utiliza en el campo de la biología, se puede aplicar a las instituciones y que consiste en la muerte o suicidio programado de las células o componentes de un cuerpo; es decir, el método que el cuerpo usa para deshacerse de las células innecesarias o anormales,[2] pero que cuando todas ya son de esta naturaleza, conduce a su autodestrucción.

Ese fenómeno en relación con el Estado, fue el que detectó el siglo pasado el conocido profesor francés de derecho constitucional, Maurice Duverger, al identificar al Estado con aquél animal mitológico, llamado el *catoblepas,* una legendaria creatura de Etiopía de la cual dio cuenta Plinio el Viejo hace dos mil años, y que según indicó Duverger, era un animal "tan estúpido que se comía sus propios miembros sin siquiera darse cuenta."[3]

Y en eso ha estado últimamente el régimen que gobierna al país desde 1999, destruyéndose a sí mismo, en todos sus componentes,

---

2   Su descubrimiento se atribuye a la neuróloga Rita Levi–Montalcini, Premio Nobel de Medicina, 2005. Véase sobre la apoptosis, la información. Véase en   https://biotecnologiauem.wordpress.com/2013/03/29/apoptosis-muerte-celular-programada/

3   Véase Maurice Duverger, *Las dos caras de Occidente*, Barcelona 1972, pp. 278–279. En realidad, el *catoblepas* (del griego "mirar hacia abajo") se lo identifica con una criatura legendaria de Etiopía, de tamaño medio y comportamiento lento, descrita por primera vez por Plinio el Viejo en su *Historia Natural*, 8, 77, como teniendo cuerpo de búfalo y cabeza de cerdo, pesada, que miraba siempre hacia abajo. Se decía que su mirada o su respiración eran letales, y que podían convertir a la gente en piedra o matarlas.

siendo los últimos signos de ese proceso de "apoptosis," entre otros los siguientes siete, entre muchos otros: *primero*, el mencionado desdibujamiento del propio gobierno del Estado, en su totalidad, al convocarse e instalarse el referido gobierno asambleario y tumultuario a partir de agosto de 2017, a cargo de una Asamblea Nacional Constituyente fraudulenta e inconstitucional que actúa sin reglas ni Constitución; *segundo*, la transformación del régimen político del Estado en un gobierno militar, sujeto además a directrices de un gobierno extranjero, para el cual no existe el imperio de la ley ni de la Constitución, habiendo invadido las estructuras de la Administración del Estado y todos los espacios sociales, apoderándose incluso de los medios de comunicación; *tercero*, el desconocimiento total de las bases de la democracia y de la separación de poderes, con el sometimiento de todos los poderes del Estado al Ejecutivo y la inhabilitación de la Asamblea Nacional electa en diciembre de 2015 por parte de un Tribunal Supremo de Justicia totalmente sometido al poder, lo que de por sí ya imposibilita la realización de elecciones libres y transparentes; *cuarto,* la consideración de la disidencia y de la oposición política como enemigos internos por parte del aparato del Estado; que persigue y se discrimina política y administrativamente, y no sólo con la fuerza policial, que ha sido militarizada, sino con cuerpos paramilitares y delincuenciales insertos en el Estado, y además mediante una policía política que acusa y encarcela como si fuera un juez; *quinto*, la desproporcionada represión, persecución e inaceptable masacre que comenzó masivamente contra los jóvenes y estudiantes por las manifestaciones de protesta contra el gobierno sucedidas en Caracas en julio de 2017, y que ha continuado contra opositores y disidentes, y lo más grave, con la resurrección de los horrendos episodios de otras épocas, de torturas y desapariciones forzadas, y de la abyecta e injustificada ejecución sin fórmula de juicio de un antiguo miembro de sus propia policía judicial, y sus acompañantes, quien osó rebelarse contra el régimen; *sexto*, la configuración de un descomunal totalitarismo en materia económica, montado sobre un ineficiente capitalismo de Estado, producto de la destrucción total del aparato productivo del país mediante expropiaciones que han resultado en estruendosos fracasos improductivos, llevando al país al colapso total en materia de servicios sociales y de infraestructura, y a la expansión de la corrupción a niveles nunca antes vistos como lo muestran las propias denuncias de última hora formuladas desde dentro del propio régimen; y *séptimo*, incluso, la persecución que ha sido desatada dentro del propio régimen contra antiguos miembros de su nomenklatura, como ha sido el caso contra la ex Fiscal General de la República, precisamente la encargada desde 2005, de llevar a cabo toda la persecución política contra la oposición democrática; el caso contra el ex Embajador y ex Presidente de la empresa petrolera nacional, y principal responsable, como tal y como Ministro de Energía desde 2002, no solo de la destrucción inmisericorde de la industria petrolera nacional, cuya producción ha bajado insólitamente, sino del criminal endeudamiento extremo del país que ha llevado a Venezuela a la quiebra en el marco global; así como los casos contra él mismo funcionario y sus principales colaboradores, con acusaciones de corrupción por montos nunca vistos en la historia de ningún país, salvo quizás, recientemente, lo que se ha publicado sobre algunos príncipes del Reino de Arabia Saudita.

Esta "apoptosis," en mi criterio, pone en evidencia que el régimen efectivamente está en proceso de extinción, al menos en la deformación que ha adquirido como consecuencia de su autodestrucción, lo que en mi criterio amerita tratar de situar en la historia lo que actualmente ocurre desde el punto de vista político constitucional, para tratar de entender el futuro.

Esta apoptosis política no se está produciendo en el país por primera vez en nuestra historia. Todos los regímenes políticos que hemos tenido en el pasado han llegado sucesivamente a su punto de extinción, tal como sucede ahora con el régimen actual, que como bien lo apreció hace unos días (en enero de 2018) el mismo ex Ministro de Energía del régimen al cual sirvió durante 17 años (2000-2017), el régimen –dijo– "tiene los días contados,"[4] habiendo sido además, globalmente –en sus propias palabras–, "un estruendoso

---

4   Véase Rafael Ramírez, "El error fundamental," en *aporrea.org.*, 21 de enero de 2018, en https://www.aporrea.org/actual-idad/a258154.htmla

fracaso,"[5] lleno de "iniciativas fallidas e improvisadas, con la subsecuente ineficacia o incapacidad del gobierno en la gestión de soluciones a los problemas del pueblo."[6] Todas estas expresiones del ex Ministro, si bien las utilizó para referirse al actual gobierno de Nicolás Maduro, al cual sin embargo sirvió como Ministro de Energía, como Canciller y como Embajador, para tratar de deslindarlo del gobierno de Hugo Chávez, a nadie pueden engañar, pues se aplican a todo el régimen al cual sirvió desde 2000, habiendo sido él, precisamente, uno de los principales responsables de su desfiguración, que es por lo que precisamente "está pagando caro todo el país" como ahora el mismo lo "descubrió."[7]

I. LOS GRANDES PERÍODOS HISTÓRICOS DE VENEZUELA: TRANSICIÓN Y CRISIS

La historia de Venezuela, en efecto, nos muestra que este tipo de colapso recurrente de sus regímenes políticos luego de períodos de crisis que siempre se han prolongado por casi una generación, han marcado el paso de un ciclo político a otro, de los cuatro que hemos tenido en toda la historia republicana: primero, el del Estado independiente semi-federal que va desde 1811 hasta 1863 (52 años); segundo, el del Estado federal que va desde 1863 hasta 1901 (38 años); tercero, el del Estado autocrático centralizado que va desde 1901 hasta 1961 (60 años); y cuarto, el del Estado democrático centralizado que va desde 1961 hasta el presente (57 años).[8]

---

5   Véase Rafael Ramírez, "El error fundamental," en *aporrea.org.*, 21 de enero de 2018, en https://www.aporrea.org/actuali-dad/a258154.htmla

6   Véase Rafael Ramírez, "Carta abierta al pueblo de Venezuela," en *La Patilla*, 28 de enero de 2018, en https://www.lapatilla.com/site/2018/01/28/carta-abierta-al-pueblo-de-venezuela-por-rafael-ramirez/

7   Véase Rafael Ramírez, "El error fundamental," en *aporrea.org.*, 21 de enero de 2018, en https://www.aporrea.org/actuali-dad/a258154.htmla.

8   Sobre la identificación de estos cuatro ciclos políticos véase lo que expusimos "Venezuela Historia y crisis política" en *Derecho y Sociedad. Revista de Estudiantes de Derecho de la Universidad Monteávila*, Nº 3, Caracas, Abril 2002, pp. 217-244; en *Informe sobre la descentralización en Venezuela 1993, Memoria del Dr. Allan R. Brewer–Carías, Ministro de Estado para*

Y hay que precisar desde ya, para que no haya duda, que a pesar de toda la propaganda oficial, en Venezuela, históricamente, con la Constitución de 1999 no se inició realmente ningún nuevo ciclo político constitucional, sino que la misma y los gobiernos subsecuentes que se instalaron en el poder del Estado lo que montaron fue un sistema político para precisamente desmontar el del Estado democrático centralizado de partidos,[9] que ahora está en proceso definitivo de extinción. En esa forma, dicho sistema político solo han sido un acaecimiento más, parte de la crisis política del ciclo político de dicho Estado democrático de partidos centralizado iniciado en 1961, en el cual se concentraron, desarrollaron y exacerbaron todos los vicios que se denunciaban en los años noventa del siglo pasado.

A esos cuatro períodos republicanos antes identificados que se iniciaron en 1811 solo podemos agregar además, el período histórico que antecedió al Estado republicano, el del régimen colonial de la Capitanía General de Venezuela que se inició en 1777 y terminó definitivamente en 1821 (44 años).

Cada uno de esos períodos históricos ha tenido una duración de alrededor de medio siglo, es decir, casi dos generaciones; y entre uno y otro ciclo, invariablemente ha habido un proceso de transición que ha sido de crisis política severa, que ha tenido una duración de casi una generación. Exactamente, como si hubiera sido predeterminado históricamente, esos períodos de crisis han sido de

---

la Descentralización (junio 1993 – febrero 1994), Caracas 1994, pp. 17 ss.; y luego en nuestras obras: *Instituciones Políticas y Constitucionales*, Tomo I, *Evolución histórica del Estado*, Caracas 1996; *Instituciones del Estado Democrático de Derecho. Constitución 1961*, Colección Tratado de Derecho Constitucional, Tomo IV, Fundación de Derecho Público, Editorial Jurídica Venezolana, Caracas, 2015.

9   Véase sobre el proceso de desmantelamiento del sistema de Estado democrático centralizado iniciado en 1999, los trabajos publicados en el libro: Diego Bautista Urbaneja (Coordinador), *Desarmando el modelo. La transformación del sistema político venezolano desde 1999*, Instituto de Estudios parlamentarios Fermin Toro, abediciones, Konrad Adenauer Stiftung, Caracas 2017.

26 años entre el inicio de la crisis en cada ciclo y el logro de estabilidad en el ciclo subsiguiente.

Incluso ello ocurrió en el antecedente mencionado con la crisis del régimen colonial que se consolidó institucionalmente a partir de la creación de la Capitanía General de Venezuela en 1777. La crisis de ese régimen comenzó efectivamente casi 20 años después, en 1795 con la conspiración de San Blas de Madrid de 1795, que inspiró dos años después, en 1797, la conspiración de Gual y España en La Guaira, concluyendo el período de crisis en 1821, luego del fin de las guerras de independencia de Venezuela con la batalla de Carabobo, con la adopción de la Constitución de la República de Colombia de ese mismo año. Con ésta, y con Simón Bolívar a la cabeza, se logró una cierta estabilidad del régimen del Estado independiente que se había constituido después de la declaración de independencia en 1811. El tiempo de crisis y transición de un período a otro, en este caso duró 26 años (1795-1821), y fueron necesarias una guerra de por medio, las de independencia, incluso de carácter social, para que la transición pudiera ocurrir.

En cuanto al primer período republicano del Estado independiente semi federal establecido a partir de 1811, y restablecido en 1830, y que duró hasta 1863 cuando fue sustituido por el ciclo del Estado federal, la crisis política del mismo puede decirse que se inició en 1848 en el llamado día del fusilamiento del Congreso, y que luego de las guerras federales de 1859 a 1863, concluyó en 1874 con el logro de cierta estabilidad del período subsiguiente, el del Estado federal, con Antonio Guzmán Blanco a la cabeza. El tiempo de crisis y transición de un período a otro igualmente fue de 26 años (1848-1874), y también fueron necesarias unas guerras de por medio entre los dos bandos políticos e, incluso, también de carácter social, las guerras federales, para que la transición pudiera ocurrir.

Igualmente sucedió en el caso de la crisis política del período del Estado federal establecido a partir de 1863, que duró hasta 1901 cuando fue sustituido por el del Estado centralizado y autocrático. Esa crisis puede decirse que se inició con el vacío de poder que creó el mismo Guzmán Blanco cuando abandonó el país en 1888, y que luego de la Revolución Liberal Restauradora de 1899, concluyó en 1914 con el logro de cierta estabilidad del régimen del Estado centralizado y autocrático subsiguiente, con Juan Vicente Gómez a la cabeza. El tiempo de crisis y transición de un período a otro también duró 26 años (1888-1914), y fueron también necesarias unas guerras revolucionaria entre caudillos de por medio, para que la transición pudiera ocurrir.

E igualmente puede decirse que ocurrió en el caso de la crisis del Estado autocrático centralizado establecido a partir de 1901, y que duró hasta 1961 cuando fue sustituido por el del Estado democrático centralizado. La crisis del mismo, también se inició con el vacío de poder que se produjo con el fallecimiento de Juan Vicente Gómez en 1935, y que luego de la Revolución de Octubre de 1945 y de la dictadura militar de Marcos Pérez Jiménez, concluyó en 1961, con el logro de cierta estabilidad del régimen democrático, con Rómulo Betancourt a la cabeza. En este caso, el período de crisis y transición de un período a otro también duró 26 años (1935-1961), y fueron necesarios varios golpes militares y a una dictadura militar de por medio para que la transición pudiera ocurrir.

Ese régimen del Estado democrático centralizado establecido a partir de 1958, y consolidado por la decisión de los partidos políticos a partir de la Constitución de 1961 al comprometerse a fortalecer y defender la democracia (que es el período que la mayoría ha vivido), que el cuarto ciclo político republicano, también entró en crisis política severa, igualmente de carácter terminal tal y como las que se han producido en los ciclos históricos anteriores. Esto incluso, lo siente hoy todo el país, no como historia contada sino como historia vivida.

El detonante de esta crisis de la cual todos somos testigos del Estado centralizado democrático de partidos se puede fijar, no en el Caracazo de 1989 como muchos piensan, ni en los intentos de golpes de Estado militares de 1992 liderados por Hugo Chávez, sino en realidad en el año siguiente, en 1993, cuando los conductores de los partidos políticos que fueron los responsables de la instauración del régimen democrático, decidieron suicidarse y "suicidarlos," uno de los partidos destituyendo y enjuiciando a su propio líder, y en el otro caso, el principal líder barriendo con su propio partido; y a partir de allí, los líderes y sus partidos, al no reinventarse ni proceder a aliarse y a pactar para defender y reestructurar la democracia no quisieron entender las amenazas reales que ya se habían formulado para su destrucción. Con esa actitud generaron igualmente un vacío total de poder que permitió que el primer aprendiz de brujo que pasara por la plaza del pueblo pudiera asaltara el poder, como sucedió al hacerlo junto con los mismos militares que habían fracasado unos años antes en su intentona de asalto al poder por la fuerza militar. [10]

Esa crisis política de la cual insisto, todos hoy somos testigos, desarrollada desde 1993 y no en los últimos años, pero que ha seguido hasta el presente (2018), ya lleva 25 años de duración, agravándose, en este caso con la guerra institucional, económica y social que quienes asaltaron el poder con la Asamblea Constituyente de 1999 declararon contra toda la población, para asegurar su sumisión, y con el único propósito de perpetuarse en el poder, pues como lo reconoció el mismo ex alto funcionario del gobierno antes mencionado, quien lo sirvió entre 2000 y 2017, el gobierno mismo –dijo- , ahora "se ha convertido en una plataforma [solo] para el ejercicio del poder."[11]

En este panorama histórico que he descrito muy brevemente, si nos atenemos al estándar de duración de 26 años de crisis y transición política que ha habido entre los grandes ciclos históricos (1797-1821; 1848-1874; 1888-1914; 1935-1961), podríamos decir

---

10 Véase Allan R. Brewer-Carías, Palabras de clausura del II Diálogo Presidencial sobre "¿Hacia la reinvención de los partidos políticos?" y presentación de los libros publicados por IDEA: *El referendo revocatorio presidencial en Venezuela y el abuso de poder* y *La crisis de la democracia en Venezuela, la OEA y la Carta Democrática Interamericana: Documentos de Luis Almagro*," Iniciativa Democrática España y las Américas IDEA, Cátedra Mezerhane sobre democracia, Estado de Derecho y Derechos Humanos, Miami Dade College, Miami 25 de octubre de 2017, en: http://allanbrewercarias.net/site/wp-content/uploads/2017/10/1202.-conf.-Brewer-Palabras-de-clausura-IDEA-Miami-1.pdf y en: https://www.youtube.com/watch?-v=5z6AYKw1gsk.

11 Véase Rafael Ramírez, "El error fundamental," en aporrea.org, 21 de enero de 2018, en https://www.aporrea.org/actuali-dad/a258154.htmla.

que la crisis que actualmente vivimos del último ciclo, del Estado democrático centralizado iniciado en 1961 ya ésta a punto de terminar, y también con una guerra de por medio, la que el Estado ha declarado contra la sociedad. Y ciertamente, después de 25 años ya no da más el deterioro, ya no hay casi más nada que destruir en el país, habiéndose la crisis tragado ya a una generación.

II. LA DISYUNTIVA DEL MOMENTO (2018)

La diferencia con los anteriores períodos de crisis política en fase terminal, sin embargo, es que en este caso aún no aparece clara la alternativa frente a la deformación del ciclo histórico del Estado democrático centralizado de partidos, luego de su destrucción, que aún está por formularse constitucionalmente. Lo que hoy tenemos después de 25 años desde su inicio, insisto, es solo una Constitución que no se aplica, y la total destrucción del Estado y de la sociedad, y de sus instituciones político constitucionales; siendo la alternativa para la transición el restablecimiento de la vigencia plena de la Constitución que nunca tuvo.

Pero ahora, sin embargo, lo único que se percibe hacia el futuro en medio de esta crisis política, que no concluye, provocada por un gobierno que ha destruido y deteriorado todo en el país es, *por una parte*, un clamor del país y de la oposición por el restablecimiento y perfeccionamiento de la democracia, que fue el mismo grito que quedó frustrado en 1998; y *por la otra*, un régimen cuyo único objetivo político es asegurar su permanencia en el poder, lo cual por lo demás, se ha anunciado públicamente, no recientemente, sino desde cuando el propio Presidente Chávez, amenazara en 2008, que "Lo que tenemos que garantizar es que si a Hugo Chávez le toca entregar el gobierno el 10 de enero de 2013 no sea a un contrarrevolucionario porque vendría la guerra aquí."[12] Aserto que ha sido ratificado una y otra vez con frases y tonos similares, por diversos y variados líderes gubernamentales ofreciéndole incluso a los venezolanos reducir a cenizas al país antes de entregar el poder. [13]

---

12 Véase en *El Universal*, Caracas 27 de enero de 2008

13 Iris Valera, ministro del régimen y miembro de la Asamblea Nacional Constituyente dijo en agosto de 2017: *"Así dejemos a Venezuela en cenizas, no*

En Venezuela, por tanto, en estos momentos de crisis terminal se plantean dos opciones: por una parte, la del gobierno, que lo único que pretende hacia el futuro es perpetuarse en el poder y evitar a toda costa que quien quiera que sea de la oposición pueda volver a gobernar en el país, eliminando todo vestigio de democracia, pluralismo y alternabilidad; y por la otra, la de la gran mayoría del país, que lo que quiere es que la crisis desemboque en un proceso de reconstrucción y transición hacia la democracia.

Ante esta coyuntura, confrontándola con los hechos y ciclos históricos a los que antes me he referido, podríamos preguntarnos si la historia realmente se repite. Recordemos la famosa frase de Karl Marx al iniciar su estudio sobre "El 18 Brumario de Luis Bonaparte," publicado en la Revista *Die Revolution*, Nueva York, 1852. Allí expresó:

"Hegel dice en alguna parte que todos los grandes hechos y personajes de la historia universal aparecen, como si dijéramos, dos veces. Pero se olvidó de agregar: una vez como tragedia y la otra como farsa."[14]

Si retenemos esto último, no hay duda en decir que nuestra historia política está llena de farsas, tragedias, zarzuelas, óperas y comedias que si las analizamos globalmente, encontramos en efecto que muchas veces se han repetido.

Ahora pensemos solo en la coincidencia de los tiempos de los períodos de crisis política entre cada ciclo de nuestra historia política que, como antes he resumido, han sido de 26 años. Y me pregunto: el hecho de que el último período de crisis que es el que actualmente vivimos, ya lleva 25 años, ¿quiere esto decir que entonces

---

nos iremos del poder", y además agregó que todo aquel que venga a querer *sacarlos del poder será fusilado."* Ver video en arepadriario, 26 de enero de 2018, en http://arepadiario.com/asi-dejemos-al-pais-en-cenizas-no-dejaremos-el-poder/. Igualmente en http://www.tostonconsoda.com.ve/asi-dejemos-al-pais-en-ruinas-no-dejaremos-el-poder/

14   Véase Karl Marx, *El 18 Brumario de Luis Bonaparte,* consultado en http://biblioteca.clacso.edu.ar/ar/libros/panama/cela/tareas/tar122/04marx.pdf.

que falta poco para que éste concluya? Es evidente que no podemos caer en determinismos históricos, pero por si acaso, al igual que la salvedad que hacen quienes niegan la existencia de brujas, en este caso quizás también tendríamos que decir que "de que vuelan, vuelan."

En Venezuela, no hay duda de que la repetición de hechos históricos ha ocurrido en los grandes ciclos político constitucionales del país, cuyas respectivas crisis, en todos los casos, siempre han estado condicionada, entre otros por los mismos factores fundamentales del poder que hoy también están presentes: (i) la lucha entre la civilidad y el militarismo; (ii) la lucha entre las fuerzas centrífugas y las fuerzas centrípetas del territorio en el dominio del poder; y (iii) la lucha entre la democracia y la autocracia; lo que en definitiva, como lo dijo Faustino Domingo Sarmiento, es la lucha de siempre en nuestros países, entre la civilización y la barbarie. [15]

Hoy, en la fase final de la crisis política del ciclo histórico del Estado democrático centralizado, puede decirse que estamos precisamente en el vértice de esos tres factores del poder, por una parte, con un gobierno militarista, centralista y autocrático, que maneja un Estado fallido y que lo único que ofrece y pretende es perpetuarse en el poder; y por la otra, con fuerzas opositoras que están apostando por una alternativa civilista, descentralizadora y democrática, que el gobierno anuncia que impedirá que se pueda materializar a toda costa.

Esa es nuestra trágica realidad actual, resultado de las farsas históricas precedentes, siendo importante para comprenderla a cabalidad, recordar, estudiar y analizar los períodos político constitucionales del pasado, para poder tratar de escudriñar el futuro, del cual todos, absolutamente todos estamos ahora más pendientes que nunca, particularmente por la agudeza que percibimos tiene la crisis política que padecemos; la cual por lo demás, es la única que han conocido las nuevas generaciones. Éstas, en realidad, no han sabido qué significa tener una estabilidad institucional, y más bien, de lo

---

15 Véase Domingo Faustino Sarmiento, *Civilización o Barbarie. Vida de Juan Facundo Quiroga (1845)*. Véase además, Asdrúbal Aguiar, *Civilización y Barbarie*, Editorial Jurídica Venezolana International, Miami 2018.

que han sido es testigos ha sido de un gobierno que solo ha estado guiado por el resentimiento demoledor y por la técnica del desconcierto. Y todo ello agravado por la guerra económica y social declarada y conducida por el propio gobierno contra la población venezolana, para reducirla a mendigar y a la absoluta pobreza, particularmente cuando como ahora ocurre, una vez que ya ha sido destruido todo el aparato productivo del país por el propio Estado, ya no puede haber divisas para importar lo necesario para la sobrevivencia, pues las pocas que pueda generar la menguada exportación petrolera, excluidos los barriles pre-pagados o que deben entregarse para pagar deudas a China, Rusia y Cuba, o para pagar deuda pública, no alcanzan para nada.

El problema, en definitiva, en Venezuela, ciertamente es el petróleo, cuyo mal manejo después de haberse hecho depender absolutamente todo el país de su exportación será, lo que en definitiva, por la hambruna, desencadenará el desenlace.

Y eso será lo que provocará más temprano que tarde el colapso del régimen.

III. LAS CONSTITUCIONES EN LA HISTORIA Y LA ANOMIA CONSTITUCIONAL A PARTIR DE 1999

Pero para volver a nuestro campo que es institucional, sin caer en la futurología, lo cierto es que para analizar el futuro, y poder tratar de responder a las preguntas que tanto se nos formulan, sobre ¿qué va a pasar? y ¿hasta dónde vamos a llegar?; para poder pensar en el futuro tenemos que tratar de ubicarnos en el pasado, en lo pasado, en la historia, y tratar de recoger sus enseñanzas. Y eso es lo que quisiera intentar hacer al referirme a los diversos períodos político constitucionales por los cuales ha transcurrido la historia del país.

En efecto, desde 1811 cuando se constituyó el Estado republicano con la Constitución Federal de los Estados de Venezuela de 21 de diciembre de 1811,[16] en el país se han sancionado 26 Constitu-

---

16 Véase Allan R. Brewer-Carías, *Sobre el Constitucionalismo Hispanoamericano Pre-Gaditano 1811-1812*, Colección Cuadernos de la Cátedra Fundacional Charles Brewer Maucó, sobre Historia del Derecho, Universidad

ciones que podemos agrupar en los cuatro grandes períodos históricos que mencioné al inicio: el primero, del Estado independiente, en el cual se sancionaron las Constituciones de 1811, 1819, 1821, 1830, 1857 y 1858; el segundo, del Estado federal, en el cual se sancionaron las Constituciones de 1864, 1874, 1881, 1891 y 1893; el tercero, del Estado autocrático, en el cual se sancionaron las Constituciones de 1901, 1904, 1909, 1914, 1922, 1925, 1928, 1929, 1931, 1936 y 1945; y el cuarto, del Estado democrático, en el cual se sancionaron las Constituciones de 1947, 1953, 1961 y 1999.[17]

Sin duda, se trata de un excesivo número de textos constitucionales, lo cual sin embargo no significa que en el país haya habido literal y jurídicamente hablando 26 "Constituciones" diferentes. En realidad, la gran mayoría de dichos textos sólo fueron meras enmiendas o reformas parciales de los textos precedentes, en gran parte provocadas por factores circunstanciales del ejercicio del poder, como la extensión del término presidencial o la reelección. Esas reformas puntuales se materializaron en "nuevos" textos constitucionales por no haberse adoptado desde el inicio en el país, la técnica de las enmiendas, la cual sólo se incorporó a la Constitución en 1961, para reformar las Constituciones sin afectar el texto fundamental, mediante agregados puntuales.

A las Constituciones republicanas habría que agregar además, históricamente, los actos constitucionales adoptados por la Corona española durante la época colonial, que sentaron las bases para la posterior organización constitucional del Estado republicano. Esos

Católica Andrés Bello, Nº 5, Editorial Jurídica Venezolana, Caracas , 2013; Allan R. Brewer-Carías *Las Declaraciones de Derechos del Pueblo y del Hombre de 1811*, Academia de Ciencias Políticas y Sociales, Caracas , 2011; Allan R. Brewer-Carías *Los Inicios del Proceso Constituyente Hispano y Americano*. Caracas 1811-Cádiz 1812 Editorial Bid & Co. Editor, Colección Historia Caracas, 2012.

17 Sobre los textos de todas las Constituciones de Venezuela desde 1811 véase Allan R. Brewer–Carías, *Las Constituciones de Venezuela*, Academia de Ciencias Políticas y Sociales, 2 Vols., Caracas 2008. Sobre la historia constitucional de Venezuela explicada en esos grandes períodos, véase Allan R. Brewer-Carías, *Historia Constitucional de Venezuela*, Editorial Alfa, 2 tomos, Caracas 2008.

fueron los dictados a finales del siglo XVIII, como parte de las grandes reformas realizadas por Carlos III, las cuales condujeron a la integración territorial de las Provincias coloniales que finalmente conformaron el territorio de Venezuela, con la creación de la Capitanía General de Venezuela a partir de 1777. Con la misma se puso bajo una sola autoridad militar todas las provincias que se habían ido formando en lo que ha sido el territorio de Venezuela en épocas y con gentes distintas, con un alto grado de autonomía, disgregadas y sin vínculo alguno entre ellas, gobernadas cada una por sus Gobernadores y Cabildos. Las mismas, además, estuvieron sujetas jurisdiccionalmente, no a una, sino a dos Audiencias distintas: unas a la Audiencia de Santa Fe de Bogotá y otras a la Audiencia de Santo Domingo.

Se inició así la configuración territorial de Venezuela, de manera que a esa centralización militar le siguió, entre 1777 y 1793, la centralización económica con el establecimiento de la Real Intendencia; la centralización legislativa y gubernamental con la creación de la Real Audiencia de Caracas; y la centralización judicial con el establecimiento del Real Consulado.

Pero dejando aparte este primer período colonial cuya crisis comenzó con la Conspiración de Gual y España en 1797, y terminó con la Constitución de la República de Colombia en 1821, y volviendo a las 26 Constituciones republicanas, una vez analizadas globalmente se puede afirmar que en realidad, en Venezuela sólo ha habido cuatro grandes "Constituciones" como producto de verdaderos pactos políticos, que por ello han marcado siempre el inicio de un nuevo régimen político, que han sido las Constituciones de 1811, 1864, 1901 y 1961, y que son las que han condicionado toda nuestra historia constitucional. [18]

---

18 Sobre la identificación de estos cuatro ciclos políticos véase lo que expusimos "Venezuela Historia y crisis política" en *Derecho y Sociedad. Revista de Estudiantes de Derecho de la Universidad Monteávila*, N° 3, Caracas, Abril 2002, pp. 217-244; en *Informe sobre la descentralización en Venezuela 1993, Memoria del Dr. Allan R. Brewer–Carías, Ministro de Estado para la Descentralización (junio 1993 – febrero 1994)*, Caracas 1994, pp. 17 ss.; y luego en nuestras obras: *Instituciones Políticas y Constitucionales*, Tomo

Sobre la de 1999, ya transcurridos casi veinte años de su sanción, a pesar de las expectativas que se crearon de haber podido contribuir al inicio de un nuevo ciclo histórico,[19] que era lo que procedía, no fue otra cosa institucionalmente hablando que en un derivado de la Constitución de 1961 la cual a su vez se inspiró en la de 1947. La misma no cambió radicalmente el modelo de Estado y del régimen político precedente, y precisamente por ello, ahora analizada retrospectivamente con suficiente tiempo histórico como el que ha transcurrido, podemos constatar que nunca ha tenido aplicación efectiva en el país. La Constitución de 1999 se comenzó a violar desde antes de que fuera publicada en diciembre de 1999,[20] al querer el gobierno implementar un régimen político autoritario, autocrático y antidemocrático, pero con el marco constitucional democrático liberal en ella regulado, que no le servía. Por eso fue puesta de lado rápidamente, sin ser sustituida, desmantelándose progresivamente todas sus instituciones.[21]

El gobierno, después de tantas violaciones en los primeros años de la vigencia de la Constitución de 1999, como no pudo reformarla efectivamente en 2007 para transformar definitivamente al Estado democrático que la misma regula, en un Estado Centralista, Militarista y Policial como lo propuso el Presidente Hugo Chávez,[22] pues

I, *Evolución histórica del Estado*, Caracas 1996; *Instituciones del Estado Democrático de Derecho. Constitución 1961*, Colección Tratado de Derecho Constitucional, Tomo IV, Fundación de Derecho Público, Editorial Jurídica Venezolana, Caracas, 2015.

19 Véase Allan R. Brewer Carías, *Historia Constitucional de Venezuela,* Editorial Alfa, Caracas 2008, Tomo II, pp. 149 ss.

20 Véase Allan R. Brewer Carías, *Golpe de Estado y proceso constituyente en Venezuela*, Universidad Nacional Autónoma de México, México 2002, 405 pp.; y *Asamblea Constituyente y Proceso Constituyente 1999*, Colección Tratado de Derecho Constitucional, Tomo VI Fundación de Derecho Público, Editorial Jurídica Venezolana, Caracas, 2013. 1198 pp.

21 Véase Allan R. Brewer Carías, *Dismantling Democracy. The Chávez Authoritarian Experiment*, Cambridge University Press, New York 2010, 418 pp.

22 Véase Allan R. Brewer Carías, *La reforma constitucional de 2007 (Comentarios al proyecto inconstitucionalmente sancionado por la Asamblea Na-*

la propuesta de reforma fue rechazada por el pueblo; entonces, simplemente la siguió violando sin límites. Y ello lo logró como consecuencia de la concentración y centralización total del poder que el Presidente logró amasar luego de neutralizar al Tribunal Supremo y ponerlo a su servicio,[23] hacer desaparecer de hecho, las entidades político territoriales,[24] y asegurar el control del árbitro electoral.[25] Ello ha conducido a la situación actual en la cual simplemente Venezuela carece de Constitución, habiendo sido sustituido el Estado constitucional por un gobierno asambleario y tumultuario conducido por una Asamblea Nacional Constituyente, instalada inconstitucional y fraudulentamente en 2017, y colocada por encima de la Constitución,[26] a la cual todos los poderes se le han sometido.

---

cional el 2 de noviembre de 2007), Colección Textos Legislativos, N° 43, Editorial Jurídica Venezolana, Caracas 2007, 224 pp.; *Hacia la consolidación de un Estado socialista, centralizado, policial y militarista. Comentarios sobre el sentido y alcance de las propuestas de reforma constitucional 2007,* Colección Textos Legislativos, N° 42, Editorial Jurídica Venezolana, Caracas 2007, 157 pp.

23 Véase Allan R. Brewer Carías, *Crónica Sobre La "In" Justicia Constitucional. La Sala Constitucional y el autoritarismo en Venezuela,* Colección Instituto de Derecho Público, Universidad Central de Venezuela, N° 2, Caracas 2007, 702 pp.; "El juez constitucional al servicio del autoritarismo y la ilegítima mutación de la Constitucion: el caso de la Sala Constitucional del Tribunal Supremo de Justicia de Venezuela (1999-2009)", en *Revista de Administración Pública,* N° 180, Madrid 2009, pp. 383-418;

24 Véase Allan R. Brewer Carías, *Federalismo y Municipalismo en la Constitución de 1999 (Alcance de una reforma insuficiente y regresiva),* Cuadernos de la Cátedra Allan R Brewer-Carías de Derecho Público, N° 7, Universidad Católica del Táchira, Editorial Jurídica Venezolana, Caracas-San Cristóbal 2001, 187 pp.

25 Véase Allan R. Brewer Carías. *La Sala Constitucional versus El Estado Democrático de Derecho. El secuestro del poder electoral y de la Sala Electoral del Tribunal Supremo y la confiscación del derecho a la participación política,* Los Libros de El Nacional, Colección Ares, Caracas 2004, 172 pp.

26 Véase Allan R. Brewer-Carías y Carlos García Soto (compiladores), *Estudios sobre la Asamblea Nacional Constituyente y su inconstitucional convocatoria en 2017,* Colección Estudios Jurídicos N° 119, Editorial Jurídica Venezolana, Caracas 2017, 778 pp. y Editorial Temis, Editorial Jurídica Venezolana, Bogotá 2017, 776 pp.

Para entender esta situación y tratar de ver qué podría depararnos el futuro, volvamos entonces a nuestra historia y a los ciclos político constitucionales de la misma, marcados por cuatro Constituciones fundamentales: la Constitución Federal para los Estados de Venezuela de 21 de diciembre de 1811, con la cual se constituyó el Estado independiente semi federal; la Constitución de los Estados Unidos de Venezuela de 28 de marzo de 1864, que originó el Estado Federal; la Constitución de 26 de marzo de 1901, que originó el Estado Centralizado y autocrático; y la Constitución de 23 de enero de 1961 que originó el Estado democrático de partidos. [27]

IV. EL PRIMER PERÍODO CONSTITUCIONAL: EL ESTADO INDEPENDIENTE (1811-1863)

El *primer período* político constitucional de la historia republicana de Venezuela, como hemos dicho, corresponde al de la fundación o constitución del Estado y a su estructuración como Estado independiente y autónomo, semi-federal, que se desarrolló entre 1811 y 1863. El mismo, si bien se inició después del golpe de Estado del 19 de abril de 1810, [28] cuando el Cabildo de Caracas se convirtió en Junta Suprema de Caracas, se consolidó con la mencionada Constitución Federal de los Estados de Venezuela sancionada al año siguiente (1811) por el Congreso General de diputados de siete de las nueve provincias de la antigua Capitanía General de la Venezuela.

Dicha Constitución de 1811, por supuesto, como ocurre con todas las Constituciones, no salió de la nada, ni del sólo golpe de Estado del 19 de abril de 1810, sino que fue el resultado final de una profunda crisis institucional del régimen colonial que se había organizado como Capitanía General de Venezuela en 1977. El hecho detonante de la crisis fue la Conspiración de Gual y España en

---

27 Seguimos para lo expuesto en Allan R. Brewer-Carías, *Historia Constitucional de Venezuela*, Editorial Alfa, 2 tomos, Caracas 2008; y en *Historia Constitucional de Venezuela*, Colección Tratado de Derecho Constitucional, Tomo I, Fundación de Derecho Público, Editorial Jurídica Venezolana, Caracas, 2013. 1096 pp.

28 Véase Juan Garrido Rovira, *La revolución de 1810*, Universidad Monteávila, Caracas, 2009.

1797, que se produjo luego de las rebeliones locales contra la Compañía Guipuzcoana, y que continuó con la crisis de las instituciones monárquicas españolas luego de la abdicación de los Reyes en Aranjuez, en 1808, y el nombramiento por el Emperador Napoleón, al ocupar sus ejércitos la Península, de José Bonaparte como rey de España y de todas las Colonias americanas. Para el momento del inicio de la crisis del régimen colonial en 1797, Manuel Gual tenía 38, José María España tenía 36 años, Juan Bautista Picornell y Gomila tenía 38 años

La crisis duró hasta la consolidación del Estado independiente de Colombia con la Constitución de Cúcuta de 1821, que se redactó siguiendo las ideas propuestas por Simón Bolívar para la Constitución de Angostura de 1819.

En ese período de crisis, se destaca la instauración del Estado de Venezuela, como una Confederación de las Provincias conforme a la Constitución de 1811, que fue la primera de las Constituciones de América Latina,[29] la cual sin embargo no tuvo sino una duración de meses pues en julio de 1812 se produjo la caída de la primera República como consecuencia de la Capitulación firmada entre las fuerzas de la república comandadas por Francisco de Miranda y las fuerzas invasoras españolas al mando de Domingo de Monteverde. A partir de esos hechos, el régimen republicano se trastocó en un régimen militar impuesto por la "ley de la conquista" instaurada por Monteverde y de la "ley marcial" decretada por Simón Bolívar.[30] La República de Venezuela, por ello, solo llegó a reconstituirse en un marco centralista con la Constitución de Angostura de 1819, sancionada bajo la propuesta del mismo Bolívar, luego de concluida la

---

29 Véase Allan R. Brewer-Carías, *Documentos Constitucionales de la Independencia/ Constitucional Documents of The Independence 1811*, Colección Textos Legislativos Nº 52, Editorial Jurídica Venezolana, Caracas 2012, 644 pp.

30 Véase Allan R. Brewer-Carías "La independencia de Venezuela y el inicio del constitucionalismo hispanoamericano en 1810-1811, como obra de civiles, y el desarrollo del militarismo a partir de 1812, en ausencia de régimen constitucional," en *Revista de Historia Constitucional*, Revista Electrónica, http://hc.rediris.es, N° 14, Oviedo 2013, pp. 405-424.

campaña de Guayana en el proceso de liberación de nuestro territorio; la cual fue sustituida rápidamente, mediante la unión de los pueblos de Colombia, por la Constitución de Cúcuta de 1821 que creó la república de Colombia, terminadas las guerras de liberación del territorio, reuniendo en un solo Estado las antiguas provincias de Venezuela, de la Nueva Granada y de Ecuador.

Entre 1797, cuando se inició la crisis del régimen colonial, y 1821 cuando se consolidó el Estado independiente, habían pasado 24 años de crisis sucesiva. Para cuando se reúne el Congreso de Angostura en 1819, Bolívar tenía 36 años, José Antonio Páez tenía 29 años, Santiago Mariño tenía 32 años, y Carlos Soublette tenía 30 años.

La Constitución de 1821 tuvo vigencia plena hasta que Bolívar asumió la dictadura en 1828, y posteriormente fue derogada en 1830, luego de la separación de Venezuela de aquella "Gran Colombia," mediante la Constitución de Valencia de 1830 formulada a propuesta de José Antonio Páez. Con esa Constitución se consolidó Venezuela como República autónoma, conforme a un pacto político centro-federal que le dio sustento, buscando así el equilibrio no siempre encontrado entre las fuerzas centrípetas del poder central naciente, en relación con las centrífugas de los caudillos regionales a quienes en gran parte se había debido el triunfo en las guerras de Independencia.

Con dicha Constitución, la cual tuvo una duración de 27 años (la más larga duración antes de la Constitución de 1961), se estabilizó la República, no estando por supuesto exento su período de acontecimientos político institucionales de relevancia, como la Revolución de las Reformas desatada contra el primer presidente civil de la República, José María Vargas (1835). A éste lo sucedieron en la presidencia diversos de los ya viejos caudillos militares (Soublette, Páez y Monagas), consolidándose en el país los partidos conservador y liberal.

La diatriba entre ellos que se exacerbó con motivo de una acusación política que se había iniciado en el Congreso contra el Presidente José Tadeo Monagas, provocó que impulsado por el partido liberal, masas populares asaltaran el Congreso el 24 de enero de

1846 hecho conocido como el "día del fusilamiento del Congreso." Ello marcó la ruptura definitiva entre conservadores y liberales, siendo ese el detonante de la crisis política que terminaría acabando con el régimen del primer período de la historia constitucional, el del Estado independiente centro federal, la cual duró hasta la estabilización del período siguiente, el del Estado Federal con la Constitución de 1874.

Entre esas dos fechas, entre otros acontecimientos se produjo la rebelión militar comandada por Páez contra el gobierno, y ante su fracaso, su expulsión del país en 1850; la emisión de un decreto de reforma constitucional en 1857 que se hizo sin respetar el procedimiento previsto en la Constitución para ello, para extender el período presidencial, prever la reelección de Monagas, y consolidar el poder central frente a los caudillos regionales. La reacción de éstos no se hizo esperar, produciéndose la primera de las revoluciones triunfantes en la historia constitucional que fue la Revolución de Marzo de 1858, con Julián Castro, Gobernador del Estado Carabobo, a la cabeza. Éste, luego de asumir el poder, expulsó del territorio a líderes del partido liberal, entre ellos a Juan Crisóstomo Falcón, Ezequiel Zamora y Antonio Locadio Guzmán, y convocó una Asamblea Constituyente que aprobó la Constitución de 1858.

Se trató de la primera Asamblea Constituyente que se convocaba en el país luego de las Asambleas constitutivas o fundacionales del Estado (1811, 1819, 1821, 1830); institución que luego aparecería sucesivamente en toda nuestra historia política, una y otra vez, cada vez que se produjeron rupturas del hilo constitucional, lo cual ha sido harto frecuente.

Sin embargo, antes de que la Asamblea Constituyente de 1858 terminara sus sesiones, ya la guerra estaba en la mente de los líderes liberales, con Antonio Guzmán Blanco y Juan Crisóstomo Falcón a la cabeza, para lo cual constituyeron en Saint Thomas una Junta Patriótica -la primera de las que luego aparecerían en nuestra historia como la de 1957 en la víspera de la caída del régimen de Pérez Jiménez- que formuló la primera Proclama por la Federación. Ella fue luego la bandera del Partido Liberal, provocando el inicio de la Guerra larga o Guerra federal que como guerra social se extendería desde 1859 hasta 1863. El general Castro fue obligado a renunciar a la Presidencia –la cual aceptó–, y en medio de la guerra, fue llamado el general Páez para que asumiera la jefatura del Ejército constitucional, pasando al poco tiempo a dar un golpe de Estado y, a partir de 1861, asumir la Dictadura.

La guerra concluyó con el triunfo de las fuerzas federales, y al término de la misma se firmó el Convenio de Coche para asegurar la pacificación del país, procediéndose de seguidas, y a tal efecto, a convocar una Asamblea Constituyente, para sancionar una nueva Constitución, la de 1864. En este caso, lo que los partidos opuestos no supieron o no quisieron hacer en los lustros anteriores, que era pactar para gobernar el país en conjunto, tuvieron que hacerlo después de una guerra y un tratado de terminación de la misma, con miles de muertos dejados en los campos y ciudades.

V. EL SEGUNDO PERÍODO CONSTITUCIONAL: EL ESTADO FEDERAL (1863-1901)

Con el triunfo de la Revolución Federal, en todo caso, terminó el primer período de nuestra historia constitucional y se inició el *segundo período histórico* de la República, el del Estado federal, que duró la segunda mitad del siglo XIX. En ese momento, en 1863, Zamora tenía 46 años, Falcón 43 años y Guzmán Blanco 34 años.

Una nueva generación había llegado al poder en medio de una brutal crisis, suplantando la generación de los líderes de la independencia, con la tarea de implantar un nuevo esquema de organización política del Estado por el que se había estado luchando desde la propia Independencia. Se trataba de la forma federal del Estado que situaba la base del poder en las Provincias, ahora llamadas Estados y en sus jefes políticos y militares. Desapareció con ella todo vestigio de lo que podía configurarse como un Ejército Nacional, y se consolidó el esquema de milicias que organizaban los Estados bajo el mando de los caudillos regionales, ahora Presidentes de Estados. De nuevo apareció el esquema del pueblo en armas como una forma de participación política.

La Federación, sin embargo, no trajo estabilidad política, por lo que las últimas décadas del siglo XIX también fueron de revoluciones y rebeliones realizadas por los propios caudillos liberales y conservadores, con sus huestes populares de peones armados. La guerra larga no había acabado con el hábito de rebelión que la había originado. Por ello, apenas se instaló la Federación, vino la Revolución Azul de 1868 comandada por José Tadeo Monagas, la cual trajo como secuela la resurrección de las luchas inter partidistas, con arrestos y expulsiones, entre otros, de Antonio Guzmán Blanco, jefe del partido Liberal. Éste, en 1870, comandó la Revolución de Abril de 1870, y así, el abogado devenido en guerrillero federal se convertiría en el *primus inter pares* en el esquema federal dominado por los caudillos regionales, a quienes convocó reuniéndolos en Conferencias Plenipotenciarias. En una forma u otra la alianza entre ellos lo mantuvo en el poder hasta 1888.

Para ello, la Constitución de 1864 se reformó en 1874 a iniciativa de Guzmán Blanco, en particular para establecer el sufragio directo y reducir el periodo constitucional, consolidándose con la nueva Constitución entonces el régimen del Estado federal y el propio dominio de Guzmán Blanco, a quien sucedieron en la Presidencia varios de sus allegados. En ese período se desarrollaron importantes reformas, como la secularización del registro civil, el establecimiento de la educación gratuita y el inicio del proceso de Codificación en el país.

La crisis de transición del primero al segundo período político de la República había durado 26 años desde el día del fusilamiento del Congreso en 1848 hasta 1874, período durante el cual se produjo la transición hacia el Estado federal.

La guerra larga que estuvo en el medio de dicho período de crisis, en todo caso, no había acabado con el hábito de rebelión que la había originado, de manera que el transcurso del tiempo del nuevo régimen, tampoco estuvo exento de acontecimientos políticos. La sucesión presidencial en períodos cortos de gobierno condujo al deterioro progresivo del Partido Liberal y la crisis del régimen comenzó a abrirse, y la autoridad de Guzmán incluso fue cuestionada. Solo fue restablecida mediante la Revolución Reivindicadora de 1879, a raíz de la cual se produjo la reducción del número de Estados de la República de veinte a siete, lo cual mediante la reforma constitucional de 1881 se elevaron a nueve. Con ésta, llamada la Constitución Suiza por la organización en la misma de un Consejo Federal para institucionalizar las reuniones de los caudillos regionales, se inició el proceso de centralización de la Federación. Guzmán viajó a Francia con frecuencia, pero siguió gobernando en forma directa e indirecta, hasta que decidió irse a Francia y dejar el poder en 1888.

La salida de la escena por parte de quien había dominado la vida política del país en las décadas anteriores, y el vacío de poder que dejó, fue el hecho detonante del inicio de la crisis del sistema federal instaurado en 1863, la cual se agravó de inmediato al haberse realizado en 1891, bajo el gobierno de Raimundo Andueza Palacios electo como Presidente por el Consejo Federal en ese mismo año, una reforma constitucional sin seguirse los procedimientos previstos en la Constitución, para entre otras cosas, ampliar el periodo constitucional. La crisis que entonces se inició, se prolongó hasta 1914 cuando se estabilizó el Estado autocrático y centralizado en el nuevo ciclo histórico iniciado en 1901, bajo la conducción de Juan Vicente Gómez.

Con la reforma constitucional de 1891 se repitió la historia de lo que había ocurrido en 1857, habiendo sido también en este caso la causa de otra revolución, también para restablecer la legalidad constitucional violada, ahora llamada la Revolución Legalista de 1892 Comandada por Joaquín Crespo. De ella resultó, de nuevo, la elección de una Asamblea Constituyente y en 1893 la sanción de una nueva Constitución. Al año siguiente Crespo fue electo Presidente de la República pero falleció cuatro años después, en 1898, en enfrentamiento con José Manuel Hernández, el Mocho Hernández, quien comandaba la revolución de Queipa y se había rebelado contra el Gobierno por el manejo fraudulento de los comicios.

Ya para ese momento, el país estaba sumido en una tremenda crisis económica por la baja de los precios de exportación del café y del cacao, y por el endeudamiento externo e interno que venía arrastrándose desde la época de Guzmán Blanco; y en una crisis política que no concluía, que era efectivamente terminal, de nuevo, por el vacío de poder que existía, al no haber comprendido el liderazgo la necesidad de un cambio inevitable en el proyecto político liberal federal, que ya se había desdibujado.

El sucesor de Crespo, Ignacio Andrade dispuso el restablecimiento de los veinte Estados de la Federación, y el nombramiento provisional de los presidentes de los mismos por el Ejecutivo Nacional, habiendo sido ello la excusa para el inicio de otra Revolución, la Revolución Liberal Restauradora comandada por Cipriano Castro y por Juan Vicente Gómez, quienes llegaron a Caracas en octubre de 1899, asumiendo el Poder Supremo.

VI. EL TERCER PERÍODO CONSTITUCIONAL: EL ESTADO CENTRALIZADO Y AUTOCRÁTICO (1901-1961)

Con la Revolución Liberal Restauradora concluyó el segundo período de la historia constitucional, dándose inicio al *tercer período constitucional*, que fue el del Estado Autocrático Centralizado establecido conforme a la Constitución de 1901 que sancionó, de nuevo, una Asamblea Constituyente que había sido convocada por Castro. Para ese momento Cipriano Castro tenía 43 años y Juan Vicente Gómez tenía 44 años.

De nuevo, una nueva generación había llegado al poder en medio de una brutal crisis, suplantando la generación de los líderes de la Federación, con la tarea de implantar un nuevo esquema de organización política del Estado, con bases radicalmente distintas, de corte centralista. Con ello se inició así un nuevo período histórico que fue el del Estado autocrático, durante el cual puede decirse que se consolidó, además, el Estado Nacional mediante un proceso progresivo de centralización política, militar, fiscal, administrativa y legislativa, que terminaron con los cien años precedentes de federalismo. [31]

---

31 Véase Allan R. Brewer-Carías, "El desarrollo institucional del Estado centralizado en Venezuela (1899-1935) y sus proyecciones contemporáneas," *Revista de Estudios de Administración Local y Autonómica*, N° 227, Madrid, julio-septiembre 1985, (Primera Parte) pp. 487-514; y *Revista de Estudios de Administración Local y Autonómica*, N° 228, Madrid, octubre-diciembre 1985, (Segunda Parte), pp. 695-726.

Para ello, la reforma constitucional de 1901 comenzó por modificar la distribución del poder territorial, eliminándose la norma que desde 1864 prohibía al Poder Central situar fuerzas y Jefes militares con mando en los Estados sin el acuerdo de los jefes políticos locales; nacionalizándose, al contrario, todos los pertrechos y las armas de guerra que existían en la República.

Con ello, por primera vez en nuestra historia se nacionalizaron las armas y la guerra, habiendo sido con esos instrumentos que el nuevo Vicepresidente Gómez recorrió toda la geografía nacional en una nueva guerra, esta vez central, pero contra los caudillos regionales a quienes venció una y otra vez, incluyendo los de la Revolución Libertadora de Manuel Antonio Matos en 1903. Al término de la campaña, se realizó otra reforma constitucional, la de 1904, para eliminar definitivamente toda posibilidad para los Estados de tener fuerzas o milicias propias, con lo cual los caudillos regionales no pudieron jamás volver a congregar ejércitos personales para asaltar el poder, abriéndose la vía para la consolidación de un Ejército Nacional, concluyendo así cien años de guerras civiles y de montoneras.

Pero ni siquiera los inicios del nuevo régimen centralista estuvieron exentos de acontecimientos políticos, entre los cuales se destacó la enfermedad de Castro, lo que fue aprovechado por Gómez para desplazarlo del poder, y no sólo ello, sino para hacerlo enjuiciar en ausencia en 1908, como autor intelectual del asesinato de Antonio Paredes (se le atribuye haber dicho: "la culebra se mata por la cabeza"). El nuevo asalto al poder lo legalizó Gómez con una nueva reforma constitucional en 1909, donde reapareció un Consejo de Gobierno en el cual ubicó a todos los caudillos liberales desocupados que quedaban y que aún campeaban sin milicias en el país, incluyendo al mismo Mocho Hernández.

Con la elite que lo rodeó, deslastrada de tanto guerrillero rural, Gómez inició el proceso de centralización política del país que en definitiva se configuró, como se dijo, como un proyecto político de consolidación del Estado Nacional, creando entre otras cosas al Ejercito Nacional. Y así, como Comandante en Jefe del Ejército Nacional, quedó convertido en el amo del poder y de la guerra hasta su muerte en 1935, con lo que impuso la estabilidad política, muchas veces con la paz de los sepulcros, y la oscuridad de las prisiones.

La Constitución la volvió a reformar Gómez en 1914, para crear el cargo de Comandante en Jefe del Ejército Nacional, del cual no se separó más, lo cual le permitió gobernar el país aún sin ejercer la Presidencia de la República. La Constitución además amplió el período constitucional a siete años, habiendo sido electo para un segundo período. Con esta reforma constitucional el régimen autocrático quedó consolidado.

Desde el inicio de la crisis política del régimen federal con la salida del país de Guzmán Blanco en 1888, hasta esta fecha de la consolidación del nuevo régimen político del Estado centralizado y autocrático en 1914, habían pasado 26 años.

Con posterioridad se sucedieron otras reformas constitucionales, todas promovidas por el gobierno conforme avanzaba el proceso de centralización del país. Así, en 1922, para la creación de dos vice-presidencias, con lo cual Gómez pudo designar para tales cargos a su hijo y a su hermano; en 1925, consolidando las competencias nacionales del Estado autocrático reduciendo las de los Estados federados; y en 1928, 1929 y 1931, por motivos puntuales como la eliminación de las vicepresidencias, y la limitación a la libertad de expresión del pensamiento con la prohibición de la propaganda del comunismo y la consolidación del cargo de Comandante en Jefe del Ejército para asegurar su ejercicio por Gómez a pesar de no ejercer la Presidencia de la Republica.

Juan Vicente Gómez falleció en 1935, habiendo sido dicho acaecimiento y el vacío de poder que dejó, el detonante que produjo el inicio de la crisis política profunda del tercer período de la historia político constitucional,[32] que afectó al país y que duró hasta que se consolidó el nuevo período histórico de régimen político democrático mediante la sanción de la Constitución de 1961.

---

32 Véase Allan R. Brewer-Carías. "50 años en la evolución institucional de Venezuela 1926-1976" en R. J. Velásquez y otros *Venezuela Moderna, Medio Siglo de Historia 1926-1976*, Fundación Eugenio Mendoza, 2ª. edición Barcelona, 1979. pp. 533-761.

La crisis marcó un proceso de transición de la autocracia a la democracia, asegurándose paulatinamente a partir de 1936, el ejercicio de los derechos políticos y de las libertades públicas, inexistentes cuando Gómez, iniciándose el despertar demográfico, social y cultural de un país que había estado paralizado durante un cuarto de siglo, y que continuaba atrasado, ignorante de lo que sucedía en el mundo y abiertamente saqueado por quienes ejercieron el poder. El período de crisis estuvo signado por diversos acontecimientos políticos de importancia, por ejemplo, el sucesor de Gómez, su Ministro de Guerra Eleazar López Contreras, promovió una reforma constitucional en 1936, consagrándose los derechos sociales, con lo que se permitió el nacimiento de los movimientos obreros y de masas y de las organizaciones que desembocaron en los partidos políticos contemporáneos y cuyo inicio estuvo en los movimientos estudiantiles de 1928. En 1941, a López lo sucedió Isaías Medina Angarita, igualmente su Ministro de Guerra y Marina, como López antes lo había sido de Gómez, durante cuyo mandato continuó la apertura democrática.

Lo cierto fue, sin embargo, que en la Venezuela de 1945 la tímida apertura política que se había desarrollado ya no era suficiente, de manera que a pesar de las importantísimas reformas legales que Medina realizó para ordenar la explotación petrolera y minera, y a pesar de existir ya un país más abierto al mundo en la víspera del inicio de la democratización contemporánea provocada por el fin de la II Guerra Mundial, el liderazgo medinista no supo interpretar la necesidad de una sucesión presidencial mediante sufragio universal y directo, habiendo permanecido la elección indirecta. Lamentablemente, de nuevo, aquí también como tantas veces antes en la historia de Venezuela, la incomprensión del momento político enceguenció al liderazgo perdido en tratar de imponer un candidato de origen andino para su elección por el Congreso, ante la sombra de López Contreras que amenazaba con su propia candidatura.

Medina en efecto hizo reformar la Constitución en abril de 1945, pero sus seguidores no entendieron la necesidad ineludible que había, acorde con el despertar democrático del mundo en ese momento, de establecer la elección directa para la elección presidencial, y si bien se consagró por primera vez el voto femenino, fue sólo para las elecciones municipales. Lo cierto fue que seis meses después de la flameante reforma constitucional se produjo la Revolución de Octubre de 1945, con la bandera de establecer el sufragio universal y directo enarbolada por el partido Acción Democrática, cuyos líderes junto con militares asumieron el gobierno. En ese momento, Marcos Pérez Jiménez, tenía 31 años; Rómulo Betancourt, 37 años; Raúl Leoni, 40 años; Gonzalo Barrios y Luis Beltrán Prieto Figueroa, 43 años; Rafael Caldera tenía 29 años, y Jóvito Villalba tenía 37 años.

De nuevo, en 1945, una nueva generación había llegado al poder en medio de la crisis política, suplantando la generación de los líderes de la autocracia andina, con la tarea de implantar un nuevo esquema de organización política del Estado, con bases radicalmente distintas, de corte democrática. El ensayo, sin embargo, duró poco tiempo, pero sembró raíces que germinarían diez años después.

La Junta Revolucionaria de Gobierno instalada el 18 de octubre de 1945, en todo caso, no sólo desalojó el régimen de Medina, persiguiendo a sus colaboradores, sino que formalizó el golpe de Estado contra la Constitución de 1945, al desplazar su vigencia efectiva declarando a tal efecto en su decreto N° 1 del 20 de octubre de 1945, que "Se mantiene en vigencia el ordenamiento jurídico nacional en tanto no resulte derogado directa o indirectamente por los decretos que sancione este Gobierno…" O sea, se estableció un órgano político con poderes por encima de la Constitución, lo que luego se repetirá en la historia constitucional en 1958, 1999 y 2017.

La Junta Revolucionaria, incluso, llegó a dictar un Decreto mediante el cual resolvió que la validez de sus actos en ningún caso podían ser impugnados por vía de acción ni de excepción. O sea, se estableció formalmente un poder supra constitucional e inmune.

La Junta Revolucionaria convocó en 1946 una Asamblea Nacional Constituyente que sancionó la Constitución de 1947, cuyo texto, sin duda, cambió radicalmente los principios constitucionales en el país, constituyendo la base conforme a la cual se redactaría luego la Constitución de 1961, e incluso, la Constitución de 1999.

La Asamblea Nacional Constituyente de 1947, sin embargo, no llegó a configurarse totalmente conforme al pluralismo democrático, pues en la misma no estuvieron presentes todos los actores políticos, habiendo estado ausente el medinismo y sus líderes perseguidos. La Constitución no fue, por tanto, producto de un consenso o pacto político para la democracia, sin exclusiones. Al contrario fue producto de una Asamblea completamente dominada por un partido político.

Sin embargo, conforme a ella, se eligieron las nuevas autoridades del Estado, resultando todas controladas por el mismo partido Acción Democrática como partido hegemónico, siendo electo Rómulo Gallegos como Presidente de la República. Sin embargo, pocos meses duró en la Presidencia, habiendo sido derrocado en noviembre de 1948 por los mismos militares que habían dado el golpe de Estado en 1945.

Se constituyó entonces una Junta Militar de Gobierno que derogó la Constitución de 1947 y mandó a aplicar la de 1945. Luego del asesinato del general Carlos Delgado Chalbaud, quién la presidía, dicha Junta se transformó en 1950 en una Junta de Gobierno con participación de un civil. Ésta última hizo convocar una Asamblea Constituyente que sancionó la Constitución de 1953, habiendo sido electo Presidente de la República en ese mismo año y conforme a la misma, el general Marcos Pérez Jiménez, quien había venido participando en el ejercicio del poder militar desde 1945.

A las pocas semanas de intentar perpetuarse en el poder mediante un plebiscito que convocó para ser celebrado en diciembre de 1957, Pérez Jiménez fue derrocado por los militares que lo habían apoyado, constituyéndose entonces una Junta Militar de Gobierno, la cual, mediante Acuerdo emitido el 23 de enero de 1958, asumió todos los Poderes del Estado, incluyendo la función de legislar, y desplazando la Constitución de 1953, dispuso, al igual que hizo la Junta Revolucionaria de Gobierno de 1945, que se mantenía en vigencia el ordenamiento jurídico en cuanto no colidiera con las decisiones que adoptara la propia Junta. De nuevo, se trató de la formalización del golpe de Estado, mediante un órgano con poderes supraconstitucionales.

Lamentablemente había sido necesario el transcurso de una década de dictadura militar, entre 1948 y 1958, para que los venezolanos que habían definido como proyecto político implantar la democracia en Venezuela, con Rómulo Betancourt a la cabeza, se dieran cuenta de que la democracia no podía ni puede funcionar sobre la base de la hegemonía de un partido único o casi único sobre todos los otros, ni con exclusiones, sino que tenía que tener como soporte el pluralismo partidista y de ideas, donde el diálogo, la tolerancia, la negociación y la conciliación fueran instrumentos de acción.

Ese convencimiento llevó a que en 1958, los líderes políticos de los tres partidos fundamentales, Acción Democrática, Copei y Unión Republicana Democrática, hubieran firmado el "Pacto de Punto Fijo," que fue el producto más depurado de la dolorosa experiencia del militarismo de los años cincuenta, precisamente con el objeto de implantar la democracia, habiendo dado sus frutos plenos en las décadas posteriores aun cuando el partido comunista haya sido excluido, precisamente por no tener ideario democrático.

VII. EL CUARTO PERÍODO CONSTITUCIONAL: EL ESTADO DEMOCRÁTICO CENTRALIZADO DE PARTIDOS (1961 -)

El producto directo de dicho Pacto fue la sanción de la Constitución de 1961 por un Congreso electo en 1958 conforme a las previsiones de la Constitución de 1953, con la cual se dio inicio al *cuarto período* de nuestra historia constitucional, el del régimen del Estado democrático de derecho, centralizado de partidos, montado sobre la base del pluralismo político.

Desde que se había iniciado la crisis del régimen autocrático del tercer período político con la muerte de Gómez en 1935, hasta la consolidación del régimen democrático con la sanción de la Constitución de 1961, habían pasado 26 años, un tiempo similar a los anteriores períodos de transición. Ya para entonces, los jóvenes que participaron en el proceso político originado con la Revolución de octubre de 1945, ahora tenía otra edad: Rómulo Betancourt tenía 50 años; Raúl Leoni, 53 años y Gonzalo Barrios y Luis Beltrán Prieto Figueroa, 56 años; Rafael Caldera tenía 42 años, y Jóvito Villalba tenía 50 años. Para ese momento, además, Carlos Andrés Pérez tenía 39 años y Luis Herrera Campins, 36 años.

Los partidos políticos asumieron el papel protagónico en la conformación del régimen democrático; por ello, el Estado que comenzó a desarrollarse en 1961 fue un Estado Democrático Centralizado de Partidos, en lo cual tuvieron un extraordinario éxito: la democracia se implantó en Venezuela; pero lamentablemente, del Estado de Partidos se pasó a partidocracia,[33] pues los partidos se olvidaron que eran instrumentos para la democracia y no su finalidad. Como es bien sabido, asumieron el monopolio de la participación y de la representatividad en todos los niveles del Estado y de las sociedades intermedias, lo que sin duda había sido necesario en el propio inicio del proceso. Pero con el transcurrir de los años se olvidaron abrir el cerco que habían tendido para controlarlo y permitir que la democracia corriera más libremente.[34]

Y al final del último período constitucional de la década de los ochenta del siglo pasado, la tendencia al monopolio partidista del poder llegó a su cúspide, cuando el centro del poder político definitivamente se ubicó afuera del Gobierno y del aparato del Estado, precisamente en la cúpula del partido Acción Democrática que en ese momento dominaba el Ejecutivo Nacional, el Congreso y todos los cuerpos deliberantes representativos; que había nombrado como Gobernadores de Estado incluso a sus propios Secretarios Generales

---

33   Véase Allan R. Brewer-Carías. *Problemas del Estado de Partidos*, Editorial Jurídica Venezolana, Caracas 1988.

34   Véase Allan R. Brewer-Carías "Reflexiones sobre la crisis del sistema político, sus salidas democráticas y la convocatoria a una Constituyente", en *Ciencias de Gobierno* N° 4, Julio-Diciembre 1998, Gobernación del Estado Zulia, Instituto Zuliano de Estudios Políticos Económicos y Sociales (IZEPES), Maracaibo, Edo. Zulia, 1998, pp. 49-88; y en Allan R. Brewer-Carías (Coord.), *Los Candidatos Presidenciales ante la Academia. Ciclo de Exposiciones 10-18 Agosto 1998,* Serie Eventos N° 12, Biblioteca de la Academia de Ciencias Políticas y Sociales, Caracas 1998, pp. 9-66.

regionales, y que designaba hasta los Presidentes de cada uno de los Concejos Municipales del país.[35]

El gobierno del Partido Acción Democrática durante la presidencia de Jaime Lusinchi (1985-1989), hizo todo lo contrario de lo que reclamaban las casi tres décadas de democracia que teníamos cuando se instaló, que era la apertura frente a la autocracia partidista que se había desarrollado y la previsión de nuevos canales de participación y representatividad. Fue el Gobierno donde más se habló de "reforma del Estado" pero en el cual menos se hizo en ese campo, habiendo aparecido en ese período de gobierno, la partidocracia con todo su espanto autocrático. Afortunadamente al menos, de esa época quedaron los estudios de la Comisión Presidencial para la Reforma del Estado.[36]

El Caracazo de febrero de 1989, a escasos quince días de la toma de posesión del nuevo Presidente electo por segunda vez, Carlos Andrés Pérez, fue el signo trágico del anuncio de la crisis del sistema de Estado de Partidos[37] que se nos venía encima, el cual fue seguido de los dos intentos militaristas de golpe de Estado, de febrero y noviembre de 1992, el primero comandado por el entonces Teniente Coronel Hugo Chávez Frías, los cuales, además de atentatorios contra la Constitución, costaron centenares de vidas.

En todo caso, ya era demasiado tarde para que una reforma constitucional como se había prometido impidiera la crisis que se avizoraba, y las reformas incompletas que se hicieron se redujeron a sentar las bases, al inicio del segundo gobierno de Carlos Andrés

---

35 Véase Allan R. Brewer-Carías "La crisis de las instituciones: Responsables y salidas", en *Revista de la Facultad de Ciencias Jurídicas y Políticas*, N° 64, Universidad Central de Venezuela, Caracas 1985, pp. 129-155; y en *Revista del Centro de Estudios Superiores de las Fuerzas Armadas de Cooperación*, N° 11, Caracas 1985, pp. 57-83.

36 Véase Allan R. Brewer-Carías, *Problemas del Estado de partidos*, Editorial Jurídica Venezolana, Caracas 1988, 340 pp.

37 Véase Allan R. Brewer-Carías, Allan R. Brewer-Carías "La crisis terminal del sistema político" *Edición Aniversaria diario El Globo, Una evaluación a estos cuarenta años de Democracia. Política. Los cambios necesarios*, Caracas 24 de noviembre, 1997. pp. 12-13.

Pérez en 1989, del proceso de descentralización política, mediante la implementación de las previsiones constitucionales de 1961 que hicieron posible la elección directa de Gobernadores y el inicio de la transferencia de competencias nacionales a los Estados, reformándose el viejo y dormido esquema federal; proceso que luego fue inmediatamente abandonado. [38]

En todo caso, el elemento detonante del inicio de la crisis del cuarto de los períodos constitucionales del país, el del sistema de Estado democrático de Partidos, se produjo cuando éstos simplemente se suicidaron, generando un profundo vacío político, permitiendo con ello que el sistema simplemente se desmantelara.

Ello ocurrió en 1993 cuando el partido Acción Democrática sacrificó y acordó el enjuiciamiento de su líder y Presidente, Carlos Andrés Pérez, desalojándolo del poder; y luego en el mismo año, fue el líder del partido social cristiano, Rafael Caldera, el que descuartizó a su propio partido lanzándose como candidato presidencial en contra del mismo, resultando finalmente electo con una exigua minoría parlamentaria y la oposición entre otros de su antiguo partido.

Desde entonces, para 2018 el país llevaba 24 años de crisis del sistema democrático de partidos, tiempo que para los estándares históricos debían estar anunciando la estabilidad de un nuevo período constitucional o sistema político constitucional, pero que hasta ahora trágicamente ni llega a avizorarse. En cambio, la única alternativa que se anuncia frente al esquema del Estado democrático en crisis, es que no se permitirá en ningún caso la realización de elecciones libres y transparentes que pudieran llevar al gobierno a líderes de la oposición. Es decir, la negación de la democracia misma.

---

38   Véase Allan R. Brewer-Carías, Carlos Ayala Corao, Jorge Sánchez Meleán, Gustavo Linares y Humberto Romero Muci, *Leyes y reglamentos para la descentralización política de la Federación,* Colección Textos Legislativos, N° 11, Editorial Jurídica Venezolana, Caracas 1990, 299 pp.; Allan R. Brewer-Carías, *Informe sobre la descentralización en Venezuela 1993 Memoria del Dr. Allan R. Brewer Carías, Ministro de Estado para la Descentralización (junio 1993 febrero 1994),* Ediciones de la Presidencia de la Republica, Caracas, 1994.

Durante los últimos 24 años, en efecto, lo que hemos presenciado los venezolanos han sido hechos políticos que se han sucedido uno tras otros, que lo que han hecho es contribuir a la persistencia de la crisis, mediante la destrucción y demolición de todos los sustentos democráticos del Estado.[39]

En efecto, hay que recordar que el vacío de poder que dejaron los partidos políticos a partir de 1993 fue llenado rápidamente por el primer aprendiz de Melquíades que pasó por el pueblo, ofreciendo una Asamblea Constituyente con el propósito oculto, sin duda, de asaltar el poder después de que no pudo lograrlo hacer por la fuerza de las armas.

Por ello, la Asamblea Constituyente de 1999, convocada en contra de lo que establecía la Constitución de 1961, no pudo ser el mecanismo democrático para formular un proyecto de país, y más bien fue el instrumento para dar un golpe de Estado, al anteponerse a la Constitución y colocarse sobre la misma. Para ello, con la misma redacción de lo escrito en las Actas Constitutivas de las Juntas de Gobierno de 1945 y 1958, producto de golpes de Estado militares, en el Estatuto de Funcionamiento de la Asamblea de agosto de 1999, se declaró que "La Constitución de 1961 y el resto del ordenamiento jurídico imperante, mantendrán su vigencia en todo aquello que no colida o sea contradictorio con los actos jurídicos y demás decisiones de la Asamblea Constituyente."

Es decir, una institución supraconstitucional por decisión propia, no del pueblo.

Con tales poderes, que luego se los fue ampliando progresivamente, la Asamblea intervino el Poder Judicial, el Congreso, las

---

39 Véase Allan R. Brewer-Carías, *La mentira como política de Estado. Crónica de una crisis política permanente. Venezuela 1999-2015* (Prólogo de Manuel Rachadell), Colección Estudios Políticos, N° 10, Editorial Jurídica Venezolana, Caracas 2015, 478 pp.; *La ruina de la democracia. Algunas consecuencias. Venezuela 2015* (Prólogo de Asdrúbal Aguiar), Colección Estudios Políticos, N° 12, Editorial Jurídica Venezolana, Caracas 2015, 694 pp.

Asambleas Legislativas y Concejos Municipales, y suspendió las elecciones municipales. [40]

La Constitución de 1999 que finalmente sancionó la Asamblea Constituyente, sin embargo, no estableció nada nuevo respecto del esquema del Estado democrático de derecho, ni varió mayormente los principios democráticos y de juridicidad consagrados en la Constitución de 1961 y antes en la de 1947, reforzándose más bien, en su texto, todos los principios y valores del Estado social y democrático de derecho que se había estabilizado en Venezuela a partir de 1961.[41] Por tanto, como mecanismo para refundar el Estado, como se la anunció, dicha Asamblea Constituyente fue un soberano fracaso. [42]

En su texto, en definitiva, se cambiaron cosas para dejarlas igual, y más grave, para que los defectos políticos del sistema de partidos se agudizaran. La Constitución de 1999, en efecto, puede decirse que preservó la partidocracia como sistema de control del poder aun cuando con un nuevo partido, el de gobierno, presidido por los altos jerarcas del Estado precisamente contrariando la propia Constitución que en vano dice que los funcionarios públicos están al servicio del Estado y no de parcialidad política alguna; y con ella se pretendió además denominar a la República misma con el nombre del partido político oficial usando el nombre de Bolívar.

La Constitución de 1999, además, acentúo el centralismo de Estado, reduciendo las autonomías de los Estados y Municipios y minimizando su protagonismo político; exacerbó el Presidencialismo, eliminando las atenuaciones tradicionales del constitucionalismo,

---

40 Véase Allan R. Brewer-Carías, *Golpe de Estado y proceso constituyente en Venezuela,* Universidad Nacional Autónoma de México, México 2002, 405 pp.

41 Véase Allan R. Brewer-Carías, *La Constitución de 1999.* Editorial Arte, Caracas 2000, 414 pp.

42 Véase Allan R. Brewer-Carías, "Reflexiones críticas sobre la Constitución de Venezuela de 1999", en *Revista de Derecho Público,* N° 81, Editorial Jurídica Venezolana, Caracas, enero-marzo 2000, pp. 7-21; y en el libro *La Constitución de 1999,* Biblioteca de la Academia de Ciencias Políticas y Sociales, Serie Eventos 14, Caracas 2000, pp. 63-88.

estableciendo incluso hasta la delegación legislativa sin límites expresos, cuyo ejercicio, entre otras causas, ha sido el que ha acentuado la grave crisis de gobernabilidad que ha afectado a todos.

Además, dicho texto desdibujó la separación y balance de los poderes del Estado, propiciando su concentración inusitada en el Presidente cuando controla políticamente a la Asamblea, con grave peligro para el juego democrático; acentuó el paternalismo del Estado y el estatismo, lo que ha resultado inviable con la crisis del Estado Petrolero; y constitucionalizó el militarismo en una forma que ni siquiera se previó en las Constituciones gomecístas. Por ello, dijimos en 1999 que la Constitución de 1999 era una mesa servida al autoritarismo.[43]

Pero además, todos los aspectos positivos que la Constitución pudo haber tenido fueron secuestrados por la propia Asamblea Constituyente a la semana de haber sido aprobada la Constitución por el pueblo, mediante la emisión del famoso Decreto sobre Régimen de Transición del Poder Público de 22 de diciembre de 1999, con el cual se dio origen a un régimen constitucional paralelo, no aprobado por el pueblo, con el cual la Asamblea continúo con el golpe de Estado que ha caracterizado todos estos años de crisis, pero esta vez contra la nueva Constitución, y todo ello, avalado por el Tribunal Supremo cuyos Magistrados fueron, precisamente, el primer producto del mismo régimen transitorio por ella diseñado.[44]

En todo caso, en lo que no fracasó la Asamblea Nacional Constituyente y el golpe de Estado que dio a partir de 1999, fue en haber servido de vehículo para permitir el asalto del poder por parte de la logia militar que había dado el fracasado golpe de Estado de 1992,

---

43 Véase "Razones del voto no," en Allan R. Brewer-Carías, *Debate Constituyente (Aportes a la Asamblea Nacional Constituyente),* Tomo III *(18 octubre-30 noviembre 1999),* Fundación de Derecho Público-Editorial Jurídica Venezolana, Caracas 1999.

44 Véase Allan R. Brewer-Carías, *Golpe de Estado y proceso constituyente en Venezuela,* Universidad Nacional Autónoma de México, México 2002, 405 pp.

cuyos miembros se apoderaron de todas las instancias del poder para implantar un modelo de Estado totalitario y cleptocrático. [45]

Pero como con el texto aprobado en 1999, a pesar de su germen autoritario, no podían lograr formalizar dicho Estado, lo que hicieron fue simplemente suspender la aplicación de la Constitución, la cual en la práctica puede decirse que nunca ha tenido vigencia plena en el país, habiendo sido en general una gran mentira.[46] A la búsqueda de una Constitución que permitiera implantar un Estado socialista, centralista, militarista y policial como el que han estructurado de hecho, se dirigieron todos los esfuerzos del gobierno, y de allí que el Presidente Chávez hubiese propuesto en 2007 un proyecto de Reforma constitucional para establecer el Estado Comunal o del Poder Popular, [47] suplantando totalmente la democracia representativa, el cual sin embargo fracasó y fue rechazado por el pueblo mediante referendo. [48]

---

45 Véase Allan R. Brewer-Carías, *Estado totalitario y desprecio a la ley. La desconstitucionalización, desjuridificación, desjudicialización y desdemocratización de Venezuela,* Fundación de Derecho Público, Editorial Jurídica Venezolana, 2014, 532 pp.; segunda edición, (Con prólogo de José Ignacio Hernández), Caracas 2015, 542 pp.; *Authoritarian Government v. The Rule of Law. Lectures and Essays (1999-2014) on the Venezuelan Authoritarian Regime Established in Contempt of the Constitution,* Fundación de Derecho Público, Editorial Jurídica Venezolana, Caracas 2014, 986 pp.

46 Véase Allan R. Brewer-Carías, *La mentira como política de Estado. Crónica de una crisis política permanente. Venezuela 1999-2015* (Prólogo de Manuel Rachadell), Colección Estudios Políticos, N° 10, Editorial Jurídica Venezolana, Caracas 2015, 478 pp.

47 Véase Allan R. Brewer-Carías, "Hacia la creación de un Estado Socialista, Centralizado y Militarista en Venezuela. Análisis de la propuesta presidencial de reforma constitucional," en *Estudios Jurídicos,* Volumen XIII, Enero 2004-Diciembre 2007, Asociación Hipólito Herrera Billini, Santo Domingo, República Dominica 2008, pp. 17-66; y en en *Anuario da Facultade de Dereito da Universidade da Coruña, Revista jurídica interdisciinaria internacional,* Con. 12, La Coruña 2008, pp. 87-125.

48 Véase Allan R. Brewer-Carías, "La reforma constitucional en Venezuela de 2007 y su rechazo por el poder constituyente originario," en José Ma. Serna de la Garza (Coordinador), *Procesos Constituyentes contemporáneos en*

Ante ese fracaso, la opción del gobierno fue implementar inconstitucionalmente el contenido de la reforma constitucional rechazada, lo que hizo mediante leyes orgánicas sancionadas en diciembre de 2010, por supuesto en violación de la Constitución, [49] luego de haber perdido el partido de gobierno el control total de la Asamblea Nacional, confirmando con ello que la Constitución no ha sido más que un papel sin vigencia plena alguna, y cuyas violaciones nadie controla.

Pero no sólo la Constitución de 1999 se tornó en un papel sin aplicación, sino que la democracia como régimen político también fue desmantelada y removida por el régimen, lo que quedó evidenciado a partir de las elecciones parlamentarias de diciembre de 2015, [50] que ganó la oposición, lo que provocó que en una repugnante colusión entre el Ejecutivo y el Tribunal Supremo de Justicia, se despojó completamente a la Asamblea Nacional de todos sus poderes, quedando la misma como una entelequia vacía. [51]

América latina. Tendencias y perspectivas, Universidad Nacional Autónoma de México, México 2009, pp. 407-449.

49   Véase Allan R. Brewer-Carías, Claudia Nikken, Luis A. Herrera Orellana, Jesús María Alvarado Andrade, José Ignacio Hernández y Adriana Vigilanza, *Leyes Orgánicas sobre el Poder Popular y el Estado Comunal (los Consejos Comunales, las Comunas, la Sociedad Socialista y el Sistema Económico Comunal)* (En colaboración con), Colección Textos Legislativos N° 50, Editorial Jurídica Venezolana. Caracas 2011, 720 pp.

50   Véase Allan R. Brewer-Carías, *El golpe a la democracia dado por la Sala Constitucional (De cómo la Sala Constitucional del Tribunal Supremo de Justicia de Venezuela impuso un gobierno sin legitimidad democrática, revocó mandatos populares de diputada y alcaldes, impidió el derecho a ser electo, restringió el derecho a manifestar, y eliminó el derecho a la participación política, todo en contra de la Constitución)*, Colección Estudios Políticos N° 8, Editorial Jurídica venezolana, Caracas 2014, 354 pp.; segunda edición, (Con prólogo de Francisco Fernández Segado), 2015, 426 pp.

51   Véase Allan R. Brewer-Carías, *La dictadura judicial y la perversión del Estado de derecho. El juez constitucional y la destrucción de la democracia en Venezuela* (Prólogo de Santiago Muñoz Machado), Ediciones El Cronista, Fundación Alfonso Martín Escudero, Editorial IUSTEL, Madrid 2017, 608 pp.

Para ello, el Tribunal Supremo de Justicia, dando un golpe de Estado, asumió el rol de verdugo principal de la democracia, usurpando directamente las funciones del Legislador; y cuando ya no hubo posibilidad de continuar con esa tragicomedia, se produjo un nuevo golpe de Estado con la convocatoria inconstitucional y fraudulenta de la Asamblea Constituyente en julio de 2017, asumiendo la misma el poder total en contra de lo previsto en la Constitución de 1999,[52] suplantando ahora la otrora dictadura judicial que comandó el Tribunal Supremo, por una dictadura constituyente.

Para ejercer ese poder absoluto, la Asamblea Constituyente se ha auto atribuido poderes soberanos y supra constitucionales que no puede tener, y ha llegado incluso a formalizar expresamente el golpe de Estado en sus decretos (en las "Normas para garantizar el pleno funcionamiento institucional de la Asamblea Nacional Constituyente en armonía con los Poderes Públicos constituidos" de agosto de 2017), copiando la fórmula tradicional usada en otros golpes de Estado, como la que está en las actas de las Juntas de Gobierno de 1947 y 1958, al señalar que "la Constitución de 1999 solo seguirá en vigencia, en todo aquello en lo que la Asamblea Constituyente no disponga lo contrario."[53] Con ello, la Asamblea Nacional Constituyente simplemente borró la Constitución como norma suprema, pudiendo disponer lo que quiera, sin límites, siendo sus decisiones incontrolables por haber sometido a sus designios a todos los poderes del Estado, incluyendo al Tribunal Supremo de Justicia.

La historia, sin duda, puede decirse que con frecuencia se repite, pero aquí con el agravante de que de la farsa de entonces se ha

---

52 Véase Allan R. Brewer-Carías, *La inconstitucional convocatoria de una Asamblea Nacional Constituyente en mayo de 2017. Un nuevo fraude a la Constitución y a la voluntad popular*, Colección Textos Legislativos, N° 56, Editorial Jurídica Venezolana, Caracas 2017, pp. 178 pp.

53 Véase Allan R. Brewer-Carías, "La gran usurpación basada en una gran mentira: La fraudulenta Asamblea Nacional Constituyente no puede pretender imponerse sobre los poderes constituidos y menos sobre la Asamblea Nacional," (documento), agosto 2017, en http://allanbrewercarias.net/site/wp-content/uploads/2017/08/176.-doc-Brewer.-Gran-Usurpaci%C3%B3n-basada-Gran-Mentira.pdf.

pasado a la tragedia de ahora, pues lo que tenemos los venezolanos en estos últimos años de crisis terminal del período político de Estado democrático centralizado de partidos, que sin duda está próximo a acabar, no es otra cosa, como dije al inicio, sino un gobierno asambleario y tumultuario que actúa sin Constitución, conducido por un reducido grupo de asaltantes del poder, sin control alguno, configurándose como el reino de la arbitrariedad.

Por ello es que podemos decir que lo que actualmente vive Venezuela es una tragedia política; de manera que lo que en su momento pudo haber sido un gobierno de cambio para profundizar la democracia y que hubiera podido permitir iniciar con el propio Siglo XXI un nuevo ciclo histórico político de democracia descentralizada y participativa, como muchos creyeron que era lo que correspondía en 1998, desde 1999 no ha resultado otra cosa sino una deformación y caricatura de todos los vicios del ciclo iniciado en 1961, el cual, por tanto, puede considerarse que no ha concluido y continúa en crisis.

Por ello, en el cuadro de la historia ese será el mayor castigo que tendrá la tropa que asaltó el poder en 1999, que trastocó la democracia venezolana y que destruyó el país: el haberse constituido en la peor parte de los vicios del ciclo del Estado democrático centralizado, que no cambiaron, sino que acrecentaron, agregando a ello todos los problemas económicos y sociales que provocaron con su guerra contra los venezolanos, lo que ha afectado todo, incluso a la propia Administración del Estado. En toda nuestra historia es imposible encontrar, en efecto, mayor ineficiencia en el manejo de la Administración Pública como la que hoy padece el país, cuyos jefes, muchos de ellos militares, como "concejales hambrientos" según la vieja conseja castellana, llegaron al poder para saciarse en el marco de una corrupción nunca antes vista, y de una delincuencia organizada con repercusiones más allá de nuestras fronteras; marco en el cual no aparece el Contralor General de la República, dudándose incluso que realmente tal funcionario exista, habiéndose manifestado solo para inhabilitar opositores.

La crisis política que estalló en 1993, por tanto, continúa agravada. Nada de lo que la provocó se ha superado y, al contrario, lo que ha sucedido es que los vicios se han multiplicado y acrecentado en gravedad, pudiendo considerarse que el régimen ya está en un estado de "apoptosis," que presagia su final

VIII. LA "APOPTÓSIS" DEL RÉGIMEN: EL FINAL SE ACERCA

De todo lo anterior, en todo caso, lo que resulta cierto es que los signos definitivos de la autodestrucción del régimen o de su "apoptosis" no se han producido de la noche a la mañana, ni son manifestaciones del gobierno que se inició en 2013, sino que los mismos comenzaron a manifestarse desde hace lustros, durante todo el gobierno de Hugo Chávez, quien sin duda debe haber terminado sus días consciente de su fracaso; siendo ahora lo trágico de ello, como nos lo enseña la historia, que el fracaso de los dirigentes termina siendo el fracaso de la Nación entera.

Así, hace diez años, en 2008, al terminar de escribir mi libro: *Historia Constitucional de Venezuela*[54], y cinco años después, al publicar la segunda edición como parte de mi obra *Colección Tratado de Derecho Constitucional*,[55] en la "Apreciación final" de dicha edición, terminada de escribir en abril de 2013, abrevié los síntomas que ya para ese momento se apreciaban de la mencionada apoptosis, y que ahora se han agravado. Para ese momento, en marzo de 2013, ya se había anunciado el fallecimiento del Presidente Hugo Chávez, el cual muy probablemente ocurrió meses antes, en diciembre de 2012, después de su reelección en 2012 y del intento de reforma constitucional que alentó y propuso durante el año 2007, la cual fue abrumadoramente rechazada por el pueblo en el referendo realizado el 2 de diciembre de 2007.

Después de esa fracasada reforma puede decirse que los acontecimientos empezaron a mostrar el principio de un tiempo en el cual

---

54 Véase Allan R. Brewer-Carías, *Historia Constitucional de Venezuela*, Editorial Alfa en Caracas, 2008, 2 tomos, 464 pp. y 542 pp.

55 Véase Allan R. Brewer-Carías, *Historia Constitucional de Venezuela,* Tomo I de la Colección Tratado de Derecho Constitucional, Editorial Jurídica Venezolana, Caracas 2013, Tomo I.

se comenzaron a exigir cuentas al Presidente de la República y a su gobierno, por los malos frutos y los pésimos resultados del asalto al poder que comandó desde 1999 y por la gestión que realizó durante los catorce años desde cuando había sido electo Presidente en 1998 siendo, como lo fue, el Presidente que en toda la historia del país, desde 1811, estuvo más años seguidos en ejercicio del cargo.

En tal sentido, dejamos registrados, al menos, los siguientes hechos que sin duda consideramos que tendrían importantes repercusiones constitucionales hacia el futuro como en efecto está ocurriendo:

En primer lugar, desde el punto de vista internacional, la situación de aislamiento global en el que se había colocado a Venezuela. Ello se marcó por el fracaso del voluntarista intento en 2006, utilizando toda suerte de presiones, para que un representante del país ocupara un puesto en el Consejo de Seguridad de las Naciones Unidas, partiendo del ataque personal que efectuó el Presidente Chávez al jefe de Estado del país sede de dicha organización; por el retiro de Venezuela de la Comunidad Andina de Naciones, en 2006, la cual después de tantas décadas de esfuerzo continuo desarrollado desde la firma del Pacto Andino hacía cuarenta años, había logrado constituirse en el proceso de integración regional de mayor institucionalidad de América Latina; por el fracaso, desde 2007, de la propuesta sustitutiva de incorporar a Venezuela en el Mercosur, que es un esquema de integración que une a unos importantes países del sur de América Latina, pero de los cuales casi todo nos separa, lo que sólo se logró, a pesar de que lo impedía la cláusula democrática de dicha organización, en 2012, al expulsarse a Paraguay de la misma, para solo terminar en 2017 con la expulsión de Venezuela del mismo por parte de los Estados miembros; por la denuncia de Venezuela de la Convención Americana sobre Derechos Humanos, lo que coloca a Venezuela al margen del mundo de la protección internacional de los derechos humanos, pretendiendo escapar al control judicial de la Corte Interamericana de Derechos Humanos, cuyas decisiones fueron abiertamente desconocidas por el Estado; por el creciente endeudamiento internacional de la República y de la empresa petrolera estatal, PDVSA, paralelamente al tiempo en el cual el precio del petróleo había llegado a niveles inimaginables en

1998, dándole al país los mayores ingresos fiscales petroleros en toda su historia, con el contradictorio riesgo del colapso de la propia industria petrolera, entre otros factores, por la desinversión que ha marcado la gerencia de la misma, con motivo del desmantelamiento de la Apertura Petrolera; por el rechazo popular a la idea anunciada por el Presidente de la República en 2007, de supuestamente establecer una Confederación con Cuba, que siéndonos también tan extraña, hubiera podido implicar el riesgo de que Venezuela pudiera perder su propia identidad, como se pretendió hacer entre 1819 y 1830, cuando Venezuela, en el marco bolivariano, desapareció como Estado, incorporándose su territorio a la Republica de Colombia, pero que sin embargo, a través de convenios internacionales no conocidos, el Presidente Chávez, antes de su fallecimiento de hecho implementó, de manera que uno de sus trágicos legados fue el haber dejado el Estado venezolano bajo el control de los gobernantes de otro Estado, extranjero, el cubano; por el rechazo internacional de la pretendida idea de realizar un proceso de integración militar e, incluso, de crear una Fuerza Armada Bolivariana para enfrentar otros países americanos, particularmente viniendo de Venezuela que es el único país de América Latina que jamás, en toda su historia, ha estado en guerra con país alguno; por la persistente injerencia de funcionarios del gobierno venezolano en los procesos de políticos y de elecciones desarrolladas en los últimos años en muchos de los países de América Latina, lo que se denunció repetidamente en la prensa respecto de las efectuadas en Perú, México, Bolivia, Ecuador, y luego en Argentina, en Paraguay y Honduras; por las relaciones abiertas que el Estado venezolano ha establecido con las fuerzas irregulares que operan como guerrilla en Colombia, calificadas internacionalmente como terroristas, al punto de que la Asamblea Nacional el 18 de enero de 2008 mediante Acuerdo, llegó a pedir a la Comunidad internacional que las reconocieran como fuerzas beligerantes legítimas; los Ministros del gabinete las alentado públicamente para que siguieran haciendo lo que hacían,[56] y de que se

---

56 El entonces Ministro del Interior Rodríguez Chacín, al despedirse del grupo de guerrilleros colombianos que entregaron a unos secuestrados les dijo "en nombre del Presidente Chávez...estamos muy pendientes de su lucha. Man-

movilizan libremente en territorio venezolano, ocupando y explotando como propio los territorios del sur hacia el Amazonas.

Ello ha llegado hasta el punto de que el propio Presidente de la República llegara a declarar, contra todo principio internacional imaginable, que "en buena parte del oeste y suroeste" Venezuela ya no limita territorialmente "con el Estado colombiano, sino con las FARC", y que las personas secuestradas por la guerrilla "son en realidad prisioneros de guerra."[57]

Todo este cuadro, que sólo ha seguido agravándose desde 2013 hasta ahora, ha aislado progresivamente al Estado venezolano, incluso de aliados circunstanciales en gran parte motivados por la factura petrolera que se ha utilizado como instrumento de política internacional, al punto de que se hubiera llegado a la recordada increpación del Rey de España dirigida al Presidente Chávez en la XVII Cumbre Iberoamericana celebrada en Santiago de Chile en noviembre de 2007, cuando le dijo: "¿Por qué no te callas?"[58]

---

tengan ese espíritu, mantengan esa fuerza y cuenten con nosotros". Véase en *Noticias 24*, 10 de enero de 2008, en www.noticias24.com

57 Véase reseña de Eugenio Martínez, "Venezuela limita con las FARC no con Colombia", *El Universal*, Caracas 05-02-2008. AL mes siguiente, en los primeros días de marzo de 2008, con motivo de una acción militar que desplegó el Ejército Colombiano en la frontera con Ecuador, de la cual resultó el fallecimiento, entro otros, de un conocido miembro de la guerrilla colombiana (FARC), el Presidente de la República ordenó la movilización del Ejercito venezolano hacia la frontera con Colombia, pretendiendo colocar al país al borde de una absurda guerra, cuando ni siquiera había habido agresión alguna contra Venezuela. El día 4 de marzo de 2008, el diario *Crónica de Hoy*, de Bogotá anunció que el Presidente de Colombia, Álvaro Uribe, "tras revisar la computadora del abatido 'número 2' de las FARC, Raúl Reyes, denunciará a su homólogo venezolano, Hugo Chávez, ante la Corte Penal Internacional (CPI) de La Haya por su presunto apoyo a esa organización terrorista, especializada en el narcotráfico y el secuestro de civiles para chantajear al Estado. 'Una vez conocidas todas las informaciones en el computador de Raúl Reyes, el gobierno bajo mi responsabilidad se propone denunciar [a Chávez] ante la CPI para que explique el presunto delito de financiación de genocidas'". Véase *Crónica de Hoy*, Bogotá 05-03-2008.

58 Véase la reseña "El Rey a Chávez: "¿Por qué no te callas?" El Rey se enfrenta a Chávez tras insistir el presidente venezolano en llamar "fascista" a

La carrera hacia el aislamiento internacional se aceleró extraordinariamente, al punto de que el Secretario General de la Organización de Estados Americanos, Luis Almagro, desde 2016 ha planteado formalmente ante la Organización la aplicación de la carta Democrática Interamericana de 2001, denunciando todas las violaciones al principio democrático y a los derechos humanos en el país; [59] y muchos países de América y de Europa han desconocido oficialmente la legitimidad de la Asamblea Nacional Constituyente electa inconstitucional y fraudulentamente en 2017.[60] Además, los Estados Unidos, Canadá y todos los países de la Unión Europea han impuesto sanciones individuales contra los más altos funcionarios del gobierno de régimen "a quienes acusan de graves violaciones a los derechos humanos."[61]

En segundo lugar, en el orden interno, los esfuerzos desplegados para la progresiva configuración de un "bolivarianismo" o de una "doctrina bolivariana," [62] que nadie conoce y que se forma con-

---

Aznar," en El País, 10 de noviembre de 2007, en https://elpais.com/internacional/2007/11/10/actuali-dad/1194649213_850215.html.

59 Véase el libro: *La crisis de la democracia en Venezuela, La OEA y la Carta Democrática Interamericana. Documentos de Luis Almagro (2015-2017),* Segunda edición, Iniciativa Democrática de España y las Américas (IDEA), Editorial Jurídica Venezolana International, Miami 2017, 466 pp.

60 Véase la reseña "Los 12 países del Grupo de Lima y EE.UU. condenaron que Constituyente de Venezuela "usurpe" al Parlamento," en Noticias CNR, 18 de agosto de 2017, en http://www.noticiasrcn.com/internacional-crisis-venezuela/los-12-paises-del-grupo-lima-y-eeuu-condenaron-constituyente.

61 Véase la reseña: "La Unión Europea adopta sanciones contra altos cargos de Venezuela," en El Heraldo, 23 de enero de 2018, en http://www.elheraldo.hn/mundo/1145391-466/la-uni%C3%B3n-europea-adopta-sanciones-contra-altos-cargos-de-venezuela.

62 Véase Germán Carrera Damas, *El culto a Bolívar, esbozo para un estudio de la historia de las ideas en Venezuela,* Universidad Central de Venezuela, Caracas 1969; Luis Castro Leiva, *De la patria boba a la teología bolivariana,* Monteávila, Caracas 1987; Elías Pino Iturrieta, *El divino Bolívar. Ensayo sobre una religión republicana,* Alfail, Caracas 2008; Ana Teresa Torres, *La herencia de la tribu. Del mito de la independencia a la Revolución bolivariana,* Editorial Alfa, Caracas 2009 y Tomás Straka, *La épica del desencanto,* Editorial Alfa, Caracas 2009.

forme a la deformación o interpretación que, comenzando por el Presidente de la República, se ha hecho de lo que hace casi 200 años dijo o pudo haber dicho o realizado Simón Bolívar, a quien incluso se lo califica de socialista. Todo ello comenzó institucionalmente con el cambio formal del nombre a la República de Venezuela ocurrido en 1999, por el de "República Bolivariana de Venezuela", con lo que se comenzó a dividir progresivamente al país entre bandos bolivarianos y anti bolivarianos. No es la primera vez que desde el Estado se han hecho intentos por construir una "doctrina bolivariana", lo que ya procuraron los Presidentes Antonio Guzmán Blanco en el siglo XIX y Eleazar López Contreras en el siglo XX, en esfuerzos que terminaron derrumbándose estrepitosamente en perjuicio de la propia memoria de Bolívar. En 2010, en todo caso, con la inconstitucional creación en paralelo al Estado Constitucional, del Estado Comunal y del Poder Popular, luego de que el partido de gobierno y el Estado adoptaran el marxismo y socialismo como doctrina, la misma se la llegó a calificar como "doctrina bolivariana."

Recuérdese que después de rechazada la reforma constitucional en el referendo del 2 de diciembre de 2007, en el cual por votación popular el pueblo se negó a aprobar la transformación del Estado venezolano en un Estado Socialista, sin embargo, en fraude a la Constitución y a dicha voluntad popular, el Presidente de la República implementó la reforma constitucional rechazada mediante leyes y medidas ejecutivas desconociendo esa decisión popular, lo que culminó con las leyes inconstitucionales del Poder Popular implementando el Estado socialista.

En cuanto a la idea de la doctrina bolivariana, la esencia de esa doctrina en relación con el Estado, es un esquema en el cual Venezuela desaparecería como tal en estructuras nacionales distintas, como lo soñó Bolívar, pero completamente irrealizables en nuestros tiempos, y menos con el común signo de la bandera tricolor en el brazo de trajes militares que ha sido común en los grupos guerrilleros colombianos que se han declarado "bolivarianos."

En tercer lugar, en relación con la gestión del gobierno durante la última década, desde el punto de vista institucional, la destrucción masiva de la institucionalidad democrática, [63] lo que llevó hasta 2015 a la configuración de una Asamblea Nacional unicameral que respondía exclusivamente a las instrucciones del Jefe del Estado, y a la dependencia de los otros poderes del Estado de la propia Asamblea Nacional y a través de esta del jefe del Estado, esquema que sin embargo, pudo cambiar en 2015, luego de que la oposición democrática obtuvo el triunfo en las elecciones parlamentarias llegando a controlar la Asamblea Nacional, aun cuando la misma fue neutralizada por el propio Jefe del Ejecutivo Nacional en colusión con el Tribunal Supremo de Justicia; [64] al desmantelamiento progresivo de las estructura de la Administración Pública con la creación de organizaciones informales, "misiones" y fondos al margen de la misma, originándose una indisciplina fiscal que ha terminado con el aniquilamiento del la autonomía del Banco Central de Venezuela; el sometimiento al poder de los órganos de control fiscal, con la ausencia de completa de transparencia gubernamental alguna o de la posibilidad de que se exija rendición de cuentas a los funcionarios; la total eliminación de la autonomía e independencia del Poder Judicial, con la renuncia por parte del Tribunal Supremo de Justicia de ejercer sus funciones constitucionales de gobierno y administración de la Judicatura, conforme a las previsiones de la propia Constitución; y a la sistemática utilización de la justicia como instrumento de persecución política, con un Ministerio Público que desde 2002, en lugar de defender los derechos constitucionales de los procesados, manipula pruebas para perseguir políticamente a personas inocentes, como ocurre hasta el presente.

---

63 Véase Allan R. Brewer-Carías, *Dismantling Democracy. The Chávez Authoritarian Experiment*, Cambridge University Press, New York 2010, 418 pp.

64 Véase Allan R. Brewer-Carías, *La dictadura judicial y la perversión del Estado de derecho. El juez constitucional y la destrucción de la democracia en Venezuela* (Prólogo de Santiago Muñoz Machado), Ediciones El Cronista, Fundación Alfonso Martín Escudero, Editorial IUSTEL, Madrid 2017, 608 pp.; *La consolidación de la tiranía judicial. El juez constitucional controlado por el Poder Ejecutivo, asumiendo el poder absoluto*, Colección Estudios Políticos, N° 15, Editorial Jurídica Venezolana International. Caracas / New York, 2017, 238 pp.

Todo ello ha llevado a que la Sala Constitucional del Tribunal Supremo de Justicia, en lugar de ser el instrumento de control para asegurar la vigencia del Estado de derecho, haya sido el instrumento para afianzar el autoritarismo, al cual incluso el Presidente de la República le ha exigido consulta previa antes de dictar sentencia, siendo sus miembros directamente escogidos por el propio Presidente de la República a través de la propia Asamblea. [65]

En cuarto lugar, la situación de los derechos humanos en el país, que por el control gubernamental del aparato judicial no han podido ser garantizados, particularmente cuando se ha tratado de violaciones infligidas por parte de funcionarios públicos y agentes gubernamentales; y, en particular el proceso progresivo de control sobre la libertad de expresión del pensamiento por la apropiación pública de medios de comunicación, el cierre de otros, entre ellos de Radio Caracas Televisión (RCTV) y la confiscación de sus activos, y la regulación y control gubernamental progresivo de las informaciones.

Lo cierto es que nunca antes la Comisión Interamericana de Derechos Humanos ha recibido tantas denuncias de violaciones de los derechos humanos por parte de autoridades como las que se formularon en los últimos años contra Venezuela, muchas llegaron a la Corte Interamericana de Derechos Humanos, destacándose las violaciones a las garantías judiciales y al debido proceso. En el marco de esas violaciones debe destacarse la masiva y brutal discriminación política que desde 2004 se desató en el país contra todas aquellas personas que ejercieron su derecho de petición, solicitando la convocatoria a un referendo revocatorio del Presidente de la República, quienes por ello, materialmente perdieron todos sus derechos frente al Estado. Todos los que ejercieron un derecho constitucional como el de petición, aparecieron registrados en la llamada "Lista Tascón" (en "honor" de un diputado que la configuró), ca-

---

65 Véase Allan R. Brewer-Carías, *Práctica y distorsión de la justicia constitucional en Venezuela (2008-2012)*. Colección Justicia N° 3, Acceso a la Justicia, Academia de Ciencias Políticas y Sociales, Universidad Metropolitana, Editorial Jurídica Venezolana, Caracas 2012, 520 pp.

yendo entonces en una *capitis diminutio* política nunca antes conocida, como enemigos del gobierno y su administración. [66]

En fin, las violaciones en materia de derechos humanos en Venezuela durante los largos lustros del régimen están más que documentadas y denunciadas, siendo de destacar, sin embargo, los "descubrimientos" recientes que en materia de violaciones a los derechos al debido proceso y a las garantías judiciales, que en Venezuela han sido sistemáticas desde 2000, que han hecho tanto la ex la Fiscal General del régimen (2002-2017)[67] como el ex Ministro de Energía y alto funcionario del régimen (2000-2017), este último señalando que:

"El deterioro de la situación de Derechos Humanos en el país y la violación de los derechos fundamentales garantizados en nuestra Constitución, la presunción de la inocencia, el debido proceso, la inviolabilidad del hogar, es una alerta de a dónde hemos llegado. Jamás con el Presidente Chávez, tuvimos esta situación, de presos, desaparecido, allanamientos, hostigamientos, violación del debido proceso, confiscación del hogar, amenazas, órdenes de excarcelación que no se cumplen, etc." [68]

En quinto lugar, en relación con la gestión del gobierno, desde el punto de vista económico y social, el fracaso total de la misma, con el desmantelamiento y persecución del aparato productivo que existía en el país; las estatizaciones indiscriminadas e innecesarias

---

66 Véase la reseña: "Corte Interamericana conocerá caso de discriminación por lista Tascón. El despido de Rocío San Miguel, Thaís Peña y Magaly Chang es el primer expediente de persecución política del país que llega al organismo, "en El Nacional, 14 de febrero d 2017, en http://www.el-nacional.com/noticias/politica/corte-interamericana-conocera-caso-discriminacion-por-lista-tascon_80828.

67 Véase la reseña: "Luisa Ortega Díaz denunció ante la CIDH las violaciones a los derechos humanos en Venezuela,' en *infobae*, 23 de enero de 2018, https://www.infobae.com/america/venezuela/2017/08/30/luisa-ortega-diaz-denuncio-ante-la-cidh-las-violaciones-a-los-derechos-humanos-en-venezuela/.

68 Véase Rafael Ramírez, "El error fundamental," en aporrea.org, 21 de enero de 2018, en https://www.aporrea.org/actuali-dad/a258154.htmla.

de industrias; la persecución de la agro industria y la destrucción de la producción agrícola y pecuaria; la dependencia alimentaria de las importaciones alentadas por la bonanza petrolera circunstancial y, lo que es peor, con aumento de los niveles de pobreza a pesar de los ingentes recursos disponibles y el gasto público efectuado. Todo ello llevó al propio Presidente Chávez a reconocer el fracaso total de su gestión de gobierno en su discurso con motivo del Mensaje Anual ante la Asamblea Nacional el día 11 de enero de 2008, en el cual, además de destacar el malestar que sabía que causaban "las contradicciones entre el discurso del líder y la realidad de las acciones de mal gobierno o de mala práctica política, las más de las veces debido al sectarismo, al individualismo, a la indisciplina, a la visión de pequeño alcance", hizo autocrítica sobre su propio gobierno, en relación con "los terribles fenómenos que siguen siendo la burocratización, la ineficiencia y la corrupción", concluyendo su discurso, haciéndose las "preguntas que la gente se hace todos los días."[69]

---

69 Se preguntaba por ejemplo: "¿Por qué un Gobierno revolucionario no ha podido en 9 años cambiar la terrible situación de las cárceles venezolanas, por ejemplo? ¿Por qué razón? ¿Por qué la inseguridad sigue siendo un problema tan grave en los pueblos, en los barrios? ¿Por qué? ¿Por qué no hemos podido solucionar problemas tan graves que azotan a nuestro pueblo en cada esquina, en cada casa, en cada vida, en cada niño, en cada mujer, en cada familia, en cada existencia cotidiana? ¿Por qué? ¿Por qué sigue tan fuerte y descarado el contrabando que nos hace mucho daño, el contrabando de extracción, por ejemplo? ¿Por qué? ¿Cuál es la razón de la impunidad? ¿Por qué las mafias siguen incrustadas en las estructuras de los servicios que le pertenecen al pueblo, que le pertenecen a la gente? ¿Por qué? ¿Por qué las gestiones ante las instituciones públicas siguen siendo una pesadilla para el ciudadano común? ¿Por qué? ¿Cuándo acabaremos con los chantajes abusivos de la permisología? ¿Cuándo? ¿Por qué nos cuesta tanto producir bienes del uso diario, consuetudinario? ¿Por qué seguimos consumiendo tantos alimentos provenientes de otros países? ¿Por qué la corrupción no la hemos podido frenar y mucho menos derrotar? ¿Por qué? ¿Por qué? Todos los días debemos hacernos esas preguntas y buscar las respuestas en lo individual y en lo colectivo" Véase, en Asamblea Nacional, División de Servicio y Atención Legislativa, Sección de Edición, Sesión Especial del viernes 11 de enero de 2008, pp. 63 ss..

Diez años después, quien fuera su Ministro de Energía durante 12 años, y a la vez, Presidente de Petróleos de Venezuela S.A. por 10 años, y además de Vicepresidente del área económica del gobierno, y por tanto, responsable en primera línea del fracaso gubernamental, sin embargo, en enero de 2018, insólitamente y tratando de deslindar el gobierno de Nicolás Maduro del Gobierno de Chávez, comenzó un artículo publicado en enero de 2018, con esta frase descarada:

"La gente se pregunta, en todas partes, no sólo en Venezuela, sino en el exterior, cómo fue que llegamos a la situación actual, ¿por qué estamos como estamos? ¿qué pasó.?" [70]

Más claro reconocimiento de un "estruendoso fracaso" gubernamental, como lo expresó el mismo ex Ministro, [71] es ciertamente imposible de conseguir en declaración alguna de altos funcionarios de un gobierno, lo que por lo demás, desde el punto de vista de la corrupción a la que se refería Chávez en 2008, diez años después, en 2018, ha quedado corroborado por las propias persecuciones desatadas por el gobierno precisamente contra sus ex directivos de Petróleos de Venezuela S.A., y entre ellos, contra quien inocentemente se formuló esa pregunta de ¿qué pasó," en el esquema de corrupción más grande que se tenga conocimiento en la historia, siendo ese otro de los trágicos legados del régimen.

El fracaso gubernamental en el área económica, reflejado en la quiebra total del país, más que denunciada y conocida, incluso la resumió el mismo alto funcionario del régimen que estuvo en el centro de la responsabilidad de la política destructiva del gobierno desde 2000 hasta 2017, refiriéndose al hecho de que la:

"permanente improvisación, inacción y falta de capacidad en la conducción de los asuntos del Estado, además de una prepotencia y desconexión de la realidad, nos ha conducido a una te-

---

70 Véase Rafael Ramírez, "El error fundamental," en aporrea.org, 21 de enero de 2018, en https://www.aporrea.org/actuali-dad/a258154.htmla.

71 Véase Rafael Ramírez, "El error fundamental," en aporrea.org, 21 de enero de 2018, en https://www.aporrea.org/actuali-dad/a258154.htmla.

rrible crisis económica y social, con unos efectos devastadores contra nuestro pueblo, que ha generado un éxodo y una paralización de nuestras capacidades productivas, con fenómenos de hambre, desnutrición y pobreza que no se pueden ocultar, aunque nada se publique ni se diga al pueblo.

Es evidente la compleja y difícil situación que enfrenta el país, el deterioro de la calidad de vida de nuestro pueblo. Se va a requerir de un gran esfuerzo colectivo para superarla.

Todo este deterioro ha venido acompañado del surgimiento de las peores conductas sociales, o más bien, asociales en el seno de nuestro pueblo, a todos los niveles: la corrupción, el "bachaqueo", la falta de compromiso con un programa de transformación, las prebendas de hambre administradas para mantener el control social, la trampa y la mentira como una conducta extendida, la desesperanza, la frustración, la violencia, el incubo del fascismo, estimulado en las redes sociales.

Es un gobierno que no emociona a nadie, que vive de la etiqueta, de las conspiraciones y de un escándalo tras otro, del miedo, de la manipulación emocional a nuestro pueblo."[72]

En sexto lugar, el fracaso en el desarrollo de la industria petrolera, que es la principal industria del país precisamente [por el hecho de que al demolerse el aparato productivo nacional, el gobierno la ha convertido en la única fuente de divisas del país, donde sin embargo la inversión ha disminuido, y se ha fracasado en la utilización del excedente petrolero para el desarrollo nacional.

De hecho, ya Venezuela no puede decirse como otrora que tenía un Estado rico petrolero, y sigue siendo un país cada vez más pobre. Y si bien el aumento de los precios del petróleo que prevaleció durante la gestión del Presidente Chávez, permitió la posibilidad de afianzamiento del arma más letal que tuvo el autoritarismo que se desarrollado en los últimos lustros, y que fue la disposición incon-

---

72 Véase Rafael Ramírez, "Carta abierta al pueblo de Venezuela," en *la patilla,*, 28 de enero de 2018, en https://www.lapatilla.com/site/2018/01/28/carta-abierta-al-pueblo-de-venezuela-por-rafael-ramirez/

trolada de esa riqueza para fines políticos, todo ello desapareció por la mala gestión de la industria, entre otros factores por el desmantelamiento de la Apertura petrolera, y no sólo causado por la baja de los precios del petróleo, habiendo la desinversión provocado incluso una dramática reducción de la producción petrolera. Y a todo ello, se une la red de corrupción que se apoderó de toda la empresa que ha originado la persecución por parte del régimen de sus antiguos altos servidores públicos, responsable de todo ello.

Uno de los señalados ha sido el Ministro de Energía designado en 2002, quien duró 12 años en el cargo, habiendo ocupado además, durante 10 años el cargo de Presidente de Petróleos de Venezuela S.A., quien en 2018, ha resumido la situación de la industria petrolera expresando lo siguiente, en buena parte causado por su propia gestión:

> "El daño que se ha hecho a nuestra industria petrolera, a PDVSA es incalculable. Se ha actuado con improvisación e incapacidad, se ha actuado con ensañamiento contra una de las principales obras y creación de la Revolución. Nadie se cree el cuento de que PDVSA y sus trabajadores son una entidad corrupta e inmortal. Han utilizado el recurso de las acusaciones temerarias y detenciones arbitrarias, sólo para poner en las posiciones de control de la empresa a las personas de su confianza o grupo, personas sin capacidad alguna, sin calidad política. Cayó la producción en un millón de barriles de petróleo, nuestro sistema de refinación está colapsado, las finanzas manejadas sin criterio, ni conocimiento, ni transparencia. Se persigue a los trabajadores. Se ha provocado un éxodo de los mejores cuadros técnicos, de la juventud. Se maneja al trabajador de PDVSA como si la empresa estuviese ocupada. Los maltratan, los acusan, los persiguen.

> Que insensatez, acabar con una empresa por querer controlarla, al precio que sea. Si querían controlar uno de los pilares de Chávez, la economía, el petróleo, PDVSA, lo hicieron, des-

trozándola. Se me parece mucho a la destrucción de Palmira por las fuerzas del ISIS."[73]

Buena parte de lo dicho por el ex Presidente de la Empresa se aplica, sin duda a lo que comenzó a ocurrir en la empresa desde que él mismo asumió ese cargo. El colapso de una industria como la petrolera, es evidente que no ocurre de la noche a la mañana ni en pocos años, y en el caso de Venezuela, ello es evidente, por lo que lo expuesto por quien fue el Presidente de la Empresa durante 10 años y Ministro de Energía por 12 años, no parece ser más que una confesión.[74]

Pero en cuanto a las acusaciones formuladas por el régimen sobre la red de corrupción en la empresa petrolera, sin embargo, lo único que argumentó el ex Ministro en definitiva es que el fenómeno existía en la industria durante su gestión, acotando sin embargo que contrario a la matriz de opinión creada por el gobierno, PDVSA no era "

"la única entidad del país, donde se produce este fenómeno detestable. Repito, no es verdad. Pero en todo caso: ¿dónde están las investigaciones en CADIVI, CENCOEX, la Tesorería de la Nación, la banca pública y privada, los ministerios ejecutores de obras, el FONDEN, el Fondo Chino, etc.?"[75]

En séptimo lugar, a pesar de reconocer su propio fracaso, antes de su fallecimiento el Presidente Chávez ya había rechazado toda

---

73   Véase Rafael Ramírez, "El error fundamental," en aporrea.org, 21 de enero de 2018, en https://www.aporrea.org/actua-lidad/a258154.htmla.

74   Lo que reiteró días después en: Rafael Ramírez, "Carta abierta al pueblo de Venezuela," en *La patilla*, 28 de enero de 2018, en https://www.lapa-tilla.com/site/2018/01/28/carta-abierta-al-pueblo-de-venezuela-por-rafael-ramirez/

75   El ex funcionario agregó en su escrito, demostrando conocimiento de causa, que: "tendría muchas cosas que decir con relación a todas las operaciones de la revolución, pero yo soy un revolucionario y son secretos de Estado." Véase Rafael Ramírez, "El error fundamental," en aporrea.org, 21 de enero de 2018, en https://www.aporrea.org/actualidad/a258154.htmla.

posibilidad de que su gobierno pudiera dejar de controlar el poder; es decir, rechazó toda posibilidad de alternabilidad republicana en el futuro, lo que con posterioridad se ha definido como política de estado, al argumentar, frente a las elecciones regionales previstas para fines de 2008, que la oposición no podía ganarlas en forma alguna, ya que si lograba ganar determinadas Gobernaciones y Alcaldías "el próximo paso es la guerra", calificando esa posibilidad como "un mal que no debe llegar más nunca aquí", asegurando que "los que gobernaron a este país y lo destrozaron, … más nunca volverán a gobernar a Venezuela."[76]

Y ello mismo lo declararon en esos términos, el propio Presidente Chávez en la elección parlamentaria de 2010, en la elección presidencial de 2012, y sus sucesores en el desastre, en la campaña electoral presidencial de marzo de 2013.

Entretanto, los instrumentos políticos que Chávez se empeñó en conformar para permanecer en el poder fracasó, como fue la estructuración a partir de 2007 de un partido único, que no pasó de ser la conformación de un partido clientelar y electoral incrustado al Estado, del cual saca sin control ni límite su financiamiento. Como lo ha reconocido en enero de 2018 quien militó en dicho partido desde el inicio y quien fuere Ministro del régimen durante 12 años, refiriéndose a dicha plataforma electoral diciendo que no es más que un movimiento con "características aluvionales, electorales, que él mismo no estaba formado con base en una doctrina, sino en torno a su carisma [de Chávez]."[77]

REFLEXIÓN FINAL

Es claro que nada es fácil en la vida de los pueblos, y menos aun cuando teniendo un cuadro institucional como el que hemos tratado de identificar, han estado gobernados por personajes mesiánicos que se han creído infalibles y eternos. Fue el caso precisamen-

---

76   Véase *El Universal*, Caracas 21–01–2008.

77   Véase Rafael Ramírez, "El error fundamental," en *aporrea.org*, 21 de enero de 2018, en https://www.aporrea.org/actuali-dad/a258154.htmla.

te del Presidente Chávez, quien sin embargo, al final, sin duda llegó a tener conciencia de su término humano.

Lo trágico de ello, como nos lo enseña la historia, es que el fracaso de esos dirigentes termina siendo el fracaso de la Nación entera, la cual más temprano que tarde tendrá que recomenzar un nuevo ciclo de reconstrucción institucional como por los que Venezuela ha pasado en varias ocasiones, y que han caracterizado cada uno de los tiempos de crisis política que han transcurrido en nuestra historia entre sus grandes periodos político constitucionales, muchas veces sin embargo, sin que la dirigencia haya aprendido las lecciones de la historia para corregir los errores hacia el futuro.

Pero la historia es inexorable. Durante estos 25 años de crisis que llevamos desde 1993, una generación ha desaparecido; hemos perdido 20 años de evolución política y hemos retrocedido décadas; y eso tiene sus consecuencias ineludibles.

Recordemos en todo caso la historia. Las crisis de transición entre un período histórico y otro han tenido una duración promedio de algo más de dos décadas, y de la historia debemos aprender. Recordemos de nuevo: la crisis y cambio político que se produjo en la transición del período colonial al del establecimiento de la República que duró 24 años, desde 1797, cuando la Conspiración de Gual y España, hasta la consolidación del Estado independiente en 1821, período de crisis donde ocurrieron entre otros: el golpe del 19 de abril de 1810, la Declaración de Independencia y la Constitución de 1811, la invasión de Domingo Monteverde, y las guerras de liberación que libró Bolívar, hasta la reconstitución del Estado con la Constitución de Angostura en 1819.

El período de crisis política de transición entre el primer período y el segundo de nuestra historia, del Estado Independiente al Estado federal, puede decirse que duró 26 años, desde 1848, el día del fusilamiento del Congreso hasta 1874 cuando Guzmán Blanco se consolidó en el Poder, durante el cual se produjeron las Revoluciones de Marzo y la Azul, la dictadura de Páez, las guerras federales y la Revolución de Abril, hasta la reforma Constitucional de 1874.

El tránsito entre el segundo y tercer período de nuestra historia constitucional, del Estado Federal al Estado autocrático centralizado, igualmente duro 26 años, desde 1888 cuando Guzmán Blanco deja el poder, hasta que Gómez se consolida en el mismo en 1914, durante el cual se produjeron las Revoluciones Legalista, de Queipa, Liberal Restauradora y Libertadora, hasta la reforma constitucional de 1914.

El período de crisis política de transición entre el tercer y cuarto período de nuestra historia, del Estado autocrático al Estado democrático, también duró 26 años, desde que se produjo el vacío de poder con la muerte de Gómez en 1935, hasta la estabilización del régimen democrático en 1961, durante el cual se produjo la Revolución de Octubre, el golpe militar contra el Presidente Gallegos, y el transcurso de la década militar incluida, hasta la consolidación de la democracia, consecuencia del Pacto de Punto Fijo, con la Constitución de 1961.

Ahora, por lo que respecta a la crisis política que está marcando al fin del período del Estado democrático de partidos como cuarto período de nuestra historia, y que parece que no va a terminar nunca por culpa del retroceso impuesto por quienes asaltaron el poder a partir de 1999, como señalé, puede decirse que si bien tuvo sus primeros signos de inicio en 1989 y 1993, realmente afloró o tuvo su detonante a partir de 1993, cuando los propios partidos y sus dirigentes se suicidaron políticamente y decidieron acabar con el sistema que habían creado, manifestándose, ello, con la decisión de remover de su cargo al Presidente C.A. Pérez y luego, ese mismo año, con la decisión del Presidente Rafael Caldera de hacer campaña electoral contra su propio partido, habiendo incluso apoyado el golpismo militar de 1992.

Desde esos hechos ya han transcurridos 25 años, y aun cuando la crisis no ha concluido, lo cierto es que ya con ese tiempo transcurrido una generación ha desaparecido; hemos perdido 20 años de evolución política y hemos retrocedido décadas; y eso tiene sus consecuencias ineludibles, estando ya el país en una situación en la que el cambio, que es inevitable, parece que ya está por producirse, y pronto; en el cual los militares que gobiernan no tienen otra alternativa que no sea terminar de incinerar todo, o la de abrirle paso a un gobierno civil zafándolo de las garras extranjeras.

Es decir, ahora sí, el país, o entrará en el período más oscuro y horrendo de su historia, o saldrá de la pesadilla política que lo aqueja tan severamente. La situación es tan grave que en este mismo estadio, ya no hay posibilidad de que todo continúe igual como va.

El futuro va con todo, pues ya no queda más nada por destruir. Todo está demolido, de manera que con cara en el futuro ya no hay nada que conservar, y lo que habrá que hacer es reconstruir. La democracia misma simplemente ya desapareció, y sin democracia, con un gobierno asambleario dictatorial y totalitario con pretensiones de ser todopoderosa, con poderes ilimitados y sin control ni Constitución, no puede haber ejercicio democrático alguno pues no hay posibilidad de garantizar elecciones libres.

Ello nos conduce a que no hay otra alternativa para los que creen en la democracia que no sea por ahora, el acordar y pactar entre las fuerzas democráticas para formar un frente común sólido, de manera que una nueva generación pueda irrumpir y asumir el liderazgo para el cambio que el país requiere.

Los partidos políticos, con vista a luchar por el restablecimiento de la democracia, solo pueden actuar con base en pactos y acuerdos políticos. Sin éstos no habrá posibilidad de alternativa contra el acaparamiento del poder y la política definida de no permitir la alternabilidad, como lo anunció el propio Presidente Chávez en 2008 al sentenciar que quienes antes de 1999 habían gobernado el país, "más nunca volverán a gobernar a Venezuela."[78] En realidad, en cuanto a las personas, el tiempo se ha encargado de ejecutar esa "orden" ya que aquellos líderes que otrora gobernaron ya están muy viejos; pero en cuanto a las organizaciones políticas y el nuevo liderazgo, hasta ahora han sido el Consejo Nacional Electoral y el Tribunal Supremo de Justicia, cabeza de la dictadura judicial, los que

---

78   Véase en *El Universal*, Caracas, 21 de enero de 2007.

se han encargado de ejecutar la "orden," solícitos, inhabilitando posibles contendores políticos. [79]

Eso es lo que ahora enfrentan los partidos políticos, a los cuales hay que recordar que la democracia venezolana se mantuvo durante cuarenta años a partir de 1958 gracias a lo que los actores políticos pactaron para abandonar el exclusivismo sectario de los años cuarenta del siglo pasado, y tuvieron que comprender, por la represión de la dictadura militar, que en estas tierras no se puede pretender gobernar democráticamente ni con exclusiones ni con un partido único o mayoritario que pretenda imponer su voluntad; y que hay que llegar a un acuerdo de gobernabilidad democrática futura con los partidos existentes, así sean minoritarios. Ese fue el Pacto de Punto Fijo, y ese acuerdo hizo posible la instauración y la sobrevivencia de la democracia.

Ahora, ante la incertidumbre del futuro, y luego de la destrucción global de las instituciones, el acuerdo para la reconstrucción democrática que se necesita es mucho más complejo que el de 1958. Requiere necesariamente de la participación de muchos nuevos actores, de nuevas generaciones, y por sobre todo, requiere de compromisos sin exclusiones. El futuro, en todo caso, si no queremos entrar en la oscuridad definitiva, exige afinar la imaginación creadora que tiene que ser desplegada, pues lo que no podemos hacer ahora, es no hacer nada.

La historia también nos enseña que estas oportunidades creadoras, muy lamentablemente, muchas veces se han perdido. Sucedió con la crisis que comenzó a aflorar en los años que precedieron a la Revolución Federal, con dos reformas constitucionales y una Constituyente tardía, la de 1858, cuando los partidos conservador y liberal se trataron como enemigos; sucedió con la crisis de fin del Siglo XIX, también con dos reformas constitucionales y otra Constituyen-

---

79 Véase Allan R. Brewer-Carías, *La dictadura judicial y la perversión del Estado de derecho. El juez constitucional y la destrucción de la democracia en Venezuela* (Prólogo de Santiago Muñoz Machado), Ediciones El Cronista, Fundación Alfonso Martín Escudero, Editorial IUSTEL, Madrid 2017, 608 pp.

te tardía y mal convocada, la de 1891; sucedió con la crisis de los cuarenta del siglo pasado, con una reforma constitucional y una Constituyente exclusionista, la de 1946; y sucedió en 1999, de nuevo con una Constituyente igualmente exclusionista y mal convocada. En ninguna de esas ocasiones el liderazgo democrático pudo inventar nada nuevo para cambiar lo que era indispensable, y lamentablemente, en sus casos, fue inevitable la Guerra Federal para llegar a la Constituyente de 1863; fue inevitable la otra guerra de Gómez contra los caudillos federales para llegar a las Constituyentes de 1901 y 1904; fue inevitable el golpe de Estado del 18 de octubre para llegar a la Constituyente de 1946; y también fue inevitable el militarismo de los años cincuenta para llegar al Congreso reconstituyente de 1958.

En el actual período de crisis de transición, ya llevamos varios signos que tenemos que fijar para afrontar la búsqueda de soluciones a la crisis: los dos intentos de golpe de Estado militarista de 1992; el fracaso del intento de reforma constitucional del mismo año 1992; el enjuiciamiento del Presidente Pérez, por mucho menos de lo que hoy leemos confesado por altos jerarcas militares; el gobierno de transición del Presidente Velásquez; el gobierno del Presidente Caldera, electo contra su propio partido; la Asamblea Nacional Constituyente de 1999, exclusionista y exclusivista; los intentos de revocar el mandato presidencial de Hugo Chávez; el rechazo de la reforma constitucional de 2007; la usurpación del poder al fallecimiento de Chávez, y la Asamblea Constituyente de 2017, exclusivista y exclusionista, que ha asumido el poder total.

Y frente a todo esto, ¿qué hacer? Lo cierto es que no hay ni puede haber fórmulas prefabricadas para el futuro; y en todo caso, ya es demasiado tarde para ello. Lo único que sabemos es que el gobierno está ya en proceso de terminar de desmoronarse a sí mismo,[80] lo que exige estar preparados para accionar y reconstruir, pero

---

80 Véase por ejemplo lo expresado por Heinz Dieterich: "Venezuela, el colapso de las bayonetas," en *Lapatilla,* 25 de enero de 2018, en https://www.lapatilla.com/site/2018/01/25/heinz-dieterich-venezuela-el-colapso-de-las-bayonetas/.

ello no es posible hacerlo sino mediante un acuerdo entre todas las fuerzas opositoras.

Ahora, volviendo al objeto del libro, su objetivo es analizar en conjunto las dos últimas Asambleas Constituyentes convocadas en Venezuela, la convocada por Hugo Chávez en 1999 y de la convocada por Nicolás Maduro en 2017, pudiendo afirmarse que contrario a lo afirmado por Marx sobre los hechos que se repiten en la historia, en este caso la primera fue una farsa, pero la segunda es una tragedia.

Y ello fue así, pues si bien en ambos casos, para convocarlas e instalarlas se produjo una ruptura del hilo constitucional usurpándose el poder constituyente originario del pueblo, derogándose de hecho la Constitución vigente en cada caso, en los dos casos, el objetivo y resultado fue distinto.

En el primer caso, el de la Asamblea Constituyente de 1999, la misma tuvo como misión fundamental materializar el asalto al poder por parte de la camarilla militar que unos años antes había fracasado en su intento de golpe de Estado en 1992, acompañada de otra misión relativamente específica y de corta duración como fue la de redactar una nueva Constitución, la de 1999.

En cambio, en el segundo caso, la misión fundamental de la Asamblea Constituyente de 2017 ha sido la de terminar de destruir todos los últimos vestigios que podían aún existir del nunca estructurado Estado democrático y social de derecho, descentralizado y de justicia del cual habla la Constitución de 1999, asumiendo en su lugar, el gobierno total y absoluto del país, bajo una forma asamblearia y tumultuaria, quizás con el objeto de estructurar otro Estado siguiendo el modelo arcaico soviético y cubano.

En ese nuevo Estado, que seguramente estará en proceso de diseñar en la oscuridad y con todo secretismo, se busca eliminar definitivamente la idea de la representatividad democrática, y por tanto, la democracia misma como régimen político, desapareciendo el pilar orgánico de las Constituciones democráticas modernas que es el de la separación de poderes, consolidándose en su lugar un Estado centralizado, conducido por un gobierno autocrático que se seguirá configurando como una especie de nueva "monarquía" de hecho, como las que comienzan a consolidarse en el mundo contemporáneo siguiendo el modelo ruso y cubano. [81]

En ese nuevo Estado, igualmente irá desapareciendo el pilar dogmático de las Constituciones democráticas modernas que es la garantía de los derechos humanos y la primacía de la dignidad humana, consolidándose en su lugar un sistema de esclavismo o dependencia humana respecto del Estado, conducido por una casta privilegiada ineficiente y burocrática que forma esa nueva "monarquía," en el cual desaparece toda idea de libertad económica o de propiedad o libre iniciativa privada.

A todo ese aberrante esquema se le pretende dar el nombre de Estado comunal o del poder popular, como el que se pretendió imponerle a los venezolanos en la fallida reforma constitucional de 2007,[82] que no es otra cosa sino la resurrección, cien años después, del sistema tumultuario de los sóviets, y cuyo esbozo ya se plasmó en las Leyes Orgánicas del Poder Popular sancionadas en la oscuridad en los últimos días de la legislatura que concluyó en diciembre de 2010. [83]

Solo la apoptosis del Estado frenará ese despropósito, siendo un signo más de la misma, la convocatoria que se ha hecho en enero de 2018 para la elección presidencial en forma adelantada, para elegir

---

81 Véase Allan R. Brewer-Carías, "Las nuevas "monarquías hereditarias" latinoamericanas, la democracia como disfraz y la reelección indefinida de los gobernantes. El caso de la sentencia 084 del Tribunal Constitucional Plurinacional de Bolivia de 28 de Noviembre de 2017," 2 diciembre de 2017, en http://allanbrewercarias.net/site/wp-content/uploads/2017/12/180.-Brewer.doc-Sentencia-N°-84-Bolivia-y-las-nuevas-monarquias.pdf.

82 Véase Allan R. Brewer-Carías, *La reforma constitucional de 2007 (comentarios al proyecto inconstitucionalmente sancionado por la Asamblea Nacional el 2 de noviembre de 2007)*, Colección Textos Legislativos, N° 43, Editorial Jurídica Venezolana, Caracas 2007.

83 Véase el comentario a dichas Leyes en Allan R. Brewer-Carías, Claudia Nikken, Luis A. Herrera Orellana, Jesús María Alvarado Andrade, José Ignacio Hernández y Adriana Vigilanza, *Leyes Orgánicas sobre el Poder Popular y el Estado Comunal (Los Consejos Comunales, las Comunas, la Sociedad Socialista y el Sistema Económico Comunal)*, Colección Textos Legislativos N° 50, Editorial Jurídica Venezolana, Caracas 2011.

a quien debe tomar posesión de su cargo en enero de 2019, violándose con ello, una vez más, el espíritu de la Constitución.

Por ello es que decimos que en definitiva, la Asamblea Nacional Constituyente de 1999 fue una farsa comparada con la tragedia que es la Asamblea Nacional Constituyente de 2017.

Este libro busca estudiar el desarrollo y forma de cómo se produjo la usurpación del poder constituyente originario del pueblo en Venezuela en ambos procesos constituyentes de 1999 y 2017, conscientes, por supuesto de que el primero es ya parte de la historia constitucional reciente y el segundo es historia en desarrollo.

Antes sin embargo, consideramos indispensable situar esos procesos constituyentes en la historia constitucional de Venezuela, pues si algo la ha caracterizado ha sido un sinfín de sucesivos golpes de Estado, rupturas del hilo constitucional, asambleas constituyentes y reformas constitucionales como pocos países en América Latina han tenido.

New York, 30 de enero de 2018

PRIMERA PARTE:

ASAMBLEAS CONSTITUYENTES Y RUPTURA DEL HILO CONSTITUCIONAL EN LA HISTORIA CONSTITUCIONAL DE VENEZUELA

Desde la convocatoria de la Asamblea Constituyente primigenia y fundacional de 1811 hasta el presente, hemos tenido muchas Asambleas Constituyentes, que en muchos casos han sido sucesivamente farsas y tragedias institucionales.

Para identificarlas en la historia, por supuesto, lo primero que hay que tener claro es la noción de qué es exactamente una Asamblea Constituyente, y como resulta del significado propio de las palabras, no es otra cosa que un cuerpo colegiado convocado por el pueblo y que debe estar integrado por sus representantes electos mediante sufragio, con el objeto de constituir o de reconstituir un Estado y establecer su organización política conforme a una Constitución. El único caso de una Asamblea Constituyente que ha asumido el rol dictatorial de gobierno, a la usanza de la Convención Nacional en Francia en 1792-1795, ha sido la Asamblea Constituyente de 2017 que se auto asignó una duración de dos años,

Contrariamente a ésta última, la misión de una Asamblea Constituyente, en realidad es la de constituir un Estado *ex novo*, en un determinado territorio, con una población específica y un gobierno, en cuyo caso se trata de una asamblea fundacional, o la de reconstituir un Estado mediante una nueva Constitución.

En cuanto a las Asambleas Constituyentes fundacionales en la historia de Venezuela, éstas fueron las cuatro primeras Asambleas

Constituyentes que tuvimos en 1811, 1819, 1821 y 1830, que fueron las siguientes:

En primer lugar, el *Congreso General de las Provincias Unidas de Venezuela* que se reunió en Caracas en marzo de 1811, convocado por la Junta Suprema Conservadora de los Derechos de Fernando VII, mediante un Reglamento electoral que fue la primera legislación de la materia en el Continente,[84] y que tuvo por objeto constituir el Estado venezolano, como Estado independiente de la Corona Española en el territorio que fue de la Capitanía General de la Venezuela, después de la Declaración de Independencia del 5 de julio de 1811, mediante la sanción de la Constitución Federal para los Estados de Venezuela del 21 de diciembre de 1811.[85]

Y en segundo lugar, el *Congreso Constituyente* que se reunió en Valencia en 1830, convocado por el General José Antonio Páez, Presidente de lo que era el Departamento de Venezuela de la República de Colombia que se había constituido con la Constitución de Cúcuta de 1821,[86] con el objeto de reconstituir el Estado de Venezuela separado de dicha República de Colombia, lo que se hizo mediante la sanción de la Constitución del Estado de Venezuela de 22 de septiembre de 1830.[87]

---

84 Véanse los comentarios en Allan R. Brewer-Carías, "La primera manifestación de representatividad democrática y las primeras leyes electorales en España e Hispanoamérica en 1810 (La elección de diputados a las cortes de Cádiz conforme a la Instrucción de la Junta Central Gubernativa del Reino de enero de 1810, y la elección de diputados al Congreso General de Venezuela conforme al Reglamento de la Junta Suprema de Venezuela de junio de 1810)," Trabajo elaborado para la obra colectiva coordinada por José Guillermo Vallarta Plata, *Libro Homenaje a la Constitución española de Cádiz de 1812*, Instituto Iberoamericano de Derecho Local Municipal, Guadalajara, 2012. Véase el texto en http://allanbrewercarias.net/site/wp-content/up-loads/2014/09/751.-793-LEYES-ELECTORALES-Y-REPRESEN-TATIVIDAD-DEMOCR%C3%81TICA-EN-CADIZ-Y-CARACAS-1810..pdf

85 Véase Allan R. Brewer-Carías, *Las Constituciones de Venezuela*, Academia de Ciencias Políticas y Sociales, Caracas 2008, Tomo I, pp. 555 ss.

86 *Idem*, pp. 646 ss.

87 *Idem*, pp. 709 ss.

Con esos dos procesos constituyentes, de carácter fundacional, puede decirse que se configuró constitucionalmente el Estado venezolano, en el primer período de nuestra historia política, que fue el del *Estado Independiente Semi-centralizado* que funcionó entre 1811-1864.

Entre esos dos procesos constituyentes sin embargo, también deben mencionarse la realización de otras dos Asamblea Constituyente fundacionales: primero, la convocada por Simón Bolívar, y electa conforme al Reglamento aprobado por el Consejo de Estado[88] realizada en Angostura en 1819 para reconstituir el Estado de Venezuela después de las guerras de liberación de su territorio ocupado por los Ejércitos españoles, y que condujo a la sanción de la Constitución de 11 de agosto de 1819; [89] y segundo, la convocada por el Congreso de Venezuela para celebrarse en Cúcuta en 1821, después de la aprobación de la Ley de la Unión de los pueblos de Colombia,[90] para constituir el Estado de Colombia, del cual formó parte el Departamento de Venezuela, mediante la Constitución de 30 de agosto de 1821.[91] Ambas también fueron, conforme a las propias circunstancias históricas que condujeron a su realización, Asambleas Constituyentes fundacionales.

Con posterioridad, hasta nuestros días, hemos tenido muchas otras Asambleas Constituyentes, no en el sentido estricto de "constituir" un Estado, con carácter fundacional, sino de *reconstituir* el sistema político y adoptar una nueva Constitución para el Estado, lo que en toda nuestra historia política siempre ha ocurrido después de la ruptura del orden o hilo constitucional. En este sentido la historia se ha repetido invariablemente, de manera que todas las Asambleas Constituyentes han sido el resultado de un golpe de Estado, en el sentido de ruptura del orden constitucional.

En la mayoría de los casos, dicha ruptura del orden constitucional fue consecuencia de un golpe de Estado militar, de una guerra

---

88   *Idem*, pp. 603 ss.

89   *Idem*, pp. 621 ss.

90   *Idem*, pp. 643 ss.

91   *Idem*, pp. 647 ss.

civil o de una revolución política, siendo las dos únicas excepciones, los casos de las Asambleas Constituyentes de 1999 y 2017, en los cuales también hubo una ruptura del hilo constitucional, pero producida con la participación de los poderes constituidos del Estado que fueron los autores de los golpes de Estado.

En efecto, luego de la reconstitución del Estado de Venezuela con la Constitución de 1830, la misma fue reformada en 1857 por el Congreso conforme al procedimiento previsto en la misma (art. 227),[92] aun cuando sin respetarse exactamente su texto, lo que fue cuestionado políticamente, en particular por disminuir el poder de los Estados de la Federación en relación con el Poder central. Ello, en definitiva, provocó la reacción de los caudillos regionales originándose un golpe de Estado producto de la llamada Revolución de 5 de Marzo comandada por Julián Castro de 1858, quien era entonces Gobernador del Estado Carabobo. Esta ruptura del orden constitucional desembocó en la convocatoria de una *Gran Convención Nacional*[93] reunida en Valencia la cual sancionó la Constitución de 31 de diciembre de 1858,[94] con tendencias más descentralizadoras.

El conflicto entre el gobierno central y los gobiernos regionales, sin embargo, no concluyó y más bien se acrecentó desembocando en las guerras federales, en medio de las cuales en 1861 se produjo la anulación de la Constitución de 1858 por el Presidente José Antonio Páez, quien asumió la dictadura.[95] Las guerras terminaron y como resultado del convenio de armisticio (Coche), el general Juan Crisóstomo Falcón convocó una nueva *Asamblea Constituyente* que reunida en Caracas, sancionó la Constitución de los Estados Unidos de Venezuela de 13 de abril de 1864.[96] Con esta Constitución concluyó al primer período de nuestra historia (la de Estado independiente semi-centralizado), cuya crisis comenzó en 1848, con el ata-

---

92 *Idem*, pp. 737 ss.

93 *Idem*, p. 751

94 *Idem*, pp. 757 ss.

95 *Idem*, p. 773.

96 *Idem*, pp. 785 ss.

que popular al Congreso. En 1864 se inició, entonces, el segundo período político que fue el del *Estado Federal* que funcionó entre 1864 y 1901.

La Constitución federal de 1864 fue objeto de varias reformas, producto de múltiples vicisitudes políticas que afectaron su vigencia, provocadas por eventos varios como la Revolución Azul de 1868 comandada por José Tadeo Monagas[97] y la Revolución de Abril de 1870, comandada por Antonio Guzmán Blanco.[98] La Constitución fue posteriormente reformada por el Congreso conforme a sus normas (art. 122), en 1874, al consolidarse Guzmán Blanco en el control del Estado.[99] En 1879 como consecuencia de la Revolución Reivindicadora comandada por el mismo Guzmán Blanco, quien asumió el Poder Supremo,[100] se convocó una Convención de Plenipotenciarios[101] que reformó la Constitución reduciendo el número de los Estados de la Federación.[102] Posteriormente, el Congreso sancionó una nueva Constitución de 27 de abril de 1881, llamada la "Constitución Suiza" al regular un Consejo Federal;[103] y finalmente, la Constitución se volvió a reformar por el mismo Congreso en 1891 para reducir el período constitucional de los poderes nacionales.[104]

Esta última reforma, realizada sin respetarse el procedimiento constitucional, fue cuestionada políticamente dando origen a la Revolución Legalista de 1892 comandada por Joaquín Crespo, la cual triunfante originó la convocatoria de una nueva *Asamblea Nacional Constituyente*[105] que se reunió en Caracas en 1893, y sancionó la

---

97   *Idem*, p. 801.

98   *Idem*, p. 807.

99   *Idem*, Tomo II, p. 863 ss.

100   *Idem*, p. 877.

101   *Idem*, p. 879.

102   *Idem*, p. 887.

103   *Idem*, pp. 901 ss.

104   *Idem*, pp. 917 ss.

105   *Idem*, p. 939.

Constitución de los Estados Unidos de Venezuela del 21 de junio de 1893.[106]

A finales de siglo, en 1889, luego de restablecerse la autonomía de los 20 Estados de la Federación, se inició la Revolución Liberal Restauradora comandada por Cipriano Castro en 1899, la cual al haber triunfado, y una vez que su Jefe asumió el Poder Supremo,[107] convocó en 1900 una nueva *Asamblea Nacional Constituyente*[108] que sancionó la Constitución de 23 de marzo de 1901.[109] Con ésta Constitución se trastocó radicalmente el Estado federal estableciéndose en su lugar un Estado centralizado, con lo que concluyó el segundo período de nuestra historia (Estado Federal). Su crisis había comenzado en 1892, cuando Guzmán Blanco dejó el Poder y viajó a Francia.

En 1901 por tanto, se inició el tercer período constitucional de Venezuela, el del *Estado Centralizado Autocrático* que funcionó entre 1901 y 1945.

Los conflictos entre el Poder central y los caudillos regionales sin embargo, continuaron, originándose alzamientos, entre otros, el de la Revolución Reivindicadora comandada por Manuel Antonio Matos. En todo caso, después de que Juan Vicente Gómez al mando del Ejército los venció, en 1904 el Congreso asumió las funciones, facultades y derechos que correspondían al Poder Constituyente,[110] sancionando la Constitución de 1904 mediante la cual se consolidó el Estado centralizado.[111] Posteriormente, después de la definitiva asunción del poder por Juan Vicente Gómez, con el exilio de Castro, conforme la preveía la Constitución de 1904 (art. 127), el Congreso enmendó la Constitución en 1909,[112] y luego, en 1914, consolidado Gómez en el poder, después de que un Congreso de Diputa-

---

106 *Idem*, pp. 943 ss.

107 *Idem*, p. 971.

108 *Idem*, p. 977.

109 *Idem*, pp. 981 ss.

110 *Idem*, p. 1003.

111 *Idem*, pp. 1007 ss.

112 *Idem*, pp. 1027 ss.

dos Plenipotenciarios promulgara un Estatuto Constitucional Provisorio,[113] se sancionó la Constitución de 19 de junio de 1914.[114]

Dicha Constitución, durante el régimen de Gómez, fue reformada en varias ocasiones, en 1922,[115] 1925,[116] 1928,[117] 1929[118] y 1931,[119] conforme al procedimiento que establecía su texto (art. 130). Posteriormente, a raíz del fallecimiento de Gómez en 1935, la Constitución fue objeto de otras dos reformas por el Congreso, el 20 de julio de 1936 durante el gobierno de López Contreras,[120] y el 5 de mayo de 1945, en durante el gobierno de Medina Angarita.[121]

El 18 de octubre de 1945, ante la insuficiencia democratizadora de la última reforma, estalló la llamada Revolución de Octubre comandada por militares y el Partido Acción Democrática, originando un golpe de Estado con el cual una Junta Revolucionaria de Gobierno asumió el Poder.[122] En 1946 la misma convocó la elección de una nueva *Asamblea Constituyente* que se reunió en Caracas y sancionó la Constitución de 5 de julio de 1947.[123]

Con esta Constitución concluyó el tercer período de nuestra historia constitucional (Estado Autocrático Centralizado), cuya crisis comenzó con la muerte de Gómez en 1935. En 1947, por tanto, se dio inició al cuarto de los períodos políticos de la misma, que es el del *Estado Democrático Centralizado de partidos*, que ha funcionado desde entonces.

---

113   *Idem*, pp. 1051 ss.

114   *Idem*, pp. 1063 ss.

115   *Idem*, pp. 1093 ss.

116   *Idem*, pp. 1117 ss.

117   *Idem*, pp. 1143 ss.

118   *Idem*, pp. 1169 ss.

119   *Idem*, pp. 1195 ss.

120   *Idem*, pp. 1221 ss.

121   *Idem*, pp. 1261 ss.

122   *Idem*, p. 1295.

123   *Idem*, pp. 1305 ss.

En todo caso, la duración de la Constitución de 1947 fue precaria, pues el año siguiente, el 24 de noviembre de 1948 se produjo un nuevo golpe de Estado militar contra el gobierno del Presidente Rómulo Gallegos, disponiendo la Junta Militar que se constituyó mediante Acta de Constitución del Gobierno Provisorio,[124] la puesta en vigencia de la Constitución de 1936, reformada en 1945. En 1953, con ocasión de otro golpe militar que se había producido en 1950, y que llevó al general Marcos Pérez Jiménez al poder, éste convocó una nueva *Asamblea Constituyente* que sancionó la Constitución de los Estados Unidos de Venezuela de 15 de abril de 1953[125].

Luego de un nuevo golpe de Estado militar con respaldo popular que se produjo en 1958, una Junta Militar y la subsiguiente Junta de Gobierno asumieron el poder[126] convocando a elecciones democráticas, eligiéndose un Congreso que conforme a las previsiones de la Constitución de 1953 (arts. 140 y sig.), *reformó totalmente la Constitución*, sancionando la Constitución del 23 de enero de 1961, que tuvo como modelo la de 1947 y que rigió hasta 1999.[127]

Cuarenta años después, en medio de la crisis de cuarto período de nuestra historia política (el del *Estado democrático de partidos*) que se inició en 1993 cuando los partidos políticos fundamentales entraron en crisis definitiva, crisis que aún no ha concluido, y ante la necesidad que había, por ello, de reformular el sistema político y del Estado, Hugo Chávez, una vez electo Presidente de la República en 1998 con un respaldo que no fue muy superior al 30% del electorado, conforme lo prometió en su campaña, y sin base constitucional alguna, procedió a convocar una *Asamblea Constituyente* violentando la Constitución que estaba vigente (de 1961).[128] Ello no fue otra cosa que un golpe de Estado que condujo a la convocatoria de un referendo consultivo sobre el tema de la Asamblea Constitu-

---

124 *Idem*, pp. 1345 ss.
125 *Idem*, pp. 1357 ss.
126 *Idem*, pp. 1377 ss.
127 *Idem*, pp. 1381 ss.
128 *Idem*, p. 1433.

yente, en abril de 1999, [129] a su elección en julio de 1999, y a su instalación en 1999, asumiendo el poder constituyente originario que solo detenta el pueblo. [130]

La Asamblea luego de intervenir los Poderes Constituidos,[131] sancionó la Constitución de 30 de diciembre de 1999, [132] la cual fue aprobada popularmente en diciembre de 1999, y en la cual se reguló por primera vez expresamente en la historia constitucional, la institución de la Asamblea Nacional Constituyente como uno de los mecanismos de reforma constitucional, en adición a los procedimientos de reforma y de enmienda constitucional.

La sanción de la Constitución de 1999 no concluyó la crisis política iniciada en 1993, de manera que luego de dieciocho años más de crisis política del sistema democrático de partidos, que nunca fue superada, en 2017, y violentando las previsiones de la Constitución de 1999 que regulan la Asamblea Nacional Constituyente, el Presidente Nicolás Maduro, en un nuevo golpe de Estado, procedió inconstitucionalmente a convocar otra *Asamblea Nacional Constituyente,*[133] usurpando el poder constituyente originario del pueblo, la cual se eligió el 30 de julio de 2017 conforme a unas reglas electorales contrarias a las previstas en la Constitución. [134]

A diferencia de todas las anteriores Asambleas Constituyentes que funcionaron entre 1830 y 1958, las Asambleas Constituyentes de 1999 y 2017 no fueron convocadas como consecuencia de una ruptura del orden constitucional producto de algún golpe de Estado provocado por un movimiento militar, una guerra civil o una revolución política. Fueron, por el contrario, el resultado de un golpe de Estado dado por los órganos del Poder Constituido del Estado, para

---

129   *Idem*, p. 1435.

130   *Idem*, pp. 1439 ss.

131   *Idem*, pp. 1455 ss.

132   *Idem*, pp. 1483 ss.

133   Véase Decreto N° 2830 de 1 de mayo de 2017, en *Gaceta Oficial* N° 6395 Extra de 1 de mayo de 2017.

134   Véase Decreto N° 2878 de 23 de mayo de 2017, en *Gaceta Oficial* N° 41156 de 23 de mayo de 2017

asaltar el poder, violentando la Constitución, en particular por parte del Poder Ejecutivo, con la complicidad pasiva (1999) o activa (2017) del Tribunal Supremo del país.

La diferencia entre la convocatoria de ambas Asambleas Constituyentes, la de 1999 y la de 2017, fue que en 1999, la Constitución de 1961 nada regulaba sobre esa institución de la Asamblea Nacional Constituyente, la cual al final se convocó por el Presidente de la República en violación a su texto, es decir, mediante un golpe de Estado, eligiéndose la misma luego de una ambigua "interpretación" legal y constitucional dada por la antigua Corte Suprema de Justicia mediante sentencias de 19 de enero de 1999.[135]

En cambio, en 2017, aun cuando la institución de la Asamblea Nacional Constituyente sí estaba regulada expresamente en la Constitución de 1999, la misma fue convocada violándose abiertamente del texto constitucional, es decir, mediante un nuevo golpe de Estado dado por el Presidente de la República, eligiéndose la misma luego de una "interpretación" de la Constitución dada por el Tribunal Supremo de Justicia mediante sentencia N° 378 de 31 de mayo de 2017,[136] en ejercicio de una tiranía judicial.

En ambos casos, se violentó la Constitución por parte del Poder Ejecutivo, con la complicidad del tribunal supremo, lo que de por sí se configuró como un golpe de Estado dado por los Poderes Constituidos, el cual se consolidó, también en ambos casos, al proceder la

---

135. Véase el texto de la sentencia y los comentarios a la misma en Allan R. Brewer-Carías, *Poder Constituyente Originario y Asamblea Nacional Constituyente,* Caracas, 1999, pp. 15 a 114. Véase también en *Bases Constitucionales de la Supranacionalidad,* Tribunal Supremo de Justicia, Colección de Estudios Jurídicos, Caracas, 2002, pp. 19-36; y en *Revista de Derecho Público,* N° 77-80, enero-diciembre 1999, Editorial Jurídica Venezolana, Caracas 1999, pp. 56 a 73.

136 Véase en http://historico.tsj.gob.ve/decisiones/scon/mayo/199490-378-315-17-2017-17-0519.HTML. Véase sobre esto el documento: "El Juez Constitucional vs. el pueblo, como poder constituyente originario," (Sentencias de la Sala Constitucional N° 378 de 31 de mayo de 2017 y N° 455 de 12 de junio de 2017), 16 de junio de 2017, en http://allanbrewercarias.net/site/wp-content/uploads/2017/06/161.-doc.-Sobre-proceso-constituyente-SC-sent.-378-y-455.pdf.

Asamblea Nacional Constituyente, en ambos casos mal constituida y peor electa, una vez instalada, a asaltar o someter a los demás Poderes constituidos, resolviendo en ambos casos sin base constitucional alguna, asumir el "poder constituyente originario" en usurpación de la soberanía popular, pues el poder constituyente originario solo lo tiene el pueblo. [137]

La diferencia entre las dos Asambleas Constituyentes de 1999 y de 2017, por otra parte, estuvo en que la primera se fijó como tarea primordial la elaboración de una nueva Constitución que fue la de diciembre de 1999, para lo cual las bases comiciales le fijaron un lapso de duración de seis meses; en cambio en la segunda, deliberadamente en las inconstitucionales bases comiciales fijadas para su elección, no se fijó duración a la misma, dejándole a la propia Asamblea que la fijara, lo que hizo al instalarse en agosto de 2017, por un lapso de dos años hasta agosto de 2019, que puede prorrogar *ad libitum*, convirtiéndose entonces en sí misma como un órgano de gobierno plenipotenciario, asambleario y tumultuario que en toda nuestra historia ha sido un caso único.

Ahora bien, conforme al panorama general antes expuesto, se puede concluir entonces que con excepción de las Asambleas Constituyentes de 1811, 1819, 1821 y 1830, las cuales por su carácter fundacional del Estado puede decirse que ejercieron la representación ilimitada del pueblo como poder constituyente originario, ninguna de las Asambleas Constituyentes que hemos tenido posteriormente, ha tenido el carácter de Asamblea fundacional, pues el Estado de Venezuela ha preexistido a la elección y funcionamiento de las mismas, lo que ha condicionado su funcionamiento y misión, así sea en aquellos casos en los cuales hayan sido producto de un golpe de Estafo.

---

137   Quien esto escribe fue electo como miembro independiente de la Asamblea Nacional Constituyente de 1999, y salvé mi voto en todas esas decisiones que configuraron entonces un golpe de Estado, y así lo denuncié. Véase Allan R. Brewer-Carías, *Debate Constituyente (Aportes a la Asamblea Nacional Constituyente),* Fundación de Derecho Público, Tomo I, Caracas 1999; Golpe de Estado y Proceso Constituyente, Universidad nacional Autónoma de Mérida, México 2002.

Mediante dichas Asambleas siempre se dispuso la recomposición del sistema político, habiendo sido solo en tres de ellas en las cuales puede decirse que se produjo un cambio relativamente radical del mismo, que afectó la estructura y forma del Estado, como fue el caso de la Constitución de 1863 que consolidó el *Estado Federal*; de la Constitución de 1901 que consolidó el *Estado autocrático centralizado* y en 1947 que consolidó el *Estado democrático centralizado de partidos*.

En todo caso, en los anales de las discusiones de las Asambleas Constituyentes que tuvimos hasta 1958,[138] el tema de la extensión del poder constituyente como originario o no, que las mismas asumieron, al haber sido producto de golpes de Estado siempre dados por factores externos a los Poderes constituidos, no se planteó como tema de discusión. Las Asambleas Constituyentes una vez electas, asumieron ese rol de poder constituyente originario pues con el golpe de Estado, los poderes constituidos ya habían sido barridos por la guerra o la revolución que las había originado.

El tema, en cambio sí se planteó en los casos de las Asambleas Constituyentes 1999 y 2017, las cuales también fueron producto de golpes de Estado pero en este caso fueron dados por uno de los Poderes Constituidos, en particular por el Presidente de la República, con la anuencia o participación del tribunal supremo. La situación constitucional sin embargo fue distinta en uno u otro caso.

En el caso de la Asamblea Constituyente de 1999, como nada estaba previsto en la Constitución de 1961 sobre la misma, la discusión sobre si la Asamblea Constituyente podía asumir el poder constituyente originario se planteó, y a pesar de que la antigua Corte Suprema de Justicia en Sala Político Administrativa lo negó expresamente tal carácter mediante sentencia del 13 de abril de 1999,[139] en un golpe de Estado continuado dado luego por la propia

---

138   Véase Elena Plaza y Ricardo Combellas (Coordinadores), *Procesos Constituyentes y Reformas Constitucionales en la Historia de Venezuela: 1811–1999*, Universidad Central de Venezuela, Caracas 2005, 2 tomos.

139.   Véase el texto de la sentencia en Allan R. Brewer-Carías, *Poder Constituyente Originario y Asamblea Nacional Constituyente,* Caracas, 1999, pp. 190 a 198.

Asamblea Constituyente, la misma lo asumió y barrió a los demás poderes constituidos.

En el caso de la Asamblea Constituyente de 2017, en cambio, sí había previsión expresa en la Constitución de 1999 sobre la Asamblea Constituyente como instrumento de reforma constitucional y, por tanto, sobre su carácter de poder constituyente derivado o constituido; y sobre que el pueblo es el único depositario del poder constituyente originario reservándosele al pueblo mediante referendo de convocatoria, la posibilidad de convocar la Asamblea Constituyente. En este caso, por tanto, no cabía discusión alguna sobre si una Asamblea Constituyente convocada y electa en el marco de la Constitución de 1999 podía asumir el poder constituyente originario. Evidentemente ello no era posible, pues se trataba de un poder constituyente derivado o instituido regulado en la Constitución, la cual expresamente reservaba al pueblo el ejercicio del poder constituyente originario.

Por ello, en el caso de la Asamblea Constituyente de 2017, el golpe de Estado lo dio el Presidente de la República, en colusión con el Tribunal Supremo, violando la Constitución, convocándola en usurpación de la voluntad popular, y otorgándole un poder constituyente originario que nunca podría tener, y que además, en otro golpe de Estado continuado, la Asamblea misma, una vez electa, asumió, barriendo con ello a los poderes constituidos, y asumiendo el poder total, sin límites, derogando de hecho la Constitución de 1999, fijándose un lapso de duración de dos años.

Este libro se refiere a la historia y vicisitudes de ambos procesos constituyentes, de 1999 y 2017, con estudios y crónicas constitucionales que fui elaborando entonces y ahora, a medida que se configuraron dichos procesos constituyentes.

La diferencia en los escritos es que en la Asamblea Constituyente de 1999 yo fui hasta cierto punto actor en el proceso, pues participé directamente, primero como cuestionador del mismo, segundo como impugnante de la convocatoria, y tercero como constituyente electo como miembro independiente por la Circunscripción nacional; y en 2017, en cambio solo he sido observador académico externo del proceso, desde lejos, pero al día en su desarrollo.

SEGUNDA PARTE:

ALGO SOBRE LA NOCIÓN DEL PODER CONSTITUYENTE ORIGINARIO, DEL PODER CONSTITUYENTE DERIVADO Y DE LOS PODERES CONSTITUIDOS

En los regímenes democráticos, el poder constituyente es una potestad que siempre corresponde al pueblo, y que se ejerce por éste mediante la elección de representantes a una Asamblea, a los efectos de constituir un Estado y sancionar una Constitución; de reconstituir un Estado cuando en el curso de su funcionamiento la Constitución que lo rige ha sido derogada y sancionar una Constitución; o de proceder a realizar una reforma total de una Constitución conforme a sus propias previsiones.

En los dos primeros casos ese poder constituyente se puede considerarse que tiene su origen en el ejercicio de un "poder constituyente originario" pues en ausencia de una Constitución que lo rija, el pueblo le encomienda a sus representantes electos en una Asamblea la constitución o reconstitución de un Estado y la sanción de una nueva Constitución. En esos dos primeros casos, por tanto, lo que caracteriza al poder constituyente originario es que ejerce sus funciones sin limitaciones constitucionales dada la ausencia de una Constitución que esté vigente.

En el tercer caso, en cambio, el poder constituyente tiene su origen en el ejercicio de un "poder constituyente constituido" que está regulado en el propio texto de la Constitución o que se deriva de su interpretación, rigiéndose en su funcionamiento por la misma, en la cual, además se establecen sus límites.

Es decir, cuando el poder constituyente se ejerce en el marco de una Constitución, conforme a sus previsiones o como consecuencia de la interpretación de sus previsiones por el Poder Judicial como poder constituido, y sin que la misma haya perdido vigencia, dicho el poder constituyente siempre es un "poder constituyente derivado o constituido" regulado en la propia Constitución, que debe ser respetada. En esos casos, la Asamblea Constituyente electa o quien la convoca, nunca podría asumir el poder constituyente originario, que solo lo detenta el pueblo, y si lo hace ello sería una usurpación de la voluntad popular.

Estas nociones se derivan de dos sentencias dictadas el 19 de enero de 1999 por la antigua Corte Suprema de Justicia que citaremos como Caso *Referendo Consultivo I* y Caso *Referendo Consultivo II* el 19 de enero de 1999,[140] en las cuales resolvió sendos recursos de interpretación sobre el alcance de las previsiones de la Ley Orgánica del Sufragio y Participación Política de 1998 relativas al referendo consultivo; y en particular, sobre la posibilidad de convocar mediante un referendo consultivo una Asamblea Nacional Constituyente, que no estaba prevista en la Constitución de 1961 como un mecanismo para la reforma constitucional.

Para dictar sus sentencias, la Corte hizo una serie de consideraciones sobre el poder constituyente, los poderes constituidos y las reformas constitucionales que tocaron aspectos esenciales del constitucionalismo que destacamos a continuación para precisar las nociones fundamentales en esta materia que hemos enunciado.

En la sentencia Caso *Referendo Consultivo I* la antigua Corte Suprema, en efecto, señaló lo siguiente:

---

140. Véase el texto de la sentencia y los comentarios a la misma en Allan R. Brewer-Carías, *Poder Constituyente Originario y Asamblea Nacional Constituyente,* Caracas, 1999, pp. 15 a 114. Véase también en *Bases Constitucionales de la Supranacionalidad*, Tribunal Supremo de Justicia, Colección de Estudios Jurídicos, Caracas, 2002, pp. 19-36; y en *Revista de Derecho Público,* N° 77-80, enero-diciembre 1999, Editorial Jurídica Venezolana, Caracas 1999, pp. 56 a 73.

"El **poder constituyente originario** se entiende como la potestad primigenia de la comunidad política para darse una organización jurídica y constitucional. En este orden de motivos, la idea del poder constituyente presupone la vida nacional como unidad de existencia y de decisión. Cuando se trata del gobierno ordinario, en cualquiera de las tres ramas en que se distribuye su funcionamiento, estamos en presencia del **poder constituido**. En cambio, lo que organiza, limita y regula normativamente la acción de los **poderes constituidos** es función del **poder constituyente**. Este no debe confundirse con la competencia establecida por la Constitución para la reforma de alguna de sus cláusulas. La competencia de cambiar preceptos no esenciales de la Constitución, conforme a lo previsto en su mismo texto, es **poder constituyente instituido o constituido**, y aun cuando tenga carácter extraoficial, está limitado y regulado, a diferencia del **poder constituyente originario**, que es previo y superior al régimen jurídico establecido.

De este párrafo, en síntesis, la Corte precisó las nociones claves en la materia así:

- El **poder constituyente originario** es la potestad primigenia de la comunidad política, es decir, del pueblo, para darse una organización jurídica y constitucional. El **poder constituyente originario**, es previo y superior al régimen jurídico establecido.

- El **poder constituido** es el gobierno ordinario, en cualquiera de las tres ramas en que se distribuye su funcionamiento, es decir, Poder Legislativo, Poder Ejecutivo y Poder Judicial. La organización, limitación y regulación normativa de la acción de los **poderes constituidos** es función del **poder constituyente**.

- El **poder constituyente instituido o constituido** es la competencia establecida por la Constitución para la reforma de alguna de sus cláusulas, conforme a lo previsto en su mismo texto. El **poder constituyente instituido o constituido** está limitado y regulado en la propia Constitución.

Precisados estos términos clave, siguiendo lo argumentado por la antigua Corte sobre el primero de dichos conceptos esenciales del constitucionalismo moderno, como es el del poder constituyente originario, resulta que en los Estados constitucionales estables dicho poder en realidad, solo se manifiesta plenamente una vez, al constituirse el Estado como "potestad primigenia de la comunidad política para darse una organización jurídica y constitucional." Ello ocurrió, por ejemplo, en la historia de Venezuela con la actuación del pueblo de las antiguas provincias de la Capitanía General de Venezuela a través del Congreso General de representantes de la misma que actuó como Asamblea Constituyente de 1811, la cual constituyó el Estado independiente de Venezuela. Así concebido, entonces, es que el poder constituyente originario puede decirse que es *supra leges* y queda *legibus solutus*, fuera de toda limitación. En esos casos, se trata de un hecho que preexiste al derecho que dicho poder crea y ordena en una Constitución.

Por ello, este poder constituyente originario en el mundo contemporáneo, así concebido, es una mera representación histórica, habiéndose manifestado en el constitucionalismo moderno en la actuación del pueblo a través de las Asambleas coloniales norteamericanas para crear, *ex novo,* los Estados soberanos de la Unión norteamericana y ese fue el que asumió la Asamblea Nacional francesa en representación del pueblo con la Revolución, para transformar radicalmente el Estado francés en una Monarquía constitucional.

Pero una vez constituidos los Estados modernos, el poder constituyente originario así concebido, como *supra leges* y *legibus solutus* que radica en el pueblo, y mediante el cual el mismo a través de sus representantes organiza al Estado y se otorga a sí mismo una Constitución, difícilmente aparece de nuevo fuera del cauce que la Constitución como emanación del mismo pueblo establece, salvo que se trate de una manifestación *fáctica,* producto de una revolución y, por tanto, de situaciones de hecho y de rupturas constitucionales, como sucedió tantas veces en la historia constitucional venezolana.

La consecuencia de ello es que pueblo como poder constituyente originario, del cual sólo el pueblo es el depositario y no puede transferirlo, a través de sus representantes adopta la Constitución, y mediante ella, lo que hace es reglar al poder constituyente instituido o derivado, expresando la voluntad popular hacia futuro, además, sobre cómo es que se puede reformar la propia Constitución que se otorga, es decir, el poder constituyente instituido o derivado, por ejemplo, a través de los procedimientos de reforma y de enmiendas constitucionales, o de la convocatoria de una Asamblea Constituyente.

Distintos al poder constituyente originario y al poder constituyente instituido, por tanto, es el o los poderes constituidos; que son también el producto de la voluntad del poder constituyente originario manifestada por el pueblo a través de la Asamblea de sus representantes, os cuales están sometidos esencialmente a la Constitución, no pudiendo dichos poderes constituidos, en forma alguna modificarla.

En ese marco, por tanto, el poder constituyente instituido, es decir, el poder de modificar la Constitución, es en definitiva el resultado constitucional de la tensión que deriva de dos principios que son pilares fundamentales del Estado Constitucional, que son el principio de la democracia representativa y el principio de la supremacía constitucional, y que se encuentran insertos en el constitucionalismo desde la primera Constitución de la República francesa de 1791.[141].

En consecuencia, son de la esencia del constitucionalismo moderno tanto el concepto de **poder constituyente originario** como el de **poder constituyente instituido o derivado** para reformar la Constitución, distintos al de los **poderes constituidos**, que no pueden reformar la Constitución y se encuentran sometidos a ésta. Por ello, tenía razón la Corte Suprema cuando en la sentencia Caso *Referendo Consultivo I* expresó que:

"En este sentido, se observa que el hecho de estar enmarcado históricamente el Poder Constituyente en la normativa constitu-

---

141. Artículo Primero, Título VII, Véase en Jacques Godechot (ed), *Les Constitutions de la France, depuis 1789*, París 1979, pp. 65-66.

cional, no basta para entenderlo subrogado permanentemente al Poder Constituido.

Pretender lo contrario, o sea, que las facultades absolutas e ilimitadas que en un sistema democrático corresponden por definición a la soberanía popular puedan ser definitivamente abdicados en los órganos representativos constituidos, equivaldría, en palabras de Berlia: "que los elegidos dejan de ser los representantes de la nación soberana para convertirse en los representantes soberanos de la nación". (*Cfr.* Berlia, G. "De la compétence Constituante," en *Revue de droit public*, 1945, p. 353, citado por Pedro De Vega en *La reforma constitucional y la problemática del poder constituyente*, Editorial Tecnos, Madrid, 1985, p. 231)."

De ello resulta, por tanto, que el poder constituyente tanto originario como instituido o derivado no pueden quedar subrogados a los poderes constituidos; y que si bien el poder constituyente originario corresponde al pueblo, éste es el que, como tal, tiene facultades absolutas e ilimitadas; no así sus representantes electos en una Asamblea Constituyente por ejemplo, los cuales no pueden confundirse con el propio pueblo soberano, ni la Asamblea Constituyente puede ser confundida en forma alguna con el poder constituyente originario, ni nunca podría ser "soberana." Soberano es solo el pueblo, y en él reposa la soberanía en forma intransferible.

Al seguir refiriéndose al poder constituyente originario, que se insiste solo lo detenta el pueblo, la antigua Corte Suprema, si bien en su sentencia Caso *Referendo Consultivo II,* precisó que "es inmanente a su naturaleza de poder soberano, ilimitado y principalmente originario, el no estar regulado por las normas jurídicas que hayan podido derivar de los poderes constituidos;" ello incluso no implica que no esté sometido a su propia obra, que es la Constitución, que se dicta en su nombre. Es decir, una vez que en un país determinado, el pueblo, como poder constituyente originario, sanciona una Constitución, la constitucionalización del Estado y del orden jurídico implica que dicho texto es supremo por voluntad del pueblo mismo, y que, como lo afirmó la antigua Corte en la misma sentencia "obliga tanto a los gobernantes como a los gobernados a someterse a ella" y los gobernados son, precisamente, el pueblo soberano que al sancionar la Constitución se auto-limita y se somete a su propia obra normativa que se sanciona con el carácter de ley suprema.

En consecuencia, no puede decirse que los mecanismos regulados en las Constituciones, para su enmienda o su reforma sólo estén dirigidos a los poderes constituidos estableciendo el poder constituyente derivado. En realidad, además de regular esencialmente ese poder constituyente instituido o derivado, dichas regulaciones constituyen una autolimitación que el poder constituyente originario, es decir, el pueblo, se ha impuesto a sí mismo, lo que implica que el pueblo soberano debe también regirse por la Constitución que él mismo ha adoptado, y no se puede pretender que pueda proceder a modificarla por vías distintas a las que ha previsto en el texto fundamental.

Ello no significa que el pueblo no se pueda manifestar mediante un referendo sobre asuntos referidos a la reforma constitucional. Por ello, en las sentencias comentadas de enero der 1999, la antigua Corte Suprema admitió como derecho constitucional inherente de las personas, el derecho de participación política, considerando que no era necesaria una reforma constitucional para que se pudiera reconocer como derecho constitucional el derecho del pueblo de expresarse mediante un referendo o una consulta popular, incluso sobre temas como el de la convocatoria de una Asamblea Constituyente que en la Constitución de 1961 no fue regulada por el propio pueblo en su texto.

Nada impedía por tanto que se consultara al pueblo mediante referendo consultivo sobre esa materia, quedando sin embargo, pendiente por resolver el tema de que de ser positiva la respuesta a la consulta, cómo se podría llevar a cabo la convocatoria y elección de una Asamblea Constituyente luego de realizado un referendo. El tema que consideró la Corte fue si el referendo consultivo tenía "vigencia inmediata" en cuanto a mandato popular "obligatorio" para los órganos del Estado, o si esa consulta popular, en sí misma, en realidad no tenía eficacia directa, y requería ser implementada por el poder constituyente instituido, para regular la institución de la

Asamblea Constituyente mediante una reforma constitucional, para así poder convocarla.

Esto último fue lo que en esencia indicó la antigua Corte en la sentencia Caso *Referendo Consultivo I,* al expresar que luego de que se obtuviera una respuesta positiva en un referendo consultivo sobre la convocatoria de una Asamblea Constituyente, su convocatoria y elección sólo podía realizarse una vez que el poder constituyente instituido reformara la Constitución, es decir:

"Cuando, mediante los mecanismos legales establecidos, se dé cumplimiento a la modificación jurídica aprobada [mediante el referendo consultivo]. Todo ello siguiendo *procedimientos ordinarios previstos en el orden jurídico vigente,* a través de los órganos del Poder Público *competentes* en cada caso."

Retrotrayéndonos a 1999, hay que recordar que en el ordenamiento constitucional y legal entonces vigente, no había atribución de competencia alguna, a órgano alguno del Poder Público Nacional, como poder constituido, para establecer el régimen de una Asamblea Constituyente con poder para reformar la Constitución de 1961 por una vía distinta a la prevista en los artículos 245 y 246 de la misma, es decir, la de la enmienda y de la reforma constitucional.

El régimen de una Asamblea Constituyente no prevista en la Constitución, a pesar de que se realizara una consulta popular sobre la misma, no podía establecerse ni por una Ley del Congreso ni por un Decreto del Presidente de la República, salvo que en la consulta popular se preguntase expresamente sobre los diversos elementos que podían configurar dicho régimen (carácter, número de miembros, forma de elección, condiciones de elegibilidad, duración, mandato acorde con la Constitución vigente) y sobre el órgano del Poder Público que debía regular la Asamblea Constituyente. Y dicho régimen, en ningún caso, podía tener elementos distintos a los regulados en la Constitución de 1961, por ejemplo en relación con las condiciones de elegibilidad de los constituyentistas que no podían ser distintos a los previstos en el artículo 112 de la Constitución; razón por la cual la elección de los mismos no podía responder por ejemplo a un sistema electoral totalmente uninominal, que no garantizase el derecho a la representación proporcional de las minorías, como lo preveía el artículo 113 de la Constitución.

Para establecer un régimen de esa naturaleza, indudablemente que en la Constitución de 1961, la competencia solo la tenía el poder constituyente instituido o derivado mediante una reforma constitucional conforme al artículo 246 de la Constitución.

Lo que resultó claro, en todo caso, es que la antigua Corte Suprema en Sala Político Administrativa, en sus sentencias del 19 de enero de 1999 (Caso *Referendo Consultivo I* y Caso *Referendo Consultivo II*),[142] no resolvió el tema crucial de si una vez que el pueblo se pronunciara en el referendo consultivo, era o no necesaria una reforma constitucional previa de la Constitución para regular la Asamblea Constituyente, su elección y funcionamiento.

Teniendo presente todas las anteriores nociones teóricas sobre el poder constituyente originario, los poderes constituidos y el poder constituyente instituido o derivado, argumentadas por la antigua Corte Suprema, y la omisión en la cual incurrió, pasamos a analizar las vicisitudes constitucionales que se produjeron en la convocatoria de las dos últimas Asambleas Constituyentes, en 1999 por el Presidente Hugo Chávez y en 2017, por quien ejerce la Presidencia en Venezuela, Nicolás Maduro, y las inconstitucionalidades cometidas en ambos casos, al haberse usurpado el poder constituyente originario del pueblo por un órgano de los poderes constituidos, y haber asumido una Asamblea Constituyente electa fuera del marco de la Constitución, y sin que el poder constituyente instituido o derivado haya reformado la Constitución para regular dicha institución, el poder constituyente originario usurpando la soberanía popular.

---

142. Véase el texto de la sentencia y los comentarios a la misma en Allan R. Brewer-Carías, *Poder Constituyente Originario y Asamblea Nacional Constituyente,* Caracas, 1999, pp. 15 a 114. Véase también en *Bases Constitucionales de la Supranacionalidad*, Tribunal Supremo de Justicia, Colección de Estudios Jurídicos, Caracas, 2002, pp. 19-36; y en *Revista de Derecho Público,* N° 77-80, enero-diciembre 1999, Editorial Jurídica Venezolana, Caracas 1999, pp. 56 a 73.

TERCERA PARTE

LA ASAMBLEA NACIONAL CONSTITUYENTE EN 1999 Y LA USURPACIÓN DEL "PODER CONSTITUYENTE ORIGINARIO"

I. LA PROPUESTA CONSTITUYENTE

1. *La bandera política de Chávez y mi discrepancia*

Hugo Chávez Frías, durante todo el año 1998, como candidato presidencial desarrolló su campaña electoral con una sola bandera política que fue la propuesta de convocar una Asamblea Constituyente, posibilidad que se había planteado en el país precisamente a raíz del golpe de Estado militar que intentó dar en 1992; propuesta con la cual perseguía, en definitiva, recomponer el sistema político por la crisis que atravesaban los partidos políticos y el propio régimen democrático, a los cuales por lo demás, Chávez demonizó.

Personalmente, propuse en 1992, una semana después del intento de golpe de Estado de Chávez la convocatoria a una Asamblea Nacional Constituyente como un mecanismo para la lograr la necesaria recomposición del sistema político, que ya mostraba signos de crisis y agotamiento. Y ello también lo propuse durante el año de la campaña electoral de 1998 en mi condición de Presidente de la Academia de Ciencias Políticas y Sociales,[143] pero siempre condi-

---

143 Véase Allan R. Brewer-Carías, *Asamblea Constituyente y Ordenamiento Constitucional*, Serie Estudios Nº 53, Biblioteca de la Academia de Ciencias Políticas y Sociales, Caracas 1999.

cionada a una reforma constitucional previa y puntual mediante la cual se incorporara en la Constitución ese mecanismo de la Asamblea Constituyente.[144]

Ello, por supuesto, contrastaba con el planteamiento de Chávez en su campaña electoral de 1998, que propugnaba la convocatoria y elección de la Asamblea Constituyente sin que se reformara previamente la Constitución de 1961, y la asignación a la misma de un pretendido carácter originario.

Ante la ausencia que tuvo Chávez de interlocutores políticos para tratar del tema, ya que todos los partidos políticos ignoraron el asunto o simplemente se oponían a la idea, debo recordar que Miquilena tomó la iniciativa de reunirse conmigo para discutir las propuestas, particularmente por la posición que yo había asumido a favor de la necesidad de una Asamblea Constituyente desde marzo de 1992.

Como indiqué, mi diferencia con la propuesta de Chávez, era la de plantear que como la Asamblea no estaba regulada en la Constitución, debía incorporársela previamente mediante una reforma constitucional, para poder luego convocarla y elegirla. Adicionalmente, la Asamblea en ningún caso podía tener carácter originario alguno, pues sólo el pueblo es soberano, y como tal sólo es el titular del poder constituyente originario.

A pesar de la diferencia de aproximación sobre la configuración de la Asamblea, e igualmente, a pesar de mi oposición constante y sistemática a los planteamientos político electorales de Chávez, que ya desde entonces consideraba propios de un proyecto político autoritario, antidemocrático y exclusionista, en virtud del punto de encuentro que había sobre la necesidad de una Asamblea para poder recomponer el sistema político, Miquilena, como jefe civil de la

---

144   Véase las propuestas en Allan R. Brewer-Carías, "Reflexiones sobre la crisis del sistema político, sus salidas democráticas y la convocatoria a una Constituyente", en Allan R. Brewer-Carías (Coord.), *Los Candidatos Presidenciales ante la Academia. Ciclo de Exposiciones 10-18 Agosto 1998*, Serie Eventos N° 12, Biblioteca de la Academia de Ciencias Políticas y Sociales, Caracas 1998, pp. 9-66.

campaña de Chávez, buscó hablar conmigo para lo cual efectivamente nos reunimos varias veces en los meses de agosto a septiembre de 1999, primero en la casa del abogado y amigo de muchos
años Carlos Diez, y luego, en la casa del también amigo de muchos
años Reinaldo Cervini. Así, efectivamente hubo reuniones e inter-
cambio de documentos y proyectos, que Miquilena llevó a Chávez,
y regresó con correcciones que éste hizo a mano, pero sin que llegá-
ramos, por supuesto, a punto de acuerdo alguno.

2. *La propuesta alternativa de que el nuevo Congreso iniciara el proceso constituyente*

A comienzos de noviembre, en todo caso, una vez electos los
senadores y diputados del Congreso, con una configuración político
que reflejaba la nueva situación del país, con los partidos que res-
paldaban al candidato Chávez con más de un tercio de representantes electos, formulé públicamente mi opinión de que con esa nueva
configuración, el Congreso estaba obligado a asumir el proceso
constituyente, no siendo necesaria entonces la elección aparte de
otra Asamblea.[145] El planteamiento, que por supuesto no fue atendido en forma alguna por los partidos políticos que formaban la mayoría de las Cámaras Legislativas, los cuales simplemente lo ignoraron, dejando paso libre a que Chávez siguiera con su propuesta, a
su manera. En cuanto a mi propuesta, sus seguidores, la vieron como una formula radicalmente opuesta a sus proyectos.

En efecto, como hemos señalado, la Constitución de 1961 no
establecía ni regulaba la institución de la Asamblea Constituyente
como mecanismo para la reforma constitucional, lo que fundamentó
mi criterio de que no había otra forma de convocarla que no fuera
reformando previamente la Constitución, o al contrario, por la fuer-

---

145   Véase las siguientes declaraciones de prensa que di al respecto: «Ya no
      hace falta convocar una Constituyente» <declaraciones a Rodolfo Baptis-
      ta> *El Universal*, Caracas, 13/11/98, p. 1-20; «Referéndum no es necesa-
      rio» <declaraciones a Ingrid Rojas> *El Mundo*, Caracas, 11/12/98; «Con el
      nuevo Congreso electo ya no es necesaria la Constituyente» <declaracio-
      nes con Pedro Nikken a Máximo Peña> *El Nacional*, Caracas, 13/11/98, p.
      D-4.

za de un golpe militar, o tratando de forzar una interpretación por parte de la Corte Suprema de Justicia, que la permitiera.

3. *El voluntarismo presidencial, las presiones políticas y el desencadenamiento del proceso constituyente*

Lo cierto fue que después de la elección de Chávez a comienzos de diciembre de 1998, y durante las siguientes semanas, avasallando al recién electo Congreso antes de que los senadores y diputados electos incluso llegasen a tomar posesión de sus cargos, se produjeron los siguientes hechos: la indebida, abierta y pública presión ejercida con amenazas por el Presidente electo contra la antigua Corte Suprema de Justicia en diciembre de 1998 para que decidiera que sí se podía convocar una Asamblea Constituyente sin necesidad de reformar la Constitución; la emisión de sendas sentencias dictadas bajo amenaza por dicha Corte Suprema de Justicia el 19 de enero de 1999, en las cuales, en forma totalmente ambigua, argumentó sobre el significado del poder constituyente pero sin decidir nada sobre si era necesario o no reformar la Constitución para convocar la Constituyente; la emisión del decreto del Presidente Chávez el mismo día de la toma de posición de su cargo el 3 de febrero de 1999, convocando a un referendo consultivo sobre la Asamblea Constituyente; las impugnaciones varias contra dicho decreto por ante la Corte Suprema; las sentencias varias dictadas por la misma Corte Suprema corrigiendo la iniciativa presidencial y declarando formalmente que la Asamblea Constituyente no podía tener carácter de poder constituyente originario; la realización del referendo consultivo en abril de 1999 apoyando la constitución y elección de la Asamblea Constituyente; y la elección de la Asamblea Constituyente en julio de 1999, conforme a una bases comiciales en las cuales se había eliminado la referencia al carácter originario de la Asamblea, y que en definitiva, fue la voluntad popular sobre la misma y su carácter.

II. LA CONFIGURACIÓN JUDICIAL DEL PROCESO CONS-
TITUYENTE DE 1999[146]

**1. *El punto judicial de inicio del proceso constituyente de 1999
con las sentencias de la antigua Corte Suprema de Justicia de
19 de enero de 1999 y la iniciativa presidencial en iniciarlo***

Todo lo anterior, ocurrió luego de que la antigua Corte Suprema
de Justicia emitiera unas sentencias ambiguas de 19 de enero de
1999 (Caso *Referendo Consultivo I* y Caso *Referendo Consultivo
II)*[147] que en parte hemos comentado, y que lamentablemente daban
para que cualquiera interpretara lo que quisiera.

Ello dio pie para que, insólitamente, fuera la opinión pública la
que resolviera el asunto, lo que ocurrió a través de los titulares de la
prensa escrita que anunciaron las sentencias, donde se afirmó lo que
las mismas no dijeron.

Sin embargo, con dichas sentencias, a pesar de su ambigüedad,
lo cierto fue que se inició formalmente en Venezuela el proceso
constituyente de 1999, el cual, a pesar de los esfuerzos que haría
posteriormente la propia Corte Suprema para precisar lo que no
hizo anteriormente, y limitar los poderes de la Asamblea, ésta, una
vez electa, desbordó los límites que aquella intentó ponerle, asumiendo en agosto de 1999 un carácter de poder constituyente originario que el pueblo no le había otorgado ni delegado.

---

146 Véase en general sobre esta configuración: Allan R. Brewer-Carías, "La
configuración judicial del proceso constituyente en Venezuela de 1999 o
de cómo el guardián de la Constitución abrió el camino para su violación y
para su propia extinción", en *Revista de Derecho Público*, N° 77-80, Editorial Jurídica Venezolana, Caracas 1999, pp. 453-514; y en *Revista Jurídica del Perú*, Año LVI, N° 68, 2006, pp. 55-130.

147. Véase el texto de la sentencia y los comentarios a la misma en Allan R.
Brewer-Carías, *Poder Constituyente Originario y Asamblea Nacional
Constituyente,* Caracas, 1999, pp. 15 a 114. Véase también en *Bases Constitucionales de la Supranacionalidad*, Tribunal Supremo de Justicia, Colección de Estudios Jurídicos. Caracas, 2002, pp. 19-36; y en *Revista de
Derecho Público,* N° 77-80, enero-diciembre 1999, Editorial Jurídica Venezolana, Caracas 1999, pp. 55 a 73

La Asamblea Constituyente, así, fue la que en Venezuela dio un golpe de Estado que al convocarla había iniciado Chávez, interviniendo todos los poderes constituidos del Estado, y terminando con la propia Corte Suprema que con sus ambiguas sentencias le había dado nacimiento. [148]

Hay que recordar, en efecto, que la Sala Político Administrativa de la antigua Corte, en ausencia de normas en la Constitución de 1961 que reglaran la institución de la Asamblea Constituyente, había sido llamada a interpretar si era constitucionalmente posible convocarla y elegirla con base solo en la realización de un referendo *consultivo* que a tal fin se efectuara conforme al artículo 181 de la Ley Orgánica del Sufragio y Participación Política; o si por el contrario era necesario, luego de efectuado el referendo y conforme a su resultado, que el poder constituyente derivado o instituido previamente la regularla mediante una reforma de la Constitución.

La antigua Corte Suprema de Justicia en las sentencias dictadas el 19-1-1999[149], como se dijo, no resolvió abierta y claramente el asunto planteado en la interpretación requerida,[150] limitándose a glosar ampliamente, en forma teórica, como antes hemos destacado, la doctrina constitucional sobre el poder constituyente, y a resolver solo uno de los asuntos que se le había planteado y que era determinar si conforme al artículo 181 de la Ley Orgánica del Sufragio y Participación Política se podía realizar un referendo consultivo para conocer el parecer del cuerpo electoral sobre la convocatoria de una Asamblea Constituyente, lo que en realidad nadie ponía en duda que podía hacerse.

---

148. Véase Allan R. Brewer-Carías, *Golpe de Estado y proceso constituyente en Venezuela,* UNAM 2002.

149 Véanse los textos en Allan R. Brewer-Carías, *Poder Constituyente Originario y Asamblea Nacional Constituyente, cit.,* pp. 25 a 53.

150 Véase en sentido coincidente, Lolymar Hernández Camargo, *La Teoría del Poder Constituyente. Un caso de estudio: el proceso constituyente venezolano de 1999,* UCAT, San Cristóbal, 2000, pp. 54, 56, 59.

Para decidir eso, en realidad, no era necesaria mayor lucubración, pues era evidente que la convocatoria de una Asamblea Constituyente era y es una materia de especial trascendencia nacional conforme a lo que indicaba el artículo 181 de la Ley Orgánica del Sufragio y Participación Política. Pero sobre ello, sin embargo, la Corte fue muy precisa indicando que si bien el resultado de la consulta popular podía adquirir vigencia inmediata:

> "*su eficacia sólo procedería* cuando, mediante los *mecanismos legales establecidos se dé cumplimiento a la modificación jurídica aprobada.* Todo ello siguiendo procedimientos ordinarios previstos en el orden jurídico vigente, a través de los órganos del Poder Público *competentes* en cada caso. Dichos órganos estarán en la *obligación de proceder* en ese sentido."

De ello se derivaba, por tanto, aun cuando no dicho expresamente, que no bastaba con la expresión popular a través del referendo consultivo para convocar la Asamblea Constituyente, sino que era necesario que con base en esa expresión popular, el poder constituyente derivado o instituido procediera a reformar la Constitución para regular la institución y poder proceder a convocarla y elegirla.

Sin embargo, como se dijo, la ausencia de decisión expresa por parte de la antigua Corte sobre la interpretación solicitada, condujo al efecto contrario, particularmente en la opinión pública, lo que se reflejó en los titulares de primera página de los diarios nacionales de los días 20 de enero de 1999 y siguientes, en los cuales se informó que la Corte Suprema de Justicia supuestamente habría decidido que sí se podía proceder a convocar y elegir una Asamblea Nacional Constituyente para revisar la Constitución, sin necesidad de reformar previamente la Constitución de 1961, que la regulara,[151] y solamente con base en el resultado del referendo consultivo.

---

151   Véase en *El Nacional*, Caracas 21-01-99, p. A-4 y D-1; *El Universal*, Caracas 21-01-99, p. 1-2 y 1-3; *El Universal*, Caracas 20-01-99, p. 1-15. El titular de primera página del diario *El Nacional* del 20-01-99 rezó así: "CSJ, considera procedente realizar un referéndum para convocar la Cons-

Dichas sentencias, en ese momento produjeron dos efectos: por una parte, la euforia de todos los que habían expresado la tesis de que el pueblo, mediante referendo consultivo podía decidir que se convocara y eligiera la Asamblea Constituyente, quienes derivaron de las sentencias un supuesto "triunfo" jurídico;[152] y por la otra, la incredulidad y duda de otros, que no encontraban la "decisión" que anunciaba la prensa en el texto de la sentencia.

Sin embargo, en esa situación fáctica, y en la práctica política, el resultado fue que la determinación, con exactitud, de cuál había sido el contenido de las sentencias, y lo que efectivamente habían decidido, perdió todo interés, sobre todo después de que la interpretación que se le dio en la opinión pública a los titulares de la prensa informando que sobre lo decidido, en el sentido de que se podía convocar al referéndum sobre la Asamblea Constituyente sin refor-

---

tituyente"; el titular del cuerpo de *Política* del mismo diario, del 21-01-99, rezó así: "No es necesario reformar la Constitución para convocar el referéndum" y el del día 22-01-99 rezó así: "La Corte Suprema no alberga dudas sobre la viabilidad de la Constituyente". Véase los comentarios coincidentes de Lolymar Hernández Camargo, *La Teoría del Poder Constituyente, cit.*, p. 63.

152   Ello se deducía de la propia Exposición de Motivos del Decreto N° 3 del 02-02-99 del Presidente de la República convocando al referendo consultivo sobre la Asamblea Nacional Constituyente en la se dijo que: // "b) La Corte Suprema de Justicia, en sus decisiones del 19 de enero de 1999, ha establecido que para realizar el cambio que el país exige, es el Poder Constituyente, como poder soberano previo y total, el que puede, en todo momento, modificar y transformar el ordenamiento constitucional, de acuerdo con el principio de la soberanía popular consagrado en el artículo 4 de la Carta Fundamental; // c) El referendo previsto en la Ley Orgánica del Sufragio y Participación Política, es un mecanismo democrático a través del cual se manifiesta el poder originario del pueblo para convocar una Asamblea Nacional Constituyente y un derecho inherente a la persona humana no enumerado, cuyo ejercicio se fundamenta en el artículo 50 del Texto Fundamental y que, ese derecho de participación, se aplica no sólo durante elecciones periódicas y de manera permanente a través del funcionamiento de las instituciones representativas, sino también en momentos de transformación institucional que marcan la vida de la Nación y la historia de la sociedad". (*Gaceta Oficial* N° 36.634 de 02-02-99).

mar la Constitución,[153] lo que condujo a una interpretación incorrecta, como lo advertimos desde entonces.[154]

La consecuencia política fue que en medio de toda esa imprecisión, el Presidente de la República como lo había prometido, procedió a convocar el mismo día de la toma de posesión de su cargo el referendo consultivo sobre la Asamblea Constituyente; lo que hizo mediante el Decreto N° 3 de 2 de febrero de 1999, por supuesto sin que la Constitución vigente para el momento (la de 1961) previera y regulara tal Asamblea y permitiera semejante convocatoria. Ello, como se dijo, fue la primera manifestación del golpe de Estado constituyente que se dio en 1999.

2. *Lo efectivamente decidido por la antigua Corte Suprema y la decisión presidencial de proceder a convocar el referendo consultivo sobre la Asamblea Constituyente*

La antigua Corte Suprema, sin embargo, en la sentencia Caso *Referendo Consultivo II,* como antes se ha comentado, se refirió a dicho escollo jurídico, argumentando que efectivamente eran dos las vías que se abrían para hacer efectivo el referendo consultivo sobre la convocatoria a una Asamblea Constituyente:

La *primera*, que "los órganos *competentes* del Poder Público Nacional diseñasen los mecanismos de convocatoria y operatividad de una Asamblea Constituyente", por supuesto, conforme a los

---

153   Véase el titular de primera página del diario *El Nacional*: "Alcances del fallo de la CSJ: No es necesario reformar la Constitución para convocar el referendum," reportaje de Edgar López, Caracas 21 de enero de 1999, p. 1. Véase el facsimilar del reportaje en Carlos García Soto, "La Asamblea Nacional Constituyente de 2017 en su contexto histórico," en Allan R. Brewer-Carías y Carlos García Soto (Compiladores), *Estudios sobre la Asamblea nacional Constituyente y su inconstitucional convocatoria en 2017,* Editorial Temis, Editorial Jurídica Venezolana International, Bogotá, pp. 90 ss.

154   Véase Allan R. Brewer-Carías, *Poder Constituyente Originario y Asamblea Nacional Constituyente, cit.,* pp. 66 y ss. Véase además, lo expuesto en Allan R. Brewer-Carías, *Golpe de Estado y proceso constituyente en Venezuela,* UNAM, México 2002, pp. 85 ss.

términos de la consulta. Para que esta primera vía fuera factible, tenía que existir en el ordenamiento jurídico la atribución de *competencia* a algún órgano del poder constituido, en este caso del Poder Público Nacional para establecer el régimen de una Asamblea Constituyente para modificar la Constitución en una forma distinta a la prevista en los artículos 245 y 246 de la Constitución, y esa atribución no existía. La única posibilidad que quedaba, sin embargo, desde el punto de vista jurídico-constitucional, era que en la propia consulta popular no sólo se formularan las preguntas sobre el régimen de la Constituyente, sino se inquiriera al pueblo sobre el órgano del Poder Público que debía formalizar ese régimen, y siempre que el mismo no implicara modificaciones a la Constitución que estaba vigente.

La *segunda*, como alternativa, que previamente a la convocatoria efectiva de la Asamblea Constituyente, los órganos del Poder Público Nacional actuando como poder constituyente instituido o derivado "tomasen la iniciativa de enmienda o de reforma que incluya la figura de una Asamblea Constituyente;" lo cual resultaba necesario si el régimen de la Constituyente implicaba reformas a la misma Constitución (por ejemplo, conforme a lo señalado, a los artículos 112 y 113).

La Corte, sin embargo, en definitiva, no resolvió claramente el escollo, y se limitó a decidir sobre la constitucionalidad del referendo consultivo sobre la convocatoria de una Asamblea Constituyente, pero no decidió expresamente sobre la constitucionalidad de su convocatoria sin que se estableciera previamente su régimen mediante una reforma constitucional. Textualmente expresó al interpretar el artículo 181 de la Ley Orgánica del Sufragio y Participación Política, que fue la norma que constituyó el fundamento del Decreto, lo siguiente:

"Se desprende así del texto aludido (Art. 181 LOSPP), la consagración jurídica de la figura del referendo consultivo como mecanismo llamado a canalizar la participación popular en los asuntos públicos nacionales. De allí que la regla se dirija fundamentalmente a establecer las distintas modalidades para la iniciativa en la convocatoria de la consulta popular." (Sentencia

Caso Referendo Consultivo I del 19-1-99, Ponencia del Magistrado Humberto J. La Roche)

En dicha sentencia se expresó, además, a propósito del referendo consultivo lo siguiente:

"A través del mismo puede ser consultado el parecer del cuerpo electoral sobre cualquier decisión de especial trascendencia nacional distinto a los expresamente excluidos por la Ley Orgánica del Sufragio y Participación Política, en su artículo 185, incluyendo la relativa a la convocatoria a una Asamblea Constituyente."

La otra sentencia de la Sala, de la misma fecha, señaló lo siguiente:

"Sí es procedente convocar a un referendo, en la forma prevista en el artículo 181 de la Ley Orgánica del Sufragio y de Participación Política para consultar la opinión mayoritaria respecto de la posible convocatoria a una Asamblea Constituyente, en los términos expuestos en este fallo". (*Caso Referendo Consultivo II del 19-1-99*, Ponencia del Magistrado Héctor Paradisi)

En esta forma, sin decisión judicial expresa sobre cómo podía procederse a convocar la Asamblea Constituyente, quedó abierta la situación a un desenlace futuro, dependiendo de cómo se hiciera la consulta popular, para que se legitimase posteriormente el instrumento político de la Asamblea Constituyente convocada para reformar la Constitución, incluso sin que se produjese una reforma constitucional previa[155].

El paso inicial para dilucidar la situación, con el cual se abrió el proceso constituyente, como se dijo, lo dio el Presidente de la Re-

---

155   La Corte Suprema de Justicia, en definitiva, como lo dijo Claudia Nikken, validó, de entrada, la decisión de iniciativa presidencial del Presidente electo, en *La Cour Suprême de Justice et la Constitution vénézuélienne du 23 Janvier 1961*. Thèse Docteur de l'Université Panthéon Assas, (Paris II), Paris 2001, p. 363.

pública, Hugo Chávez Frías, el día 2 de febrero de 1999, día de la toma de posesión de su cargo, a las dos semanas de la publicación de las sentencias, en el cual, sin embargo, solo convocó un "referendo consultivo," es decir, decretó "la realización de un referendo para que el pueblo se pronuncie sobre la convocatoria de una Asamblea Nacional Constituyente" (art. 1), con el cual pretendió que el pueblo no sólo lo autorizara a convocar la Asamblea Constituyente sino que lo autorizara a él mismo y sólo él, para definir la composición, el régimen, la duración y la misión de la Asamblea.[156]

Se pretendía, así, que se produjera un referendo ciego sobre una Asamblea Constituyente que nadie sabía cómo se iba a elegir, quién la conformaría, cuáles eran sus poderes, cuál era su misión o su duración, pretendiendo confiscarle al pueblo su derecho a la participación política, cuyo reconocimiento judicial había sido precisamente lo que había abierto la vía hacia el referendo consultivo sobre la Constituyente.

Con el decreto presidencial, es cierto, el primer aspecto de la discusión pública sobre si era necesaria o no la reforma constitucional para convocar el referendo, había cesado, y el Congreso que venía de constituirse ni siquiera tuvo tiempo de comenzar a discutir el tema. Pero el segundo punto de la discusión quedó sin haber sido resuelto, pues conforme al criterio de las sentencias de la Corte Suprema de Justicia, el poder constituyente originario (el pueblo) para crear una Asamblea Constituyente con el objeto de reformar la Constitución, mediante un *referéndum consultivo,* debía pronunciarse sobre los diversos aspectos que debían configurar el régimen de la Asamblea Constituyente.

Es decir, el Decreto N° 3 del 2 de febrero de 1999 no satisfizo estas exigencias y, al contrario, omitió toda referencia al régimen de la Asamblea Constituyente, sustituyendo este aspecto por una solicitud al pueblo de delegación al propio Presidente de la República para

---

156   Véase el texto del Decreto en *Gaceta Oficial* N° 36.634 de 02-02-99.

regular, él sólo, "las bases del proceso comicial" en el que se debían elegir los integrantes de la Asamblea Nacional Constituyente[157].

En efecto, la primera pregunta que se propuso en el artículo 3° del Decreto, decía:

PRIMERA: ¿Convoca usted una Asamblea Nacional Constituyente con el propósito de transformar el Estado y crear un nuevo ordenamiento jurídico que permita el funcionamiento efectivo de una democracia social y participativa?.

Por supuesto, en cuanto a la forma cómo se formuló la pregunta, lejos de ser una "consulta" al pueblo sobre una decisión que luego debía adoptar un órgano del Poder Público, conllevaba a que se pretendiera que fuera el mismo pueblo el que adoptase la decisión directamente; es decir, el que decidiera *convocar* la Asamblea Constituyente, lo que implicaba que responder con un "sí" a la pregunta, era decidir convocar la Asamblea. No se trataba de dar un voto favorable para que se la convocara conforme a un texto o proyecto que estableciera su régimen y que también debía ser objeto de la consulta, como lo dijo la Corte Suprema en las sentencias de 19 de enero de 1999, sino convocarla directamente.

Por tanto, con la pregunta lo que se persiguió fue que fuera el pueblo, directamente mediante referendo decisorio o plebiscitario, el que convocara la Asamblea Nacional Constituyente, pero sin que dicho órgano existiera, pues no estaba previsto en parte alguna y ni siquiera su creación se derivaba de la propia pregunta al pueblo; y sin que se estableciera la mayoría requerida para que la supuesta decisión de convocarla fuera considerada adoptada. Pero lo más grave de todo era que al momento de votar no sólo no existía la institución que se pretendía convocar, sino que no se sabía cuál podía ser su régimen, su composición o configuración.

Es decir, se le pretendía pedir al pueblo *que convocara* una institución que no existía pues no había sido creada y ni siquiera esbo-

---

157   Véase los comentarios críticos a este Decreto en Allan R. Brewer-Carías, *Asamblea Constituyente y Ordenamiento Constitucional, op. cit.,* pp. 229 a 254.

zada en un proyecto, lo que viciaba el acto en su objeto, por ser de imposible ejecución como lo establecía el artículo 19.3 la Ley Orgánica de Procedimientos Administrativos.

Simplemente nadie puede convocar una institución que no existe y eso fue lo que se pretendió con la primera pregunta del artículo 3° del Decreto. Por ello, en ese caso, se desfiguró la noción de referendo "consultivo," en abierta violación de la Ley Orgánica del Sufragio y Participación Política.

La segunda pregunta para el referendo, contenida en el artículo 3 del decreto, se redactó así:

SEGUNDA: ¿Autoriza usted al Presidente de la República para que mediante un acto de gobierno fije, oída la opinión de los sectores políticos, sociales y económicos, las bases del proceso comicial en el cual se elegirán los integrantes de la Asamblea Nacional Constituyente?

En este caso, tampoco se estaba en presencia de un referendo consultivo, sino de un referendo también decisorio, por "autorizatorio", que tampoco preveía ni regulaba el ordenamiento jurídico.

En ese caso, responder con un "sí" significaba autorizar al Presidente de la República para que hiciera algo para lo cual no tenía competencia constitucional, sin que el pueblo siquiera le fijase algunos parámetros de actuación; lo que equivalía a hacerlo supuestamente depositario del poder constituyente originario, cuya expresión a través de una Asamblea Constituyente quedaba a su completa discreción "oída la opinión de los sectores políticos, sociales y económicos" innominados y escogidos también a su arbitrio.

En relación con esta segunda pregunta del artículo 3° del Decreto, debiendo tratarse de un referendo "consultivo," conforme a la interpretación que le dio la Sala Político Administrativa de la antigua Corte Suprema de Justicia al Artículo 182 de la Ley Orgánica del Sufragio y Participación Política, el texto de la pregunta debió contener los elementos necesarios y fundamentales para poder configurar, como producto de la soberanía popular, el régimen de la Asamblea Constituyente, para poder convocarla.

Pero no fue así, y con el decreto se pretendía que el pueblo *autorizase* al Presidente de la República para que mediante un "acto de gobierno" (término erróneamente utilizado, según la doctrina sentada por la antigua Corte Suprema) fuera el que fijase "las bases del proceso comicial en el cual se elegirán los integrantes de la Asamblea Nacional Constituyente." Ello, además, desde el punto de vista lógico y conforme a la pregunta, debía hacer *después de ser autorizado* por el referendo. Se pretendía así, que mediante un referendo decisorio no previsto en la Ley, el pueblo soberano renunciase a su derecho a participar y delegase o transfiriera al Presidente de la República, sólo, sin siquiera la participación del Consejo de Ministros, para que éste fuera el que fijase posteriormente al referendo, "las bases del proceso comicial" para elegir a los integrantes de la Asamblea Constituyente que constituía parte del régimen de la misma, es decir, las condiciones de elegibilidad, la forma de postulación y las condiciones para la elección. Con ello se pretendía trasladar el poder constituyente al Presidente de la República lo cual era inconstitucional, por no tener competencia para ello.

3. *Las impugnaciones a la decisión presidencial y la corrección judicial de la misma con la precisión de que el referendo consultivo no podía tener carácter ni decisorio ni autorizatorio*

El decreto fue objeto de impugnación por inconstitucionalidad, mediante varios recursos contencioso administrativas de nulidad que se ejercieron por ante la antigua Corte Suprema de Justicia en Sala Político Administrativa; todos las cuales fueron declaradas inadmisibles por el Juzgado de Sustanciación de la Sala considerando que el Decreto del Presidente de la República convocando la realización del referendo, *no era un acto administrativo recurrible* por ante la jurisdicción contencioso-administrativa, en virtud de que no producía "efectos externos". La Sala consideró que se trataba de una simple "solicitud" formulada por el Presidente ante el Consejo Nacional Electoral, órgano que conforme al artículo 184 de la misma Ley Orgánica del Sufragio y Participación Política, era al que correspondía poner fin al procedimiento administrativo correspondiente relativo a la convocatoria de los referendos. Es decir, era el que con su decisión de fijar la fecha de realización del mismo, una vez verificado que la "solicitud" cumplía con los requisitos legales, ponía fin a la vía administrativa y, en consecuencia, era el que podía ser revisado jurisdiccionalmente mediante un recurso contencioso electoral[158].

Independientemente de las críticas u observaciones que se podían formular a las decisiones del Juzgado de Sustanciación, al considerar que un Decreto presidencial de convocatoria de un referendo ordenando además las preguntas que debían formularse, no tenía efectos jurídicos "externos;" la consecuencia de la decisión fue entonces, y conforme con la doctrina sentada por el Juzgado de Sustanciación, la introducción por los interesados de sendas acciones de nulidad (con los mismos argumentos de derecho) pero esta vez contra la Resolución N° 990217-32 del Consejo Nacional Electoral de 17 de febrero de 1999,[159] dictada en conformidad con el mismo Decreto N° 3 del Presidente de la República, que a su vez había reproducido íntegramente su texto y había fijado la realización del referendo para el día 25 de abril de 1999.

Una de dichas acciones de nulidad (Caso *Gerardo Blyde*), fue la que escogió la Sala Político Administrativa de la Corte Suprema de Justicia para decidir en sentencia de 18 de marzo de 1999, mediante la cual el Supremo Tribunal, conforme a lo antes dicho, anuló la Segunda Pregunta de la convocatoria al referendo,[160] que pretendía delegar en el Presidente la potestad para dictar el Estatuto de la Constituyente contenida en el Decreto N° 3. Además, la sentencia también anuló la Resolución del Consejo Nacional Electoral N°

---

158   El primero de los autos del Juzgado de Sustanciación, en el sentido indicado, fue dictado el 2 de marzo de 1999.

159   Véase Allan R. Brewer-Carías, "Comentarios sobre la inconstitucional convocatoria a referendo sobre una Asamblea Nacional Constituyente efectuada por el Consejo Nacional Electoral en febrero de 1999", *Revista Política y Gobierno,* FUNEDA Vol. I, N° 1, Caracas, Enero-Junio 1999, pp. 29 a 92.

160   Véase el texto de la sentencia en Allan R. Brewer-Carías, *Poder Constituyente Originario y Asamblea Nacional Constituyente,* Caracas 1999, pp. 169 a 185.

990217-32 del 17 de febrero de 1999,[161] considerando que la misma violaba el derecho a la participación política de los ciudadanos al excluir las "bases comiciales" del mecanismo del *referéndum consultivo.*[162] La consecuencia fue que la Corte Suprema en dicha sentencia (Ponente Magistrado Hermes Harting), exigió, que también se sometiera a consulta popular el propio "estatuto" de la Asamblea Constituyente (sistema de elección, número de miembros, misión, régimen y duración), para que el pueblo, se pronunciara sobre ello.[163].

Los argumentos en los cuales que se basó la Sala Político Administrativa para decidir fueron que dado que la pregunta del referéndum era "sobre la conveniencia de instalar una Asamblea Nacional Constituyente", de acuerdo al derecho a la participación política que conforme a sus anteriores sentencias del 19 de enero de 1999 habían permitido que mediante un referendo consultivo se originase el mecanismo de la Asamblea Constituyente para reformar la Constitución; debía necesariamente procederse "a consultarse sobre aquellas reglas fundamentales que detallen su organización y régimen general." En consecuencia, al haber ignorado la pregunta segunda tales postulados, y "al pretender delegar, en el ciudadano Presidente de la República, la fijación de las bases del proceso comicial por el que se elegirán los integrantes de la Asamblea Nacional Constituyente," la Corte Suprema concluyó considerando que dicha pregunta segunda era inconstitucional:

---

161   Véase los comentarios en Allan R. Brewer-Carías, "Comentarios sobre la inconstitucional convocatoria a Referéndum sobre una Asamblea Nacional Constituyente efectuada por el Consejo Nacional Electoral en febrero de 1999", en *Revista Política y Gobierno,* FUNEDA, Vol. I, N° 1, Caracas, Enero-Junio 1999, pp. 29 a 92.

162   Véase los comentarios a la sentencia y el texto de la misma, así como de su aclaratoria, en Allan R. Brewer-Carías, *Poder Constituyente Originario y Asamblea.... op. cit.,* pp. 117 a 217.

163   Véase el texto de la sentencia en Allan R. Brewer-Carías, *Poder Constituyente Originario y Asamblea Nacional Constituyente,* Caracas 1999, pp. 169 a 185.

"por vulneración del derecho a la participación política implícito en el artículo 50 de la Constitución de la República, como derecho inherente a la persona humana, y así expresamente se declara."

En definitiva, sobre si debía o no garantizarse el derecho a la participación política en la formulación del "estatuto" de la Asamblea Nacional Constituyente (las llamadas bases comiciales) que el Presidente de la República había querido confiscar, al pretender que el pueblo le "delegara" la potestad de formularlas a él solo, exclusivamente, la Corte Suprema de Justicia en la sentencia del 18 de marzo de 1999 rechazó tal pretensión presidencial, anulando la Resolución N° 990217-32 de 17 de febrero de 1999 del Consejo Supremo Electoral que reproducía las preguntas que el Presidente había formulado; es decir, consideró indirectamente que el Decreto del Presidente había sido inconstitucional como lo habíamos alegado y, en definitiva, ordenó que las mismas bases comiciales debían someterse a la consulta popular, y debían ser aprobadas por el pueblo.

En todo caso, la decisión de la Sala Político Administrativa obligó tanto al Presidente de la República como al Consejo Nacional Electoral a reelaborar la segunda pregunta del *referéndum,* pasando a enumerar las *bases comiciales* que debían regular el estatuto de la Asamblea, para que fueran sometidas a la consulta popular.[164]

En cuanto al Presidente, éste, anticipándose quizás a lo que era el contenido de dicha decisión judicial, una semana antes tuvo el cuidado de emitir un nuevo "acto administrativo"[165] el cual, sin la

---

164 Véase el texto de las bases propuestas por el Presidente en la "Orden" de 10-3-99 publicada en la *Gaceta Oficial* N° 36.660 de 12-03-99 y las Resoluciones del Consejo Nacional Electoral N° 990323-70 y 990323-71 de 23-03-99 (*Gaceta Oficial* N° 36.669 de 25-03-99) y N° 990324-72 de 24-03-99 (*Gaceta Oficial* N° 36.672 de 30-03-99).

165 Véase el "Aviso Oficial" publicado en *Gaceta Oficial* N° 36.658 de 10-03-99, que contiene la "orden" de: *Publicación de la propuesta del Ejecutivo Nacional que fija las bases de la convocatoria de la Asamblea Nacional Constituyente, analizada en el Consejo de Ministros del 9 de marzo de 1999, la cual será sometida para la aprobación del pueblo en el referén-*

menor duda, también era un Decreto (aun cuando sin ese nombre y sin número),[166] mediante el cual ordenó publicar en *Gaceta Oficial* una propuesta del Ejecutivo Nacional fijando las bases de la convocatoria de la Asamblea Nacional Constituyente, para que las mismas fuesen *sometidas para la aprobación del pueblo en el referendo* convocado.

Con este nuevo "decreto," sin duda, el Presidente sin decirlo expresamente, había modificado el Decreto N° 3 de 2 de febrero de 1999, eliminando entonces la segunda pregunta que buscaba que se le delegara a él la fijación de las bases comiciales. Reconoció así el Presidente de la República el error constitucional que había cometido, como se había denunciado; lo que obligó, por tanto, al Consejo Nacional Electoral a modificar la Resolución N° 990217-32 del 17 de febrero de 999, a los efectos de *incorporar a las preguntas del referendo* los elementos contenidos en las bases comiciales mencionadas que conformaban el régimen o estatuto de la Constituyente, y permitir así, al pueblo, ejercer su derecho a la participación.

El Presidente de la República, en esta forma, acogió las objeciones fundamentales que se le habían esgrimido, y que habíamos formulado, respecto del Decreto N° 3 y de la Resolución del Consejo Nacional Electoral en cuanto a la no inclusión en las preguntas contenidas en dichos actos administrativos, de las bases del régimen de la Constituyente. Correspondía después al Consejo Nacional Electoral, modificar la Resolución N° 990217-32 del 17 de febrero de 1999 para que, con la autorización de la Sala Político Administrativa de la Corte Suprema de Justicia conforme al artículo 239 de la Ley Orgánica del Sufragio y Participación Política, se incorporase a las preguntas del referendo el régimen de la Constituyente, en la forma de consulta popular.

Por otra parte, debe destacarse que en la sentencia de 18 de marzo de 1999, además, la Sala Político Administrativa argumentó

---

dum convocado por el Consejo Nacional Electoral a celebrarse el 25 de abril de 1999.

166   En los términos de los artículos 14 y 15 de la Ley Orgánica de Procedimientos Administrativos.

y decidió que el referendo regulado en el artículo 181 de la Ley Orgánica del Sufragio y Participación Política, era un referendo eminentemente *consultivo*, es decir, que tenía por objeto conocer la opinión o el parecer del pueblo sobre determinada cuestión o texto, y que, por tanto, con fundamento en dicha norma no se podía convocar un referendo autorizatorio y, por supuesto, tampoco un referendo decisorio.

Por ello, incluso, la Corte, al resolver y declarar la nulidad de la pregunta segunda del referendo, se refirió a la pregunta primera contenida en la Resolución que había sido impugnada, aun cuando la misma no había sido objeto de impugnación por el recurrente. Sin embargo, la Corte consideró que era:

> "Menester referirse a la primera de las preguntas formuladas que deberán responder los votantes, a fin de fijar el marco referencial e interpretativo bajo el cual ha de estudiarse la segunda pregunta;"

y, en consecuencia, la interpretó acorde con la Constitución, derivando que en la misma -a pesar de su redacción- no se estaba convocando a un referendo decisorio, sino eminentemente consultivo.

Es decir, la Corte estableció clara y expresamente, a pesar de la forma de redacción de la pregunta, su carácter propio de un referendo consultivo. Señaló así la Corte, en relación con la primera pregunta, que:

> "Esa primera cuestión está dirigida a indagar sobre la convocatoria a una Asamblea Nacional Constituyente... Con tal iniciativa se pretende, entonces, conocer la opinión de los electores en cuanto a una materia, ciertamente, de especial trascendencia nacional: la conveniencia de convocar una Asamblea Nacional Constituyente."

Es decir, a pesar de que la pregunta, como estaba formulada que decía: ¿*Convoca Ud.* una Asamblea Nacional Constituyente...? implicaba un referendo decisorio; la Corte Suprema lo interpretó en el sentido de que el mismo era sólo de carácter consultivo, destinado a indagar o conocer la opinión de los votantes sobre la conveniencia o no de convocar la Asamblea Constituyente.

Por ello, la Corte insistió en que conforme a sus anteriores sentencias del 19 de enero de 1999 (Caso *Referendo Consultivo I y II*), lo que se podía realizar conforme a la Ley Orgánica del Sufragio era un referendo para ser "consultado el parecer del cuerpo electoral sobre cualquier decisión de especial trascendencia nacional", por lo que concluyó señalando que:

"Es perfectamente compatible con la anterior concepción el interrogar al soberano si está de acuerdo con la convocatoria a una Asamblea Nacional Constituyente..."

Más adelante, al analizar sus anteriores sentencias del 19 de enero de 1999, la Corte señaló que ese:

"ejercicio de soberanía no delegado encuentra su cauce precisamente en los mecanismos de participación política directa, el referendo consultivo, entre otros, como manifestación concreta que permite conocer de primera mano, cuál es la opinión del cuerpo consultado respecto a determinadas materias de evidente trascendencia nacional".

Por ello, en otra parte de la decisión, al hacer referencia a la anterior sentencia del 19 de enero de 1999 (Casos *Referendo Consultivos I y II*), la Corte señaló que:

"Se circunscribió a determinar si de conformidad con el artículo 181 de la Ley Orgánica del Sufragio y Participación Política puede convocarse a un referendo consultivo, a los fines de determinar si corresponde a la voluntad popular que se convoque a Asamblea Constituyente."

En tal sentido, insistió la Corte en su sentencia:

"Que un mecanismo de consulta directo, llamado a resolver sobre materias que no han sido previamente delegadas en representantes, debe preservar, mantener y defender como principal valor, el ser fiel expresión de la verdadera voluntad popular."

De ello concluyó la Corte en que:

"Entonces, es indispensable, que formulada la pregunta sobre la conveniencia de instalar una Asamblea Nacional Constituyente, proceda a consultarse sobre aquellas reglas fundamentales que detallen su organización y régimen general."

Pero además, sobre el carácter consultivo del referendo regulado en el artículo 181 de la Ley Orgánica del Sufragio, la Sala Político Administrativa en su sentencia del 18 de marzo de 1999, insistió en lo siguiente:

"El pronunciamiento de la Sala en fecha 19 de enero de 1999, se circunscribió a determinar si de conformidad con el artículo 181 de la Ley Orgánica del Sufragio y Participación Política puede convocarse a un referendo consultivo, a los fines de determinar si corresponde a la voluntad popular que se convoque a Asamblea Constituyente. En aquella oportunidad la Sala se pronunció, dentro del análisis interpretativo solicitado, diferenciando la figura de referendo contenida en el precepto de la Ley electoral, del mecanismo de consulta plebiscitaria, estableciendo que el primero se refiere a la consulta sobre un texto o proyecto, en tanto que el segundo, esto es, el plebiscito, tiende a ratificar la confianza en un hombre o gobernante;

y concluyó:

Se desprende así del texto aludido (artículo 181), la consagración jurídica de la figura del referendo consultivo como mecanismo llamado a canalizar la participación popular en los asuntos públicos nacionales. De allí que la regla se dirija fundamentalmente a establecer las distintas modalidades para la iniciativa en la convocatoria de la consulta popular.

Retomando, entonces, esta apreciación inicial en cuando a la naturaleza de la figura consagrada en la norma antes aludida, reitera la Sala, que dicho mecanismo reviste un carácter eminentemente consultivo, a diferencia de otras modalidades bajo las cuales se presentan consultas de tipo autorizatorio dirigidas a delegar en determinado funcionario o persona la realización de específicas tareas y gestiones."

La antigua Corte, precisamente por estar "claro entonces el carácter consultivo del referendo previsto en el artículo 181 de la Ley Orgánica del Sufragio y Participación Política," indicó que al "dilucidar si la estructura de la segunda pregunta del referendo fijado por el Consejo Nacional Electoral, por iniciativa del Presidente de la República, se ajusta o no a la figura consagrada legalmente," concluyó señalando con toda precisión que:

"para la Sala, no cabe duda, que el planteamiento contenido en la cuestión segunda no responde al referendo consultivo que utiliza de fundamento."

En relación con dicho asunto, la Corte concluyó respecto de la mencionada segunda pregunta que:

"Es evidente que, en modo alguno, se está sometiendo al criterio de los electores el examen sobre una materia determinada y específica, por el contrario lo que se persigue es que se delegue en una sola persona, la decisión sobre ese asunto, lo cual escapa al mecanismo consagrado en el artículo 181 de la Ley Orgánica del Sufragio y Participación Política, y así se declara."

De lo anterior deriva, por tanto, el carácter eminentemente consultivo del referendo regulado en los artículos 181 y siguientes de la Ley Orgánica del Sufragio y Participación Política, por lo cual no era posible conforme a dicha norma, convocar un referendo ni decisorio ni autorizatorio, sino solo consultivo.

Por ello, precisamente, la Corte anuló la segunda pregunta formulada para el referendo, que regulaba una consulta autorizatoria; y por ello, también, interpretó la primera pregunta redactada en la forma de un referendo decisorio, señalando que sólo podía tratarse de una consulta destinada a "indagar" el parecer o la opinión del pueblo sobre la convocatoria a una Asamblea Constituyente, en el sentido de "interrogar al Soberano si está de acuerdo con la convocatoria" de la misma, lo que, significaba que, conforme al criterio de la Corte, a pesar de la redacción de la primera pregunta, nunca podía derivarse de una respuesta afirmativa de la misma, que se estaba convocando dicha Asamblea.

4. *La decisión judicial ordenando la sujeción de la Asamblea Constituyente de 1999 a la Constitución de 1961*

La Sala Político Administrativa de la Corte Suprema, además de haber dejado claramente establecido el carácter eminentemente consultivo del referendo regulado en los artículos 181 y siguientes de la Ley Orgánica del Sufragio y Participación Política, en su sentencia del 18 de marzo de 1999 intentó precisar con toda claridad los límites de la Asamblea Constituyente que se podía convocar con fundamento en dicha norma y de acuerdo al derecho a la participación política que deriva del artículo 50 de la Constitución; y ello lo hizo al interpretar la pregunta primera del referendo convocado.

En efecto, la Sala en la misma sentencia que comentamos, dijo que:

"la circunstancia de la posibilidad, por vía de ese mecanismo (referendo consultivo) convocado conforme a la Ley Orgánica del Sufragio de celebración de una Asamblea Constituyente, no significa, en modo alguno, por estar precisamente vinculada su estructuración al propio espíritu de la Constitución vigente, bajo cuyos términos se producirá su celebración, la alteración de los principios fundamentales del Estado Democrático de Derecho."

De ello se derivan los siguientes postulados en relación con la Asamblea Constituyente cuya celebración se convocó como resultado de un referendo consultivo del 25 de abril de 1999, y cuyos miembros se eligieron el 25 de julio de 1999:

En *primer lugar,* que la estructuración de la misma estaba vinculada al propio espíritu de la Constitución de 1961. Es decir, que la misma era resultado de la interpretación de la Constitución de 1961 y su estructuración tenía que responder al propio espíritu de dicho texto. La Asamblea, por tanto, no estaba autorizada para apartarse del texto de la Constitución de 1961 y mucho menos para violarlo.

En *segundo lugar,* que durante el funcionamiento y la celebración de la Asamblea Constituyente, seguía en vigor la Constitución de 1961, texto que limitaba la actuación de la Asamblea Nacional Constituyente en el sentido de que no podía ser desconocido por la Asamblea.

En *tercer lugar*, que la celebración de la Asamblea Constituyente no significaba, en modo alguno, la alteración de los principios fundamentales del Estado democrático de derecho, es decir, de la organización del Poder Público tal como estaba regulado en la Constitución, tanto en su división vertical (Poder Nacional, Estadal y Municipal), como en la separación orgánica de poderes que existía en esos tres niveles, entre los órganos del Poder Legislativo, del Poder Ejecutivo y del Poder Judicial.

Lo anterior significaba entonces, que de acuerdo al criterio de la Corte Suprema, la Asamblea Constituyente cuyos miembros fueron electos como consecuencia del referendo consultivo del 25 de abril de 1999, no podía en forma alguna, durante su celebración y funcionamiento, desconocer, apartarse, suspender o derogar norma alguna de la Constitución de 1961.

Conforme a este postulado, la Sala Político Administrativa interpretó la forma genérica y ambigua del texto de la primera pregunta del referendo, precisando la "finalidad" o misión de la Asamblea en la siguiente forma:

En cuanto al cometido de "la transformación del Estado" a que se refería la primera pregunta, la Sala señaló que ello era:

"en base a la primacía del ciudadano, lo cual equivale a la consagración de los derechos humanos como norte fundamental del nuevo Texto Constitucional;"

y en cuanto a la creación de "un nuevo ordenamiento jurídico", como cometido de la Asamblea, ello era con el objeto de:

"que consolide el Estado de derecho a través de un mecanismo que permita la práctica de una democracia social y participativa, debiendo la nueva Constitución satisfacer las expectativas del pueblo, y al mismo tiempo cumplir los requerimientos del derecho constitucional democrático, lo cual implica, esencialmente, el mantenimiento de los principios fundamentales del Estado democrático de derecho, con sus diferentes estructuras de poder y sus cometidos específicos."

De lo anterior se derivaba, por tanto, que la misión y finalidad esencial de la Asamblea Nacional Constituyente cuyos miembros fueron electos el 25 de julio de 1999, era producir un nuevo texto constitucional donde se reflejase la transformación del Estado y se creare un nuevo ordenamiento jurídico; es decir, que esa misión era para reflejarla en una nueva Constitución; y que en el cumplimiento de esa tarea de proyectar un nuevo texto constitucional, la Asamblea Constituyente debía darle primacía al ciudadano; consagrar los derechos humanos como norte del nuevo texto constitucional; consolidar el Estado de derecho a través de un mecanismo que permitiera la práctica de una democracia social y participativa; satisfacer los requerimientos del derecho constitucional democrático; y mantener los principios fundamentales del Estado democrático de derecho, con sus diferentes estructuras de poder y sus cometidos específicos, lo que no era otra cosa que la distribución vertical del Poder Público (descentralización política y federalismo) y la separación orgánica de poderes.

En este sentido, la sentencia de la Sala reiteró que la futura Constitución, es decir,

> "el establecimiento de este naciente orden jurídico-político deberá responder -conforme al sentido que se infiere de la redacción de la pregunta- a que el texto constitucional respete, y aún estimule, el desarrollo de aquellos valores que insufla una "democracia social y participativa", en virtud del principio de progresividad a que está sometida la materia."

En consecuencia, la misión y los cometidos indicados en la primera pregunta del referendo consultivo, sólo estaban destinados a guiar la actuación de la Asamblea Nacional Constituyente en la elaboración del nuevo texto constitucional, como límites a la misma y, en ningún caso, podían dar origen a poderes de la Asamblea, durante su funcionamiento, que pudieran afectar o alterar las regulaciones de la Constitución de 1961. Por ello la Corte fue enfática al señalar que:

"es la Constitución vigente (1961) la que permite la preservación del Estado de derecho y la actuación de la Asamblea Nacional Constituyente, en caso de que la voluntad popular sea expresada en tal sentido en la respectiva consulta."

Es decir, lo que había permitido la creación y actuación de la Asamblea Nacional Constituyente convocada como consecuencia de un referendo consultivo efectuado el 25 de abril de 1999, era la Constitución que en ese momento estaba vigente, de 1961, la cual, además, permitía la preservación del Estado de derecho. Dicha Constitución de 1961, por tanto, no perdía vigencia alguna durante la actuación de la Asamblea Nacional Constituyente, la cual debía encontrar en dicho texto el límite de su actuación, lo que significaba que los poderes constituidos, durante el funcionamiento de la Asamblea, debían continuar actuando conforme a la Constitución que estaba vigente, no pudiendo la Asamblea ni disolverlos ni asumir directamente sus competencias constitucionales. En consecuencia, la Asamblea Constituyente convocada en esta forma, no podía legislar, ni gobernar, ni juzgar, funciones que sólo correspondían a las Cámaras Legislativas, al Presidente de la República y sus Ministros y a la Corte Suprema de Justicia y demás Tribunales de la República, respectivamente. Al final, sin embargo hizo todo eso, sin competencia ni autoridad constitucional alguna.

Como lo precisó la misma Corte Suprema de Justicia en Sala Político Administrativa en la "aclaratoria" a la referida sentencia del 18-3-1999, dictada el 23 de marzo de 1999[167], calificando la afirmación como una "interpretación vinculante":

"la Asamblea Nacional Constituyente, por estar vinculada al propio espíritu de la Constitución vigente (1961), está limitada

---

167   Véase el texto en Allan R. Brewer-Carías, *Poder Constituyente Originario y Asamblea Nacional Constituyente,* Caracas 1999, pp. 186 a 188.

por los principios fundamentales del Estado democrático de derecho."

La Asamblea Nacional Constituyente cuya convocatoria se había permitido realizar por las interpretaciones de la Corte Suprema de Justicia, conforme a las sucesivas decisiones de esta, por tanto, comenzaba a ser definida como una institución limitada, sometida a la Constitución de 1961 cuya interpretación le había dado origen, y sin posibilidad de tener el carácter de poder constituyente originario, el cual en democracia sólo el pueblo lo puede ejercer.

5. *La negación judicial al carácter de la Asamblea Constituyente como "poder constituyente originario."*

A pesar de que la segunda pregunta del artículo 3° del Decreto presidencial N° 3 del 2 de febrero de 1999 ya había sido derogada por el acto administrativo (Decreto sin número) dictado por el propio Presidente de la República el 10 de marzo de 1999, en Consejo de Ministros, en virtud de que la misma había sido reproducida en la Resolución del Consejo Nacional Electoral que fue el acto impugnado en el juicio de nulidad que concluyó con la sentencia del 18 de marzo de 1999, la Corte la anuló, ordenando al Consejo reformularla, examinando las mencionadas bases y decidiendo sobre su incorporación a las preguntas del referendo consultivo.

Ahora bien, en cumplimiento al mandato judicial recibido, el Consejo Nacional Electoral, en nuestro criterio, debió haber examinado cada una de las referidas bases. Pero no lo hizo, y reprodujo literalmente la nueva propuesta que había hecho el Presidente de la República, incurriendo en nuevas inconstitucionalidades.

En efecto, en las mencionadas *bases comiciales,* el Consejo Nacional Electoral había incorporado la base octava tal como venía (Décima) de la propuesta presidencial,[168] en la cual se había inclui-

---

168 *Décimo:* Una vez instalada la Asamblea Nacional Constituyente, *como poder originario que recoge la soberanía popular,* deberá dictar sus propios estatutos de funcionamiento, teniendo como límites los valores y principios de nuestra historia republicana, así como el cumplimiento de los tratados internacionales acuerdos y compromisos válidamente suscritos

do una frase que calificaba a la Asamblea *"como poder originario que recoge la soberanía popular"*.

Debe destacarse que ello, a su vez, había sido objeto de impugnación ante la Sala, habiendo sido expresamente *anulada dicha frase* por la propia Corte mediante una nueva sentencia del 13 de abril de 1999,[169] dictada en ejecución de la anterior, en la cual la Corte precisó que una Asamblea Constituyente electa en el marco del Estado de derecho regulado en la Constitución de 1961, no podía tener los poderes de una Asamblea Constituyente originaria, como los que pretendía el Presidente en su proyecto.[170]

Pero ello, por supuesto, no fue pacíficamente aceptado. La Asamblea que debía convocarse e integrarse conforme a los criterios de la Corte Suprema era para reformar la Constitución de 1961, la cual quedaría derogada solo cuando se aprobara por referéndum el nuevo texto constitucional. Pero mientras ello ocurriera, el tema de discusión era si la Asamblea podía adoptar "actos constitucionales", o actos constituyentes al margen de la Constitución de 1961 que era la que estaba en vigencia y la que, conforme a la doctrina de la Corte Suprema, le había podido dar nacimiento. En otras palabras, como hemos dicho, se trataba de determinar si la Asamblea tendría carácter de poder constituyente "originario" o si era un órgano que sólo tendría la misión de elaborar una nueva Constitución como resultaba de las bases comiciales sometidas a aprobación popular el 25 de abril de 1999.

---

por la República, el carácter progresivo de los derechos fundamentales del hombre y las garantías democráticas dentro del más absoluto respeto de los compromisos asumidos.

169 Véase el texto de la sentencia en Allan R. Brewer-Carías, *Poder Constituyente Originario y Asamblea... op. cit.,* pp. 190 a 198.

170 Véase sobre las Bases comiciales propuestas por el Presidente de la República y la decisión de la Corte Suprema ordenando se reformulase la Base Comicial Octava, que contemplaba el carácter originario de la Asamblea Nacional Constituyente, véase Alfonso Rivas Quintero, *Derecho Constitucional,* Paredes Editores, Valencia-Venezuela, 2002, pp. 98 ss., 104 ss.

Debe señalarse que a pesar de lo poco precisa que fue la Sala Político Administrativa en su decisión de 19 de enero de 1999, algunos de los Magistrados que la habían adoptado intentaron precisar, *ex post facto*, en pleno funcionamiento de la Asamblea Nacional Constituyente que ya había sido electa en julio de 1999, en sendos Votos Salvados que presentaron a la sentencia de la Corte Suprema en Sala Plena de 14 octubre de 1999 (Caso *Impugnación del Decreto de la Asamblea Constituyente de Regulación de las funciones del Poder Legislativo*), que en la mencionada sentencia de enero de 1999 y en otras posteriores, nada se había dicho sobre un pretendido carácter de poder constituyente originario de la Asamblea Constituyente cuya consulta refrendaria se había autorizado judicialmente.

En su voto salvado a la sentencia, el magistrado Hermes Harting señaló, en efecto, que las sentencias de 18 de marzo de 1999, 23 de marzo de 1999 y 13 de abril de 1999, en su criterio no contradecían la sentencia de 19 de enero de 1999, y en relación con los poderes de la Asamblea, que:

"Patentizan la naturaleza de la Asamblea Nacional Constituyente como procedimiento o mecanismo extra-constitucional, limitado exclusivamente a la redacción de una nueva Constitución, y cuya derivación de la Constitución de 1961 lo vincula infragablemente al cumplimiento de los requerimientos del derecho constitucional democrático."

La magistrado Hildegard Rondón de Sansó, por su parte, también en voto salvado, al calificar a la sentencia del 19 de enero de 1999 como "el punto de partida de todo el proceso constituyente" -y así había sido-, consideró que la sentencia había reconocido que:

"el deseo de lo que se denominara "el soberano" de transformaciones básicas del sistema, podría canalizarse en una modalidad diferente a la prevista en la Constitución vigente, como lo es la manifestación mayoritaria de su voluntad de cambio, a través de un referendo."

Pero las más importantes precisiones sobre el significado de lo que había sido realmente decidido en esta materia en la sentencia del 19 de enero de 1999, (Caso *Referendo Consultivo I*), provinieron del Magistrado ponente de la misma, Humberto J. La Roche, quien consideró que las citas y referencias que a la sentencia de la cual había sido Ponente, se hacían en la sentencia de la Sala Plena del 14 de octubre de 1999, habían tergiversado el contenido de aquélla, pretendiendo utilizársela indebidamente como fundamento de este fallo. Señaló el magistrado La Roche que:

"La confusión reside esencialmente no sólo en considerarla en su verdadero contexto sino en atribuir a la Asamblea Nacional Constituyente el poder soberano que reside en el pueblo y sólo en este, el cual, aunque puede ejercerlo a través de representantes ordinarios como el Congreso de la República, o extraordinarios como la Asamblea Nacional Constituyente, jamás se desprende de él o en otros términos, identificando las nociones de poder constituyente y Asamblea Constituyente…."

El magistrado La Roche, en esta misma línea, insistió en lo siguiente:

"Conviene observar que precisamente, siendo el pueblo el titular de la soberanía en el marco del Estado democrático de derecho, su poder -el constituyente- es el único verdaderamente originario. En consecuencia, tanto los poderes constituidos ordinarios como incluso la propia Asamblea Constituyente -poder constituido extraordinario- está conformada por quienes también determine el soberano, reflejo del Poder Público derivado o delegado."

Estas precisiones que hizo el magistrado La Roche en octubre de 1999, en realidad, eran las que hubiera necesitado el texto mismo de la primigenia sentencia de 19 de enero de 1999, y que debían haber estado incorporadas en su texto en aquél momento antes de que se abriera la "Caja de Pandora" constituyente. Si allí se hubiese expresado esta posición con claridad por el propio magistrado La Roche, quien había sido su ponente el 19 de enero de 1999, el país se hubiera ahorrado múltiples controversias interpretativas y desviaciones sobre el proceso constituyente. Pero diez meses después ya era demasiado tarde, pues ya la Asamblea Nacional Constituyente había dado el golpe de Estado al intervenir todos los poderes constituidos violando la Constitución de 1961.

En todo caso, era tan tarde que el magistrado La Roche tuvo que conformarse con salvar su voto a la sentencia citada de la Corte en Pleno de 14 de octubre de 1999, lamentablemente en relación con el uso, con interpretaciones diferentes, de textos de la sentencia de la cual había sido ponente el 19 de enero de 1999, cuya imprecisión había sido la causa de la misma. En su Voto Salvado, en efecto, el magistrado La Roche señaló lo siguiente en torno al criterio expuesto en la sentencia de 14 de octubre de 1999, que no compartía, sobre el pretendido carácter de "poder constituyente originario" de la Asamblea Nacional Constituyente:

> "a los fines de concluir que la Asamblea Nacional Constituyente es un órgano superior al régimen constitucional vigente, dado su pretendido carácter originario, el fallo del que se disiente cita de manera reiterada la referida sentencia de la Sala Político Administrativa de fecha 19 de enero de 1999. No obstante las facultades y la naturaleza jurídica que en la nombrada decisión de la Sala se consideran inmanentes al poder constituyente, esto es, al pueblo como máximo soberano, la sentencia de la Corte en Pleno las atribuye al órgano elegido por ese soberano como su representante para ejercer el máximo poder de organización político-jurídica, lo cual es, a todas luces diferente."

Por supuesto que se trataba de asuntos diferentes, pero ello no había quedado claro del texto de la sentencia de 19 de enero de 1999. Si hubiese quedado expresado en dicha sentencia que ese poder constituyente originario correspondía únicamente al pueblo, y nunca a una Asamblea Constituyente integrada por representantes electos del pueblo, como lo expresó el magistrado La Roche el 14 de octubre de 1999, entonces la discusión sobre el carácter de poder constituyente originario de la Asamblea Nacional Constituyente jamás se hubiera planteado en los términos que dominaron la discusión en el país.

Pero no fue así. Al contrario, desde el momento en el cual se dictó la sentencia del 19 de enero de 1999 de la Sala Político Administrativa, la discusión sobre ese supuesto carácter de poder constituyente originario y soberano de la propia Asamblea Nacional Constituyente, que defendía con ardor desafiante el Presidente de la República, se había abierto. La creación de la Asamblea como consecuencia de la sentencia, en todo caso, abría el camino del proceso constituyente sin necesidad de reformar la Constitución. El propio Presidente de la República, por ello, realizó intentos por otorgarle a la Asamblea Nacional Constituyente algún poder constituyente de carácter originario.

Como se ha dicho, el Consejo Supremo Electoral, mediante Resolución N° 990323-71 de 23 de marzo de 1999,[171] en cumplimiento de la sentencia de la Corte Suprema de Justicia de 18 de marzo de 1999 antes indicada, resolvió establecer las "bases comiciales para el referendo consultivo sobre la convocatoria de la Asamblea Nacional Constituyente a Celebrarse el 25 de abril de 1999," las cuales en definitiva eran el "estatuto" de la Asamblea que debía someterse a la votación en el referendo. Por ello, el Consejo, sumiso como siempre a la voluntad presidencial, como se dijo, copió las "bases" que el Presidente había publicado días antes anticipándose a la sentencia de la Corte,[172] entre las cuales se establecía el carácter de la Asamblea Nacional Constituyente, *como poder originario que recoge la soberanía popular".*

Con esta propuesta de "base comicial" que, como se dijo, recogía en su totalidad lo que el Presidente de la República había propuesto y publicado, por supuesto se volvía a plantear la discusión

---

171   Véase *Gaceta Oficial* N° 36.669 de 25-03-99. Véase los comentarios en Allan R. Brewer-Carías, *Golpe de Estado y Proceso Constituyente en Venezuela,* UNAM, México 2002, pp. 155 y ss.

172   "Propuestas del Ejecutivo Nacional", *Gaceta Oficial* N° 36.660 de 12-03-99. Véase los comentarios en Allan R. Brewer-Carías, *Golpe de Estado y Proceso Constituyente en Venezuela,* UNAM, México 2002 en nota 117, pp. 147 ss.

sobre el "tema pendiente" del carácter o no de poder constituyente originario o derivado de la Asamblea Nacional Constituyente que se iba a elegir.

La referida "base comicial" que pretendía atribuir a la Asamblea Nacional Constituyente carácter de "poder constituyente originario", como se dijo, fue cuestionada ante la Corte Suprema de Justicia, Sala Político-Administrativa, y este alto Tribunal, mediante sentencia de fecha 13 de abril de 1999[173] declaró inconstitucional la frase "como poder originario que recoge la soberanía popular" ordenando su eliminación de las "bases" con fundamento en los siguientes argumentos:

"Resulta incontestable que el contenido de la base comicial identificada bajo el literal octavo -reproducida en la Resolución N° 990323-71 del 23 de marzo de 1999, e incorporada posteriormente a la segunda pregunta del Referendo Consultivo, por remisión ordenada en la Resolución N° 990324-72 del 24 de marzo de 1999, ambas dictadas por el Consejo Nacional Electoral-, y específicamente en lo referente a calificar la Asamblea Nacional Constituyente como poder originario que recoge la soberanía popular, está en franca contradicción con los principios y criterios vertidos en la sentencia pronunciada por esta Sala el 18 de marzo de 1999, y su aclaratoria del 23 de marzo de 1999, citados anteriormente, induciendo a error al electorado y a los propios integrantes de la Asamblea Nacional Constituyente, si el soberano se manifestase afirmativamente acerca de su celebración, en lo atinente en su alcance y límites."

La Corte Suprema de Justicia advirtió, así, que una frase de ese tipo no sólo podía inducir a error a los electores, quienes podían pensar que votando afirmativamente en el referendo podían estar atribuyéndole a la Asamblea Nacional Constituyente el poder soberano que sólo puede tener el propio pueblo, no siendo la soberanía delegable; sino que también podía inducir a error a los propios

---

173 Véase los comentarios en Allan R. Brewer-Carías, *Golpe de Estado y Proceso Constituyente en Venezuela,* UNAM, México 2002, pp. 162 ss..

miembros de la Asamblea Nacional Constituyente que resultasen electos si el referendo aprobaba las bases comiciales, quienes podían llegar a pensar que la Asamblea podía ser detentadora de un poder constituyente originario, sin sujeción a norma alguna, lo cual no era correcto constitucionalmente hablando.

Precisamente para evitar que se produjera tal error, la Corte Suprema había ordenado que se quitara de la "base comicial octava" impugnada la expresión cuestionada de que supuestamente la Asamblea podía considerarse "como poder originario que recoge la soberanía popular".

No podía entonces haber duda alguna sobre el tema, el cual había sido resuelto expresamente por la Corte Suprema en dicha sentencia, la cual, además había sido dictada en ejecución de la sentencia de fecha 18 de marzo de 1999. La Sala Político-Administrativa determinó entonces con precisión el carácter *no originario* de la Asamblea eliminando la referida frase, teniendo como base para ello los postulados señalados en esa última decisión, en la cual precisó, además, la misión y finalidad de la Asamblea Nacional Constituyente, y determinó la necesaria vigencia de la Constitución de 1961 durante la actuación de la misma.

Sobre esto último, tampoco podía haber duda alguna, quedando expresado por la Corte, en la citada decisión del 18 de marzo de 1999, como ya hemos indicado, lo siguiente:

"La circunstancia de la posibilidad, por vía de ese mecanismo, de celebración de una Asamblea Nacional Constituyente, no significa, en modo alguno, por estar precisamente vinculada su estructuración al propio espíritu de la Constitución vigente, bajo cuyos términos se producirá su celebración, la alteración de los principios fundamentales del Estado democrático de derecho."

Así mismo, la Sala señaló que:

"Es la Constitución vigente la que permite la preservación del Estado de derecho y la actuación de la Asamblea Nacional

Constituyente, en caso de que la voluntad popular sea expresada en tal sentido en la respectiva consulta."

Por tanto, la Asamblea Nacional Constituyente se debía configurar como un instrumento de revisión constitucional y nada más, cuyo producto (la nueva Constitución), incluso, sólo podía entrar en vigencia cuando posteriormente fuera aprobada por el pueblo en referendo. La Asamblea, por tanto, ni siquiera tenía potestad para poner en vigencia la nueva Constitución, precisamente porque no tenía carácter de poder constituyente originario, quedando sujeta a la Constitución de 1961, por lo cual no podía afectar el funcionamiento de los órganos constitucionales constituidos del Poder Público.

Como consecuencia de la decisión de fecha 13 de abril de 1999, la Corte Suprema de Justicia ordenó al Consejo Supremo Electoral, la publicación del nuevo contenido de la "base comicial octava", el cual, con la corrección impuesta por la Corte, se publicó mediante Aviso Oficial; sólo cuatro días antes de la fecha del referendo.[174]

En el referendo del 25 de abril de 1999, por tanto, resultó aprobado el texto de la "base comicial octava" *con la corrección anotada* (eliminación de la referencia al carácter de la Asamblea como poder constituyente originario), en la siguiente forma:

"Octava: Una vez instalada la Asamblea Nacional Constituyente, ésta deberá dictar sus propios estatutos de funcionamiento, teniendo como límites los valores y principios de nuestra historia republicana, así como el cumplimiento de los tratados internacionales, acuerdos y compromisos válidamente suscritos por la República, el carácter progresivo de los derechos fundamentales del hombre y las garantías democráticas dentro del más absoluto respeto de los compromisos asumidos."

Estas bases comiciales, al ser aprobadas por el pueblo mediante referendo, se podían considerar como de rango constitucional. Por ello, la Corte Suprema de Justicia en Sala Plena, en sentencia del 14

---

174   *Gaceta Oficial* N° 36.684 de 21 de abril de 1999.

de octubre de 1999, dictada con motivo de la impugnación del Decreto de la Asamblea Nacional Constituyente de Regulación de las
Funciones del Poder Legislativo, al analizar los mecanismos de
reforma constitucional previstos en la Constitución de 1961 (arts.
245 y 246) e invocar lo que la propia Corte ya había resuelto en
Sala Político Administrativa, en la sentencia de 19 de enero de
1999, con motivo de la interpretación del artículo 181 de la Ley
Orgánica del Sufragio y Participación Política, sobre el referendo
consultivo sobre la Asamblea Constituyente, dijo que la Corte Suprema:

"Arribó a la conclusión de que en ejercicio del derecho de
participación a través de referendo, se podía consultar al pueblo
sobre la convocatoria a la Asamblea Nacional Constituyente.
Según se desprende de las citadas sentencias existe un tercer
mecanismo constitucional para modificar la Constitución. Tal
mecanismo no es otro que el de la convocatoria, por parte del
pueblo -quien detenta la soberanía y no la pierde por el hecho
de delegarla- a una Asamblea Nacional Constituyente. La
Asamblea Nacional Constituyente electa el 25 de junio de 1999,
tiene definido su régimen fundamental en las preguntas y bases
comiciales consultadas en el referendo del 25 de abril de 1999.
Esas bases por haber sido aprobadas en ejercicio de la soberanía
popular son de similar rango y naturaleza que la Constitución."

En esta forma, la Corte Suprema reconoció rango constitucional
similar al de la Constitución de 1961, al contenido de las bases comiciales que se aprobaron por referendo el 25 de abril de 1999,
donde se regulaba una Asamblea Nacional Constituyente expresamente *sin carácter de poder constituyente originario*, la cual ni siquiera podía poner en vigencia la nueva Constitución que sanciona-
ra, sino que ésta debía ser aprobada por el propio pueblo mediante
referendo, quien se había reservado ese poder originario.

Ahora bien, conforme a dichas bases comiciales con validez suprema, el Consejo Supremo Electoral, sin embargo, dictó las "Normas para la Elección de Representantes a la Asamblea Nacional

Constituyente"[175] mediante Resolución N° 990519-154 de 19 de mayo de 1999, en la cual partió del *falso supuesto* de:

"Que las bases comiciales contenidas en la Resolución N° 990323-71 de fecha 23 de marzo de 1999 y publicada en Gaceta Oficial de la República de Venezuela N° 36.669 de fecha 25 de marzo de 1999, contenidas en la segunda pregunta del Referendo Consultivo Nacional, celebrado el 25 de abril de 1999, quedaron aprobadas por el soberano."

Esta afirmación, en realidad, era completamente falsa, por lo que el Consejo Supremo Electoral, con esta Resolución le mintió al país, pues en el referendo consultivo no se aprobaron las bases comiciales tal como aparecieron publicadas en la *Gaceta Oficial* de 25 de marzo de 1999, ya que la Corte Suprema de Justicia en Sala Político Administrativa, en su sentencia de fecha 13 de abril de 1999, antes comentada, había introducido la corrección de anular y eliminar una frase de la base comicial octava, precisamente la que rezaba "como poder originario que recoge la soberanía popular".

Como consecuencia de ello, las bases comiciales que se habían aprobado en el referendo del 25-04-99 habían sido las "corregidas", publicadas en la *Gaceta Oficial* N° 36.684 del 21-04-99, cuatro días antes de su realización, y no las publicadas en la *Gaceta Oficial* N° 36.669 del 25 de marzo de 1999, como con toda falsedad, rayana en la mala fe, lo afirmó el Consejo Nacional Electoral en su Resolución comentada del 19 de mayo de 1999.

En todo caso, tan no se concebía a la Asamblea Nacional Constituyente como un poder constituyente originario que sólo puede corresponder al pueblo, que en la base comicial novena, como se dijo, se indicó expresamente que la Constitución que elaborara la Asamblea Nacional Constituyente, para entrar en vigencia también debía ser aprobada por el pueblo mediante referendo aprobatorio. Es decir, fue voluntad del pueblo, manifestada expresamente en el referendo de 25 de abril de 1999 como poder constituyente originario, la que prescribió que tal poder constituyente originario conti-

---

175   *Gaceta Oficial* N° 36.707 de 24 de mayo de 1999.

nuaba en el pueblo, disponiendo que sólo el pueblo podía poner en vigencia la nueva Constitución, no otorgándole tal potestad a la Asamblea, la cual, en consecuencia, sólo quedó como poder constituyente derivado aun cuando de carácter extraordinario, con la sola misión de elaborar un texto constitucional en el cual se plasmara la transformación del Estado y se creara un nuevo ordenamiento jurídico que permitiera el funcionamiento efectivo de una democracia social y participativa, como lo señalaba la pregunta primera del referendo del 25 de abril de 1999, que luego de sancionado por la Asamblea, para que entrara en vigencia, debía ser aprobado por el pueblo mediante referendo.

Pero la discusión del tema del poder constituyente originario como atributo de la Asamblea Nacional Constituyente puede decirse que no llegó a cesar, a pesar de las decisiones de la Corte Suprema. En efecto, incluso debe destacarse la nueva inconstitucionalidad derivada del desacato del Consejo Nacional Electoral en cumplir la orden judicial que derivaba de la anulación de la Resolución N° 990217-32 en relación al carácter "originario" de la Asamblea.

En efecto, el Consejo Nacional Electoral, como consecuencia de la anulación parcial de su Resolución N° 990217-32 por la Corte Suprema de Justicia, dictó una nueva Resolución, N° 990323-70 de 23 de marzo de 1999, en la cual, materialmente, reprodujo las bases fijadas por el Presidente de la República para la realización del referendo, tal como se habían publicado.[176]

Como se señaló, el abogado Gerardo Blyde había acudido de nuevo a la Sala Político Administrativa solicitando la ejecución de la sentencia anulatoria del 18-3-1999, con fundamento, entre otros aspectos, en que la base comicial décima propuesta por el Ejecutivo, y reproducida por el Consejo Nacional Electoral, desacataba el fallo de la Corte del 18 de marzo de 1999, cuando le atribuía "carácter originario" a la futura Asamblea Nacional Constituyente.

---

176   Véase los comentarios en Allan R. Brewer-Carías, *Golpe de Estado y Proceso Constituyente en Venezuela,* UNAM, México 2002, en nota N° 118, pp. 150 ss.

La Sala Político Administrativa, en respuesta a este requerimiento, dictó la sentencia de 13 de abril de 1999 (Ponencia del Magistrado Hermes Harting),[177] en la cual observó que ciertamente, el Consejo Nacional Electoral había omitido pronunciamiento expreso acerca del examen que debió haber efectuado, de acuerdo a la orden contenida en la citada sentencia, y que originó la Resolución N° 990323-70 del 23 de marzo de 1999, tanto de la mencionada base, como de la establecida en el literal undécimo, de la referida "propuesta" del Ejecutivo Nacional.

Agregó la Sala:

"Sin embargo, la circunstancia de haber dictado dicho ente, el mismo 23 de marzo de 1999, la Resolución N° 990323-71, a través de la cual estableció las bases comiciales para el referendo consultivo a celebrarse el 25 de abril de 1999, incluyendo literalmente el contenido de las referidas bases, modificando únicamente su numeración, a saber: literales octavo y noveno, revela, a juicio de esta Sala, la conformidad del órgano electoral, vale decir, la aceptación implícita de aquellas proposiciones, tal y como fueron presentadas por el Ejecutivo Nacional.

Ahora bien, la base comicial designada bajo el literal octavo rezaba textualmente:

"Una vez instalada la Asamblea Nacional Constituyente, como poder originario que recoge la soberanía popular, deberá dictar sus propios estatutos de funcionamiento, teniendo como límites los valores y principios de nuestra historia republicana, así como el cumplimiento de los tratados internacionales, acuerdos y compromisos válidamente suscritos por la República, el carácter progresivo de los derechos fundamentales del hombre y las garantías democráticas dentro del más absoluto respeto de los compromisos asumidos."

---

177 Véase el texto en Allan R. Brewer-Carías, *Poder Constituyente Originario y Asamblea Nacional Constituyente*, Caracas 1999, pp. 190 a 198.

Sobre este particular, en la sentencia dictada por esta Sala el 18 de marzo de 1999 se expresó con *meridiana claridad* que la Asamblea Constituyente a ser convocada, "... no significa, en modo alguno, por estar precisamente vinculada su estructuración al propio espíritu de la Constitución vigente, bajo cuyos términos se producirá su celebración, la alteración de los principios fundamentales del Estado democrático de derecho...", y que "...En consecuencia, es la Constitución vigente la que permite la preservación del Estado de derecho y la actuación de la Asamblea Nacional Constituyente, en caso de que la voluntad popular sea expresada en tal sentido en la respectiva consulta....

A su vez, en el fallo aclaratorio del 23 de marzo de 1999, emanado de esta Sala, se ratificó claramente la naturaleza vinculante de tal criterio interpretativo, referido a la primera pregunta del referendo consultivo nacional 1999, y cuyo contenido debía fijar el marco referencial y alcance de la segunda pregunta del mismo."

Por todo lo anterior, la Corte Suprema consideró que resultaba incontestable que el contenido de la base comicial identificada bajo el numeral octavo -reproducida en la Resolución N° 990323-71 del 23 de marzo de 1999, e incorporada posteriormente a la segunda pregunta del referendo consultivo, por remisión ordenada en la Resolución N° 990324-72 del 24 de marzo de 1999, ambas dictadas por el Consejo Nacional Electoral-, y específicamente, en lo referente a calificar la Asamblea Nacional Constituyente *"como poder originario que recoge la soberanía popular"*, estaba en franca "contradicción con los principios y criterios" vertidos en la sentencia pronunciada por esta Sala el 18 de marzo de 1999, y su aclaratoria del 23 de marzo de 1999,

> "induciendo a error al electorado y a los propios integrantes de la Asamblea Nacional Constituyente, si el soberano se manifestase afirmativamente acerca de su celebración, en lo atinente a su alcance y límites."

En consecuencia de lo anterior, la Sala Político-Administrativa concluyó su sentencia del 13 de abril de 1999, resolviendo, en ejecución de su precedente sentencia fechada 18 de marzo de 1999, la eliminación de la frase *"como poder originario que recoge la sobe-ranía popular"*, y, por tanto, corrigiendo el texto de la base comicial octava, en la forma siguiente:

"Se reformula la base comicial octava para el referendo con-sultivo sobre la convocatoria de la Asamblea Nacional Consti-tuyente a realizarse el 25 de abril de 1999, en los términos si-guientes:

Octavo: Una vez instalada la Asamblea Nacional Constitu-yente, ésta deberá dictar sus propios estatutos de funciona-miento, teniendo como límites los valores y principios de nues-tra historia republicana, así como el cumplimiento de los trata-dos internacionales, acuerdos y compromisos válidamente sus-critos por la República, el carácter progresivo de los derechos fundamentales del hombre y las garantías democráticas dentro del más absoluto respeto de los compromisos asumidos."

6. *Elección de la Asamblea Constituyente y el nuevo debate so-bre su marco constitucional y sobre el supuesto carácter "ori-ginario" de la misma*

Quedó en esta forma abierto el proceso constituyente en el país, mediante la celebración del referendo consultivo que se efectuó el 25 de abril de 1999, en el cual se consultó al pueblo sobre la convo-catoria de una Asamblea Nacional Constituyente, con una misión y unos límites específicos fijados por el mismo pueblo al responder afirmativamente a las preguntas y las bases comiciales que confor-man su estatuto. En dicho referendo, votaron 4.137.509 de los 11.022.936 electores registrados con una abstención electoral del 62.2%. La votación "sí" representó un 92,4% y la votación "no" un 7,6%.[178]

---

178   Véase José E. Molina V. y Carmen Pérez Baralt, "Procesos Electorales. Venezuela, abril, julio y diciembre de 1999" en *Boletín Electoral Lati-noamericano,* CAPEL-IIDH, N° XXII, julio-dic. 1999, San José, 2000, pp. 61 y ss.

Conforme a las bases comiciales, la Asamblea Nacional Constituyente fue electa el 25 de julio de 1999 y quedaba sometida a las normas supraconstitucionales que derivaban del poder constituyente originario el pueblo que se había expresado en el referendo consultivo del 25 de abril de 1999. Durante su funcionamiento debió respetar la vigencia de la Constitución de 1961, la cual sólo debió perder dicha vigencia cuando el pueblo soberano, es decir, el poder constituyente originario se pronunciara aprobando, mediante posterior referendo aprobatorio, la nueva Constitución que elaborase la Asamblea, tal como se precisó en la base comicial novena del referendo de 25 de abril de 1999.

En todo caso, hasta la elección de los miembros de la Asamblea Constituyente puede decirse que con base en las decisiones de la Corte Suprema de Justicia antes indicadas, el proceso constituyente venezolano que se iniciaba, al contrario de lo que había sucedido con todas las experiencias constituyentes del pasado en la historia política de país, no fue producto de una ruptura constitucional con ocasión de una guerra, un golpe de Estado o una Revolución, sino de la interpretación dada por el máximo Tribunal de la República a la Constitución de 1961 y de la voluntad popular expresada, como Poder Constituyente Originario, en el Referéndum Consultivo del 25 de abril de 1999. La ruptura constitucional la provocó la propia Asamblea Nacional Constituyente al violar la Constitución de 1961, al asumir poderes constituyentes originarios, violando las bases comiciales que, como lo había resuelto la Corte Suprema, tenían rango supraconstitucional.

La Corte Suprema de Justicia en otra sentencia del 21 de julio de 1999 con ocasión de resolver un recurso de interpretación intentado por los Candidatos Nacionales a la Asamblea Nacional Constituyente (Caso: *Alberto Franceschi, Jorge Olavarría y Gerardo Blyde*), acerca del régimen jurídico que regía el proceso electoral, había destacado el carácter de jure del proceso constituyente, señalado que:

> "Lo novedoso -y por ello extraordinario- del proceso constituyente venezolano actual, es que el mismo no surgió como consecuencia de un suceso fáctico (guerra civil, golpe de esta-

do, revolución, etc.), sino que, por el contrario, fue concebido como un "Proceso Constituyente de Iure" esto es, que se trata de un proceso enmarcado dentro del actual sistema jurídico venezolano.[179]

La consecuencia de lo anterior estaba en que la Asamblea Nacional Constituyente no sólo derivó "de un proceso que se ha desarrollado dentro del actual marco del ordenamiento constitucional y legal," sino que en su actuación estaba sometida al orden jurídico establecido por la voluntad popular en el *Referéndum* del 25 de abril de 1999, expresada en el conjunto de normas que derivaron de las preguntas del *Referéndum* y de las *Bases Comiciales* aprobadas en el mismo, y que la misma Corte Suprema de Justicia en la sentencia antes mencionada "por su peculiaridad e importancia", catalogó "como *normas de un rango especial*"; y en anterior sentencia del 3 de junio de 1999 (Caso *Celia María Colón de González*)[180] consideró como una "expresión popular" que "se tradujo en una *decisión de obligatorio cumplimiento, pues posee, validez suprema*", es decir, de rango supraconstitucional. Dicha sentencia se cita, además, en la de 17 de junio de 1999 en la cual se declaró *sin lugar* el recurso contencioso administrativo de anulación que había sido ejercido por un conjunto de ciudadanos contra un artículo de la Resolución N° 990519-154 del 19-05-99 del Consejo Nacional Electoral, que había negado la posibilidad de incluir símbolos, signos, siglas o colores que identificasen a los candidatos a la Asamblea Nacional Constituyente postulados por organizaciones políticas[181].

La Asamblea Nacional Constituyente que se eligió el 25 de julio de 1999, en consecuencia, estaba sometida a las normas (Bases Comiciales) aprobadas en el *Referéndum Consultivo* del 25 de abril de 1999, que eran de obligatorio cumplimiento y de rango y validez suprema (supraconstitucional), como manifestación del poder cons-

---

179   Véase el texto en *Revista de Derecho Público,* N° 77-80, Editorial Jurídica Venezolana, Caracas 1999, pp. 104 a 110.

180   Véase el texto en *Idem,* pp. 90 a 93.

181   Véase el texto en *Idem,* pp. 104 a 110.

tituyente originario que sólo corresponde al pueblo, conforme a las cuales no sólo se precisó la misión de la Asamblea, sino sus límites.

Sobre ello se pronunció además, la Corte Suprema de Justicia, como se ha señalado, en sus decisiones de 17 de junio de 1999;[182] y luego, la Sala Constitucional del Tribunal Supremo de Justicia en sentencia N° 6 de 27 de enero de 2000, la cual señaló que las bases comiciales referidas "que fijaron los límites de actuación de la Asamblea Nacional Constituyente, son de similar rango y naturaleza que la Constitución, como la cúspide de las normas del proceso constituyente", y además, que eran "supraconstitucionales respecto de la Constitución de 1961, lo cual no quiere decir que la Constitución estaba sujeta a estos, sino que se trataba de un ordenamiento no vinculado con las normas que rigen el Poder Constituyente"[183].

Ahora bien, entre las bases comiciales establecidas y aprobadas en el referéndum consultivo del 25 de abril de 1999, en la *Base Comicial Tercera* se reguló el sistema para la elección de 131 constituyentes así: 104 constituyentes distribuidos en las 24 circunscripciones regionales correspondientes a las entidades políticas del territorio (Estados y Distrito Federal), 24 constituyentes en la circunscripción nacional, y 3 constituyentes en representación de los pueblos indígenas, que en Venezuela son muy exiguos desde el punto de vista de la población y presencia en la dinámica social.

Conforme a tal sistema, el día 25 de julio de 1999 se eligieron los miembros de la Asamblea Nacional Constituyente, en un número de 131 miembros, de los cuales 24 fueron electos en la circunscripción nacional; 104 en las Circunscripciones estadales y 3 en representación de las comunidades indígenas. La totalidad de los miembros electos en los Estados, excepto uno, fueron electos de las listas apoyadas públicamente por el Presidente Chávez; la totalidad de los miembros electos en las comunidades indígenas lo apoyaron

---

182   Véase el texto de esas sentencias en Allan R. Brewer-Carías, *Poder Constituyente Originario y Asamblea... op. cit.,* pp. 221 ss.

183   Caso: *Milagros Gómes y otros.* Véase en *Revista de Derecho Público,* N° 81, Caracas, 2000, p. 82.

abiertamente, y de los 24 electos en la elección a nivel nacional, los 20 candidatos propuestos por Chávez fueron electos.

De ello resultó que sólo cuatro constituyentes en la circunscripción nacional que se postularon como candidatos independientes y que no pertenecían a las listas apoyadas por Chávez, fueron los electos en forma independiente (Claudio Fermín, Jorge Olavarría, Alberto Franceschi y quien esto escribe, Allan R. Brewer-Carías,). Los mismos formaron el grupo de constituyentes que se conformaron la "oposición" al Presidente Chávez. La relación durante todo el tiempo de funcionamiento de la Asamblea Constituyente fue entonces de cuatro (4) contra 127, habiéndose en definitiva impuesto la mayoría en todos los casos realmente debatidos.

Una Asamblea Constituyente conformada por una mayoría de esa naturaleza, por supuesto, impidió toda posibilidad de que se convirtiera en un instrumento válido de diálogo, conciliación política y negociación. Fue, en realidad, un instrumento político de imposición por un grupo que la dominaba, al resto de la sociedad, de sus propias ideas, con exclusión total respecto de los otros grupos. Fue, además, un instrumento para lograr el control total del poder por los que conformaban la mayoría y que habían sido electos constituyentes gracias al apoyo y a la campaña del propio Presidente de la República. En la Asamblea, dichos constituyentes estuvieron a su servicio y al diseño de cuantos mecanismos sirvieron para el control del poder por parte de los nuevos actores políticos que habían aparecido en escena de la mano del Presidente Chávez, en medio del más terrible deterioro de los partidos políticos tradicionales, que materialmente desaparecieron de la escena política durante el proceso constituyente.

En ese marco, la Asamblea se instaló el 3 de agosto de 1999, teniendo su primera sesión plenaria formal el día 8 de agosto de 1999, en la cual se discutió su *Estatuto de Funcionamiento*, tal como lo exigía la *Base Comicial Octava* del *referéndum del 25 de abril de 1999*.

III. EL DEBATE Y LA AGENDA DE LA ASAMBLEA NACIONAL CONSTITUYENTE EN AGOSTO Y SEPTIEMBRE DE 1999 Y LA ASUNCIÓN POR LA MISMA DEL "PODER CONSTITUYENTE ORIGINARIO" USURPANDO LA VOLUNTAD POPULAR Y EN DESACATO A LA DECISIÓN DE LA CORTE SUPREMA DE JUSTICIA

En la primera sesión plenaria de la Asamblea Nacional Constituyente del 8 de agosto de 1999, por supuesto, se planteó de nuevo la discusión sobre el pretendido carácter de poder originario de la Asamblea, el cual había sido descartado por la doctrina de la Corte Suprema de Justicia que le había dado nacimiento[184] .El único poder constituyente originario en el proceso constituyente era la manifestación popular del *referéndum del 25 de abril de 1999,* la cual adquirió rango supra constitucional[185], por lo que la Asamblea tenía los límites contenidos en las *bases comiciales* del mismo, a los cuales estaba sometida.

Sin embargo, prevaleció el criterio de la mayoría que quedó plasmada, contra toda la doctrina jurisprudencial de la Corte Suprema, en el artículo 1° de los Estatutos de Funcionamiento con el siguiente texto:

Artículo 1. Naturaleza y misión. La asamblea nacional constituyente es la depositaria de la voluntad popular y expresión de su Soberanía con las atribuciones del Poder Originario para reorganizar el Estado Venezolano y crear un nuevo ordenamiento jurídico democrático. La Asamblea, en uso de las atribuciones que le son inherentes, podrá limitar o decidir la cesación de las actividades de las autoridades que conforman el Poder Público.

---

184 Véase los textos en Allan R. Brewer-Carías, *Debate Constituyente, (Aportes a la Asamblea Nacional Constituyente),* Tomo I, (8 agosto-8 septiembre 1999), Caracas, 1999, pp. 15 a 39. Así mismo, en *Gaceta Constituyente (Diario de Debates),* Asamblea Nacional Constituyente, (agosto-septiembre 1999), Caracas, 1999, pp. 6 a 13 de la sesión del 07-08-99.

185 Véase la sentencia de la Sala Constitucional N° 6 de 25-01-2000, *Revista de Derecho Público,* N° 81, Caracas, 2000, pp. 81-82.

Su objetivo será transformar el Estado y crear un nuevo ordenamiento jurídico que garantice la existencia efectiva de la
democracia social y participativa.

Parágrafo Primero: Todos los organismos del Poder Público
quedan subordinados a la Asamblea Nacional Constituyente, y
están en la obligación de cumplir y hacer cumplir los actos jurídicos estatales que emita dicha Asamblea Nacional.

Parágrafo Segundo: La Constitución de 1961 y el resto del
ordenamiento jurídico imperante, mantendrán su vigencia en
todo aquello que no colida o sea contradictorio con los actos
jurídicos y demás decisiones de la Asamblea Nacional Constituyente.[186]

Debe indicarse, en todo caso, que en el texto del artículo 1° Estatuto de Funcionamiento que se sometió a debate, el Parágrafo Segundo antes copiado no estaba incorporado, por lo que puede decirse que no fue objeto del debate general inicial, el cual por tanto no
pudo referirse a ese parágrafo. Dicho parágrafo segundo, que for-
malizaba el golpe de Estado constituyente, como se indica más adelante, solo se propuso en el curso del debate por el Constituyente
Ricardo Combellas, y finalmente se incorporó en la norma.

En todo caso, la norma tal como se propuso, contrariaba abiertamente lo que había sido resuelto expresamente la antigua Corte
Suprema de Justicia en sus sentencias de 18 de marzo de 1999 y 14
de abril de 1999, mediante la cual la Asamblea pretendía asumir
para sí el "poder constituyente originario," que sólo el pueblo puede
ejercer, usurpando la voluntad popular, y dado un golpe de Estado
continuado contra todos los Poderes Públicos constituidos. [187]

---

186. Véase en *Gaceta Constituyente (Diario de Debates),* agosto-sep. 1999, pp.
144 de la sesión del 07-08-99. Véase el texto, además, en *Gaceta Oficial*
N° 36.786 de 14-09-99.

187 Estas notas tienen por objeto explicar cómo se fraguó dicho golpe de Estado continuado, partiendo de lo que se dejó registrado en el *Diario de Debates* de la Asamblea Nacional Constituyente de 1999 (3 tomos, Caracas
1999-2000). Estas notas, elaboradas sobre la base de lo publicado en el
Diario de debates, se publicaron en el Tomo VI, de la Colección Tratado

Además, la adopción de la norma constituyó un golpe de Estado contra la Constitución de 1961, al ubicarse la Asamblea Constituyente a sí misma por encima de la Constitución.

Pero en realidad, el sentido de dicho artículo 1 del proyecto de Estatutos, puede decirse que fue un secreto anunciado a voces desde la propia instalación de la Asamblea Nacional Constituyente, el día 3 de agosto de 1999, en el Aula Magna de la Universidad Central de Venezuela.

En efecto, en la sesión preliminar que se había realizado ese mismo día y cuya dirección asumió Pedro Ortega Díaz, no sólo como el Asambleísta de mayor edad, sino en su calidad de veterano y viejo dirigente del Partido Comunista de Venezuela. Ese hecho, de entrada, puede decirse que no carecía de significación, y ya era, al contrario, el anuncio de lo que en algún momento fututo ocurriría en el país. Y eso fue diez años después, en 2010, cuando el mismo Chávez se declararía marxista, y el Partido Socialista Unido de Venezuela, incluiría en su Declaración de Principios el marxismo leninismo, [188] y la Asamblea Nacional sancionaría las Leyes del Poder Popular de corte claramente comunista. [189]

En esa misma sesión preliminar de la Asamblea, se eligió la directiva de la misma con Luis Miquilena como Presidente; Isaías Rodríguez y Aristóbulo Isturiz, como Primero y Segundo Vicepresidentes, y Elvis Amoroso y Alejandro Andrade, como Secretario y

de Derecho Constitucional, sobre *Asamblea Constituyente y Proceso Constituyente 1999,* Fundación de Derecho Público, Editorial Jurídica Venezolana, Caracas 2013, pp. 363-417.

188   Véase la Declaración de principios del Partido Socialista Unido de Venezuela, (Abril. 23, 2010), disponible en http://psuv.org.ve/files/tcdocumentos/Declaracion-de-principios-PSUV.pdf.

189   Véase Allan R. Brewer-Carías, "La reforma de la Constitución económica para implantar un sistema económico comunista (o de cómo se reforma la Constitución pisoteando el principio de la rigidez constitucional), en Jesús María Casal y María Gabriela Cuevas (Coordinadores), *Homenaje al Dr. José Guillermo Andueza. Desafíos de la República en la Venezuela de hoy. Memoria del XI Congreso Venezolano de Derecho Constitucional,* Universidad Católica Andrés Bello, Caracas 2013, Tomo I, pp. 247-296.

Subsecretario. Y en la primera intervención, que como se dijo le correspondió al viejo dirigente del partido comunista Ortega Díaz, este informó a la Asamblea lo que se había decidido en la reunión preliminar, procediendo a entregar la conducción de la misma a Luis Miquilena, quien a los efectos de desarrollar, dijo:

> "esta gigantesca empresa en la cual nos proponemos nada más ni nada menos que enfrentar la miseria del pueblo venezolano azotado hoy por ella, la corrupción y castigar a los corruptos (gritos y aplausos); la inseguridad personal; el caos moral; los grilletes, a veces invisibles, que nos sujetan a los poderes extranjeros para reivindicar, como lo ha comenzado a hacer este gobierno, la soberanía. Unámonos para poder romper las cadenas de hoy, para poder romper la cadena de la deuda externa."

Casi veinte años después de aquél primer discurso que se oyó en la Asamblea, ante el legado político que dejó Chávez cuando se anunció su fallecimiento en marzo de 2013, y constatar cuál ha sido la "gigantesca empresa" que acometió junto con sus sucesores de destrucción masiva del país, cualquiera que hubiese conocido a Ortega Díaz no podría menos que imaginarse cómo se podría sentir, ante un país que se sitúa, internacional y comparativamente, entre los más corruptos y de mayor inseguridad personal del mundo; donde campea la impunidad, y donde la persecución política se realiza mediante el encarcelamiento a mansalva utilizando para ello al ministerio público y al sistema judicial; y que está descaradamente sometido al control de poderes extranjeros, en particular de Cuba; donde se le ha vendido la soberanía al mejor postor, al regalase no sólo los recursos materiales del país, sino la propia ciudadanía venezolana, que se le ha otorgado indiscriminadamente a cuando extranjero se cree es útil para los proyectos políticos entreguistas; y además, condenado a varias generaciones futuras por la mayor deuda externa e interna de toda la historia del país.

Sin duda, el viejo líder comunista, si sus palabras fueron sinceras, algo hubiera estado ahora pensando sobre porqué la "gigantesca empresa" no resultó como la soñaba, sino en el agravamiento de todos los males que denunció: agravamiento de la miseria del pueblo venezolano, agravamiento de la corrupción y ausencia de castigo a los corruptos; mayor inseguridad personal; caos moral por la degradación de todos los valores de la sociedad; sujeción y entrega del país poderes extranjeros visibles, como los que ejercen Cuba y China, reforzándose las cadenas de la mayor deuda externa de la historia.

1. **Los discursos iniciales ante la Asamblea Constituyente sobre su supuesto carácter de soberana y originaria**

A. *La usurpación de la soberanía del pueblo y el inicio de la destrucción del Estado de derecho*

En su discurso de introducción antes indicado, en la sesión de 3 de agosto de 1999, el mismo Constituyente Ortega Díaz concluyó formulando una recomendación inmediata, y que fue que se adoptara:

> "la declaratoria de soberanía incuestionable de la Asamblea Nacional Constituyente (aplausos prolongados), no podemos permitir ningún acto que interrumpa, altere o mucho menos contradiga las decisiones de esta plena soberanía de la Asamblea Nacional Constituyente (*Aplausos*)."

Y eso fue lo que efectivamente ocurrió: La Asamblea al instalarse asumió la soberanía, que sólo la tiene el pueblo, usurpando el poder constituyente originario del mismo. Una Asamblea nunca puede ser soberana, pues soberano sólo es el pueblo.

Pero Ortega Díaz lo único que hacía en su discurso era cumplir la parte del libreto que le había tocado, y que desde el inicio Chávez había anunciado con su decreto de convocatoria al referendo sobre la Asamblea Nacional Constituyente, en el cual ya se anunciaba cuál iba a ser el rol destructivo y usurpador de la Asamblea. Por ello, las impugnaciones que se habían hecho del decreto presidencial, de manera que razón tuvo Chávez al expresar en su discurso ante la Asamblea Constituyente el mismo día 3 de agosto de 1999, que su Decreto del 2 de febrero de 1999 convocando el referendo consultivo sobre la Constituyente, había sido impugnado muchas veces, -dijo-:

"no sé cuántas impugnaciones, el decreto más impugnado, batieron récord los impugnadores, no sé si un decreto ha sido impugnado tantas veces en alguna parte, en alguna época, pero bien bueno que eso quede allí, porque es parte del conflicto histórico desatado, irrenunciable, inevitable. Es un conflicto terminal, es el fin de una época y el comienzo de otra."

Y efectivamente así fue, pero lo cierto fue que con motivo de los diversos juicios que se iniciaron con la impugnación del decreto convocando el referendo sobre la Asamblea, en una de las sentencias dictadas por la Sala Político Administrativa del Tribunal Supremo de Justicia, de fecha 18 de marzo de 1999, se había resuelto la cuestión de que el poder constituyente originario no podía ser asumido por la Asamblea, por lo cual se había ordenado expresamente eliminar de las bases comiciales del referendo consultivo sobre la Asamblea, el supuesto carácter de poder constituyente originario que Chávez había propuesto se le otorgara a la Asamblea. Pero la verdad es que la decisión de una Corte Suprema de un sistema que quienes controlaban el poder lo consideraba moribundo, poco le importó a quienes asumieron la dirección de la Asamblea, habiendo sido la pauta que recomendó Ortega Díaz, contraria a la citada sentencia, la que se impuso, todo lo cual, desde el inicio, motorizó el Presidente Miquilena.

Este último tema del carácter o no de poder constituyente originario de la Asamblea, entre muchos otros, fue el que me había enfrentado a la propuesta de Chávez, y ello fue precisamente lo que en la Asamblea Constituyente, una vez constituida y con la mayoría abrumadora que apoyaba al Presidente, fue impuesto, haciéndose caso omiso a lo resuelto por la Corte Suprema.

Ello es lo que explica, precisamente, la recomendación de Ortega Díaz al instalarse la Asamblea el 3 de agosto de 1999, y lo que retomó Luis Miquilena, luego de la juramentación de los miembros de la Asamblea, en su discurso inicial y primigenio, al referirse al momento histórico que vivía el país, considerando que estábamos presenciando, no el cambio de un equipo de gobierno por otro equipo de gobierno, sino de un cambio de un sistema por otro sistema, siendo "la Asamblea Nacional Constituyente la palanca impulsora" de dicho cambio. Por ello, al inicio de su discurso hizo referencia a la idea misma de la Asamblea Constituyente, mencionando la iniciativa que hacía "más de una década" habían tenido algunos, indicando que con ello habían puesto "en el país a flamear la bandera de la Asamblea Nacional Constituyente," la cual confesaba, sin embargo, había sido "estigmatizada, atacada precisamente porque se consideraba que tenía un carácter subversivo ante el estado de cosas que estaba padeciendo nuestro país." Y ciertamente, salvo opiniones aisladas como la mía, la de Oswaldo Álvarez Paz, entonces Gobernador del Estado Zulia y la del Fiscal General de la República, Ramón Escovar Salóm, entre otros, la idea fue rechazada por los partidos políticos.

Pero antes de desembocar en el tema del carácter de la Asamblea Constituyente, que fue lo central de su discurso, Miquilena hizo referencias a lo que consideró habían sido los antecedentes políticos de la misma, haciendo referencia al hecho de que por ignorar el clamor del pueblo por un cambio "se produjo espontáneamente un acontecimiento que hizo estremecer el edificio del viejo sistema," como fue el "Caracazo" (febrero 1989), lo que fue seguido del intento de golpe militar de Hugo Chávez del 4 de febrero de 1992, como resultado del cual consideró, en mi criterio erradamente que al país le había nacido "una nueva esperanza," estimando que el grupo de oficiales jóvenes que intentaron el golpe:

> "habían dado un paso adelante con el propósito de romper el equilibrio de una estructura que estaba asfixiando al país y que necesitaba salidas y que si no se les daba salida por la vía pacífica tendría que recurrirse a la vía de la violencia para romper una estructura que era necesario acabar' *(Aplausos prolongados)*.

Después de esos hechos, narró Miquilena en su discurso, que ante la ceguera de las clases dominantes en poder vislumbrar el conflicto social, en la búsqueda de "salidas pacíficas, precisamente para evitar la vía de la violencia," consideró que había sido un acierto del proyecto liderado por Hugo Chávez, el decidir tomar "la vía electoral para participar en los procesos que el sistema había establecido, es decir, jugar con sus propias cartas," de la cual, después de enfrentar –dijo– un proceso electoral lleno de acciones violentas, obstáculos y arbitrariedades, terminara victoriosamente la elección del 6 de diciembre."

Como parte esencial de todo ese proceso, Miquilena se refirió entonces a lo que consideró "la consigna más importante, la consigna emblemática de este proyecto" que fue la Asamblea Nacional Constituyente, haciendo entonces la precisión de que sus enemigos pretendieron entonces:

"refugiarse en una rebuscada hermenéutica jurídica para quitarle poder a la Asamblea Nacional Constituyente, pretenden que la Asamblea Nacional Constituyente sea un simple instrumento cualquiera para elaborar una Constitución; es decir, pretenden presentarle al país una Asamblea Constituyente chucuta, que no sea capaz de tener la soberanía suficiente *(aplausos),* pretendiendo las vacas sagradas del derecho, inventar que es una Asamblea Constituyente secundaria y no originaria."

He aquí la esencia del planteamiento que desde el inicio guió la imposición, liderada por Miquilena, de una Asamblea Constituyente "originaria," carácter que la Asamblea misma se auto arrogó a los pocos días. Y por supuesto, nada me impidió que yo mismo me diera por aludido cuando Miquilena se refirió a "las vacas sagradas del derecho" –honor que me hizo– pues sin duda, como en algún momento él me lo confirmó, su referencia, entre otros, estaba dirigida a mi persona, junto con todos los juristas que se oponían a tal idea, comenzando por los magistrados de la Corte Suprema. Consideré - y el tiempo lo confirmó - que ese carácter originario que usurpó la Asamblea, fue lo que dio inicio al proceso de demolición del Estado de derecho en Venezuela

Las objeciones que habíamos formulado en contra de dicha idea, es lo que justificó lo que afirmó Miquilena tajantemente al iniciar su discurso:

"Nosotros declaramos, en mi carácter de Presidente de la Asamblea Nacional Constituyente en este acto, declaro solemnemente el carácter originario... *(aplausos y gritos prolonga-*

dos) y nadie podrá disminuir el carácter soberano de esta Asamblea y así será consagrada ante la historia de nuestra patria."

Y así fue. La Asamblea Constituyente, para Chávez y sus seguidores, no sólo fue "originaria" sino "soberana," usurpando la propia soberanía del pueblo. Por ello Miquilena repitió: "Sí es soberana, sí es original," agregando sin embargo que tratarían "de que la vía del diálogo, la vía del entendimiento produzcan los cambios sin el traumatismo que podría ocurrir si la gente que está refugiada dentro de esos poderes para seguir conservando sus privilegios." Se refería, sin duda a los poderes públicos, constituidos, advirtiéndoles que si entendían que el país había cambiado, entonces el tratamiento que "recibirán de la soberana Asamblea Constituyente no será de abuso de su poder, será de un diálogo que permita la transición, sin que esa transición produzca traumas que pueden ser irremediables para nuestra patria."

Con todo esto, Miquilena terminó su discurso al dejar instalada la Asamblea,

> "con esas dos solemnes promesas: primero, la Asamblea Nacional Constituyente es originaria y soberana. *(Nutridos aplausos).* Segundo, el proceso de cambio no tiene retroceso y va hacia adelante impulsado por nuestro pueblo"

No pasaron dos años y medio, en todo caso, para que Miquilena, luego de haber presidido la Asamblea Constituyente y haber servido en el gobierno del Presidente Chávez, pasara a la oposición acusando al gobierno incluso de asesinato por la masacre del 11 de abril de 2002.

Atrás habían quedado sus últimas palabras en el acto de instalación de la Asamblea cuando recordó lo que había dicho en su despedida del Ministerio de Relaciones Interiores para ocupar una posición de combate por la construcción de la Asamblea Nacional Constituyente, refiriéndose al "panorama del país alegre," que –dijo– había hecho el milagro de que en el invierno de su vida él pudiera "soñar con la primavera." Esta, sin duda, para él, debió convertirse en una tormenta, con lluvia torrencial, rayos y centellas, que no han cesado.

En cuanto a la Asamblea que había calificado de soberana, su primera sesión, que fue la *Sesión del 5 de agosto de 1999,* además de para designar la Comisión de redacción del Estatuto de la Asamblea, fue para "Recibir la propuesta del ciudadano Hugo Rafael Chávez Frías, Presidente de la República." Antes, sin embargo, Jorge Olavarría con motivo del texto del acta de la sesión anterior, destacó que en la misma Miquilena había declarado el "carácter originario" de la Asamblea, por lo que rechazó dicho aserto argumentando que ese carácter no había sido sometido a debate ni a consideración por parte de la Asamblea, siendo aquella una expresión de Miquilena que consideró fue formulada "a título personal y no en nombre de la Asamblea." Consideró Olavarría, con razón, increpando a Miquilena, que "el carácter originario de la Asamblea tiene que ser sometido a la Asamblea y si ésta así lo decide, usted, en su nombre, podrá hacerlo, de lo contrario usted procederá de una forma usurpadora de las funciones que le corresponden como Presidente." El tema, sin embargo, quedó inserto en acta, dejándose su discusión para la sesión siguiente, concentrándose la Asamblea en el punto de "recibir la propuesta del ciudadano Hugo Rafael Chávez Frías, Presidente Constitucional de la República."

Jorge Olavarría, sin embargo, objetó con razón dicho punto, considerando que la Asamblea no había aprobado invitación alguna al Presidente; a lo que Miquilena respondió que la solicitud había sido formulada por el Presidente, habiendo la Junta Directiva decidido aceptarla. Se dio así inicio al punto de la Agenda, sometiéndoselo de inmediato a la aprobación de la propia Asamblea "para satisfacer la inquietud del constituyente Jorge Olavarría," punto que fue obviamente aprobado con "evidente mayora (*Aplausos*)," todo, sin duda, conforme a un libreto que se veía estaba ya conformado.

Se nombró entonces una Comisión de Constituyentes para acompañar al Presidente Chávez a la Asamblea, de la cual formé parte, siendo dicha oportunidad la última en la cual crucé palabra con él. Antes había tenido una interlocución con él en la Academia de Ciencias Políticas y Sociales, en agosto de 1998, con ocasión de la invitación que como Presidente de la Academia formulé a todos los candidatos presidenciales para que explicaran ante la misma sus propuestas sobre la reforma al Estado. Allí presenté a Chávez como quien había hecho su "aparición en la vida política recientemente, en medio de una gran crisis, y por una vía no democrática.

B. La "soberanísima" Asamblea Constituyente

El Presidente Chávez comenzó su discurso en dicha sesión del 5 de agosto de la Asamblea, refiriéndose a la misma no sólo como originaria o soberana, sino como "la soberanísima Asamblea Nacional Constituyente," dirigiéndose a los miembros de la misma como "constituyentes soberanos," dando así de antemano por zanjado el tema del carácter "soberano" de la Asamblea, que la misma aún no había considerado. Con ello quedaba claro que imponía su voluntad, a pesar de que aclaraba que en ese momento en el país "no es un hombre providencial que ha llegado; […] no hay hombres providenciales […]. No hay individualidades todopoderosas […] No hay caudillos beneméritos y plenipotenciarios que puedan señalar y conducir y hacer el camino de los pueblos, mentira." Y luego repitió: "No pensemos jamás que un hombre providencial, repito, no pensemos jamás que 131 hombres o mujeres providenciales van a hacer el camino."

Chávez consideró que la instalación de la Asamblea Constituyente era "un acto revolucionario," considerando que la revolución había llegado al Palacio Federal Legislativo, pidiéndole a la Asamblea que recuperara dicha casa para la revolución. Dijo así: "desde hoy tienen que comenzar a demostrar que ustedes, representantes verdaderos del pueblo, son los dueños de esta casa y que esta casa es la casa del pueblo y no la casa de las cúpulas ni la casa de los cogollos que durante años traicionaron esa esperanza de un pueblo." Con ello comenzó a definirle a sus seguidores la agenda de la Constituyente, –y a los recién electos senadores y diputados lo que les esperaba–, advirtiéndoles a los Constituyentes:

"No vayan, compatriotas, ustedes a cometer el error que cometieron los que habitaron esta casa durante 40 años y ya no les pertenece, eso hay que recordarlo. Esta casa desde hoy es la sede de la Asamblea Nacional Constituyente. *(Aplausos)*. La magnanimidad de ustedes es grande, han permitido que convivan por allí. Ustedes son los dueños de esta casa, porque esta es la casa del pueblo y recuperen ustedes esta casa para el pueblo, para la revolución."

C. *La revolución bolivariana*

Chávez en su discurso insistió sobre el tema de la revolución, advirtiendo que aún había venezolanos que "todavía a estas alturas no se den cuenta o no quieran darse cuenta que estamos en el mero epicentro de un profundo, de un verdadero, de un indetenible proceso revolucionario que no tiene marcha atrás [...] Es una revolución lo que está ocurriendo y nada ni nadie podrá evitarla."

Hizo referencia entonces al Caracazo, "cuando los habitantes de Guarenas se fueron a la calle a protestar con una huelga, haciendo uso del derecho a la resistencia," indicando sin embargo que si bien "no estaban planificando una revolución," al igual que no lo hicieron los golpistas el 3 y 4 de febrero de 1992, " quienes "no sabían plenamente lo que se iba a desatar con aquel gesto", sin embargo habían provocado la situación del momento que era la de "una revolución que se hizo presente e impone su propio ritmo", que está " en marcha y es el pueblo el que guiará ese potro libre de la revolución."

Se preguntó entonces repetidamente sobre el origen de esa revolución, concluyendo que venía del "contexto bolivariano cuando nació o cuando nacieron las primeras repúblicas que se levantaron en esa tierra venezolana." En definitiva, afirmaba, que era de Bolívar de donde venía la revolución, de "Bolívar que vuelve con su clara visión, con su espada desenvainada, con su verbo y con su doctrina." Se trataba, conforme a la visión de Chávez, de la "revolución bolivariana," para lo cual hizo referencia a una absolutamente errada apreciación de la división de los períodos históricos venezolanos en cuatro diversas Repúblicas, de las cuales las tres primeras habrían ocurrido en un breve período de ocho años, entre 1811 y 1819.

Chávez se refirió, en efecto, a lo que se ha llamado la Primera República, la formada en 1811, que fue, según dijo, la que Bolívar vio caer, y que calificó en su Manifiesto de Cartagena al indicar las causas de dicha caída, como "una república aérea," lo que sirvió a Chávez para advertirle a los Constituyentes de 1999, que tuvieran "cuidado con las repúblicas aéreas; no aguantan el primer golpe de viento." Para ello recordó Chávez la conocida expresión de Bolívar sobre el sistema de 1811 cuando dijo "Tuvimos filántropos por jefes y sofistas por soldados," y que no fue otra cosa que la más clara expresión del resentimiento del Libertador frente a una República en cuya construcción constitucional no había efectivamente participado, y que más bien había contribuido a que cayera con su propio fracaso militar en Puerto Cabello unos meses antes, y con la entrega que personalmente hiciera de Francisco de Miranda a los españoles, en premio de lo cual pudo recibir un salvoconducto de Monteverde para terminar en Cartagena, redactando su conocido Manifiesto.

Se refirió luego Chávez a lo que llamó la Segunda República, supuestamente formada por el propio Bolívar con "El arma, la espada y la pluma" en 1813 al llegar a Caracas luego de la Campaña Admirable, cuando asumió "el mando supremo de la República", convocando una "Asamblea de Notables" en Caracas para respaldarlo. En esa reconquista del territorio de Venezuela, por supuesto que no hubo "Segunda República" alguna, pues lo que existió, incluso en paralelo, fue por una parte, la "ley de la conquista" impuesta por Monteverde, y por la otra la "ley marcial" decretada por Bolívar, con guerra a muerte de por medio. Allí no hubo República alguna, sino un militar que asumió el mando supremo de las provincias en el calor de la guerra, imponiéndolo sobre los gobiernos civiles que conducían las provincias unidas. Por ello la referencia que el mismo Chávez hizo de la reacción que tuvo Bolívar en 1811, con sus ideas centralistas, contra el Gobernador de Barinas en 1813 quien defendía el sistema federal, al afirmar que había sido la federación otra de las causas de la derrota y la caída de la Primera República, y decir –según narró Chávez– que:

> "cómo vamos a hablar de Federación cuando hay una amenaza y hay un ejército invasor en el territorio. Yo soy el Pre-

siente de esta República", y le cedo a usted la autonomía administrativa y judicial. Pero usted tiene que entender que forma parte de una nación, de una república unitaria."

Al afirmar esto, Chávez no hacía otra cosa que advertirle a los Constituyentes con las mismas ideas centralistas de Bolívar, es decir de la "doctrina bolivariana," que:

"no podemos confundir federación con anarquía. Cuidado con la anarquía. Cuando llegamos al caos y a la anarquía se pone en peligro la existencia no sólo de la República, no sólo del Estado, sino de la Nación misma como un todo."

Pero lo cierto fue que a pesar del esfuerzo de Bolívar por recuperar el territorio, dicha irreal "Segunda República" supuestamente establecida en 1813, duró sólo un año, habiendo desaparecido según la errada teoría histórica de Chávez en 1814, cuando los españoles reconquistaron el territorio de Venezuela. Luego de cinco años de guerra, y siguiendo su misma errada teoría, Chávez en su discurso expresó que en 1819 "vuelve a nacer una Tercera República, la grande" con la Constitución de Angostura propuesta por Bolívar, "bajo el escudo de las armas de su mando, pero con el desarrollo pleno de la voluntad popular en el Congreso Constituyente," para establecer, citando de nuevo a Bolívar, que:

"El sistema de gobierno más perfecto es el que le proporciona a su pueblo, la mayor suma de seguridad social, la mayor suma de estabilidad política y la mayor suma de felicidad posible".

Esa supuesta llamada "Tercera República" de Venezuela, en todo caso, habría durado menos de dos escasos años pues con la Constitución de 1819 desapareció con la desaparición misma del Estado de Venezuela y la constitución de la República de Colombia, en la cual los territorios de la antigua Venezuela pasaron a ser un departamento más.

Todo el recuento histórico de los acontecimientos de comienzos del siglo XIX que hizo Chávez, y que lo distorsionan, está basado en una errada división de los períodos históricos republicanos en estas supuestas tres repúblicas iniciales que Venezuela habría tenido en 1811, 1813 y 1819, que en realidad no existieron. La única República efectiva que existió en Venezuela en esos tiempos fue la de 1811 establecida en la Constitución federal de las Provincias Unidas de Venezuela, que formalmente funcionó, con todas sus vicisitudes, hasta 1830, cuando se reconstituyó la República después de la separación de Venezuela de Colombia. En 1813, como se dijo no hubo ninguna "nueva República," y en 1819 sólo hubo un proyecto de Estado centralista que no llegó a cristalizar en Venezuela, pues al mes de aprobarse la Constitución de Angostura, el propio Bolívar sometió al mismo Congreso la Ley de la Unión de los pueblos de Colombia proponiendo la desaparición de Venezuela como Estado (y como República), con su fusión a Colombia, como en efecto ocurrió y logró constitucionalmente algo más de un año después con la sanción de la Constitución de Cúcuta de 1821. La verdad, además, es que esa Constitución de 1821, inspirada en la de 1819, fue con la que se puede decir que realmente se estableció la verdadera "República Bolivariana," una donde Venezuela no existía como Estado, y que desapareció como nación conformando, su territorio, un departamento más de la República de Colombia.

Esa fue la idea de la República Bolivariana que quería Chávez; una donde Venezuela desapareciera. Así, quizás por no haber logrado, tras apoyar abiertamente la guerrilla colombiana, apoderarse subversivamente del gobierno de Bogotá y fundir de nuevo a Venezuela junto a Colombia en una nueva "República Bolivariana," Chávez terminó sus días en 2012, soñado también con la eliminación de Venezuela y lograr su unión con Cuba, en otra nueva "República," como en su propuesta de reforma constitucional de 2007 lo llegó a esbozar.

2. Los errores históricos del discurso de Chávez y el verdadero sentido de lo que fue la "República Bolivariana" como proyecto militarista

Lo expresado por Chávez en su discurso ante la Asamblea Nacional Constituyente el 5 de agosto de 1999, en lo que fue el anuncio de su gestión de gobierno que culminó con el anuncio de su muerte en marzo de 2013, nos obliga a hacer algunas precisiones fundamentadas sobre los hechos que ocurrieron en Venezuela a partir de 1812, cuando Bolívar comenzó a tener un papel protagónico y, con ello, el país comenzó a olvidar a sus verdaderos próceres.

La República de Venezuela, surgió en la historia con la rebelión independentista del 19 de abril de 1810, cuando el conjunto de nuestros próceres fundadores, inspirados en el conjunto de principios que surgieron de las revoluciones norteamericana y francesa del siglo XVIII procedieron a conformar un nuevo gobierno en Caracas, en sustitución de lo que había sido el gobierno de la Capitanía General de Venezuela y de la Provincia de Caracas; procediendo subsecuentemente a organizar la elección de los diputados al Congreso General de las provincias de dicha Capitanía a partir de junio de 1810; a declarar solemnemente la Independencia el 5 de julio de 1811; a redactar tanto la Constitución Federal de los Estados de Venezuela de 21 de diciembre de 1811, como la Constitución de la Provincia de Caracas de 31 de enero de 1812; estos últimos textos, modelos acabados de lo que podían ser textos constitucionales de un nuevo Estado republicano de comienzos del siglo XIX, influidos por todos los principios del constitucionalismo moderno.

Esas Constituciones fueron sancionadas por el Congreso General de la Confederación de Venezuela, destacándose la Constitución federal de 21 de diciembre de 1811, con la cual se integró el nuevo Estado nacional con siete Estados provinciales (Caracas, Barcelona, Cumaná, Margarita, Barinas, Trujillo, Mérida) que habían resultado de la transformación de las antiguas Provincias que habían formado la antigua Capitanía General de Venezuela. A dicha Constitución federal le siguió la sanción de la Constitución provincial de Caracas de enero de 1812, sancionada por la "Sección Legislativa de la Provincia de Caracas del mismo Congreso General de Venezuela," es decir, por los diputados electos en la Provincia que integraban dicho Congreso General, en enero de 1812.

La elaboración de ambos textos constitucionales, Federal y Provincial de Caracas, se realizó en paralelo, en las sesiones del Congreso General, con la participación activa de Francisco Javier

Uztáriz, Juan Germán Roscio y Gabriel de Ponte, los dos últimos diputados por diversos partidos de la provincia de Caracas, por una parte, para la conformación de un Estado federal en todo el ámbito territorial de lo que había sido la antigua Capitanía General de Venezuela; y por la otra, para la conformación del marco constitucional de gobierno para una de las provincias de dicha Federación, la de Caracas, incluso, para que el texto sirviera de modelo para la elaboración de las otras Constituciones provinciales. Otro grupo de diputados que también debe mencionarse dentro de los próceres de la independencia, son aquellos que si bien no participaron en los hechos de la Revolución de 19 de abril de 1810, fundamentalmente porque no eran vecinos de Caracas, o como fue el caso de Francisco de Miranda, no estaban en ese entonces en Caracas, sin embargo sí estuvieron presentes en todos los hechos y actos políticos posteriores antes mencionados, como fueron además, los siguientes diputados, todos por otros partidos de la Provincia de Caracas: Felipe Fermín Paúl, Fernando de Peñalver, Luis José de Cazorla, Juan Rodríguez del Toro, Juan José de Maya, Gabriel Pérez de Págola, José Ángel Álamo, y José Vicente de Unda. Otros distinguidos civiles y abogados, además, tuvieron participación activa en el gobierno, particularmente en el Poder Ejecutivo plural, como Juan de Escalona, Cristóbal Mendoza, Baltazar Padrón, y Miguel José Sanz.

A todos les correspondió desarrollar un intenso trabajo para el diseño y construcción constitucional del nuevo Estado, de nuestra república primigenia, inspirado en las mejores ideas constitucionales de la época; proceso que terminó con la elaboración de la primera Constitución republicana del mundo moderno después de la Constitución de los Estados Unidos de América de 1787, y a la Constitución de la Monarquía Francesa de 1791, como fue la Constitución Federal para las Provincias de Venezuela de 21 de diciembre de 1811, a la cual Chávez ignoró totalmente en su discurso, nada menos cuando pretendía sentar las bases para la conformación de una "nueva" república y de una nueva Constitución.

Esas bases constitucionales que originaron a Venezuela en 1811, sin embargo, hay que recordarlo, fueron destruidas en pocos meses, –sin que ello pueda ser excusa para ignorarlas– por la fuerza de la guerra y sobre todo, por fuerza de la incomprensión de los nuevos líderes militares producto de la misma, como fue el mismo Bolívar, que produjo que Venezuela, muy pronto, entrara en un proceso histórico signado por la fuerza bruta del militarismo que a partir de 1812 se apoderó del país y de su historia, arraigándose en el suelo de la República. El primer síntoma de ello fue la sustitución del régimen constitucional de 1811, sucesivamente, primero por la "ley de la conquista" impuesta por el invasor español Domingo Monteverde, y segundo, por la "ley marcial" impuesta por Simón Bolívar; proceso que comenzó a manifestarse, precisamente, a partir del momento en el cual el país que encontraba preparándose para celebrar el primer aniversario formal de la independencia, a comienzos de julio de 1812, cuando ocurrió la caída del Fuerte de Puerto Cabello que comandaba el mismo Bolívar.

A partir de entonces, el país entró en una guerra que se prolongó por casi una década, en medio de la cual no sólo desapareció el constitucionalismo, recibiendo el país la mayor expedición militar jamás enviada antes por España a América (Morillo, 1814), sino que al final de la misma, en 1821, incluso el país mismo llegó a desaparecer como Estado a propuesta de Bolívar, quedando el territorio de lo que había sido la Federación de Venezuela como un "departamento" más de otro nuevo Estado creado contra toda lógica histórica por Simón Bolívar, como fue la República de Colombia, establecida con la Constitución de Cúcuta de ese año, luego de que el mismo Simón Bolívar hubiera propuesto al Congreso de Angostura la sanción de la Ley de Unión de los Pueblos de Colombia en 1819.

Ese entierro de la obra de los próceres de la independencia que construyeron la República mediante sus ejecutorias civiles entre el 19 de abril de 1810 con la constitución de la Junta Suprema de Caracas y marzo de 1812 con la instalación del Congreso en la ciudad federal de Valencia, en todo caso, como siempre acaece en la historia, se produjo por la conjunción de varios hechos, en este caso, sin embargo, todos ellos de carácter estrictamente militar.

Esos hechos fueron: *primero*, la invasión del territorio nacional en febrero de 1812 por una fuerza militar extranjera comandada por Domingo Monteverde, dirigida desde Puerto Rico, donde la Regencia de España y luego, las propias Cortes de Cádiz, había situado el cuartel general español para la pacificación de las provincias de Venezuela; *segundo*, el fracaso militar ocurrido en el novel ejército venezolano, específicamente, como consecuencia de la pérdida del arsenal de la República, al caer el Castillo de Puerto Cabello en manos realistas, en los primeros días del mes de julio de 1812, el cual estaba al mando del coronel Simón Bolívar, quien hubo de abandonar la plaza con los pocos oficiales que le quedaron leales; *tercero*, la consecuente Capitulación del ejército republicano que estaba comandado por Francisco de Miranda, a quien el Congreso le había otorgado plenos poderes para enfrentar la invasión militar de la provincia, y que se materializó el 25 de julio de 1812 en la firma de un Armisticio entre los enviados de Miranda y Monteverde, mediante el cual se le aseguró la ocupación militar española de las provincias; *cuatro*, la decisión militar, injustificada, inicua y desleal, adoptada en la noche del 30 de julio de 1812 por un grupo de oficiales del ejército republicano al mando del mismo Simón Bolívar, e inducidos por oficiales traidores que ya habían negociado con Monteverde, de apresar a su superior, el general Francisco de Miranda, acusándolo de traidor, y quien luego de salvarse de ser fusilado in situ como lo pretendía Bolívar, fuera entregado inmisericordemente a Monteverde, para no recobrar más nunca su libertad; *quinto*, la violación sistemática del tratado militar que se había suscrito, por parte de Monteverde, quien persiguió a todos los que habían participado en la creación de la República, estableciendo en la provincia una dictadura militar y sometiendo al país, no a la Constitución de Cádiz recién sancionada, sino a la "ley de la conquista," lo que se prolongó hasta 1814 en medio de la más espantosas represión militar, de todo de lo cual escapó Bolívar por haber obtenido un salvoconducto de Monteverde que le permitió salir del país, como recompensa a sus servicios con la entrega de Miranda quien para ese momento y desde hacía más de tres décadas, era el español más buscado en todo el mundo por la Corona española; *sexto*, por la nueva invasión del territorio venezolano en 1814 por la que sería históricamente la mayor fuerza militar que hubiese enviado jamás la Corona española a América al mando del mariscal Morillo, con quien Bolívar llegaría a firmar un Armisticio para regularizar la guerra; *séptimo*, la también invasión militar del territorio de Venezuela desde la Nueva Granada en 1813, esta vez un ejército autorizado por el Congreso de Nueva Granada, al mando de Simón Bolívar, y los contundentes triunfos del ejército republicano de liberación que llevaron a proclamar a Bolívar como El Libertador, quien por la fuerza militar ocupó intermitentemente los territorios de las provincias de Venezuela hasta 1819; y *octavo*, la ausencia de régimen constitucional alguno en los territorios de Venezuela desde 1813 hasta 1819, por el sometimiento efectivo de los mismos por los ejércitos republicanos, no a la Constitución de 1811, la cual lamentablemente nunca más se puso en vigencia como tal, sino que más bien fue estigmatizada, imponiéndose en su lugar la "ley marcial," lo que se extendió hasta 1819 cuando Bolívar buscó, aún cuando efímeramente, reconstituir el Estado venezolano con una nueva Constitución (Angostura).

En particular, de todos esos hechos, deben destacarse los de orden "constitucional" que se produjeron, de entrada, como consecuencia de la ocupación militar de las Provincias por el ejército español, luego de la Capitulación de julio de 1812. Monteverde y sus nuevas autoridades, una vez que desconocieron la Constitución federal republicana de diciembre de 1811, de hecho obviaron poner en vigencia régimen constitucional alguno.

La pretendida publicación de la recién sancionada Constitución de Cádiz de 1812, que era a lo que debían proceder, en efecto, llevó al nuevo Capitán General de Venezuela, Fernando Mijares, - quien recién había sido nombrado para un cargo que nunca llegó a ejercer efectivamente pues el mismo fue asumido y usurpado por Monteverde -; a enviarle a Monteverde, el 13 de agosto de 1812, unos días después de la detención de Miranda, unos ejemplares del texto constitucional monárquico con las correspondientes órdenes y disposiciones que habían dado las Cortes para su publicación y observancia. Sin embargo, Monteverde retrasó de hecho la jura de la Constitución, aclarándole incluso posteriormente a la Audiencia que si se había diferido su publicación no había sido por descuido, ni omisión ni capricho, sino por "circunstancias muy graves," que impedían su aplicación en Provincias como las de Venezuela, "humeando todavía el fuego de la rebelión más atroz y escandalosa," considerando a quienes la habitaban como "una sociedad de bandoleros, alevosos y traidores," indicando que si publicaba la Constitución no respondería "por la seguridad y tranquilidad del país."

Es decir, como Monteverde no estimaba a "la provincia de Venezuela merecedora todavía de que participase de los efectos de tan benigno código" solo llegó a publicar y jurar la Constitución de Cádiz "a la manera militar," el 21 de noviembre de 1812, y luego, en Caracas, el 3 de diciembre de 1812, asumiendo sin embargo un poder omnímodo contrario al texto constitucional gaditano mismo. Monteverde además, desconoció la exhortación que habían hecho las propias Cortes de Cádiz, en octubre de 1810, sobre la necesidad de que en las provincias de Ultramar donde se hubiesen manifestado conmociones (sólo era el caso de Caracas), si se producía el "reconocimiento a la legítima autoridad soberana" establecida en España, debía haber "un general olvido de cuanto hubiese ocurrido indebidamente." Nada de ello ocurrió en las Provincias de Venezuela, donde la situación con posterioridad a la firma de la Capitulación de julio de 1812 fue de orden fáctico, pues el derrumbamiento del gobierno constitucional fue seguido en paralelo, por el desmembramiento de las antiguas instituciones coloniales, bajo la autoridad militar.

A esa inundación militar inicial de la República, invadida por los ejércitos españoles, siguió la también invasión militar republicana de los territorios de las Provincias, desde la Nueva Granada, la cual tampoco restableció el orden constitucional republicano.

En efecto, desde cuando Simón Bolívar llegó a Cartagena de Indias a finales de diciembre de 1812, gracias al salvoconducto que le había suministrado Monteverde, en retribución "a los servicios prestados" a la Corona; en su primera alocución pública que fue el llamado "Manifiesto de Cartagena," efectivamente calificó la construcción institucional de la República reflejada en la Constitución federal de diciembre de 1811 -que fue lo único que por lo visto interesó a Chávez en su discurso el 5 de agosto de 1999-, como propia de una "república aérea" atribuyéndole a dicha concepción y a sus autores la caída misma de la República, lo que, posteriormente originaría en la Nueva Granada el despectivo calificativo de la "patria boba" para referirse a ese período de nuestra historia.

Simón Bolívar, en efecto, diría a los seis meses de haber detenido y entregado a Miranda al invasor Monteverde, quizás cuando buscaba explicar su conducta, que:

> "los códigos que consultaban nuestros magistrados no eran los que podían enseñarles la ciencia práctica del Gobierno, sino los que han formado ciertos buenos visionarios que, imaginándose *repúblicas aéreas*, han procurado alcanzar la perfección política, presuponiendo la perfectibilidad del linaje humano. Por manera que tuvimos filósofos por Jefes, filantropía por legislación, dialéctica por táctica, y sofistas por soldados."

No es de extrañar con semejante apreciación, que Bolívar pensase que como las circunstancias de los tiempos y los hombres que rodeaban al gobierno en ese momento eran "calamitosos y turbulentos, [el gobierno] debe mostrarse terrible, y armarse de una firmeza igual a los peligros, *sin atender a leyes, y constituciones*, ínterin no se restablece la felicidad y la paz." Por ello concluía afirmando tajantemente que

> "entre las causas que han producido la caída de Venezuela, debe colocarse en primer lugar la naturaleza de su constitución que, repito, era tan contraria a sus intereses, como favorable a los de sus contrarios."

Debe mencionarse, sin embargo, que apenas iniciada su "Campaña Admirable" desde Nueva Granada para la recuperación del territorio de la República, una vez liberada la provincia de Mérida en mayo de 1813, Bolívar proclamó, desde allí, "el establecimiento de la Constitución venezolana, que regía los Estados antes de la irrupción de los bandidos que hemos expulsado," que no era otra que la de 1811; y que al mes siguiente, desde Trujillo, al tomar conciencia del sesgo social de la guerra que se estaba ya librando, el 15 de junio de 1813, en su proclama de guerra a muerte, Bolívar también anunció que su misión era "restablecer los Gobiernos que formaban la Confederación de Venezuela" indicando que los Estados ya liberados (Mérida y Trujillo) se encontraban ya "regidos nuevamente por sus antiguas Constituciones y Magistrados."

Sin embargo, esa intención inicial duró poco, no sólo por el contenido mismo del decreto de Guerra a Muerte donde se ordenó pasar por las armas ("contad con la muerte") a todo aquél, español o americano que "aún siendo indiferente" no obrara "activamente en obsequio de la libertad de Venezuela," sino por su declaración y proclamación desde Caracas, al año siguiente, el 17 de junio de 1814, de la *ley marcial*, entendiendo por tal "la cesación de toda otra autoridad que no sea la militar," con orden de alistamiento general, anunciando para quienes contravinieran la orden que "serán juzgados y sentenciados como traidores a la patria, tres horas después de comprobarse el delito."

A partir de entonces, la ley militar rigió completamente en el bando republicano en los territorios de Venezuela, sumándose así a la "ley de la conquista" que ya había impuesto Monteverde desde que había ocupado el territorio de la República, violado la Capitulación que había suscrito con Miranda, habiendo recibido a éste, preso, entregado por sus propios subalternos. Ello le permitió a Monteverde, en representación que dirigió a la Audiencia de Caracas el 30 de diciembre de 1812, afirmar que si bien Coro, Maracaibo y Guayana, que habían sido las provincias de la Capitanía que no habían participado en la conformación del Estado federal de 1811, "merecen estar bajo la protección de la Constitución de la Monarquía," es decir, de la de Cádiz que había pretendido jurar en Caracas bajo rito militar; en cambio "Caracas y demás que componían su Capitanía General, no deben por ahora participar de su beneficio hasta dar pruebas de haber detestado su maldad, y bajo este concepto deben ser tratadas por la *ley de la conquista*; es decir, por la dureza y obras según las circunstancias; pues de otro modo, todo lo adquirido se perderá."

Así quedaron los territorios del Estado de Venezuela sumidos bajo la ley militar, la ley marcial o la ley de la conquista, barriéndose con ellas todo lo que fuera civilidad, contribuyendo desde entonces, con el militarismo resultante, con el desplazamiento, secuestro y sustitución de los próceres de la independencia, quienes fueron apresados y entregados a los españoles, como Francisco de Miranda, o fueron perseguidos y detenidos por éstos (Roscio, Iznardi, Ustáriz) a raíz de los acontecimientos de la noche del 30 de julio de 1812.

Con el abandono del constitucionalismo inicial de la República, primero por el invasor español, y luego por los militares republicanos que salieron en su defensa, pero que lamentablemente lo despreciaron por provenir de "filósofos" y "sofistas," se inició el proceso que condujo a que los verdaderos próceres de la independencia fueran olvidados, pero no por ingratitud de los venezolanos, sino porque históricamente, en definitiva, fueron secuestrados por el militarismo que, en desdeño el civilismo republicano, culparon a los próceres civiles de la independencia por el fracaso de la propia República de 1811-1812. De ello resultó que, además, fueran posteriormente suplantados por los nuevos héroes militares, a quienes incluso la historia comenzó a atribuir la propia independencia de Venezuela, cuando lo que los militares hicieron, con Bolívar a la cabeza fue, mediante una extraordinaria campaña militar, liberar a un país que ya era independiente y que estaba ocupado militarmente por fuerzas enemigas.

Ese proceso de secuestro y suplantación de los próceres y de los hacedores de la institucionalidad republicana, y el olvido subsiguiente en el cual cayeron, en todo caso, fue inducido, no tanto por los militares que liberaron el territorio, sino por quienes escribieron la historia, que fueron los que hicieron pensar que los próceres habían sido los héroes militares libertadores, atribuyéndoles el rol de "próceres de la independencia" que no tuvieron. Y a los secuestrados por la historia les ocurrió lo que por ejemplo le pasa, a medida que transcurre el tiempo, inexorablemente, a toda persona privada de su libertad por secuestro o prisión, o que ha sido extrañada de su país; y es que en el mediano plazo y a la larga, inevitablemente cae en el olvido.

Solo ese efecto del tiempo, combinado con la suplantación histórica, explica, por ejemplo, que una vez que Francisco de Miranda fuera apresado por sus subalternos, y fuera entregado al invasor español, al desaparecer en vida de la escena por su prisión en La

Guaira, Puerto Cabello, Puerto Rico y Cádiz hasta 1816 cuando murió, hubiera caído rápidamente en el olvido al ser enterrado en vida por el pensamiento, la escritura y la acción de los héroes militares, incluyendo entre ellos a Bolívar quien pasó 16 años sin siquiera nombrarlo. En ello, sin duda, jugaron papel preponderante los apologistas de los nuevos líderes que salieron de las cenizas de las guerras posteriores.

Sin embargo, de todo ello, lo que debe quedar en claro históricamente es que en Venezuela, contrariamente a lo que se piensa y se celebra, la independencia fue un proceso político y civil, obra del antes mencionado grupo de destacadísimos pensadores e intelectuales que la concibieron, diseñaron y ejecutaron durante un período de menos de dos años que se desarrolló entre abril de 1810 y enero de 1812, logrando la configuración de un nuevo Estado Constitucional en lo que antes habían sido antiguas colonias españolas, inspirado en los principios fundamentales del constitucionalismo moderno que recién se habían derivado de las Revoluciones americana y francesa de finales del Siglo XVIII, y que entonces estaban en proceso de consolidación. La independencia, por tanto, no fue obra de militares, quienes a partir de 1813 libraron importantes batallas para buscar la liberación del territorio de la nueva y recién nacida República, después de que había sido invadido por el ejército español en febrero de 1812.

Por ello las importantes batallas militares desarrolladas a partir de 1813 al mando de Simón Bolívar, no fueron realmente batallas por la independencia del país que ya antes se había consolidado, sino por la liberación de su territorio invadido. La República nació a partir del 19 de abril de 1810, y se consolidó constitucionalmente con la declaración de Independencia del 5 de julio de 1811 y la sanción de la Constitución Federal para los Estados de Venezuela de 21 de diciembre de 1811. La República, en consecuencia no nació ni con las campañas militares de Bolívar de 1813, ni con la Constitución de Angostura de 1819, ni mucho menos con la Constitución de Cúcuta de 1821 con la cual, más bien, desapareció como Estado al integrarse su territorio a la naciente República de Colombia. Tampoco nació la República con la Constitución de 1830, con la cual en realidad, lo que ocurrió fue la primera gran reconfiguración del Estado de Venezuela.

Entre todas esas Constituciones, sin duda, la Constitución Federal de los Estados de Venezuela de 21 de diciembre de 1811, en el marco de la cual se dictó la Constitución provincial de Caracas, ambas obra de aquellos destacados juristas próceres de la independencia, tuvo la importancia histórica de que fue la tercera Constitución de ámbito nacional que se sancionó en el mundo moderno. La concepción y conducción del proceso constituyente venezolano, que en ese momento era por tanto, a la vez, el inicio del proceso constituyente de toda la América hispana fue, insistimos, obra, no de militares, sino de esos destacados e ilustrados diputados y funcionarios, juristas y políticos que lo integraban, casi todos formados a finales del siglo XVIII en la Universidad de Caracas, y muchos de ellos con experiencia en funciones de gobierno antes de la Revolución de abril de 1810, en las instancias de administración y gobierno coloniales de la Capitanía General de Venezuela.

Es lamentable, por ello, que todos esos próceres de nuestra independencia hayan caído en el olvido, lo que se debió, sin embargo, lamentablemente a la necesidad de buscar un culpable en los acontecimientos políticos, tan arraigado en la idiosincrasia venezolana. Para ello, aquellos próceres, fueron estigmatizados de todos los males por ser los culpables o responsables de la caída de la Primera República, por haber diseñado una "república aérea," cuando dicha caída sólo se debió a una conjunción de factores devastadores, entre otros, la invasión del territorio por Monteverde en febrero de 1812; los efectos del terremoto del 23 de marzo de 1812 que destruyó físicamente la Provincia de Caracas hasta los Andes; las deserciones políticas y militares que afectaron las filas republicanas tempranamente, y la pérdida del Castillo de Puerto Cabello, donde estaba el arsenal de la nueva República, a manos de Simón Bolívar.

Además, al ser dichos próceres, los "responsables" de todos los males de la naciente República, ello fue así tanto para los mismos republicanos según lo comenzó a difundir Simón Bolívar a fines del mismo año 1812, como para los españoles, para quienes además fueron "los monstruos, origen y raíz primitiva de todos los males de

América." De todo ello, era obvio que terminarían rápidamente secuestrados por quienes desde las trincheras militares hicieron la
guerra para la recuperación del territorio de la República, y por
quienes desde ese ángulo contaron la historia.

Por eso, incluso, la celebración del día de la independencia en
Venezuela aún en nuestros días no es un acto que sea puramente
civil, como en cambio lo fue la sanción misma y firma del Acta en
el seno del Congreso General el 5 de julio de 1811; sino que es un
acto esencialmente militar; y la independencia en si misma, lejos de
identificarse con los actos civiles desarrollados en los orígenes de la
república entre 1810 y 1812, se la confunde con las guerras de liberación del territorio, ya independiente, de la ocupación española que
culminaron con la batalla de Carabobo en 1821, que se engloban
bajo la denominación de las guerras de independencia.

Ciertamente, en esos años se libraron verdaderas "guerras de
independencia" incluso por el mismo Ejército y bajo el mismo liderazgo de Bolívar, pero ello fue en la Nueva Granada, en Ecuador, en
el Perú y en Bolivia. No en Venezuela, que era territorio independiente desde 1810-1811, donde las guerras que a partir de 1813 li-
deró Bolívar fueron guerras de liberación de un Estado ya independiente, invadido por los españoles. Estado independiente en el cual,
precisamente se inició el constitucionalismo moderno o liberal de la
América Hispana en 1810-1811.

Todo ello, sin embargo, fue olvidado por Chávez en su discurso
ante la Asamblea Nacional Constituyente el día 5 de agosto de
1999, distorsionando la historia, queriendo hacer ver que la República nació con Bolívar, al derrumbarse la obra de los próceres de
1811, en buena parte como consecuencia del fracaso militar del
propio Bolívar en Puerto Cabello, cuando supuestamente estableció
una "Segunda República" en 1813, lo cual es falso, y luego supuestamente también reestableció otra "Tercera República" en 1819, lo
cual también es falso.

En todo caso, toda la errada referencia a las supuestas "tres"
primeras Repúblicas (1811, 1813, 1819) que hizo Chávez en su
discurso para tratar de justificar su propuesta de que aquella revolución de la independencia, que por lo demás fue sangrienta, era "la

revolución que vuelve y esa es la palabra que orienta" recordando por ejemplo, que fue en 1819, cuando Bolívar en su Discurso de Angostura "llamó a inventar una cuarta potestad," invocando antiguas instituciones de la Roma y Grecia para la construcción de la moral republicana, proponiendo la creación del famoso "Poder Moral," pero como agregados a las instituciones fundamentales de 1811 que se conservaron en Angostura.

En el discurso de Chávez, por tanto, las referencias históricas a Bolívar y a sus propuestas en la Constitución de 1819, en el proyecto de Constitución para Bolivia de 1826, en su discurso en la Constitución de Ocaña de 1828 cuando Bolívar "sentía como crujían las estructuras de la Tercera República," e incluso en sus palabras finales a favor de la unión de Colombia en 1830; no tuvieron otro propósito que no fuera el tratar de buscarle una fuente de inspiración a la revolución de la cual hablaba Chávez en 1999, diciendo que: "esta revolución viene de allá," – dijo Chávez – de Bolívar, quien propuso instituciones para asegurarle al pueblo la igualdad y la libertad, como la creación también de una "cuarta potestad," "el poder electoral, para que fuese el soberano el que condujese, el que pensase, el que pidiese y el que vigilase los procesos electorales permanentes."

De todo ello, dijo Chávez en 1999, "ese clamor llega hoy desde la cima de los Andes bolivianos," junto con otro "clamor" que recordó que Bolívar expresó a la Convención de Ocaña y que era el dirigido a los Legisladores diciéndoles: "¡Legisladores, os clamo leyes inexorables!, porque la corrupción de los pueblos es el origen de la indulgencia de los tribunales y de la corrupción de la República. Leyes inexorables." De allí llegó Chávez a expresar en 1999 que:

"Hoy, ante la tempestad de corrupción, ante la podredumbre que nos rodea, yo, 180 años después, me atrevo a pedir también a ustedes, constituyentes, leyes inexorables, leyes que constituyan un verdadero imperio del derecho *(aplausos)* y más allá del derecho, que sean el camino hacia una situación donde impere la justicia, que, como dice la Biblia, es el único camino a la paz. No hay otro. Mientras no haya justicia, verdadera justicia, estaremos amenazados por la violencia o estaremos no amenazados; estaremos inmersos en una terrible situación de violencia."

Casi veinte años después de aquel pedido de Chávez ante la Asamblea Constituyente, por supuesto, siempre quedará en la incógnita qué habrá pensado en su lecho de hospital antes de su muerte anunciada en marzo de 2013, del sistema político que legó a los venezolanos a fuerza de destrucción institucional, en el cual, la "podredumbre de la corrupción" ha alcanzado niveles nunca vistos en la historia de país alguno, dada la riqueza petrolera dilapidada sin control; donde las leyes dejaron de ser garantes del "imperio del derecho," habiéndose demolido el Estado de derecho; y donde impera la injusticia y la impunidad, estando el país en esa terrible situación de violencia que mencionaba, precisamente por ausencia de justicia y de órganos públicos de control.

Pero no terminó allí la referencia histórica de Chávez, sino que la misma concluyó con la también errada indicación de que en 1830 se produjo el nacimiento de una supuesta "Cuarta República" que fue "la República antibolivariana de 1830" a la caída de la "Gran República" de Colombia, cuando surgió – dijo Chávez – :

> "la República de la oligarquía conservadora que echó atrás los postulados de la revolución y que produjo, entonces, un siglo XIX lleno de violencia, de estertores intestinos que, de verdad, disolvieron la nación, disolvieron la unidad del pueblo y disolvieron la República."

Por supuesto, llamar "Cuarta República" al Estado de Venezuela que se reconstituyó como Estado independiente a partir de 1830 por la disolución de la Gran Colombia que fue la única real "República bolivariana," y extender ese período de la "Cuarta República" durante todo el siglo XIX y el siglo XX hasta 1999, no sólo es un disparate histórico, sino que es una manipulación inaceptable de la historia del país, todo con el propósito de tratar de justificar, en 1999, una nueva "revolución bolivariana" y el supuesto nacimiento de una nueva República, la "Quinta República." Por ello Chávez dijo en su discurso el 5 de agosto de 1999:

"Hoy, así como aquella Cuarta República nació sobre la traición a Bolívar y a la revolución de Independencia, así como esa Cuarta República nació al amparo del balazo de Berruecos y a la traición, así como esa Cuarta República nació con los aplausos de la oligarquía conservadora, así como esa Cuarta República nació con el último aliento de Santa Marta, hoy le corresponde ahora morir a la Cuarta República con el aleteo del cóndor que volvió volando de las pasadas edades.

Hoy, con la llegada del pueblo, con ese retorno de Bolívar volando por estas edades de hoy, ahora le toca morir a la que nació traicionando al cóndor y enterrándolo en Santa Marta. Hoy muere la Cuarta República y se levanta la República Bolivariana. De allá viene esta revolución *(aplausos)*, de los siglos que se quedaron atrás desde 1810, desde 1811, desde 1813, desde 1818, 19, desde 1826, desde 1830 *(prolongados aplausos)*."

Quedaba claro entonces a cuál revolución es que Chávez se refería en 1999. "Esa es la revolución a la que me refiero" –dijo -, a lo que llamó la "Revolución Bolivariana," que no fue otra cosa que una revolución militarista y centralista que fue la que se puede atribuir a Bolívar, con la cual incluso acabó con la Venezuela independiente al integrarla a Colombia; pero que siete años después, en 2007, se convirtió en una "revolución socialista" plasmada en la propuesta de reforma constitucional que fue rechazada por el pueblo, y que en 2010 se convirtió en una "revolución comunista," con la adopción oficial del marxismo leninismo como doctrina de Estado, y la sanción de las leyes del Poder Popular y del Estado Comunal. Y todo ello, siempre siendo llamada por Chávez y sus seguidores como "Revolución Bolivariana".

Siguió Chávez en su discurso "haciendo historia" para también tratar de identificar el origen de esa "revolución bolivariana," pero ahora refiriéndose a fechas más recientes, en particular a los acontecimientos ocurridos en el país en la década precedente, desde el Caracazo del 27 de febrero de 1989, a la cual llamó "la década constituyente, la década revolucionaria, la década bolivariana;" procediendo a indicar las fechas que consideró fueron las referencias del camino que había venido construyendo políticamente, y que fueron: el 27 de febrero 1989, que fue el día del llamado "Caracazo;" el 4 de febrero 1992, que fue el día del intento de golpe de Estado militar contra el gobierno de Carlos Andrés Pérez que liderizó; el 27 de noviembre 1992, que fue cuando ocurrió otro intento de golpe de Estado militar contra el gobierno democrático; el 6 de diciembre 1998, que fue cuando fue electo como Presidente de la República; el 2 de febrero 1999, que fue cuando tomó posesión de su cargo y convocó la Asamblea Nacional Constituyente; el 25 de abril 1999, que fue cuando se realizó el referendo consultivo sobre la Constituyente; el 25 de julio 19999, que fue cuando se eligieron los miembros de la Asamblea; y el 3 de agosto 1999, que fue cuando se instaló la Asamblea Constituyente.

Esos hechos, desarrollados en lo que llamó una "década bolivariana," en su opinión, se configuraron como una "tormenta revolucionaria" que era lo que explicaba el proceso constituyente que se había iniciado con la instalación de la Asamblea, producto de una "revolución constituyente" que sin embargo, dijo, nadie había planificado, pues consideraba que "las revoluciones no se planifican." Concluyó esta parte de su discurso expresando su gran satisfacción por la instalación de la Asamblea, después de tanto esfuerzo, pero aclarando que "no me siento imprescindible, no me siento indispensable y soy feliz por ello. *(Aplausos).* Me han hecho ustedes feliz, porque terrible sería que una revolución dependa de un hombre: no sería revolución."

3. *La agenda de la Asamblea Constituyente conforme a lo expresado por su proponente*

Después de todas las consideraciones anteriores, pasó luego Chávez en su discurso ante la Asamblea Nacional Constituyente el día 5 de julio de 1999, a hablar de lo que específicamente era el motivo de su requerimiento a ser oído ese primer día de funcionamiento de la Asamblea, antes incluso de que incluso la Asamblea hubiera aprobado su propio Estatuto de funcionamiento, que no era otra cosa que fijarle la agenda a sus seguidores en la Constituyente, que eran la abrumadora mayoría, expresándoles lo que denominó "unas ideas fundamentales sobre lo que pudiera ser un anteproyecto de Constitución Bolivariana para la V República," como ideas que recoja –dijo– "no sólo la letra, no sólo el espíritu de las leyes, no sólo la norma, el derecho, sino donde además se recoja, más allá del derecho, más allá de la norma, se recoja allí una nueva idea nacional," con las que ya quedaba claro cuál debía ser en su propuesta, el título mismo de la Constitución que proponía, como "Bolivariana," y cuál el de la nueva República que quería fundar: la "Quinta República." Para ello decía:

> "no se trata sólo de una tarea de juristas, ¡cuidado con las repúblicas aéreas de nuevo!, se trata de recoger la expresión del momento nacional y tener la capacidad de reflejar en esa nueva Carta Magna un nuevo proyecto de país, un nuevo proyecto nacional, una nueva idea de refundar a Venezuela."

Mostraba así Chávez, de nuevo, su aversión por los hombres de leyes y por las leyes mismas, a quienes y a las cuales siempre despreció, habituado como estaba a dar órdenes y a hacer lo que decidiera hacer, así las leyes se lo impidieran. Los 'juristas" que le gustaban fueron sólo los que obedecían sus órdenes y torcían las leyes para ejecutarlas.

A. *El supuesto componente ideológico: el "bolivarianismo"*

Entre los componentes fundamentales que toda Constitución debe tener, –dijo Chávez en su discurso–, está el "componente ideológico," es decir, "las ideas que conforman el marco filosófico-ideológico que anima al texto," y que en su criterio, no podía ser otra:

> "que la idea del momento, que la idea que ha resucitado: el bolivarianismo, he allí una de mis propuestas, y por eso el título "Constitución Bolivariana de Venezuela," para que ese concepto, para que esa idea quede sembrada de pies a cabeza, del alfa al omega, del comienzo al fin de ese texto o Carta Política o Carta Magna o Carta Fundamental para los próximos siglos venezolanos."

Se refirió entonces Chávez a "la idea del bolivarianismo, la idea robinsoniana," a "la idea bolivariana, la ideología bolivariana," en fin, a lo que llamó, el "árbol de las tres raíces: la idea bolivariana, la idea robinsoniana y la idea zamorana;" como contrapuesta al "dogma liberal," al "dogma neoliberal," al "dogma del mercado," que en su criterio pretende "sembrar de fundamentalismos y de pensamiento único lo que debe estar sembrado por ideas diversas y por inteligencias que van e inteligencias que vienen;" de manera que –dijo– "contra el dogma liberal invoco lo que podríamos llamar el "invencionismo robinsoniano" conforme al derecho de "una nación, de un país o de una república a darse su propio modelo económico en función de sus potencialidades, en función de sus oportunidades, en función de su idiosincrasia." Y agregaba Chávez en su discurso, al referirse al mercado, que:

"Como aquí en Venezuela se hizo popular una expresión, yo la voy a recoger: "La mano peluda, invisible del mercado". No arregla sociedades el mercado. No hace repúblicas el mercado. No impulsa desarrollo colectivo el mercado, porque el mercado se basa en ese dogma del individualismo que ha llevado al mundo a que seamos unos salvajes, luchando unos contra otros... *(aplausos)."*

Sin embargo, aclaró en su discurso, que "contra ese dogma del mercado no podemos responder nosotros con otro dogma, tampoco el extremo del Estado" invocando la necesidad de "modelos propios," como "la mano invisible del mercado con la mano visible del Estado y una combinación, un punto de equilibrio que permita más allá del mercado y más allá del Estado."

Concluía su referencia al componente de la ideología bolivariana o del "bolivarianismo" que el mismo tenía:

"que hacerse concreta y ser llevada a texto, porque no haríamos nada con estar declarándonos bolivarianos y robinsonianos y zamoranos durante siglos, si no somos capaces ahora, cuando la historia y el momento lo reclama, de sembrar en una nueva Carta Fundamental, en la nueva Carta Magna de Venezuela, en el texto político que va a regir los próximos siglos, la idea bolivariana, esa que viene desde los siglos perdidos."

Y proponía entonces, delinear en la nueva Constitución, un "modelo económico" basado en el "no al dogma neoliberal ni al dogma del Estado," para crear "en función de una ideología autóctona, un nuevo sistema político, un nuevo sistema económico, un nuevo sistema social," conforme a lo cual precisamente lo social y "un nuevo concepto de solidaridad social," debía colocarse "antes, en prioridad a lo político, al aparato del Estado."

En definitiva, Chávez propuso en su discurso, la necesidad de precisar en la Constitución "un concepto económico nacional, un modelo económico nacional, un modelo económico" que "debe ser un modelo endógeno que se potencie con nuestras propias fuerzas internas, que se abra hacía el mundo pero con fuerza propia, con carácter endógeno." Basado en la especial situación geopolítica de Venezuela, y en sus recursos naturales, en particular: "la fachada caribeña, la atlántica y la andina, recursos infinitos de agua, de tierra fértil, de hidrocarburos líquidos y gaseosos, de minerales preciosos, de todo, y un pueblo joven."

Lo que resultó de la destrucción sistemática del modelo de economía mixta que existía en Venezuela durante casi veinte años de "bolivarianismo" fue un dogmatismo más salvaje que el que criticaba Chávez, que no es otro que el dogma comunista, al haber incluso establecido una doctrina oficial de Estado que es el marxismo leninismo, encubierto con el velo de un Estado socialista que se ha construido, no en la Constitución, sino en las leyes del Poder Popular dictadas en 2010 al margen de la misma.

B. *La República Bolivariana y el Estado*

Chávez, en su discurso, después de referirse a los conceptos de "pueblo" y "Nación", de afirmar que "el pueblo es la misma Nación, la Nación es el mismo pueblo," y de considerar que "para que un pueblo se considere una nación," además de un "pasado común," requiere de "un proyecto hacia el futuro;" apreció que sólo cuando un pueblo consigue un rumbo, o dirección histórica, es que entonces, "podemos hablar de Nación." De allí entonces Chávez, partiendo de una premisa falsa, exhortó a los constituyentes a definir para Venezuela un "proyecto nacional en su visión macro," considerando que "desde hacía mucho tiempo la Nación venezolana andaba sin rumbo, no sabía o no sabíamos hacía donde íbamos." Premisa falsa, pues el país sí tenía un proyecto político nacional democrático, que sin duda había que recomponer, pero negar su existencia era partir de una premisa falsa para caer en el vacío.

Chávez sin embargo, estaba convencido que con él se terminaría el proyecto democrático definido desde los años cuarenta del siglo pasado y que fue perfeccionándose a partir de 1958, y que con él comenzaría un nuevo proyecto político por definir en 1999. Por eso afirmó: que en ese momento era "el último Presidente de la IV República, y […] seré y espero que así sea, el primer Presidente de la V República, el primer Presidente de la República Bolivariana *(aplausos)* que vuelve."

Casi veinte años después, exacerbados todos los vicios que tenía la República que criticaba, entre ellos, el partidismo y el exclusivismo como forma de gobierno, lo único que queda claro es que efectivamente fue el último Presidente del período democrático iniciado en 1958, pero para destruirlo y demolerlo, pero sin que hubiese surgido proyecto político nacional alguno nuevo, salvo el de la destrucción nacional basado en lugares comunes, en la vuelta a establecer un fracasado Estado socialista y en una doctrina bolivariana inexistente, salvo en su conversión histórica en 2007 y en 2010, en una doctrina socialista y marxista inconcebible en tiempos de Bolívar, y alejada de su pensamiento.

Por ello en 1999, Chávez insistió sólo en que la República "nueva", debía ser "institucionalizada, democrática y libre, soberana ante el mundo que no acepta injerencia de ningún poder extranjero, económico o político porque somos libres y soberanos para decidir nuestro propio rumbo, nuestros propios modelos *(aplausos).*" Sin embargo, en 2014, la realidad nos mostraba una República postrada y entregada al dominio extranjero de gobiernos como el de Cuba, o del poderío económico de un verdadero Imperio como China.

Sobre la República que proponía en 1999, en todo caso, insistió como su "idea fundamental" que era que se la debía declarar como "bolivariana", es decir, "que la Constitución Bolivariana declare que la República de Venezuela será una República Bolivariana." Y ello para Chávez significaba, como si fuera una novedad en 1999 y como si nunca antes había ocurrido en la historia del país, que entonces sería "portadora de un mensaje de paz para todos los pueblos del mundo," y sería " portadora de un mensaje de integración en el área latinoamericana y caribeña;" además, abriría "los brazos de paz, de hermandad, pero de firmeza y respeto a todos los pueblos, naciones y gobiernos del universo," y sería "verdaderamente democrática, sin engaños, sin farsas, sin discursos retóricos, huecos y vacíos, democracia porque tiene pueblo."

Y sobre el Estado de esa República Bolivariana, afirmó que en su propuesta, estaba:

"saliéndole al paso a Hobbes, no queremos a Hobbes con su "Leviatán", con su Estado como maquinaria demoledora, hegemónica de la fuerza, el Estado como hegemón de la fuerza y del recurso armado para imponer, para esclavizar a los habitantes de un pueblo que merece libertad. No, no queremos al "Leviatán" de Hobbes, preferimos a Platón y "La República", preferimos a Bolívar y un Estado orientado a la justicia, que es el fin último al que puede orientarse la acción de un Estado democrático."

Qué lejos de todo ello fue sin embargo el Estado que legó a su fallecimiento anunciado en 2013, un Estado hegemónico, dueño de todo, manejado militarmente por los más incapaces y corruptos, en el cual los ciudadanos dejaron de tener derechos y pasaron a ser dependientes o siervos, y la justicia simplemente desapareció.

En su concepción del Estado, en 1999, Chávez agregó que el Estado era "una necesidad" por lo que se alejaba "de Hobbes pero también de Marx cuando decía que no hacía falta el Estado. Sí, hace falta el Estado," y agregaba que también se alejaba de "los neoliberales que pretenden minimizar el Estado," afirmando que era "otro concepto fundamental de la ideología bolivariana en contra del dogma neoliberal," que el Estado debía ser:

"suficientemente fuerte, suficientemente capaz, suficientemente moral, suficientemente virtuoso para impulsar la república, para impulsar al pueblo y para impulsar a la nación, asegurando la igualdad, la justicia y el desarrollo del pueblo. Ese Estado bolivariano se recoge aquí en estas ideas fundamentales para lo que pudiera ser la Constitución Bolivariana de la V República."

Hoy en 2018, no podemos más que constatar cuán lejos de esos pensamientos resultó el Estado que Chávez le legó a los venezolanos después de catorce años de ejercicio del poder, como el último Presidente del período democrático que tanto criticó y que no fue capaz de recomponer. Un Estado que resultó ser una maquinaria demoledora de toda iniciativa, amoral, corrupto, ineficiente que atentó contra la igualdad, acabó con la justicia e hizo retroceder el desarrollo del pueblo

Por ello, en 2013, cuando se anunció su fallecimiento, contrario a lo que Chávez afirmaba en 1999 sobre su concepción del Estado, lo que resultó después de catorce años, fue un Estado que se quedó como un "un fin en sí mismo," y que se convirtió en "una maquinaria burocrática, demoledora, negadora de los derechos humanos fundamentales," y lo que tenemos hoy es un Estado que ha aniquilado la iniciativa de los individuos, y contrario a lo que Chávez proponía en 1999, lo ha triturado todo en el "engranaje de su maquinaria" afectando la igualdad, el trabajo, la vivienda, la educación, la salud, la libertad, las ciencias y las artes.

C. *El Estado de Justicia y los Poderes Públicos, y los nuevos Poder Moral y el Poder Electoral*

Luego pasó Chávez en su discurso ante la Asamblea en agosto de 1999 a referirse a su concepción del Estado y a la organización de los poderes públicos, afirmando que "esos poderes deben ser instrumento para el bien común," de manera que "más que un estado de derecho, requerimos, en mi criterio, un estado de justicia, porque la justicia va mucho más allá del derecho, porque el derecho es un tránsito hacia la justicia."

Y agregó las siguientes consideraciones: que:

"por un supuesto derecho hoy está la tormenta social desatada en Venezuela; por unas supuestas leyes hay miles de venezolanos muriendo en vida en las cárceles de Venezuela, por ejemplo, porque para ellos hay derecho, para ellos hay leyes pero no hay justicia para ellos, allí, ese es un ejemplo muy claro de que el Estado no puede ser de derecho, tiene que ir más allá del derecho. Un Estado de justicia necesitamos urgentemente en Venezuela. Un estado en el cual también está sembrada la idea fundamental bolivariana."

De nuevo, un discurso plagado de lugares comunes, que sin embargo, casi veinte años después, lo que claman es contra lo que el propio Chávez legó a los venezolanos, que ha sido un Estado en el cual la justicia desapareció, donde la impunidad es la regla, donde el sistema carcelario está entre los peores del mundo, y mucho peor del que pensaba en 1999, y donde el Poder Judicial, que en definitiva es el garante de la justicia, el propio Chávez lo convirtió en un instrumento del poder ejecutivo, incluso para la persecución de la disidencia.

Luego pasó Chávez a exponer la necesidad de romper "el esquema clásico de la democracia liberal de los tres poderes. Eso no tiene por qué ser así para siempre; necesitamos un nuevo concepto de Estado, una nueva arquitectura del poder," pasando a formular su propuesta de una división de cinco poderes, agregando a los clásicos Legislativo, Ejecutivo y Judicial, al Poder Moral y al Poder Electoral, conforme a sus ideas fundamentales bolivarianas para la nueva Constitución, afirmando que "los nuevos poderes bolivarianos, el moral y el electoral, conformarían en este criterio o con estos criterios bolivarianos, la nueva arquitectura del Estado."

En cuanto al *Poder Moral*, propuso rescatar de la idea bolivariana de ese "cuarto poder," expresando que debía ser concebido como:

"un nuevo ente estatal, no burocrático ni como un fin en sí mismo; un poder moral que sea de verdad autónomo, que no esté subordinado a los otros o a los tres poderes clásicos del Estado; un poder moral, propongo, modestamente, que pudiera ser la fusión o pudiera alimentarse de tres fuentes que hoy existen dispersas, maniatadas, sin vida propia: una Fiscalía, un Ministerio Público autónomo de las cúpula políticas que esté libre de manipulaciones y de presiones de sectores nacionales. Un Ministerio Público, una Fiscalía de la República con un nuevo concepto para garantizar no sólo el estado de derecho sino el estado de justicia. Una Contraloría, un poder contralor también incorporado al concepto del poder moral y además de eso, esta figura de la que se ha venido hablando un poco en Venezuela, pero que nunca se ha podido sembrar que es la Defensoría del Pueblo.

Ese poder moral, de acuerdo con las propuestas de Bolívar en 1819, entre sus funciones afirmaba Chávez en 1999 que debía encargarse "de la lucha a muerte contra la corrupción", pues consideraba que "la corrupción sabemos fue el último de los males que terminó de hundir a la IV República y estamos rodeados de ella."

Y agregaba al hablar de la "moral republicana" como "resultante de los valores y las virtudes de un pueblo":

¡Cómo no va a ser importante hablar de moral hoy cuando la corrupción ha azotado y ha roto todos los recortes y resortes de la era y de la vida republicana! […] El poder moral pudiera ser un hermoso resorte o un hermoso escalón para subir de este abismo, de este tremedal al que hemos caído en lo moral, en lo ético y en lo político."

Qué contraste, en todo caso, de lo que criticaba respecto de la moral republicana en 1999, con el legado de corrupción que el propio Chávez dejó a su muerte catorce años después, cuando el Estado y sus recursos se convirtieron en un verdadero botín, que ha sido impunemente saqueado y dilapidado por una nueva burocracia que asumió su conducción bajo su propia dirección, como aquellos "concejales pobres" de los que hablaban las viejas crónicas castellanas, que ejercían el cargo solo para fondearse y enriquecerse. Y qué contraste la situación de sumisión de los órganos del llamado Poder Ciudadano en 2014, con las ideas que expresó en 1999, con unos órganos que integran el Consejo Moral Republicano, que durante los últimos casi veinte años de gobierno nunca han sido autónomos, todos sujetos al control político del Ejecutivo que durante catorce años Chávez presidió, convertidos en instrumentos para la persecución política, para el amparo a la corrupción y para proteger al Estado en las violaciones a los derechos humanos.

Pero las propuestas de Chávez sobre la reorganización de los Poderes Públicos no se quedaron con la creación del Poder Moral, sino que además propuso en su discurso ante la Asamblea nacional Constituyente el 3 de agosto de 1999, al fijarle la agenda a la Constituyente, la creación del *Poder Electoral*, siguiendo la misma idea bolivariana expresada en el proyecto de Constitución de Bolivia de 1826, como "un poder autónomo de los demás, que sea permanente y que no esté sujeto a las cúpulas o a la manipulación política de ciertos sectores o a las presiones." Es más, en particular, propuso en 1999 crear ese Poder Electoral, para convertirlo:

"en el gestor, en el impulsor, en el contralor, el evaluador de los procesos electorales y sus resultados y que esté pendiente de los magistrados, que esté pendiente de que los representantes cumplan de verdad con su compromiso y que obliguen a todo candidato que opte por un cargo público de representación popular a decirle al pueblo cuál es su proyecto. Y si es elegido, que cumpla ese proyecto, y si no que se vaya a través de mecanismos democráticos, de referéndum revocatorio, por ejemplo, para asegurar el principio de la representatividad *(aplausos)* para asegurar el principio de la legitimidad, un poder electoral. Aquí se recoge de nuevo la idea de Bolivia."

El Poder Electoral, efectivamente se creó en la Constitución de 1999, pero la estrategia del gobierno que presidió el Presidente Chávez desde 2000 y durante los catorce años que gobernó el país, fue todo lo contrario a lo que propugnaba en 1999, sometiendo sistemáticamente el Poder Electoral al control político del Ejecutivo, integrándolo por miembros del partido de gobierno.

En cuanto a la regulación del *Poder Ejecutivo*, Chávez en su discurso del 3 de agosto de 1999 ante los Constituyentes, propuso que la figura presidencial, estuviese "acompañada de un Vicepresidente," para atenuar "la concentración de poderes que hoy recaen sobre el Presidente de la República. Un Presidente acompañado con un Vicepresidente y un Consejo de Estado." Ambas figuras se establecieron el en texto constitucional de 1999, pero sin haber contribuido a la desconcentración del Poder Presidencial, o sin haber funcionado en catorce años, como ha ocurrido con el Consejo de Estado.

En cuanto al Poder Legislativo, Chávez propuso eliminar el Congreso bicameral que existió en Venezuela desde 1811, e incluso en todas las Constituciones bolivarianas (1819, 1821, 1826), sustituyéndolo por una Asamblea Nacional unicameral en el sentido de que "de verdad sea una Asamblea, que la Asamblea no desaparezca, que la Asamblea Constituyente pase a ser una Asamblea constituida para darle continuidad a las ideas y a la creación hermosa de la Asamblea Nacional Constituyente."

En cuanto al *Poder Judicial*, Chávez propuso en su discurso, crear "un tribunal supremo de justicia" en sustitución de la Corte Suprema de Justicia, "y la figura de la elección de los jueces en las parroquias y en los municipios para llenar de democracia al Poder Judicial, para quitárselos a las tribus que se adueñaron y que se lo expropiaron al pueblo. *(Aplausos).* Y el Poder Judicial, si estamos hablando de un estado de justicia, el Poder Judicial sería la columna vertebral de los poderes del Estado para que sea un estado de justicia."

Agregó a su propuesta la necesidad de "establecer con rango constitucional la carrera judicial y un mecanismo mucho más amplio, cristalino, para la elección de miembros de la Corte Suprema de Justicia o de ese Tribunal Supremo de Justicia donde estamos proponiendo la creación de una Sala Constitucional para que se encargue de los asuntos constitucionales, un nuevo concepto mucho más moderno, dinámico, mucho más del siglo XXI que está amaneciendo."

Buena parte de estas propuestas se recogieron en la Constitución de 1999, pero de nada sirvieron pues además de haberse acabado con la independencia y autonomía del Poder Judicial durante los catorce años de gobierno de Chávez, en cuanto a la carrera judicial, las normas constitucionales han sido letra muerta al haber quedado el Poder Judicial en manos de jueces temporales y provisorios del libre nombramiento y remoción de una Comisión Judicial ad hoc; y al haber sido distorsionadas las normas para la elección de los miembros del Tribunal Supremo de Justicia, los cuales pasaron todos a ser controlados por el Poder Ejecutivo, convirtiéndose a la Sala Constitucional en el instrumento más eficaz del autoritarismo para la demolición del Estado de derecho. Lejos de erigirse al Poder Judicial en la "columna vertebral de los poderes del Estado para que sea un estado de justicia," como lo propuso Chávez, al Poder Judicial lo convirtió durante su gobierno en la columna vertebral del Poder hegemónico del Estado y la negación de los derechos ciudadanos.

D. *La democracia representativa, participativa y protagónica*

En cuanto a la democracia, Chávez planteó en su discurso, la necesidad de que los Constituyentes diseñaran "una auténtica democracia representativa, participativa y protagónica," insistiendo que no bastaba "hablar de democracia participativa como si ese fuese el fin" sino que "la participación debe ser un instrumento para lograr un fin," porque se preguntaba, "¿de qué nos vale que todos participen hablando, levantando la mano o discurseando o escribiendo?" Frente a ello, Chávez planteó el concepto de "democracia participativa y protagónica" como "protagonismo popular" que –dijo– era "un concepto bolivariano, democrático y eminentemente revolucionario," que se acerque a "los mecanismos de una democracia directa" dándole "al pueblo diversos mecanismos como los plebiscitos, los referenda, las asambleas populares, las consultas populares, las iniciativas de leyes." Todos estos mecanismos, propuso Chávez a los Constituyentes debían quedar "insertados en la nueva Carta Fundamental para que sea vinculante la participación y para que no sea, sencillamente, un participar por participar, sino un instrumento de construcción, de protagonismo y de democracia verdadera, de participación efectiva, vital para construir un país, un rumbo, un proyecto."

En contraste, la participación que reguló la Constitución en 1999 fue completamente ignorada durante catorce años, como fue el caso de las consultas populares para la aprobación de leyes, y la participación de los diversos representantes de la sociedad en la elección de los magistrados del tribunal supremo, todo lo cual nunca funcionó; habiéndose establecido sólo unos supuestos mecanismos de "participación" controlada y sometida, no democrática, en los órganos del Poder Popular, restringiéndose además en la práctica la posibilidad de convocar referendos, de manera que desde 2006 no se ha realizado ninguno en el país.

E. *La Federación minimizada*

En cuanto a la organización territorial del Estado, Chávez propuso en su discurso ante la Asamblea Constituyente de 1999,

> "un nuevo concepto de Federación que se aleje de los extremos de la anarquía y del centralismo y que recupere y ponga en orden los valores de la llamada descentralización que degeneró muchas veces en anarquía, anarquización de la República, para que no haya ningún gobernador, no puede haberlo; ningún alcalde, no puede haberlo, que piense o llegue a pensar alguna otra vez en esta tierra que él es un cacique o un presidente de una republiquita que se llama un municipio o que se llama un estado."

Por supuesto, al Chávez expresar esto, no sólo no entendió en 1999 cuál era el significado y sentido de lo que era el proceso que calificó como la "llamada descentralización," que no era otra cosa que un proceso democrático para hacer posible la participación política, sin que reflejó toda la estirpe centralista y militarista que provenía de Bolívar, al recordar la carta que en 1813 éste le había escrito al Gobernador de Barinas, que calificó de "memorable hecha al fragor de la batallas," concluyendo de ello que "ese federalismo de la Primera República que fue nefasto, no podemos repetirlo; un federalismo con un nuevo concepto de unidad nacional." Chávez, como militar, la verdad es que nunca entendió qué era y qué significaba la descentralización política, considerando el federalismo como un atentado a la soberanía nacional. Llegó a decir incluso: "Venezuela es una sola República, no es una sumatoria de pequeñas repúblicas que ponen en peligro la existencia de la nación y la existencia de un proyecto futuro *(Aplausos)*." Por ello el marcado acento centralista de sus propuestas que, por lo demás, siguieron el marcado acento de centralismo de las ideas de Bolívar a partir de 1819. En eso, sus propuestas definitivamente si fueron bolivarianas, en cuanto al centralismo y la crítica a la descentralización. Por eso hablaba es su discurso ante la Asamblea Constituyente, de un "concepto que se recoge en las ideas fundamentales de una nueva federación."

F. *La emergencia nacional, la vuelta a la idea de la Constituyente originaria y la intervención de los Poderes constituidos*

Por último, Chávez en su discurso del 3 de agosto de 1999, instó a la Asamblea Nacional Constituyente, a desarrollar sus actividades "de manera acelerada y en emergencia" exigiendo que "declare la emergencia nacional," y en particular, "la emergencia de todos los poderes constituidos." Con ello, además de las ideas para ser incorporadas en la futura Constitución, le fijó la agenda inmediata a la Constituyente, que no era otra que la intervención de todos los poderes constituidos. Para ello, exigió:

"Emergencia ejecutiva *(aplausos)*, emergencia legislativa, emergencia judicial. Estamos en una verdadera emergencia nacional y creo que la Asamblea Constituyente se quedaría corta, en mi criterio, si no reconoce ese clamor de emergencia que anda por toda la Nación. Y que someta a su rigurosa evaluación todos y cada uno de los poderes constituidos, porque esta Asamblea, como bien lo declaró su Presidente en la instalación, es una Asamblea originaria, y originarios deben ser sus métodos de evaluación y de conducción de este proceso de transición en esta hora venezolana. ¡Clamo por la emergencia nacional! *(Aplausos)*.

Para ello, Chávez ofreció asumir la emergencia hasta donde se lo exigiera la Asamblea, pidiéndole "a los demás poderes constituidos su cooperación con la Asamblea Nacional Constituyente", felicitándola por la "magnanimidad" que había tenido "con el vencido" hasta ese momento, al no haber borrado de inmediato a los poderes constituidos, pero amenazándolos que no fueran a equivocarse, y que "por ejemplo, el Congreso moribundo," no fuera a "tratar de poner trabas u obstáculos a la ordinaria y soberana Asamblea Nacional Constituyente," agregando: "Mejor es que se queden tranquilitos, como si los estuvieran operando."

Apoyó, para concluir, la propuesta de Miquilena, el recién nombrado Presidente de la Asamblea, de una "transición sin traumas," pero amenazando con "la espada del guerrero [que] está desenvainada," de manera que "si hubiere que usarla, no dudaremos, no temblará el pulso ni se aguara el ojo para usarla *(aplausos)* en favor de la originaria Asamblea Nacional Constituyente." Y diciendo a la Asamblea, al final, cuál debía ser su tarea inmediata, que no era otra que comenzar, con "la declaratoria de una emergencia nacional y en la revisión y evaluación de los poderes constituidos. Comiencen por mí, aquí estoy a la orden de ustedes." Les pidió además, a los Constituyentes "como Presidente que soy de esta República moribunda," que fueran "por las gobernaciones, vayan por las alcaldías, vayan por las asambleas legislativas, vayan por los tribunales de la República." En fin, que intervinieran todos los poderes constituidos. Esa era la orden.

Después de las amenazas, pidió a todos esos órganos sujetos a intervención, cooperación con la "soberanísima Asamblea Nacional Constituyente, llegando incluso a expresarles a los Constituyentes que:

> "si ustedes consideran que mi presencia como Jefe del Estado, pudiera perturbar las labores soberanas de la Asamblea, hagan conmigo lo que ustedes quieran, son ustedes los dueños de este momento nacional. *(Aplausos)*. Me subordinaré al man-

dato de la Asamblea Nacional Constituyente y como ciudadano o como soldado, empuñaré la palabra o empuñaré la espada para defender los mandatos de la máxima Asamblea Nacional Constituyente."

Instó además, a la propia Asamblea Nacional Constituyente a declararse en emergencia, "y declarar en emergencia a toda la Nación, y a los poderes constituidos, y trabajar de manera acelerada," de manera que en seis meses, para diciembre de 1999, "pudiéramos tener ya naciendo, la V República," para lo cual hizo remembranza de su formación militar, la única que pudo tener Chávez, exigiendo apurar el paso, sin detenerse "en objetivos subalternos, como la fuerza del blindado, ustedes saben que me formé con el espíritu del blindado," de manera que:

"Cuando un batallón de tanques avanza rompiendo la barrera enemiga, no se detiene ante un fusilero que apunta al tanque. No se detiene ante una pequeña trinchera, una mina antipersonal. No, los blindados avanzan hacia el corazón estratégico, adversario. La Asamblea Nacional Constituyente, permítanme sugerirle, debería imbuirse en el espíritu de los blindados en la ofensiva. Vayan directo al corazón del adversario. Vayan directo al corazón de la Patria nueva y hagan lo que tienen que hacer, pero pronto, porque la situación del país así lo requiere."

Concluyó Chávez su discurso contentivo de lo que llamó "reflexiones de un soldado, de un ciudadano angustiado por la suerte de la República," recomendando a los Constituyentes que fueran "sabios en buscar el punto de equilibrio. Rapidez en la ofensiva, pero con la participación de todos. Construcción acelerada de las bases de la V República, del Estado nuevo, del Estado democrático, de la Nación nueva, de la Nación venezolana del siglo XXI;" y finalmente poniendo su cargo "a orden de la soberana Asamblea Nacional Constituyente, para que ustedes vean y decidan qué hacer con ello *(Aplausos)*."

Después que concluyó el discurso de Chávez, el Presidente de la Asamblea, Luis Miquilena, le agradeció a Chávez el material entregado, ordenando que se imprimiera para ser tratado por los

Constituyentes, indicándole que "en cuanto a la disposición que ha tenido de poner su cargo a la orden de esta Asamblea, será esto motivo de consideración especial en la oportunidad correspondiente y le participaremos sobre el particular cuál será nuestra decisión."

No era difícil imaginar, en todo caso, cuál sería la conducta de la mayoría de la Asamblea, que no fuera la de seguir ciegamente las ideas presentadas por Chávez, y por supuesto, ratificarlo en su cargo. Ello ocurriría seguidamente. Así estaba en el libreto.

IV. EL DEBATE EN LA ASAMBLEA CONSTITUYENTE SOBRE EL ESTATUTO DE LA MISMA COMO "PODER CONSTITUYENTE ORIGINARIO"

En la misma sesión del 3 de agosto de 1999, la Asamblea procedió a designar la Comisión que debía encargarse de elaborar el proyecto de *Reglamento de la Asamblea Nacional Constituyente*, de la cual fui designado miembro. de manera que para considerar el texto del "Informe que presenta la Comisión encargada de elaborar el proyecto de Reglamento de la Asamblea Nacional Constituyente," se convocó la sesión del día 6 de agosto de 1999. En esa sesión, sin embargo, no lo pudo considerar por no haber podido ser consignado, habiéndose fijado para ello la sesión del 7 de agosto de 1999.

Siendo entonces parte de la Comisión que redactó el reglamento o Estatuto de la Asamblea nacional Constituyente, me correspondió salvar mi voto respecto de su contenido; en particular, en lo relativo a la inclusión hecha por la mayoría de los miembros de la Comisión, respecto del carácter "originario" de la Asamblea Constituyente. El Presidente de la Comisión, Manuel Quijada, al presentar el proyecto ante la Asamblea, sin embargo, no explicó ante la misma los grandes rasgos del carácter de la Asamblea que se establecía en el Estatuto que se pretendía se discutiera, ni hizo mención a mi voto salvado ante la propia Comisión en un documento que yo había solicitado se repartiera a los Constituyentes junto con el proyecto de Reglamento, lo cual no ocurrió sino al día siguiente. Sólo se limitó a referir entre los documentos considerados por la Comisión que había un documento supuestamente presentado por el "grupo del doctor Allan Brewer Carías."

1. *El debate sobre el artículo primero del Estatuto y el tema del poder constituyente originario*

En la sesión del 7 de agosto de 1999, el contituyentista Jorge Olavarría propuso que se diera una discusión inicial y global de conjunto sobre la normativa que se proponía, concluyéndose – en cambio – en lo contrario, es decir, llevar a cabo una discusión artículo por artículo. En todo caso, al considerar el primer artículo, de hecho se dio dicha discusión por ser esa norma la que establecía el carácter de la Asamblea, estableciendo su carácter de poder constituyente originario.

Se abrió así el debate sobre el artículo 1 del Estatuto, ante lo cual propuse que se diera lectura al texto del artículo, lo cual fue acogido, habiéndose leído el mismo, con el siguiente texto:

"*Artículo 1°.* La Asamblea Nacional Constituyente es la depositaria de la voluntad popular y expresión de su soberanía con las atribuciones del Poder Originario para reorganizar el Estado venezolano y crear un nuevo ordenamiento jurídico democrático. La Asamblea, en uso de las atribuciones que le son inherentes, podrá limitar o definir la cesación de las actividades de las autoridades que conforman el Poder Publico.

Su objetivo será transformar el Estado y crear un nuevo ordenamiento jurídico que garantice la existencia efectiva de la democracia social y participativa.

Parágrafo único: Todos los organismos del Poder Público, quedan subordinados a la Asamblea Nacional Constituyente y están en la obligación de cumplir y hacer cumplir los actos jurídicos estatales que emita dicha Asamblea Nacional."

La norma, por supuesto, tenía una trascendencia fundamental, pues definía la naturaleza y sentido de la Asamblea Nacional Constituyente, particularmente en relación con el funcionamiento de los órganos del Poder Público que habían sido electos como expresión de la voluntad popular unos meses antes, en las elecciones de noviembre de 1998. Por ello, ante esta norma, solicité la palabra, siendo esta la primera intervención sustantiva, sobre cuestiones de fondo, que hubo en la Asamblea Constituyente. Mi exposición inicial en dicha sesión del 7 de agosto de 1999 fue la siguiente:

"CONSTITUYENTE BREWER CARÍAS (ALLAN). Señor Presidente, estimados colegas constituyentes. Esta Asamblea Nacional Constituyente, de la cual formamos parte, constituye una disidencia histórica en nuestra historia política.

Por primera vez se elige una Asamblea Nacional Constituyente sin que haya habido una previa ruptura constitucional.

Esta es la diferencia entre ésta y todas las asambleas constituyentes anteriores, y particularmente con las grandes asambleas constituyentes, las que funcionaron en medio de grandes cambios políticos, como la de 1863, después de la Guerra Federal; la de 1901, después de la Revolución Liberal Restauradora, y de la 1946, después de la Revolución de Octubre del año 45.

De manera que por primera vez estamos en un proceso constituyente, con una Asamblea Constituyente electa democráticamente, en paz, sin que haya habido una ruptura constitucional previa y, además, con una característica única y excepcional, y es que ha sido producto de la voluntad popular, porque esta Asamblea Nacional Constituyente es producto del referéndum consultivo del 25 de abril de este año 1999, convocado por el presidente Hugo Chávez Frías y que después de las revisiones jurídicas que se hicieron de su decreto, condujo a que se sometieran a la voluntad popular las llamada bases comiciales que formaron la pregunta N° 2.

De esto resulta que de acuerdo con este Referéndum Consultivo, la Asamblea Nacional Constituyente, de la cual formamos parte, no está sometida a los poderes constituidos electos. Esto es evidente desde el punto de vista jurídico, y también, por supuesto, desde el punto de vista político; pero sí está sometida a la voluntad popular. La Asamblea Nacional Constituyente está sometida al poder constituyente originario que es el del pueblo. Sólo el pueblo es soberano y sólo el pueblo es el titular del Poder Constituyente Originario; y ese Poder Constituyente Origi-

nario se manifestó en el referéndum del 25 de abril con motivo del ejercicio del derecho de participación, que permitió la creación misma de esta Asamblea.

La Asamblea Nacional Constituyente, por tanto, nunca puede estar por encima de la voluntad popular. Por eso es importante revalorizar, releer las preguntas y bases comiciales del referéndum del 25 de abril, porque fue por lo que votaron los venezolanos para originar esta Asamblea Nacional Constituyente. En definitiva ese texto, el referéndum del 25 de abril, es la fuente normativa, primaria, de esta Asamblea.

Esas normas derivadas del referéndum, incluso, tienen carácter supraconstitucional, porque rigen el funcionamiento de la Asamblea que va a elaborar un texto constitucional.

En esas normas supraconstitucionales se establece, por tanto, el marco de esta Asamblea, por lo que pienso y así lo propuse ayer en la Comisión redactora del proyecto de Estatuto, que en el artículo 1 del mismo tenemos que referirnos al referéndum del 25 de abril, porque ese es el origen de esta Asamblea. Allí se establece la misión de la Asamblea, y vale la pena volver a recordarlo. La pregunta N° 1 define esa misión "con el propósito de transformar al Estado y crear un nuevo ordenamiento jurídico que permita el funcionamiento efectivo de una democracia social y participativa".

Esa transformación del Estado, ese nuevo ordenamiento jurídico, como misión de la Asamblea, tiene que reflejarse en una nueva Constitución que, conforme a la base novena, debe redactarse por la Asamblea y debe someterse a un referéndum aprobatorio treinta días después de que esta Asamblea sancione la nueva Constitución.

De ello resulta que de acuerdo con el referéndum del 25 de abril, en el cual todos votamos, la Asamblea no tiene potestad para poner en vigencia la nueva Constitución y esto la distingue de las asambleas constituyentes históricas e, incluso, de la colombiana, en las cuales la Asamblea puso en vigencia la nueva Constitución. La voluntad popular conforme al referéndum del 25 de abril fue que nosotros como Asamblea, no pode-

mos poner en vigencia la nueva Constitución. Tenemos que someterla a referéndum aprobatorio, es decir, el pueblo se reservó, como Poder Constituyente Originario, la aprobación de la nueva Constitución.

Si eso es así, que la nueva Constitución que refleje esa transformación del Estado y ese nuevo ordenamiento jurídico que asegure efectivamente la democracia social y participativa a que se refiere la pregunta N° 1, debe ser sometida a referéndum aprobatorio por el pueblo, eso significa que mientras no se apruebe la nueva Constitución, por voluntad popular, no por invento nuestro, es decir, por voluntad popular expresada en el referéndum, la Constitución del año 1961 continúa vigente. No es que la Constitución del 1961 rija esta Asamblea, porque la Asamblea no está prevista en la Constitución, pero la Constitución de 1961 sigue vigente y en el referéndum del 25 de abril, lamentable o afortunadamente, depende de como se lo vea, no se le atribuyó a la Asamblea Nacional Constituyente potestad alguna para suspender, restringir o modificar, así sea temporalmente, la Constitución de 1961; sólo será cuando se apruebe la Constitución nueva por el referéndum aprobatorio, que la Constitución de 1961 quedará, por tanto, modificada.

La tarea, que debe reflejarse en la nueva Constitución, además, incluso, está sometida a límites, como bien sabemos, establecidas en la base octava de la pregunta N° 2 del referéndum del 25 de abril,, que exige, y discrepo aquí de lo que expresaba, incluso, la Presidenta de la Corte Suprema, que, según su criterio, el carácter originario era porque la Asamblea para redactar la nueva Constitución tenía poder absoluto e ilimitado, ni siquiera eso. La base octava, que está aprobada por el referéndum, dice que esa tarea está sometida a límites: respetar los valores y principios de nuestra historia republicana, es decir, nada menos que todos los principios del constitucionalismo moderno; el cumplimiento de tratados internacionales, acuerdos y compromisos válidamente suscritos; el carácter progresivo de los derechos fundamentales del hombre y las garantías democráticas, dentro del más absoluto respeto de los compromisos asumidos; que resumen, insisto, todos los principios del constitucionalismo moderno.

Por eso, mi propuesta a la Comisión redactora del Estatuto durante el día de ayer, para que este artículo se redactase en una forma distinta y que se vinculase al acto supraconstitucional del referéndum del 25 de abril, que le establece el marco jurídico a la Asamblea Nacional Constituyente.

Ustedes todos deben tener copia del documento que presenté ayer a la misma Comisión y que pedí, incluso, que se repartiera junto con el Reglamento. Sin embargo, se repartió hoy, no ayer. De todos modos, se repartió y solicito formalmente que se incorpore este documento al Diario de Debates con motivo de la discusión de este artículo 1º del Reglamento.

Allí propongo, por responsabilidad personal conmigo mismo como jurista dedicado a estos temas constitucionales, que ese artículo tenga otra redacción.

La redacción propuesta por la Comisión no se adapta al referéndum del 25 de abril. Sobre todo cuando se señala que la Asamblea "En uso de las atribuciones que le son inherentes..." Desde el punto de vista jurídico hay que definirlas: ¿cuáles son las inherentes? Hay que señalarlas. Hay que definir el marco constitucional. ¿Son las definidas por el referéndum del 25 de abril o son las que se le vayan ocurriendo a la Asamblea a medida que vaya funcionando en seis meses? La responsabilidad histórica que tenemos exige que pongamos orden en el proceso.

Las grandes asambleas constituyentes en nuestra historia, incluso, han comenzado por definir, con motivo de rupturas constitucionales, cuál es el ordenamiento constitucional que va a regir la República. Me remito sólo a un ejemplo: La Asamblea Constituyente del año 46. ¿Cuál fue su primer acto? Fue un acuerdo sobre la vigencia del ordenamiento jurídico, cuyo artículo 1º dispuso: "Se mantiene en vigencia el ordenamiento jurídico imperante mientras no sea modificado por esta Asamblea". Es decir, la Asamblea definió el marco constitucional de la República..."

EL PRESIDENTE.- (Interrumpiendo). Le informo, ciudadano Constituyente que le queda un minuto.

EL ORADOR.- Termino, Presidente

"Repito, la Asamblea Constituyente en 1946 estableció el marco constitucional de la República, el vigente, salvo lo que la Asamblea fuera modificando. Así, la Asamblea, como había ocurrido una ruptura constitucional, definió el marco constitucional y luego, incluso, en estos acuerdos, la Asamblea estableció el marco de funcionamiento de los órganos del Poder Público; entre ellos dispuso que "El Poder Judicial continuará funcionando provisionalmente de acuerdo a las leyes y decretos" y que el Poder Ejecutivo era la Junta de Gobierno en ese momento.

En otra declaración subsiguiente definió su misión, que no la encontramos en nuestro Reglamento con gran claridad. La propia Asamblea de 1946 definió: "Artículo 1°.-Declarar que el objeto fundamental de esta Asamblea es el dictar la Carta Fundamental de la República" y en ese caso, además un estatuto electoral que fue el que rigió las elecciones a partir de 1947.

De manera que el propio artículo, primero en consideración, tal como está redactado, en mi criterio, adolece de fallas de redacción. Primero, no se establece cuáles son esas atribuciones que le son inherentes. En segundo lugar, dice: "La Asamblea en uso de las atribuciones inherentes podrá."

EL PRESIDENTE.- (Interrumpiendo). Ciudadano Constituyente, ya consumió su primer tiempo. ¿Consume el segundo tiempo?

EL ORADOR. -Sí, Presidente, por favor, ya termino porque aquí quiero dejar expresada mi opinión y posición sobre este punto tan importante.

"La misma dice: "La Asamblea en uso de las atribuciones que le son inherentes podrá limitar o definir la cesación de las actividades de las autoridades que conforman el Poder Público". Esto, inclusive, está mal redactado: ¿Podrá "limitar la cesación"? ¿Podrá "definir la cesación"? ¿Cómo se "limita la

cesación"? O sea, hay una falla de redacción que hay que corregir.

El propio texto adolece del defecto de no definir cuál es el marco constitucional que le rige la República y creo que eso es la responsabilidad fundamental de esta Asamblea, para beneficio de la seguridad jurídica. Si lo que se quiere es que se produzca la ruptura constitucional que hasta ahora no se ha producido por la disidencia histórica derivada de la elección del Presidente Chávez en democracia, que nos permitió pasar a este proceso de cambio, en democracia, tenemos que definir cuál es el marco constitucional de la República hacia el futuro. Dejarlo así en el aire, "La Asamblea de acuerdo a las atribuciones que le son inherentes..." que nadie sabe cuáles son, ni cómo se van a ejercer, creo que le estaríamos haciendo un flaco servicio a la seguridad jurídica que exige el país y que esta Asamblea, en virtud de la significación histórica que tiene, tiene la obligación de preservar.

Por ello debemos meditar bien el artículo. Estoy consciente del tema y fíjense bien que no he usado hasta ahora la palabra "derivado", deliberadamente; ni he usado la palabra "originaria", porque el tema creo que es mucho más allá de eso. Se trata de la necesaria definición del marco constitucional que debe regir la República, en virtud de que no ha existido, hasta ahora, una ruptura constitucional.

Nosotros no podemos dejar esto en el aire; tenemos que asumir el tema, porque eso, este artículo es, por supuesto, de la más grande importancia. Celebro la decisión final a que se llegó, de que pudiéramos debatir sobre el artículo 1° y establecer en definitiva la redacción que sea más conveniente.

En mi criterio, en todo caso, en este artículo debe hacerse referencia al referéndum del 25 de abril que es la fuente normativa de la Asamblea, y que contiene las normas supraconstitucionales que rigen esta Asamblea y a la cual no podemos dejar de lado, no podemos olvidar el referéndum del 25 de abril, que es la fuente que le dio origen y que rige a la Asamblea."

Frente a mis planteamientos, el Constituyente Freddy Gutiérrez respondió en esencia que los miembros de la Asamblea Constituyente a lo que estaban dispuestos era "a romper con el hilo constitucional del modo como lo estamos haciendo y a crear unas nuevas formas de relación en la República, ser depositarios de la soberanía popular," rechazando toda idea de una "soberanía limitada y unas expresiones limitadas", insistiendo que lo que se quería era ir:

"como dijo el señor presidente Hugo Chávez, a un estado real de justicia. Basta de que invoquemos un estado de derecho que no es tal, basta que invoquemos y se dicten reglas para no cumplirlas. Basta. (*Aplausos*).

Creo de verdad, mis amigos queridos, que todos hemos padecido de un modo u otro. Ustedes mismos, la expectativa de que en un tribunal no se esté seguro de que la justicia se va a administrar.

Elio Gómez Grillo ha padecido, y ha dicho por la prensa, hasta la saciedad, se le vinieron las canas encima denunciando el régimen penitenciario, denunciando qué sucede en Venezuela en nuestras cárceles..."

Conocía a Gutiérrez y a Gómez Grillo de los tiempos de la Facultad de Derecho de la Universidad Central de Venezuela, así como de sus posiciones de entonces. Ahora, casi veinte años después de aquella exposición, estoy seguro que otra cosa pensarían del Estado de "injusticia" que legó Chávez a su muerte, y de la catastrófica situación carcelaria que se agravó durante su largo mandato. Hoy hay que decir, con mayor convicción, como lo afirmaba Gutiérrez en 1999: "He dicho que las cárceles son antros de la muerte, y es verdad. En alguna ocasión he dicho, en mis clases en la Universidad, que prefiero un hijo mío muerto antes que preso, porque estar preso en una cárcel venezolana es morirse todos los días."

Seguidamente intervino el Constituyente David de Lima, solicitando se pusiera término al debate, argumentando que "el tema de que si la Asamblea es originaria o no, fue el centro del debate político y el centro del debate electoral en los últimos meses en este país," y que la Asamblea Constituyente había sido electa para "hacer una Constitución y no discutir el Reglamento de funcionamiento de esta Asamblea," agregando:

"Quiero decir al estimado maestro Brewer, que en Venezuela hay una ruptura constitucional, afirmo que la hay, ciertamente la hay. Hay una ruptura constitucional pacífica y el hecho de que sea una ruptura constitucional pacífica, no mediatiza ni puede mediatizar los poderes de la Asamblea, toda vez que si lo hace, entonces la ruptura constitucional será violenta.

Hay una ruptura constitucional pacífica, y si nosotros no comprendemos que esa condición de ruptura pacífica no limita ni mediatiza esta Asamblea, vamos a llevar este país al camino de la violencia.

Me detengo en esto. Por eso hemos dicho que la Asamblea no es asunto solamente de especialistas en derecho constitucional ni es un asunto académico. Esta Asamblea es esencialmente un foro político y hay una situación prejurídica que agota la llamada pirámide de Kelsen, como el maestro Brewer enseñó muy bien en la Facultad, en la cúspide la pirámide está la Constitución, pero ¿quién hace la Constitución? Antes en la pirámide hay un talón de Aquiles, que define una situación esencialmente prejurídica que es la que hay cuando se produce una ruptura constitucional. Una ruptura constitucional que por primera vez en el mundo es pacífica, todavía, por ahora."

Concluyó De Lima exhortando que aprovecháramos "este período pacífico de la ruptura para no tergiversar el origen, para no tergiversar la naturaleza y el deseo de la fuente que nos trajo aquí," pues consideraba que había "una deslegitimación total de las instituciones constitucionales de 1961," que había "una pérdida de vigencia, de pertinencia histórica de la Constitución de 1961," señalando finalmente que "eso no puede ser sustituido sino de dos maneras, mediante la guerra civil o mediante esta Asamblea pacífica, consensual, democrática, con una gran madurez constitucional." Para ello, exigió finalmente que no nos detuviéramos:

"en exquisiteces de orden academicistas y vayamos a consagrar el carácter originario de la Asamblea, entendamos que ese es un mandato político del pueblo que nos eligió allí y no perdamos la oportunidad para entrar a discutir el fondo de la filosofía constitucional y no convirtamos esto en el centro del debate."

No se trataba, por supuesto de argumentaciones académicas. Se trataba de determinar con precisión que la Asamblea Constituyente había sido producto, no de la ruptura del hilo constitucional, sino de la manifestación de la voluntad popular expresada en el referendo del 25 de abril de 1999 en el cual se aprobaron unas bases comiciales que con carácter supra constitucional le fijaron su marco de actuación y límites, como Asamblea sometida a la Constitución de 1961 hasta que se aprobara la nueva Constitución; bases comiciales en las cuales por lo demás, por decisión judicial de la misma Corte Suprema de Justicia, que con sus ambiguas decisiones de enero de 1999 había permitido la realización del referendo consultivo, se había eliminado toda referencia a que tuviera carácter de poder constituyente "originario."

Hasta ese momento en Venezuela no había habido ruptura del hilo constitucional, de manera que los planteamientos de Gutiérrez y de De Lima, fueron las primeras expresiones expresas y formales –parte sin duda del libreto– de lo que luego ocurriría a partir de la aprobación del artículo 1 del Estatuto de la Asamblea, que fue que la ruptura efectiva del hilo constitucional que efectuó la propia Asamblea, que fue la que dio el golpe de Estado, por lo demás, continuado.

En la misma línea de lo expresado por Gutiérrez y De Lima fue lo expuesto por la Constituyente Blancanieves Portocarrero, quien insistió que estábamos "en algo que va más allá de la teoría constitucional, de la ruptura constitucional. Estamos en algo que va mucho más allá de la teoría […] estamos en presencia de una ruptura epistemológica," insistiendo, ante mi propuesta, que:

"Y ahí está mi respetado maestro, Brewer Carías, estamos más allá, Maestro" […], ya hemos trascendido una teoría constitucional desnutrida, desfasada, deslegitimada y estamos mucho más allá, en algo que se llama la metateoría jurídica [...]."

Luego, después de clamar "que el cartesianismo se está enterrando por su propio peso, que la linealidad del derecho está muriendo, que Kelsen no puede seguir gobernando al mundo con esta teoría jurídica pura," terminó sin embargo observando "ante la expresión del artículo 1 del Reglamento de que "la Asamblea Nacional Constituyente es la depositaria del poder originario," que en realidad:

"el poder originario no es de nosotros, el poder originario es del pueblo, entonces, [la Asamblea] es la depositaria del poder originario que nace... ¿de dónde nace el poder? De la voluntad soberana del pueblo venezolano, con la atribución ¿de qué?, ¿para qué nos dio eso? Para, precisamente, transformar, que no es lo mismo que organizar, ni reformar; es transformar y reorganizar el Estado venezolano y crear un nuevo ordenamiento jurídico que garantice la existencia efectiva de la democracia social participativa y autogestionaria."

Y efectivamente el tema en debate era que la Asamblea no era soberana, ni soberanísima, sino que el único soberano era el pueblo, y que como órgano representativo, la Asamblea estaba sujeta al mandato del pueblo, que le había fijado su marco y límites con el voto en el referendo del 25 de abril de 1999, que los miembros de la Asamblea querían sin embargo desconocer.

Por ello el debate que estaba planteado con el cual se abrieron las sesiones de la Asamblea Nacional Constituyente, como lo reconoció el Constituyente Ricardo Combellas, era "Importante, importantísimo, trascendental," quien sin embargo, comenzó su intervención afirmando que:

"El doctor Brewer una vez más nos vuelve a sorprender, no quiere que se hable de Constituyente derivada, ni de Constituyente originaria, cuando hizo un esfuerzo respetable pero, afortunadamente, fallido para convencernos a los venezolanos de que la Asamblea Nacional Constituyente tenía que ser una asamblea limitada, estrictamente, a elaborar una nueva Constitución.

El tema supera lo jurídico, sin duda, es utilizando la terminología kelseniana metajurídico, porque va a los verdaderos fundamentos, a las razones de fondo, del poder y del orden político dentro de una determinada comunidad, pero tiene también base jurídica, jurídicamente son perfectamente rebatibles todos aquellos argumentos que quieren limitar los poderes originarios de esta Asamblea."

Y luego pasó Combellas a referirse a la decisión de la Corte Suprema de Justicia de 19 de enero de 1999, en la cual según su errada apreciación, dicho órgano judicial, como "guardián, por excelencia, de la Constitución y de sus normas," había supuestamente señalado:

"que junto a los procedimientos establecidos expresamente por ella para su modificación, dejó de lado la enmienda y la reforma general para sorprendernos al señalar que había un tercer procedimiento, un procedimiento que no puede ser limitado por ninguna Constitución, cuya base jurídico-política se remonta a la Revolución Francesa, sin duda, contenido en la teoría del poder constituyente originario."

Por supuesto, basta leer las decisiones de la Corte para constatar que el planteamiento de Combellas era falso, pues eso no fue lo que "decidió" la Corte Suprema, de manera que contrariamente a lo expresado por Combellas, si bien la Corte Suprema de Justicia, en esas sentencias del 19 de enero abrió las puertas al proceso constituyente, lo hizo en forma ambigua, sin claridad jurídica alguna, que fue lo que precisamente originó el debate sobre "cuáles serían los alcances y los límites de esta Asamblea." Y ese fue el debate que llevó a la Comisión Constitucional que nombró Chávez para elaborar las "bases comiciales" a ser sometidas al referendo, de la cual formó parte Combellas, a haber establecido los límites que el propio Combellas recordó y leyó en el debate, en texto que decía que una vez instalada la Asamblea, ésta deberá dictar sus propios estatutos de funcionamiento, "teniendo como límites los valores y principios de nuestras historia republicana así como el cumplimiento de los tratados y acuerdos internacionales, el carácter progresivo de los derechos humanos y las garantías democráticas," agregando que "esos principios no van a ser violentados sino, muy por el contrario, van a ser confirmados por esta Asamblea.

Precisó luego Combellas, al referirse a la Corte Suprema de Justicia y su famosa y ambigua decisión que:

> "La Corte Suprema, luego, trató de enmendar el capote y nunca lo pudo hacer. Sería porque no estaba convencida de lo que estaba haciendo o no tuvo la valentía para plasmar cuando se discutieron las bases y su juridicidad plantear el carácter derivado de la Asamblea. Si la Corte en su sentencia posterior hubiera dicho, hubiera planteado, hubiera propuesto, y jurídicamente era muy difícil rebatirlo, que la Constituyente tiene por único objeto elaborar una nueva Constitución, en un buen aprieto nos hubiera puesto a los partidarios de la Constituyente originaria y hubiera sido muy difícil encontrar fórmulas jurídicas que encausaran este proceso indetenible. Pero no fue así, la Corte no resolvió el diferendo y dejó, en definitiva, al pueblo, al soberano, la decisión fundamental sobre qué tipo de asamblea hiciera; y eso es lo que estamos resolviendo hoy."

Ignoró Combellas, sin embargo, que precisamente la Corte Suprema en su sentencia del 18 de marzo de 1999 había resuelto que la expresión de que la Asamblea actuaría como "poder constituyente originario" que Chávez, con su asesoría, había propuesto incluir en las bases comiciales, debía ser eliminado, por lo que si bien el pueblo apoyó abrumadoramente las dichas bases en el referendo del 25 de abril, lo hizo aprobando una Constituyente que no tenía carácter originario. Con ello, sin duda, como lo dijo Combellas, el pueblo colocó en "un buen aprieto" a los partidarios de la Constituyente originaria, que los llevó, simplemente a ignorar la voluntad popular y autoproclamar la Asamblea como originaria (o "soberana"), al aprobar el Estatuto de la Asamblea, subordinando, como dijo Combellas, "todos y cada uno de los poderes establecidos a los mandatos de la Asamblea," recalcando, de entrada, "de una manera clara y tajante" que:

> "la Corte Suprema de Justicia hoy es un poder subordinado a esta Asamblea y cualquier decisión que colida con estas decisiones la pone fuera de la ley. La pone fuera de la legitimidad abrumadora que apoyó la realización de esta Asamblea."

Para Combellas, entonces, en forma contraria a lo que había escrito en los tiempos preconstituyentes, la Asamblea Constituyente pasaba entonces a tener poderes originarios, con potestad para reformar la Constitución de 1961 que estaba vigente, y posición de superioridad sobre el "guardián de la Constitución" al cual consideró que había quedado sometido a la Asamblea.

Por ello, anunció que propondría agregar al artículo 1° del Reglamento, para evitar cualquier "vacío jurídico," que se aclarase que:

> "La Constitución de 1961, y el resto del orden jurídico imperante mantienen su vigencia en todo aquello que no colida o sea contradictorio con los actos jurídicos y demás decisiones que emita la Asamblea Nacional Constituyente."

Así, dijo Combellas, la Asamblea cumplirá "soberanamente *(aplausos),*" "un mandato de transformación que no va esperar, doctor Brewer, la aprobación de la nueva Constitución," mediante la adopción de "actos constituyentes de ejecución inmediata sobre determinados aspectos de la vida nacional," que supuestamente "sea cual fuere su naturaleza, cesación de poderes, limitación de poderes, revocación de mandatos, transformaciones de la más variada índole," luego los harían "refrendar por el pueblo," lo que por supuesto nunca ocurrió.

En el debate, que había llevado a muchos Constituyentes a hablar como si fueran el pueblo entero, con habilitación para tomar decisiones soberanas, el constituyente Antonio Di Giampaolo con razón, les llamó la atención recordándoles que:

"no es verdad que nosotros somos el país, no cometamos el error de creernos lo que otras personas que ocuparon estos puestos se creyeron. Si analizamos el resultado electoral, la mitad de los ciudadanos con derecho a votar no votó por ninguno de nosotros y cerca de un 30% apenas terminó votando por los que estamos representando aquí."

Entendía Giampaolo que en todo caso habría que asegurar

"respeto a los poderes" constituidos, y que no se debía dejar la puerta abierta para que esta Asamblea sirva para la retaliación política, para una cacería de brujas, para la sustitución y destitución de algunos funcionarios en alguna comunidad, por ejemplo, en algún lado, sin ningún procedimiento de ninguna naturaleza, vamos a quitar a tal o cual alcalde, porque hay una mayoría expresada aquí. Eso me preocupa. O algún gobernador. Me preocupa. ¿Bajo qué parámetros se va a hacer? ¿Cuáles gobernadores se van a sustituir?, los que no son representados, los que no tienen una expresión, digamos electoral similar a la mayoría de esta Asamblea. Me pregunto. ¿Es así como se va a actuar? Si es así como se va a actuar yo no estoy dispuesto a respaldar el contenido de esa primera cláusula. Ahora, si no es así. Si efectivamente aquí se va a hacer un esfuerzo para que la justicia y el derecho, como dice el Presidente, vayan por el mismo lado y que por sobre todas las cosas prevalezca la justicia. Yo levanto las dos manos."

Y razón tenía Di Giampaolo en sus temores: la Asamblea Constituyente efectivamente actuó como él lo temió, e hizo caso omiso a su propuesta de que se decretara "la inhabilitación política de los que estamos integrando esta Asamblea Nacional Constituyente, para que no hagamos una Constitución" y después se fueran a presentar como candidatos a gobernadores y alcaldes, como efectivamente también ocurrió.

Luego, en el debate del 7 de agosto de 1999, intervino el Constituyente Jorge Olavarría, quien luego de dar una lección de historia política, al referirse al artículo 1 del Estatuto de la Constituyente que se debatía, expresó con razón y claridad que se trataba de una norma de "un reglamento un poco curioso, *sui géneris:*"

"para un cuerpo legislador, constitucional, que se declara a sí mismo subversivo del orden constitucional existente, del cual esta Asamblea emanó, como consecuencia de la interpretación que de la Constitución vigente hizo la Corte Suprema de Justicia el 19 de enero de 1999. Como consecuencia del referéndum, que fue hecho posible por esa interpretación de la Corte Suprema de Justicia. Un referéndum que planteó ante el pueblo de Venezuela unas preguntas referidas a unas bases comiciales y el pueblo dijo sí, aprobó las preguntas y las bases comiciales. Esos son los límites de esta Asamblea. Y eso es lo que este Reglamento está violando. No una Constitución, no un sistema político que todos sabemos está caduco, este Reglamento está violando específica y explícitamente lo que el pueblo aprobó en el referéndum del 25 de abril."

Razón tenía Olavarría, quien hizo entonces el recuento de los documentos fundamentales del proceso constituyente, y consignó para que "por lo menos consten en el *Diario de Debates*" "copia de la sentencia del 19 de enero de 1999, copia de las preguntas formuladas en el referéndum, copia de las interpretaciones que acerca de las preguntas formuladas en el referéndum hizo en diversas ocasiones la Corte Suprema de Justicia," considerando que esas eran "las bases de esta Asamblea Constituyente, esos son los límites de esta Asamblea Constituyente y no nosotros, no las podemos vulnerar porque en caso de que lo hagamos, esta Asamblea se convertirá en un poder de facto," como efectivamente así ocurrió.

Olavarría, por ello, advirtió a los Constituyentes de la inmensa tarea que teníamos por delante de "redactar la estructura de convivencia política de una república, la de mejorar la Constitución, la que va a ser aprobada por esta Constituyente, que debe reemplazar," y que requería toda la atención, cuidado y dedicación de la cual todos fuéramos capaces, agregando que:

"Si a esa tarea se le añade la responsabilidad de convertirse en un poder de facto, interviniendo los poderes constituidos,

modificando leyes, haciendo leyes, interviniendo en una cantidad de funciones que sólo una nueva Constitución le permitiría
y que al no existir esa Constitución, porque no ha sido aprobada
y porque no ha sido ratificada, tenemos que hacerlo por la vía
del hecho, por la vía del asalto, por la vía de la sorpresa, por la
vía de la inseguridad, por la vía de la incertidumbre, por la vía,
doctor Combellas, del vacío jurídico que se crearía en caso de
que esta Constituyente asuma esas funciones."

Comparó entonces Olavarría la Constituyente en la cual nos en-
contrábamos en ese momento, con la de 1946, que había sido producto de un golpe de estado, y que por ello tuvo que asumir funciones de Gobierno, además de adoptar una nueva Constitución,
habiendo sido lo que malogró dicha Constituyente, "el uso abusivo
de la mayoría, fue el sectarismo y, sobre todo, fue el ponerse hacer
cosas que la distraían de su tarea de hacer una nueva Constitución."
En cambio, decía Olavarría, en torno a las tareas de gobernar: "nosotros estamos eximidos de esa tarea. Seis meses apenas, es lo que
se le pide al sentido común y a la sensatez. Seis meses para dedicar-
se a hacer una nueva Constitución y nada más que hacer una nueva
Constitución, para lo cual ciertamente esta Asamblea es omnipotente, con las limitaciones establecidas naturalmente en el mandato
recibido del soberano." Por ello concluyó afirmando que:

> "el establecer como una potencialidad la facultad de disolver
> el Congreso, destituir a los magistrados de la Corte, a los go-
> bernadores, a los alcaldes, hacer leyes, modificar leyes, derogar
> leyes; establecerlo como una potencialidad y dejarlo como una
> facultad de uso discrecional, magnánimo. Eso es inaceptable,
> eso es ni más ni menos que la aplicación de la filosofía del atra-
> cador."

"El atracador, dijo:"

"Manos arriba todo el mundo, los que se queden tranquilitos
y no hagan nada, no les va a pasar nada, quédense tranquilos,
pórtense como unos buenos muchachos, no nos molesten, no
nos perturben, no digan que podemos hacer esto o no podemos

hacer aquello, no se metan cuando hagamos leyes para las cuales no tenemos facultades, no digan nada cuando destituyamos algún alcalde o algún gobernador o hagamos una ley, y a ustedes no les va a pasar nada".

Eso es inaceptable. Quiero que quede perfectamente claro en la conciencia de todos y cada uno de ustedes, que en el momento y hora que el artículo en discusión sea aprobado en la forma como ha sido propuesto, esta Asamblea estará dando un golpe de estado.

No hay necesidad de hacerlo, porque eso se puede hacer cuando se apruebe la Constitución, cuando esa Constitución sea ratificada por el pueblo, entonces se podrá modificar todo, pero si se hace ahora, violando el mandato que hemos recibido del pueblo, yendo en contra de lo que el referéndum consultó y el referéndum expresó; estaremos dando un golpe de estado innecesario, innecesario.

Noto algunas risitas por allí, de bueno, sí, cómo no, de eso se trata. Es que de eso ya se trató, ustedes van a matar un muerto. Este sistema ya colapsó, aquí ya no hay más nada que hacer, pero no se puede arrojar a todo un país a la incertidumbre de colocarse al arbitrio de la mayoría de esta Asamblea, porque eso todavía es peor como remedio que la enfermedad de la cual este sistema murió. Eso es reproducir todos los vicios de este sistema sin ninguno de sus méritos y de sus cualidades. Eso es todo."

Y efectivamente de eso se trató: la Asamblea Nacional Constituyente de 1999, a partir de la aprobación de su Estatuto, auto arrogándose poderes de Constituyente originaria, dio un golpe de Estado que luego fue continuado, trascendiendo sus meses de funcionamiento a través de un interminable régimen transitorio que le legó a los venezolanos.

Pero luego de todos estos planteamientos, vino la intervención del Constituyente Hermann Escarrá, en la cual comenzó advirtiendo que se había "venido arrastrando una confusión bastante grave entre lo que es una asamblea constitucional y lo que es una asamblea constituyente" siendo la primera "la que organizada por el poder constituido aun cuando elegida por el pueblo, tiene como único objeto la redacción de una Constitución," distinta de la segunda que como asamblea constituyente es "anterior y superior al Estado y al propio orden jurídico que pretende sustituir y modificar, tiene que ejercer la operación constituyente muchísimo más allá de la redacción de una constitución." De ello concluyó que "no es dable aceptar en esta hora y en este momento, al menos conceptualmente que nosotros somos una asamblea constitucional;" al contrario, dijo: "Nosotros somos una Asamblea Constituyente." Y en cuanto al argumento de las bases comiciales, dijo, "probablemente tenemos lecturas distintas" ya que las mismas "hablan de transformar al Estado, de crear un nuevo orden jurídico," lo que consideró que autorizaba a que la Asamblea debía asumir "el carácter originario de toda Asamblea Constituyente y no el carácter derivado de toda Asamblea Constitucional."

Y en cuanto a la Constitución de 1961, puso en duda su vigencia, justificando la propia existencia de la Asamblea por la "grave deslegitimación de los poderes constituidos," precisando además, que "el golpe de estado lo dieron las cúpulas de la partidocracia." Luego puso en duda que hubiera "elementos supraconstitucionales" que limitaran la Asamblea, asombrándose de haber oído decir que "somos subversivos" cuando en realidad –afirmaba– "si es que nosotros estamos aquí por subversivos," pues: "se trata de subvertir un orden injusto, se trata de subvertir la corrupción, se trata de subvertir la vagabundearía, se trata de subvertir el tráfico de influencias."

Concluyó Escarrá su intervención, declarando que:

"este poder constituyente es originario y tiene que declararse subversivo, es más, propongo que entonces se agregue la tesis de la subversión o de la transformación o del cambio del orden jurídico político y del Estado en el alcance y contenido de las bases comiciales en el artículo 1 del Estatuto de Garantías y Funcionamiento de la Asamblea. *(Aplausos)."*

Lugo de varias otras intervenciones sobre temas diversos, y algunas en respaldo de lo expresado por Combellas y Escarrá y otras contrariando lo afirmado por Olavarría y por mi persona, intervino el Constituyente Manuel Quijada quien había sido uno de los que más había planteado el tema de la Constituyente durante la campaña presidencial de Chávez. Por ello recordó, sobre el tema conceptual del artículo 1° del Estatuto, que el debate más largo y más pugnaz se había realizado después de las elecciones presidenciales de 1998, "sobre si se podía convocar a referéndum sin modificar la Constitución, y los que sostenían lo contrario, que sería un golpe de estado si se convocaba sin esa modificación," como precisamente yo lo había sostenido.

Quijada estimó que "a esto le puso término una sentencia de la Corte, un constitucionalista de la Corte, quien decidió que sí se podía convocar a referéndum sin necesidad de modificar la Constitución." Ello, en realidad, lo que ponía en evidencia era que Quijada ni siquiera se había leído la sentencia, o si la leyó no la entendió, pues efectivamente, la mencionada sentencia del 19 de enero de 1999 lo que resolvió fue sólo que se podía convocar un referendo consultivo para consultar sobre una Asamblea Constituyente, pero nada resolvió sobre si se podía convocar la Asamblea Constituyente sin reformar la Constitución, que fue en definitiva lo que ocurrió. Eso, en realidad, había sido la lectura que algún periodista le dio al hecho, y nada más.

Nadie duda, como lo indicó Quijada "que el poder constituyente primario, que es el pueblo, tiene todos los poderes y que ninguna ley preexistente priva sobre él, ni la Constitución ni ninguna ley." Pero eso sólo se aplica al pueblo, no a una Asamblea representativa del mismo, que no puede tener esos poderes que son sólo del pueblo.

Por ello, contrariamente a lo que indicó Quijada, no se podía afirmar "que la Asamblea Nacional Constituyente tiene esos poderes," y si el pueblo le delega "ese poder constituyente" es para ejercerlo dentro de los límites que le fija el pueblo. No era correcta la afirmación de Quijada en el sentido de que en general "una asamblea nacional constituyente tiene todos los atributos omnímodos que le da la doctrina, porque es la delegataria del poder constituyente primario, que es la fuente de todo derecho," y menos correcta fue la afirmación de que como "por encima de la Asamblea Nacional

Constituyente no existe sino lo que le imponga el pueblo, en el caso de la Constituyente de 1999, "en las bases comiciales no existe ninguna norma que limite a la Asamblea Nacional Constituyente, excepto la que ella misma establece, que no tienen nada que ver con los poderes de la Asamblea Constituyente sobre los poderes constituidos."

En el *Diario de Debates* de la Asamblea Nacional Constituyente, en el Acta de la sesión del día 7 de agosto de 1999, a continuación de mi exposición oral inicial sobre el tema del artículo 1 del Reglamento, la Secretaría copió el texto íntegro del documento que había redactado para que se anexara como mi Voto Salvado junto con el proyecto de Reglamento.

2. ***Voto salvado sobre Estatuto de la Asamblea en cuanto a la asunción del "poder constituyente originario" (agosto 1999)***[190]

A tal efecto, con el objeto de que se acompañe al Proyecto de Estatuto de Funcionamiento de la Asamblea Nacional Constituyente, presenté el siguiente texto en el cual fundamenté mi objeción a la redacción proyectada del artículo 1º, el cual en mi criterio no reflejaba lo dispuesto por el pueblo en el *Referéndum consultivo* del 25 de abril de 1999:

> *"El proceso constituyente venezolano actual, al contrario de lo que sucedió con todas las experiencias constituyentes del pasado en la historia política de país, no es producto de una ruptura constitucional con ocasión de una guerra, un golpe de Estado o una Revolución, sino de la interpretación dada por el máximo Tribunal de la República a la Constitución vigente de*

---

190   Este es el texto de la comunicación dirigida a los miembros de la Comisión redactora del Proyecto del Estatuto de la Asamblea Nacional Constituyente que fue aprobado en la sesión del el 08-08-1999, con mi voto contrario a la propuesta de asunción por la propia Asamblea de un "poder constituyente originario" que sólo el pueblo puede ejercer mediante el voto. Véase en Allan R. Brewer-Carías, *Debate Constituyente (Aportes a la Asamblea Nacional Constituyente),* Fundación de Derecho Público, Editorial Jurídica Venezolana, Carcas 1999, Tomo I.

1961 y de la voluntad popular expresada, como Poder Constituyente Originario, en el Referéndum Consultivo del 25 de abril de 1999.

De allí lo expresado por la Corte Suprema de Justicia en la sentencia del 21 de julio de 1999 con ocasión de resolver un recurso de interpretación intentado por varios Candidatos Nacionales a la Asamblea Nacional Constituyente, acerca del régimen jurídico que regía el proceso electoral; en el sentido de que:

"Lo novedoso –y por ello extraordinario– del proceso constituyente venezolano actual, es que el mismo no surgió como consecuencia de un suceso fáctico (guerra civil, golpe de estado, revolución, etc.), sino que, por el contrario, fue concebido como un "Proceso Constituyente de Iure" esto es, que se trata de un proceso enmarcado dentro del actual sistema jurídico venezolano".

La consecuencia de lo anterior está en que la Asamblea Nacional Constituyente no sólo "deriva de un proceso que se ha desarrollado dentro del actual marco del ordenamiento constitucional y legal", sino que en su actuación está sometida al orden jurídico establecido por la voluntad popular en el Referéndum del 25 de abril de 1999, expresada en el conjunto de normas que derivan de las preguntas del Referéndum y de las Bases Comiciales aprobadas en el mismo, y que la misma Corte Suprema de Justicia en la sentencia antes mencionada "por su peculiaridad e importancia", ha catalogado "como normas de un rango especial"; y en anterior sentencia del 3 de junio de 1999 (caso Celia María Colón de González) ha considerado como una "expresión popular" que "se tradujo en una decisión de obligatorio cumplimiento, pues posee, validez suprema", es decir, de rango supraconstitucional.

La Asamblea Nacional Constituyente que se eligió el 25 de julio de 1999, en consecuencia, está sometida a las normas aprobadas en el Referéndum Consultivo del 25 de abril de 1999, que son de obligatorio cumplimiento y de rango y validez suprema, como manifestación del Poder Constituyente Originario, conforme a las cuales no sólo se precisa la misión de la Asamblea, sino sus límites.

A. *La Asamblea Nacional Constituyente como producto de la soberanía popular expresada en el referéndum del 25-04-99 y sus límites supra constitucionales*

Ante todo debe insistirse en que la convocatoria y posterior elección de la Asamblea Nacional Constituyente el 25 de julio de 1999, ha sido posible en el ordenamiento constitucional venezolano, porque dicho instrumento ha sido creado y es producto de la soberanía popular manifestada en el Referéndum Consultivo del 25 de abril de 1999.

Es decir, la Asamblea Nacional Constituyente fue creada por la voluntad popular, por el poder constituyente originario que es el pueblo, como resultado del ejercicio ciudadano del derecho a la participación que la Corte Suprema de Justicia en su sentencia del 19 de enero de 1999 dedujo de la interpretación que le dio tanto al artículo 4 de la Constitución como al artículo 181 de la Ley Orgánica del Sufragio y Participación Política.

En consecuencia, la Asamblea Nacional Constituyente, producto de la soberanía popular manifestada en el referido Referéndum Consultivo, está exclusivamente sometida a lo expresado en el mismo, en el cual se le fijó el marco jurídico-político dentro el cual debe actuar. Es decir, en dicho Referéndum, el pueblo le precisó a la Asamblea Nacional Constituyente su misión y le indicó los límites de su actuación, los cuales, en consecuencia, no provienen ni pueden provenir de los Poderes Constituidos del Estado, sino de la propia voluntad del pueblo, como Poder Constituyente originario que es.

De lo anterior resulta que la Asamblea Nacional Constituyente, originada en la voluntad popular, tiene como marco jurídico de actuación la consulta popular efectuada y las bases comiciales adoptadas en el Referéndum del 25 de abril de 1999, las cuales, en consecuencia, adquirieron rango supra constitucional de manera que el trabajo de la Asamblea Nacional Constituyente, al elaborar la nueva Constitución, tiene que desarrollarse con sujeción a las referidas bases.

De ello resulta que la Asamblea Nacional Constituyente electa el 25 de julio de 1999, tiene definido su régimen fundamental en las preguntas y bases comiciales consultadas en el Referéndum del 25 de abril de 1999 que, como se dijo, son de naturaleza supraconstitucional, pues son la manifestación más directa de la soberanía del pueblo, a la cual la Asamblea Nacional Constituyente está sujeta y debe respetar y seguir.

Es decir, si bien la Asamblea Nacional Constituyente no está sujeta a los Poderes constituidos, nunca puede estar por encima de la voluntad popular y de la soberanía del pueblo, a quien corresponde, se insiste, el Poder Constituyente Originario, al cual aquella no puede sustituir.

La soberanía siempre es del pueblo, es decir, este es el soberano; es, en definitiva, el poder constituyente; por ello, nunca una Asamblea Nacional Constituyente puede pretender sustituir al pueblo y considerarse soberana o titular de la soberanía.

La Asamblea Nacional Constituyente, por tanto, teniendo como límites los que le impuso el pueblo soberano en las preguntas y bases comiciales que fueron sometidas a consulta popular en el Referéndum Consultivo del 25 de abril de 1999, no puede asumir carácter "originario" alguno, pues ello significaría, al contrario de lo dispuesto por la voluntad popular, suspender la vigencia de la Constitución de 1961 y pretender actuar fuera de los límites supraconstitucionales que deben guiar su actuación.

Por ello, no es posible que la Asamblea Nacional Constituyente pueda disponer, durante su funcionamiento que está limitado a un lapso de 6 meses, la disolución del Congreso o de la Corte Suprema de Justicia, o de cualesquiera de los Poderes Constituidos que si bien no pueden limitar la actuación de la Asamblea, continúan rigiéndose por lo dispuesto en la Constitución de 1961 hasta tanto esta sea sustituida por la nueva Constitución.

La Asamblea Nacional Constituyente, como se ha dicho, está sometida a los límites que le impuso el Poder Constituyente Originario, es decir, la soberanía popular manifestada en el Referéndum del 25-04-99, y que se refieren, en primer lugar, a la precisión de su misión; en segundo lugar, a la vigencia de la Constitución de 1961 hasta tanto no sea sustituida por la nueva Constitución que elabore la Asamblea Nacional Constituyente luego de que sea aprobada en Referéndum aprobatorio; y en tercer lugar, al conjunto de valores y principios que constituyen los límites del trabajo que realice la Asamblea Nacional Constituyente al elaborar la nueva Constitución.

B   *La misión de la Asamblea Nacional Constituyente: elaborar una nueva constitución*

En la Pregunta N° 1 del Referéndum Consultivo del 25 de abril de 1999 se fijó con precisión la misión constitucional de la Asamblea Nacional Constituyente electa el 25 de julio de 1999, indicando la voluntad popular, manifestada a través del Referéndum, que la misma tiene como propósito transformar el Estado y crear un nuevo ordenamiento jurídico que permita el funcionamiento efectivo de una Democracia Social y Participativa.

El mandato o misión de la Asamblea, por tanto, está claramente indicado: se la elige y se constituye con el propósito de transformar el Estado y crear un nuevo ordenamiento jurídico que permita el funcionamiento efectivo de una Democracia Social y Participativa y ello sólo puede hacerse, por supuesto, modificando la Constitución vigente de 1961.

En efecto, el Estado venezolano está actualmente regulado en la Constitución de 1961, cuyo propósito, como el de toda Constitución, es el establecimiento y regulación de un régimen político, en este caso, de democracia representativa; la organización, distribución y separación del Poder Público; y el estatuto de los ciudadanos (derechos y garantías).

Por tanto, transformar el Estado implica modificar la organización del Poder Público que regula la Constitución de 1961, al igual que también es indispensable la modificación de dicha Constitución, para la creación de un nuevo ordenamiento jurídico que permita el funcionamiento efectivo de una democracia social y participativa.

Es decir, la misión de la Asamblea Nacional Constituyente, precisada en la Pregunta N° 1 que se sometió a consulta popular en el Referéndum del 25 de abril de 1999, necesariamente conduce a una reforma de la Constitución de 1961, la cual de acuerdo con la Base Comicial Décima que también fue manifestación de la voluntad popular en el mencionado Referéndum del 25 de abril de 1999, sólo puede ser sustituida por una nueva que entrará en vigencia cuando se apruebe mediante posterior Referéndum aprobatorio.

En consecuencia, mientras la Asamblea Nacional Constituyente cumple su tarea de elaborar un nuevo texto constitucional que refleje su misión de transformar el Estado y crear un nuevo ordenamiento jurídico que asegure la efectiva realización de la democracia social y participativa durante los seis meses de su funcionamiento, necesariamente, continúa en vigencia la Constitución de 1961, la cual no puede ser violada ni siquiera por la propia Asamblea. Incluso, de acuerdo con la Base Comicial Décima sólo el pueblo es quien puede sustituirla por la otra que elabore la Asamblea cuando la apruebe por Referéndum aprobatorio. Mientras esto no ocurra, la Constitución de 1961 necesariamente conserva todo su vigor.

De lo anterior resulta, por tanto, que no puede deducirse de la Pregunta Nº 1 del Referéndum Consultivo de 25 de abril de 1999, que la Asamblea Nacional Constituyente podría tener supuestos poderes ilimitados o absolutos para poder modificar o suspender la vigencia de la Constitución de 1961 durante su funcionamiento, y antes de que la nueva Constitución no sea aprobada por el pueblo. El hecho de tener como misión el transformar el Estado y crear un nuevo ordenamiento jurídico, lo que implica son sus poderes para preparar una nueva Constitución que responda a esa misión, la cual sólo entrará en vigencia cuando el pueblo soberano la apruebe mediante Referéndum aprobatorio.

En consecuencia, si la Asamblea Nacional Constituyente, por voluntad popular, no tiene potestad para poder poner en vigencia la nueva Constitución que elabore, tampoco puede tener poder, durante el breve lapso de su funcionamiento, para derogar, modificar o suspender la vigencia de la Constitución de 1961.

C. *El principio de la vigencia de la constitución de 1961 durante el funcionamiento de la Asamblea Nacional Constituyente*

En efecto, como se ha dicho, el pueblo soberano, en el Referéndum Consultivo del 25 de abril de 1999, no sólo indicó con precisión la misión de la Asamblea Nacional Constituyente al contestar positivamente la Pregunta N° 1, sino que al contestar también positivamente la Pregunta N° 2, que estableció las Bases Comiciales de la Asamblea Nacional Constituyente, le fijó otros límites de su actuación.

El primero de estos límites al cual ya nos hemos referido, es el establecido en la Base Comicial Décima que fue objeto del Referéndum, conforme a la cual, la nueva Constitución que recoja las propuestas de la Asamblea Nacional Constituyente para transformar el Estado y que contenga el nuevo ordenamiento jurídico para hacer efectiva la democracia social y participativa, es decir, la nueva Constitución que sancione la Asamblea Nacional Constituyente, sólo entrará en vigencia al ser aprobada por el pueblo, mediante Referéndum aprobatorio posterior.

En consecuencia, la Asamblea Nacional Constituyente no sólo no tiene carácter soberano, sino que tampoco tiene poderes constitucionales de actuación salvo los que se refieren a la elaboración de una nueva Constitución, que, como se dijo, ni siquiera puede poner en vigencia la Asamblea Nacional Constituyente directamente, pues dicho poder sólo corresponde al pueblo soberano mediante Referéndum aprobatorio.

La consecuencia de lo anterior es que mientras esa aprobación refrendaria de la nueva Constitución no ocurra, la misma no puede entrar en vigencia y continúa en vigencia la Constitución de 1961. Ello implica que durante su funcionamiento, la Asamblea Nacional Constituyente debe respetar y observar la Constitución de 1961, pero no en el sentido de que la misma pueda regir su funcionamiento —lo que no es así, pues la Asamblea Nacional Constituyente como instrumento político no está prevista en la Constitución—, sino en el sentido de que nada la autoriza para derogarla, modificarla o suspender su vigencia.

El marco jurídico de actuación de la Asamblea Nacional Constituyente durante su funcionamiento de seis meses, como se dijo, está establecido en las normas supraconstitucionales derivadas de la manifestación de la voluntad popular expresada en el Referéndum de 25 de abril de 1999, y de las mismas nada puede deducirse en el sentido de poder interpretar que la Asamblea Nacional Constituyente podría arrogarse un poder constituyente originario que le pudiera permitir disolver al Congreso, a la Corte Suprema de Justicia o a otros órganos constitucionales del Estado.

Cualquier actuación en tal sentido significaría una derogación o modificación de la Constitución de 1961, así sea temporal, o una suspensión de su vigencia antes de haber sido sustituida por otra mediante Referéndum aprobatorio, lo cual significaría una violación de la Base Comicial Décima que como voluntad del pueblo originario, es parte del marco supraconstitucional que rige el funcionamiento de la Asamblea.

La disolución del Congreso y de la Corte Suprema de Justicia, en el sentido de terminación anticipada del mandato de dichos órganos constitucionales, sólo podría ocurrir después de que la nueva Constitución sea aprobada, mediante Referéndum, sí así se dispone, por ejemplo, en sus Disposiciones Transitorias y resulte necesaria del diseño de transformación del Estado que proyecte la Asamblea.

D. *Los límites supraconstitucionales impuestos por la voluntad popular a la Asamblea Nacional Constituyente para el cumplimiento de su misión*

Pero incluso, en el cumplimiento de la propia misión que el pueblo le asignó a la Asamblea Nacional Constituyente en la Pregunta Nº 1 del Referéndum Consultivo del 25 de abril de 1999, esta no tiene poderes ilimitados, sino que su tarea de transformar el Estado y crear un nuevo ordenamiento jurídico para hacer efectiva una democracia social y participativa, también la debe realizar dentro de los precisos límites que el pueblo soberano dispuso al manifestar su voluntad consultiva en relación a la Base Comicial Octava sometida a su consideración en el Referéndum Consultivo de 25 de abril de 1999.

De ello resulta que en el cumplimiento de su misión la Asamblea Nacional Constituyente no tiene poderes ilimitados ni absolutos, pues al contrario, como ya se ha dicho, está sometida a los límites que le fueron impuestos no por Poder Constituido alguno, sino por el Poder Constituyente Originario, el pueblo, a través de la voluntad popular manifestada en el Referéndum Consultivo del 25 de abril de 1999 que le dio origen, y que se configura como el marco supraconstitucional de la Asamblea.

Y es precisamente en la Base Comicial Octava del Estatuto de la Asamblea Nacional Constituyente votado en el Referéndum Consultivo del 25 de abril de 1999, donde se establece dicho marco supraconstitucional dentro del cual podrá actuar la Asamblea, el cual está configurado dentro de los siguientes "límites": En primer lugar, "los valores y principios de nuestra historia republicana"; en segundo lugar, "el cumplimiento de los tratados internacionales, acuerdos y compromisos válidamente suscritos por la República"; en tercer lugar, "el carácter progresivo de los derechos fundamentales del hombre", y en cuarto lugar, "las garantías democráticas dentro del más absoluto respeto de los compromisos asumidos".

a.   *Los valores y principios de nuestra historia Republicana*

El primer límite que tiene la Asamblea Nacional Constituyente en su misión de transformar el Estado y crear un nuevo ordenamiento jurídico que permita el desarrollo efectivo de una democracia social y participativa, está constituida por "los valores y principios de nuestra historia republicana".

Ahora bien, la historia republicana de Venezuela ha transcurrido, toda, dentro de los valores y principios del constitucionalismo moderno que tienen sus raíces tanto en la Revolución norteamericana de 1776 como en la Revolución Francesa de 1789, y que se plasmaron, en primer lugar, en la Constitución de los Estados Unidos de Norteamérica de 1787, en segundo lugar, en la Constitución francesa de 1791 y en tercer lugar, en la Constitución de Venezuela de 1811, la tercera Constitución del mundo moderno.

Esos valores y principios de nuestra historia republicana, que constituyen los límites dentro de los cuales deben llevarse a cabo los trabajos de la Asamblea Nacional Constituyente y que, por tanto, deben ser conservados, son los siguientes:

En primer lugar, el principio del republicanismo mismo, que parte del postulado de que la soberanía sólo reside en el pueblo, lo que impide que se pueda considerar a cualquier órgano del Estado como soberano. Sólo el pueblo es soberano, por lo que no hay persona u órgano estatal alguno que pueda arrogarse la soberanía.

Ello implica el rechazo a cualquier idea monárquica o a cualquier intento de situar la soberanía en un órgano del Estado, incluso, en la propia Asamblea Constituyente, la cual no puede ser nunca soberana ni pretender asumir la soberanía, que sólo pertenece al pueblo. El pueblo es el soberano, nunca es la Asamblea. Así fue que se plasmó dicho principio, desde la propia Constitución de 1811, en la norma que constituyó el antecedente del actual artículo 4 de la Constitución de 1961.

En segundo lugar, como segundo valor y principio de nuestra historia republicana, está el de la democracia representativa, que implica que el pueblo sólo puede ejercer su soberanía mediante el sufragio, a través de representantes. Es decir, uno de los principios constantes de nuestra historia republicana es el de la democracia representativa, el cual la Asamblea Constituyente debe respetar, debiendo sin embargo, modificar radicalmente el sistema electoral, de manera que los representantes que se elijan en el futuro, lo sean efectivamente del pueblo y no de los partidos políticos.

Por ello, todas las propuestas que deben formularse para hacer efectiva la democracia participativa, deben respetar el principio republicano de la democracia representativa, que en ningún caso puede desaparecer o ser sustituida.

La democracia participativa, por tanto, no es un régimen político que pueda diseñarse en sustitución de la democracia representativa, sino que es su complemento y perfeccionamiento, de manera de asegurar una participación más efectiva del pueblo en la toma de decisiones políticas, por ejemplo, mediante referendos y consultas públicas.

El tercer principio fundamental de nuestra historia republicana, que ha sido el fundamento del constitucionalismo moderno, es el principio de la supremacía constitucional que implica que dado el carácter de Ley Suprema que tiene la Constitución, toda violación a la misma acarrea la nulidad del acto estatal que se encuentre en colisión con la Constitución. Este principio, por tanto, es otro de los límites impuestos por la soberanía popular a la Asamblea Nacional Constituyente, que esta debe respetar.

Dicho principio exige, en consecuencia, que el ordenamiento garantice la supremacía constitucional declarando nulo todo acto violatorio de la Constitución, y estableciendo, como ha sido tradición constitucional de Venezuela desde el Siglo pasado, mecanismos efectivos de protección y defensa de la Constitución, como el control judicial tanto difuso como concentrado de la constitucionalidad de las leyes y demás actos normativos.

El cuarto de los valores de nuestra historia republicana es el principio de la distribución territorial del Poder Público como garantía de libertad y como mecanismo para la prevención del abuso de poder.

En toda nuestra historia republicana, en efecto, el Poder Público ha estado distribuido territorialmente habiéndose originado progresivamente tres niveles de gobierno que respectivamente ejercen, conforme a la forma federal del Estado, el Poder Nacional, el Poder de los Estados y el Poder Municipal. Por ello, el Federalismo y el Municipalismo son dos valores de nuestra historia republicana que deben ser respetados por la Asamblea Constituyente.

El quinto de los principios de nuestra historia republicana, es el principio de la separación de los Poderes Públicos en los tres niveles territoriales, entre el Poder Ejecutivo, el Poder Legislativo y el Poder Judicial, lo que origina un rechazo a toda fórmula de unicidad del Poder Público, y exige su separación en tres órganos estatales, cada uno con sus competencias y, además, un sistema de frenos, controles y contrapesos entre ellos, a los efectos de garantizar la libertad.

Por ello, sería contrario al principio de la separación de poderes toda decisión que pretendiera la unicidad del Poder, es decir, que un solo órgano del Estado asumiera el ejercicio de varios poderes estatales.

El respeto al principio de la separación de poderes, incluso, impide a la Asamblea Constituyente poder asumir, además de su tarea constituyente, el Poder Legislativo o el Poder Judicial disolviendo al Congreso o a la Corte Suprema.

Ello, además de ser contrario a la voluntad popular que le dio origen, contrariaría el principio de la separación de poderes que es esencial en nuestra historia republicana, establecido desde la Constitución de 1811, y que constituye uno de los límites específicos impuestos a la Asamblea Constituyente por el pueblo soberano en el Referéndum del 25 de abril de 1999.

El sexto de los principios de nuestra historia republicana que la Asamblea Constituyente debe respetar al organizar el Poder Público, es el del sistema presidencial de gobierno, lo que implica, no sólo la separación entre el órgano legislativo y el órgano ejecutivo, sino la atribución de la Jefatura del Estado y del Gobierno a un Presidente de la República electo mediante votación directa.

El presidencialismo, así, ha sido de la esencia no sólo de nuestra historia republicana sino de toda América Latina, donde nunca ha existido un sistema de gobierno parlamentario. Pueden establecerse correctivos parlamentarios (controles y contrapesos) en relación al presidencialismo como algunos de los que existen en la Constitución de 1961 (existencia del Consejo de Ministros responsable; voto de censura de las Cámaras Legislativas respecto de los Ministros; deber de comparecencia de éstos a las Cámaras; derecho de los Ministros a tener iniciativa legislativa y participar en la discusión de las leyes), pero ello no cambia la naturaleza presidencial del sistema de gobierno que, como principio del republicanismo, debe conservarse.

En relación con el sistema de gobierno, otros de los principios esenciales de nuestra historia republicana, que deben respetarse, son los principios del gobierno alternativo y responsable, que además de los principios del gobierno democrático, representativo, deben complementarse con otros como el del carácter participativo. La alternabilidad gubernamental, por tanto, es de la esencia de nuestra historia republicana, lo que ha dado origen a la tradición de la limitación a la reelección presidencial; al igual que lo es la responsabilidad de los gobernantes.

El séptimo de los principios de nuestra historia republicana que debe respetar la Asamblea Nacional Constituyente, es el sistema constitucional de controles en relación con el ejercicio del Poder Público. Una formulación original de este principio fue la propuesta del Libertador Simón Bolívar en el Congreso de Angostura de 1819 sobre el Poder Moral, y que el constitucionalismo contemporáneo ha regulado mediante el establecimiento de órganos constitucionales especializados, con autonomía funcional, como la Contraloría General de la República, o la Fiscalía General de la República. Nuevos órganos de control, sin duda, deben establecerse como el Defensor del Pueblo o de los Derechos Humanos, pero sin que se piense en eliminar el órgano de control fiscal o de control del cumplimiento de la Constitución.

El octavo de los valores de nuestra historia republicana, es la consagración constitucional de los derechos y garantías constitucionales en el texto fundamental, lo cual tiene su antecedente remoto en la Declaración de los Derechos del Pueblo adoptada el 1° de julio de 1811 por la Sección Legislativa de la Provincia de Caracas del Congreso General de 1811, incluso 4 días antes de la Declaración de Independencia.

La Asamblea Nacional Constituyente, por tanto, debe respetar el principio republicano de la enumeración de los derechos y garantías constitucionales, ampliándola sin duda, mediante la atribución de rango constitucional a los tratados internacionales que los han venido consagrando.

Por último, también puede decirse que se configuran como valores y principios de nuestra historia republicana, los denominados principios pétreos de nuestro constitucionalismo, y que son tanto el principio de la *independencia nacional como el principio de la integridad del territorio, a los que la Asamblea Nacional Constituyente está sujeta. La Asamblea, por tanto, en forma alguna podría afectar la Independencia de Venezuela o la integridad de su territorio que tiene su origen en el que correspondió a la Capitanía Gene-*

ral de Venezuela antes de la transformación política independentista iniciada el 19 de abril de 1810.

b. *El cumplimiento de los Tratados Internacionales, Acuerdos y Compromisos válidamente suscritos por la República*

El segundo gran límite impuesto por la soberanía popular manifestada en el Referéndum del 25 de abril de 1999, a la Asamblea Nacional Constituyente, es el cumplimiento de los Tratados Internacionales, Acuerdos y Compromisos válidamente suscritos por la República.

Este límite, en realidad, le establece a la Asamblea Nacional Constituyente un marco para transformar el Estado y crear un nuevo ordenamiento jurídico que haga efectiva la democracia social y participativa, conformado por todos los tratados, acuerdos y compromisos suscritos válidamente por la República, tanto de carácter bilateral como multilateral y en los cuales, entre otros, se regula el principio democrático, el régimen de protección de los derechos humanos y las garantías ciudadanas a la libertad.

Por otra parte, este límite impuesto a la Asamblea, responde al mismo principio del artículo 7 de la Constitución de 1961 que precisa el territorio nacional en relación con el que era de la Capitanía General de Venezuela a inicios del Siglo XIX, pero con las modificaciones resultantes de los Tratados válidamente celebrados, lo que excluye toda posibilidad de que la Asamblea pretenda desconocer los Tratados de límites territoriales que han sido celebrados por la República.

c. *El carácter progresivo de los derechos fundamentales del hombre*

El tercero de los límites establecidos por la voluntad popular expresada en el Referéndum del 25 de abril de 1999 a la Asamblea Nacional Constituyente, en su misión de transformar el Estado y crear un nuevo ordenamiento jurídico que asegure efectivamente una democracia social y participativa, es el carácter progresivo de los derechos fundamentales del hombre.

Esto significa que la garantía de los derechos humanos no se agota con su enumeración constitucional y la previsión de los medios judiciales de protección, como la acción de amparo, sino mediante su aplicación e interpretación progresiva, en favor de la persona humana y de la libertad. Ello implica que en todo caso de duda, la Ley debe ser interpretada de manera favorable a los derechos fundamentales, a su preservación y protección buscando que siempre prevalezca la libertad.

En tal sentido las limitaciones a los derechos fundamentales establecidas legalmente, siempre deben interpretarse restrictivamente, a favor de la libertad.

d. *Las garantías democráticas dentro del más absoluto respeto de los compromisos asumidos*

Por último, la Base Comicial Octava a que se refirió la consulta popular del 25 de abril de 1999, estableció como límite a la Asamblea Nacional Constituyente, el respeto de las garantías democráticas dentro del más absoluto respeto de los compromisos asumidos.

Estas garantías democráticas apuntan a los principios fundamentales del régimen democrático, representativo, alternativo y responsable que deben preservarse en la nueva Constitución, además de la previsión de instrumentos para hacer de la democracia un régimen más representativo, participativo y social.

Además, el respeto de las garantías democráticas implica el respeto de los valores esenciales de la democracia como régimen político, entre ellos, el de la igualdad, la libertad, la dignidad de la persona humana, el sometimiento al derecho, la tolerancia, el pluralismo, el respeto de las minorías y el control y limitación del poder como garantía de libertad.

E. *Propuesta de redacción del artículo 1º del proyecto de estatuto de funcionamiento de la asamblea nacional constituyente*

Con fundamento en todo lo anteriormente expuesto, mi proposición de redacción del artículo 1º del Estatuto de Funcionamiento, es la siguiente:

"Artículo 1°: La Asamblea Nacional Constituyente es producto de la voluntad y soberanía populares expresadas en las preguntas y bases comiciales del Referéndum consultivo celebrado el 25 de abril de 1999.

Su propósito es transformar el Estado y crear un nuevo ordenamiento jurídico que permita el funcionamiento efectivo de una democracia social y participativa, el cual debe materializar en una Constitución que someterá a Referéndum aprobatorio dentro de los treinta días siguientes continuos a su sanción."

Con base en todo lo anterior, se terminó el debate y se sometieron a aprobación las diversas propuestas formuladas en relación con el artículo 1° del Reglamento, habiéndose aprobado solamente la inclusión de un agregado propuesto por el Constituyente Combellas, precisando que:

"La Constitución de 1961 y el resto del ordenamiento jurídico imperante mantendrá su vigencia en todo aquello que no colide o sea contradictorio con los actos jurídicos y demás decisiones de la Asamblea Nacional Constituyente".

El resultado fue entonces que el artículo 1° del Reglamento se aprobó con la siguiente redacción:

"Artículo 1.- La Asamblea Nacional Constituyente es la depositaria de la voluntad popular y expresión de su soberanía con las atribuciones del poder originario para reorganizar el Estado venezolano y crear un nuevo ordenamiento jurídico democrático.

La Asamblea en uso de sus atribuciones que le son inherentes, podrá limitar o decidir cesación de las actividades de las autoridades que conforman el poder público.

Su objetivo será transformar el Estado y crear un nuevo ordenamiento jurídico que garantice la existencia efectiva de la democracia social y participativa.

Parágrafo primero.- Todos los organismos del Poder Público quedan subordinados a la Asamblea Nacional Constituyente y están en la obligación de cumplir y hacer cumplir los actos jurídicos estatales que emita dicha Asamblea Nacional.

Parágrafo segundo.- La Constitución de 1961 y el resto del ordenamiento jurídico imperante mantendrá su vigencia en todo aquello que no lo colida o sea contradictorio en los actos jurídicos y demás decisiones de la Asamblea Nacional Constituyente".

Debe mencionarse, sin embargo, que la propuesta de agregado del Parágrafo Segundo, motivó que la Constituyente Iris Valera hubiera salvado su voto, por considerar que ello "representará a corto plazo una frustración para el pueblo venezolano que nos ha dado señales contundentes de su aspiración inmediata en que se liquide el actual sistema político sin dilaciones y la conformación política de esta soberana Asamblea es una prueba de ello."

V. EL SENTIDO DE LA ASUNCIÓN DEL PODER CONSTITUYENTE ORIGINARIO: LA ASAMBLEA NACIONAL CONSTITUYENTE COMO INSTRUMENTO POLÍTICO PARA EL DE ASALTO AL PODER

Con la aprobación del artículo 1 del Estatuto de la Asamblea Nacional Constituyente antes comentado, en 1999 en Venezuela se produjo un golpe de Estado, es decir, la asunción por un órgano constitucional de la potestad de desconocer la Constitución que en ese momento estaba vigente; auto atribuyéndose la facultad, supuestamente:

"En uso de las atribuciones que se le son inherentes, para limitar o decidir la cesación de las actividades de las autoridades que conformen el Poder Público."

De poder constituido extraordinario que se había originado por una interpretación – aún ambigua – de la Constitución, la Asamblea decidió convertirse a sí misma en poder constituyente originario, usurpándoselo al pueblo, violentando su voluntad expresada en la

Constitución que estaba vigente de 1961. En esta forma, se auto-atribuyó el poder de desconocerla y violarla a su antojo y medida, al someter a todos los órganos del poder constituido ordinario a su voluntad. Precisamente fue por ello que en el Estatuto de Funcionamiento, la Asamblea dispuso que:

"Todos los organismos del Poder Público quedan sometidos a la Asamblea Nacional Constituyente, y están en la obligación de cumplir y hacer cumplir los actos jurídicos estatales que emita dicha Asamblea."

En cuanto a la Constitución de 1961, que era el texto vigente, como se ha dicho, la Asamblea resolvió que la misma, así como el resto del ordenamiento jurídico imperante:

"Mantendrán su vigencia en todo aquello que no colida o sea contradictorio con los actos jurídicos y demás decisiones de la Asamblea Nacional Constituyente."

La Asamblea así, se auto-atribuyó potestad constituyente para modificar la Constitución de 1961, no mediante la elaboración de un nuevo proyecto de Constitución que luego debía ser aprobado por el pueblo mediante referendo, sino directa e inmediatamente durante su funcionamiento mediante los llamados actos constituyentes, todo lo cual violaba las bases comiciales que habían sido aprobadas por el referendo, que habían dado origen a la propia Asamblea, a las que luego la Corte Suprema le atribuiría carácter supra-constitucional.

Para ello, se auto atribuyó carácter de "Poder Originario", asignándose a sí misma la atribución de poder "limitar o decidir la cesación de las actividades de las autoridades que conforman el Poder Público", desvinculando dichas decisiones de la elaboración del Proyecto de Constitución. Como consecuencia de ello resolvió que "todos los organismos del Poder Público quedaban subordinados a la Asamblea" y en consecuencia, que estaban en la obligación de cumplir y hacer cumplir los "actos jurídicos estatales" que emitiera[191].

La Asamblea, además, se auto atribuyó potestades públicas por encima de la Constitución de 1961, la cual formalmente continuó vigente durante su funcionamiento pero sólo en todo aquello que no colidiera o fuera contrario con los actos jurídicos y demás decisiones de la Asamblea Nacional Constituyente. Se produjo, así, un golpe de Estado contra la Constitución de 1961, la cual fue desconocida por la Asamblea[192].

Se insiste, cuando se eligió e integró en julio de 1999 a la Asamblea Nacional Constituyente, en paralelo estaban funcionando los poderes públicos constituidos, los cuales tenían misiones distintas. La Asamblea había sido electa, conforme al referendo de abril de 1999, para diseñar la reforma del Estado y un nuevo ordenamiento para hacer efectiva la democracia social y participativa, lo cual debía elaborar y someter a la aprobación popular por un referendo final.

La Asamblea Constituyente no había sido electa para gobernar ni para sustituir ni intervenir los poderes constituidos, ni para violar la Constitución. No tenía carácter de poder constituyente originario, como expresamente lo había resuelto la Corte Suprema de Justicia.

Sin embargo, como se dijo, en su primera decisión, que fue la aprobación de su Estatuto de Funcionamiento, la Asamblea Constituyente, dominada por la mayoría que respaldaba al Presidente y que había sido electa para su respaldo, se auto-proclamó como "poder constituyente originario", auto-atribuyéndose la facultad de "limitar o decidir la cesación de las actividades de las autoridades que conforman el Poder Público" y estableciendo que "todos los organismos del

---

191   Véase Julio C. Fernández Toro, "Comentarios sobre los poderes de control político de la Asamblea Nacional previstos en la Constitución de 1999 sobre la actuación de los órganos de los otros poderes nacionales", en *Revista de Derecho Constitucional,* N° 6 (enero-diciembre). Editorial Sherwood, Caracas, 2002, pp. 89-103.

192   Véase Allan R. Brewer-Carías, *Golpe de Estado y Proceso Constituyente en Venezuela*, UNAM, México, 2002.

Poder Público quedan subordinados a la Asamblea Nacional Constituyente y están en la obligación de cumplir y hacer cumplir los actos jurídicos estatales que emita la Asamblea"[193]. Ese carácter de poder constituyente originario le sería reconocido posteriormente, validando las decisiones, por la Sala Constitucional designada por la propia Asamblea Constituyente[194].

En esta forma, la Asamblea Nacional Constituyente se auto proclamó como un superpoder estatal, contrariando lo dispuesto en el estatuto de su elección contenido en las bases aprobadas en el referendo de abril de 1999 y violando la Constitución de 1961, al amparo de la cual y de su interpretación, había sido electa.

Lamentablemente, luego de la aprobación del Estatuto de Funcionamiento de la Asamblea la Constitución, la Corte Suprema de Justicia que no fue capaz de corregir sus vicios, creyendo que quizás, se podía salvar de la guillotina constituyente. Sin embargo, como siempre sucede en estos procesos, fue la primera cabeza que rodó.

La Corte Suprema de Justicia, en efecto, fue llamada a pronunciarse sobre la violación, por el Decreto de regulación de las funciones del Poder Legislativo dictado por la Asamblea Nacional Constituyente, de las bases comiciales que se habían aprobado en el referendo del 25 de abril de 1999; pero la Corte en un acto de denegación de justicia, se abstuvo de considerar tal violación. Esta técnica de avestruz se produjo con la sentencia de la Corte Plena del 14 de octubre de 1999, que lejos de corregir la usurpación de autoridad realizada por la Asamblea, "legitimó" la inconstitucionalidad.

Por ello, en los actos constituyentes posteriores, la Asamblea Nacional Constituyente siempre invocaría, precisamente, esta sentencia para ejercer sus pretendidos poderes de desconocer la Constitución.

---

193   Véase Allan R. Brewer-Carías, *Golpe de Estado y Proceso Constituyente en Venezuela, cit.*, pp. 207 y ss.

194   Véase sentencia N° 179 de la Sala Constitucional de 28-03-2000, *Revista de Derecho Público*, N° 81, Caracas, 2000, pp. 82-86.

En todo caso, el primero de estos actos fue, también precisamente, el acto constituyente del 22 de diciembre de 1999, que destituyó a los propios Magistrados de la Corte Suprema de Justicia, que eliminó a la Corte y que creó, en su lugar, un Tribunal Supremo de Justicia, con nuevas Salas, designando a su gusto a los nuevos Magistrados. Muy pocos de la antiguos Magistrados de la Corte Suprema de Justicia aparecieron en el nuevo Tribunal Supremo de Justicia, pero uno que sí apareció seguro fue el Magistrado Presidente, Iván Rincón, ponente de la desafortunada sentencia de la Corte Plena del 14 de octubre de 1999.

Posteriormente, la Sala Constitucional del Tribunal Supremo creada por la Asamblea Nacional Constituyente en el decreto mencionado de 22 de diciembre de 1999, reconoció que la misma había ejercido un poder constituyente originario,[195] el cual, al contrario le había sido negado por la Corte Suprema de Justicia en 1999.

En todo caso, en ese marco de violación constitucional, durante el primer período de su funcionamiento, entre agosto y septiembre de 1999, la Asamblea, lejos de conciliar y buscar conformar un nuevo pacto político de la sociedad, se dedicó a intervenir los poderes constituidos que habían sido electos en diciembre de 1998 y que estaban en funcionamiento conforme a la Constitución en ese entonces vigente de 1961. Así, en agosto de 1999, la Asamblea decretó la reorganización de todos los poderes públicos; decretó la intervención del Poder Judicial creando una Comisión de Emergencia Judicial que lesionó la autonomía e independencia de los jueces; decretó la regulación de las funciones del Poder Legislativo, eliminando tanto al Senado como a la Cámara de Diputados y a las

---

195   La Sala Constitucional como se dijo, reconoció el "poder originario" de la Asamblea Nacional Constituyente y la "naturaleza constitucional" de los actos de la misma "por ser creación originaria de derecho". Véase por ejemplo, sentencia N° 4 de 26-01-2000, *Revista de Derecho Público*, N° 81, Caracas, 2000, p. 93-95 y sentencia N° 1563 de 13-12-2000 en *Revista de Derecho Público*, N° 84, Caracas, 2000.

Asambleas Legislativas. Además, intervino a los Concejos Municipales, suspendiendo, incluso, las elecciones municipales.[196]

El primer período de funcionamiento de la Asamblea, por tanto, fue un período de confrontación y conflictividad política entre los poderes públicos y los diversos sectores políticos del país. El proceso constituyente, en esta etapa inicial, no fue un vehículo para el diálogo y la consolidación de la paz ni un instrumento para evitar el conflicto. Al contrario, fue un mecanismo de confrontación, conflicto y aplastamiento de toda oposición o disidencia y de apoderamiento de todas las instancias del poder. El proceso constituyente, por tanto, antes de ser un instrumento para la reducción del conflicto, acentuó la confrontación y contribuyó al dominio exclusivo del poder por parte de un solo partido político, el de gobierno, que respondía a las instrucciones del Presidente de la República. En definitiva, el proceso constituyente se utilizó para acabar con la clase política que había dominado la escena en las décadas anteriores.

En esa primera etapa de su funcionamiento, al asumir el rol de poder constituyente originario, reorganizando e interviniendo los Poderes Públicos, violando con ello las previsiones de la Constitución de 1961, la Asamblea Constituyente dictó los siguientes actos y actuaciones:

En *primer lugar*, el 9 de septiembre de 1999, la Asamblea resolvió ratificar al Presidente de la República en su cargo "para el cual fue electo democráticamente el pasado 6 de diciembre de 1998", decretando recibir la juramentación del Presidente.[197] Nos abstuvimos de votar dicha propuesta, pues consideramos que la legitimidad del Presidente estaba fuera de discusión, no teniendo la Asamblea nada que decidir respecto del gesto del Presidente de poner su cargo a la orden de la Asamblea[198].

---

196   Véase Allan R. Brewer-Carías, *Golpe de Estado y Proceso Constituyente en Venezuela, cit.*, pp. 213 y ss.

197   Véase en *Gaceta Constituyente, cit.,* p. 3 de la sesión del 09-08-99.

198   Véase nuestra posición en Allan R. Brewer-Carías, *Debate Constituyente,* Tomo I, *op cit.,* pp. 41 y 42; y en *Gaceta Constituyente, cit.* pp. 3 y 4 de la sesión del 09-08-99.

En *segundo lugar*, el 12 de agosto de 1999, la Asamblea decretó la reorganización de todos los órganos del Poder Público, decisión respecto de la cual argumentamos oralmente sobre su improcedencia y salvamos nuestro voto, razonándolo negativamente.[199]

En *tercer lugar*, el 19 de agosto de 1999, la Asamblea decretó la reorganización del Poder Judicial, sobre lo cual manifestamos nuestro acuerdo con que la Asamblea debía *motorizar* las reformas inmediatas e indispensables en el Poder Judicial, pero argumentamos oralmente y en voto negativo razonado, en contra de la forma de la intervención, que lesionaba la autonomía e independencia del Poder Judicial, con la creación de una Comisión de Emergencia Judicial que suplantara los órganos regulares de la Justicia.[200]

En general, sin embargo, a pesar del texto del Decreto de la Asamblea, las medidas respectivas conforme a las reformas legislativas en la materia que habían sido aprobadas en 1998, se adoptaron por los órganos del Consejo de la Judicatura con el impulso político de la Comisión.[201]

En *cuarto lugar*, el 25 de agosto de 1999, la Asamblea dictó el Decreto de regulación de las funciones del Poder Legislativo, decisión mediante la cual materialmente se declaraba la cesación de las Cámaras Legislativas (Senado y Cámara de Diputados), cuyos miembros habían sido electos en noviembre de 1998, y se atribuía

---

199 Véase en Allan R. Brewer-Carías, *Debate Constituyente*, Tomo I, *op. cit.*, pp. 43 a 56; y en *Gaceta Constituyente, op. cit.*, pp. 2 a 4 de la sesión del 12-08-99. Véase el texto del Decreto en *Gaceta Oficial* N° 36.764 de 13-08-99.

200 Véase en Allan R. Brewer-Carías, *Debate Constituyente*, Tomo I, *op. cit.*, pp. 57 a 73; y en *Gaceta Constituyente, op. cit.*, pp. 17 a 22 de la sesión del 18-08-99. Véase el texto del Decreto en *Gaceta Oficial* N° 36.782 de 08-09-99.

201 Lo insólito de la intervención del Poder Judicial, violando su autonomía y haciendo a casi todos los jueces unos dependientes del Poder, es que a finales de 2003 la referida Comisión continuaba funcionando en paralelo al Tribunal Supremo, órgano que no asumió su rol constitucional en cuanto al gobierno de la Administración de la Justicia. Dicha Comisión, y no el Tribunal Supremo, en efecto, fue la que en octubre de 2003 destituyó a los Magistrados de la Corte Primera de lo Contencioso Administrativo.

la potestad legislativa a la Comisión Delegada y a la propia Asamblea. Nos opusimos a este Decreto por considerarlo inconstitucional, por violar las *bases comiciales del referéndum del 25 de abril de 1999,* tanto oralmente como en el voto salvado negativo que razonamos por escrito[202]. Con posterioridad, sin embargo, y con la intermediación de la Iglesia Católica, el 9-9-99 la directiva de la Asamblea llegó a un acuerdo con la directiva del Congreso, con el cual, de hecho, se dejó sin efecto el contenido del Decreto, siguiendo el Congreso funcionando formal, aún cuando precariamente, conforme al régimen de la Constitución de 1961.[203]

En *quinto lugar*, el 26 de agosto de 1999, la Asamblea decretó la suspensión de las elecciones municipales, que debían convocarse en el segundo semestre de 1999, a lo cual nos opusimos, no porque políticamente no debían suspenderse, con lo cual estábamos de acuerdo, sino porque para ello era necesario reformar la Ley Orgánica del Sufragio, lo que sólo correspondía a las Cámaras Legislativas. Argumentamos nuestra posición oralmente y salvamos por escrito nuestro voto negativo, razonándolo.[204]

En consecuencia, durante el primer mes de funcionamiento de la Asamblea puede decirse que la primera etapa de la misma se dedicó a la intervención de los Poderes Constituidos, irrumpiendo contra la Constitución de 1961 que no había sido derogada ni sustituida, sin que en las Plenarias de la Asamblea se hubiese prestado fundamental atención a la elaboración del Proyecto de Constitución. Por tanto, la Asamblea Nacional Constituyente de 1999, en las relaciones de poder, lejos de constituir un instrumento de conciliación e inclusión, fue un instrumento de exclusión y control hegemónico del poder. En efecto, el asalto y control hegemónico del poder por

---

202 Véase en Allan R. Brewer-Carías, *Debate Constituyente,* Tomo I, *op. cit.,* pp. 75 a 113; y en *Gaceta Constituyente, op. cit.,* pp. 12 a 13 y 27 a 30 de la sesión del 25-08-99 y pp. 16 a 19 de la sesión del 30-08-99. Véase el texto del Decreto en *Gaceta Oficial* N° 36.772 de 26-08-99.

203 Véase el texto del Acuerdo en *El Nacional,* Caracas, 10-9-99, p. D-4.

204 Véase en Allan R. Brewer-Carías, *Debate Constituyente,* Tomo I, *op. cit.,* pp. 115 a 122; y en *Gaceta Constituyente, op. cit.,* pp. 7 a 8, 11, 13 y 14. Véase el texto en *Gaceta Oficial* N° 36.776 de 31-08-99.

el grupo político que controlaba la Asamblea Nacional Constituyente y que respondía a la voluntad del Presidente de la República, no sólo se comenzó a realizar durante los primeros meses de funcionamiento de la Asamblea, violándose la Constitución vigente de 1961, sino también al final, luego de aprobado popularmente el nuevo texto constitucional el 15 de diciembre de 1999, violándose esta vez, el nuevo texto aprobado.

Incluso, puede decirse que durante los 5 meses de funcionamiento que tuvo la Asamblea Constituyente en la segunda mitad de 1999, todo el debate político del país, giró en torno a la misma. La Asamblea se había constituido en el centro del poder, el Presidente la calificaba de "soberanísima" y como ya he señalado, la Corte Suprema de Justicia, al decidir sendos recursos de inconstitucionalidad contra actos a través de los cuales se intervinieron los poderes públicos constituidos, incluso el propio Poder Judicial, en una sentencia del 14 de octubre de 1999, que fue su propia sentencia de muerte, llegó casi a reconocerle esos supuestos poderes "supraconstitucionales."[205]

A partir de ese momento entonces comenzó en el país un sistemático proceso de ruptura del orden constitucional, mediante la emisión de actos constituyentes, que lamentablemente luego fueron reconocidos como de rango constitucional, primero, por la propia antigua Corte Suprema de Justicia hasta que fue cesada, víctima de su debilidad y, luego, por el Tribunal Supremo de Justicia creado y dominado por el nuevo poder.

En cuanto a la antigua Corte Suprema de Justicia, ello ocurrió mediante una confusa sentencia del 14 de octubre de 1999 (Caso *Impugnación del Decreto de la Asamblea Nacional Constituyente de Regulación de las Funciones del Poder Legislativo*)[206] la cual cambiando el criterio sustentado en la sentencia de la Sala Político Administrativa de 18 de marzo de 1999, desligó a la Asamblea de

---

205 Véase las referencias en Allan R. Brewer-Carías. *Golpe de Estado y Proceso Constituyente en Venezuela, op. cit.,* p. 233 y ss.

206 Véase el texto en *Revista de Derecho Público,* N° 77-80, Editorial Jurídica Venezolana, Caracas 1999, pp. 111 a 132.

las previsiones de la Constitución de 1961, permitiendo que aquélla pudiera desconocerla, con lo que ilegítimamente "legitimó" el golpe de Estado que la Asamblea había dado al desconocer la Constitución de 1961.

VI. LA CHARADA SOBRE LA SUJECIÓN DEL PRESIDENTE DE LA REPÚBLICA A LA VOLUNTAD DE LA ASAMBLEA NACIONAL CONSTITUYENTE, Y SU RATIFICACIÓN EN EL CARGO

En la sesión de la Asamblea Nacional Constituyente del día 9 de agosto de 1999, se consideraron dos puntos en la Agenda, sin duda, previamente establecidos como producto de la especie de libreto preconcebido, que fueron: el "Considerar el planteamiento del Presidente de la República, ciudadano Hugo Rafael Chávez Frías, de poner su cargo a la orden ante la Asamblea Nacional Constituyente, realizado en su discurso del día 5 de agosto de 1999," y "la consideración de un "proyecto de Acuerdo ratificando al ciudadano Hugo Rafael Chávez Frías como Presidente de la República."

El Presidente, en efecto, como efecto demostrativo, en su discurso ante la Asamblea cuatro días antes, había puesto su cargo a la orden de la misma, dando la pauta de lo que en su criterio quizás también debían hacer el resto de los poderes constituidos. En su caso, por supuesto, dominando la casi total mayoría de la Asamblea, sabía que sería "ratificado" en su cargo, como ocurrió. Igual suerte quizás y sin embargo, no hubieran corrido los titulares de los otros Poderes Públicos.

La puesta de su cargo a la orden de la Asamblea, por el Presidente, por tanto, era una parodia que nadie se creía, de manera que una vez leída la propuesta formulada por el Constituyente José León Tapia Contreras, de "ratificar al ciudadano Hugo Chávez Frías en el cargo de Presidente Constitucional de la República de Venezuela, para el cual fue electo democráticamente el pasado 6 de diciembre de 1998," y de que "se lo juramentara de nuevo el 11 de agosto de 1999," solicité la palabra abriendo el debate, indicando lo siguiente:

"Constituyente BREWER CARÍAS (Allan): Como miembro de esta Asamblea y a título personal, por supuesto, aprecio el gesto del señor Presidente de la República de ponernos su cargo a la orden.

Esto hubiera tenido un sentido lógico si el título del Presidente de la República fuese ilegítimo o hubiese alguna duda sobre su legitimidad; pero no, el Presidente de la República fue electo democráticamente el 6 de diciembre pasado con una muy apreciable mayoría que no deja lugar a duda alguna sobre la legitimidad de su título como Jefe de Estado y Jefe de Gobierno.

El Presidente no necesita, para gobernar, en mi criterio, que esta Asamblea lo ratifique, pero si a pesar de ello así lo quiere, honor que nos hace.

Sin embargo, hay que recordar que gestos como éste, lamentablemente, los reseña la historia sólo cuando algún líder ha querido legitimarse, por la carencia de títulos adecuados ante una asamblea propia. No quisiera que así se recordara el gesto del Presidente de la República.

Así lo hizo, por ejemplo, hace 480 años, Hernán Cortés, al desembarcar en las costas de México sin licencia para descubrir y poblar, pues la que tenía del gobernador de la isla de Cuba, Diego de Velásquez, éste se la había revocado. Para legitimarse en la conquista, fundó la ciudad denominada "Villa Rica de la Vera Cruz" y aun cuando no tenía licencia para ello, nombró sus regidores y alcaldes, como era costumbre fundacional, y al día siguiente renunció ante ellos al mando y les dijo lo siguiente, con la venia del Presidente (asentimiento), leo:

'Bien sabéis que yo gobierno el ejército sin otro título que un nombramiento de Diego de Velásquez, que fue con poca intromisión escrito y revocado. Dejo aparte la sinrazón de su desconfianza, por ser de otro propósito, pero no puedo negar que la jurisdicción militar de que tanto necesitamos, se conserva hoy en mí, contra la voluntad de su dueño, y se funda en un título violento que trae consigo mal disimulada la flaqueza de su origen.

A vosotros, señores, toca el remedio de este inconveniente y el Ayuntamiento en quien reside hoy la representación de nuestro Rey, puede en su real nombre proveer el gobierno de sus armas, eligiendo personas en quien no concurran estas nulidades.

Muchos sujetos hay en el ejército capaces de esta ocupación y en cualquiera que tenga otro género de autoridad, o que lo reciba de vuestra mano, estará mejor empleado.

Yo desisto, desde luego, del derecho que pudo comunicarme la posesión y renuncio en vuestras manos el título que me puso en ellas, Para que discurráis contad con todo el arbitrio en vuestra elección y puedo asegurarles que toda mi ambición se reduce al acierto de nuestra empresa y que sabré, sin violentarme, acomodar la pica en la mano que deja el bastón, y si en la guerra se aprende el mandar obedeciendo, también hay casos en que el haber mandado enseña a obedecer'.

Esto dijo Hernán Cortés ante sus alcaldes y regidores. Y, dicho esto, arrojó sobre la mesa el título de Diego de Velásquez y entregó el bastón de mando a los alcaldes retirándose.

Los alcaldes aceptaron la renuncia de Cortés y de seguidas, como sin duda estaba previsto, lo nombraron Capitán General y Justicia Mayor, es decir, Gobernador del Ejército de Nueva España.

Este no es el caso del señor Presidente de la República, Hugo Chávez Frías: él tiene toda la legitimidad necesaria como Presidente de la República por elección popular, para ejercer su función de gobierno que tanto necesitamos en el país.

Por ello estimo que esta Asamblea no tiene pronunciamiento alguno que hacer en este caso, salvo el de agradecer al Presidente su gesto para con nosotros. Gracias."

A continuación, más directamente, el Constituyente Alberto Franceschi identificó con claridad de qué se trataba la parodia, afirmando que Hugo Chávez era el Presidente de Venezuela, electo por el pueblo, razón por la cual dijo que no participaría en esa votación,

"porque considero que esto es parte de una propuesta de liquidación del viejo liderazgo político del país, que bien lo tiene merecido, más que se ha escogido este camino un poco original, digamos, para andar más o menos rápido en la liquidación del viejo estamento político anterior.

Que quede claro entonces, que cuando se propone esta -no voy a calificarlo con adjetivo- ratificación del Presidente de la República por esta Constituyente, lo que se quiere es indicarle a los gobernadores, a la alta Corte, a todos los funcionarios electos o de elecciones más o menos recientes, que también deberían estar en la obligación de poner sus cargos a la orden de lo que supone sería una razzia electoral del Polo Patriótico para sustituirles en esos cargos.

El Presidente no corre el menor riesgo de ser sustituido por esta Asamblea Constituyente. Él dice que él lo había propuesto antes de saber los resultados; bueno, mérito le cabe para ser tan previsivo, de que creyendo tanto como ha creído en esta Constituyente, antes de saber si había ganado o perdido ya ponía su cargo a la orden.

Pero es un hecho, amigos, no vine aquí a ratificar al Presidente, para mí el Presidente es absolutamente legítimo desde el 2 de febrero pasado y lo será hasta que la nueva Constitución decida si, incluso, decide alargarle o acortarle su período. Para eso, me imagino, sí tendrá soberanía desde esta constituyente con el acuerdo, por supuesto, de los poderes públicos."

En definitiva consideró Franceschi que Chávez había sido juramentado conforme a la Constitución de 1961, que era el texto que le había permitido tener todos los privilegios de mando y los resortes de poder, considerando que hasta que fuera proclamada por un referéndum positivo la nueva Constitución la de 1961 debía estar efectivamente, en vigencia.

El debate siguió con la intervención del Constituyente Hermán Escarrá, quien consideró que como "la Asamblea Nacional Constituyente es originaria y que su objeto, entre otros, es refundar la República, entonces no es menos cierto que los poderes constituidos se subordinan al poder constituyente originario delegado temporalmente en esta Asamblea," por lo que el acto propuesto con el Presidente tenía "por objeto no solamente confirmar el carácter soberano, originario y refundacional de esta Asamblea, sino exhortar a los poderes constituidos también a homologar lo que ya está en el Reglamento, y es que el poder constituido está subordinado al poder constituyente originario." En sentido similar, el Constituyente Ángel Rodríguez consideró que como "la Presidencia de la República, como institución, es parte del poder constituido," la Asamblea "como poder soberano" debía "designar al Presidente de la República para que asuma las funciones inherentes a su cargo y las que emanen de esta Asamblea Nacional Constituyente." Luego intervino el Constituyente Mario Isea, criticando mi posición, considerando que con ella lo que se quería era "devaluar hoy un gesto que tiene un alto significado" que no era otro que "el significado de ratificar el carácter originario de la Asamblea, el significado de que el Poder Ejecutivo expresa de manera clara y precisa que esta Asamblea Nacional Constituyente no está subordinada a ninguno de los poderes constituidos." Le siguió una intervención del Constituyente Earle Herrera sobre la comparación histórica que hice del acto propuesto con el gesto igualmente falso de Hernán Cortés, que por lo visto no le gustó.

Luego intervino el Constituyente Claudio Fermín, quien también negó su apoyo a la propuesta, considerando que no tenía "ninguna razón para dudar ni para menoscabar el valor de esa elección de diciembre de 1998," ni consideraba que existiera causal alguna "como para descalificar al Presidente," argumentando que su voto lo basaba en "los principios que van a guiar otros votos que tendré en esta Asamblea," en el sentido de que:

"Luego de que algún representante electo para el servicio público, sea presidente, gobernador o alcalde, cuando alguien electo para un cargo ejecutivo, pudiere incurrir en el futuro en

245

alguna razón que necesitase ratificación o revocatoria, desde mi óptica, y esa es mi convicción y por eso la expreso, solamente quien da el mandato pueda revocar o puede ratificar

Concluyó Fermín considerando que su condición de miembro de la Asamblea, en ningún caso le daba la condición de elector del Presidente.

La propuesta, en todo caso, fue en definitiva aprobada "por abrumadora mayoría" pero con los votos negativos de Franceschi, Fermín y el mío. En la sesión de 11 de agosto de 1999, la Asamblea Nacional Constituyente procedió, en consecuencia, a "Ratificar al ciudadano Hugo Chávez Frías, como Presidente de la República de Venezuela," y el Presidente de la Asamblea Miquilena a tomarle el juramento, no sin antes referirse a la idea de la Asamblea Constituyente que "tenía que tener el carácter soberano, la fuerza suficiente, el poder de una asamblea constituyente primaria que fuera capaz de servir de palanca impulsora para los cambios que estaban planteados en nuestros país." Recordó además Miquilena, al tomarle el juramento al Presidente, el hecho de que hubiera puesto sus poderes a la orden de la Asamblea, y que ésta "soberanamente" le haya otorgado en la sesión del 9 de los corrientes "la potestad, la legitimidad del ejercicio de sus funciones como Presidente de la República."

Se cumplió así el libreto que se tenía trazado, del cual además, los próximos pasos ya los anunciaba el propio Presidente al decir que él y su gabinete se ponían a disposición de la Asamblea "para lo que ustedes manden y ordenen [...] dentro de la declaración de emergencia, que entiendo está a punto de concretarse en el seno de las deliberaciones." Ya el Presidente lo sabía, y el tema ni siquiera se había planteado aun formalmente en la Asamblea, todo enmarcado en el carácter de la Asamblea Constituyente, como "originaria considerando "que todos los poderes constituidos tendremos que subordinarnos no sólo de palabra sino de hecho concreto, ante los soberanos mandatos que de aquí emanen, de esto centro de luces."

Lo que siguió fue, en todo caso, lo que estaba anunciado: la intervención sucesiva de todos los poderes públicos constituidos, en lo que se configuró como un golpe de Estado continuado, habiendo yo salvado mi voto en todos y cada uno de los actos constituyentes adoptados por la Asamblea.

VII. LA DECLARATORIA GENERAL DE REORGANIZACIÓN DE TODOS LOS ÓRGANOS DEL PODER PÚBLICO

Lo primero que hizo la Asamblea, conforme al libreto que sus directivos ya tenían preestablecido, fue decretar la reorganización de todos los órganos de los poderes públicos, respecto de lo cual me opuse no sólo en forma oral en la sesión del 12 de agosto de 1999, sino luego mediante Voto Salvado que consigné por escrito. Para justificar este acto constituyente de intervención e interferencia respecto de todos los poderes públicos constituidos, la Asamblea comenzó a construir la falsa afirmación de que el pueblo, en el referendo consultivo del 25 de abril, le había conferido el "poder constituyente originario," lo cual no era cierto, ya que dicho poder lo había usurpado la Asamblea y se lo había auto atribuido al aprobar su Estatuto de Funcionamiento. En todo caso, la afirmación falsa se repitió en todos los actos constituyentes posteriores. A continuación, mis observaciones críticas sobre el Decreto.

1. *Exposición en la sesión de la Asamblea Nacional Constituyente en la cual se debatió sobre el decreto de declaratoria de emergencia nacional*

En la sesión del día 12 de agosto de 1999, en el debate sobre la declaratoria de emergencia nacional, expuse lo siguiente:

CONSTITUYENTE BREWER-CARIAS (ALLAN).- (Desde la Tribuna de Oradores). Ciudadano Presidente, colegas constituyentes. Me refiero al proyecto de Decreto de Declaratoria de Emergencia Nacional que fue distribuido el día de ayer, y como primer punto quisiera solicitarle, ciudadano Presidente, que a partir de ahora tratemos de cumplir los lapsos y plazos establecidos en el Estatuto. Allí se ha indicado que, al menos con 24 horas de anticipación, deben repartirse documentos de este tipo, y es importante que lo tengamos en cuenta hacia el futuro. Sé que el trabajo ha sido a marcha forzada, pero tratemos de regularizarnos para tener estos documentos con la debida ante-lación como nos interesa a los miembros de esta Asamblea.

Ahora, en cuanto al proyecto en sí, tal como está redactado o concebido, pienso que causa más daño a la Asamblea Nacional Constituyente y a la imagen del país, lo que fue motivo de la queja del Presidente de la República ayer en esta Asamblea; que los beneficios que parece buscar y que, en mi criterio, leído globalmente, lo que conduce es a la intención de declarar en emergencia las instituciones públicas del país, muy lejos de declarar el Estado de Emergencia Nacional.

Simplemente, no es un problema semántico, de terminología, sino conceptual, y creo que tenemos que buscar que las decisiones de la ANC respondan realmente a lo que se quiere. En ese sentido, quiero hacer una serie de observaciones a este texto.

En primer lugar, al fundamento del decreto. Allí se dice: "La Asamblea, en representación del pueblo, en ejercicio del Poder Constituyente originario, otorgado al pueblo mediante Referéndum aprobado democráticamente el 25 de abril..." La verdad es que el Referéndum del 25 de abril no otorgó poder constituyente originario alguno, es una interpretación, ya se discutió el domingo pasado, no voy a reabrir esa discusión, fue la Asamblea Nacional Constituyente la que en el artículo 1° del Estatuto asumió ese poder constituyente originario, y así lo consideró y produjo lo que he calificado como una ruptura constitucional en democracia, al haber establecido el marco del Régimen Constitucional venezolano, basado en la Constitución de 1961 con las modificaciones que sean establecidas por la Asamblea Nacional Constituyente.

Por otra parte, celebro la remisión al Referéndum del 25 de abril, pero lamentablemente esto debimos haberlo hecho en el artículo 1° del Estatuto, como lo propuse formalmente y fue negado; ahora, nos vemos en la obligación, en cada acto de esta Asamblea, de hacer referencia al Referéndum del 25 de abril, cuando debimos haberlo puesto en el artículo 1°, como lo propuse. Posiblemente no fue adecuadamente interpretada mi pro-

posición, que era vincular esta Asamblea, directamente, al Referéndum del 25 de abril, que fue el que le dio origen.

Ahora, en cuanto al texto de los considerandos del decreto, insisto en que la intención que uno aprecia no responde al texto del artículo. Si examinamos los considerandos nos damos cuenta que estamos en presencia, en este texto, de una manifestación o de una constatación de una crisis del sistema político, que nadie puede negar en este país. Sin embargo, sólo se nombra en el primer considerando, la crisis social y económica; y en el segundo considerando la crisis cultural, pero en ninguno se hace mención a la crisis de las instituciones políticas, que es el meollo del problema en el país y la intención de este Decreto, que es referirse a las instituciones públicas del país. Por eso creo que no basta decir que hay un colapso y pérdida de legitimidad de las instituciones del Estado, sino que lo que aquí está en crisis es un sistema político, de Estado centralizado de partidos, que se derrumbó, que concluyó y que hay que sustituir por otro modelo de Estado, que sea descentralizado y participativo, y que esto se realice en democracia.

Cuando uno constata la necesidad de implementar medidas que deben decidirse y ejecutarse para enfrentar la crisis, como dice el cuarto considerando, tenemos que hacer referencia a esta crisis institucional. Estos considerandos conducen a la declaración en emergencia de las instituciones venezolanas. Declaración en emergencia del sistema político, que implica declarar en emergencia lo que ya está en emergencia, que son las instituciones que están en crisis. Sin embargo, muy distinto es el texto del título del decreto al decir que aquí lo que se está es declarando la emergencia nacional. Se declara la emergencia nacional, dice el artículo 1°: Declaratoria de Emergencia Nacional.

Sin embargo, lamentablemente este no es el sentido de los artículos, porque en los artículos 1° y 2° se está declarando en emergencia a los poderes públicos y prever que la Asamblea puede tomar medidas respecto a esos poderes públicos. De manera que el objetivo es declarar en emergencia a las institucio-

nes públicas del país que lo están, porque están en crisis, pero muy distinto a eso es pretender declarar la emergencia nacional que aparece en el texto del decreto.

Se ha recurrido, por tanto, a una terminología absolutamente inadecuada e inconveniente, que puede causar más confusión, hasta innecesaria. Sólo basta con leer el titular del diario El Nacional de hoy, cuando sale publicado: "Estado de Emergencia Nacional declara la Asamblea Nacional Constituyente". Me imagino este titular en la prensa extranjera y entonces veremos cuáles son las malas interpretaciones a las que se refería el Presidente de la República. Declarar la Emergencia Nacional, declara el estado de emergencia a nivel del derecho internacional, del derecho de los derechos humanos, del derecho constitucional, equivale a declarar el estado de sitio, de excepción, de circunstancias excepcionales, es decir, ir a otra cosa que no tiene nada que ver con lo que, en mi criterio, parece ser la intención de los redactores del proyecto.

Declarar la Emergencia Nacional es, materialmente, hacer referencia al artículo 240 de la Constitución actual, que habla del estado de emergencia. Es imposible que vayamos a declarar la emergencia nacional conforme al artículo 240, mas eso es potestad del Presidente de la República en caso de conflictos interior y exterior, o cuando existan fundados indicios de que eso pueda ocurrir, y que conduce –imposible de desligarlo- a la suspensión y restricción de las garantías constitucionales.

De manera que en el ámbito mundial, internacional, decir "Se declaró el estado de emergencia", implica que se estableció la posibilidad de la restricción y suspensión de garantías constitucionales, y esa, realmente, no es la intención que está en este decreto y, por lo tanto, insisto, tiene que cambiarse radicalmente su forma y su concepción.

Ese estado de emergencia, como concepto del derecho internacional y del derecho de los derechos humanos, repito, es una situación que se origina cuando hay una crisis que afecta el conjunto de una población y que representa una amenaza a la propia organización del Estado y de la comunidad...

EL PRESIDENTE. -(Interrumpiendo). Disculpe, ciudadano Constituyente. Acordamos darle entrada a los periodistas al hemiciclo, pero que no perturbaran la sesión con entrevistas. De tal manera que se les ruega cumplir con esa obligación.

Continúe, ciudadano Constituyente.

CONSTITUYENTE BREWER CARIAS (ALLAN).- En América Latina el estado de emergencia y el estado de excepción lamentablemente no han conducido a medidas para proteger la seguridad del Estado y el interés de la población; al contrario la experiencia es demasiado conocida, de mecanismos más bien represores de los Derechos Humanos.

La Comisión Interamericana de Derechos Humanos de la OEA que ha tocado reiteradamente este tema, en una resolución de 1968, señaló que· "La institución del estado de emergencia o de sitio es compatible con el régimen de gobierno democrático, si la misma es adoptada en las siguientes condiciones". Y dice con precisión: "que no suponga, entre otras cosas, la restricción de la vigencia del Estado de Derecho ni de las normas constitucionales, ni la alteración de las competencias de los poderes del Estado y el funcionamiento de los medios de control. Cuando se afectan estos mecanismos de estas instituciones, es incompatible el estado de emergencia con el régimen de los derechos fundamentales."

Por otra parte, declarar el estado de emergencia nos lleva directamente a que entre en vigencia el control internacional sobre Venezuela, que no es el objetivo que perseguimos. El tema del estado de emergencia ha dejado de ser, hace mucho tiempo, de la exclusividad de las jurisdicciones domésticas en los estados; pertenece a la internacionalización de los Derechos Humanos y a las jurisdicciones internacionales. De manera que al declarar el estado de emergencia entraría en aplicación el artículo 27 de la Convención Americana de los Derechos Humanos, y el artículo 4° del Pacto Internacional de Derechos Civiles y Políticos que implican el sometimiento al control de organismos internacionales, y eso no es lo que en mi criterio está en la intención de este decreto o proyecto que se ha repartido.

De manera que para no confundir innecesariamente ni alimentar malos entendidos que puedan originar -con razón, por la mala utilización de términos- campañas internacionales, sugiero se cambie este texto, y que se declare en emergencia a las instituciones del Estado, a los órganos del Poder Público, como en efecto están, y eso con una redacción que tienen que variar. No se puede declarar una emergencia hasta que "cese la situación que la motiva", tiene que haber un término. Entre otras cosas esta es una Asamblea temporal, por lo que no puede declararse aquí la emergencia para siempre; al menos tiene que tener 6 meses o hasta que la Asamblea lo determine. De manera que esto en el artículo 1° debe ser eliminado.

Ahora, en cuanto a la propia redacción, también tiene que ser modificada radicalmente. Piensen en el artículo 1°: "Se declara la Emergencia Nacional sobre todo el territorio de la República." ¿Cómo es que se declara la emergencia "sobre todo el territorio de la República"? Debería ser "en todo el territorio de la República", ya que es imposible pensar que se pueda declarar la emergencia nacional en parte del territorio, de manera que esto es totalmente innecesario. Por otra parte, se dice, "se declara en emergencia a los poderes públicos de Estado". Eso no es posible, el Poder Público orgánicamente no existe; no es ningún órgano; es una potestad constitucional. Lo que se puede declarar en emergencia son las instituciones que ejercen el Poder Público, son los órganos de Estado, pero no el Poder Público y mucho menos declarar en emergencia a los poderes públicos del Estado. Eso es absolutamente redundante. No hay otro Poder Público que no sea del Estado, de manera que esto lo que nos pone en evidencia es que tenemos que cambiar radicalmente el texto de esta norma.

En el mismo sentido, el artículo 2° tiene que ser adaptado incluso al artículo 1° de los Estatutos de esta Asamblea. Allí se establece que la Asamblea puede decretar medidas sobre competencias, funcionamiento y organización de los órganos del

Poder Público, para utilizar la terminología adecuada. Bueno, hay que ver qué significa esto, que la Asamblea puede modificar las competencias y la organización de los órganos del Poder Público directamente; creo que aquí también tenemos que tener conciencia que declarar en emergencia a los órganos del Estado, implica que los órganos del Poder Público, como lo dice el artículo 1° de los Estatutos, tienen que estar subordinados a la Asamblea, y ésta lo que tiene es que dar las instrucciones a los órganos del Poder Público para que adopten las medidas en su propio campo.

Si se va a declarar la emergencia del Poder Ejecutivo, esto implica dar instrucciones al Poder Ejecutivo para que tome determinadas medidas. Por ejemplo, la suspensión de alguna garantía constitucional, que es competencia del Ejecutivo; reorganización de la Administración Pública, para lo cual hay una Ley Habilitante. Pensar que la Asamblea va a comenzar a gobernar directamente, sería perdernos en un mar de gobierno y perder totalmente la orientación fundamental y que, en definitiva, es preparar un nuevo pacto político que se refleje en una nueva Constitución que tenemos que aprobar.

De manera que estas observaciones a los artículos 1° y 2°, que son el meollo de este decreto, me lleva, señor Presidente, señores constituyentes, a solicitarles que reflexionemos sobre el texto propuesto, que más bien causa perjuicio. Su forma de redacción perjudica más que los beneficios que se buscan. Corrijamos lo que haya que corregir, a los efectos de que se logre el objetivo que, en mi criterio, insisto, es declarar en emergencia a las instituciones políticas del Estado, que ya lo están, porque la crisis ha sido terminal. Cuidemos hacía el futuro de que textos de esta naturaleza, que pueden ser bien importantes, no vayan a provocar reacciones innecesarias e inconvenientes, que más bien puedan lesionar la labor de la Asamblea y la propia imagen de lo que la Asamblea Nacional Constituyente tiene como rol fundamental hacia el futuro en el país.

Muchas gracias, ciudadano Presidente, colegas constituyentes.

2. *Voto razonado negativo con motivo de la aprobación del Decreto de reorganización de los Poderes Públicos en la sesión del 12 de agosto de-1999*

El texto del Decreto en definitiva fue aprobado por la Asamblea Nacional Constituyente mencionó que se había dictado por la Asamblea:

"en ejercicio del Poder Constituyente otorgado por el pueblo mediante *Referéndum* realizado democráticamente el 25 de abril de 1999, para transformar el Estado y crear un nuevo ordenamiento jurídico que permita el funcionamiento efectivo de una democracia social y participativa, y de conformidad con lo dispuesto en el artículo 1° del Estatuto de la Asamblea".

Es decir, el Decreto precisó, con claridad cuáles fueron los fundamentos normativos de rango constitucional que le daban soporte. Esos fueron, en *primer lugar,* las preguntas y *Bases Comiciales* a las que se refirió el *Referéndum Consultivo* del 25-04-99; y en *segundo lugar,* el artículo 1° del Estatuto de la Asamblea.

Con tal fundamento, en *primer lugar,* el Decreto declaró la reorganización de todos los órganos del Poder Público; en *segundo lugar,* auto habilitó a la Asamblea para *decretar* las medidas necesarias para enfrentar situaciones específicas de la reorganización; y en *tercer lugar*, auto facultó a la Asamblea para disponer la *intervención, modificación o suspensión* de los órganos del Poder Público que así considerase. Todo ello, con una finalidad precisa que limitaba la discrecionalidad y exigía una motivación clara,

"de recuperar el Estado de Derecho, la estabilidad y el orden necesarios para reconstruir la República en el marco de los valores democráticos."

Respecto de dicho decreto, después de referirme de nuevo a los límites a la Asamblea derivados del referéndum consultivo del 25 de abril de 1999, salvé mi Voto en forma razonada[207] expresando entre otros aspectos, que no era posible derivar del mismo fundamento alguno para que la Asamblea pudiera, durante su funcionamiento, arrogarse el poder de *intervenir, modificar o suspender* los órganos del Poder Público antes de que la nueva Constitución entrase en vigencia al ser aprobada por *Referéndum*, pues ello implicaría una modificación o suspensión de la Constitución vigente. En particular agregué lo siguiente:

"*C. El régimen de la distribución y separación del poder público*

En efecto, la distribución y separación del Poder Público, como potestad constitucional, origina la estructura fundamental de la organización del Estado. En Venezuela, su distribución vertical origina la forma del Estado Federal, al disponer tres niveles territoriales del Poder Público: el Poder Público Nacional; el Poder Público Estadal y el Poder Público Municipal, lo cual origina tres rangos de órganos que ejercen el Poder Público: los órganos nacionales; los órganos estadales y los órganos Municipales.

Estos, por otra parte, se disponen conforme a la separación orgánica de los poderes, así: en el nivel nacional, el Poder Legislativo Nacional, el Poder Ejecutivo Nacional y el Poder Judicial; en el nivel estadal, el Poder Legislativo Estadal y el Poder Ejecutivo Estadal; y en el nivel municipal, el Poder Legislativo Municipal y el Poder Ejecutivo Municipal.

Esta separación de poderes origina los diversos órganos que lo ejercen así: en el nivel nacional, el Congreso con sus dos Cámaras Legislativas (Senado y Cámara de Diputados); la Presidencia de la República, los Ministerios, las Oficinas de la Presidencia y demás órganos constitucionales de la Administración Pública; y la Corte Suprema de Justicia y los demás Tribunales de la República. Además, en el nivel nacional existen otros órganos constitucionales con autonomía funcional, que no están en la trilogía clásica de la separación de poderes pero que ejercen el Poder Público y son el Ministerio Público

---

207   Véase el texto en Allan R. Brewer-Carías, *Debate Constituyente (Aportes a la Asamblea Nacional Constituyente)*, Fundación de Derecho Público, Editorial Jurídica Venezolana, Carcas 1999, Tomo I.

(Fiscalía General de la República), la Contraloría General de la República, el Consejo de la Judicatura e, indirectamente, el Consejo Nacional Electoral.

En el ámbito estadal, la separación de Poderes mencionada origina a las Asambleas Legislativas y a las Gobernaciones, a los que debe también agregarse las Contralorías Estadales y en algunos Estados, los Defensores del Pueblo, como órganos con autonomía funcional.

En el nivel municipal, por su parte, la separación de poderes origina a los Concejos Municipales y a las Alcaldías, agregándose también a las Contralorías Municipales como órganos con autonomía funcional.

El anterior, en líneas generales, es el universo de los órganos del Poder Público o más propiamente, que ejercen el Poder Público y que básicamente se regulan en la Constitución vigente, tanto en cuanto a su organización y funcionamiento, como a la designación de sus titulares. Excepto por lo que se refiere a los órganos con autonomía funcional, todos los titulares de los otros órganos de los Poderes Públicos Nacionales, estadales o municipales, son electos por votación popular y su mandato no es revocable.

En consecuencia, cualquier decisión de la Asamblea que intervenga, modifique o suspenda los órganos del Poder Público, implica una suspensión de vigencia, una modificación o una revocación de normas de la Constitución de 1961 para lo cual la Asamblea no tiene autoridad ni poder que pueda derivarse del Referéndum consultivo del 25 de abril de 1999, que impuso que la nueva Constitución que sustituya la de 1961 sólo quedará definitivamente aprobada y, por tanto, tendrá vigencia, al ser votada por el pueblo mediante Referéndum aprobatorio.

D.   *La carencia de fuente normativa para la intervención de los órganos del poder público*

Pero además de que el Decreto aprobado no está acorde con el Referéndum consultivo del 25-04-99; el texto del Decreto tampoco está acorde con el artículo 1° del Estatuto de la Asamblea.

En efecto, en dicho artículo 1° se precisó que la Asamblea podrá "limitar o decidir la cesación de las actividades de las autoridades que conforman el Poder Público"; es decir, que conforme a dicho artículo 1° del Estatuto -texto con el cual no estuve de acuerdo por considerar que no se ajusta a lo dispuesto por el Poder Constituyente Originario, que es el pueblo en el Referéndum consultivo del 25-04-99, razón por la cual manifesté mi voto negativo-, lo que se atribuyó a sí misma la Asamblea, fue la potestad de limitar las actividades de las autoridades que conforman el Poder Público o de decidir la cesación de dichas actividades. De esta atribución que se auto fijó la Asamblea no se deriva poder alguno para intervenir, modificar o suspender los órganos del Poder Público; sino, a lo sumo, una potestad para limitar las actividades de los titulares (autoridades) de dichos órganos o para decidir la cesación de dichas actividades. Una cosa es limitar o decidir la cesación de una actividad, lo cual deja incólume al órgano del Poder Público e incluso a su titular; y otra es intervenir, modificar o suspender el órgano mismo del Poder Público, lo que implica poder afectar su propia existencia, incluyendo sus titulares.

En consecuencia, cualquier decisión de la Asamblea que implique intervenir, modificar o suspender un órgano del Poder Público, significaría una extralimitación del marco que la propia Asamblea se auto definió en cuanto a sólo poder "limitar o decidir la cesación de las actividades de las autoridades que conforman el Poder Público", es decir, las actividades de los órganos del Poder Público, lo que no permite intervenir, modificar o suspender los órganos del Poder Público en sí mismos.

E.   *La contradicción intrínseca del decreto*

Por último, debo mencionar que la posibilidad misma que prevé el Decreto de que la Asamblea pueda disponer la intervención, modificación o suspensión de los órganos del Poder

Público, es de imposible ejecución en los términos de la finalidad que expresamente se indica en el Decreto.

En efecto, los poderes que se auto otorga la Asamblea en este Decreto sólo se prevén,

"con el fin de recuperar el Estado de Derecho, la estabilidad y el orden necesarios para reconstruir la República en el marco de los valores democráticos".

Pues bien, por ejemplo, intervenir un órgano del Poder Público, es decir, tomar posesión del mismo por alguien quien no es su titular electo democráticamente, y comenzar a ejercer sus funciones sin dicho título legítimo, no implica precisamente, recuperación alguna del Estado de Derecho, al contrario, configura su vulneración; no es manifestación de estabilidad institucional en forma alguna, sino más bien de inestabilidad institucional; ni implica recuperar los valores democráticos, sino más bien su quiebra cuando el titular del órgano intervenido, por ejemplo, es electo. Lo mismo puede decirse de las decisiones que impliquen por ejemplo, la cesación del órgano, es decir, su desaparición.

F.   *La improcedencia de la intervención del poder judicial*

La situación institucional y constitucional se agravaría, por supuesto, si el órgano a intervenir, modificar o suspender es un órgano judicial. El mayor atentado al Estado de Derecho y a los valores democráticos sería el que la Asamblea decidiera intervenir un Tribunal, cualquiera que sea, y nombrar los funcionarios interventores que tendrían a su cargo las funciones de impartir justicia. La garantía constitucional de todo ser humano de ser juzgado sólo por sus jueces naturales y no por tribunales ad hoc, no sólo se refiere a la protección contra la creación de nuevos tribunales especiales para juzgar determinadas conductas fuera de la organización judicial ordinaria; o contra la decisión de someter a las personas a jurisdicciones distintas a las que le corresponden (juzgar civiles ante tribunales militares, por ejemplo); sino también, a la protección contra la designación de jueces ad hoc en los tribunales naturales, lo cual podría derivar de esta pretendida "intervención" de órganos del Poder Público, noción que comprende los tribunales, por parte de la Asamblea.

Por todas las anteriores razones voté en forma negativa en relación a la aprobación del Decreto, el cual dejo aquí razonado.

Por último, la sola posibilidad de que en ejercicio de esta potestad, la Asamblea Nacional Constituyente pudiera disponer la intervención, la modificación o la suspensión de la Corte Suprema de Justicia, que es un órgano del Poder Público, hace el Decreto totalmente inaceptable en el marco de un Estado democrático de Derecho. Por más poderes que pueda arrogase la Asamblea Nacional Constituyente, el que no puede asumir es el Poder Judicial, y ello lo haría si pretendiera intervenir la Corte Suprema de Justicia y sustituir sus Magistrados, o pretendiera modificar o suspender a la Corte. Ello, no sólo sería un atentado contra el Estado de Derecho y los valores democráticos, sino una grave violación del derecho al debido proceso y a las garantías judiciales expresamente consagrado en el artículo 8 de la Convención Americana sobre Derechos Humanos y en el artículo 14 del Pacto Internacional de Derecho Civiles y Políticos, ambos con aplicación en Venezuela, incluso reconocidos con rango constitucional, al exigir "jueces competentes, independientes e imparciales, establecidos con anterioridad por la Ley."

VIII. LA INTERVENCIÓN DEL PODER JUDICIAL: EL DECRETO DE REORGANIZACIÓN DEL PODER JUDICIAL

Luego de decretarse en violación de la Constitución entonces vigente la reorganización de todos los poderes constituidos, la Asamblea Constituyente procedió a intervenirlos en concreto, comenzando con el Poder Judicial. Para ello, la Asamblea eliminó al Consejo de la Judicatura que venía funcionando como órgano de gobierno y administración del Poder Judicial, suspendió la aplicación de la Ley de Carrera Judicial y de las otras leyes que garantizaban la autonomía e independencia de los jueces, y nombró una Comisión de Emergencia Judicial con poderes ilimitados para destituir jueces sin garantía alguna de debido proceso y a nombrar jueces sin concurso, pasando el Poder Judicial a estar integrado por jueces de libre nombramiento y remoción. Con ello se aniquiló su independencia y autonomía del Poder Judicial, lo que se agravó con el transcurso del tiempo, prolongándose dicha intervención en los lustros sucesivos, mediante una transición constitucional y legislativa interminable. Respecto del acto constituyente inicial de intervención judicial, en la sesión del 18 de agosto de 1999 expresé mis observaciones críticas y oposición, la cual ratifiqué luego en el Voto Salvado que consigné por escrito.

1. **Exposición en la sesión de la Asamblea Nacional Constituyente al iniciarse el debate sobre el Decreto de Reorganización del Poder Judicial**

En la sesión de la Asamblea nacional Constituyente celebrada el 18 de agosto de 1999, expuse lo siguiente al iniciarse el debate sobre el Decreto de Reorganización del Poder Judicial:

CONSTITUYENTE BREWER CARIAS (ALLAN).- (Desde la Tribuna de Oradores). Ciudadano Presidente, colegas Constituyentes: Voy a coincidir con el constituyente Luis Vallenilla, en que sí tenemos que ocuparnos del Poder Judicial y de su reorganización, además de redactar la Constitución; pero tenemos que hacerlo en el sentido que está expresado por el Presidente de esta ANC, constituyente Luis Miquilena, en la publicación "Constituyente al Día" que se distribuyó hoy, y creo que vale la pena que releamos.

Dice nuestro Presidente de la ANC lo siguiente: "Lo que creo es que debemos ir con seriedad en todos los problemas que se refieren al Poder Judicial, y tomar las decisiones que sean las más razonables." Agrega el Presidente Luis Miquilena, "Estos son problemas importantes en los cuales no se puede improvisar y tomar criterios a la ligera". Continúa diciendo: "Es necesario que todas estas cosas las meditemos, porque la ANC ha asumido un rol de mucha importancia para el país y su responsabilidad es muy grande, y por eso debe meditar los pasos que dé." Quiero, justamente con fundamento en esas pala-

bras, referirme al proyecto de Decreto sobre la reorganización del Poder Judicial.

Pienso que los considerandos son impecables; el primero, busca garantizar el acceso a la justicia, que es para mí la primera necesidad del país: acceso a una justicia transparente, imparcial, autónoma, simple, rápida. El segundo considerando se refiere a la búsqueda de idoneidad ética y técnica de los jueces; sin duda, misión que tenemos que influir para que sea así, para asegurar la independencia de los mismos. El tercero de los considerandos se refiere a la necesidad de medidas impostergables para transformar el marco jurídico institucional que tenemos que motorizar, y todo ello con el objetivo de garantizar la seguridad jurídica, fortalecer el Estado de Derecho, y el ejercicio efectivo de los Derechos Humanos. Esos son los tres elementos que deben guiar la elaboración de este Decreto sobre los cuales solicito que reflexionemos de acuerdo a las propias expresiones del Presidente Luis Miquilena.

Estos objetivos los ha buscado la sociedad venezolana desde hace años, y eso lo sabemos todos, pero ha faltado voluntad política. Ha habido proyectos de reforma no ejecutados a los cuales no se les ha prestado la atención, ni desde el Poder Legislativo ni desde el Poder Ejecutivo. Llegó el momento de darle el apoyo con la voluntad política que puede suministrar esta Asamblea. Y no puedo dejar de mencionar al Libertador, quien en una carta al General Salom en 1825, decía: "La justicia, sola, es la que conserva la República". Y yo hace 11 años, en un libro que se llama "Problemas del Estado de Partidos" donde hay un capítulo sobre "El problema del Poder Judicial", publicado en 1988, parafraseando esa frase del Libertador, decía que 'La justicia deteriorada, sola, es la que está acabando con la República", y eso sigue acaeciendo en el país. Por eso la importancia de que esta ANC le dé apoyo político a este proceso de transformación y reforma de la Administración de justicia, pero tenemos que hacerlo como lo dice el tercer considerando del Decreto, para garantizar la seguridad jurídica, fortalecer el estado de derecho y el ejercicio efectivo de los derechos humanos.

Ahora, ¿cuál es la esencia del proyecto que se nos ha presentado? En primer lugar, declarar en emergencia y reorganización el Poder judicial. El artículo 1º en mi criterio como declaración general, es impecable; y la creación de una Comisión de Emergencia Judicial que vendría a ser una Comisión Especial de esta ANC, es perfectamente posible. Pero los instrumentos a través de los cuales se busca ejecutar este proyecto, son los que en mi criterio deben ser objeto de observaciones que quiero hacer para mejorarlo, y que tienen una consideración que es que la ANC no debe sustituir a los Órganos de la Administración Judicial. Creo que sería un error de la ANC pretender convertirnos en el Órgano de Administración Judicial, así sea temporalmente.

La Asamblea Nacional Constituyente tiene que -como decía el constituyente Carlos Tablante- instruir, vigilar, controlar, hacer que se realicen las cosas, pero no sustituir a los órganos de la administración de la Administración de Justicia. Tiene que ser el motor de las reformas, que las ordene, que competa a los órganos regulares a hacerlo, que obligue, que vigile, pero no aparece así en el Decreto, hay demasiadas competencias que tienden quizás a convertir a la ANC o a la Comisión, en un órgano de administración o de gobierno del Poder Judicial.

Por ejemplo, elaborar un presupuesto para la emergencia; ¿cómo va a hacer la ANC la elaboración del presupuesto? Elaborar el plan de evaluación y selección de los jueces; debemos ordenar su elaboración, revisarla, vigilar, pero ¿cómo nos vamos a poner a elaborar el plan? Se nos van a ir los meses en esto. Organizar el proceso de selección de los jueces mediante concursos; ¿cómo va a ser la ANC el órgano que va a realizar los concursos para los mil quinientos y tantos cargos de jueces? Ordene que se haga, vigile, instruya, vea cómo se va a ejecutar. Otra competencia: Reorganizar jurisdicciones y circuitos judiciales; lo que convertiría a la Asamblea en órgano de administración y gobierno judicial. Implementar una campaña informativa y educativa; cuando esta es la tarea de los órganos del Gobierno. Es decir, competencias de este tipo implican sustituir a la administración de la Administración de

Justicia, asumir el gobierno del Poder Judicial y creo que esto ni siquiera temporalmente conviene ni es necesario que la Asamblea lo haga, para lograr los objetivos que se persiguen en el Decreto.

La Asamblea debe asumir el reto de decidir, de promover, de ordenar, de vigilar la ejecución de la reforma en forma inmediata, para eso debe hacerlo con la supervisión de la Comisión de la Emergencia Judicial, pero esto tiene que hacerse con la colaboración decidida por orden de la Asamblea, de los órganos de la Administración de justicia, y apoyados en el ordenamiento legal. Parecería que con este Decreto nos hemos olvidado de un ordenamiento legal que existe, que está a la disposición de la ANC y que ni siquiera se menciona en el texto del Decreto.

Resulta que con todo el proceso político que hemos tenido durante estos últimos 8 o 9 meses, se nos ha olvidado, incluso a los abogados, que las tres leyes fundamentales que rigen al Poder Judicial: La Ley Orgánica del Poder Judicial, la Ley Orgánica de la Carrera Judicial y la Ley Orgánica del Consejo de la Judicatura, fueron reformadas en septiembre del año 1998, en la víspera de las elecciones, leyes a las cuales no se ha puesto la atención. Unas de ellas comenzaron a tener vigencia el 23 de enero y la del Poder judicial comenzó a tener vigencia el 1° de julio, es decir hace un mes, y no nos hemos dado cuenta que en estas leyes están los instrumentos necesarios para que esta reforma del Poder Judicial se acelere por decisión de la ANC. Son leyes -insisto- poco conocidas en su contenido, al punto de que veo que en el proyecto ni siquiera se citan.

Recordemos qué tienen para que veamos que ahí tenemos las bases fundamentales para ejecutar lo que queremos. La Ley de Carrera judicial, reformada en septiembre de 1998, vigente a partir del 23 de enero de este año. Ahí se habla de la estabilidad, pero el artículo 2° de la Ley establece un principio importantísimo para esta tarea: La garantía de estabilidad que asegura a los jueces esta Ley no podrá sobrepasar nunca el interés general en la recta administración de justicia, con lo cual el balance entre estabilidad y recta administración de justicia lo da la Ley. Además, esa Ley, como tiene que saberse, estableció por primera vez la necesidad de los concursos de oposición. Esos que se citan en el decreto, pero que no son invento del decreto, están en la Ley de Carrera judicial: la obligatoriedad de los concursos de oposición públicos, con una prueba oral, una escrita y una de credenciales. Esos concursos no se han hecho jamás en el país, se ordenan en esta Ley.

¿Qué tenemos que hacer? ¡Ordenar que se hagan los concursos! Incluso en la Ley de Carrera Judicial se establece que para ingresar en la carrera judicial se requiere aprobar concursos de oposición; es decir, de acuerdo con esta ley que acaba de entrar en vigencia, nadie ha ingresado en la carrera judicial con derecho a estabilidad porque nadie ha presentado concursos de oposición, por lo cual es la propia Ley de Carrera judicial la que realmente ha suspendido toda idea de estabilidad e inamovilidad de los jueces. No tenemos ni siquiera que decirlo, porque es la propia ley la que lo hace, al exigir que se sigan concursos en todos los cargos de jueces.

Decidamos eso. Obliguemos al Consejo de la Judicatura en el breve plazo a hacer estos concursos. No pretendamos hacerlo nosotros directamente porque se nos iría todo el tiempo en hacer concursos a todos los cargos de jueces; que hagan los concursos con la vigilancia y la supervisión de la Comisión. Concursos de oposición, tal como muchos lo presentamos a nivel universitario, con prueba escrita, con prueba oral y con prueba de credenciales. Ponerse a organizar concursos. Quienes hemos presentado concursos en la Universidad sabemos cuán complejo es para que la Asamblea esté dedicada a eso. ¡Ordenemos hacerlo!

Otra ley que debemos destacar es la Ley Orgánica del Poder Judicial, también reformada en septiembre de 1998, y que ha entrado en vigencia el 1° de julio, hace un mes. ¿Qué dice esa ley? Entre otras cosas que a los efectos de garantizar la correcta aplicación del nuevo sistema procesal penal que nos preocupa a todos, voy a citar el artículo 118, dice: "Los jueces pena-

les serán objeto de evaluación..." y establece que la evaluación debe versar sobre objetivos, capacidad profesional, integración; hay un jurado evaluador, lo que significa que tampoco hay garantía de estabilidad en la ley respecto a los jueces penales. La propia ley los somete a evaluación y, por tanto, tenemos ya un instrumento adicional al de la carrera judicial, que es la Ley Orgánica del Poder Judicial que establece esta evaluación. Con lo cual no es necesario -como se decía en la primera versión del decreto, que se declaraba en suspenso la garantía de la estabilidad- o como se señala en el proyecto, que queda sin efecto la inamovilidad o la estabilidad, porque ya la ley lo dice. Entonces, qué cuesta, en este artículo, simplemente colocar tal como lo establece la Ley de la Carrera Judicial y la Ley Orgánica del Poder Judicial, no hay la garantía y la estabilidad y, por tanto, se convoca a concurso a todos los jueces para que participen en lo mismo. Con lo cual se cumple el mismo objetivo y no tenemos por qué estar declarando lo que no compete a la Asamblea; como es suspender la garantía constitucional de la estabilidad judicial, como muchas veces la jurisprudencia lo ha establecido, o declarar que no tiene efecto cuando ya legalmente no lo tiene por virtud de estas dos normas legales.

De manera que es importante en el decreto que vaya a aprobarse hacer referencia a estas leyes recientes que establecen la evaluación de los jueces penales y el desarrollo de los concursos, con lo que se puede ir al objetivo central del decreto, que es garantizar que los jueces tengan el mayor nivel de idoneidad, ética y técnica, justamente a través del concurso de oposición.

Otra observación que quiero hacerles es la que se refiere al artículo 9ᶜ del decreto, que le atribuye a la Asamblea Nacional Constituyente el carácter de juez de apelación o de juez superior en los casos de suspensión o destitución de jueces; es decir, se establece que las medidas de destitución que adopte el Consejo de la Judicatura, pueden ser apeladas ante esta Asamblea. ¿Ustedes se imaginan lo que es convertir a la Asamblea en un tribunal de apelación de decisiones adoptadas por el

Consejo de la Judicatura? Ello implicaría que la Asamblea tendría que abrir procedimientos y garantizar el debido proceso. Creo que la Asamblea no puede convertirse en un juez de apelación ni de ningún tipo. Sería entrar en actividades jurisdiccionales que corresponden a los jueces. Entonces, ordenemos que se hagan los procedimientos y que se conozcan por los órganos regulares, pero no sustituyamos al juez natural ni pretendamos convertirnos en juez de apelación. Este artículo también debe modificarse.

Estimo, en fin, que la Asamblea Nacional Constituyente debe motorizar las reformas inmediatas, la renovación inmediata de la Judicatura en paralelo al proceso de elaboración de la Constitución; pero debe vigilar, obligar a los órganos regulares de la administración de justicia a que se hagan estas decisiones; hacer el seguimiento, pero cuidarnos de no sustituir a los órganos legales de la Administración de Justicia, y más bien, instruir y vigilar que éstos hagan la tarea que tienen que hacer, justamente para garantizar los tres elementos a los cuales se refiere el tercer considerando: Garantizar la Seguridad Jurídica, fortalecer el estado de derecho y el ejercicio efectivo de los derechos humanos.

Comparto la intención del proyecto, pero no su contenido; por ello hagámoslo justamente respetando estos elementos y que el remedio que pretendamos también establecer, no sea peor que la enfermedad que queremos corregir.

Muchas gracias.

2. Comunicación con Voto Razonado Negativo enviada al Presidente de la Asamblea sobre la intervención del Poder Judicial

El Decreto, en definitiva, después del debate, fue aprobado sin mayores modificaciones, razón por la cual, con fecha 19 de agosto de 1999, dirigí la siguiente comunicación a la Asamblea Nacional Constituyente consignado mi voto Salvado negativo sobre la decisión de intervención del Poder Judicial, en el cual argumenté entre otros aspectos lo siguiente:

"A. *La garantía de la independencia de los jueces en los trata-*
dos internacionales

La Asamblea Nacional Constituyente, como órgano político
conductor del proceso constituyente, sin duda que puede incitar
la reforma y reorganización de los órganos del Poder Público.
Sin embargo, en nuestro criterio, ello no implica que pueda in-
tervenir dichos órganos y mucho menos, los órganos del Poder
Judicial.

Venezuela es parte del Pacto Internacional de Derecho
Políticos y Sociales de Naciones Unidas y de la Convención
Americana sobre Derechos Humanos de la OEA, los cuales
fueron aprobados por sendas leyes publicadas en las Gacetas
Oficiales N° 2146 Extraordinaria del 28-01-78 y N° 31.256 del
14-06-77, respectivamente.

Conforme a estos instrumentos internacionales, el Estado
Venezolano está comprometido ante la comunidad Internacio-
nal a respetar los derechos, libertades y garantías reconocidos
en dichos Tratados, y entre ellos, el derecho de toda persona a
ser juzgado por "juez o tribunal competente, independiente e
imparcial, establecido con anterioridad por la ley" (Conven-
ción Americana, art. 8; y art. 14 del Pacto Internacional).

La competencia de los Tribunales, en consecuencia, tiene
que estar establecida por ley, por lo que la Asamblea Nacional
Constituyente no podría modificar en forma alguna la compe-
tencia de los Tribunales de la República.

En cuanto a la independencia judicial, esta consiste en la
posibilidad de dictar sentencia en forma libre e imparcial por
jueces designados en la forma legalmente prescrita, que gozan
de la garantía de la estabilidad. En consecuencia, la Asamblea
Nacional Constituyente no puede intervenir o interferir en el
funcionamiento de Tribunal alguno, ni puede destituir, suspen-
der o nombrar a los jueces de la República.

Toda decisión de la Asamblea Nacional Constituyente en
relación con los órganos del Poder Judicial que implique vio-
lación de la garantía de la independencia, en consecuencia,

podría dar origen a que los mecanismos de control internacional de los mencionados Tratados se pusiesen en funcionamiento, a través de la Comisión Internacional de Derechos Humanos de la ONU o de la Comisión Interamericana de Derechos Humanos de la OEA. "

Consideré que el Decreto sobre reorganización del Poder Judicial sometido a consideración de la Asamblea, si bien constituí una respuesta política a la urgencia de acometer la reforma del Poder Judicial, contenía una serie de normas que violaban la independencia de los órganos del Poder Judicial y en nuestro criterio excedían las atribuciones de la Asamblea. Añadí las siguientes consideraciones:

"C. Los considerandos del decreto

En cuanto a los Considerandos del Proyecto de Decreto, su texto sería aceptable si el mismo se limitara a lo dispuesto en el artículo 1°, en el cual se dispone que:

"se declara al Poder Judicial en emergencia y reorganización, para garantizar la idoneidad de los jueces, prestar defensa pública social y asegurar la celeridad, transferencia e imparcialidad de los procesos judiciales, a los fines de adecentar el sistema judicial".

Aún cuando faltó la referencia a la independencia judicial, el artículo 1° es una declaratoria de principio, que en mi criterio tendría que conducir a que los órganos de la administración de la Administración de Justicia acometan las reformas necesarias.

En ese contexto, los Considerandos del Decreto constituirían una motivación impecable. El primero, destaca la obligación del Estado de garantizar el fácil acceso de la población a un sistema de justicia que actúe con la mayor transparencia, imparcialidad, autonomía, celeridad y simplicidad, para lo cual se destaca que es necesaria la existencia de controles sociales sobre la administración de justicia con la participación social democrática. Sin duda, la garantía del acceso a la justicia tiene que ser una de las prioridades de la reforma.

El segundo considerando hace referencia a que la credibilidad y legitimidad del sistema de justicia implica la necesidad de garantizar la idoneidad ética y moral de los jueces por medio de mecanismos objetivos e imparciales de selección de los mejores, así como por medio de controles sociales e institucionales sobre su comportamiento; idoneidad que se hace indispensable para lograr su capacidad profesional e independencia.

El tercer considerando, por su parte, señala que para enfrentar la crisis política, económica, social, moral e institucional se requiere tomar medidas impostergables, muchas de las cuales requieren de grandes transformaciones del marco jurídico institucional, entre las que se encuentra garantizar la seguridad jurídica, fortalecer la noción del Estado de Derecho y el ejercicio efectivo de los derechos humanos.

En particular, estos tres últimos aspectos citados en este tercer considerando, constituyen, precisamente, los límites de la actuación de la Asamblea Nacional Constituyente en la materia, es decir, garantizar la seguridad jurídica, fortalecer la noción de Estado de Derecho y asegurar el ejercicio efectivo de los derechos humanos.

Lamentablemente, muchas normas del Proyecto conducen a lo contrario, es decir, a lesionar la seguridad jurídica, el Estado de Derecho y el ejercicio de los derechos humanos, razón por la cual de mantenerse su texto votaré negativamente en relación a su aprobación.

Debo señalar que los objetivos generales que motivan el artículo 1° y los contenidos en los mencionados Considerandos del Proyecto, reflejan aspiraciones y objetivos que la sociedad venezolana ha estado planteando y buscando respecto del funcionamiento del Poder Judicial. Sin embargo, hasta la fecha ha faltado voluntad política para ejecutar las reformas, habiendo sido el Poder Judicial, una rama desatendida dentro de los órganos del Poder Público, en particular, tanto por parte de los órganos del Poder Ejecutivo como del Poder Legislativo.

Ese apoyo político para las reformas, sin duda, lo puede dar la Asamblea Nacional Constituyente; por lo que la iniciativa que origina el Proyecto debe saludarse, a los efectos de que se inicien los cambios radicales que son necesarios.

Esos cambios deben motorizarlos la Asamblea, promoverlos, velar porque se realicen, pero respetando la seguridad jurídica, el Estado de Derecho y el ejercicio de los derechos humanos, lo que implica que la Asamblea no puede pretender convertirse en juez ni asumir la administración del Poder Judicial, pues no es un instrumento de gobierno. Las decisiones de la Asamblea no pueden conducir a que los pretendidos remedios para solucionar una crisis, se conviertan en mayores e innecesarios males.

D.   *La Asamblea asume el gobierno del poder judicial*

El Proyecto de Decreto, en efecto, extralimita las funciones de la Asamblea, convirtiéndola en un ente de gobierno del Poder Judicial, sustituyendo los órganos de la administración de la Administración de Justicia. Para constatar esto basta destacar, entre las funciones que se pretenden atribuir a la Comisión de Emergencia Judicial, la que consiste en "elaborar el presupuesto para la Emergencia judicial con fuentes de financiamiento" de diversos órganos ministeriales y de la administración el Poder Judicial y presentarlo a la Asamblea "para su consideración", (art. 3, ord. 2). Ello, además de no corresponder a la Asamblea, implicaría rectificaciones de partidas presupuestarias que sólo podrían hacerse conforme a la Ley Orgánica de Régimen Presupuestario.

Se atribuye, además, a la Comisión de Emergencia Judicial, "elaborar el Plan Nacional de Evaluación y Selección de Jueces, organizar el proceso de selección de los jueces mediante Concursos Públicos de Oposición para todos los tribunales y circuitos judiciales y seleccionar los jurados correspondientes" (art. 3. 5. a).

Esta competencia, por supuesto, no puede ser asumida por la Asamblea Nacional Constituyente, pues significaría asumir funciones de gobierno del Poder Judicial; sin mencionar el gran trabajo que ello significaría, lo cual no podría hacerse durante el lapso de funcionamiento de la Asamblea.

Otra competencia que se pretende atribuir a la Comisión de Emergencia Judicial, es la de "reorganizar jurisdicciones, circunscripciones, circuitos judiciales y tribunales del país" (art. 3, ord. 5, letra b), lo que constituye, de nuevo, una pretensión de asumir el gobierno del Poder Judicial, sustituyendo a los órganos con competencia constitucional y legal establecidos para ello.

De dictarse este Decreto y atribuirse estas competencias a una Comisión Especial de la Asamblea, se estaría suspendiendo la vigencia del artículo 217 de la Constitución que se refiere al Consejo de la Judicatura, y se estaría modificando la Ley Orgánica el Consejo de la Judicatura recién reformada en septiembre de 1998, y que entró en vigencia el 23-01-99.

La Asamblea Nacional Constituyente, no puede pretender poner en vigencia un nuevo ordenamiento jurídico que modifica, incluso la Constitución, sin que el pueblo, mediante Referéndum, haya aprobado la nueva Constitución conforme a las Bases votadas en el Referéndum del 25-04-99.

E. *La evaluación de la Corte Suprema de Justicia*

El artículo 4° del Proyecto de Decreto, originalmente redactado con el objetivo de sustituir a los Magistrados de la Corte Suprema de Justicia y luego cambiando en el sentido de ratificarlos en sus cargos, terminó con el texto cuya discusión se inició en la sesión del 18 de agosto de 1999, en el cual se atribuye a la Comisión de Emergencia Judicial, la competencia para "evaluar" el desempeño institucional de la Corte Suprema de Justicia, del Consejo de la Judicatura y de las instituciones del sistema de justicia.

La Corte Suprema de Justicia es el máximo Tribunal de la República, y no puede estar sometido a evaluación por órgano alguno del Estado. Una competencia como la que contiene el artículo 4° del Proyecto, por tanto, significaría un atentado contra la independencia de la Corte, totalmente contraria a los principios del Estado de Derecho.

F. *La ignorancia por el decreto de las leyes reguladoras del Poder Judicial*

Debo señalar, por otra parte, que el Proyecto de Decreto ignora por completo las reformas recién sancionadas (septiembre de 1998) de las tres leyes básicas que regulan la Administración de Justicia en el país, y que son la Ley de Carrera Judicial, que entró en vigencia el 23-01-99; la Ley Orgánica del Poder Judicial, que entró en vigencia el 01-07-99; y la Ley Orgánica del Consejo de la Judicatura que entró en vigencia el 23-01-99.

En estas reformas, puede decirse que está el soporte legal de las reformas que pretende implementar el Proyecto de Decreto, pero las mismas son totalmente ignoradas.

En efecto, en la Ley de Carrera Judicial dictada con la finalidad de "asegurar, la idoneidad, estabilidad, e independencia de los jueces" (art. 1°), dispone que estos gozan "de estabilidad en el desempeño de sus cargos" por lo que, "sólo podrán ser removidos o suspendidos en el ejercicio de sus funciones en los casos y mediante el procedimiento que determina la Ley" (art. 3).

Estas normas impiden, legalmente, por tanto, que la Comisión de Emergencia Judicial pueda pretender decidir "la suspensión inmediata, sin goce de sueldo" de determinados jueces que tengan procedimientos judiciales iniciados por causa de corrupción, como se prevé en el art. 6 del Proyecto. En sentido similar, no puede la Comisión de Emergencia Judicial ordenar "al Consejo de la Judicatura la destitución inmediata de jueces" en otros casos previstos en el art. 7 del Proyecto. Estas normas violan lo dispuesto en la antes mencionada Ley de Carrera Judicial, las cuales atribuyen las competencias disciplinarias al Consejo de la Judicatura. La Asamblea Nacional Constituyente lo que de hacer es exhortar al Consejo de la Judicatura para tomar con la celeridad del caso, las decisiones disciplinarias que sean procedentes en esos casos.

El Proyecto de Decreto, además, ignora totalmente la reforma de la Ley Orgánica del Consejo de la Judicatura, que entró en vigencia el 23-01-99, en cuyo artículo 56 se regula un régimen procedimental, transitorio, para la clasificación de los expedientes existentes en denuncias y la forma como deben procesarse.

Por último, debe señalarse que las previsiones que se pretenden regular en los artículos 6 y 7 del Proyecto de Decreto, tal como están, redactadas, serían inconstitucionales por violar el derecho a la defensa y al debido proceso, pues se pretende decidir la suspensión temporal inmediata y se ordena la destitución inmediata de jueces, sin previa audiencia al interesado. Ello contraría el efectivo ejercicio de los derechos humanos a que se refiere el tercer considerando del Proyecto.

G. Los concursos judiciales y la estabilidad de los jueces

Una de los objetivos básicos del Proyecto de Decreto es el de someter a todos los cargos de jueces a Concursos de Oposición (art. 10), para lo cual se regula detalladamente el régimen de los mismos (art. 13 y siguientes). Para someter a todos los jueces y cargos a Concurso, el Proyecto de Decreto, en su artículo 12, señala que

"a los fines de la realización de los Concursos Públicos de Oposición para cubrir la totalidad de los cargos de jueces, queda sin efecto la estabilidad, establecida por Ley a los actuales jueces en función, quienes podrán competir en los Concursos Públicos de Oposición que se abrirán para cubrir sus cargos".

Ante esta norma debe observarse que el Proyecto ignora las posibilidades que, precisamente, prevé y regula la Ley de Carrera Judicial, la cual comienza por señalar en su artículo 2 que "la garantía de estabilidad que asegura a los jueces esta Ley, no podrá sobrepasar nunca el interés general en la recta administración de justicia".

Por otra parte, al establecer en el artículo 10 que "para ingresar a la carrera judicial se requiere aprobar un Concurso *de Oposición", es la propia Ley la que ha suspendido la garantía de estabilidad frente a los Concursos, porque estos pueden convocarse para todos los cargos de jueces, por lo que es totalmente innecesario que la Asamblea sea la que pretenda dejar sin efecto la estabilidad de los jueces.*

Además, el Proyecto ignora que es la propia Ley de Carrera Judicial la que regula los tipos de pruebas de estos Concursos (credenciales y méritos; escrita con carácter práctico; y oral con carácter teórico, art. 24); y la que atribuye al Consejo de la Judicatura la organización y reglamentación de dichos Concursos. En consecuencia, al pretender el Decreto establecer esa reglamentación esta violando el art. 21 de la Ley de Carrera Judicial.

Debe señalarse, además, que la Ley Orgánica del Poder Judicial en cierta forma estableció una suspensión de la estabilidad de los jueces penales al someterlos a una evaluación sobre factores objetivos, capacidad profesional, integridad y experiencia (art. 118), regulación que el Proyecto de Decreto ignora totalmente, y que podría allanar el camino para la sustitución de jueces.

H. *La Asamblea como juez de apelación*

Adicionalmente, debe mencionarse que el Proyecto de Decreto pretende atribuir a la Asamblea Nacional Constituyente el carácter de juez de apelación de las decisiones de suspensión o destitución de los jueces adoptadas por parte de la Comisión de Emergencia Judicial (art. 9).

Esto es totalmente improcedente, viola la garantía de ser juzgado por los jueces naturales y atribuye a la Asamblea funciones jurisdiccionales que no le corresponden. Todo ello sin mencionar el abrumador trabajo que le correspondería asumir a la Asamblea en cuanto a oír y decidir estas apelaciones, lo cual exigiría hasta regular un procedimiento para asegurar el debido proceso.

I. *El nombramiento de jueces por la asamblea*

Por último, debe señalarse que el artículo 28 del Proyecto de Decreto pretende atribuir a la Comisión de Emergencia Judicial la potestad de designar jueces, así sea accidentales, para decidir causas penales y civiles pendientes de sentencias, lo cual viola abiertamente la Ley de Carrera Judicial que atribuye al Consejo de la Judicatura tal facultad. La Comisión de Emergencia Judicial, como se ha dicho, no puede ser un órgano sustitutivo de los que tienen constitucional y legalmente las funciones de administración de la Administración de Justicia.

J. *La sustitución de los órganos de la administración de justicia*

De todo lo anteriormente expuesto, podemos concluir que si bien la Asamblea Nacional Constituyente debe ser la instancia política para motorizar las reformas inmediatas al Poder Judicial, y para propender a la renovación de la Judicatura, ello no lo puede hacer directamente, sustituyendo los órganos con competencia legal para ello, sino instruyendo, vigilando y haciendo el seguimiento de sus propuestas. De lo contrario, corremos el grave riesgo de desencadenar iniciativas indeseadas por violación de los Tratados Internacionales que obligan al Estado venezolano a proteger la independencia judicial, la cual lejos de salvaguardarse, se lesionan abiertamente con el Proyecto de Decreto."

3. *La sumisión de la Corte Suprema de Justicia a la Asamblea Constituyente mediante Acuerdo adoptado por sus magistrados el 23 de agosto de 1999*

Lo grave de la inconstitucional intervención del Poder Judicial por parte de la Asamblea Constituyente, fue que la propia Corte Suprema de Justicia adoptó un Acuerdo el 23 de agosto de 1999, sometiéndose a la propia Asamblea. Formulé mis observaciones críticas a dicho Acuerdo mediante Comunicación que envié al Presidente de la Comisión de Emergencia Judicial el 6 de septiembre de 1999, en el cual expuse mis apreciaciones sobre el contenido del Acuerdo de la Corte Suprema de Justicia de fecha 23 de agosto de 1999, mediante el cual el Supremo Tribunal autorizó a uno de sus

Magistrados para integrar esa Comisión, concediéndole el permiso que había solicitado.[208]

Con dicho acto, comenzó la sumisión del tribunal supremo al poder político, lo que se regularizó y agravó en los lustros sucesivos. En dicha Comunicación expuse lo siguiente:

"Respecto de dicho Acuerdo, el Segundo Vicepresidente de la Asamblea, Sr. Aristóbulo Izturiz señaló que con el mismo la Corte habría "admitido y aceptado" el Decreto de Reorganización del Poder Judicial dictado por la Asamblea el 24-08-99, (Véase en El Universal, Caracas 3-9-99, pág. 1-4).

Por su parte, el constituyente David de Lima, en relación al Acuerdo de la Corte, señaló lo siguiente:

"Nosotros asumimos que la Asamblea es originaria y cuando la Corte aceptó el decreto de reorganización del Poder Judicial, aceptó que la Constituyente es un poder originario, entonces, sería una contradicción que apruebe o sentencie en contra de ese carácter y a su vez haya aceptado un decreto que expresa ese poder originario". (El Nacional, Caracas 5-9-99, pág. D-1).

Sobre el mismo Acuerdo de la Corte, el Constituyente Jorge Olavarría también señaló lo siguiente:

"El que una mayoría exigua –de ocho a seis magistrados– de la Corte, abdicaran vergonzosamente de sus funciones y atribuciones, no convalida la usurpación de autoridad que hace nulos e írritos todos los decretos de la Asamblea Nacional Constituyente. El que ocho magistrados votaran un "Acuerdo" que tuvo el desparpajo de aceptar todo lo que implica el Decreto de Reorganización del Poder Judicial, alegando que lo hacían "independientemente de los vicios que puedan afectarlo", no los exime de su enorme responsabilidad histórica de haberle

---

208　Véase el texto en Allan R. Brewer-Carías, *Debate Constituyente (Aportes a la Asamblea Nacional Constituyente),* Fundación de Derecho Público, Editorial Jurídica Venezolana, Carcas 1999, Tomo I.

dado a esos vicios una apariencia de legalidad". (El Nacional, Caracas 5-9-99, pág. H-5).

La opinión generalizada de los constituyentes, en consecuencia, puede decirse que atribuyó al Acuerdo de la Corte efectos de aceptación del Decreto de Reorganización del Poder Judicial, destacando que cualquier decisión futura de la Corte, que pudiera encontrar vicios que afectasen el Decreto —cuya salvedad, efectivamente puntualizó el Acuerdo—, estaría en contradicción con el texto de dicho Acuerdo.

Ahora bien, en realidad la contradicción de la Corte estuvo en haber dictado el Acuerdo, permitiendo que uno de sus Miembros formara parte de la Comisión de Emergencia Judicial, después de haber dictado un conjunto de sentencias desde el 19 de enero de 1999 hasta el 21 de julio de 1999, cuyos principios se ratifican en el mismo Acuerdo.

Ello, en todo caso, lo que puso en evidencia fue una contradicción inaceptable e incomprensible de la Corte que, sin embargo, en mi criterio, no podía conducir a considerar que haya habido aceptación, por la Corte, del contenido del Decreto de la Asamblea. Había, en el Acuerdo, dos posturas contradictorias, y contradictorias se quedaron, siendo la Corte, en el futuro el único órgano llamado a superarla.

En efecto, insistimos, a pesar de que hay que reconocer que el Acuerdo de la Corte Suprema era totalmente contradictorio, de su texto no se podía deducir que la Corte hubiera "admitido y aceptado" el Decreto de la Asamblea; antes por el contrario, en el Acuerdo se dejan a salvo los vicios que pueda contener el Decreto y se reafirman tanto los límites que el pueblo fijó a la Asamblea como la naturaleza de la misma. "

Ahora bien, a los efectos de comprender adecuadamente la posición de la Corte Suprema, estimé indispensable en la referida Comunicación, en detalle, al contenido del Acuerdo así como a los votos salvados; Acuerdo cuyo texto fue redactado, como Ponente, por la Magistrado Hildegard Rondón de Sansó y que contó para su aprobación con los votos de los Magistrados Iván Rincón Urdaneta,

Alirio Abreu Burelli, Humberto La Roche, José Luis Bonnemaison, José Erasmo Pérez-España, Angel Edecio Cárdenas, Antonio Ramírez Jiménez. Salvaron su voto los Magistrados Cecilia Sosa Gómez, Aníbal Rueda, Héctor Grisanti Luciani, Nelson Rodríguez García, Hermes Harting y Héctor Paradisi León.

"A. *El Acuerdo de la Corte Suprema de Justicia en relación con el Decreto de Reorganización del Poder Judicial*

Ante todo debe señalarse que el mencionado Acuerdo de la Corte Suprema de Justicia del 23 de agosto de 1999, en relación con la Comisión de Emergencia Judicial dictado por la Asamblea Nacional Constituyente, a pesar de la interpretación de la que ha sido objeto y de que tiene elementos contradictorios, puede también considerarse como una ratificación, por la Corte Suprema de Justicia, de los principios esenciales del Estado de Derecho y de los límites que tiene impuestos la Asamblea Nacional Constituyente por la voluntad popular expresada en el Referéndum del 25-04-99.

A. El Acuerdo comenzó reconociendo que la Asamblea Nacional Constituyente se formó mediante un proceso, producto de la dinámica de las transformaciones histórico-políticas, con unos objetivos concretos que fueron establecidos, en definitiva, en el Referéndum del 25 de abril al aprobarse las Bases que el Presidente de la República presentó al Consejo Nacional Electoral. Es decir, la Corte precisó que la Asamblea Nacional Constituyente tiene unos objetivos concretos establecidos en el mencionado Referéndum.

B. Por otra parte, la Corte Plena hizo suyos los pronunciamientos de la Sala Político Administrativa de la Corte, manteniéndose firme en su convicción de que dicha Asamblea no nació de un gobierno de facto, sino que surgió en un sistema de jure mediante un procedimiento al cual la Corte misma dio su respaldo. Es decir, la Corte Plena, al constatar que la Sala Político Administrativa había hecho varios y reiterados pronunciamientos sobre la naturaleza de la Asamblea Nacional Constituyente y sobre las facultades que la misma posee, pre-

cisó que la misma había surgido de una interpretación de la Constitución de 1961 hecha por la Corte, que determinó que mediante el ejercicio del derecho a la participación se podía consultar al pueblo sobre la convocatoria a una Asamblea Nacional Constituyente.

C. La Corte Plena, en el Acuerdo, reconoció que la situación del Poder Judicial y los vicios que lo afectan habían sido una constante del debate político nacional, en el cual la Corte ha estado presente, habiendo además "establecido la Corte, los lineamientos básicos de las vías a través de la cuales debe producirse el saneamiento de esta rama del Poder Público", tal como lo revelaba el cuerpo de normas que habría aprobado la Corte en diciembre de 1996.

D. Seguidamente la Corte, al referirse al Decreto de Reorganización del Poder Judicial, constató que "independientemente de los vicios que puedan afectarlo" (es decir, dejando a salvo esos vicios posibles respecto de los cuales la Corte, no se pronunció), el texto del mismo es "un compromiso de la Asamblea Nacional Constituyente de proceder de inmediato a través de una Comisión de Emergencia Judicial a la revisión de los expedientes de los jueces y a su evaluación".

E. Sin embargo, la Corte Suprema estimó que la ejecución del proceso de reorganización judicial, en todo caso debe respetar principios fundamentales que Venezuela ha sostenido, no sólo en sus textos normativos, sino también a través de Acuerdos Internacionales que son parte del ordenamiento jurídico; principios que, entre otros, son los de "la tutela del derecho a la defensa, el de la racionalidad y proporcionalidad de las decisiones que se dicten, y el de la independencia y autonomía".

Es decir, la Corte precisó su criterio de que el proceso de reorganización judicial tiene que respetar principios fundamentales de nuestro ordenamiento jurídico, y entre ellos, la tutela del derecho a la defensa y la independencia y autonomía judicial. Ello, sin duda, no puede ser interpretado en otra forma que no sea un rechazo a la potestad que la Asamblea se auto atribuyó de destituir o suspender "de inmediato" a los jueces; y *a la intervención de la Asamblea, a través de la Comisión de Emergencia Judicial, en las funciones del Consejo de la Judicatura que es el órgano constitucional garante de la independencia y autonomía.*

F. El Acuerdo de la Corte, por otra parte, constituye una reafirmación del carácter supremo que la Corte tiene en el ámbito de la organización del Poder Judicial, lo que implica que la misma no está ni puede estar sometida a autoridad o poder alguno, ni siquiera el de la Asamblea. La Corte, sin embargo, señaló que no temía a las evaluaciones que se realizasen sobre sus actuaciones y sobre la conducta de sus integrantes, a cuyo efecto puso a disposición, se entiende, de la Comisión de Emergencia Judicial, "la documentación demostrativa de sus planes en curso para la modernización, eficacia y pulcritud del Poder Judicial".

G. La Corte Plena, por otra parte, reafirmó "como testimonio ante la historia", su sumisión al Estado de Derecho, lo que implica, por supuesto, el reconocimiento de la supremacía y vigencia de la Constitución de 1961, hasta que sea modificada por la nueva Constitución que se apruebe mediante Referéndum aprobatorio, pues la Asamblea surgió en un sistema de iure, mediante el Referéndum consultivo del 25 de abril de 1999, que la Corte respaldó.

La Corte Plena, además, reafirmó el principio de la colaboración entre los poderes públicos, razón por la cual ofreció "su colaboración para el objetivo fundamental perseguido por el Decreto de Emergencia Judicial"; que no es otro que la realización de la reforma del Poder Judicial. De ello no puede deducirse, en forma alguna, que la Asamblea hubiese avalado, apoyado, respaldado o admitido la tarea de la Comisión de Emergencia Judicial, sino sólo "el objetivo fundamental" perseguido por dicho Decreto.

H. Sin embargo, no puede dejar de destacarse que todo lo anterior aparece como contradicho en el último párrafo del Acuerdo, en el cual, como un ejemplo de la disposición de la Corte en el sentido de ofrecer su contribución para el objetivo fundamental perseguido por el Decreto de Emergencia Judicial, la Corte autorizó al Magistrado Alirio Abreu Burelli para que integrara la Comisión de Emergencia Judicial de la Asamblea, liberándolo temporalmente del ejercicio de sus funciones, concediéndose el permiso correspondiente que había solicitado.

B. *Los votos salvados al Acuerdo*

a. *El Voto salvado del Magistrado Héctor Paradisi León*

El Magistrado Paradisi salvó su voto al considerar que la Corte Suprema de Justicia no tenía atribución constitucional o legal alguna para formular el pronunciamiento contenido en el Acuerdo. Consideró que la Corte debió circunscribir su actuación a considerar el permiso solicitado por el Magistrado Burelli, con lo cual manifestó su conformidad; y que las motivaciones altamente políticas del Decreto de reorganización Judicial escapaban al análisis, de la Corte, "salvo su natural competencia para resolver eventuales impugnaciones que por razones de inconstitucionalidad se le planteen".

b. *Voto salvado del Magistrado Nelsón Rodríguez García*

El Magistrado Rodríguez García, aún cuando manifestó no diferir del contenido del Acuerdo, expresó su disconformidad con la oportunidad de adoptarlo porque para el momento en el cual la Corte se estaba pronunciando, el Decreto de Reorganización del Poder Judicial no había sido publicado en la Gaceta Oficial.

c. *Voto salvado del Magistrado Hermes Harting*

El Magistrado Harting comenzó su voto salvado, señalando que compartía la necesidad de reorganizar el Poder Judicial aún cuando no basado en una solución disciplinaria, para luego reiterar su convicción, estrictamente jurídica, como ponente de las sentencias de la Sala Político Administrativa del 18-03-99, 23-03-99 y 13-04-99 "de la vinculación de la Asamblea Constituyente al espíritu de la Constitución vigente", lo cual permite y ha permitido la celebración del proceso constituyente, "sin ruptura constitucional, con la finalidad de transformar el Estado "en base a la primacía del ciudadano..." "la creación de un nuevo ordenamiento jurídico que consolide el Estado de Derecho a través de un mecanismo que permita la práctica de una democracia social y participativa ...", y cuyo norte primario y fundamental es la elaboración de un nuevo Texto Constitucional".

Con fundamento en la anterior afirmación, el Magistrado Harting disintió del Acuerdo por considerarlo contradictorio, pues luego de referirse a los pronunciamientos reiterados de la Corte sobre la naturaleza y las facultades de la Asamblea Nacional Constituyente a los cuales se adhirió, y postular que en la ejecución del proceso de reorganización judicial se deben respetar los principios fundamentales de nuestro ordenamiento jurídico y los derivados de Acuerdos Internacionales; concluyó apreciando que el referido Decreto de Reorganización del Poder Judicial, al asignar competencias y atribuciones a la Comisión de Reorganización Judicial en desmedro de las competencias establecidas a la Corte Suprema de Justicia y al Consejo de la Judicatura,

"transgrede derechos como el de ser juzgado por sus jueces naturales y la garantía del debido proceso, consagrados en normas constitucionales, legales y Tratados Internaciones aprobados por nuestro país".

El Magistrado Harting, en su voto salvado, señaló además que coincidía plenamente en el objetivo fundamental perseguido por el Decreto de Reorganización Judicial, pues la Comisión de Reorganización Judicial podía ejercer funciones de planificación, organización y supervisión, pero no de ejecución. Adicionalmente, señaló estar absolutamente de acuerdo en la necesidad de evaluación de las actuaciones de los Magistrados de la Corte Suprema, lo que no consideraba contradictorio con la naturaleza de su autoridad, concluyendo con una exhortación a la Asamblea Nacional Constituyente como expresión de la voluntad popular, de velar por el mantenimiento de los cauces de un proceso de especial trascendencia nacional y siempre

*bajo la égida de los principios fundamentales del Estado De-
mocrático de Derecho.*

d. *Voto salvado del Magistrado Héctor Grisanti Luciani*

*El Magistrado Grisanti salvó su voto, por considerar que el
Acuerdo era contradictorio, entre lo establecido en los artículos 1° y 4° del mismo, señalando que si la Corte había ratificado en relación con las funciones y facultades de la Asamblea
Nacional Constituyente, que esta no había nacido de un gobierno de facto sino que había surgido en un sistema de iure
mediante un procedimiento respaldado por la Corte, mal podía
el Supremo Tribunal consentir que pudiera sometérselo a evaluación por parte de la Comisión de Emergencia Judicial, siendo como es la Corte, la autoridad suprema en materia judicial.*

e. *Voto salvado del Magistrado Aníbal Rueda*

*El Magistrado Aníbal Rueda salvó su voto, por considerar
que la Corte Suprema carecía de facultad para pronunciarse
sobre el Decreto de Reorganización del Poder Judicial de la
Asamblea, considerando que la Corte sólo podía pronunciarse
en los supuestos en los cuales las actuaciones de la Asamblea
Nacional Constituyente "fuesen atacados de inconstitucionalidad e ilegalidad". Consideró, en todo caso, que la Corte debía
ofrecer su contribución para el objetivo fundamental del Decreto así como la autorización al Magistrado Abreu Burelli para
integrar la Comisión de Emergencia Judicial*

f. *Voto salvado de la Magistrado Cecilia Sosa Gómez*

*La Magistrado Sosa Gómez, Presidencia de la Corte Su-
prema de Justicia, salvó su voto, también, al considerar que
existía una "enorme contradicción" en el texto del Acuerdo, que
comenzaba por reconocer los pronunciamientos de la Sala
Político Administrativa sobre el carácter de la Asamblea Nacional Constituyente que surgió en un sistema de iure y sobre el
"alcance de las facultades otorgadas por el pueblo, a través del
referendo", a la Asamblea, lo cual consideró:*

"incoherente con el propio propósito del Acuerdo, cuyo efecto fundamental pretende convalidar el Decreto de la Asamblea dirigido directamente a desconocer el Estado de Derecho en el cual ha nacido."

La Magistrada consideró que el Acuerdo terminó respaldando el contenido del Decreto de Emergencia Judicial, desconociendo rotundamente el contenido de las sentencias de la Sala Político Administrativa y:

"los límites demarcados en las Bases que gobiernan el funcionamiento de la Asamblea y el Ordenamiento constitucional y legal, enteramente vigente y cuya garantía ha sido confiada a este Alto Tribunal".

La Magistrado Sosa consideró que la Corte había renegado de su propia jurisprudencia y desconocido su propia doctrina,

"permitiendo que un acto de la Asamblea Nacional Constituyente, carente de todo sustento en el marco jurídico en el que hasta ahora nos habíamos desenvuelto -incluso para abrirle sin ningún temor las puertas a esa Asamblea- enerve las facultades que el pueblo soberano, donde reside el único y verdadero poder originario, conferido a la referida Asamblea".

Consideró, además, la Magistrado Sosa, que a la Asamblea se la había autorizado para redactar un nuevo Texto Constitucional para un Estado Democrático, pero

"no para intervenir o sustituir los poderes constituidos, erigiéndose en una suerte de "superpoder" donde se concentran todas las potestades públicas, como así lo ha pretendido y desde luego, logrado, con el respaldo del Acuerdo suscrito por la mayoría del seno de esta Corte, cuyo contenido deploro".

La Magistrado Sosa, además, señaló que la Corte, en el Acuerdo, había depuesto su condición de Máximo Tribunal, aplaudiendo la llegada de la Comisión que, por disposición del acto írrito de la Asamblea, *"tiene la obligación de evaluar a los jueces, realizar concursos de oposición, destituir jueces y oír las apelaciones que se presenten ante la Asamblea." En esa forma, consideró que la Asamblea se había arrogado atribuciones de poder constituido "y olvidó que debe responder sólo a lo que le pueble soberano le autorizó" relegando la Constitución que aún nos rige, la cual consideró que había sido violentada y desconocidos abierta y flagrantemente, sus postulados. La Magistrado Sosa, de ello concluyó que con el Decreto, la Asamblea había roto el equilibrio de la democracia, considerando que "sin una Constitución, simplemente no hay democracia".*

La Magistrado Sosa consideró, también, que el Decreto de la Asamblea violaba los principios fundamentales a los cuales hizo referencia el Acuerdo de la Corte, particularmente la independencia y autonomía judicial, al permitirse que la Asamblea vulnerase y amenazase vulnerarlas, al arrogarse la facultad jurisdiccional para decidir apelaciones.

La Magistrado Sosa para formular las anteriores apreciaciones, partió del supuesto de que en el Referéndum consultivo del 25-4-99, el pueblo soberano sólo autorizó a la Asamblea para redactar una nueva Constitución, por lo cual la Constitución de 1961 debía continuar en vigencia hasta cuando fuera sustituida "por la que en ejercicio de su labor debe diseñar", habiendo retenido el pueblo soberano "el derecho de aprobar esa nueva Constitución". De ello dedujo que la Asamblea, al dictar el Decreto, se extralimitó en el mandato otorgado por el pueblo venezolano, que fijó unas bases, le estableció límites y controles que la Asamblea desconoció.

La Presidente de la Corte, en su voto salvado, manifestó su alarma de que la Corte no hubiese mostrado preocupación por el contenido del Decreto por la violación de los principios a que hacía referencia el Acuerdo. Dicha contradicción la evidenció al formularse estas preguntas:

"-¿A qué independencia y autonomía judicial se refiere el Acuerdo de la Corte, si ha permitido con él, que la Asamblea Nacional Constituyente, vulnere y amenace vulnerarlas, al arrogarse la facultad jurisdiccional de decidir "las apelacio-

nes" que los jueces interpongan ante ella cuando la Comisión decida su remoción?

-¿En qué país organizado sobre las bases de un sistema democrático, de un sistema de libertades que propugna el equilibrio de los Poderes Públicos como su máxima expresión, se permite que un poder que no es el Poder Judicial, decida apelaciones, lo que significa instaurar juicios y ejercer por tanto típicas funciones jurisdiccionales?. "

Finalmente, la Magistrado Sosa concluyó su voto salvado con esta apreciación general:

"No es posible que la Corte Suprema de Justicia, declare su sumisión al Estado de Derecho, y en realidad se trata de su sumisión a la Asamblea Nacional Constituyente, a la cual - insisto- el pueblo soberano no autorizó para realizar actos distintos a los de construir un nuevo Estado y diseñarlo en esa Constitución que todos los venezolanos esperamos". Diseño que aún espera por el visto bueno con el referendo que tiene que realizarse, para que el pueblo, quien en definitiva detenta el poder soberano, apruebe esa labor. Esto permite reflexionar acerca del hecho, de si el pueblo venezolano que votó mayoritariamente se reservó aprobar o improbar ese proyecto constitucional que la Asamblea Nacional Constituyente deberá presentar al concluir los 180 días que le dio como plazo, ¿con qué autoridad esa Asamblea decreta y ejecuta actos que ese pueblo jamás podrá "aprobar o improbar"?.

C. *Apreciación general sobre la contradicción del Acuerdo*

El voto salvado de la Magistrado Sosa, puso en evidencia la enorme contradicción que existía entre los argumentos del Acuerdo relativos al Decreto de Reorganización del Poder Judicial, y la decisión tanto de autorizar a uno de sus Magistrados para formar parte de la Comisión de Emergencia Judicial, como de aceptar la evaluación de la Corte por parte de dicha Comisión. Dicha contradicción era evidente y proviniendo del máximo Tribunal de la República, considero que era totalmente inaceptable.

Sin embargo, ello no autorizaba a considerar que la Corte, pura y simplemente hubiera "aceptado" el Decreto ni el carácter originario de la Asamblea y que hubiera, por tanto, abandonado la doctrina jurisprudencial que había sentado la Sala Político Administrativa de la Corte entre el 19 de enero de 1999 y el 21 de marzo de 1999[209]..

La Corte, sin duda, incurrió en una contradicción al otorgar permiso al Magistrado Alirio Abreu Burelli para integrar la Comisión de Emergencia Judicial, lo que pudo haber conducido a considerar que había admitido la existencia del Decreto; sin embargo, de los considerandos contenidos en el Acuerdo más bien se deducía que la Corte no había aceptado las decisiones que contiene en el sentido de que no las había avalado. De ser ello así, los Magistrados que votaron a favor del Acuerdo debieron haberse inhibido de conocer de la acción de nulidad que se había intentado contra el mismo, por violación de las bases del Referéndum del 25-4-99.

Sin embargo, como antes señalamos, la contradicción de la Corte sólo podía ser resuelta por la propia Corte y ello, sin duda, tenía que haberlo hecho en la sentencia que dictó para resolver la referida acción de nulidad, pero no lo hizo.

4. *Las "medidas cautelares" en la intervención del Poder Judicial*

Con posterioridad a la aprobación del Decreto de Reorganización del Poder Judicial, se emitió por la Junta Directiva de la Asamblea otro Decreto complementario de la intervención del Poder Judicial denominado "Decreto de Medidas Cautelares Urgentes de Protección al Sistema Judicial". El mismo ni siquiera fue apro-

---

209 Sobre ello véase Allan R. Brewer-Carías, *Poder Constituyente Originario y Asamblea Nacional Constituyente (Comentarios sobre la interpretación jurisprudencial relativa a la naturaleza, la misión y los límites de la Asamblea Nacional Constituyente)*, Caracas, 1999.

bado por la Asamblea, ni publicado en *Gaceta Oficial*, sino que fue dictado por la "Junta Directiva de la Asamblea Nacional Constituyente y la Comisión de Emergencia Judicial autorizadas por la Asamblea en una sesión extraordinaria del 7 de octubre de 1999". O sea, la Asamblea se permitió, incluso, "delegar" en su Junta Directiva el supuesto poder constituyente originario que había asumido, hecho clandestino del cual no tuvieron conocimiento ni siquiera los mismos constituyentes. En todo caso, lo insólito de esta "delegación" fue que la fecha de emisión del Decreto fue el mismo día 7 de octubre de 1999, y ese mismo día fue reformado[210], razón por la cual no se entiende el porqué de tal delegación ni por qué no fue sometido a la consideración de la plenaria de la Asamblea para su adopción por ella.

En este Decreto, en todo caso, se ordenó la inmediata suspensión de jueces contra quienes pesaran siete denuncias o más, o que tuvieran averiguaciones penales abiertas (art. 1), siendo el objeto inmediato de la suspensión, como medida cautelar, la separación del cargo de los jueces y su sometimiento a procedimientos disciplinarios (art. 3). El Decreto ordenaba, además, la incorporación de los suplentes de los jueces suspendidos (art. 2). Por otra parte, el Decreto ordenó la suspensión de los Inspectores de Tribunales por conductas omisivas (art. 4) y facultó a la Inspectoría General de Tribunales para la designación de inspectores interinos (art. 5). Por último, el Decreto facultó a la Comisión de Emergencia Judicial -el mismo órgano que participó en su adopción- para extender las medidas dictadas a otras situaciones graves (art. 9). Este Decreto de medidas cautelares, sin embargo, reguló un recurso contra las medidas ante la Sala Plena de la Corte Suprema de Justicia (art. 10), buscando garantizar de alguna manera el derecho a la defensa que había sido olvidado en el Decreto anterior.

* * *

En todo caso, con fundamento en estos Decretos se produjo la intervención del Poder Judicial, se destituyeron y suspendieron jue-

---

210   *Gaceta Oficial* N° 36.825 de 09-11-99.

ces, con precaria garantía al derecho a la defensa, se designaron suplentes e interinos sin sistema alguno de selección que no fuera la voluntad del designante, con lo cual, el Poder Judicial comenzó a quedar signado por la provisionalidad, con su secuela de dependencia respecto del nuevo Poder, sin que se hubiera realizado concurso alguno para la selección de jueces.[211]

Por último, también como parte de la intervención del Poder Judicial, la Asamblea Nacional Constituyente, esta vez "en uso a la atribución a que se contrae el artículo 1º del Estatuto de Funcionamiento de la Asamblea y en conformidad con el artículo 1º del Decreto de Reorganización del Poder Judicial del 25 de agosto de 1999", dictó otro Decreto que confirió facultades a la Comisión de Emergencia Judicial "hasta el 16 de diciembre del presente año" (1999) para reglamentar el plan de evaluación de los jueces, determinar la permanencia o sustitución de los mismos y el régimen de selección y concursos (art. único)[212].

La Comisión sin embargo siguió funcionando por dos lustros más, completando la intervención total del Poder Judicial.

IX. LA INTERVENCIÓN DEL PODER LEGISLATIVO: EL DECRETO DE REGULACIÓN DE LAS FUNCIONES DEL PODER LEGISLATIVO

Luego de decretarse la intervención del Poder Judicial y de que la propia Corte Suprema se hubiera sometido a los designios de la Asamblea, le tocó el turno al Congreso de la República, cuyos senadores y diputados había sido electos democrática y popularmente sólo unos meses antes.

---

211 Casi dos años después, en agosto de 2001, Magistrados del Tribunal Supremo de Justicia admitían que más del 90% de los jueces de la República eran provisionales. Véase *El Universal*, Caracas 15-08-01, p. 1-4. En mayo de 2001 otros Magistrados del Tribunal Supremo reconocían el fracaso de la llamada "emergencia judicial". Véase *El Universal,* Caracas 30-05-01, p. 1-4.

212 *Gaceta Oficial* Nº 36.832 de 18 de noviembre de 1999.

La Asamblea Constituyente, a tal efecto, decretó la cesación de los mismos en sus cargos, y usurpó la función de legislar, y si bien en cuanto a lo primero no llegó a materializarse formalmente, por algún acuerdo propiciado por la Iglesia, de hecho así ocurrió. La Asamblea, en todo caso, funcionó físicamente en el Palacio Federal Legislativo, sede del Congreso, del cual sus senadores y diputados fueron materialmente desalojados.

A continuación se incluyen mis observaciones críticas al decreto de intervención del Poder Legislativo, que formulé tanto por escrito como verbalmente.

1. Observaciones críticas al primer proyecto de Decreto de Regulación de las funciones del Poder Legislativo Nacional divulgado por la prensa

Con ocasión de tomar conocimiento por la prensa, pues los textos de actos constituyentes que la directiva de la Asamblea tenía preparados para someter a discusión no se entregaban con antelación a los Constituyentes, sino sólo en la sesión en la cual se iban a discutir, formulé las siguientes observaciones críticas, en Comunicación enviada al Presidente de la Asamblea Nacional Constituyente el 24 de agosto de 1999, precedidas de la siguiente nota:

"En virtud de haber sido divulgado por la prensa nacional el Proyecto de Decreto de la Asamblea Nacional Constituyente de "Regulación de las Funciones del Poder Legislativo Nacional", y consciente como estoy de que el mismo ha sido sometido a revisión por la Junta Directiva de la Asamblea, al punto de que no ha sido distribuido para el conocimiento formal por parte de los constituyentes, habiéndose incluso suspendido la sesión de la Asamblea originalmente prevista para el día de ayer para iniciar su discusión; he estimado conveniente, como Miembro de la Asamblea, remitirle adjunto mis observaciones críticas a dicho Proyecto, el cual, en mi criterio, de ser aprobado, conllevaría una grave violación no sólo de las Bases Comiciales de la Asamblea adoptadas en el Referéndum del 25 de abril de 1999 y de los límites que el pueblo le impuso, sino del

Estado de Derecho, de las garantías democráticas y de las garantías constitucionales de derechos esenciales del hombre. "[213]

Luego de reflexionar de nuevo a los límites que el soberano, es decir, el pueblo, le impuso a la Asamblea Nacional Constituyente en el *Referéndum* del 25 de abril de 1999, conforme al cual la misma carecía de competencia para suspender, modificar o restringir la Constitución de 1961 que continuaba vigente hasta que fuera sustituida por la voluntad popular cuando el pueblo aprobara, por *Referéndum,* la nueva Constitución; consideré que la Asamblea Nacional Constituyente había actuado al margen de los límites que le impuso la voluntad popular al aprobar su Estatuto, particularmente el contenido de su artículo 1°; al aprobar el Decreto de Reorganización de los Poderes Públicos y al aprobar el Decreto de Reorganización del Poder Judicial, decisiones en las cuales invariablemente dejé constancia de mi *voto negativo razonado.*

En el caso concreto del 'Proyecto de Regulación de las Funciones del Poder Legislativo Nacional", consideré que su texto también violaba la voluntad popular y soberana expresada en el *Referéndum* del 25-04-99,

> *"en el sentido de que primero, viola las garantías democráticas que la Asamblea Nacional Constituyente debe respetar; segundo, viola los principios del republicanismo entre ellos, el de la separación de poderes, al modificar la Constitución de 1961 en cuanto a la organización y funciones del Poder Legislativo Nacional y concentrar los Poderes del Estado en la Asamblea; tercero, viola compromisos internacionales de la República relativos al régimen democrático y a los derechos fundamentales; cuarto viola el carácter progresivo de los derechos fundamentales del hombre, y quinto, viola el régimen autonómico de los Estados de la República.*

---

213   Véase el texto en Allan R. Brewer-Carías, *Debate Constituyente (Aportes a la Asamblea Nacional Constituyente),* Fundación de Derecho Público, Editorial Jurídica Venezolana, Carcas 1999, Tomo I.

A. *La violación de las garantías democráticas*

En efecto, en primer lugar, el Proyecto de Decreto viola las garantías democráticas que la Asamblea Nacional Constituyente debe respetar, como lo dice la Base Octava de la Pregunta Segunda del Referéndum del 25-04-99 "dentro del más absoluto respeto de los compromisos asumidos".

La garantía democrática, ante todo, se refiere al respeto de los resultados de una elección democrática. Los diputados y senadores que conforman las Cámaras Legislativas fueron electos el 8 de noviembre de 1998, en unas elecciones cuyos resultados no fueron cuestionados; es decir, fueron electos democráticamente. La Asamblea Nacional Constituyente debe respetar dicho mandato popular, y si bien puede diseñar la cesación del Congreso en la nueva Constitución, sólo la voluntad popular expresada en el Referéndum aprobatorio de la misma podría conllevar a la terminación anticipada del mandato de los Diputados y Senadores.

Durante su funcionamiento, por tanto, la Asamblea Nacional Constituyente no puede revocar el mandato de los Diputados y Senadores electos democráticamente en noviembre de 1998, y eso y no otra cosa es lo que se propone en el Proyecto de Decreto, el cual proyecta la cesación del Congreso.

En efecto, cuando en el artículo 5° se suspenden las actividades de las Cámaras Legislativas, es decir, del Senado y de la Cámara de Diputados así como de las Comisiones del Congreso (exceptuadas la Comisión Delegada y las Comisiones Bicamerales de Finanzas y Contraloría), lo que se está decidiendo, en definitiva, es la cesación de las Cámaras Legislativas (Senado y Cámara de Diputados) y del Congreso.

Precisamente por ello, el artículo 5° del Proyecto de Decreto dispone que "el Congreso de la República ejercerá sus funciones previstas en este Decreto (no en Constitución alguna!) por órgano de su Comisión Delegada así como por las Comisiones Bicamerales de Finanzas y Contraloría".

Es decir, la Asamblea Nacional Constituyente, con esta norma, estaría "reduciendo" el Congreso a la Comisión Delegada y a dos

Comisiones Bicamerales, razón por la cual sólo los Diputados y Senadores que integran esas Comisiones serían los que gozarían de inmunidad (art. 7), lo que significa, sin más, que los otros Senadores y Diputados que no integran esas Comisiones simplemente cesarían en sus funciones, es decir, se les revocaría el mandato que les fue otorgado por el electorado por disposición de la Asamblea.

Ello viola las garantías democráticas que la Asamblea está obligada a respetar por imposición de la voluntad popular expresada en el Referéndum del 25 de abril de 1999.

B. *La violación de Tratados Internacionales*

La democracia, además de una forma de gobierno, es un derecho humano a la participación política, consagrado en los tratados internacionales sobre la materia, celebrados válidamente por la República y vigentes. Como límite expreso impuesto a la Asamblea Nacional Constituyente conforme al mandato dado por el pueblo venezolano en el Referéndum del 20 de abril, se encuentran precisamente los tratados internacionales en materia de derechos humanos.

La democracia representativa se ha convertido en un principio rector en los tratados internacionales vigentes en Venezuela. En este sentido, el primer tratado que conviene citar es la propia Carta de la Organización de Estados Americanos (OEA), la cual consagra "el ejercicio efectivo de la democracia representativa" como uno de los Principios que reafirman los Estados Miembros de dicha Organización. Así mismo, la democracia representativa fue incorporada, en 1985, en la Carta de la OEA mediante el Protocolo de Cartagena, en los siguientes términos:

> *"Ciertos de que la democracia representativa es condición indispensable para la estabilidad, la paz y el desarrollo de la región".*

Además, en el artículo 2 literal (b) de dicha Carta, se estableció como uno de los propósitos esenciales de la OEA, "promover y consolidar la democracia representativa dentro del respeto al principio de no intervención".

Es por ello que la OEA ha ratificado en el ámbito interamericano, la unidad indisoluble entre la democracia representativa y el pleno respeto a los derechos humanos, enfatizando la importancia del ejercicio de los derechos de participación política representativa (Ver, Resoluciones de la Asamblea General Nos. 510, 543, 618, y 742).

Por otra parte, la Convención Americana sobre Derechos Humanos consagra entre los derechos fundamentales, el derecho a la participación política en los siguientes términos (art. 23):

Artículo 23. Derechos Políticos

1. *Todos los ciudadanos deben gozar de los siguientes derechos y oportunidades:*

    a) *De participar en la dirección de los asuntos públicos, directamente o por medio de representantes libremente elegidos.*

    b) *De votar y ser elegidos en elecciones periódicas auténticas, realizadas por sufragio universal e igual y por voto secreto que garantice la libre expresión de la voluntad de los electores, y*

    c) *De tener acceso, en condiciones generales de igualdad, a las funciones públicas de su país.*

2. *La Ley puede reglamentar el ejercicio de los derechos y oportunidades a que se refiere el inciso anterior, exclusivamente por razones de edad, nacionalidad, residencia, idioma, instrucción, capacidad civil o mental, o condena, por juez competente, en proceso penal.*

La Comisión Interamericana de Derechos Humanos (CIDH) como órgano principal de la OEA, tiene asignada la función de promover la observancia y defensa de los derechos humanos, entendidos por éstos, los consagrados en la referida Convención Americana y en la Declaración Americana de los Derechos y Deberes del Hombre de 1948, la cual también consagró el derecho a la participación política representativa en los siguientes términos:

Artículo XX: Toda persona, legalmente capacitada, tiene el derecho de tomar parte en el gobierno de su país, directamente o por medio de sus representantes, y de participar en las elecciones populares, que serán de voto secreto, genuinas, periódicas y libres

Sobre el particular, la CIDH ha tenido oportunidad de pronunciarse en diversas oportunidades en relación a las violaciones a la democracia representativa y, en particular, a los derechos políticos en ella involucrados. Así, por ejemplo, la Comisión ha afirmado su facultad de verificar el respeto al derecho de participación política electoral (Ver casos Nos. 9768, 9780 y 9828). Así mismo, en sus Informes sobre la situación de los derechos humanos en los diversos países del hemisferio, la Comisión se ha pronunciado sobre la importancia del respeto pleno a los derechos de participación política en el marco de la democracia representativa, como garantía para la vigencia de los derechos humanos (Ver, entre otros los Informes sobre Perú 1993, Chile 1974, Argentina 1976).

Por su lado, la propia Corte Interamericana de Derechos Humanos se ha pronunciado sobre la materia, en relación al impacto de los derechos políticos consagrados en la Convención Americana y su importancia para la consolidación de la democracia representativa, al expresar:

"La democracia representativa es determinante en todo el sistema del que la Convención forma parte (Ver, Opinión Consultiva OC-13, párrafo 34).

En el ámbito universal, el derecho a la participación política en el marco de la democracia representativa también está consagrado en el Pacto Internacional de Derechos Civiles y Políticos de las Naciones Unidas, el cual establece en su artículo 25:

Artículo 25: Todos los ciudadanos gozarán, sin ninguna de las distinciones mencionadas en el artículo 2, y sin restricciones indebidas, de los siguientes derechos y oportunidades:

a) Participar en la dirección de los asuntos públicos, directamente o por medio de representantes libremente elegidos.

b)   *Votar y ser elegidos en elecciones periódicas, auténticas, realizadas por sufragio universal e igual y por voto secreto que garantice la libre expresión de la voluntad de los electores.*

c)   *Tener acceso, en condiciones generales de igualdad, a las funciones públicas de su país.*

Ello ha dado lugar, igualmente, a importantes pronunciamientos del Comité de Derechos Humanos de las Naciones Unidas, a través de casos y de sus Comentarios Generales (Ver, Documentos Oficiales de la Asamblea General, Trigésimo sexto período de sesiones, Suplemento N° 40).

Así mismo, el derecho a la participación política, consagrado en el artículo 21 de la Declaración Universal de los Derechos Humanos, ha dado lugar a importantes pronunciamientos de la Unión Interparlamentaria Mundial, en relación al respeto a la voluntad popular expresada en elecciones libres para la formación de Congresos y Parlamentos, así como la importancia del respeto al funcionamiento libre de los Congresos y Parlamentos electos democráticamente (Ver, *Universal Declaration on Democracy, Interparlamentary Union, Positions Regarding Human Rights Issues*, I-PU, Geneva, 1998).

En consecuencia, al pretender el Proyecto de Decreto desconocer el mandato representativo de los Senadores y Diputados del Congreso de la República, producto de una elección democrática, la Asamblea Nacional Constituyente de aprobarlo, violaría los mencionados Tratados Internaciones y los límites que le impuso al pueblo, en el Referéndum, del 25 de abril de 1999.

Todo ello, además, conforme a la Carta de la OEA, expondría innecesariamente al Estado venezolano a la eventual suspensión del ejercicio de su derecho de participación ante la OEA y a otras sanciones diplomáticas conforme a lo establecido en el Tratado de la Carta de la OEA, para el supuesto de que "un miembro de la organización cuyo gobierno democráticamente constituido, sea derrocado por la fuerza" (art. 9).

C. *La violación de los valores y principios republicanos*

Conforme al Referéndum del 25-04-99, la Asamblea Nacional Constituyente tiene, dentro de los límites impuestos por la voluntad popular, los valores y principios de nuestra historia republicana, y dentro de ellos se encuentra la supremacía constitucional y la separación de poderes como garantía de la libertad. Estos principios, consagrados desde el momento mismo del nacimiento del Estado venezolano en 1811, y respetados por todas las Constituciones posteriores, solamente han sido violados con motivo de rupturas constitucionales provocadas por las diversas guerras, golpes de Estado y revoluciones que hemos tenido durante nuestra historia política.

El Proyecto de Decreto en consideración viola dicho límite al vulnerar la Constitución de 1961, la cual se pretende modificar por la Asamblea sin respaldo popular mediante Referéndum aprobatorio, y al pretender asumir, la Asamblea, funciones legislativas, concentrando el Poder Público (Judicial y Legislativo) y vulnerando el principio de la separación de poderes.

a. *El Proyecto de Decreto modifica los órganos que ejercen el Poder Legislativo Nacional*

Conforme a la Constitución de 1961, "el Poder Legislativo se ejerce por el Congreso, integrado por dos Cámaras: el Senado y la Cámara de Diputados" (art. 138).

Pues bien, el Proyecto de Decreto elimina al Senado y a la Cámara de Diputados y pretende reducir el Congreso a la Comisión Delegada y a las Comisiones Bicamerales de Finanzas y de Contraloría, suprimiendo, además, las actividades de las Cámaras y de las otras Comisiones del Congreso (art. 5).

Es decir, el Proyecto de Decreto modifica orgánicamente al Congreso y elimina el bicameralismo, que es otro de los principios de nuestra historia republicana.

Adicionalmente, el Proyecto de Decreto reduce las actividades de la Comisión Delegada y de las Comisiones Bicamerales de Finanzas y Contraloría a las "previstas en este Decreto", lo que implica que ni siquiera podrían ejercer las establecidas expresamente en la Constitución (por ejemplo, Arts. 178 y siguientes relativas a la Comisión Delegada del Congreso).

En esta forma, el Proyecto de Decreto viola y modifica la Constitución de 1961, sin que, conforme al Referéndum del 25 de abril, la Asamblea Nacional Constituyente tenga poder para ello ni el pueblo haya aprobado tales reformas mediante Referéndum.

b. *El Proyecto de Decreto atribuye a la Asamblea Nacional Constituyente funciones Legislativas de control y debate político*

Pero además, el Proyecto de Decreto también viola la Constitución de 1961 y el principio de la Separación de Poderes, al pretender atribuir a la Asamblea Nacional Constituyente funciones legislativas que corresponden a las Cámaras Legislativas (Senado y Cámara de Diputados).

En efecto, conforme al artículo 1° del Proyecto de Decreto, se pretende que la Asamblea Nacional Constituyente asuma "funciones del Poder Legislativo ejercidas por el Congreso de la República como poder constituido", y particularmente las siguientes:

1. "La representación de la Nación para el debate político sobre temas de interés público".

Ante todo, nadie puede asumir el monopolio de la representación de la Nación para el debate político sobre temas de interés nacional. Ese derecho lo tienen todos los representantes electos por el pueblo, por lo que se asunción monopolísticamente por la Asamblea Nacional Constituyente, viola el principio de la democracia representativa.

3. "El control político sobre el Ejecutivo Nacional"

De acuerdo con el artículo 139 de la Constitución, corresponde al Congreso ejercer "el control de la Administración Pública Nacional" que ejerce el Poder Ejecutivo Nacional, por lo que esta asunción de dicho control por la Asamblea Nacional Constituyente viola dicha norma.

4. "La autorización del enjuiciamiento del Presidente de la República".

Corresponde al Senado, conforme al artículo 150, ordinal 8°, autorizar por el voto de la mayoría de sus miembros, el enjuiciamiento del Presidente de la República previa declaratoria de la Corte Suprema de Justicia de que hay mérito para ello. Este ordinal 4° del artículo 1° del Proyecto de Decreto viola dicha norma y, además, elimina la mayoría establecida respecto de los miembros del Senado.

5. "El voto de Censura a los Ministros"

Conforme al artículo 153, ordinal 2° de la Constitución, es atribución de la Cámara de Diputados "dar voto de censura a los Ministros". Por tanto, este ordinal 5° del artículo 1° del Proyecto de Decreto viola dicha norma constitucional. Además, es de observar que no se prevé la mayoría calificada de "las 2/3 partes de los Diputados presentes", para que la decisión equivalente que pudiera adoptar la Asamblea, tuviera el efecto de la remoción del Ministro.

7. "El control sobre la declaratoria del Estado de Emergencia, así como sobre la restricción y suspensión de las garantías constitucionales".

De acuerdo con el artículo 242 de la Constitución, el Decreto que declare el Estado de Emergencia u ordene la restricción o suspensión de garantías constitucionales debe ser sometido a la consideración de las Cámaras en sesión conjunta o de la Comisión Delegada, dentro de los 10 días siguientes a su publicación.

En esta forma, el artículo 1° ordinal 7 del Proyecto de Decreto, al pretender atribuir a la Asamblea Nacional Constituyente este poder de control, viola la norma antes referida de la Constitución.

8. "La designación de los Magistrados de la Corte Suprema de Justicia, Fiscal General de la República, Contralor General de la República, Consejeros del Consejo de la Judicatura y Miembros del Consejo Nacional Electoral".

La Constitución atribuye a las Cámaras Legislativas (Senado y Cámara de Diputados) en sesión conjunta, la elección de los Magistrados de la Corte Suprema de Justicia (art. 214), del Contralor General de la República (art. 238), del Fiscal General de la República (art. 219), y lo mismo hacen las leyes del Consejo de la Judicatura y del Sufragio y Participación Política.

En consecuencia, al pretender el ordinal 8 del artículo 1° del Decreto atribuir dicha atribución a la Asamblea Nacional Constituyente, viola dichas normas constitucionales y legales.

> 10. "El allanamiento de la inmunidad de los Senadores y Diputados que integran la Comisión Delegada, la Comisión Bicameral de Finanzas y la Comisión Bicameral de Contraloría del Congreso de la República".

La atribución de allanar la inmunidad parlamentaria de Senadores y Diputados está asignada, conforme a la Constitución, al Senado o a la Cámara de Diputados, respectivamente, o a la Comisión Delegada del Congreso (art. 144).

En consecuencia, el artículo 1°, ordinal 10 del Proyecto de Decreto viola dicho artículo constitucional, al pretender atribuir dicha potestad a la Asamblea Nacional Constituyente, cuerpo al cual, por lo demás, no pertenecen los Diputados y Senadores.

Se observa, además, que nada se prevé respecto al allanamiento de la inmunidad de los Senadores y Diputados que no integran las referidas Comisión Delegada o las Comisiones Bicamerales de Finanzas y Contraloría, lo que confirma que conforme al Proyecto de Decreto, se pretende revocarles el mandato.

> 11. "La autorización del empleo de misiones militares venezolanas en el exterior o extranjeras en el país, a solicitud del Ejecutivo".

La Constitución asigna esta facultad al Senado (art. 150, ord. 4°), por lo que el artículo 1°, ordinal 11 del Proyecto de Decreto viola dicha norma constitucional, al pretender atribuir esa competencia a la Asamblea Nacional Constituyente.

12. "Las demás funciones del Poder Legislativo constituido no asignadas expresamente por el presente Decreto al Congreso de la República".

Con este ordinal, de carácter residual, se reduce la existencia del Congreso, no sólo a las Comisiones Delegada y Bicamerales de Finanzas y Contraloría, sino que estas sólo podrían ejercer las competencias que se le atribuyen expresamente en el Proyecto de Decreto. Con ello, la Asamblea Nacional Constituyente pretendería asumir el resto de las funciones del Poder Legislativo que la Constitución y las leyes atribuyen expresamente a las Cámaras Legislativas, violando la propia Constitución.

D. *La violación de la garantía constitucional de la reserva legal*

La garantía constitucional más importante de los derechos y libertades del hombre, es la garantía de la reserva legal, que implica que aquellos sólo pueden ser limitados por Ley Formal, que conforme al artículo 162 de la Constitución, se define como el acto que sancionen las Cámaras Legislativas, es decir, el Senado y la Cámara de Diputados, como cuerpos colegisladores.

Además, conforme al artículo 139 de la Constitución corresponde exclusivamente al Congreso (Senado y Cámara de Diputados) la potestad de "legislar sobre las materias de la competencia nacional y sobre el funcionamiento de las distintas ramas del Poder Nacional".

En consecuencia, no puede la Asamblea Nacional Constituyente asumir la potestad de dictar leyes o atribuírsela a otro órgano distinto a las Cámaras Legislativas, sin violar los mencionados artículos de la Constitución.

Además, al hacerlo, viola la garantía constitucional de la reserva legal, vulnerándose, además, las Bases Comiciales derivadas del Referéndum del 25 de abril de 1999 y los límites allí impuestos a la Asamblea Nacional Constituyente (respeto al carácter progresivo de los derechos fundamentales democráticos), al atribuirse la función de dictas "leyes" a la propia Asamblea Nacional Constituyente o a la Comisión Delegada del Congreso.

a. *El Proyecto de Decreto pretende atribuir a la Asamblea Nacional Constituyente la facultad de dictar leyes*

Conforme al artículo 1°, ordinal 2° del Proyecto de Decreto, se pretende atribuir a la Asamblea Nacional Constituyente, "la legislación sobre las materias de la competencia nacional, con excepción de las asignadas a la Comisión Delegada".

Ahora bien, conforme al artículo 136, ordinal 24 de la Constitución, es competencia del Poder Nacional, entre otras, "la legislación reglamentaria de las garantías que otorga esta Constitución" y todas las limitaciones y restricciones a los derechos y libertades constitucionales. Atribuir esta función a la Asamblea Nacional Constituyente, además de violar los artículos 139 y 162 citados de la Constitución, viola la garantía constitucional de la reserva legal, pues podrían limitarse o restringirse los derechos humanos por actos de la Asamblea que no son "leyes" conforme a la Constitución.

Lo mismo puede señalarse respecto de la atribución del ordinal 9 del artículo 1° del Proyecto de Decreto que asigna a la Asamblea Nacional Constituyente "la aprobación de amnistías por Ley especial", que viola el artículo 139 de la Constitución que establece que "Es privilegio del Congreso decretar amnistías, lo que hará por Ley Especial".

El Proyecto de Decreto, por otra parte, al atribuir a la Asamblea Nacional Constituyente la potestad de legislar, deroga y modifica el procedimiento de formación de las leyes previsto en los artículos 162 y siguientes de la Constitución, atribuyendo a la Comisión Legislativa de la Asamblea estudiar y elaborar los "proyectos de Ley" (art. 3, ordinal 1°), pero sin regular procedimiento alguno para la sanción de tales "leyes" por la Asamblea; con lo cual viola la Constitución.

b. *El Proyecto de Decreto pretende atribuir a la Comisión Delegada la facultad de dictar leyes*

La violación de los artículos 162 y 139 de la Constitución también se produciría con el artículo 4 del Proyecto de Decreto, al pretender atribuir, esta vez, "al Congreso", que sólo podría actuar por órgano de la Comisión Delegada, la legislación referida al régimen presupuestario, al régimen tributario, la aprobatoria del presupuesto, la autorización por Ley Especial al Ejecutivo Nacional para dictar medidas extraordinarias en materia económica y financiera y la legislación aprobatoria de los Tratados y Convenios Internacionales (ordinales 1 a 5 del artículo 4).

La Comisión Delegada del Congreso no puede dictar "leyes" que solo son los actos que emanan de las Cámaras Legislativas (Senado y Cámaras de Diputados) como cuerpos colegisladores, por lo que atribuirle tal facultad de legislar implicaría violar los artículos 162 y 139 de la Constitución.

Debe advertirse, además, que la atribución a la Comisión Delegada de la "legislación tributaria" violaría, adicionalmente, la garantía de la legalidad tributaria que establece el artículo 224 de la Constitución, que indica que "no podrá cobrarse ningún impuesto u otra contribución que no esté establecida por ley" en los términos del artículo 162 de la Constitución; y violaría, además, el artículo 153, ordinal 1° de la Constitución que exige que la discusión de todo proyecto de ley concerniente al régimen tributario, debe iniciarse en la Cámara de Diputados.

Además, debe destacarse que la sanción, por la Comisión Delegada, de la Ley de Presupuesto también violaría el artículo 153, ordinal 1° de la Constitución que exige que la discusión de la Ley de Presupuesto se inicie en la Cámara de Diputados.

Igualmente, la sanción por la Comisión Delegada de supuestas "leyes" aprobatorias de Tratados y Acuerdos internacionales violaría lo establecido en el artículo 128 de la Constitución que exige que los mismos sean aprobados mediante Ley Especial, en los términos del artículo 162 de la Constitución. Además, violaría el artículo 150, ordinal 1° que exige que la discusión de los proyectos de ley relativos a Tratados y Convenios Internacionales, se inicie en el Senado.

Por último, debe señalarse que el artículo 6° del Proyecto de Decreto, al establecer que "los proyectos de Ley presentados a la Comisión Delegada del Congreso de la República recibirán 2 discusiones en días diferentes", también violaría el procedimiento de formación de las leyes establecido en los artículos 162 y siguientes de la Constitución.

E. *La violación del régimen autonómico de los estados*

Conforme a la distribución vertical del Poder Público que configura al Estado Federal en los términos consagrados en la Constitución (art. 2), los Estados son autónomos (art. 16), por lo cual en Venezuela, no se admite injerencia política alguna de parte de los órganos del Poder Nacional en los órganos del Poder Estadal.

En consecuencia, al pretender atribuirse la Asamblea Nacional Constituyente, en el Proyecto de Decreto, "el control político sobre los Gobernadores de Estado" (art. 1, ordinal 3°) y el "acuerdo de la destitución de los gobernadores de Estado" (art. 1°, ord. 6), dicho Proyecto de Decreto viola el artículo 16 de la Constitución y los principios del Estado Federal.

La Constitución de 1961 no atribuye estas funciones a las Cámaras Legislativas y sólo admite la destitución de los Gobernadores cuando se produce la improbación de la gestión por la Asamblea Legislativa del Estado respectivo (art. 209, ordinal 2° y art. 24).

Si lo que se pretende es modificar disposiciones de la Ley de Elección y Remoción de Gobernadores de Estado (art. 14) y de la Ley Orgánica de Descentralización, Delimitación y Transferencias de Competencias del Poder Público (art. 31) que son de dudosa constitucionalidad, ello tampoco podría hacerse por Decreto de la Asamblea."

2. *Exposición en la sesión de la Asamblea Nacional Constituyente en el debate sobre el Decreto de Regulación de las funciones del Poder Legislativo.*

En la sesión de la Asamblea Nacional Constituyente del 25-08-1999 se debatió sobre el Decreto de Regulación de las funciones del Poder Legislativo, y en el mismo expuse lo siguiente:

CONSTITUYENTE BREWER CARIAS (ALLAN).- (Desde la Tribuna de Oradores). Ciudadano Presidente, colegas constituyentes. Esta mañana el constituyente David de Lima nos recor-

daba que estábamos en un momento constituyente, excepcional. Y ese momento ciertamente existe, y es lo que debería provocar, que nos dedicáramos a los asuntos constituyentes.

Lamento realmente que sea el señor Pedro Tabata Guzmán el que le haya fijado la agenda a esta Asamblea Nacional Constituyente, hoy, para que a la carrera nos pongamos a discutir este proyecto que se nos ha leído, pero que hubiera sido preferible que hubiéramos tenido la oportunidad de leer detenidamente. Sin embargo, a pesar de eso, quiero referirme, en concreto, a este proyecto de Decreto que se ha sometido a consideración de la Asamblea.

El proyecto de Decreto presentado por la Comisión General, definitivamente reforma la Constitución de la República de 1961; eso debemos tenerlo claro y estar conscientes de ello. Es decir, establece un conjunto de normas constitucionales sin que estas se hayan sometido a Referéndum aprobatorio como lo exigió el Referéndum del 25 de abril. No olvidemos -a pesar de que aquí queremos a veces olvidarlo- que esta Asamblea se originó por el Referéndum del 25 de abril, y en él se fijó lo que he llamado un marco supraconstitucional de la Asamblea, que le estableció una misión y unos límites, que tampoco a veces queremos volver a leer. Esos límites están en la Base Octava, límites que se refieren al respeto a las garantías democráticas, el carácter progresivo de los derechos humanos y de las garantías constitucionales de los derechos, y el cumplimiento de los Tratados Internacionales. Eso está en la Base octava del Referéndum del 25 de abril. Este proyecto realmente viola estas Bases, y de eso debemos estar conscientes a los efectos de la votación que aquí se va a realizar.

En primer lugar, viola las garantías democráticas. La elección de representantes depende de la voluntad popular en una sociedad democrática. Aquí hubo elecciones, en noviembre, para representantes al Congreso de la República y a las Asambleas Legislativas. El mandato, dado por elección popular, no puede revocarse, en una sociedad democrática, sino por el propio pueblo. Por eso, una de las reformas que vamos segu-

ramente a introducir, en la futura Constitución, es el referendo revocatorio del mandato; pero éste actualmente no existe.

Sin embargo, el proyecto de Decreto sometido a nuestra consideración revoca el mandato de los diputados a las Asambleas Legislativas que no integran las comisiones delegadas de cada Asamblea; al decir "Cesan en sus funciones estos diputados", simplemente les está revocando el mandato producto de una elección popular, y eso, aun cuando nos parezca que podría ser conveniente (eliminar o no a estos diputados), eso viola la garantía democrática que es uno de los límites que deben respetarse de acuerdo a la Base octava del Referéndum del 25 de abril. Eso viola, además -gústenos o no-, Tratados Internacionales que le imponen al Estado venezolano el compromiso de respetar la representatividad democrática y los principios de la democracia representativa. Revocar un mandato de este tipo puede significar una violación de estos Tratados Internacionales.

En segundo lugar, el proyecto de Decreto viola la más importante de las garantías constitucionales de los derechos fundamentales en cualquier país democrático que es la garantía de la reserva legal. La existencia de derechos y libertades, es posible porque tienen garantías y dentro de las garantías está la Garantía de la Reserva Legal, es decir que mi derecho, nuestro derecho, nuestra libertad sólo puede ser limitado por ley, y el ordenamiento dice que es ley; cualquier estudiante de derecho sabe de memoria el artículo 162 de la Constitución de la República que dice que "Ley es el acto que emana de las Cámaras, actuando como cuerpo colegislador". Ninguna otra cosa es ley, salvo que la definamos en una nueva Constitución con otra noción, pero mientras eso no ocurra, ley es eso.

Sin embargo, aquí tenemos un proyecto de Decreto que elimina al Senado y a la Cámara de Diputados, porque no otra cosa es la consecuencia de reducir el Congreso a la Comisión Delegada y a unas comisiones de Finanzas, de Contraloría y de Investigaciones, es decir, desaparece la Cámara del Senado y la Cámara de Diputados, aun cuando a sus miembros no se les revoque el mandato; pero sin embargo desaparece y se reduce el Congreso de la República a un órgano que es la Comisión Delegada.

Eso constituye una reforma de la Constitución de la República, quiérase o no. Y no sólo eso, sino que el proyecto le atribuye a la Comisión Delegada la función de legislar, es decir de dictar leyes; leyes que sin embargo sólo son actos que emanan de las Cámaras Legislativas adoptadas como cuerpos colegisladores. Además se le atribuyen funciones a esa Comisión, como por ejemplo, dictar leyes de carácter tributario, lo que viola la garantía de la legalidad tributaria prevista en el artículo 224 de la Constitución. El decreto modifica la Constitución, donde incluso se dice que la iniciativa para la discusión de las leyes de carácter tributario, debe estar en la Cámara de Diputados. El decreto le atribuye a la Comisión Delegada, además, otras facultades como adoptar leyes aprobatorias de tratados, lo que significa que ahora los Tratados Internacionales no van a ser aprobados por ley, sino por esta cosa, que no sabemos cómo se llama, que son los actos de una Comisión Delegada.

¿Qué país de la comunidad internacional se va a contentar con que en este país que conforme una Constitución deben aprobarse los Tratados por ley, los vayan a aprobar una Comisión Delegada? Realmente me parece una torpeza legislativa frente al mundo, trastocar el mecanismo de aprobación de los Tratados.

El decreto, por otra parte, modifica, por supuesto, el procedimiento de formación de las leyes precisamente establecido en la Constitución, al decir, simplemente, que la Comisión Delegada va a aprobar "leyes", que no son leyes, sólo mediante dos discusiones en dos días distintos, pero elimina todo el mecanismo de formación de la ley.

Pero hay otro agregado en el proyecto de decreto, y son los elementos que tienen que ver con la estructura del poder. Todavía tenemos una Constitución que establece una forma federal, donde hay una autonomía de los estados; sin embargo la

307

Asamblea interfiere desde el ámbito nacional en los poderes estadales, en las asambleas legislativas, en la evaluación de las contralorías estadales que, supuestamente, de acuerdo al poder moral y contralor tienen que tener autonomía; de paso, estamos lesionando dicha autonomía.

Por tanto, estamos en presencia de un proyecto, que en mi criterio viola la Garantía Constitucional a la Reserva Legal, que es uno de los límites impuestos por el Referéndum del 25 de abril, al atribuir la función de legislar a un órgano que no puede tener la función de legislar como es la Comisión Delegada del Congreso. Simplemente podría llegarse a la situación de que no se legisle de aquí en adelante, hasta que se apruebe la nueva Constitución, pero creo que sería una torpeza atribuir a un órgano que no tiene potestad legislativa la función de legislar, trastocando totalmente el régimen constitucional sin su sustitución, porque todavía no tenemos la nueva Constitución que establezca el nuevo orden jurídico que debe regir la actuación de la República. Tal como está ese decreto considero que se le hace más daño a la institucionalidad democrática que los beneficios que podrían obtenerse por acallar el Congreso.

Por eso, tal como está este proyecto, mi voto será negativo en la votación que aquí se realice.

Es todo, ciudadano Presidente.

3. **Voto Razonado Negativo con motivo de la aprobación al Decreto sobre regulación de las funciones del Poder Legislativo.**

En la sesión de la Asamblea Nacional del 25 de agosto de 1999, luego de que se aprobó el Decreto sobre regulación de las funciones del Poder Legislativo, presenté el Voto Razonado Negativo respecto de la aprobación del Decreto sobre regulación de las funciones del Poder Legislativo,[214] en el cual después de argumentar nuevamente sobre los límites a la Asamblea Nacional Constituyente impuestos

---

214 Véase el texto en Allan R. Brewer-Carías, *Debate Constituyente (Aportes a la Asamblea Nacional Constituyente),* Fundación de Derecho Público, Editorial Jurídica Venezolana, Carcas 1999, Tomo I.

por el pueblo en el *Referéndum* del 25 de abril de 1999, consideré nuevamente, como antes he expresado, que el decreto *primero*, violaba las garantías democráticas que la Asamblea Nacional Constituyente debe respetar; *segundo*, violaba los principios del republicanismo, entre ellos, el de la separación de poderes, al modificar la Constitución de 1961 en cuanto a la organización y funciones del Poder Legislativo Nacional y concentrar los Poderes del Estado en la Asamblea; *tercero*, violaba compromisos internacionales de la República relativos al régimen democrático y a los derechos fundamentales; *cuarto* violaba el carácter progresivo de los derechos fundamentales del hombre, y *quinto*, violaba el régimen autonómico de los Estados de la República.

Consideré, en efecto, que durante su funcionamiento, por tanto, la Asamblea Nacional Constituyente no puede revocar el mandato de los Diputados y Senadores electos democráticamente en noviembre de 1998, y eso y no otra cosa es lo que de hecho produce el Decreto, al resolver, implícitamente, la cesación del Senado y de la Cámara de Diputados, y de la mayoría de las Comisiones Legislativas.

Pero lo que es implícito respecto de Senadores y Diputados, es expreso en relación con los Diputados de las Asambleas Legislativas de los Estados, que no formen parte de las Comisiones Delegadas respectivas de ellos. En efecto, el Decreto suspende las actividades de las Asambleas Legislativas, de los Estados, las cuales se reducen a sus Comisiones Delegadas disponiéndose la cesación en sus funciones de los Diputados que no formen parte de las mismas.

Por otra parte, consideré que el Decreto aprobado vulneraba la Constitución de 1961, la cual se pretendía modificar, al asumir, la Asamblea Constituyente funciones legislativas, concentrando el Poder Público (Judicial y Legislativo) y vulnerando el principio de la separación de poderes. En particular argumenté lo siguiente:

"E. *La violación de la garantía constitucional de la reserva legal*

La garantía constitucional más importante de los derechos y libertades del hombre, es la garantía de la reserva legal, que implica que aquellos sólo pueden ser limitados por Ley Formal, que conforme al artículo 162 de la Constitución, se define como el acto que sancionen las Cámaras Legislativas, es decir, el Senado y la Cámara de Diputados, como cuerpos colegisladores.

Además, conforme al artículo 139 de la Constitución corresponde exclusivamente al Congreso (Senado y Cámara de Diputados) la potestad de "legislar sobre las materias de la competencia nacional y sobre el funcionamiento de las distintas ramas del Poder Nacional".

En consecuencia, no podría la Asamblea Nacional Constituyente asumir la potestad de dictar leyes ni puede o atribuírsela a otro órgano distinto a las Cámaras Legislativas, sin violar los mencionados artículos de la Constitución.

Al atribuir el Decreto, la facultad de dictar "leyes" a la Comisión Delegada, el mismo viola la garantía constitucional de la reserva legal, vulnerándose, además, las Bases Comiciales derivadas del Referéndum del 25 de abril de 1999 y los límites allí impuestos a la Asamblea Nacional Constituyente (respeto al carácter progresivo de los derechos fundamentales democráticos).

Además, debe señalarse que el Decreto aprobado, en mi criterio, viola los artículos 162 y 139 de la Constitución atribuir, "al Congreso", que sólo puede actuar por órgano de la Comisión Delegada, la legislación referida al régimen tributario, la autorización por Ley Especial al Ejecutivo Nacional para dictar medidas extraordinarias en materia económica y financiera y la legislación aprobatoria de los Tratados y Convenios Internacionales.

La Comisión Delegada del Congreso no puede dictar "leyes" que solo son los actos que emanan de las Cámaras Legislativas (Senado y Cámaras de Diputados) actuando como cuerpos colegisladores, por lo que atribuirle tal facultad de legislar implica violar los artículos 162 y 139 de la Constitución.

Debe advertirse, además, que la atribución a la Comisión Delegada de la "legislación tributaria" viola, adicionalmente, la garantía de la legalidad tributaria que establece el artículo 224 de la Constitución, que indica que "no podrá cobrarse ningún impuesto u otra contribución que no esté establecida por ley" en los términos del artículo 162 de la Constitución; y viola, además, el artículo 153, ordinal 1° de la Constitución que exige que la discusión de todo proyecto de ley concerniente al régimen tributario, debe iniciarse en la Cámara de Diputados.

Igualmente, la sanción por la Comisión Delegada de supuestas "leyes" aprobatorias de Tratados y Acuerdos internacionales viola lo establecido en el artículo 128 de la Constitución que exige que los mismos sean aprobados mediante Ley Especial, en los términos del artículo 162 de la Constitución. Además, viola el artículo 150, ordinal 1° que exige que la discusión de los proyectos de ley relativos a Tratados y Convenios Internacionales, se inicie en el Senado.

Por último, debe señalarse que el Decreto, al establecer que "los proyectos de Ley presentados a la Comisión Delegada del Congreso de la República recibirán 2 discusiones en días diferentes", viola el procedimiento de formación de las leyes establecido en los artículos 162 y siguientes de la Constitución.

F.   *La violación del régimen autonómico de los estados*

Conforme a la distribución vertical del Poder Público que configura al Estado Federal en los términos consagrados en la Constitución (art. 2), los Estados son autónomos (art. 16), igual que los Municipios (art. 29) por lo cual en Venezuela, no se admite injerencia alguna de parte de los órganos del Poder Nacional en los órganos del Poder Estadal y Municipal.

En consecuencia, al resolver en el Decreto aprobado, la Asamblea Nacional Constituyente, la cesación de los Diputados a las Asambleas Legislativas de los Estados y la reducción de las Asambleas Legislativas a lo que son sus Comisiones Delegadas viola el artículo 16 de la Constitución y los principios del Estado Federal.

Lo mismo, en cuanto a violación de la autonomía municipal, respecto a la prohibición general que contiene el Decreto respecto de la enajenación de ejidos, que modifica lo previsto en el artículo 32 de la Constitución y en la Ley Orgánica de Régimen Municipal.

Por todas las razones antes expuestas y en los términos indicados dejé entonces constancia expresa de mi *voto negativo razonado* a la mencionada intervención del Poder Legislativo por la Asamblea nacional Constituyente.

4. *Observaciones críticas al proyecto de reforma del Decreto de Regulación de las funciones del Poder Legislativo*[215]

En virtud de que no podía estar presente en la sesión de la Asamblea Nacional Constituyente que fue convocada para el día lunes 30 de agosto de 1999 a los efectos de considerar un Proyecto de Reforma del Decreto de Regulación de las Funciones del Poder Legislativo adoptado por la Asamblea el día 25 de agosto de 1999, me dirigí por escrito al Presidente de la Asamblea, a los efectos de dejar constancia de mis observaciones críticas a dicho Proyecto, con la esperanza de que dichas observaciones pudieran ser tomadas en cuenta al momento de la votación correspondiente. En dichas Observaciones críticas[216] expuse lo siguiente:

A. *La asunción por la Asamblea de la potestad de legislar*

El Proyecto de Reforma del Decreto de Regulación de las Funciones del Poder Legislativo tiene por objeto fundamental el prever que la Asamblea Nacional Constituyente podrá asumir las funciones atribuidas a la Comisión Delegada en dicho Decreto, cuando ésta no asuma el ejercicio de las competencias que le fueron asignadas en el mismo, no ejecute sus funciones, retarde o demore el cumplimiento de las mismas o de alguna manera se presuma el incumplimiento de dichas funciones.

---

215   Véase el texto de la Comunicación enviada al Presidente de la Asamblea Nacional Constituyente el 29-08-1999, en Allan R. Brewer-Carías, *Debate Constituyente (Aportes a la Asamblea Nacional Constituyente),* Fundación de Derecho Público, Editorial Jurídica Venezolana, Carcas 1999, Tomo I.

216   Véase el texto de la Comunicación enviada al Presidente de la Asamblea Nacional Constituyente el 29-08-1999, en Allan R. Brewer-Carías, *Debate Constituyente (Aportes a la Asamblea Nacional Constituyente),* Fundación de Derecho Público, Editorial Jurídica Venezolana, Carcas 1999, Tomo I.

En esta forma, no sólo la Asamblea Nacional Constituyente atribuyó a la Comisión Delegada del Congreso competencias para legislar y para adoptar decisiones que conforme a la Constitución de 1961 vigente, corresponden al Senado; sino que con la modificación propuesta se pretende que la Asamblea asuma directamente dichas funciones, es decir, sustituya a las Cámaras Legislativas, y legisle sobre materias que constitucionalmente les corresponde y asuma competencias privativas del Senado.

Con un texto como el que se proyecta, en mi criterio, se está produciendo una nueva concreción de la ruptura constitucional respecto del Texto Constitucional de 1961, que la Asamblea Nacional Constituyente ha venido realizando caso a caso, y cuyo recuento juzgo indispensable efectuar para comprender el grado de violación del mandato popular contenido en el Referéndum del 25 de abril de 1999, que la Asamblea está cometiendo.

B. *Los límites de la Asamblea Nacional Constituyente*

En efecto, conforme a las bases del Referéndum Consultivo del 25 de abril de 1999, elaboradas por el Presidente de la República, adoptadas por el Consejo Nacional Electoral y votadas por el pueblo en la consulta refrendaria, la Asamblea Nacional Constituyente no tiene poder alguno para poner en vigencia las normas constitucionales que reflejen la transformación del Estado que diseñe la Asamblea, ni el nuevo ordenamiento jurídico que elabore para hacer efectiva la democracia social y participativa, habiéndose reservado el pueblo soberano la potestad originaria de aprobar o no, mediante Referéndum aprobatorio, el nuevo Texto constitucional.

En consecuencia, la Asamblea Nacional Constituyente no tiene poder alguno para poner en vigencia nuevas normas constitucionales relativas al funcionamiento del Estado, ni puede, por tanto, durante su funcionamiento, reformar, modificar o derogar, así sea parcial o temporalmente, la Constitución de 1961. Esta constituye el marco constitucional de la Nación, cuya interpretación jurisprudencial le dio origen a la Asamblea, y sólo será sustituida cuando la nueva Constitución que elabore la Asamblea sea puesta en vigencia por el pueblo mediante Referéndum aprobatorio.

Sin embargo, a pesar de la voluntad popular manifestada en el Referéndum del 25 de abril, que dio origen a la Asamblea Nacional Constituyente, ésta ha venido adoptando, caso a caso, decisiones que han derogado la Constitución de 1961, configurando un marco de ruptura constitucional inaceptable en un Estado de Derecho.

C. *El marco general de la ruptura constitucional*

El establecimiento del marco general de la ruptura constitucional del Texto de 1961, por parte de la Asamblea Nacional Constituyente, se produjo, en primer lugar, el 8 de agosto de 1999, al dictarse el Estatuto de la Asamblea, en cuyo artículo 1, la Asamblea se auto facultó para "limitar o decidir la cesación de las actividades de las autoridades que conforman el Poder Público", lo que podría implicar una modificación al Texto de la Constitución, cuyo aspecto medular es, precisamente, establecer la organización de los órganos del Poder Público mediante su distribución vertical o político-territorial (Poder Nacional, Poder Estadal, Poder Municipal) o su separación horizontal Poder Legislativo, Poder Ejecutivo y Poder Judicial) en los diversas niveles territoriales.

Precisamente por ello, y sin habilitación popular alguna derivada del Referéndum consultivo del 25 de abril, al artículo 1 del Estatuto de la Asamblea se agregó un Parágrafo totalmente contrario a las bases de dicho Referéndum mediante el cual la Asamblea se auto atribuyó la potestad de reformar, modificar o derogar la Constitución de 1961 durante su funcionamiento y sin aprobación popular alguna, al punto de señalar que si bien la Constitución de 1961 seguía en vigencia, ello sería así en todo lo que la Asamblea no fuera modificando o derogando, caso por caso, durante su funcionamiento.

En esta forma se produjo el marco general de la ruptura constitucional que los venezolanos nos habíamos ahorrado, precisamente, con la elección democrática del Presidente Chávez.

En segundo lugar, el marco general de la ruptura constitucional respecto del Texto de 1961 se completó al aprobarse el 12 de agosto de 1999, el Decreto de Declaratoria de Reorganización de todos los Poderes Públicas, mediante el cual la Asamblea se auto atribuyó la facultad de disponer la intervención, modificación o suspensión de los órganos del Poder Público. En esta forma respecto de la organización de los órganos del Poder Público, la Asamblea Nacional Constituyente se auto facultó, de nuevo, para modificar la Constitución sin estar habilitada por el pueblo para ello, pues es la Constitución la que establece dicha organización, y hacer dichas reformas como consecuencia de las decisiones que adopte interviniendo, modificando o suprimiendo dichos órganos.

D. *Las concreciones de la ruptura constitucional con las decisiones adoptadas por la Asamblea*

Conforme al marco general de la ruptura constitucional del Texto de 1961 definido en el artículo 1 del Estatuto de la Asamblea adoptado el 8 de agosto de 1999 y en el Decreto de Declaratoria de Reorganización de todos los órganos de los Poderes Públicos del 12 de agosto de 1999, en decisiones posteriores, la Asamblea Nacional Constituyente ha concretado la ruptura constitucional, modificando caso a caso, el Texto de 1961.

En efecto, en primer lugar, la concreción de la ruptura constitucional respecto del Texto de 1961, se produjo al adoptarse, el 18 de agosto de 1999, el Decreto de Reorganización del Poder Judicial, con el cual se modificaron los artículos 139 (que atribuye al Congreso la potestad de legislar sobre el funcionamiento de las distintas ramas del Poder Público Nacional), 205 (que garantiza la autonomía e independencia de los jueces), 206 (que establece la carrera judicial y el principio de la estabilidad e independencia de los jueces), 208 (que garantiza, de nuevo la estabilidad de los jueces y la garantía del debido proceso), 210 (relativo a las funciones de inspección del funciona-

miento de los tribunales, que deben ser las determinadas en la ley, reiterando las garantías de independencia y autonomía de los jueces), 211 (sobre la jerarquía de la Corte Suprema de Justicia como el más alto tribunal de la República), y 217 (sobre el Consejo de la Judicatura y sus funciones determinadas por la ley orgánica) de la Constitución.

Las modificaciones a dichos artículos constitucionales derivan del contenido del Decreto de la Asamblea Nacional Constituyente que creó, además, la Comisión de Emergencia Judicial, convirtiendo a la Asamblea en un órgano de gobierno del Poder Judicial, disponiendo entre otros aspectos, la suspensión y destitución de jueces y el nombramiento de los mismos, y asumiendo, la Asamblea, funciones jurisdiccionales como instancia de apelación, con lesión de la garantía del debido proceso y dejando sin efecto la estabilidad de los jueces establecida en la ley.

En segundo lugar, la segunda concreción de la ruptura constitucional se produjo al aprobar, la Asamblea, el 25 de agosto de 1999, el Decreto de Regulación de las Funciones del Poder Legislativo, mediante el cual se modificaron los artículos 138 (que establece que el Poder Legislativo se ejerce por el Congreso, integrado por dos Cámaras: el Senado y la Cámara de Diputados), 139 (que atribuye al Congreso la competencia para legislar sobre las materias de la competencia del Poder Nacional y sobre el funcionamiento de los Poderes Públicos nacionales), 143 (que regula la inmunidad de los Senadores y Diputados), 150 (sobre las atribuciones privativas del Senado), 153 (sobre las atribuciones privativas de la Cámara de Diputados), 155 (sobre las sesiones extraordinarias de las Cámaras del Congreso), 158 (sobre atribuciones privativas de ambas Cámaras), 160 (sobre las potestades investigativas de las Cámaras y de sus Comisiones), 162 (sobre la noción de ley como acto que sancionen las Cámaras como cuerpos colegisladores), 163 y siguientes (sobre el procedimiento de formación de las leyes) y 178 y siguientes (sobre la Comisión delegada del Congreso) de la Constitución.

Las modificaciones a dichos artículos constitucionales deriva del contenido del Decreto de la Asamblea Nacional Constituyente que creó, además, la Comisión Legislativa de la Asamblea Nacional Constituyente y la Comisión de Investigación sobre las gestiones administrativas del Congreso, eliminó al Senado y a la Cámara de Diputados, borrando el bicameralismo, cambio el concepto de ley, eliminó el procedimiento para la formación de las leyes, atribuyó las funciones de legislar, a la Comisión Delegada sólo sobre determinadas materias, y asigno a dicha Comisión Delegada funciones que corresponden al Senado.

En tercer lugar, la ruptura constitucional respecto del Texto de 1961, también se produjo al dictarse el mismo Decreto de Regulación de las Funciones del Poder Legislativo, mediante el cual también se modificaron los artículos 16 (que consagra la autonomía de los Estados), 17 (que atribuye a los Estados la organización de sus Poderes Públicos), 18 (que regula las Asambleas Legislativas, su composición con Diputados electos y su inmunidad) y 19 (que regula las atribuciones de las Asambleas Legislativas) de la Constitución.

Las modificaciones a dichos artículos constitucionales derivan del contenido del Decreto de la Asamblea Nacional Constituyente de Regulación de las Funciones del Poder Legislativo, al reducir las Asambleas a sus respectivas Comisiones Delegadas, al revocar el mandato a los Diputados electos popularmente, integrantes de las Asambleas, y al someter a evaluación a las Controlarías Estadales.

En cuarto lugar, la ruptura constitucional del Texto de 1961, también se produjo mediante el mencionado Decreto de Regulación de las Funciones del Poder Legislativo, mediante el cual se modificaron los artículos 29 (que garantiza la autonomía municipal), 30 (que regula el urbanismo como materia propia de la vida local) y 32 (que regula los supuestos de enajenación de ejidos) de la Constitución.

[...].

E. *La ruptura constitucional al asumir la asamblea el poder de dictar leyes.*

Precisamente, en la misma línea de concreción de la ruptura constitucional del Texto de 1961, se inserta ahora el Proyecto de Reforma del Decreto de Regulación de Funciones del Poder Legislativo, mediante el cual la Asamblea Nacional Constituyente se pretende auto facultar para asumir las funciones que en el mencionado Decreto atribuyó inconstitucionalmente, a la Comisión Delegada del Congreso, en caso de que ésta no las ejerza.

En esta forma, la Asamblea Nacional Constituyente se estaría auto facultando para dictar leyes de carácter financiero y presupuestario, para dictar leyes de carácter tributario, para dictar leyes de habilitación para que el Ejecutivo Nacional pueda dictar medidas extraordinarias en materia económica y financiero, para dictar leyes aprobatorias de Tratados Internacionales, para dictar leyes sobre telecomunicaciones y para dictar leyes sobre el problema informático del año 2000. Es decir, la Asamblea Nacional Constituyente se está auto atribuyendo la potestad de legislar, con lo cual modificaría los artículos 139 (que atribuye al Congreso la potestad de legislar sobre las materias de la competencia del Poder Nacional), 150 (que exige que la discusión de los proyectos de ley relativos a Tratados Internacionales se inicie en el Senado), 153 (que exige que la discusión del presupuesto y de las leyes tributarias se inicien en la Cámara de Diputados), 162 (sobre la definición de ley como el acto que sancionen las Cámaras Legislativas actuando como cuerpos colegisladores), 163 y siguientes (sobre el procedimiento para la formación de las leyes) y 224 (que establece la garantía de la reserva legal y de la legalidad tributaria en materia de establecimiento de impuestos) de la Constitución.

Por otra parte, con el texto del Proyecto de reforma del Decreto de Regulación de las Funciones del Poder Legislativo, la Asamblea Nacional Constituyente se estaría auto facultando para ejercer atribuciones privativas del Senado como son el autorizar al Presidente de la República para salir del territorio nacional, la autorización para el nombramiento del Procurador General de la República y los jefes de misiones diplomáticas permanentes, la autorización a los funcionarios públicos para aceptar cargos, honores o recompensas de gobiernos extranjeros y el acuerdo a los venezolanos ilustres de los honores del Panteón Nacional. Con ello se estarían modificando los ordinales 3, 6, 7 y 9 del artículo 150 de Constitución.

Además, con el Proyecto de Reforma del Decreto, la Asamblea Nacional Constituyente se estaría atribuyendo la facultad de ejercer el control de la Administración Pública Nacional, acordar el allanamiento de la inmunidad de Senadores y Diputados, autorizar créditos adicionales y modificaciones presupuestarias y operaciones de crédito público, y realizar funciones de investigación parlamentaria, con lo que estaría modificando los artículos 139 (sobre la potestad del Congreso para controlar la Administración Pública Nacional), 145 (sobre potestad de las Cámaras Legislativas o de la Comisión Delegada para acordar el allanamiento de la inmunidad parlamentaria de Senadores y Diputados), 161 (sobre la potestad de las Cámaras Legislativas o de sus Comisiones para realizar investigaciones), 227 (sobre las autorizaciones parlamentarias para las modificaciones presupuestarias), y 231 (sobre autorizaciones parlamentarias para operaciones de crédito público) de la Constitución.

Es decir, con el Proyecto de Reforma del Decreto de Regulación de las Funciones del Poder Legislativo, la Asamblea Nacional Constituyente estaría concretando una nueva ruptura constitucional respecto del Texto de 1961, lo cual sería totalmente contrario a lo decidido por el pueblo soberano en el Referéndum del 25 de abril de 1999, en el cual no se atribuyó a la Asamblea poder alguno para poner en vigencia normas constitucionales las cuales sólo podrán entrar en vigor cuando el pueblo las apruebe mediante Referéndum aprobatorio.

Por todo lo anteriormente expuesto, le envié a la Asamblea las mencionadas Observaciones, "como constancia de que mi voto sería negativo en la aprobación de la reforma propuesta, de haber podido estar presente en la sesión de la Asamblea convocada para el día de mañana en la tarde" (30 de agosto de 1999).

X. INTERVENCIÓN DE LOS PODERES LOCALES: DECRETO DE SUSPENSIÓN DE LAS ELECCIONES MUNICIPALES

Luego de intervenidos los Poderes Públicos nacionales, en particular, el Poder Judicial y el Poder Legislativo, y decretada la cesación o sujeción de sus titulares, la Asamblea procedió a intervenir los Poderes Públicos territoriales, es decir, el Poder Estatal y el Poder Municipal, decretando la cesación de las Asambleas Legislativas de los Estados y de los Consejos Municipales.

A continuación incluyo mis observaciones críticas a dichos actos constituyentes formuladas en el debate ante la Asamblea y por escrito como Voto Salvado.

1. *Exposición en la sesión de la Asamblea Nacional Constituyente donde se realizó el debate sobre el Decreto de Suspensión de las Elecciones Municipales.*

En la sesión de la Asamblea Nacional Constituyente del 26 de agosto de 1999, se efectuó el debate sobre el Decreto de Suspensión de las Elecciones Municipales, en el cual expuse lo siguiente:

CONSTITUYENTE BREWER CARIAS (ALLAN).- Ciudadano Presidente, señores constituyentes. No tengo la menor duda de que las elecciones municipales no deben ni pueden realizarse en este segundo semestre del año en curso, he manifestado incluso públicamente esa opinión desde hace bastante tiempo. Debemos esperar que se apruebe la nueva Constitución y se realicen las elecciones municipales, conforme al nuevo Régimen de la Organización Territorial del Estado que allí se establezca.

Pero este Decreto, o este proyecto de Decreto o de Acuerdo -no sé cómo se le llama exactamente- afecta un derecho políti-

co, el derecho activo al sufragio, que por lo demás también corresponde al ámbito de competencia de la Comisión de Nacionalidad, Ciudadanía y Derechos Políticos y, por tanto, no sólo afecta a la Comisión de Régimen Político. Esto es bueno tenerlo en cuenta para que espontáneamente las Comisiones veamos que existen coincidencias de temas entre sí, podamos intercambiar alguna opinión.

Quiero hacer una reflexión sobre la forma en que estamos haciendo esta decisión de posponer estas elecciones. Insisto, esto afecta un derecho porque no se trata de prorrogarle el mandato a unos concejales o a unos alcaldes; se trata de afectar un derecho político de los venezolanos, que es el derecho al voto, que regula el artículo 110 de la Constitución, que corresponde a todos los venezolanos y que, además, como bien sabemos en materia municipal, precisamente, también corresponde a los extranjeros, con las condiciones de residencia que establezca la Ley, y la Ley Orgánica del Sufragio, precisamente, le atribuye también el derecho a elegir a nivel municipal a los extranjeros con residencia legal en el país por más de 10 años. Es un derecho político, por tanto, en el ámbito interno, y es un derecho político en el ámbito de los acuerdos internacionales, particularmente aquellos aprobados por Ley de la República, como es el Pacto Internacional de Derechos Civiles y Políticos, y la Convención Americana de los Derechos Humanos, que establece el derecho de todos los ciudadanos, no sólo a la participación en los asuntos públicos en forma indirecta, sino el derecho a votar en elecciones periódicas, auténticas, realizadas por sufragio universal e igual, y por el voto secreto que garantice la libre expresión.

Ahora, como derecho político y como todo derecho constitucional, este derecho está garantizado por la Constitución, y de nuevo me refiero a la garantía, que para mí es la más importante de todos los Derechos Humanos, que es la Garantía de la Reserva Legal, a la cual me refería en el debate del día de ayer, es decir, que sólo por Ley puede limitarse el derecho de los ciudadanos, sean derechos individuales, económicos, sociales, culturales, e incluso los políticos. Al punto que es la propia

Constitución la que remite a la Ley para que establezca las condiciones y limitaciones al voto.

De manera que aquí tenemos la misma problemática de ayer. "Sólo por ley puede regularse, limitarse, restringirse los derechos constitucionales, e incluso los derechos políticos, y la Constitución, aún vigente, establece una Reserva Legal Nacional, en el sentido que no puede una ley local, ni estadal, ni municipal regular los derechos fundamentales. Se atribuye al poder nacional expresamente en el artículo 136, ordinal 24, la legislación en materia de garantías constitucionales y, además, la legislación de elecciones, que es una materia que corresponde al poder nacional, y bien sabemos que el artículo 139 le atribuye al Congreso, nos guste o no nos guste, la legislación sobre las materias de la competencia nacional. Y de acuerdo a la Constitución: "Ley es el acto que emana de las Cámaras, actuando como Cuerpo colegisladores". Pero, desde ayer no tenemos cámaras, porque no hay Senado, ni hay Cámara de Diputados, no hay Congreso. Y se le atribuye a la Comisión Delegada sólo algunas materias específicas, como la aprobación de Tratados, el tema tributario, Ley Habilitante, y no se le atribuye a la Comisión Delegada ningún tipo de otra competencia en materia legislativa. De manera que tenemos ahí un vacío, que hay que llenar en alguna forma.

En todo caso, los venezolanos y extranjeros tienen un derecho político a la elección de los representantes locales, y ese derecho sólo puede ser limitado por Ley, y ya lo ha sido. ¿Qué estamos haciendo con este Proyecto? Estamos modificando la Ley Orgánica del Sufragio. La reforma de diciembre de 1997 del artículo 278 de la Ley Orgánica del Sufragio estableció que la elección para elegir a los Miembros de las Juntas Parroquiales, que estaba prevista para ser desarrollada en diciembre del año pasado, se pospuso para el segundo semestre de este año; y una nueva reforma de la Ley Orgánica del Sufragio, en mayo del año pasado, fue la que pospuso la elección de todo el ámbito local, alcaldes, concejales y juntas parroquiales para este segundo semestre de 1999, quedando prorrogado entonces el mandato de los concejales. Legalmente hemos pospuesto dos veces las elecciones locales, mediante una reforma de la Ley Orgánica del Sufragio y Participación Política, que como Ley puede limitar y restringir el derecho activo de los ciudadanos venezolanos y extranjeros a elegir sus autoridades locales.

Insisto en lo que señalé al inicio, no tengo la menor duda de la necesidad de restringir nuevamente ese derecho político al sufragio a nivel local, en el sentido de que no se realicen esas elecciones en este segundo semestre, y que esperemos la nueva Constitución para que esas elecciones se realicen. Tenemos que establecer, por tanto, una nueva limitación a un derecho constitucional, como es el Derecho Activo al Sufragio. Eso debe hacerse por Ley. Ahora, dictamos ayer un Decreto en el cual eliminamos el procedimiento de formación de las leyes. No hay leyes en el sentido tradicional, le atribuimos a una Comisión Delegada la función de legislar, pero no le atribuimos funciones legislativas en general, sino sobre cuatro aspectos, con lo cual, aparentemente, aun cuando el Proyecto original del Decreto se modificó, la Asamblea Nacional Constituyente sería la que está asumiendo entonces la potestad de legislar y dictar una Ley de Reforma de la Ley Orgánica del Sufragio, para que podamos suspender los efectos del artículo 278 de la Constitución.

De manera que, en definitiva, lo que estamos haciendo -y eso es lo que quiero llamar la atención- es legislando, dictando una Ley sin procedimiento alguno de reforma de la Ley Orgánica del Sufragio, mediante este Decreto. Y si eso es así, lo menos que podemos señalar en nuestro Acuerdo es que queda en esta forma reformado el artículo 278 de la Ley Orgánica del Sufragio y Participación Política, porque la primera tarea que tiene esta Asamblea Nacional Constituyente es mantener la seguridad jurídica, y que lo que estemos haciendo tenga algún sentido jurídico.

Esta es la reflexión que quería presentarles, como consecuencia del vacío que se originó en la sesión de ayer al no regularse mecanismos de legislación, sino sólo lo que se atribuyeron en forma expresa a la Comisión Delegada del Congreso.

Es todo

2. *Voto razonado con motivo de la aprobación del Decreto de Suspensión de las Elecciones Municipales*

En la sesión de la Asamblea nacional Constituyente celebrada el 26 de agosto de 1999, consigné mi Voto Razonado Negativo respecto de la aprobación del Decreto de Suspensión de las Elecciones Municipales:

A. *El derecho al sufragio como derecho político*

El derecho activo al sufragio es un derecho político fundamental de los ciudadanos de cualquier Estado democrático.

En Venezuela, el artículo 110 de la Constitución regula el voto como "un derecho y una función pública", correspondiendo tal derecho político, en principio, sólo a los venezolanos mayores de 18 años no sujetos a interdicción civil ni a inhabilitación política.

El artículo 111 de la Constitución, sin embargo, atribuye el derecho activo al sufragio, como derecho político en las Elecciones Municipales, a los extranjeros en las condiciones de residencia que establece la ley, respecto de lo cual la Ley Orgánica del Sufragio y Participación Política (art. 86), exige más de 10 años de residencia legal en el país.

Por otra parte, el derecho al sufragio se ha consagrado como derecho político fundamental, tanto en el Pacto Internacional de Derechos Civiles y Políticos como en la Convención Americana sobre Derechos Humanos. Esta última, con igual texto que la primera, dispone en su artículo 23 como derecho de todos los ciudadanos, el de participar en la dirección de los asuntos públicos, directamente o por medio de representantes libremente elegidos en elecciones periódicas auténticas, realizadas por sufragio universal e igual por voto secreto que garantice la libre expresión de la voluntad de los electores.

B. *La garantía constitucional de la reserva legal*

Ahora bien, como derecho fundamental, el derecho al sufragio, como derecho político, tiene todas las garantías constitu-

cionales previstas en el ordenamiento jurídico y, particular-mente, la más importante de ellas, la garantía de la reserva legal, lo que implica, que sólo la ley puede restringir o limitar los derechos fundamentales. Incluso, el artículo 110 de la Constitución al regular el voto como obligatorio, señala que ello es así "dentro de los límites y condiciones que establezca la ley".

La consecuencia de la garantía de la reserva legal, es que los derechos constitucionales sólo se pueden regular, limitar o restringir mediante ley, es decir, mediante el acto que emana de las Cámaras Legislativas actuando como cuerpos colegisladores, conforme la definición del artículo 162 de la Constitución. Incluso, la Constitución, al establecer la reserva legal en esta materia, la consagra en relación al nivel nacional del Poder Público.

En efecto, el artículo 136, ordinal 24 de la Constitución atribuye al Poder Nacional tanto "la legislación reglamentaria de las garantías que otorga esta Constitución", como "la legislación de elecciones"; prescribiendo el artículo 139 de la Constitución, que corresponde al Congreso "legislar sobre las materias de la competencia nacional", lo que debe hacerse mediante el acto estatal denominado "ley" definido en el artículo 162 de la Constitución.

Pero la "ley" a la que se refiere el artículo 162 de la Constitución, a partir de la decisión adoptada por la Asamblea el día de ayer al aprobar el Decreto de Regulación de las Funciones del Poder Legislativo, puede decirse que ya no existe, pues habiéndose eliminado al Senado y a la Cámara de Diputados, no es posible que las Cámaras Legislativas actúen como cuerpos colegisladores. Sin embargo, en el ordenamiento constitucional vigente sólo puede considerarse como "ley" el acto así definido en el artículo 162 de la Constitución.

C. *La limitación al derecho al sufragio*

Los venezolanos y extranjeros, en todo caso, tienen el derecho constitucional al sufragio, como derecho político, particularmente a elegir los representantes de los poderes locales mu-

nicipales, que son los Alcaldes, los Concejales y los Miembros de las Juntas Parroquiales.

Ese derecho constitucional de los ciudadanos, ha sido limitado por ley, impidiéndose por razones de carácter político su ejercicio en la oportunidad prevista.

Así sucedió, con la reforma de la Ley Orgánica del Sufragio y Participación Política de diciembre de 1997, cuyo artículo 278 estableció que:

> *"Las elecciones para elegir a los miembros de las Juntas Parroquiales previstas para realizarse conjuntamente con las elecciones nacionales, regionales y municipales a realizarse en diciembre de 1998, deberán celebrarse durante el segundo semestre de 1999, quedando prorrogado su mandato".*

Posteriormente, en la reforma de la Ley Orgánica del Sufragio y Participación Política, se modificó nuevamente la norma indicada, la cual quedó con esta redacción:

> *"Las elecciones para elegir a los Alcaldes, los Concejales y a los Miembros de las Juntas Parroquiales, deberán celebrarse durante el segundo semestre de 1999, quedando en consecuencia prorrogado su mandato".*

En consecuencia, puede considerarse que legalmente, se ha restringido el derecho político a participar en la gestión del gobierno local, mediante representantes, posponiéndose las elecciones municipales.

D. *La reforma de la Ley Orgánica del Sufragio por la Asamblea*

No tengo la menor duda de que, desde el punto de vista político, las elecciones municipales previstas para este segundo semestre de 1999 no deben realizarse, concomitantemente con el trabajo de la Asamblea Nacional Constituyente y antes de que se ponga en vigencia la nueva Constitución. Dichas elecciones, en mi criterio, y así lo he expuesto públicamente desde hace tiempo, deben realizarse después que se diseñe la nueva organización del Poder Municipal que se refleje en la Constitu-

ción que sea aprobada mediante Referéndum aprobatorio conforme al Referéndum del 25-04-99.

Para ello, sin embargo, debe sancionarse una nueva limitación al ejercicio del derecho al sufragio a nivel municipal, que sólo podría hacerse mediante una Ley Orgánica, que reforme el artículo 278 de la Ley.

Sin embargo, como se ha dicho, en virtud de la aprobación del Decreto sobre la Regulación de las Funciones del Poder Legislativo, ahora no es posible sancionar leyes en los términos del artículo 162 de la Constitución. Ni siquiera la Comisión Delegada del Congreso, a la cual la Asamblea Nacional Constituyente le ha atribuido la función de dictar otras "leyes", puede legislar sobre la materia, pues la Asamblea le ha fijado con precisión cuales son las que pueden ser objeto de legislación por la Comisión Delegada: materias tributarias, leyes habilitantes, leyes aprobatorias de Tratados Internacionales.

Consecuentemente, la Asamblea Nacional Constituyente, en este Acuerdo que se está considerando, no le queda otro remedio que "legislar" directamente en la materia, produciendo una norma que reforme el artículo 278 de la Ley Orgánica del Sufragio y que fije otra oportunidad para las elecciones municipales. Esta decisión, ni más ni menos, pretende tener el rango de Ley, sin seguirse el procedimiento de formación de las leyes previsto en la Constitución, ni procedimiento alguno, ya que no está previsto en parte alguna que la Asamblea dicte leyes.

Ello, sin duda, viola la garantía constitucional de la reserva legal que las Bases comiciales del Referéndum del 25 de abril exigen respetar.

En todo caso, si la Asamblea está consciente de que con la aprobación de este Acuerdo está modificando la Ley Orgánica del Sufragio y Participación Política, lo menos que podría hacerse en beneficio de la seguridad jurídica es indicarlo expresamente, en el texto que se apruebe.

En todo caso, tal como está el Proyecto, si así es aprobado por la Asamblea, votaré negativamente y este es el razonamiento de dicho voto.

***

Y efectivamente, el proyecto se aprobó tal cual había sido representado, y ya no hubo elecciones municipales en el país.

En esta forma se consolidó la Asamblea Nacional Constituyente de 1999, usurpando el poder constituyente del pueblo y dando un golpe de estado constituyente.[217]

XI. LA ACTUACIÓN *EX POST FACTO* DE LA CORTE SUPREMA Y DEL TRIBUNAL SUPREMO PARA JUSTIFICAR EL PODER CONSTITUYENTE ORIGINARIO

1. *La sumisión de la Corte Suprema al poder constituyente de la Asamblea y su muerte a manos del órgano que contribuyó a crear*

Con fundamento, entonces, en este pretendido carácter de poder constituyente originario que la Asamblea Nacional Constituyente había asumido en su propio Estatuto, sin fundamento en las bases comiciales del referendo del 25 de abril de 1999 que le había dado origen; y que luego, el Tribunal Supremo de Justicia en su Sala Constitucional se había encargado de otorgarle, olvidándose de sus funciones de juez constitucional; como hemos visto, la Asamblea irrumpió contra el orden constitucional mediante diversos actos constituyentes que consolidaron el golpe de Estado contra la Constitución de 1961, que estaba vigente; todo lo cual se llevó a cabo con la anuencia del nuevo Tribunal Supremo de Justicia designado por la Asamblea Constituyente en diciembre de 1999.

Entre los actos constituyentes que dictó estuvo el "Decreto de Regulación de las Funciones del Poder Legislativo que fue impugnado ante la Corte Suprema de Justicia por el Presidente de la Cámara de Diputados, y ésta, en Sala Plena, y con ponencia del Magistrado Iván Rincón Urdaneta, mediante sentencia de fecha 14 de octubre de 1999 (Caso *H. Capriles Radonski, Decreto de Reorganización del Poder Legislativo)* resolvió el recurso declarando "improcedente la acción de nulidad intentada."

---

217 Véase Allan R. Brewer-Carías, *Golpe de Estado y proceso constituyente en Venezuela*, Universidad nacional Autónoma de México, México 2002.

La Corte, con esta sentencia, se plegó al nuevo poder, avaló los desaguisados constitucionales que había cometido la Asamblea y, con ello firmó su sentencia de muerte y la remoción de sus integrantes con excepción, por supuesto, del magistrado Rincón Urdaneta, Presidente ponente, quien luego siguió de presidente del nuevo Tribunal Supremo de Justicia.

En esa sentencia, luego de unas confusas argumentaciones basadas en citas bibliográficas que, por supuesto incluyeron al Abate Sieyès, sobre el poder constituyente en la teoría y práctica políticas de la historia universal; y sobre la distinción entre el poder constituyente y los poderes constituidos, la Corte Suprema concluyó observando que:

> "El poder constituyente no puede ejercerlo por sí mismo el pueblo, por lo que la elaboración de la Constitución recae en un cuerpo integrado por sus representantes, que se denomina Asamblea Constituyente, cuyos títulos de legitimidad derivan de la relación directa que exista entre ella y el pueblo."

Con este "descubrimiento" la Corte lo que hizo fue observar que la Asamblea Nacional Constituyente electa el 25 de julio de 1999 tenía como límites las bases comiciales aprobadas por el poder constituyente originario (el pueblo) mediante referendo, bases a las cuales la Corte, en la misma sentencia, le había reconocido "similar rango y naturaleza que la Constitución", y en las cuales se encomendó a la Asamblea "la elaboración de la Constitución."

2. El rango supra constitucional atribuido ex post facto a las bases comiciales que sirvieron para elegir a la Asamblea Nacional Constituyente

Sin embargo, en la misma sentencia, la Corte Suprema pasó de reconocerle a las bases comiciales "similar rango y naturaleza que la Constitución" (de 1961), a otorgarle rango "supraconstitucional". La Corte, en efecto, en la sentencia, luego de constatar las denuncias de inconstitucionalidad del Decreto impugnado, señaló:

> "Como puede observarse, la pregunta N° 1 del referendo consultivo nacional aprobado el 25 de abril de 1999 y la base

comicial octava del mismo referendo, consagra la supraconstitu-cionalidad de sus prescripciones, ya que en ningún momento re-mite a la Constitución de 1961 sino a la tradición de la cultura..".

Por supuesto, en esta línea de razonamiento, la Corte Suprema se encontraba con el escollo de la sentencia del 13 de abril de 1999, de la Sala Político Administrativa de la propia Corte Suprema, que había ordenado eliminar de la base comicial octava, para evitar toda confusión, toda referencia al pretendido carácter originario del po-der constituyente que ejercía la Asamblea. A pesar de ello, dijo lo siguiente:

> "Si bien la sentencia de la Corte Suprema de Justicia en Sala Político Administrativa de fecha 13 de abril de 1999, excluyó de la base comicial octava "como poder constituyente originario que recoge la soberanía popular", es claro que la Asamblea Nacional Constituyente, no es un poder derivado, pues su función de san-cionar una nueva Constitución implica el ejercicio del poder constituyente, el cual no puede estar sujeto a los límites del orden jurídico establecido, incluyendo la Constitución vigente."

De lo anterior resulta una contradicción abierta de criterios. La Corte reconocía que la sentencia de 13 de abril de 1999 había deja-do claro que la Asamblea Nacional Constituyente *no era un poder constituyente originario* (que sólo el pueblo lo es), lo que conducía entonces a considerarla como un poder constituyente "derivado", regulado por el pueblo en las bases comiciales a las cuales le reco-noció rango "supraconstitucional". La Corte dijo, en definitiva, que la Asamblea no era ni poder constituyente originario ni poder cons-tituyente derivado. Entonces, ¿de qué se trataba? Si toda la biblio-grafía citada en la sentencia establecía esta dicotomía, debía ser una cosa o la otra, pero lo que no podía era ser ambas.

3. *El carácter "originario" del poder constituyente asumido por la Asamblea con el aval del Tribunal Supremo*

La inconsistencia de la sentencia, en todo caso, condujo a la Corte Suprema, luego de citar párrafos sueltos de la antigua senten-cia del 19 de enero de 1999, a cambiar su propio criterio establecido en la sentencia del 13 de abril de 1999 sobre la ausencia del carácter originario del poder constituyente otorgado a la Asamblea.

Debe señalarse que es cierto que la Asamblea no tenía más límites que los establecidos en las bases comiciales para sancionar una nueva Constitución; pero sólo para eso es que ello implicaba el ejercicio del poder constituyente: para elaborar el texto de una nueva Constitución la cual no se podía poner en vigencia con la sola voluntad de la Asamblea, porque ésta no tenía poder constituyente para ello. Por eso, las comparaciones que hizo la Corte en su sentencia, con el proceso de la Asamblea Constituyente de Colombia de 1991, eran totalmente impertinentes, pues en ese país, al contrario de lo que sucedió en Venezuela, la Constitución sí fue puesta en vigencia por la Asamblea Constituyente, sin aprobación popular. En Venezuela, al contrario, el pueblo como poder constituyente originario, en las bases comiciales mencionadas se reservó la potestad de aprobar la Constitución mediante referendo aprobatorio posterior.

Sin embargo, incluso contrariando sus propias palabras (que la función de la Asamblea era "sancionar una nueva Constitución") la Corte Suprema en la sentencia, le atribuyó otras tareas (indefinidas) a la Asamblea así:

"El cambio constitucional dirigido a la supresión de la Constitución vigente, es un proceso que, como tal, no se limita a la sanción de la nueva Constitución, sino al interregno durante el cual, la Asamblea Nacional Constituyente actúa dentro del contexto jurídico donde rige, transitoriamente, la Constitución anterior..".

Es decir, la Corte contradictoriamente reconoció en la sentencia la "vigencia" de la Constitución de 1961, así fuera "transitoriamente" hasta que se aprobara la nueva Constitución mediante referendo, y agregó luego, sin embargo, que:

"El hecho de que la supresión de la Constitución actual se produce sólo cuando es refrendada y sancionada por el pueblo la Constitución nueva, el tiempo de vigencia de la primera no puede impedir ni obstaculizar el cumplimiento de la función de la Asamblea Nacional Constituyente que es la creación de un nuevo ordenamiento jurídico a que se refiere la pregunta Nº 1 del referendo consultivo nacional del 25 de abril de 1999. Si el cambio constitucional es un proceso, que se inicia con dicho referendo y si este proceso implica forzosamente la coexistencia de poderes (del poder constituido y la Asamblea Nacional Constituyente), los Estatutos de Funcionamiento de ésta, basados, como se ha dicho, en normas presupuestas o supraconstitucionales, deben definir el modo de esta coexistencia, siendo la Constitución de 1961, el límite del poder constituido, pero no el criterio de solución de las controversias que puedan ocurrir entre ambos poderes."

Es decir, la Corte Suprema cambió el criterio que había sentado en la sentencia del 18 de marzo de 1999, según el cual la Constitución de 1961 era un marco límite de la Asamblea cuya elección debía aprobarse por el referendo del 25 de abril de 1999; y pasó a señalar, ya concluyendo, que esa misma Constitución de 1961 sólo era un límite a la actuación "de los poderes constituidos", pero no de la propia Asamblea Nacional Constituyente, cuya actuación pasaba a estar regulada por su Estatuto de Funcionamiento, que ella misma se había dictado, auto-atribuyéndose "poder constituyente originario".

Como conclusión de estas contradicciones, sin más, la Corte Suprema, en su sentencia del 14 de octubre de 1999, afirmó que la pretensión de nulidad del "Decreto de Regulación de las Funciones del Poder Legislativo", al violar la Constitución de 1961, era "improcedente:

"Pues el fundamento del acto impugnado no puede ser la Constitución vigente, desde que la soberanía popular se convierte, a través de la Asamblea Nacional Constituyente, en supremacía de la Constitución, por razón del carácter representativo del poder constituyente, es decir, como mecanismo jurídico de producción originaria del nuevo régimen constitucional de la República, así se declara."

Con esta confusa declaración, de la que podía deducirse cualquier cosa por quien quiera que la leyera, la Corte Suprema cambió los criterios que dieron origen al mismo proceso constituyente sentados por la misma Corte y, en definitiva, decretó su futura extinción.

Sólo pasaron algo más de dos meses para que fuera clausurada y extinguida por la propia Asamblea Nacional Constituyente, precisamente en ejercicio de los "poderes" que la misma Corte le atribuyó a partir de esta sentencia.

4. Los intentos tardíos de algunos magistrados de rechazar el carácter "originario" del poder constituyente asumido por la Asamblea

Esta sentencia de la Corte en Pleno, en todo caso, fue objeto de severas críticas por parte de algunos Magistrados que salvaron su voto: Hermes Harting, quien había sido ponente de las sentencias de 18 de marzo, 23 de marzo y 13 de abril 1999 de la Sala Político Administrativa; Hildegard Rondón de Sansó; Belén Ramírez Landaeta; Héctor Grisanti Luciani, y Humberto J. La Roche, quien había sido el ponente de la sentencia inicial del proceso constituyente de 19-01-99.

El magistrado Harting insistió en la tesis de que la Asamblea Nacional Constituyente se había originado "en función de la Constitución de 1961, fuente de su nacimiento", por lo que estaba sujeta a la Constitución, lo que implicaba:

"El no poder ejercer la Asamblea Nacional Constituyente potestades correspondientes a los Poderes del Estado, ni realizar actuaciones atribuidas específicamente a estos por la Constitución y las Leyes, ni siquiera invocando circunstancias excepcionales."

Sobre este mismo tema, la magistrado Hildegard Rondón de Sansó también fue precisa al afirmar que la Asamblea Nacional Constituyente.

"Está –ante todo– sujeta al sistema de la Constitución de 1961, al orden vigente y a las bases comiciales en el ejercicio y límites de su competencia."

Por ello, la magistrado Sansó consideró que la sentencia de 14 de octubre de 1999 había tergiversado la base comicial octava al considerar que la Asamblea estaba exonerada del bloque normativo de la Constitución de 1961; afirmando que:

"La posición supraconstitucional de la Asamblea Nacional Constituyente radica en la facultad de erigir instituciones futuras, diferentes del texto constitucional vigente: no en la facultad de violar las normas que rigen el sistema dentro del cual opera."

La magistrado Sansó también denunció el "flagrante desconocimiento" que evidenció la sentencia de un Acuerdo que había adoptado la Corte en Pleno, días antes, el 23-08-99, en el cual había declarado que:

"Se mantiene firme en su convicción de que dicha Asamblea no nació de un gobierno de facto, sino que surgió en un sistema de iure mediante un procedimiento al cual ella misma ha dado su respaldo."

Ahora bien, la acción de nulidad del Decreto que reguló la reorganización del Poder Legislativo se había fundamentado, entre otros aspectos, en la violación de la base comicial octava que la sentencia consideró como de rango y naturaleza constitucional e, incluso, supraconstitucional. Al declarar improcedente la acción sólo indicando que el Decreto no estaba sometido a la Constitución de 1961, pero sin confrontar su texto con la base comicial octava, la Corte en Pleno incurrió en denegación de justicia o quizás en absolución de la instancia, lo que fue destacado por los magistrados Humberto J. La Roche e Hildegard Rondón de Sansó en sus votos salvados.

La sentencia, en todo caso, fue dictada con un apresuramiento inconcebible; como lo destacó en su voto salvado la magistrada Belén Ramírez Landaeta:

"La sentencia fue reformada y a menos de media hora de su distribución -violando el Reglamento de Reuniones de la Corte Suprema de Justicia en Pleno dictado por la Corte Suprema de Justicia en fecha 26 de noviembre de 1996- fue votada sin derecho a examinar, con la cordura requerida, el contenido de la misma."

Ello condujo, conforme al criterio de la magistrado Ramírez, a un "fallo lleno de errores, tanto formales como conceptuales" en cuya emisión, la Corte no ejerció "la virtud de la prudencia" ni tomó en cuenta la trascendencia que la decisión tenía "para el país y para la historia".

El apresuramiento por complacer al nuevo poder hizo a la Corte incurrir en los desafortunados desaguisados que sus propios Magistrados denunciaron en los votos salvados.

Por último, los magistrados Héctor Grisanti Luciani, Humberto J. La Roche y Belén Ramírez Landaeta, destacaron en sus votos salvados, destacaron la omisión del fallo en considerar el contenido del Acuerdo que había sido firmado entre representantes del Congreso y de la Asamblea Nacional Constituyente el 9 de septiembre de 1999, mediante el cual materialmente se había dejado sin efecto la médula del Decreto impugnado, estableciéndose un sistema de cohabitación o coexistencia pacífica de las dos instituciones.

Como lo destacó la magistrado Rondón de Sansó en su voto salvado, la Asamblea Constituyente ciertamente había nacido a raíz de la sentencia de 19 de enero de 1999 como una Asamblea sometida a un "régimen de *iure*." Por ello, al usurpar la autoridad del Congreso y violar la Constitución, la Asamblea Constituyente se constituyó a sí misma en un órgano bajo *régimen de facto,* actuando como una *Asamblea de facto,* al margen de la Constitución.

5. ***El reconocimiento judicial de los actos constituyentes dictados por la Asamblea Nacional Constituyente, como de similar rango y naturaleza que la Constitución***

Contra las medidas dictadas por los órganos designados por la Asamblea Constituyente para la intervención del Poder Judicial, en particular, la Comisión de Emergencia Judicial, se recurrió ante la Sala Político Administrativa del nuevo Tribunal Supremo de Justicia que había sido creado por la propia Asamblea Nacional Constituyente luego de extinguir la antigua Corte Suprema de Justicia.

Dicha Sala en fecha 24 de marzo de 2000, dictó la sentencia N°
659, (Caso *Rosario Nouel*), en la cual declaró que:

"La Comisión de Emergencia Judicial, la Sala Administrativa del extinto Consejo de la Judicatura, así como la Inspectoría
General de Tribunales ejercieron una competencia que les fue
atribuida por la Asamblea Nacional Constituyente, y en consecuencia su competencia emanó de una voluntad soberana."

Esta vez fue la Sala Político Administrativa del nuevo y renovado Tribunal Supremo, que había sido creado el 22 de diciembre
de 1999 por la propia Asamblea Nacional Constituyente en el Decreto sobre el "Régimen de Transición de los Poderes Públicos," la
cual mediante esta sentencia le atribuyó a las decisiones de la
Asamblea, carácter de "voluntad soberana," es decir, directamente
reconoció a la Asamblea la supuesta titularidad de la soberanía, lo
que no tenía sentido, pues la única "voluntad soberana" que podía
haber en el régimen constitucional era la que emanaba del pueblo,
único titular de la soberanía, mediante el sufragio (elecciones) o
votaciones (referenda).

**6.   *La intervención del Poder Judicial y el fin de la autonomía e
independencia de los jueces***

El Decreto de Medidas Cautelares de Protección al Sistema Judicial fue impugnado por inconstitucionalidad ante la Corte Suprema de Justicia el 19 de noviembre de 1999, habiéndose decidido la
causa por el nuevo Tribunal Supremo de Justicia, pero en Sala Constitucional, mediante sentencia del 2 de noviembre de 2000 N° 1320,
(Caso *Gisela Aranda Hermida*), en la cual al declarar la inadmisibi-
lidad de la acción, consideró que el Decreto era:

"Un producto del proceso constituyente recientemente vivido en Venezuela y que se encuentra dentro de los denominados
actos constituyentes, respecto de los cuales esta misma Sala ha
dejado sentado en anteriores oportunidades con fundamento en
algunas sentencias pronunciadas por la entonces Corte Suprema
de Justicia en Pleno- que, al tener "(...) su régimen fundamental

en las preguntas y Bases Comiciales consultadas en el Referendo del 25 de abril de 1999", tales actos "(...) son para el ordenamiento que rige el proceso constituyente, de similar rango y naturaleza que la Constitución' como la cúspide de las normas del Proceso Constituyente", concluyendo así que, "(...) habiendo sido asimilado el rango de las Bases Comiciales con el más alto escalafón de la jerarquía normativa en el proceso constituyente, es esta Sala Constitucional el Tribunal competente para decidir las acciones intentadas contra los actos de ejecución de dichas Bases..."

Se destaca de esta sentencia la insólita decisión de atribuir carácter de "acto constituyente" de igual rango y naturaleza que la Constitución, no ya a una decisión de la Asamblea Nacional Constituyente, sino de su Junta Directiva y de una Comisión creada por la Asamblea. La complacencia al nuevo poder no encontró límites.

Pero lo más lamentable de todo este asalto al Poder Judicial, llevado a cabo por la Asamblea nacional Constituyente, con el silencio cómplice de la Corte Suprema, fue el Acuerdo adoptado por la propia Corte Suprema de Justicia de 23 de agosto de 1999 y lo que produjo materialmente su "autodisolución."

En efecto, la Corte Suprema de Justicia, en fecha 23 de agosto de 1999, y con motivo de la decisión de la Asamblea de intervenir el Poder Judicial, adoptó un desafortunado Acuerdo,[218] elaborado con ponencia de la magistrada Hildegard Rondón de Sansó, en el cual "fijó posición" ante el Decreto de Reorganización del Poder Judicial dictado por la Asamblea Nacional Constituyente; y sobre la designación de uno de sus propios magistrados (Alirio Abreu Burelli) como integrante de la ilegítima Comisión de Emergencia Judicial; con lo cual, como lo expresó la magistrado Cecilia Sosa Gómez, quien hasta ese momento presidía la Corte Suprema, al salvar su voto: "Estimo que al acatar el Decreto de la Asamblea Na-

---

218   Véanse nuestros comentarios sobre el Acuerdo en Allan R. Brewer-Carías, *Debate Constituyente*, Tomo I, *op. cit.,* pp. 141 y ss. Véanse además, los comentarios de Lolymar Herrández Camargo, *La Teoría del Poder Constituyente, cit,* pp. 75 y ss.

cional Constituyente, la Corte Suprema de Justicia se auto-disuelve".

Y así ocurrió, de hecho, tres meses después.

En efecto, en el Acuerdo, la Corte, sin duda ingenuamente y en un último intento de detener la avalancha inconstitucional que había provocado con sus imprecisiones, ratificó su "convicción" sobre el hecho de que la Asamblea Nacional Constituyente no había nacido "de un gobierno de *facto*, sino que surgió en un sistema de *iure* mediante un procedimiento al cual ella ha dado su respaldo"; y procedió a evaluar el Decreto "independientemente de los vicios que puedan afectarlo", lo cual resultaba a todas luces extraño, por sólo decir lo menos. No es concebible que un Tribunal Supremo que es juez constitucional pueda "evaluar" un acto estatal que sospecha viciado, independientemente de sus vicios, no pudiendo un Tribunal Supremo desdoblarse así, acomodaticiamente.

En todo caso, de esa "acéptica" evaluación, la Corte Suprema captó el compromiso de la Asamblea Nacional Constituyente de proceder de inmediato, a través de la citada Comisión, a la revisión de los expedientes de los jueces y a su evaluación. Consideró, además, la Corte, que la ejecución del proceso de reorganización judicial debía respetar los principios fundamentales del derecho a la defensa, de la racionalidad y proporcionalidad de las decisiones y de la independencia y autonomía del Poder Judicial, lo cual precisamente no se había hecho ni se garantizaba en el Decreto que evaluaba, ofreciendo sin embargo, "su contribución para el objetivo fundamental perseguido por el Decreto", para lo cual, aunque parezca mentira, autorizó al magistrado Abreu Burelli para integrar la Comisión, lo cual también, en forma increíble, fue aceptado por éste.

De nuevo, el lenguaje impreciso y ambiguo utilizado en el Acuerdo condujo a que varios Magistrados salvaran su voto. El magistrado Héctor Paradisi León estimó que el pronunciamiento de la Corte no respondía al ejercicio de sus atribuciones, dada las "motivaciones altamente políticas" del Decreto. El magistrado Hermes Harting consideró contradictorio el Acuerdo, pues el Decreto de la Asamblea "transgrede derechos como el ser juzgado por sus jueces naturales y la garantía del debido proceso" al atribuir a la Comisión de Reorganización Judicial, en desmedro de las atribuidas a la Corte Suprema de Justicia y al Consejo de la Judicatura. Similares contradicciones identificó el magistrado Héctor Grisanti Luciani. Finalmente, la magistrado Cecilia Sosa Gómez denunció la incoherencia del Acuerdo, al estimar que "Pretende convalidar el Decreto de la Asamblea dirigido directamente a desconocer el Estado de Derecho en el cual ha nacido".

Denunció, además, la Magistrada Sosa la contradicción del Acuerdo, pues al:

"Respaldar el contenido del Decreto de Emergencia Judicial dictado por la Asamblea, (la Corte) desconoce rotundamente no sólo el contenido de sus sentencias sino los límites demarcados en las bases comiciales que gobiernan el funcionamiento de la Asamblea y el ordenamiento constitucional y legal, enteramente vigente y cuya garantía ha sido confiada a este Alto Tribunal."

Consideró, además, que la Corte, con el Acuerdo:

"Reniega su propia jurisprudencia, que fijó la competencia de la Asamblea Nacional Constituyente, y, consecuentemente, ha mostrado su fragilidad y debilidad ante el Poder Político y, deberá su precaria permanencia al Presidente de la República, que magnánimamente no ha ordenado su disolución."

La magistrado Sosa, sin duda, tenía claro el panorama futuro de la Corte, cuyos magistrados fueron removidos tres meses después por la propia Asamblea Nacional Constituyente. Por ello, denunció, además, que con el Acuerdo, la Corte había permitido que la Asamblea enervara las facultades que el pueblo soberano:

"Donde reside el único y verdadero poder originario", confirió a la Asamblea, pues a la Asamblea no se la había autorizado "para intervenir o sustituir los poderes constituidos, erigiéndose en una suerte de "superpoder" donde se concentran todas las potestades públicas."

Consideró que ello lo había logrado la Asamblea "con el respaldo del Acuerdo" cuyo contenido deploró.

Advirtió la magistrado Sosa que la Corte, "mediante un artilugio jurídico", se había sometido "a los designios de la Asamblea, aceptando que ella pueda sustituirse a la Corte Suprema de Justicia y al Poder Judicial, a través de una falsa colaboración". La Asamblea "no está por encima de la Constitución que le permitió existir" –dijo–, por lo que la Magistrado disidente denunció que con el Decreto, la Asamblea:

> "Se arrogó atribuciones del poder constituido, y olvidó que debe responder sólo a lo que el pueblo soberano le autorizó...; ...ha violentado con esta actuación -validada por la Corte- esa Constitución, desconociendo abierta y flagrantemente sus postulados. Y, sin una Constitución simplemente no hay Democracia... con ese Decreto la Asamblea Nacional Constituyente rompió el equilibrio de esa Democracia."

La verdad es que ya lo había roto con anterioridad al haber perpetrado el golpe de Estado del cual el Decreto era una manifestación más, pero no la única. Finalmente, la magistrado Sosa denunció que más que "sumisión al Estado de Derecho", la Corte con el Acuerdo, había declarado su "sumisión a la Asamblea Nacional Constituyente"; y con ello, en definitiva su disolución, como en efecto ocurrió tres meses después. Por último, la magistrado Sosa hizo esta definitiva afirmación, que patentizó la actuación de la Corte:

> "El miedo a desaparecer como Magistrados y el ansia de colaborar con una mayoría que se ha arrogado todos los poderes fue más grande que la dignidad y la defensa de los valores fundamentales que el Derecho y la Democracia imponen a la Corte Suprema de Justicia."

Basta glosar este voto salvado, tremendamente crítico, para entender la naturaleza del acto de sumisión de la Corte Suprema de Justicia a la Asamblea Nacional Constituyente. La magistrado Sosa, el mismo día del Acuerdo, renunció a su condición de Magistrado; y poco tiempo después, como se dijo, la mayoría de los otros Magistrados fueron sacados inmisericordemente de sus cargos, por el nuevo poder que ellos contribuyeron a entronizar, y del cual fueron sus primeras víctimas.

7. *La gran contradicción jurisprudencial avalando el golpe de Estado*

En todo caso el nuevo Tribunal Supremo de Justicia creado por la Asamblea Nacional Constituyente el 22 de diciembre de `999, antes incluso de que la nueva Constitución se publicara, que fue integrado con magistrados afectos al nuevo poder, sería el que convalidaría todas las actuaciones de la Asamblea Nacional Constituyente adoptadas al margen y en desconociendo de la Constitución de 1961, admitiendo una supuesta "supremacía de la Asamblea Nacional Constituyente como poder constituyente".

En efecto, la sentencia N° 4 de 26 de enero de 2000 (Caso *Impugnación del Decreto de Régimen de Transición del Poder Público*), en esta forma, la Sala Constitucional del nuevo Tribunal Supremo de Justicia declaró improcedente el recurso, señalando expresamente que:

> "Dado el carácter originario del poder conferido por el pueblo de Venezuela a la Asamblea Nacional Constituyente, mediante la pregunta N° 1 y la base comicial octava del referido referendo consultivo nacional, aprobado el 25 de abril de 1999, y por tanto, la no sujeción de este poder al texto constitucional vigente para la época…"

Posteriormente, el mismo Tribunal Supremo de Justicia en la misma Sala Constitucional consideró los actos de la Asamblea Nacional Constituyente como de naturaleza "supraconstitucional". Así lo señaló en la sentencia de 21 de enero de 2000 con motivo de otra impugnación del Decreto sobre "Régimen de Transición del Poder Público"; y de nuevo en otra sentencia con el mismo objeto de 20-06-00 (Caso *Mario Pesci Feltri*), en la cual la Sala Constitucional señaló que:

> "Las normas sancionadas por la Asamblea Nacional Constituyente tienen un fundamento supraconstitucional respecto de la Constitución de 1961 y constitucional respecto de la de 1999."

Hasta ese momento, lo que se había considerado como de carácter supraconstitucional era únicamente la voluntad popular expresada en el referendo del 25 de abril de 1999; ahora, el Tribunal Supremo "equiparaba" los actos de la Asamblea, que era un órgano representativo del pueblo, a los del propio pueblo y reconociéndole tal igual carácter, se derivaba, entonces, que la Asamblea podía modificar la propia voluntad popular, lo cual era una aberración constitucional.

La misma Sala Constitucional, posteriormente, agregó lo siguiente al considerar una denuncia de violación del artículo 262 de la Constitución de 1999 por parte del "Decreto de Régimen de Transición del Poder Público" dictado por la Asamblea,:

"Esta Sala una vez más sostiene que la Asamblea Nacional Constituyente, como órgano del poder originario y en ejercicio de la competencia que es inherente a la organicidad de ese poder originario, podía dentro de la segunda etapa de transitoriedad antes referida -además de dictar, abrogar, derogar o modificar normas-, disponer la integración provisional de las nuevas estructuras políticas creadas por el nuevo Texto Fundamental, en aquello no definido de manera expresa por dicho cuerpo de normas."

Posteriormente, esa Sala Constitucional del Tribunal Supremo consolidó también el carácter de "poder constituyente originario" de la Asamblea Nacional al dictar la sentencia N° 180 de 23 de marzo de 2000 (Caso *Allan R. Brewer-Carías y otros, impugnación del Estatuto Electoral del Poder Público*), en la cual señaló entre otros aspectos, bajo la ponencia del magistrado Jesús Eduardo Cabrera, lo siguiente:

"Desde el 25 de abril de 1999, comenzó un régimen transitorio cuya finalidad no sólo era discutir y aprobar una nueva Constitución, por medio de la Asamblea Nacional Constituyente sino que según la pregunta 1° del Referendo Consultivo, la Asamblea se convirtió en un órgano con potestad para transformar el Estado y crear un nuevo ordenamiento jurídico que permitiera el funcionamiento efectivo de una democracia social y participativa. Ese régimen transitorio finalizó con la aprobación de la Constitución de la República Bolivariana de Venezuela, pero dentro de este devenir, la Asamblea Nacional Constituyente decretó, el 12 de agosto de 1999 (publicado en la Gaceta Oficial de la República de Venezuela N° 36.764, del 13 de agosto de 1999) la reorganización de todos los Poderes Públicos y reformó las funciones del Poder Legislativo.

Durante este régimen transitorio, estuvo vigente la Constitución de la República de Venezuela de 1961, en lo que no colidiese con el régimen jurídico que creaba la Asamblea, ya que ésta ejercía en forma originaria el poder constituyente, por ser emanación del pueblo soberano, y por tanto, no existía norma superior preestablecido por encima de sus determinaciones, lo cual fue reconocido por sentencia de fecha 14 de octubre de 1999, emanada de la Sala Plena de la extinta Corte Suprema de Justicia. Así, las normas sancionadas por la Asamblea Nacional Constituyente tuvieron un fundamento supraconstitucional con respecto a la Constitución de la República de Venezuela de 1961, y conforman un sistema de rango equivalente a la Constitución, pero de vigencia determinada, con respecto a la Constitución que elaboraba. Tal sistema, nacido de un poder constituyente e indivisible, situado por encima de las ramas del Poder Público, está destinado a regir toda la transitoriedad, hasta el momento en que los Poderes Públicos sean electos e inicien el ejercicio de sus competencias; es decir, que su teleología, consiste en "la implantación efectiva de la organización y funcionamiento de las instituciones previstas en la Constitución aprobada" (artículo 3 del decreto que creó el Régimen de Transición del Poder Público, publicado con anterioridad a la entrada en vigencia de la Constitución de 1999)."

Así, progresivamente, el juez constitucional, de "guardián de la Constitución", que debía ser, primero representado en la Corte Suprema de Justicia por su ingenuidad al abrir la "Caja de Pandora" constituyente y llegar a someterse a la propia Asamblea Nacional Constituyente; y luego, representado en el nuevo Tribunal Supremo de Justicia, creado por dicha Asamblea cuando extinguió a la Corte Suprema, y que ha sido el instrumento para la consolidación del autoritarismo; pasó a ser el amanuense de la Constitución del guardián, y durará en sus funciones hasta que le sirva y no le estorbe.

Es decir, la Sala Constitucional del Tribunal Supremo de Justicia, producto de los actos constituyentes de la Asamblea Constituyente, fue el órgano que elaboraría la teoría necesaria para justificar la inconstitucionalidad, basándose en la doctrina del régimen de transitoriedad constitucional en una etapa previa a la entrada en vigencia de la Constitución de 1999, la cual al decir de la Sala, habría comenzado "el 25 de abril de 1999, con la finalidad no sólo de discutir y aprobar una nueva Constitución, por medio de la Asamblea Nacional Constituyente, sino que según la Pregunta Primera del Referéndum Consultivo, la Asamblea se convirtió en un órgano para transformar el Estado y crear un nuevo ordenamiento jurídico que permitiera el funcionamiento efectivo de una democracia social y participativa."

La Sala Constitucional, de esta manera, *ex post facto*, justificó la reorganización de todos los Poderes Públicos que asumió la Asamblea el 12 de agosto de 1999 en violación de lo establecido en la Constitución de 1961, la cual, sin embargo, había continuado vigente.[219] La Sala Constitucional fue más precisa en cuanto a esta coexistencia de la Constitución de 1961 con actos de la Asamblea Nacional Constituyente que la violaban, al señalar en sentencia de 12 de diciembre de 2000, lo siguiente:

"A partir de la aprobación de las bases comiciales y la instalación de la Asamblea Nacional Constituyente surge una situación inédita en el constitucionalismo nacional. En una primera fase, hasta la promulgación de la actual Constitución, sin ruptura constitucional de ninguna especie, siguió vigente la Constitución de la República de Venezuela de 1961, coexistiendo con los actos que dictó la Asamblea Nacional Constituyente, en lo que no contrariaren a dicha Constitución, adquirieron la categoría de actos constitucionales, ya que es el pueblo soberano, por medio de sus representantes, quien deroga puntualmente disposiciones constitucionales, creando así un régimen doble,

---

219 Véase las sentencias de 28 de marzo de 2000 y N° 1560 de 19 de julio de 2001, en *Revista de Derecho Público,* N° 85-88, Editorial Jurídica Venezolana, Caracas 2001.

donde como ya lo ha señalado esta Sala, coexistía la Constitución de 1961 con los actos constituyentes."[220]

La consecuencia de esta doctrina fue la consideración de que los actos de la Asamblea Nacional Constituyente no estaban sujetos a la Constitución de 1961,[221] y de que tenían "carácter supra-constitucional,"[222] por lo que la coexistencia de la Constitución de 1961 con actos constituyentes afectó el funcionamiento del Estado, y los derechos de los titulares de los órganos constituidos, y sometió al país a una interminable transitoriedad constitucional.

---

220 Sentencia N° 1562 de la Sala Constitucional de 12-12-2000, *Revista de Derecho Público*, N° 84, Editorial Jurídica Venezolana, Caracas, 2000.

221 Véase sentencia N° 6 de la Sala Constitucional de 27-01-2000, *Revista de Derecho Público*, N° 81, Editorial Jurídica Venezolana, Caracas, 2000, p. 95-96.

222. Véase sentencia de la Sala Penal del Tribunal Supremo de 30-05-2000, *Revista de Derecho Público*, N° 82, Editorial Jurídica Venezolana, Caracas, 2000, p. 151.

CUARTA PARTE

LA INCONSTITUCIONAL CONVOCATORIA DE LA ASAMBLEA NACIONAL CONSTITUYENTE EN 2017 Y LA USURPACIÓN DEL "PODER CONSTITUYENTE ORIGINARIO"

I. EL RÉGIMEN DE LA ASAMBLEA NACIONAL CONSTITUYENTE EN LA CONSTITUCIÓN DE 1999 Y SU NECESARIA CONVOCATORIA POR EL PUEBLO

1. *Los mecanismos para la reforma constitucional en la Constitución de 1999*

A diferencia de la Constitución de 1961, en cuyo texto no había previsión alguna que regulara la Asamblea Constituyente como mecanismo para la reforma de la Constitución, en la Constitución de 1999, en cambio, y precisamente por la experiencia del proceso constituyente de 1999, si se establecieron previsiones expresar que la regulan.

Conforme a ese régimen constitucional regulado en los artículos 340 y siguientes, la reforma de la Constitución se puede realizar a través de tres mecanismos distintos: la "enmienda constitucional," la "reforma constitucional" y la "asamblea nacional constituyente," con la característica común de que en todo caso de revisión o reforma constitucional tiene que participar el pueblo mediante referendo. Es decir, como lo explicamos hace unos años, conforme a la Constitución de 1999 es indispensable la participación directa del pueblo mediante referendo en los tres mecanismos que se establecen para la reforma o revisión constitucional, incluyendo por supuesto la Asamblea Nacional Constituyente. En tal sentido, como lo señalamos en 2009, en los casos de:

"enmiendas y reformas, *siempre requieren de la aprobación popular por la vía de referendo.* En cuanto a la convocatoria de una Asamblea Nacional Constituyente, *la misma debe ser convocada por referendo,* aun cuando la nueva Constitución no tiene que ser aprobada por el pueblo." [223]

Los artículos 340 y 341 de la Constitución regulan las *Enmiendas constitucionales,* las cuales deben tener por objeto la adición o modificación de uno o varios artículos de esta Constitución, sin alterar su estructura fundamental; debiendo tramitarse conforme al artículo 341, en la forma siguiente:

1. La iniciativa puede partir del quince por ciento de los ciudadanos inscritos en el Registro Civil y Electoral; o de un treinta por ciento de los integrantes de la Asamblea Nacional o del Presidente de la República en Consejo de Ministros.

2. Cuando la iniciativa parta de la Asamblea Nacional, la enmienda requiere la aprobación de ésta por la mayoría de sus integrantes y se debe discutir, según el procedimiento establecido en esta Constitución para la formación de leyes.

3. El Poder Electoral debe someter a referendo las enmiendas a los treinta días siguientes a su recepción formal.

4. Las enmiendas se aprueban de acuerdo con lo establecido en esta Constitución y en la ley relativa al referendo aprobatorio.

5. Deben ser numeradas consecutivamente y se deben publicar a continuación de la Constitución sin alterar su texto, pero anotando al pie del artículo o artículos enmendados la referencia de número y fecha de la enmienda que lo modificó.

---

223 Véase Allan R. Brewer-Carías, Reforma Constitucional y fraude a la Constitución *(Venezuela 1999-2009),* Academia de Ciencias Políticas y Sociales, Caracas 2009, pp. 51-52..

El Presidente de la República está obligado a promulgar las enmiendas dentro de los diez días siguientes a su aprobación. Si no lo hiciere, se aplicará lo previsto en la Constitución (Art. 346). En este último caso, se aplica el artículo 216 de la Constitución, el cual establece la obligación del Presidente y de los Vicepresidentes de la Asamblea Nacional de promulgar la ley cuando el Presidente de la República no lo hiciere en los lapsos respectivos.

En segundo lugar, en cuanto a las *Reformas constitucionales*, conforme al artículo 342 de la Constitución, las mismas tienen por objeto una revisión parcial de la misma y la sustitución de una o varias de sus normas que no modifiquen la estructura y principios fundamentales del texto constitucional.

La iniciativa de la Reforma puede ser tomada por la Asamblea Nacional mediante acuerdo aprobado por el voto de la mayoría de sus integrantes; por el Presidente de la República en Consejo de Ministros; o por un número no menor del quince por ciento de los electores inscritos en el Registro Civil y Electoral.

El artículo 343 de la Constitución regula el trámite de la *iniciativa* de reforma constitucional por la Asamblea Nacional en la forma siguiente:

1. El proyecto de reforma constitucional debe tener una primera discusión en el período de sesiones correspondiente a la presentación del mismo.

2. Una segunda discusión por Título o Capítulo, según fuera el caso.

3. Una tercera y última discusión artículo por artículo.

4. La Asamblea Nacional debe aprobar el proyecto de reforma constitucional en un plazo no mayor de dos años, contados a partir de la fecha en la cual conoció y aprobó la solicitud de reforma.

5. El proyecto de reforma se debe considerar aprobado con el voto de las dos terceras partes de los o las integrantes de la Asamblea Nacional.

El proyecto de reforma constitucional aprobado por la Asamblea Nacional, conforme lo exige el artículo 344 de la Constitución, debe ser sometido a referendo dentro de los treinta días siguientes a su sanción. El referendo se debe pronunciar en conjunto sobre la reforma, pero puede votarse separadamente hasta una tercera parte de ella, si así lo aprobara un número no menor de una tercera parte de la Asamblea Nacional o si en la iniciativa de reforma así lo hubiere solicitado el Presidente de la República o un número no menor del cinco por ciento de los electores inscritos en el Registro Civil y Electoral.

La Reforma constitucional se debe declarar aprobada si el número de votos afirmativos es superior al número de votos negativos. La iniciativa de reforma constitucional que no sea aprobada no puede presentarse de nuevo en un mismo período constitucional a la Asamblea Nacional (Art. 345).

El Presidente de la República está obligado a promulgar las reformas dentro de los diez días siguientes a su aprobación. Si no lo hiciere, se aplicará lo previsto en la Constitución (Art. 346). En este caso, igual que en las enmiendas, se aplica el artículo 216 de la Constitución.

Por *último*, conforme al artículo 347 de la Constitución, el pueblo, como "depositario del poder constituyente originario," puede convocar una *Asamblea Nacional Constituyente* con el objeto de transformar el Estado, crear un nuevo ordenamiento jurídico y redactar una nueva Constitución. *La voluntad del pueblo debe manifestarse mediante un referendo decisorio que debe ser convocado* como se indica en el artículo 348, a iniciativa del Presidente de la República en Consejo de Ministros; de la Asamblea Nacional, mediante acuerdo de las dos terceras partes de sus integrantes; de los Consejos Municipales en cabildo, mediante el voto de las dos terceras partes de los mismos; o del 15% de los electores inscritos en el registro Civil y Electoral. La Constitución no exige que la nueva

Constitución que apruebe la Asamblea Nacional Constituyente deba someterse a la aprobación popular."[224]

En consecuencia, es imposible sostener de acuerdo con el ordenamiento jurídico venezolano contenido en la Constitución de 1999, para por ejemplo, poder cambiar una "coma" de un artículo de la Constitución mediante *Enmienda Constitucional*, o cambiar el sentido de un artículo constitucional con alguna regulación sustancial mediante la *Reforma Constitucional,* se requiere de la participación del pueblo mediante referendo aprobatorio, y que en cambio, para cambiar TODA la Constitución, transformar el Estado y crear un nuevo ordenamiento jurídico mediante una Asamblea Nacional Constituyente, no se requiera de la participación del pueblo mediante referendo de convocatoria.

Sería un fraude a la Constitución y a la voluntad popular sostener que como en la Constitución solo se hace mención expresa al referendo aprobatorio en el caso de la Enmienda Constitucional y de la Reforma Constitucional, entonces, en consecuencia, no es necesario el referendo de convocatoria en el caso de la Asamblea Constituyente, a pesar de que la Constitución reserva al pueblo su convocatoria.

En contra de esas previsiones, el Presidente Nicolás Maduro, mediante Decreto Nº 2830 de 1 de mayo de 2017, como se analiza detenidamente más adelante, convocó una Asamblea Nacional Constituyente y en esa forma, sustituyendo al pueblo y usurpando su soberanía, contradijo lo que el mismo Maduro y sus asesores en la inconstitucional convocatoria, entre ellos Hermann Escarrá y Elías Jaua, como constituyentes, aprobaron en noviembre de 1999.

---

224   Véase lo expuesto en Allan R. Brewer-Carías, *Reforma constitucional y fraude a la Constitución (1999-2009),* Academia de Ciencias Políticas y Sociales, Colección Estudios Nº 82, Caracas 2009, pp. 52-54.

2. *El sentido de la discusión ante la Asamblea Nacional Constituyente de 1999 sobre el Proyecto de Constitución de 1999, y la decisión de que solo el pueblo mediante "referendo de convocatoria" puede convocar una Asamblea Nacional Constituyente: análisis del Diario de Debates*[225]

En efecto, cuando se discutió el articulado de la Constitución de 1999 sobre la reforma de la Constitución en la Asamblea Nacional Constituyente, todos los constituyentes resolvieron –no hubo ningún voto negativo– ratificar el criterio de que el pueblo es el único que puede convocar una Asamblea Constituyente mediante un "referendo de convocatoria,"[226] no pudiendo realizar dicha convocatoria ni el Presidente de la República ni ningún otro órgano de los poderes constituidos.

Todo ello consta del *Diario de Debates de la Asamblea Nacional Constituyente* de 1999, donde se recogen las discusiones y debates efectuados los días 9 y 14 de noviembre de 1999, cuando se efectuaron las dos discusiones del anteproyecto en relación con la reforma de la Constitución.

A. *Texto del anteproyecto sobre la Asamblea Nacional Constituyente sometido a discusión en la Asamblea de 1999*

La Asamblea Nacional Constituyente, en efecto, en su sesión del 9 de noviembre de 1999, efectuó la primera discusión del articulado del anteproyecto de Constitución, referido a la figura de la

---

225 New York, 17 de mayo de 2017. Véase en Allan R. Brewer-Carías, *La inconstitucional convocatoria de una Asamblea Nacional Constituyente en mayo de 2017 Un nuevo fraude a la Constitución y a la voluntad popular*, Colección Textos Legislativos, N° 56, Editorial Jurídica Venezolana, Caracas 2017, pp. 97 ss.

226 Véase sobre lo expuesto en esta Parte, el documento: "La Asamblea Nacional Constituyente de 1999 aprobó que solo el pueblo mediante "referendo de convocatoria" puede convocar una Asamblea Constituyente: análisis del *Diario de Debates*," 17 de mayo de 2017, en http://allanbrewercarias.net/site/wp-content/uploads/2017/05/159.-doc.-Brewer.-ANC-y-referendo-de-convocatoria.-17-5-2017.pdf.

Asamblea Nacional Constituyente como mecanismo para la reforma de la Constitución, que contenía los siguientes cuatro artículos:

"Artículo 390. El **pueblo, como constituyente originario, puede convocar** una Asamblea Constituyente con el objeto de crear un nuevo ordenamiento jurídico y redactar una Constitución democrática."

"Artículo 391. La **iniciativa de convocatoria** a la Asamblea Constituyente la podrá ejercer el Presidente de la República en Consejo de Ministros, la Asamblea Nacional por acuerdo aprobado por las dos terceras partes de los miembros de cada Cámara o por un número no menor del diez por ciento de los electores en el Registro Electoral Nacional."

"Artículo 392. Se considerará **aprobada la convocatoria a la Asamblea Constituyente si en el referendo llamado al efecto** el número de votos afirmativos es superior al número de votos negativos. Si el resultado del referendo fuese negativo, no podrá presentarse una nueva iniciativa de convocatoria a la Asamblea Constituyente en el mismo período constitucional."

"Artículo 393. Las **bases para elegir la Asamblea Constituyente serán incluidas en el referendo de convocatoria**. En ellas se establecerán como límites de los actos de la Asamblea los valores y principios de nuestra historia republicana, así como el cumplimiento de los tratados, acuerdos y compromisos válidamente suscritos por la República que se refieran al respeto por los derechos humanos y las garantías democráticas."

B. *La intención de los proyectistas sobre la necesidad de un referendo de convocatoria de la Asamblea Nacional Constituyente*

De la lectura de las cuatro normas del anteproyecto de Constitución que fueron las sometidas a discusión en la Asamblea, es más que palmaria **la intención de los proyectistas de prever que una Asamblea Constituyente convocada por el pueblo como titular del poder constituyente originario, solo podía ser convocada por el pueblo mismo mediante "referendo de convocatoria"** con el cual además, el pueblo debía aprobar las bases para elegir y conformar la Asamblea Constituyente.

Y además, prever para ello, que la iniciativa para que se pudiese realizar dicho "referendo de convocatoria" le correspondía al Presidente de la República, a un voto calificado de la representación en el órgano legislativo o a la propia iniciativa popular de un 10% de electores, sin que en ningún caso se pudiese confundir la iniciativa para que se realice un referendo de convocatoria, y la convocatoria misma mediante dicho referendo.

Los dos primeros artículos antes transcritos, a propuesta de la Comisión encargada de redactar esas normas fueron modificados en la primera discusión, formulada por el constituyente Guillermo García Ponce, quien propuso la siguiente redacción para los mismos, la cual fue *aprobada* por la plenaria de la Asamblea Constituyente [equivalentes a los **artículos 347 y 348 de la Constitución de 1999**]:

> *"Artículo: --- El pueblo de Venezuela es el depositario del poder constituyente originario, y en el ejercicio de dicho poder puede convocar una Asamblea Constituyente con el objeto de transformar al Estado, crear un nuevo ordenamiento jurídico, y redactar una Constitución."*

> *"Artículo:--- La iniciativa de convocatoria a la Asamblea Constituyente puede hacerla el Presidente de la República en Consejo de Ministros, la Asamblea Nacional mediante el acuerdo de las dos terceras partes de sus miembros, los concejos municipales en cabildo mediante el voto de las dos terceras partes de los mismos, y el 15% de los electores inscritos en el Registro Electoral."*

Luego de aprobadas estas dos normas, el constituyente Manuel Quijada pasó a proponer "un nuevo artículo que [según dijo] cabría aquí o sustitutivo del anterior," con la siguiente redacción [parcialmente equivalente a la primera de las normas antes mencionadas y al **artículo 347 de la Constitución de 1999**]:

Artículo:--- : "El pueblo venezolano, como constituyente primario u originario puede, cuando así lo desee y en cualquier momento, convocar a una Asamblea Nacional Constituyente para que redacte una nueva Constitución distinta a la vigente, sin estar sujeta a las normas del ordenamiento jurídico ni de la Constitución preexistente. Los Poderes Constituidos quedan sometidos a la jurisdicción de la Asamblea Nacional Constituyente."

Sobre esta propuesta, que como se dijo era la misma del anteproyecto en cuanto a prever que la convocatoria de una Asamblea Nacional Constituyente solo corresponde al pueblo, el Presidente de la Asamblea Luis Miquelena sin embargo, para tener sin duda mayor precisión, le pidió al constituyente Manuel Quijada que "aclarara" lo leído, formulándole las siguientes preguntas, todas en relación *a cómo es que el pueblo puede convocar la Asamblea Nacional Constituyente*; preguntas que por supuesto eran válidas en relación con la primera de las normas transcritas sobre el tema que habían sido aprobadas anteriormente. Las preguntas que formuló el Presidente de la Asamblea fueron las siguientes:

"¿Puede el pueblo convocar? ¿A través de qué mecanismo puede hacerlo? Pues allí se dice que el 15% por ciento de los electores tiene que hacer una representación ante el Congreso o ante el Presidente de la República para que pueda procederse a la convocatoria. ¿Cómo se haría esa convocatoria?

La respuesta del constituyente Manuel Quijada fue clara y enfática, pues no podía ser otra:

"CONSTITUYENTE QUIJADA (MANUEL).-Ciudadano Presidente. **Sería mediante un referendo**. Lo que soluciona este artículo es la discusión de si el pueblo tiene Poder Constituyente o no lo tiene, si puede convocar a una Asamblea Constituyente o no cuando bien lo desee.

EL PRESIDENTE.-¿Pero cómo la convoca el pueblo?

CONSTITUYENTE QUIJADA (MANUEL).-**Por medio de un referendo.**"

Aun cuando la propuesta específica del constituyente Quijada fue en definitiva negada, la **breve discusión que se desarrolló fue definitiva para que los constituyentes entendieran el sentido de la norma sobre la Asamblea Nacional Constituyente, que se aprobó sin objeciones, en cuanto a que su convocatoria sólo puede realizarse mediante un "referendo de convocatoria," a cuyo efecto la iniciativa para que se pueda realizar se asignó a varios legitimados; siendo por tanto, totalmente distintas la convocatoria por el pueblo mediante referendo, de la iniciativa que puedan tener varias personas e instituciones para que el mismo se realice.**

Ello incluso estaba así expresamente establecido en el tercero de los artículos del ante proyecto antes mencionados (*Artículo 392*), en el cual se hacía referencia a que "se considerará aprobada la convocatoria a la Asamblea Constituyente **si en el referendo al efecto el número de votos afirmativos era superior al número de votos negativos llamado.**"

C. *La admisión expresa por los constituyentistas de que la convocatoria de la Asamblea Nacional Constituyente solo la puede hacer el pueblo mediante referendo*

Sobre la norma del anteproyecto que había originado la discusión anterior, y que fue acogida por la Comisión presidida por el constituyente Guillermo García Ponce, el constituyente Elías Jaua sin embargo, expresó que por su contenido (al disponer que si el resultado del referendo era negativo, no podía presentarse una nueva iniciativa de convocatoria a la Asamblea Constituyente en el mismo período constitucional), ello podía significar una limitación al poder del pueblo de ejercer su poder constituyente originario y decidir convocar de nuevo una Asamblea Constituyente. El constituyente Jaua por ello consideró que una vez expresado:

"el reconocimiento de la voluntad de un pueblo de convocar a esa Asamblea, y la manera cómo puede convocarla – que es importante para que tenga una referencia– no hay más nada que normar en una Constitución referente a la Asamblea Constituyente."

Estuvo por tanto de acuerdo con lo debatido sobre que el pueblo es el único que puede convocar la Asamblea Constituyente, siendo "la manera cómo puede convocarla" un referendo de convocatoria como quedó claro en el debate.

Todo ello, a pesar de que en el debate el constituyente Luis Vallenilla hubiese advertido sobre la redacción de las normas, que el artículo 389 [**equivalente al 347 de la Constitución de 1999**], al establecer que "el pueblo de Venezuela es el depositario del poder constituyente originario," sin embargo en el mismo, expresamente:

"no se establece la manera cómo el pueblo de Venezuela, que es la fuente primaria fundamental de la creación, transformación institucional y jurídica a través de la Asamblea Nacional Constituyente, sencillamente no se establece la fórmula, sólo se establece que es el pueblo.

En cambio, en relación con la iniciativa para que el pueblo pueda convocar a la Asamblea Constituyente que se regula en el artículo siguiente, el constituyente Vallenilla consideró que el artículo 391 [**equivalente al artículos 348 de la Constitución de 1999**] era "muy específico:"

"cuando dice: "La iniciativa de convocatoria a la Asamblea Constituyente la podrá ejercer el Presidente de la República..." Allí sí es específico el artículo, en cambio con la fuente fundamental, que es el pueblo, no hay especificidad."

Sin embargo, a pesar de que no hubiese habido especificidad en la norma, de las preguntas que formuló el Presidente de la Asamblea Constituyente Luis Miquelena y de las respuestas dadas por el constituyente Manuel Quijada, para todos los constituyentes incluyendo a quien suscribe esta nota, quedó claro el sentido de las normas aprobadas, en cuanto a que *una cosa era la convocatoria* por parte del pueblo de la Asamblea Nacional Constituyente que solo la puede hacer el pueblo mediante **"referendo de convocatoria;"** y *otra cosa era la iniciativa* para que se realice **el referendo de convocatoria**, que le correspondía al Presidente de la República, a la mayoría calificada de los diputados a la Asamblea Nacional, a las 2/3 de los cabildos municipales o a un 15% de electores.

En cuanto a esa necesidad de convocar la Asamblea Constituyente por parte del pueblo mediante referendo, ello se confirmó además en la otra de las normas del anteproyecto del Capítulo sobre la Asamblea Nacional Constituyente (artículo 393) antes copiado, en el cual se estableció que las **"bases comiciales" para la configuración de la Asamblea debían ser sometidas al pueblo en el referendo mediante el cual el pueblo debía convocar la Constituyente**, para que fuera el pueblo el que las aprobara. Con ello se formuló además la precisión de que en dichas bases comiciales se debían establecer:

"como límites de los actos de la Asamblea los valores y principios de nuestra historia republicana, así como el cumplimiento de los tratados, acuerdos y compromisos válidamente suscritos por la República que se refieran al respeto por los derechos humanos y las garantías democráticas."

D. *Otras discusiones sobre las normas relativas a la Asamblea Nacional Constituyente*

Por otra parte, siempre de acuerdo con el *Diario de Debates,* la primera discusión de las normas terminó con la propuesta formulada por el constituyente Guillermo García Ponce, respecto de la redacción para el artículo 391, con el siguiente texto:

"*Artículo* --- La Constitución que redacte la Asamblea Constituyente será sometida a referendo dentro de treinta (30) días siguientes a su aprobación. La Constitución quedará definitivamente aprobada si el número de votos afirmativos es superior al número de votos negativos. Si la Constitución sometida a referendo fuera rechazada, todos los actos dictados por la Asamblea

Constituyente quedarán anulados salvo aquellos que sean estrictamente indispensables para garantizar la continuidad del Estado de Derecho. Asimismo, no podrá convocarse una nueva Asamblea Constituyente en el mismo período constitucional."

Con esta propuesta que si bien fue aprobada en primera discusión no llegó a ser considerada en la segunda discusión, sin embargo, lo que también quedó claro fue que la intención de los constituyentistas en relación con la regulación sobre la Asamblea Nacional Constituyente no solo fue que la convocatoria de la Asamblea por parte del pueblo se hiciese siempre mediante referendo; sino que una vez sancionada la Constitución, la misma debía a su vez ser sometida a referendo aprobatorio.

Además, sobre la norma del anteproyecto equivalente al artículo 350 de la Constitución de 1999, de nuevo, el constituyente Guillermo García Ponce, presidente de la Comisión respectiva propuso es su lugar la siguiente redacción proveniente de la Comisión:

Artículo 393. El pueblo de Venezuela, fiel a su tradición republicana, su lucha por la independencia, la paz y la libertad, desconocerá cualquier régimen, legislación o autoridad que contraríe los valores, principios y garantías democráticas o menoscabe los derechos humanos. Una vez aprobada la nueva Constitución en referendo, el Presidente de la República estará obligado a promulgarla dentro de los dos días siguientes a su sanción. Los Poderes Constituidos no podrán objetar en forma alguna las decisiones de la Asamblea Constituyente. A los efectos de la promulgación de la nueva Constitución, cuando el Presidente no la promulgare o los Poderes Constituidos la obstaculizaran, el Presidente o Vicepresidente de la Asamblea Nacional procederán a su promulgación, sin perjuicio de las responsabilidades en que los Poderes Constituidos ocurran en su omisión o actuación. En este caso, el acto de promulgación podrá publicarse en la Gaceta Oficial de la República de Venezuela o en la Gaceta de la Asamblea Constituyente, según fuera el caso."

La segunda parte de esta norma fue objetada por el constituyente Francisco Visconti, por considerar que los valores y límites en ella establecidos no podían condicionar "la voluntad que un colectivo pueda tener dentro de 40, 50 o 100 años" considerando que "nosotros no podemos obligarlo a respetar aquellas cosas que nosotros estamos señalando en estos momentos como supuestos valores de esta sociedad, que va a ser una sociedad muy diferente a la que se esté discutiendo en 50 o 100 años en el futuro," razón por la cual solicitó que no fuera aprobado.

Sobre la misma segunda parte de la norma propuesta por el constituyente García Ponce, además, el constituyente Elías Jaua también la cuestionó pero solamente en cuanto a pretender someter la promulgación de la Constitución a los poderes constituidos, considerando que la promulgación debía corresponder a la propia Asamblea, por considerar que "no podemos someter la voluntad originaria de un pueblo a los poderes constituidos que en ese momento o en cualquier momento existan."

Después de esta discusión, concluyó la primera discusión del articulado, con la decisión de que se pasaran los textos a la Comisión específica que debía revisar los artículos aprobados, para someterlos a la segunda discusión.

E. *El articulado aprobado en la segunda discusión*

En todo caso, el proyecto de articulado antes mencionado sobre el tema de la Asamblea Nacional Constituyente fue sometido a la segunda discusión de la Asamblea la cual se realizó el día 14 de noviembre de 1999, aprobándose a la carrera tanto estas normas como el resto de las normas de la Constitución.

Sobre esta sesión, desarrollada muy informalmente, y en esta materia de la Asamblea Nacional Constituyente, el *Diario de Debates* solo dio cuenta de que el constituyente Hermánn Escarrá, coordinador de la Comisión encargada de la redacción de los artículos del Título IX "De la reforma constitucional," expresó que "en realidad, en este tema creo que hay consenso," haciendo referencia a las propuestas formuladas por los constituyentes Visconti y Jaua durante la sesión de la primera discusión, pasándole la "coordinación de esta fase relativa a este título" al constituyente García Ponce quién también había hecho una propuesta en la primera discusión. Éste pasó entonces a resumir cómo quedarían redactadas las normas sobre el tema de la Asamblea Nacional Constituyente así:

"La propuesta del general Visconti era suprimir aquellos artículos que condicionaban o modificaban a la Asamblea Nacional Constituyente. De tal manera que el capítulo referente a la Constituyente queda reducido a tres artículos. El artículo 347 [equivale al artículo 347 en la Constitución de 1999], ahora, que dice: *"El pueblo de Venezuela es el depositario del Poder Constituyente originario. En ejercicio de dicho poder puede convocar una Asamblea Nacional Constituyente con el objeto de transformar el Estado, crear un nuevo ordenamiento jurídico y redactar una Constitución."*

Y el artículo 349 [equivale al artículo 350 en la Constitución de 1999] *"El pueblo de Venezuela, fiel a su tradición republicana, su lucha por la independencia, la paz y la libertad, desconocerá* cualquier régimen, legislación o autoridad que contraríe los valores, principios y garantías *democráticas o menoscabe los derechos humanos.*

Y, luego, la propuesta del constituyente Elías Jaua Milano. Proponía una nueva redacción del artículo 354 [equivale al artículo 349 en la Constitución de 1999] y también fue acogido por la Comisión, que dice: *"El Presidente de la República no podrá objetar la nueva Constitución. Los poderes constituidos no podrán, en forma alguna, impedir las decisiones de la Asamblea Nacional Constituyente. A efectos de la promulgación de la nueva Constitución, ésta se publicará en la Gaceta Oficial de la República de Venezuela o en la Gaceta de la Asamblea Constituyente".* Es todo, Presidente.

En cuanto a la norma equivalente al artículo 348 de la Constitución de 1999 *("La iniciativa de convocatoria a la Asamblea Nacional Constituyente podrán tomarla el Presidente o Presidenta de la República en Consejo de Ministros; la Asamblea Nacional, mediante acuerdo de las dos terceras partes de sus integrantes; los Concejos Municipales en cabildo, mediante el voto de las dos terceras partes de los mismos; o el quince por ciento de los electores inscri-*

tos y electoras inscritas en el Registro Civil y Electoral."), la misma que había sido aprobado en primera discusión, quedó con la misma redacción.

De estas discusiones resultaron entonces los cuatro artículos que conforman el Capítulo III (*De la Asamblea Nacional Constituyente*) del Título IX de la Constitución, con el siguiente texto:

Artículo 347.   El pueblo de Venezuela es el depositario del poder constituyente originario. En ejercicio de dicho poder, puede convocar una Asamblea Nacional Constituyente con el objeto de transformar el Estado, crear un nuevo ordenamiento jurídico y redactar una nueva Constitución.

Artículo 348.   La iniciativa de convocatoria a la Asamblea Nacional Constituyente podrán tomarla el Presidente o Presidenta de la República en Consejo de Ministros; la Asamblea Nacional, mediante acuerdo de las dos terceras partes de sus integrantes; los Concejos Municipales en cabildo, mediante el voto de las dos terceras partes de los mismos; o el quince por ciento de los electores inscritos y electoras inscritas en el Registro Civil y Electoral.

Artículo 349.   El Presidente o Presidenta de la República no podrá objetar la nueva Constitución.

Los poderes constituidos no podrán en forma alguna impedir las decisiones de la Asamblea Nacional Constituyente.

Una vez promulgada la nueva Constitución, ésta se publicará en la *Gaceta Oficial* de la República Bolivariana de Venezuela o en la Gaceta de la Asamblea Nacional Constituyente.

Artículo 350.   El pueblo de Venezuela, fiel a su tradición republicana, a su lucha por la independencia, la paz y la libertad, desconocerá cualquier régimen, legislación o autoridad que contraríe los valores, principios y garantías democráticos o menoscabe los derechos humanos.

Y ese fue todo el resultado del debate en la Asamblea Constituyente de 1999 en torno a dichos artículos 347 a 350 de la Constitución que tratan de la Asamblea Nacional Constituyente, respecto de los cuales puede decirse que hubo *consenso de todos los constituyentes pues no hubo voto salvado alguno* (incluidos el propio presidente Nicolás Maduro quien fue constituyente, y todos los otros ex constituyentes miembros de la Comisión Constitucional que designó para implementar la inconstitucional convocatoria: Elías Jaua Milano, Isaías Rodríguez, Hermann Escarrá, Aristóbulo Istúriz, Reinaldo Muñoz, Francisco Ameliach, Nohelí Pocaterra e Iris Varela), *de que solo el pueblo mediante "referendo de convocatoria" puede convocar la Asamblea Nacional Constituyente, siendo esa convocatoria por el pueblo mediante referendo, algo distinto a tener la iniciativa para dar inicio el proceso constituyente, la que - entre otros – corresponde al Presidente de la República, para que se realice el "referendo de convocatoria."*

3. Las reformas s la Constitución son el signo más característico de la democracia participativa que los gobernantes no le pueden arrebatar al pueblo[227]

Lo anterior, por lo demás, responde al principio del constitucionalismo moderno, conforme al cual el principal derecho ciudadano en cualquier Estado es el derecho a la Constitución, es decir, el derecho a que la Constitución sea suprema, o sea, a que no sea violada; el derecho a su imperatividad, es decir, a que sea cumplida por todos, gobernantes y gobernados; y el derecho a su rigidez, que significa el derecho a que sea reformada solo conforme a los mecanismos previstos en la Constitución.

En ese marco, uno de los signos más característico de la Constitución de 1999 es el haber establecido un régimen de *democracia representativa y participativa* (art. 5), lo que implica el derecho del pueblo (y por tanto, todos los ciudadanos), de *ejercer su soberanía en forma indirecta* mediante el sufragio para elegir sus representantes (art. 62); y en *forma directa, participando en la toma de decisiones*

---

227 New York, 3 de mayo de 2017. Véase en Allan R. Brewer-Carías, *La inconstitucional convocatoria de una Asamblea Nacional Constituyente en mayo de 2017 Un nuevo fraude a la Constitución y a la voluntad popular*, Colección Textos Legislativos, N° 56, Editorial Jurídica Venezolana, Caracas 2017, pp. 61 ss.

expresando su voluntad, por ejemplo, a través de *referendos* (art. 71). De eso se trata la democracia representativa y la democracia participativa regulada en la Constitución.

La consecuencia de ello es que el pueblo (todo el pueblo y no solo una fracción del mismo), como titular de la soberanía (art. 5) y depositario del poder constituyente originario (art. 347), *tiene derecho de participar indirectamente en el gobierno de la nación a través de representantes electos mediante sufragio universal, directo y secreto* (arts. 63); y además, tiene el *derecho de participar directamente en la toma de decisiones fundamentales*, por ejemplo, a través de *consulta pública* en el proceso de formación de las leyes (art. 211), en los *comités de postulaciones* para la elección indirecta de altos funcionarios del Estado (arts. 270, 279, 295), y mediante *referendo* en cualquier caso de reforma constitucional (arts. 341.3, 344, 347).

La representatividad y la participación política son por tanto, conforme a la Constitución, derechos ciudadanos que no pueden ser eliminados ni arrebatados por los gobernantes, y menos cuando se trata de una reforma constitucional.

Y precisamente por estar montada la Constitución sobre el concepto de democracia participativa es que su propio texto garantiza el derecho del pueblo a participar directamente para que pueda efectuarse una reforma de la Constitución,[228] lo que se establece expresamente en los tres mecanismos de reforma constitucional que se establecen, según la importancia de la reforma propuesta, que son la enmienda constitucional, la reforma constitucional y la asamblea constituyente.

---

228 Véase sobre lo expuesto en esta Parte, el documento: "El derecho del pueblo de participar en las reformas de la Constitución es el signo más característico de la democracia participativa que no puede ser arrebatado por los gobernantes," 3 de mayo de 2017, en http://allanbrewercarias.net/site/wp-content/uploads/2017/05/155.-doc.-Brewer.-REFERENDO-OBLIGATORIO-PREVIO-PARA-CONVOCAR-ANC-3-5-2017.pdf.

La única diferencia en cuanto a la participación directa del pueblo en estos tres casos, está en la oportunidad en que debe requerirse la manifestación de voluntad del pueblo mediante referendo.[229]

En los casos de enmienda constitucional (art. 341.3) y de reforma constitucional (arts. 344), que solo proceden en casos de *modificaciones puntuales y no trascendentales* de la Constitución, su texto exige la participación del pueblo mediante un referendo aprobatorio de la enmienda o de la reforma, que debe realizarse con posterioridad la proposición o a la sanción según corresponda.

En el caso de la Asamblea Nacional Constituyente que tiene por objeto introducir *reformas que modifican la estructura y principios fundamentales de la Constitución*, la participación del pueblo también está asegurada mediante referendo pero en forma previa al inicio del proceso, reservándose al pueblo su convocatoria (art. 347) mediante "referendo de convocatoria." En virtud de ese carácter previo del referendo decisorio para que el pueblo resuelva convocar o no la Asamblea Nacional Constituyente, solamente si la convocatoria se aprueba, entonces se puede proceder a la elección de sus integrantes, la cual puede aprobar la nueva Constitución sin que esté prevista una consulta popular posterior.

En todo caso, las bases comiciales sobre la asamblea constituyente que se sometan a referendo, tienen que garantizar el funcionamiento de la misma conforme a los valores, principios y garantías democráticas (art. 350), y entre ellas, el derecho a la democracia representativa de manera que los constituyentes se elijan exclusivamente mediante sufragio universal, directo y secreto (art. 63), quedando proscrita toda otra forma de representación grupal, sectorial, de clase, o territorial (regional, o local).

---

229 Véase sobre ello lo que hemos expuesto en Allan R. Brewer-Carías, *Reforma constitucional y fraude a la Constitución (1999-2009)*, Academia de Ciencias Políticas y Sociales, Caracas 2009, p. 64-66; y en "La intervención del pueblo en la revisión constitucional en América latina," en *El derecho público a los 100 números de la Revista de Derecho Público 1980-2005*, Editorial Jurídica Venezolana, Caracas 2006, pp. 41-52.

En cada uno de los mecanismos de reforma constitucional la Constitución regula con precisión quién tiene la iniciativa para iniciar el proceso, indicando algunos órganos del Estado o al pueblo directamente. En el caso específico de la Asamblea Nacional Constituyente, la iniciativa para iniciar el proceso se atribuye al Presidente en Consejo de Ministros, a la Asamblea Nacional con voto calificado, a los dos tercios de los Concejos Municipales, o a un quince por ciento de los electores (art. 348).

En todos estos supuestos, los respectivos legitimados lo único que tienen es *la iniciativa* para iniciar el proceso, formulando en ella la propuesta de las bases comiciales para el funcionamiento de la Asamblea, las cuales son las que deben someterse a referendo popular (referendo de convocatoria) para que sea el pueblo quien las fije. Si el pueblo las aprueba en el referendo, entonces es que puede procederse a elegir conforme a las mismas, a la Asamblea Constituyente.

En ningún caso por tanto, puede pretenderse pasarse a la elección de una Asamblea Nacional Constituyente con base a la sola propuesta formulada con la iniciativa, cualquiera que sea el legitimado a formularla, sin que el pueblo haya previamente aprobado mediante referendo la convocatoria de la Asamblea Nacional Constituyente.

El derecho del pueblo a participar directamente mediante referendo en los procesos de reforma constitucional, como se dijo, es el signo más característico de la democracia participativa que se regula en la Constitución y el mismo no le puede ser arrebatado por los gobernantes en forma alguna.

II. LA INCONSTITUCIONAL CONVOCATORIA POR EL PRESIDENTE NICOLÁS MADURO EN MAYO DE 2017 DE UNA ASAMBLEA NACIONAL CONSTITUYENTE VIOLANDO LA CONSTITUCIÓN[230]

1. *El inconstitucional anuncio del Presidente de la República el 1° de mayo de 2017 de convocatoria a una Asamblea Nacional Constituyente*

Precisamente para asegurar el derecho a la participación política en materia de reforma de la Constitución a través del mecanismo de la Asamblea Constituyente, el artículo 347 de la Constitución, en lenguaje directo y claro, sin ambigüedad alguna, indica:

> Art. 347 Constitución: El pueblo de Venezuela *es el depositario del poder constituyente originario. En ejercicio de dicho poder [el pueblo], puede convocar una Asamblea Nacional Constituyente...*"

Al contrario de lo que establece expresamente esta norma,[231] sin embargo, quien ejercía la Presidencia de la República en Venezuela anunció el 1° de mayo de 2017, "la convocatoria al poder constituyente originario para ganar la paz y vencer el golpe de Estado y perfeccionar el sistema económico y político del pueblo" agregando que ello lo hacía supuestamente en uso de sus:

> "atribuciones presidenciales como jefe de Estado, constitucionales de acuerdo al artículo 347 convoco el poder constitu-

---

230 New York, 1 de mayo de 2017. Véase en Allan R. Brewer-Carías, *La inconstitucional convocatoria de una Asamblea Nacional Constituyente en mayo de 2017 Un nuevo fraude a la Constitución y a la voluntad popular*, Colección Textos Legislativos, N° 56, Editorial Jurídica Venezolana, Caracas 2017, pp. 55 ss.

231 Véase sobre lo expuesto en esta Parte, el documento "Sobre cómo se puede convocar en Venezuela una Asamblea Nacional Constituyente," 1 de mayo de 2017, en http://allan-brewercarias.net/site/wpcontent/uploads/2017/05/154.-doc.-Brewer.-C%C3%93MO-CONVOCAR-CONSTITUYENTE-1-5-2017.pdf.

yente originario para que la clase obrera en un proceso convoque a un Asamblea Nacional Constituyente."[232]

Esta propuesta que se concretó luego en los Decretos N° 2.830 de 1 de mayo de 2017 y N° 2.878 de 23 de mayo de 2017, era errada, inconstitucional y fraudulenta.[233]

En Venezuela, se insiste, el Presidente de la República NO puede convocar una Asamblea Constituyente, pues conforme al texto del artículo 347 de la Constitución antes citado, quien puede convocar una Asamblea Constituyente es *el pueblo* exclusivamente, quien es el único que detenta el poder constituyente originario.

Y el pueblo no es una fracción o facción del mismo, y menos una persona o grupo, sino que está conformado por el universo de todos los electores, titulares de derechos políticos, considerados en su globalidad, y no solo un componente del mismo como podría ser la "clase obrera," o los "líderes comunitarios," o los representantes de "gremios" o sectores de intereses, o de "regiones."

En Venezuela, la "clase obrera" por supuesto es parte del pueblo, pero no es el pueblo ni pueden atribuírsele las prerrogativas del pueblo. Por tanto, pretender convocar inconstitucionalmente una constituyente y que se conformase solo con supuestos representantes de la "clase obrera," era inconstitucional y discriminatorio políticamente.

Ahora bien, precisamente porque el pueblo en su globalidad es el depositario del poder constituyente originario, el mismo conforme a la norma citada es quien "en ejercicio de dicho poder,"[...] *"puede convocar* una Asamblea Nacional Constituyente con el objeto de transformar el Estado, crear un nuevo ordenamiento jurídico y redactar una nueva Constitución;" debiendo hacerse dicha convocatoria como resultado de la expresión de la voluntad popular, la

---

232   Véase Alonso Moleiro y María Fernanda Flores, gente de palabra, *Unión Radio*, 1 de mayo de 2017, en http://unionradio.net/maduro-afirma-queseguira-batallando-para-vencer-guerra-de-precios/.

233   Véase respectivamente en *Gaceta Oficial* N° 6.295 Extra de 1° de mayo de 2017 y N° 41.186 de 23 de mayo de 2017.

cual conforme a la Constitución solo se puede expresar a través de un referendo como consecuencia de una votación popular universal, directa y secreta.[234]

Con la declaración expresa del artículo 347 de la Constitución de 1999, en el mismo (siguiendo precisamente la experiencia de la Asamblea Constituyente de 1999), se eliminó toda posibilidad de que un órgano del Estado (órganos constituidos) pudiera "convocar" una Asamblea Nacional Constituyente (solo el pueblo puede hacerlo mediante referendo), y además, se eliminó también toda la otra discusión sobre si la Asamblea Nacional Constituyente, una vez convocada mediante referendo y posteriormente, una vez electa, podía o no asumir el poder constituyente originario, que estando exclusivamente en manos del pueblo, nadie más puede asumirlo.[235]

Es decir, conforme a la Constitución de 1999, esa discusión ya no cabía, pues su texto eliminó toda posibilidad de que la Asamblea Nacional Constituyente pudiese ser convocada por algún órgano del Estado y que pudiese usurpar el poder constituyente originario que sólo lo tiene el pueblo.

Ahora bien, para que el pueblo pueda *convocar* una Asamblea Nacional Constituyente mediante la expresión de su voluntad que solo puede materializarse a través de un referendo, el artículo 348 de la Constitución asigna *la iniciativa* para que se inicie el proceso y pueda el pueblo pronunciarse sobre la convocatoria, *primero*, al Presidente de la República en Consejo de Ministros; *segundo*, a la Asamblea Nacional, mediante acuerdo de las dos terceras partes de sus integrantes; *tercero*, a los Concejos Municipales en cabildo, mediante el voto de las dos terceras partes de los mismos; o *cuarto*, al quince por ciento de los electores inscritos en el Registro Civil y

234 Véase sobre ello lo que hemos expuesto en Allan R. Brewer-Carías, *Reforma constitucional y fraude a la Constitución (1999-2009)*, Academia de Ciencias Políticas y Sociales, Caracas 2009, p. 64-66; y en *La Constitución de 1999 y la Enmienda constitucional N° 1 de 2009*, Editorial Jurídica Venezolana, Caracas 2011, pp. 299-300.

235 Véase el interesante trabajo de Eduardo Jorge Prats, "El poder constituyente de Sieyès a Maduro," 26 de mayo de 2017, en http://hoy.com.do/el-poder-constituyente-de-sieyes-a-maduro/.

Electoral. Estos tienen la facultad de proponer ante el Consejo Nacional Electoral que se lleve a cabo un referendo para que el pueblo convoque la Constituyente; pero iniciativa no es convocatoria, es iniciativa para que el pueblo convoque.

De manera que una vez que cualquiera de los legitimados para ello tome la iniciativa, la propuesta que se formule ante el Consejo Nacional Electoral debe contener las "bases comiciales," es decir, la precisión de la misión y los poderes de la Asamblea Constituyente que se propone sea convocada, así como su duración y la forma de integrarla y de elegir a los constituyente, que solo puede realizarse conforme lo previsto en la Constitución, es decir, mediante sufragio universal, directo y secreto, por ser la base de la expresión de la soberanía del pueblo.

No podía conformarse una Asamblea Constituyente, por tanto, como se anunció el 1 de mayo de 2017, con unos "constituyentes electos por la base de la clase obrera" ni por "líderes del pueblo en las comunidades," ni por "sectores gremiales" o regionales. Esa propuesta constituía un fraude a la Constitución y a la voluntad popular. Una vez convocada por el pueblo una Asamblea Constituyente, sus miembros solo pueden ser electos por votación popular, directa y secreta, siendo ello de la esencia de la Constitución.

Conforme a lo anterior, entonces, una vez que alguno de los cuatro legitimados para ello (Presidente, Asamblea Nacional, Concejos Municipales, iniciativa popular) tome la iniciativa, debe acudir ante el Poder Electoral a manifestarla, consignado su propuesta de bases comiciales de la Constituyente para que éste órgano proceda en consecuencia a convocar un referendo, precisamente para que el pueblo pueda adoptar la decisión de convocar o no la Asamblea Nacional Constituyente. Solamente si el pueblo la aprueba mayoritariamente es que podría procederse a elegir los miembros de la Asamblea.

En otras palabras, una vez ejercida la iniciativa y luego de que el pueblo (todo el pueblo) se manifieste mediante referendo sobre la convocatoria y sobre el estatuto básico de la Asamblea Constituyente, si gana el SI, entonces debe procederse a la elección de los miembros de la Asamblea de acuerdo con el Estatuto que se apruebe popularmente.

2. Un nuevo fraude a la Constitución y a la voluntad popular: el inconstitucional Decreto para convocar una Asamblea Constituyentes aparentemente sólo para aprobar la reforma constitucional rechazada por el pueblo en 2007[236]

Con base en todo lo anterior, el decreto presidencial N° 2830 de 1° de mayo de 2017, cuyo texto solo se conoció oficialmente el 4 de mayo de 2017 (cuando circuló la *Gaceta Oficial* respectiva) convocando una Asamblea Nacional Constituyente constituyó un fraude constitucional y un fraude a la voluntad popular.

Mediante dicho Decreto dictado en violación directa a la Constitución que solo le atribuye al Presidente *la iniciativa* para que se convoque una Constituyente (art. 348, Constitución) pero *no para proceder directamente a su convocatoria* que solo le corresponde al pueblo como titular de la soberanía y depositario del poder constituyente originario (art. 348), el Presidente, en fraude a la misma, usurpó y le arrebató al pueblo su derecho exclusivo de convocar mediante referendo la Asamblea Nacional Constituyente. Ésta no podía convocarse en Venezuela mediante decreto, marginando al pueblo, y era falso que el Presidente tuviera "la iniciativa constitucional y exclusiva de convocar" una Asamblea Constituyente. Basta leer el artículo 348 de la Constitución para constatar que otros órganos del Estado y el propio pueblo tienen esa iniciativa.

---

236 Véase Allan R. Brewer-Carías, "Nuevo fraude a la Constitución y a la voluntad popular: Inconstitucional decreto para convocar una Asamblea Constituyente solo para aprobar la reforma constitucional rechazada por el pueblo en 2007," New York, 4 de mayo de 2017, http://allanbrewerca-rias.net/site/wp-content/uploads/2017/05/156.-Decreto-Constituyente.-Nuevo-fraude-a-la-Constituci%C3%B3n-y-a-la-voluntad-popular.-4-mayo-2017.pdf Véase igualmente en Véase en Allan R. Brewer-Carías, *La inconstitucional convocatoria de una Asamblea Nacional Constituyente en mayo de 2017 Un nuevo fraude a la Constitución y a la voluntad popular*, Colección Textos Legislativos, N° 56, Editorial Jurídica Venezolana, Caracas 2017, pp. 65 ss.

El Decreto, además de ser un fraude a la Constitución, era un fraude a la voluntad popular tal como fue expresada mayoritariamente mediante referendo en diciembre de 2007 rechazando la reforma constitucional que una década después se quiere volver a aprobar pero sin la participación popular. Hugo Chávez, con dicha rechazada reforma constitucional, propuso eliminar el Estado democrático y Social de derecho y de Justicia y convertirlo en un "Estado Comunal" o "del Poder Popular,"[237] y diez años después, sin la participación del pueblo, Maduro pretendió implementar la reforma constitucional rechazada por el pueblo, con una convocatoria a una Asamblea Constituyente para hacer la misma reforma pero negándole al pueblo su derecho a ejercer la democracia directamente.

Era por tanto falsa y contradictoria la oferta que hizo el Decreto de convocar una Asamblea Constituyente como una supuesta "tribuna participativa y protagónica," negándole precisamente al pueblo su principal derecho a la participación política que es el ejercicio directo de su soberanía mediante la expresión de su voluntad a través de referendos, particularmente en materia de reforma constitucional (arts. 5, 72, 347 Constitución).

El Decreto por otra parte, indicó los "objetivos programáticos" que se pretendían asignar a la Asamblea Nacional Constituyente, enumerando sucintamente los siguientes: (1) la paz; (2) la economía; (3), los subsidios-Misiones; (4) las competencias judiciales; (5) el Poder Popular; (6) la defensa de la soberanía; (7) la pluriculturalidad; (8) la juventud, y (9) la ecología.

Para lograr esos objetivos, salvo uno, por supuesto que no se requería acabar con la Constitución de 1999, ni se necesitaba de reforma constitucional alguna, pues para su implementación lo úni-

---

237   Véase lo expuesto en Allan R. Brewer-Carías, *Hacia la consolidación de un Estado socialista, centralizado, policial y militarista.* Comentarios sobre el sentido y alcance de las propuestas de reforma constitucional 2007, Colección Textos Legislativos, N° 42, Editorial Jurídica Venezolana, Caracas 2007; *La reforma constitucional de 2007 (Comentarios al proyecto inconstitucionalmente sancionado por la Asamblea Nacional el 2 de noviembre de 2007),* Colección Textos Legislativos, N° 43, Editorial Jurídica Venezolana, Caracas 2007.

co que se requería era una adecuada política de Estado que el régimen se negó a adoptar e implementar, y para lo cual no se necesitaba de Asamblea Nacional Constituyente alguna, habiendo sido la sola convocatoria de ésta un tremendo fraude político.

Es decir, además de ser *un fraude a la Constitución y a la voluntad popular,* el Decreto dictado *era completamente inútil y engañoso* pues los objetivos que en él se prometían, se insiste, no eran de los que se podían lograr con una Asamblea Constituyente, ni con la eliminación de la Constitución de 1999 ni, por tanto, con aprobar una nueva Constitución. Todos, excepto uno, se podían lograr a través de la implementación de políticas públicas que solo podía adoptar el gobierno y los poderes públicos.

El único de los "objetivos programáticos" enunciados en el Decreto, que en cambio *sí requería de una Asamblea Constituyente* por ser una reforma que *modifica la estructura y los principios fundamentales de la Constitución de 1999,* era el expresado en el "objetivo programático" 5 del Decreto, como la:

> "5. Constitucionalización de las nuevas formas de la democracia participativa y protagónica, a partir del reconocimiento de los nuevos sujetos del Poder Popular, tales como las Comunas y Consejos Comunales, Consejos de Trabajadores, entre otras formas de organización de base territorial y social de la población."

Este "objetivo programático" *no era más que la reedición de la rechazada reforma constitucional formulada por H. Chávez en 2007,* y que fue abrumadora y mayoritariamente rechazada por el pueblo en el referendo de diciembre de 2007, mediante el cual el pueblo manifestó su voluntad de no aprobarla.[238]

---

238   Véase lo expuesto en Allan R. Brewer-Carías, *Hacia la consolidación de un Estado socialista, centralizado, policial y militarista.* Comentarios sobre el sentido y alcance de las propuestas de reforma constitucional 2007, Colección Textos Legislativos, N° 42, Editorial Jurídica Venezolana, Caracas 2007; *La reforma constitucional de 2007 (Comentarios al proyecto inconstitucionalmente sancionado por la Asamblea Nacional el 2 de no-*

Diez años después, el Sr Maduro, en fraude a esa voluntad popular, violando la Constitución y quitándole al pueblo su derecho a participar políticamente mediante referendo en cualquier reforma constitucional, lo que pretendió era imponerle al pueblo con su sola voluntad, un sistema de Estado que el pueblo rechazó, y que falsamente calificó como supuestamente de "democracia participativa y protagónica".

Es decir, negándole al pueblo su derecho a participar directamente en democracia mediante referendo, pretendió engañar y proponer una forma y esquema de Estado que tiene de todo menos de "democracia participativa y protagónica," como se evidenció de la propuesta de reforma constitucional de 2007, que fue rechazada popularmente, y de su inconstitucional implementación mediante leyes, que lo que establecieron fue un sistema centralizado de instancias populistas totalmente controlado en su funcionamiento por un ministerio del Ejecutivo nacional.

El Decreto, además de fijar los "objetivos programáticos" antes indicados, definió algunos elementos conforme a los cuales el Presidente pretendía que *se conformase* la Asamblea Nacional Constituyente inconstitucionalmente convocada, al indicar que su:

> "conformación obedezca a la estructura geopolítica del Estado Federal y Descentralizado, con base en la unidad política primaria de la organización territorial que nuestra Carta Magna consagra."

Esta fraseología, por supuesto, además de ininteligible, era engañosa y contradictoria con lo que ha sido la política de Estado desde que se sancionó la Constitución de 1999.[239]

---

viembre de 2007), Colección Textos Legislativos, N° 43, Editorial Jurídica Venezolana, Caracas 2007.

239 Véase lo expuesto en Allan R. Brewer-Carías, *Federalismo y municipalismo en la Constitución de 1999 (Alcance de una reforma insuficiente y regresiva),* Cuadernos de la Cátedra Allan R. Brewer–Carías de Derecho Público, N° 7, Universidad Católica del Táchira, Editorial Jurídica Venezolana, Caracas-San Cristóbal 2001.

El "Estado Federal y descentralizado" que define la Constitución de 1999 (art. 4), lo sabía el presidente Maduro, nunca se desarrolló en el país en los últimos lustros, y más bien se lo aplastó totalmente con la política centralista del gobierno que ha venido progresivamente ahogando y vaciando de competencias a los Estados y Municipios. Era al menos una insolente e inadmisible ironía que el gobierno pretendiera apelar a la inexistente forma de Estado Federal y descentralizada del Estado, que el propio gobierno ha desmantelado y desconstitucionalizado, para conformar la inconstitucional Asamblea.

Por otra parte, la "unidad política primaria de la organización territorial" que también se mencionó en el decreto para "conformar" la Asamblea, conforme a la Constitución (art. 168) no es otra que el Municipio, el cual precisamente es el que más ha sufrido los embates de las Leyes del Poder Popular de 2010, con las cuales lo que se buscó fue desmunicipalizar progresivamente el país, ahogando a los Municipios, sustituyéndolos por los Consejos Comunales.[240]

Era por tanto una contradicción, y un engaño risible que se propusiera conformar una Asamblea Constituyente conforme a una forma de Estado (Federación y descentralización) que no sólo el régimen ha aplastado, sino que precisamente se pretendía eliminar totalmente con la propia Asamblea Constituyente que se propuso, al tener como su único objetivo programático que la podría justificar, el instaurar el Estado del Poder Popular que implica precisamente la eliminación de los Estados y Municipios.

Por último, el Decreto, al referirse a la elección de los integrantes de la Asamblea Nacional (art. 2) incurrió en una inconstitucionalidad y en una insalvable contradicción al indicar que:

---

240 Véase lo expuesto en Allan R. Brewer-Carías, "La destrucción de la institución municipal en Venezuela, en nombre de una supuesta "participación protagónica del pueblo", en *XXX Congreso Iberoamericano de Municipios "El Buen Gobierno Local*, Ayuntamiento de Guadalajara, Organización de Cooperación Intermunicipal, Federación Española de Municipios y Provincias, Madrid septiembre 2015, pp. 76-102.

"serán elegidos en los ámbitos sectoriales y territoriales [...] mediante voto universal, directo y secreto."

Vale la pena recordarle a los "constitucionalistas" que le redactaron el Decreto a quien ejercía la presidencia, que una "elección universal" conforme a la Constitución (art. 63), es aquella en la cual *votan todos los ciudadanos* que son los electores, sin discriminación ni exclusión de cualquier tipo. En Venezuela, la integración de los órganos del Estado solo podía hacerse mediante elección universal, donde todos los ciudadanos tenían derecho de participar y votar. Por tanto, una elección que se hiciera en "ámbitos sectoriales," precisamente por tratarse de sectores, era y es la antítesis de la universalidad; y solo se establecía en la Constitución para la elección de los diputados a la Asamblea Nacional en representación de las comunidades indígenas.

Una "elección sectorial" podría admitirse fuera del ámbito de los órganos del Estado, por ejemplo, para un partido político, un club social, un sindicato, un colegio profesional o una cámara de comercio, donde solo los miembros de esas organizaciones son electores; pero no para una Asamblea Nacional Constituyente que debía representar la universalidad del pueblo quien es el único depositario de la soberanía y del poder constituyente originario.

3. Síntesis de las inconstitucionalidades del Decreto nº 2.830 del 1 de mayo de 2017, por medio del cual se convocó la Asamblea Nacional Constituyente[241]

El Decreto N° 2.830 de 1 de mayo de 2017 mediante el cual, en violación directa de la Constitución, el Presidente de la República, usurpando el poder constituyente originario que solo el pueblo puede ejercer, convocó una Asamblea Nacional Constituyente, podía considerarse inconstitucional en su integridad, estando su texto, además, afectado de falsedad, de insolencia y de ironía, siendo a la vez un decreto inútil y engañoso, de carácter fraudulento, que contenía una burla a los ciudadanos, además de una usurpación, y de ser discriminatorio y contradictorio.

Esos eran los ocho vicios de fondo y forma que afectaban el Decreto, tal y como se argumenta a continuación.

A. *Un decreto con base constitucional falsa: dictado en ejercicio de atribuciones inexistentes*

En primer lugar, el Decreto estaba afectado de inconstitucionalidad por pretender basarse en una falsedad, cuando el Presidente afirmó que lo dictó "en uso de la facultad que le confiere el artículo 348 de la Constitución."

Este solo enunciado era falso, pues dicho artículo no le confería al Presidente atribución alguna para poder convocar ninguna Asamblea Constituyente. Dicha norma, como deriva de su propio texto, solo regula la legitimación necesaria atribuida a determinados órganos

---

241 New York, 13 de junio de 2017 .Véase en Allan R. Brewer-Carías, *La inconstitucional convocatoria de una Asamblea Nacional Constituyente en mayo de 2017 Un nuevo fraude a la Constitución y a la voluntad popular*, Colección Textos Legislativos. N° 56, Editorial Jurídica Venezolana, Caracas 2017, pp. 71 ss. Véanse además, el texto de la Video-conferencia dictada en la *Jornada sobre la Asamblea Nacional Constituyente: Génesis y perspectivas*, Academia de Ciencias Políticas y Sociales, Caracas 13 de junio de 2017, en http://allanbrewerca-rias.net/site/wp-content/uploads/2017/06/1191.-conf.-Brewer.-Inconstitucionalidad-Decreto-2.830-de-1-5-2017-sobre-convocatoria-Constituyente-1.pdf.

o a una fracción de electores, para tener la iniciativa de iniciar un proceso constituyente, que solo el pueblo puede convocar.

Para tales efectos, es evidente que el pueblo no puede espontáneamente iniciar un proceso constituyente. Para que se manifieste, en este caso que solo puede hacerlo mediante referendo (referendo de convocatoria), para lo cual tiene que iniciarse previamente el proceso, atribuyéndose la iniciativa para ello al Presidente de la República en Consejo de Ministros, a la Asamblea Nacional mediante un voto calificado, a un número calificado de Concejos Municipales o a un 15 % de electores a nivel nacional. Por tanto, también era falsa la afirmación del Presidente en el decreto al indicar que supuestamente tenía la iniciativa "exclusiva" para iniciar el proceso constituyente, ya que había esos otros legitimados.

Pero es evidente que iniciativa para iniciar el proceso constituyente no significa poder de convocatoria de la Asamblea Constituyente que solo le corresponde al pueblo. Por tanto, el Presidente no era tal para "invocar el Poder Constituyente Originario" como lo afirmó en el decreto, que solo el pueblo podía invocar.

El artículo 347 de la Constitución, en efecto, es absolutamente diáfano en indicar que el pueblo como único depositario del poder constituyente originario, es el que puede convocar una Asamblea Nacional Constituyente, lo que implica que ningún órgano constituido del Estado ni alguna fracción de electores, pueden convocarla. Solo el pueblo puede, y como se dijo, la única forma que tiene de manifestar su voluntad en este caso, es mediante "referendo de convocatoria," como se lo denominó en las discusiones en la materia de la Asamblea Nacional Constituyente en 1999.

Por ello, la convocatoria que hizo el Presidente de la República de una Asamblea Nacional Constituyente en el decreto N° 2830 fue absolutamente inconstitucional, y rompía el principio de la necesaria participación del pueblo en toda reforma constitucional.

Sostener, tal como se derivaba del texto del Decreto, avalado en forma incomprensible por la Sala Constitucional del Tribunal Supremo al resolver un recurso de interpretación de las dos normas citadas, en la penosa sentencia Nº 378 de 31 de mayo de 2017,[242] que para convocar una Asamblea Nacional Constituyente no era necesario que el pueblo se pronunciase mediante referendo, era aceptar el absurdo de que para cambiar una "coma" en un artículo constitucional mediante una enmienda constitucional, se requiere de un referendo aprobatorio, y que para reformar el texto de un artículo fundamental de la Constitución mediante "reforma constitucional" también se requiere de un referendo; pero para cambiar TODA la Constitución, reformar el Estado y crear un nuevo ordenamiento jurídico, según el Presidente de la República con el aval infame del Tribunal Supremo, no había necesidad de que el pueblo se pronunciase.

Mayor absurdo inconstitucional era imposible.

B. *Un decreto de contenido insolente: supuestamente dictado con la bendición de Dios*

Pero además de estar basado en una falsedad, el Decreto 2830 era en sí mismo una tremenda insolencia.

En su texto, en efecto, el Presidente de la República le informó a todos los ciudadanos, y al mundo entero, que había dictado el decreto "con la bendición de Dios Todopoderoso." No se trataba de que al dictarlo invocaba a Dios o hubiera rogado porque lo bendijera a él y a todos los venezolanos; no, lo que afirmó en el texto del decreto fue que lo dictaba ya "con la bendición de Dios," ¡¡como si la misma ya se la hubiese dado y él la hubiese recibido, lo que en su propio lenguaje significaba que ya sería un ser bendito !!

---

242 Véase en http://historico.tsj.gob.ve/decisiones/scon/mayo/199490-378-315-17-2017-17-0519.HTML. Véase sobre esto el documento: "El Juez Constitucional vs. el pueblo, como poder constituyente originario," (Sentencias de la Sala Constitucional Nº 378 de 31 de mayo de 2017 y Nº 455 de 12 de junio de 2017), 16 de junio de 2017, en http://allanbrewercarias.net/site/wp-content/uploads/2017/06/161.-doc.-Sobre-proceso-constituyente-SC-sent.-378-y-455.pdf.

Tamaña insolencia requiere de una explicación. El Presidente tendría que informarle a los mortales, dada su supuesta cercanía con Dios, al menos, cómo, cuándo, dónde, y en qué forma tuvo acceso a Él, y cómo fue que logró entrevistarse con Él. Lo menos que requeriríamos los ciudadanos era que nos explicara tal situación, para que no quedase su afirmación como la insólita insolencia que fue.

C. *Un decreto de contenido irónico: para garantizar la paz cuando el logro es impedir a los venezolanos vivir en paz*

El decreto, por otra parte, además a partir de una falsedad y contener una imperdonable insolencia, estaba basado en una ironía absolutamente inaceptable, y era que en el mismo se afirmó que la finalidad de la inconstitucional convocatoria de la fraudulenta Constituyente era para "garantizar la paz" en el país.

Se trató de una nueva manifestación abusiva de utilizar la "paz" para justificar violencia, lo que quedó demostrado con el solo hecho de que precisamente desde que el decreto se anunció el 1º de mayo de 2017, el país entero se alzó en rechazo de la Constituyente inconstitucionalmente convocada, habiéndose materialmente incendiado políticamente la nación, todo lo cual incluso provocó fisuras y disidencias en el propio régimen, todo lo cual lamentablemente nos ha alejado de la paz que todos queremos.

Desde que se dictó el decreto, pareció que al contrario, la orden ejecutiva que se dictó fue para asegurar que nadie más pudiera ya vivir en paz, trastocándose todo, al punto de que luego hasta las hordas o bandas de malhechores armados y protegidos por el gobierno, y que están a su servicio para reprimir, ni siquiera ya se las llaman "colectivos," sino "grupos de paz y el amor."

Mayor y más amarga ironía ya era simplemente imposible de digerir.

D. *Un decreto de contenido parcialmente engañoso: inutilidad de una Asamblea Constituyente para la mayoría de los objetivos propuestos*

El Decreto N° 2830, además de partir de una falsedad, de la insolencia de su contenido y de la ironía que lo afecta, era básicamente un texto inútil y engañoso al identificarse los objetivos programáticos que supuestamente justificaron su emisión.

Es decir, para lograr la casi totalidad de los objetivos programáticos que se enumeraron no era necesario convocar ninguna Asamblea Nacional Constituyente, ni reformar la totalidad de la Constitución, ni reformar el Estado ni crear un nuevo orden jurídico. Es decir, para afianzar la paz, perfeccionar el sistema económico, continuar con el sistema de "misiones" y subsidios sociales, ampliar competencias judiciales, defender la soberanía, promover la pluriculturalidad, asegurar los derechos de la juventud y preservar la vida, no se requería dictar una nueva Constitución. Para lograr todo ello lo único que era necesario era aplicar y ejecutar la Constitución vigente mediante políticas de Estado que debían definirse, y además, cambiar la política destructiva en los órdenes político, económico y social que caracterizaron toda la gestión del gobierno.

Fue un engaño intolerable que se le indicase al país, que dichos objetivos programáticos no se habían podido lograr por culpa de la Constitución y que por ello era que había que cambiarla toda. Nada más falso. Lo que había hecho falta en el país, al contrario, era la ejecución efectiva de la Constitución, lo cual deliberadamente el régimen nunca hizo.

E. *Un decreto de contenido fraudulento al querer eliminar el Estado Constitucional y sustituirlo por un Estado Comunal ya rechazado por el pueblo en 2007*

En realidad, de los objetivos programáticos enumerados en el decreto para supuestamente justificar la necesidad de reformar al Estado, crear un nuevo ordenamiento jurídico y dictar una nueva Constitución mediante una Asamblea Nacional Constituyente, solo uno encajaba en ello, y fue la propuesta de eliminar en forma definitiva el Estado Constitucional (el Estado democrático y social de derecho y de justicia, federal y descentralizado definido en la Constitución de 1999), y sustituirlo por un Estado Comunal o Estado del Poder Popular, el cual luego de rechazado en el referendo de la reforma Constitucional de 2007,[243] se fue implementando inconstitucionalmente mediante la emisión, entre otras, de las leyes orgánicas del Poder Popular dictadas en 2010. [244]

Para ello en el decreto se enunció como objetivo programático de la convocatoria de la Asamblea Constituyente, el "constitucionalizar" fraudulentamente dicho Estado del Poder Popular o Estado Comunal, y se pretendió hacerlo sin que hubiera alguna expresión de parte del pueblo mediante referendo, y además, ignorando que ya el pueblo se pronunció sobre ello en el referendo de rechazo de la reforma constitucional propuesta por el Presidente Chávez en 2007.

Es decir, en el lenguaje ambiguo del Decreto, se pretendió eliminar de manera fraudulenta el Estado democrático de derecho que regula la Constitución, pero sin consultar al pueblo mediante el referendo de convocatoria que el decreto negó violando la Constitución; y ello, además, en fraude a la voluntad popular que ya rechazó la misma propuesta en el referendo en 2007, sobre la reforma constitucional que con el mismo propósito, propuso el Presidente Chávez.

---

243 Véase lo expuesto en Allan R. Brewer-Carías, *Hacia la consolidación de un Estado socialista, centralizado, policial y militarista. Comentarios sobre el sentido y alcance de las propuestas de reforma constitucional 2007*, Colección Textos Legislativos, N° 42, Editorial Jurídica Venezolana, Caracas 2007; *La reforma constitucional de 2007 (Comentarios al proyecto inconstitucionalmente sancionado por la Asamblea Nacional el 2 de noviembre de 2007)*, Colección Textos Legislativos, N° 43, Editorial Jurídica Venezolana, Caracas 2007.

244 Véase los comentarios en el libro colectivo: Allan R. Brewer Carías, Coordinador y editor, Claudia Nikken, Luis A. Herrera Orellana, Jesús María Alvarado Andrade, José Ignacio Hernández y Adriana Vigilanza, *Leyes Orgánicas sobre el Poder Popular y el Estado Comunal (Los consejos comunales, las comunas, la sociedad socialista y el sistema económico comunal)* Colección Textos Legislativos N° 50, Editorial Jurídica Venezolana, Caracas 2011.

F. *Un decreto dictado como una burla a la forma federal del Estado*

Por otra parte, el decreto dictado por el Presidente de la República convocando inconstitucionalmente una Asamblea Nacional Constituyente, además de tener una base falsa, contener una insolencia, una ironía, un engaño y ser a la vez inútil y fraudulento, constituyó además una burla macabra respecto de la forma federal del Estado que regulaba la Constitución.

En efecto, siendo el propósito esencial de la convocatoria de una Asamblea Constituyente la eliminación del Estado democrático de derecho y de justicia, federal y descentralizado enumerado en la Constitución, y su sustitución por un Estado del Poder Popular o Estado Comunal en el cual quedarían eliminadas las entidades políticas territoriales autónomas del Estado federal y descentralizado como los Estados y Municipios; no era sino una macabra burla pretender basarse, como dijo el decreto, "en la estructura geopolítica del Estado federal descentralizado" que por lo demás había ya sido ahogado por el centralismo exacerbado que se desarrolló en los últimos lustros, para conformar una Asamblea Constituyente cuyo objetivo era precisamente destruir definitivamente dicho Estado federal descentralizado.

G. *Un decreto que encubre la usurpación del poder constituyente originario*

El Decreto N° 2830, por otra parte, promovió y ocultó una usurpación inadmisible del poder constituyente originario que conforme a la Constitución solo corresponde al pueblo, y con base en ello es que se puede convocar una Asamblea Nacional Constituyente.

En el caso del decreto, el Presidente usurpó dicho poder constituyente originario del pueblo, y se sustituyó inconstitucionalmente al mismo, habiendo pretendido convocar directamente a una Asamblea Nacional Constituyente, calificándola en el decreto como "Originaria."

De acuerdo con la Constitución, se insiste, solo el pueblo es el titular del poder constituyente originario, el cual no es transferible a ningún órgano y mucho menos a un órgano cuya conformación no es producto de la voluntad popular. Por ello, la Asamblea Constituyente convocada en el Decreto nunca podía tener tal carácter "originario" que solo el pueblo tiene; y que solo el pueblo puede determinar cómo se ejerce en caso de que mediante referendo convoque a la Asamblea Constituyente.

H. *Un decreto contradictorio con contenido discriminatorio*

Por último, el Decreto N° 2830, estableció con carácter general la forma de elección de los constituyentes, disponiendo contradictoriamente que sería en "ámbitos sectoriales y territoriales," pero "mediante voto universal, directo y secreto," tratando de engañar a los venezolanos, confundiendo deliberadamente votación con representación.

Conforme a la Constitución, y de acuerdo con la forma federal del Estado, la votación de representantes siempre es y en todo caso es mediante sufragio universal, directo y secreto; y la representación que pueden tener es de carácter nacional, estadal, municipal o parroquial, según los niveles de los órganos representativos: nacional (Asamblea Nacional), estadal (Consejos Legislativos de los Estados), municipal (Concejos Municipales) y parroquial (Juntas parroquiales).

Con base en este sistema constitucional, en general, en Venezuela no puede haber elecciones "sectoriales" salvo para la elección de los representantes de los pueblos indígenas. Esta es la única elección sectorial establecida en forma expresa y excepcional en los artículos 125 y 186 de la Constitución. Fuera de este caso, no existe ni puede establecerse en las instituciones públicas una elección de representantes "sectoriales" para integrar órganos representativos.

Solo en el sector privado o no estatal puede haber elecciones sectoriales, y es lo que sucede por ejemplo, en las elecciones de la directiva de las Academias, de los Colegios profesionales, de los sindicatos o incluso de un club social, en las cuales solo participan, respectivamente, los académicos, los profesionales, los trabajadores o los miembros del Club.

En cuanto a la representación "territorial" la misma es la que se da y sólo puede darse en los cuerpos representativos de las entidades políticas, de manera que los diputados electos para la Asamblea Nacional son electos y representan a la totalidad de la población en todo el territorio; los diputados a los Consejos Legislativos de los Estados son electos y representan a la población del territorio de cada Estado; los concejales a los Concejos municipales son electos y representan a la población de cada municipio y lo mismo sucede con los miembros de las Juntas parroquiales (a pesar de que fueron inconstitucionalmente eliminadas en 2010) que deberían ser electos y representarían a la población de cada parroquia.

La única excepción que había respecto de estos principios de representación territorial a nivel nacional, de representantes que representaban no a la totalidad del pueblo de la nación, sino a los habitantes de cada Estado, era en la integración del Senado, hasta 1999 cuando fue eliminada.

En consecuencia, conforme a la Constitución no puede establecerse para la elección de representantes en un órgano nacional como es una Asamblea Nacional Constituyente, una "representación territorial" que no sea la representación del pueblo en todo el territorio nacional. El principio incluso está en el artículo 201 de la Constitución cuando precisa (a pesar de que los diputados a la Asamblea Nacional se puedan elegir por circunscripciones electorales) que los diputados "representan a los Estados y al pueblo es su conjunto" y no representan los circuitos territoriales en los cuales se eligieron.

Era inconstitucional, por tanto, pretender establecer la integración de un órgano representativo nacional como es una Asamblea Nacional Constituyente, mediante una representación territorial.

Todas las inconstitucionalidades antes mencionadas, fueron confirmadas y desarrolladas en las llamadas "bases comiciales" definidas en forma contradictoria por el Presidente de la República en el Decreto Nº 2978 de 23 de mayo de 2017, precisamente para no someterlas a "comicios" o votación alguna, en las cuales se regularon las modalidades de la representación sectorial y territorial. En cuanto a la representación "sectorial," la misma se basó en la definición arbitraria de "sectores" a la usanza de los que podía haber en una sociedad como la rusa al comienzo de la Revolución de 1917, cuando se quería pasar el poder a los obreros, dándosele por ejemplo, relevancia a los pescadores artesanales, y campesinos, e ignorando a las academias, la universidad o a los colegios profesionales.

Y en cuanto a la representación territorial, se estableció una absurda forma de elección de un representante por cada uno de los municipios del país, conduciendo a que un municipio de más de un millón de habitantes como los de Caracas, Valencia o Maracaibo tuviera igual número de representantes que los municipios de solo unos centenares de habitantes del Estado Amazonas.

Dichas bases comiciales, además, estaban afectadas de inconstitucionalidad global, al haber excluido de la posibilidad de formar parte de la Asamblea Nacional Constituyente, a los venezolanos por nacimiento con otra nacionalidad o a los venezolanos por naturalización, reservando tal posición solo a los venezolanos por nacimiento que no tengan otra nacionalidad.[245]

Esta previsión violaba el principio esencial de igualdad entre todos los venezolanos, sin discriminación alguna, que está a la base de la Constitución, donde por lo demás se establece enumerativamente la excepción, es decir, los casos en los cuales para ocupar una función pública se requiere ser venezolano por nacimiento sin otra nacionalidad (art. 41).

Lo anterior muestra, en resumen, los vicios de inconstitucionalidad del Decreto N° 2830 de 1° de mayo de 2017, los cuales sin embargo no había esperanza alguna de que un Juez Constitucional pudiera llegar a controlar, cuando el mismo estaba y está totalmente sometido al Poder Ejecutivo, como el que ha existido en el país.

---

245 Véase sobre la igualdad entre venezolanos por nacimiento y naturalización en Allan R. Brewer-Carías, *Régimen legal de la nacionalidad, ciudadanía y extranjería. Ley de Nacionalidad y Ciudadanía, Ley de Extranjería y Migración, Ley Orgánica sobre Refugiados y Asilados*, Colección Texto Legislativos N° 31, 1ª edición, Editorial Jurídica Venezolana, Caracas 2005.

4. Respuesta al Presidente de la Comisión Presidencial para la Convocatoria de la Asamblea Constituyente de 1999 sobre la inconstitucional convocatoria de la Asamblea Nacional Constituyente en mayo de 2017

Elías Jaua Milano, ex constituyente de 1999, y designado por Nicolás Maduro como Presidente de la Comisión Presidencial para la convocatoria de la Asamblea Nacional Constituyente que hizo violando abiertamente el artículo 347 de la Constitución, preparó un artículo publicado en el portal oficial del gobierno con el título "**Constituyente,**"[246] en el cual mediante unas preguntas y respuestas que se formuló, pretendía dar una explicación y justificación de la inconstitucional propuesta.

Preparamos e su momento una respuesta a los interrogantes que se formuló el Sr. Jaua, que son diametralmente distintas a las que él mismo se contestó, y que incluimos a continuación en forma intercalada en el texto del propio Jaua (*que va en cursiva*), para mejor comprensión del asunto. [247]

"Constituyente." Por: Elías Jaua Milano (E.J)

E.J: Ante la decisión de una parte de la oposición venezolana de abandonar el espacio de la política democrática, escogiendo el camino de la violencia y de la intervención extranjera, el Presidente Nicolás Maduro tomó la iniciativa constitucional de convocar a una nueva etapa Asambleria del proceso constituyente convocado por nuestro Comandante Chávez, desde 1999, como la opción que posibilita una vía electoral en to-

---

246   Véase en http://rnv.gob.ve/opinion/constituyente/.

247   Véase Allan R. Brewer-Carías, "Respuesta a *Elías Jaua* sobre la inconstitucional convocatoria de la Asamblea Constituyente," New York, 15 de mayo de 2017. en http://allanbrewercarias.net/site/wp-content/uploads/2017/05/158.-doc.-Brewer.-Respuesta-a-Elias-Jaua-sobre-la-Constituyente-15-5-2017.pdf. Véase además en Allan R. Brewer-Carías, *La inconstitucional convocatoria de una Asamblea Nacional Constituyente en mayo de 2017 Un nuevo fraude a la Constitución y a la voluntad popular*, Colección Textos Legislativos, Nº 56, Editorial Jurídica Venezolana, Caracas 2017, pp. 83 ss.

dos los órdenes y que resuelve el problema de la injustificable
negación de la oposición a dialogar con el gobierno legítimo y
legal de la República.

Tratar de justificar la convocatoria de una Asamblea Constitu-yente basándose en premisas falsas como que la oposición supues-tamente hubiese "abandonado la política democrática," y hubiese "escogido la violencia y la intervención extranjera," constituía una falacia. Esta mentira, ciertamente, no se la creía ni Maduro ni Jaua ni nadie; siendo lo único cierto en este proceso, que casi el 90% de la población rechazaba la propuesta constituyente.[248]

También era falaz alegar que convocar una Asamblea Constitu-yente era la vía para posibilitar una opción electoral y proceder a un diálogo de la oposición con el gobierno, cuando había sido el Go-bierno el que había cerrado las vías electorales (referendo revocato-rio, elecciones regionales), así como toda posibilidad de diálogo.

Por lo demás, una Asamblea Constituyente no podía convocare para esos supuestos fines. Solo se puede convocar, como lo indica la Constitución para transformar el Estado, crear un nuevo ordena-miento jurídico y sancionar una nueva Constitución.

E.J.: El objetivo es lograr un nuevo desencadenante históri-
co, como el ocurrido en 1998, cuando elegimos a nuestro Co-
mandante Chávez, que le permita a nuestro pueblo seguir el
rumbo pacífico de las trasformaciones profundas que necesita
nuestra sociedad, dejando de lado las amenazas de golpe de
Estado, guerra civil o intervención extranjera.

El Presidente tomó la iniciativa constitucional de convocar
a una nueva etapa Asamblearia.

La sola convocatoria del Presidente Maduro ha ocupado la
agenda política nacional, aislando cada día más a los violen-
tos. En el fragor del debate han surgido las primeras interro-
gantes, que intentaré responder en este artículo:

---

248   Véase Encuestadora *Meganálisis*, en http://ntn24america.com/video/ana-lisis-sobre-situacion-en-venezuela-141461.

Efectivamente, la inconstitucional "convocatoria" había ocupado la agenda política pues se trataba de un acto absolutamente inconstitucional. El Presidente de la República conforme a la Constitución NO PODÍA CONVOCAR UNA ASAMBLEA NACIONAL CONSTITUYENTE. Solo tenía la iniciativa para que el pueblo pudiera proceder a convocarla mediante referendo.

E.J.:*1. ¿Qué es el Poder Constituyente?*

E.J.: El primer pensador que le da cuerpo teórico a la noción de poder constituyente, es el francés Emmanuel Sieyes, quien en 1788, en el marco de la pre revolución francesa postula que la Nación, entendida como voluntad común, es depositaria de un poder originario a partir del cual se constituyen los poderes del Estado, por eso lo llama Poder Constituyente.

Para entender qué es el poder constituyente, basta hacer referencia al artículo 347 de la Constitución, en el cual se establece que el poder constituyente es el poder del pueblo de darse su propia Constitución; es decir, el poder constituyente es el que tiene el pueblo, y solo el pueblo como globalidad, para organizar la sociedad y el Estado, para cuyo efecto, como titular de la soberanía popular y del poder constituyente originario, es quien puede adoptar la Constitución del mismo.

E.J.: *2. ¿Qué es la Asamblea Nacional Constituyente?*

E.J.: Es el espacio jurídico donde los representantes elegidos por el poder constituyente se encuentran para acordar la convivencia social y la normativa jurídica que la rige, la Constitución.

Efectivamente, el poder constituyente originario, que tiene el pueblo, es el que elige a la Asamblea Nacional Constituyente, en la cual una vez electos los representantes de todo el pueblo, los mismos tienen el encargo de adoptar una Constitución.

E.J.: *3. ¿Existe la figura en la Constitución de la República Bolivariana de Venezuela?*

E.J.: Nuestra Constitución Bolivariana, resultante de proceso constituyente liderizado por el Comandante Hugo Chávez, reconoce en su artículo 347, que existe un poder originario.

Esta respuesta de Jaua era ambigua y estaba mal expresada.

Bastaba con responder como lo dice la Constitución que en la misma sí existe la figura de la Asamblea Nacional Constituyente, la cual el pueblo, y solo el pueblo, como poder constituyente originario, puede convocar y elegir.

Pero en ningún caso una Asamblea Nacional Constituyente es en sí misma "poder originario" alguno. El único que tiene poder constituyente originario es el pueblo para convocar y elegir una Asamblea Nacional Constituyente; pero en ningún caso la Asamblea misma tiene ese poder originario.

E.J.: *4. ¿Cuáles son sus funciones?*

E.J.: Transformar el Estado, crear un nuevo ordenamiento jurídico y redactar una nueva Constitución.

Eso es precisamente lo que dice la Constitución; lo que sin duda es una tarea trascendental, de la mayor importancia en materia de reforma constitucional.

Por ello, para la convocatoria de una Asamblea Nacional Constituyente, la propia Constitución la reservó al pueblo que es el único depositario del poder constituyente originario.

E.J.: *5. ¿Por qué se convoca en este momento?*

E.J.: Para promover un gran dialogo nacional, que frene la escalada de violencia promovida por parte de la dirigencia opositora, preserve la Independencia y la paz de la República y deje sentadas las bases constitucionales de un modelo social donde podamos vivir todos y todas con reconocimiento mutuo, igualdad, justicia, paz y dignidad.

Nada de lo indicado en la respuesta de Jaua ameritaba que se convocase una Asamblea Nacional Constituyente, cuyo único objetivo conforme a la Constitución es transformar al Estado, crear un nuevo ordenamiento jurídico y sancionar una nueva Constitución. Para preservar la paz y poder vivir todos juntos con reconocimiento mutuo e igualdad, justicia y dignidad, no hay que transformar al Estado, crear un nuevo ordenamiento jurídico y sancionar una nueva Constitución. Lo que hay que hacer es aplicar y respetar la Constitución, que es lo que el gobierno se ha negada a hacer.

Nada de lo indicado por Jaua en su respuesta se podía solucionar con la elección de una Asamblea Nacional Constituyente, de la misma manera que tampoco exigía la transformación del Estado, ni la creación de un nuevo ordenamiento jurídico, ni la adopción de una nueva Constitución. Lo que el gobierno tenía que hacer era aplicar y respetar la Constitución de 1999.

Es decir, todo lo anunciado por Jaua como fundamento para convocar una Asamblea nacional Constituyente se podía lograr con la formulación e implementación de adecuadas políticas de Estado por parte del gobierno sin necesidad de trasformar el Estado, crear un nuevo ordenamiento jurídico y derogar la Constitución de 1999 para sustituirla por otra.

Pero lo que sin embargo sí hay que destacar en la respuesta de Jaua, es que deliberadamente NO MENCIONÓ LA VERDADERA INTENCIÓN de la propuesta de convocar una Asamblea Nacional Constituyente que tal como se anunció en el decreto de Maduro, pero que Jaua quiso ignorar, era crear un "Estado Comunal" o del "Poder Popular," que elimine el sufragio universal y la democracia representativa en el país, y sustituya el Estado democrático de derecho, por un Estado totalitario con fachada "participativa."

Eso fue lo que Chávez propuso en la reforma constitucional de 2007, que fue rechazada mayoritariamente por el pueblo.

En consecuencia, rechazada como fue dicha propuesta por la voluntad popular expresada mediante referendo en 2007 fue un fraude a dicha voluntad popular además de fraude a la Constitución, pretender tratar de imponerla por la inconstitucional vía de convocar una Asamblea nacional Constituyente sin que el pueblo la convoque mediante referendo.

E.J.: La sola convocatoria del Presidente Maduro ha ocupado la agenda política nacional, aislando a los violentos.

En efecto, como ya se ha advertido, la propuesta ocupó la agenda política, pero para provocar una verdadera rebelión popular de rechazo a la misma, la cual frente a las protestas y manifestaciones populares, generó una violencia inusitada de parte de los cuerpos armados del gobierno, que asesinaron a mansalva a manifestantes, reprimiendo con maldad y alevosía al pueblo inerme; y todo para tratar de implementar el mismo proyecto totalitario de Estado (Estado Comunal o el Poder Popular) contenido en la propuesta de reforma constitucional de Hugo Chávez en 2007, totalmente contrario a la democracia representativa y al Estado de derecho, y, que fue rechazado mayoritariamente por el pueblo en el referendo diciembre de 2007.

E.J.: *6. ¿Puede el Presidente de la República convocar a la Asamblea Nacional Constituyente?

E.J.: El artículo 348, de nuestra Constitución de 1999, establece que el Presidente de la República, la Asamblea Nacional; los Cabildos Municipales o los ciudadanos y ciudadanas pueden tomar iniciativa de convocarla. En este caso el Presidente Nicolás Maduro ha tomado la iniciativa.

La respuesta de Jaua en este punto, por supuesto fue ambigua y pretende engañar.

Bastaba para responder en decir que NO, que el Presidente NO PODÍA CONVOCAR LA ASAMBLEA NACIONAL CONSTITUYENTE, sino que conforme a la norma citada, lo único que podía era tomar la iniciativa para que el pueblo pudiera convocar la Asamblea.

No es necesario ser abogado para entender lo que dice la Constitución, que es que el pueblo es el que puede convocar una Asamblea Nacional Constituyente, y que la iniciativa para que pueda darse esa convocatoria la tienen varias instancias, entre ellas, el Presidente en Consejo de Ministros. Pero es evidente que "iniciativa" para convocar no puede confundirse con la convocatoria misma.

Conforme a la Constitución (art. 347), el único que puede convocar a la Asamblea Nacional Constituyente como titular del poder constituyente originario es el pueblo, y el pueblo solo puede expresarse mediante votación, en este caso, mediante de un referendo.

Los legitimados en la norma para tener la iniciativa para que el pueblo pueda convocar dicha Asamblea (el 15% de los electores, las 2/3 partes de los concejos municipales, la mayoría calificada de la Asamblea Nacional y el Presidente en Consejo de Ministros) lo único que tienen es la facultad de tomar la iniciativa para proponerle al pueblo que convoque mediante referendo a una Asamblea Nacional Constituyente.

Ninguno de los que tienen dicha iniciativa pueden sustituir al pueblo, y usurpar la voluntad popular. Por tanto, el 15% de los electores no puede sustituir al pueblo en su globalidad; ni las 2/3 partes de los concejos municipales; ni la mayoría calificada de la Asamblea Nacional, y menos aún puede sustituir al pueblo una sola persona como es el Presidente de la República.

Por ello la convocatoria hecha mediante Decreto por el Presidente fue un fraude a la Constitución y a la propia voluntad popular.

E.J.: *7. ¿Cómo se elige a sus miembros?*

E.J.: Por voto universal, secreto y directo.

Y efectivamente, no hay ningún otro método de sufragio en la Constitución para poder elegir a representantes del pueblo ante instituciones u órganos del Estado que no sea mediante voto universal directo y secreto.

E.J.: *8. ¿Por qué el Presidente Maduro propone que haya dos ámbitos de elección, territorial y sectorial?*

E.J.: Dado que nuestra Constitución Bolivariana de 1999 reconoce el carácter multiétnico y pluricultural de nuestra sociedad y establece el papel participativo y protagónico que de-

ben tener los sectores sociales, en el ejercicio de la democracia, se considera pertinente la elección por sectores, además de la elección territorial.

El carácter multiétnico y pluricultural de la sociedad venezolana no puede en forma alguna utilizarse como fundamento para romper el principio constitucional fundamental de la democracia representativa que está en la base del Estado democrático y social de derecho, que es el sufragio universal para la elección de representantes del pueblo en las instituciones y órganos públicos.

Ese principio implica que para conformar cualquier institución del Estado con representantes del pueblo, la votación para ello tiene que ser obligatoriamente de carácter universal en relación con todos los electores. Solamente existe una excepción a este principio fundamental que está en la Constitución y es la que se refiere expresamente a la representación indígena en la Asamblea Nacional de tres diputados (arts. 125, 186). Esa es la única posibilidad de que en una institución pública se produzca una "elección sectorial." No hay ninguna otra excepción en la Constitución.

En consecuencia, en Venezuela de acuerdo con la Constitución no puede en haber en forma alguna ninguna otra "elección por sectores" además de la elección territorial.

E.J.: Es por ello que el Presidente ha planteado que los principales sectores sociales deben escoger sus constituyentes de manera específica y también en el ámbito territorial. Todos y todas vamos a votar.

E.J.: Los principales sectores sociales deben escoger sus constituyentes.

Como ya se ha dicho, conforme a la Constitución de 1999, no es posible conformar una Asamblea Nacional Constituyente, que es una institución del Estado donde quien debe estar representado es el pueblo en general, que es quien la puede convocar, mediante representantes electos en sectores. Solo puede conformarse mediante votación universal de todos los electores del país.

Solo se pueden escoger sectorialmente los representantes de los diversos sectores de la sociedad para conformar sus propios órganos directivos, no siendo los mismos parte del Estado ni instituciones públicas. En un sindicato se eligen los representantes por los sindicalistas afiliados; en un colegio profesional se eligen los representantes de la corporación por el voto de los profesionales afiliados.

Pero para integrar una institución pública, como es una Asamblea Nacional Constituyente, la elección necesariamente tiene que ser universal de todos los electores, y nunca puede hacerse mediante voto "sectorial." Incluso, ni siquiera en la elección de una Asamblea Nacional Constituyente podría haber un voto sectorial para representantes indígenas, pues la Constitución solo contempla esta excepción al voto universal para elegir tres diputados a la Asamblea Nacional.

En consecuencia, los constituyentístas como representantes del pueblo en una Asamblea Nacional Constituyente que es una institución del Estado, no pueden ser electos sino mediante por voto universal, directo y secreto de todos los electores, y nunca por "votos sectoriales."

E.J.: *9. ¿Bajo qué criterio se escogen los sectores?*

E.J.: Considerando que existan registros institucionales, históricos, confiables y verificables que garanticen el principio de universalidad del respectivo sector.

Como ya ha sido señalado, la universalidad del voto conforme a la Constitución, para elegir representantes del pueblo implica asegurar el voto a todos los electores del país, y no solo a algunos de ellos "por sectores."

Por ello, en ningún caso puede confundirse la universalidad del voto para integrar representantes del pueblo en instituciones públicas como la Asamblea Nacional Constituyente, con la "universalidad" para el voto con el objeto de integrar directivas de organismos sectoriales que son de carácter privado, incluso con participación del Consejo Nacional Electoral (art. 293.6, Constitución). En éstos. por ejemplo, para designar a los representantes de los trabajadores en las directivas de los sindicatos debe asegurarse que todos los sindicalistas puedan votar, pero esa "universalidad" del voto en un sector, no puede confundirse con la elección de representantes del pueblo en órganos públicos donde la universalidad tienen que ser necesariamente, siempre, representativa de todo pueblo mediante el voto de todos los electores. [249]

E.J.: *10. ¿Cómo se postulan los candidatos?*

E.J.: En los 2 ámbitos se hará por iniciativa propia, con el aval de un número de firmas ciudadanas, que fijara el Poder Electoral.

No habiendo posibilidad de elegir constituyentes en los dos ámbitos que se plantearon en forma inconstitucional en la propuesta oficial de convocar una Asamblea Nacional Constituyente, la única forma posible para la postulación de los candidatos que se podía adoptar era la postulación en el respectivo ámbito territorial, sea en la circunscripción nacional o en las regionales. Pero lo que no podía era haber postulaciones "por sectores."

Por otra parte, limitar la postulación de candidatos a que solo se pudiera hacer "por iniciativa propia" significó excluir inconstitucionalmente a los partidos políticos y a los grupos de electores los cuales tienen derecho conforme a la Constitución, de participar en la conducción de la vida política del país y de postular candidatos (art. 68), siendo ello además garantía del pluralismo político que también garantiza expresamente la Constitución (arts. 2 y 5).

Por tanto, como únicamente puede haber un solo ámbito para la elección de los representantes del pueblo en una Asamblea Nacional Constituyente, que es el territorial, sea en la circunscripción nacional y/o en las circunscripciones estadales o municipales, y en cada

---

249 Es decir, la universalidad viene determinada por el ámbito en el cual se efectúa la elección. Los sindicalistas, todos, para la representación en su sindicato. Los electores, TODOS, para los representantes del organismo a través del cual se va a establecer el nuevo sistema que va a imperar y que por tanto, incumbe a TODOS. Los electores habitantes de un Municipio, para sus alcaldes y concejales.

caso, mediante la votación universal de todos los electores inscritos en la respectiva circunscripción, la postulación debía poder hacerse por iniciativa propia pero también por las asociaciones políticas y grupos de electores.

E.J.: *11. ¿La dualidad del voto es discriminatoria?*

E.J.: No, porque priva el principio de que cada persona tiene tantos votos como cargos haya para elegir en su circuito. Tal como ocurre en los circuitos plurinominales y en los circuitos indígenas.

Al contrario, la dualidad de voto ("sectorial" y "territorial") en Venezuela es discriminatoria, pues para elegir representantes de pueblo en una institución del Estado sea en circunscripción nacional o regional como es el caso de una Asamblea Nacional Constituyente, que es lo único admisible, el principio es que los electores solo tienen un voto en cada ámbito territorial, de manera que cada elector tiene un solo voto en cada ámbito territorial. No puede haber un elector con varios votos, excepto si se trata por ejemplo, de un voto para elegir un constituyente en la circunscripción nacional, y otro en la circunscripción regional.

E.J.: *12. ¿Pueden seguir funcionando los poderes públicos constituidos una vez entre en funcionamiento la Asamblea Nacional Constituyente?*

E.J.: Pueden, pero en forma alguna podrá oponerse a las decisiones de la Asamblea Nacional Constituyente, tal como lo expresa el artículo 249 de nuestra Constitución de 1999.

Eso es lo que dice la Constitución.

E.J.: *13. ¿La Asamblea Nacional Constituyente redacta una nueva Constitución?*

E.J.: Sí, profundizando y ampliando las bases doctrinarias de Independencia, Soberanía, Democracia Participativa y Protagónica, pluriculturalidad, economía mixta e igualdad social consagradas en nuestra Constitución Bolivariana.

Una de las misiones de la Asamblea Nacional Constituyente es ciertamente la de redactar una nueva Constitución.

Sin embargo, para lograr lo indicado en la respuesta de Jaua no se necesitaba para nada redactar una nueva Constitución. Lo que se necesitaba era la definición e implementación de una política de Estado adecuada para ello, y asegurar el cumplimiento de la Constitución de 1999, en la cual todos esos elementos mencionados están consagrados expresamente.

E.J.: Vamos a Constituyente por la paz y el futuro de nuestra juventud.

Para asegurar la paz y el futuro de la juventud venezolana, que fue lo que indicó Jaua, y que era precisamente lo que estaba reclamando el pueblo, especialmente los jóvenes, al ejercer su derecho a manifestar pues no encuentran futuro bajo este régimen, no se necesitaba convocar Asamblea Constituyente alguna. Lo que se necesitaba era un buen gobierno que implementase las necesarias políticas para asegurárle a nuestros jóvenes su futuro en libertad y democracia.

E.J.: *14. ¿Qué se debatirá en la Asamblea Nacional Constituyente?*

E.J.: La Asamblea Nacional Constituyente fijará su agenda de discusión en base a las prioridades nacionales. Sin embargo el Presidente como convocante, ha propuesto 9 líneas programáticas para el debate constituyente: La paz como necesidad, derecho y anhelo de la Nación; El perfeccionamiento del sistema económico nacional hacia la Venezuela Potencia; Constitucionalizar la Misiones y Grandes Misiones Socialistas; La ampliación de las competencias del Sistema de Justicia, para erradicar la impunidad de los delitos; Constitucionalización de la nuevas formas de la Democracia Participativa y Protagónica; La defensa de la Soberanía y la Integridad de la Nación y protección contra el intervencionismo extranjero; Reivindicación del carácter pluricultural de la Patria; La garantía del futuro, nuestra juventud, mediante la inclusión de un capítulo constitucional para consagrar los derechos de la juventud y la preservación de la vida en el planeta.

En la más pura tradición bolivariana de convocar a la soberanía popular para despejar el horizonte de la Patria, vamos a Constituyente por la paz y el futuro de nuestra juventud. Que Dios y el pueblo nos acompañen.

Conforme a la Constitución, solo el pueblo puede convocar una Asamblea Constituyente y solo el pueblo, mediante votación universal aprobando la convocatoria y las bases comiciales sobre la conformación y misión de la Asamblea Nacional Constituyente, es el que puede fijarle la agenda a la asamblea Nacional Constituyente. Nadie más puede hacerlo, y lo contrario es una usurpación de la voluntad popular.

Por tanto, constituye una usurpación a la voluntad popular pretender que una sola persona, sin la participación del pueblo, no solo "convoque" a una Asamblea Nacional Constituyente, sino que pretenda determinar, sin dicha participación del pueblo, cómo se van a elegir sus integrantes y cuál puede ser la agenda de la misma. Ello es absolutamente inconstitucional.

En Venezuela, conforme a la Constitución, solo el pueblo puede decidir, mediante referendo convocando la Asamblea Constituyente y aprobando unas determinadas bases comiciales, cómo se ha de componer la Asamblea, cómo se eligen los constituyentes y cuál es la agenda de la Constituyente. Es el pueblo el que debe aprobar y determinar todo eso, y ello no puede quedar a la sola voluntad de quienes tienen la iniciativa para que el pueblo la convoque.

III. LAS INCONSTITUCIONALES "BASES COMICIALES" DICTADAS POR EL PRESIDENTE DE LA REPÚBLICA, SIN COMICIOS, USURPANDO LA VOLUNTAD POPULAR Y VIOLANDO EL DERECHO DEL PUEBLO A ELEGIR REPRESENTANTES POR VOTACIÓN UNIVERSAL[250]

El Presidente de la República, dictó con fecha 23 de mayo de 2017, el Decreto N° 2.878 mediante el cual inconstitucionalmente estableció "las Bases Comiciales para la Asamblea Nacional Constituyente,"[251] la cual había sido convocada por él, y por tanto, como ya ha sido explicado, igualmente en forma inconstitucional mediante Decreto N° 2.830 de 1 de mayo de 2017.[252]

Conforme al artículo 347 de la Constitución ambas decisiones solo podían ser adoptas por el pueblo directamente, manifestando su voluntad mediante referendo, como depositario de la soberanía popular y único y exclusivo titular del poder constituyente originario.

La magnitud de la inconstitucional decisión,[253] que constituyó un nuevo golpe de Estado que raya en la esquizofrenia,[254] también

---

250 Véase Allan R. Brewer-Carías, "La esquizofrenia constituyente: inconstitucionales "bases comiciales," decretadas sin comicios, usurpando la voluntad popular y violando el derecho del pueblo a elegir representantes por votación universal," New York, 29 mayo 2017, http://allanbrewercarias.net/site/wp-content/uploads/2017/05/160.-doc.-Brewer.-Sobre-las-bases-comiciales-de-la-ANC-29.5.2017..pdf Véase además en Allan R. Brewer-Carías, *La inconstitucional convocatoria de una Asamblea Nacional Constituyente en mayo de 2017 Un nuevo fraude a la Constitución y a la voluntad popular*, Colección Textos Legislativos, N° 56, Editorial Jurídica Venezolana, Caracas 2017, pp. 109 ss.

251 Véase en *Gaceta Oficial* N° 41.156 del 23 de mayo de 2017.

252 Véase en *Gaceta Oficial* N° 6.295 Extra, de 1 de mayo de 2017. Por ello, Decreto N° 2830 fue impugnado de por inconstitucionalidad. Véase, entre otros, Rafael Badell Madrid, "Acción popular de nulidad por inconstitucionalidad contra los Decretos N° 2.830 y 2.831 de fecha 1° de mayo de 2017," en http://www.badellgrau.com/?pag=230&ct=2175.

253 Sobre lo expuesto en esta Parte, véase el documento: "La esquizofrenia constituyente: las inconstitucionales "bases comiciales" dictadas por el Presidente de la República, sin comicios, usurpando la voluntad popular y violando el derecho del pueblo a elegir representantes por votación univer-

la pretendió encubrir el Presidente informando a los venezolanos que el Decreto lo había dictado, no con base en atribuciones que no tenía, sino simplemente "con la bendición de Dios Todopoderoso," como si el país fuese una teocracia, pero sin informarles a los simples mortales ciudadanos cómo, cuándo y en qué forma habría recibido ese mensaje divino de respaldo de Dios para avalar el fraude al pueblo y a la Constitución que pretende cometer.

Y más grave aún, cuando anunció en el decreto, el Presidente solo, que con la supuesta "bendición de Dios" procedía no solo a convocar una Asamblea Constituyente para imponerles a los venezolanos "la construcción del socialismo" que ya el pueblo rechazó mediante referendo en 2007, sino además, y nada menos, que para "la refundación de la Nación venezolana." Es decir, no para volver a fundar el Estado, que hubiese sido excesivo, sino para refundar a la propia Nación, como si la misma fuera algo de él, manipulable, ignorando por tanto qué es en efecto una "Nación."

El decreto, en todo caso, era inconstitucional por las razones siguientes:

1. *La usurpación de la soberanía popular por el Presidente de la República*

En primer lugar, porque el Presidente también carecía absolutamente de atribuciones constitucionales para dictar dicho Decreto fijando unas "bases comiciales" para la elección de una Asamblea Nacional Constituyente, inconstitucionalmente convocada, habiendo usurpado, al dictarlo, la soberanía y el poder constituyente origi-

---

sal," 29 de mayo de 2017, en http://allanbre-wercarias.net/site/wp-content/uploads/2017/05/_60.-doc.-Brewer.-Sobre-las-bases-comiciales-de-la-ANC-29.5.2017.-1.pdf.

254   Como lo observó Eduardo Semtei, "el llamado a una Asamblea Nacional Constituyente hecha por el Presidente Maduro en contra de la opinión del 85% del país es cuando menos una locura. Una provocación infinita. Una burla total." Véase Eduardo Semtei, "Dictadura del siglo XXI o las maldades constituyentes," en *Runrunes*, 29 de mayo de 2017, en http://runrun.es/opi-nion/311561/dictadura-del-siglo-xxi-o-las-maldades-constituyentes-por-eduardo-semtei.html.

nario del cual solo es depositario el pueblo (art. 347 C.), y que solo el pueblo podría establecer; siendo dicho decreto por tanto nulo e ineficaz por usurpación (art. 138 C.).

La burla a la Constitución para dictar el decreto, se manifestó también en este caso, en las normas que citó para fundamentarlo como supuesta "base constitucional." En primer lugar, citó los numerales 1 y 2 del artículo 236 de la Constitución, que solo le dan competencia al Presidente para "cumplir la Constitución y las leyes" (no para violarlas) y "ejercer la acción de gobierno," (no para desmantelar al Estado), los cuales por supuesto no lo autorizaban para convocar Asamblea Constituyente alguna. En segundo lugar citó los artículos 5 y 22 de la Constitución, en los cuales lo que se establece es que la soberanía "reside intransferiblemente en el pueblo que es quien la ejerce (lo que precisamente el Presidente usurpó), y que las personas tienen derechos que le son "inherentes a la persona humana" cuando no estén expresamente declarados, como es el derecho a la Constitución, a la democracia y a la soberanía (los cuales precisamente se violan con el decreto en cuestión).

Luego en forma evidentemente contradictoria, el Decreto invocó como ejemplo "el proceso popular constituyente," de 1999, "para que nuestro pueblo, como Poder Constituyente Originario, exprese su férrea voluntad" pero precisamente para negarle al pueblo que ejerza dicho poder constituyente originario que el Presidente usurpó para precisamente evitar que exprese su voluntad.

En el Decreto se citaron a continuación supuestas "facultades" que los artículos 347, 348 y 70 de la Constitución conferirían al Presidente, lo que es falso, pues en dichas normas lo único que se le asigna al Presidente, junto a otras instancias, es la legitimación para tener la "iniciativa" para que se proceda a convocar al pueblo para que sea éste el que decida sobre la convocatoria a una Asamblea Nacional Constituyente, y nada más. Se trata de normas que no lo autorizaban para usurpar la voluntad popular y para convocar y fijar "bases comiciales" para una Constituyente sin que el pueblo lo hubiese decidido.

El Presidente, sin embargo, fundamentándose en las referidas normas, decretó las "bases comiciales" que regirían la Asamblea

Nacional Constituyente que había convocado inconstitucionalmente, y que solo el pueblo podía fijar mediante una votación en referendo que el decreto le negó.

Esta contradicción se evidencia en el título mismo del Decreto, en el cual supuestamente se establecieron las "*bases comiciales* para la Asamblea Constituyente" pero negando toda forma de comicios. "Comicios" en castellano es elección o votación, de manera que no puede haber bases comiciales sin que se sometan a votación para que el pueblo las apruebe o no, de manea que conforme a dichas bases comiciales -aprobadas por el pueblo-, que posteriormente se proceda a elegir los representantes del pueblo que deben integrar la Asamblea Constituyente.

No era cierto, por tanto, como se indicó en el Decreto, que el Presidente tuviera en forma alguna conforme a la Constitución, la "calidad de "convocante" de la Asamblea Nacional Constituyente que solo el pueblo puede convocar; y menos cierto era que pudiera pretender como lo hizo, dictar las "bases comiciales" que se negó a someter a comicios, para imponerle a los venezolanos las reglas de "conformación y funcionamiento de la Asamblea Nacional Constituyente," contrariamente a lo que se expresó en el Decreto, sin garantizar la "participación directa y democrática" del pueblo que conforme a la Constitución solo era posible en ese caso mediante referendo.

2. *La violación del derecho del pueblo de elegir sus representantes mediante voto universal para que representen a la universalidad del pueblo*

Como ya he señalado, el principio más universal del constitucionalismo moderno es el republicanismo, que busca garantizar que el pueblo ejerza su soberanía en forma directa (mediante referendo, por ejemplo) o en forma indirecta mediante representantes, que es precisamente lo que garantiza en artículo 5 de la Constitución.

Ello implica que en absolutamente todos los cuerpos representativos del pueblo en la estructura del Estado que se establecen en la Constitución (Asamblea Nacional, Consejos Legislativos, Concejos Municipales, Juntas Parroquiales y Asamblea Nacional Constituyente) la elección de representantes siempre tiene que ser mediante votación universal, directa y secreta (arts. 5 y 63 C.); de forma tal que en las mismas se asegure la representación de la totalidad del pueblo, como globalidad, estando proscrita toda otra forma de elección que solo permita la representación de algún sector o sectores de la población o de algunos territorios, en perjuicio de la representatividad universal.

Como antes se explicó al analizar el Decreto de la inconstitucional convocatoria de la Asamblea Nacional Constituyente, cualquier forma de representación sectorial en órganos representativos del Estado está, por tanto, proscrita en la Constitución; e igualmente, cualquier forma de representación territorial en cuerpos representativos nacionales también está absolutamente proscrita; siendo la única excepción constitucional al principio de la universalidad la representación sectorial de los pueblos indígenas en la Asamblea Nacional (art. 186 C.).

El artículo 1º del Decreto Nº 2.878 de 23 de mayo de 2017, mediante el cual el Presidente de la República, inconstitucionalmente estableció "las Bases Comiciales para la Asamblea Nacional Constituyente," por tanto era básicamente inconstitucional por violar el derecho del pueblo a la representación política, al establecer que "los integrantes de la Asamblea Nacional Constituyente serán elegidos y elegidas en el ámbito territorial y sectorial, mediante el voto universal, directo y secreto."

La Asamblea Nacional Constituyente es un órgano *nacional* de representación del pueblo en su globalidad, por lo que el sufragio universal directo y secreto tiene que establecerse precisamente para la elección de representantes del pueblo en su globalidad en todo el ámbito nacional, y no se podía establecer –como falazmente se persiguió–, solo en los sectores inventados en el Decreto, y en cada sector; y solo a nivel de municipios, y en cada municipio. Esa representación es contraria al derecho a la representación de la universalidad del pueblo en las asambleas representativas.

Por tanto fuera del ámbito privado, donde todos los miembros de sus organizaciones tienen derecho a votar en forma universal para integrar sus propios órganos representativos, en las instancias del Estado no puede haber elecciones sectoriales, salvo la de los pueblos indígenas expresada; y en cuanto a la elección territorial, la misma está circunscrita a los cuerpos representativos en cada entidad, pero no puede usarse para configurar la elección de una Asamblea *Nacional* Constituyente que resulte de ello en una especie de agregado de "concejales," quitándole al pueblo globalmente su derecho a estar representado en su conjunto.

Con esta distorsión de la representación popular a través de la inconstitucional elección de los constituyentes diseñada una forma sectorial y territorial, lo que se puso en evidencia fue la aviesa intención del gobierno "de maximizar la utilidad de la distribución de sus escasos apoyos electorales" para pretender controlar la Asamblea con escasos 20 % de los votos. [255]

3. La inconstitucionalidad de la disparatada elección "territorial" para integrar la Asamblea Constituyente que debería ser "nacional" y no de carácter municipal

El artículo 2 del Decreto N° 2.878 precisamente violó el derecho del pueblo a la representación de la totalidad del mismo, en su conjunto, en forma global, en un cuerpo representativo del mismo como es una Asamblea Nacional Constituyente, al establecer su integración mediante una especie de agregado de "concejales," es decir, representantes elegidos en cada Municipio de la República, convirtiendo entonces lo que debería ser una Asamblea Nacional Constituyente en una reunión de concejales municipales.

A tal efecto, el artículo 2 del Decreto dispuso que la Asamblea Nacional Constituyente "estará integrada por trescientos sesenta y cuatro (364) miembros escogidos territorialmente," reafirmando el artículo 3 que

---

255 Véase Héctor Briceño, "Constituyente: reglas manipuladas para ganar con el 20% de los votos," en *Prodavinci*, 27 de mayo de 2017, en http://prodavinci.com/2017/05/27/actualidad/constituyente-reglas-manipuladas-para-ganar-con-el-20-de-los-votos-por-hector-briceno/.

"en el ámbito territorial se producirá la elección de trescientos sesenta y cuatro (364) Constituyentes a la Asamblea Nacional Constituyente, conforme a la siguiente distribución: un o una (1) Constituyente por cada Municipio del País que será electo o electa de forma nominal de acuerdo al principio de representación mayoritario, y dos (2) Constituyentes en los Municipios Capitales, que serán electos o electas mediante la modalidad lista, de acuerdo al principio de representación proporcional. En el Municipio Libertador de Caracas, Capital de la República Bolivariana de Venezuela y el asiento de los órganos del Poder Nacional, se escogerán siete (7) Constituyentes mediante la modalidad lista de acuerdo al principio de representación proporcional."

Conforme a esa disposición, el artículo continúa con un *Cuadro* en el cual se estableció entonces el número de "*Constituyentes Territoriales por Municipio,*" es decir, el número de la especie de "concejales" electos por Municipios con los cuales se pretendió integrar una Asamblea Constituyente *nacional* que debía representar, al contrario, al pueblo en su conjunto.

Dicho *Cuadro* se trascribe a continuación, con el agregado de la cifra de población de cada Estado de la República para evidenciar lo que consideramos como *el disparate constituyente que se decretó,* con el cual se permitió por ejemplo elegir en Estados como el Estado Amazonas o Cojedes más constituyentes que en el Distrito Capital; o en Estados como Falcón y Mérida más constituyentes que en el Estado Zulia (el lector es libre de hacer las comparaciones tomando en cuenta la población y el número de constituyentes a elegir):

	CONSTITUYENTES TERRITORIALES POR MUNICIPIO			
entidades	N° DE MUNICIPIOS POR ENTIDAD	nominal/ lista	población	total
DISTRITO CAPITAL	1	- / 7	3.137.710	7
ANZOÁTEGUI	21	20 / 2	1.788.329	22
APURE	7	6 / 2	587.056	8
ARAGUA	18	17 / 2	1.976.470	19
BARINAS	12	11 / 2	989.432	13
BOLÍVAR	11	10 / 2	1.874.190	12
CARABOBO	14	13 / 2	3.315.506	15
COJEDES	9	8 / 2	348/022	10
FALCÓN	25	24 / 2	1.029.638	6
GUÁRICO	15	14 / 2	870.951	16
LARA	9	8 / 2	2.219.211	10
MÉRIDA	23	22 / 2	992.971	24
MIRANDA	21	20 / 2	3.992.347	22
MONAGAS	13	12 / 2	998.024	14
NUEVA ESPARTA	11	10 / 2	552.011	12
PORTUGUESA	14	13 / 2	1.012.781	15
SUCRE	15	14 / 2	1.071.017	16
TÁCHIRA	29	28 / 2	1.578.108	30
TRUJILLO	20	19 / 2	787.988	21
YARACUY	14	13 / 2	693.876	15
ZULIA	21	20 / 2	4.323.476	22
AMAZONAS	7	6 /	178.670	8
DELTA AMACURO	4	3 / 2	187.022	5
VARGAS	1	- / 2	398.018	2
TOTAL	335	311 / 53		364

La aplicación de este cuadro en la elección "territorial" que se fijó, se tradujo en la *elección de una Asamblea Nacional Constituyente compuesta por constituyentes electos como si fueran concejales*, sin que se hubiese logrado ninguna representación nacional de la globalidad y universalidad del pueblo, como lo imponía la Constitución.

Además, la elección, atendiendo a semejante mecanismo, distorsionó totalmente la representación del pueblo, al no tomar en cuenta la población existente en cada Municipio de los Estados, como si todos tuviesen igual población, resultando el absurdo de que como se dijo, los Estados Apure o Amazonas resultaron con más representantes que el Distrito Capital (Caracas); que el Estado Yaracuy tuviera el doble de representantes que el Distrito Capital (Caracas); que el Estado Anzoátegui tuviera más representantes que el Estado Zulia, Carabobo, o Miranda; que el Estado Bolívar tuviera menos representantes que los Estados. Yaracuy, Trujillo o Guárico; que el Estado Falcón tuviera más representantes que los Estados Miranda, Zulia o Carabobo; que los Estados. Mérida y Trujillo tuvieran igual representantes que el Estado Zulia; que el Estado Guárico tuviera más representantes que el Estado Carabobo; que el Estado Yaracuy tuviera igual número de representantes que el Estado Carabobo; que el Estado Bolívar tuviera menos representantes que el Estado Yaracuy; en fin que Estado Falcón tuviera más representantes que los Estados Aragua, Lara, Zulia, Distrito Capital.

4. La inconstitucionalidad de la elección "sectorial" para integrar una Asamblea Constituyente con representación que debería ser "nacional" y no de sectores de la población

Aparte de lo disparatado y distorsionado del mecanismo establecido para la elección "territorial" de los constituyentes que se propuso en el inconstitucional decreto, y dejando aparte la elección sectorial de ocho (8) representantes de los pueblos indígenas que es la única aceptada en la Constitución, en el Decreto se estableció que "se elegirán también Constituyentes Sectoriales" conforme a una supuesta regla derivada del "cociente entre el registro electoral de cada sector y el factor obtenido para calcular los Constituyentes

Territoriales, esto es un (1) Constituyente Sectorial por cada ochenta y tres mil (83.000) electores del registro electoral sectorial," (art. 2), respecto de los siguientes "sectores" enumerados en el artículo 1:

"1) Trabajadores. 2) Campesinos y Pescadores. 3) Los Estudiantes. 4) Las Personas con discapacidad. 5) Los Pueblos Indígenas. 6) Los Pensionados. 7) Los Empresarios; y. 8) las Comunas y Consejos Comunales."

Más allá de que resultaba incomprensible cómo las "Comunas y Consejos Comunales," que son entidades establecidas con un ámbito territorial (por eso la elección de los representantes de este "sector" se indica que debe hacerse "regionalmente" art. 4), se puedan llegar considerar como un "sector," -que en ningún y bajo ningún aspecto lo son-, la enumeración que se hizo era esencialmente discriminatoria y excluyente. Además de dichas Comunas y Consejos Comunales, muchos otros de los componentes de los sectores eran entidades oficiales como la "administración pública," las universidades no autónomas, las empresas del Estado, lo que permitía al gobierno su total control. [256]

Se le olvidó al Presidente de la República, sin desmejorar ni rebajar la importancia de los pensionados, de los pescadores y de los discapacitados, que quizás para integrar una Asamblea Constituyente que tiene la tarea, nada más ni nada menos, que transformar el Estado, crear un nuevo ordenamiento jurídico y sancionar una nueva Constitución, mucha importancia tenían, por ejemplo, representantes de "sectores" como el universitario, profesional, académico, intelectual, de las comunicaciones, los cuales sin embargo quedaron diluidos en el sector genérico de "trabajadores" (art. 5).

Y en todo caso, cabe preguntarse ¿Por qué esa importantísima tarea que tiene una Asamblea Nacional Constituyente se le debía dejar solo a los pensionados, pescadores, campesinos o discapacita-

---

256 Véase Juan Manuel Raffalli, "El veneno escondido en las bases comiciales," en *Prodavinci*, 23 de mayo de 2017, en http://prodavinci.com/2017/05/23/actualidad/el-veneno-escondido-en-las-bases-comiciales-por-juan-manuel-raffalli/.

dos? ¿Por qué se excluyó de la tarea constituyente a los profesionales? ¿Por qué al sector universitario de tanta importancia se lo diluyó en un genérico sector estudiantil (art. 5)?

Realmente la pretendida elección sectorial que se propuso no tenía lógica alguna, aparte de la inconstitucionalidad intrínseca que ella implicaba al violar el derecho constitucional del pueblo a elegir sus representantes mediante sufragio universal, directo y secreto para estar representado globalmente, y no por sectores, y menos solo por los sectores menos apropiados para la tarea que la Constitución le asigna a una Constituyente.

La sectorialización de la población puede ser útil, como funciona en el ámbito privado, para que los campesinos elijan los representantes ante las asociaciones de campesinos; para que los trabajadores elijan los representantes en sus sindicatos; para que los pescadores elijan los representantes de las asociaciones de pescadores; para que los empresarios industriales o comerciantes elijan los representantes a sus Cámaras de Comercio o Industria; o para que los profesionales elijan a sus representantes en los Colegios profesionales; pero ello no tiene sentido ni asidero constitucional, para integrar un cuerpo de representantes del pueblo a nivel nacional, donde los mismos deben representar al pueblo en su conjunto, y no a determinados sectores de la población.

***

En conclusión, la decisión presidencial de convocar una Asamblea Nacional Constituyente y de fijarle "bases comiciales" usurpando la voluntad del pueblo, en resumen, era totalmente inconstitucional:

Primero, porque violó el artículo 347 de la Constitución que reserva al pueblo el ejercicio del poder constituyente originario para en ejercicio del mismo poder convocar mediante referendo una Asamblea Nacional Constituyente. El Decreto presidencial N° 2.830 del 1 de mayo de 2017, usurpó el poder del pueblo, y sin su participación y en fraude a la Constitución, convocó directamente una Asamblea Nacional Constituyente.

Segundo, el mismo Decreto N° 2.830 estuvo viciado de inconstitucionalidad por convocar, en fraude a la voluntad popular, una Asamblea Constituyente sin la participación del pueblo mediante referendo, para implantar en el país un Estado Comunal o del Poder Popular, como se expresó en el Decreto N° 2.830 del 1 de mayo de 2017, cuando el mismo pueblo ya había rechazado dicha propuesta mediante el referendo que negó la aprobación de la reforma constitucional de 2007.

Tercero, en cuanto al Decreto N° 2.878 de 23 de mayo de 2017, por absoluta incompetencia del Presidente para dictarlo, ya que ninguno de los artículos constitucionales que citó en el mismo lo autorizaban para emitirlo.

Cuarto, por imponer sin la aprobación por el pueblo mediante referendo, falsamente, unas "bases" llamadas "comiciales," pero sin someterlas a "comicios" o votación alguna por parte del pueblo.

Quinto, por distorsionar las normas constitucionales sobre la Asamblea Nacional Constituyente que solo el pueblo puede convocar para que lo representen en su conjunto en una instancia nacional de tal importancia para transformar el Estado y crear un nuevo orden jurídico, convirtiendo dicha Asamblea en una especie de reunión de representantes de municipios (como si fueran "concejales") y de sectores arbitrariamente dispuestos, en franca discriminación de otros; y todo violando el principio de la universalidad del sufragio, que es un derecho constitucional para garantizar la representación del pueblo en su conjunto.

Por todo ello, con razón, José Ignacio Hernández expresó que las bases comiciales para la elección de los miembros de la Asamblea Nacional Constituyente inconstitucionalmente convocada, tal como fueron decretadas por el Presidente de la República, "son otro golpe a la democracia."[257]

257　Véase José Ignacio Hernández, "Bases comiciales: otro golpe a la democracia," en *Prodavinci*, 23 de mayo de 2017, en http://prodavinci.com/blogs/bases-comiciales-otro-golpe-a-la-democracia-por-jose-ignacio-hernandez/.

IV. EL FRAUDE A LA CONSTITUCIÓN Y A LA VOLUNTAD POPULAR COMETIDO POR LA SALA CONSTITUCIONAL DEL TRIBUNAL SUPREMO AL NEGARLE AL PUEBLO SU PODER EXCLUSIVO DE CONVOCAR UNA ASAMBLEA NACIONAL CONSTITUYENTE

1. *La sentencia de la Sala Constitucional N° 378 de 31 de mayo de 2017 que ignoró el derecho ciudadano a la participación política en la convocatoria de la Asamblea Constituyente*[258]

La Sala Constitucional del Tribunal Supremo de Justicia, con motivo de la inconstitucional convocatoria por parte del Presidente de la República, completó el fraude constitucional de la convocatoria de la Asamblea Nacional Constituyente, al "interpretar" los artículos 347 y 348 de la Constitución mediante sentencia N° 378 de 31 de mayo de 2017,[259] concluyendo con un simplismo inconcebible, que:

"De tal manera que, el artículo 347 define en quien reside el poder constituyente originario: en el pueblo como titular de la soberanía. Pero el artículo 348 precisa que la iniciativa para ejercer la convocatoria constituyente le corresponde, entre

---

258   Véase Allan R. Brewer-Carías, "El Juez Constitucional vs. el pueblo como poder constituyente originario (Sentencias de la Sala Constitucional N° 378 de 31 de mayo de 2017 y N° 455 de 12 de junio de 2017)," Madrid / Heidelberg, 4-9 de junio de 2017, en http://allanbrewercarias.net/site/wp-content/uploads/2017/06/161.-doc.-Sobre-proceso-constituyente-SC-sent.-378-y-455.pdf Véase además en Allan R. Brewer-Carías, *La inconstitucional convocatoria de una Asamblea Nacional Constituyente en mayo de 2017 Un nuevo fraude a la Constitución y a la voluntad popular*, Colección Textos Legislativos, N° 56, Editorial Jurídica Venezolana, Caracas 2017, pp. 123 ss.

259   Véase en http://historico.tsj.gob.ve/decisiones/scon/mayo/199490-378-315-17-2017-17-0519.HTML. Véase sobre esto el documento: "El Juez Constitucional vs. el pueblo, como poder constituyente originario," (Sentencias de la Sala Constitucional N° 378 de 31 de mayo de 2017 y N° 455 de 12 de junio de 2017), 16 de junio de 2017, en http://allanbrewercarias.net/site/wp-content/uploads/2017/06/161.-doc.-Sobre-proceso-constituyente-SC-sent.-378-y-455.pdf.

otros, al "Presidente o Presidenta de la República en Consejo de Ministros", órgano del Poder Ejecutivo, quien actúa en ejercicio de la soberanía popular.

En los términos expuestos anteriormente, la Sala considera que *no es necesario ni constitucionalmente obligante, un referéndum consultivo previo para la convocatoria de una Asamblea Nacional Constituyente, porque ello no está expresamente contemplado* en ninguna de las disposiciones del Capítulo III del Título IX.".

Esta absurda conclusión, que contaría la letra del artículo 347 de la Constitución,[260] la elaboró la Sala a la medida de lo que quería el régimen con ocasión de decidir un recurso de interpretación de dichas normas formulado quince días antes por un abogado "actuando en nombre propio," en el cual básicamente argumentó que para que el pueblo en ejercicio del poder constituyente originario pudiese convocar una Asamblea Nacional Constituyente, debía hacerlo mediante referendo que debía realizarse una vez que se tomara la iniciativa por los legitimados para ello ante el Consejo Nacional Electoral,[261] el cual al recibirla debía someterla a *"consulta al soberano como poder originario para que se manifieste en mayoría si está de acuerdo que se realice o no el proceso Constituyente."*

El peticionante formuló el recurso de interpretación, según se reseña en la sentencia, porque el Presidente de la República y algunos de sus Ministros 'habían argumentado públicamente:

---

260 *Artículo 347.* El pueblo de Venezuela es el depositario del poder constituyente originario. En ejercicio de dicho poder, puede convocar una Asamblea Nacional Constituyente con el objeto de transformar el Estado, crear un nuevo ordenamiento jurídico y redactar una nueva Constitución.

261 *Artículo 348.* La iniciativa de convocatoria a la Asamblea Nacional Constituyente podrán tomarla el Presidente o Presidenta de la República en Consejo de Ministros; la Asamblea Nacional, mediante acuerdo de las dos terceras partes de sus integrantes; los Concejos Municipales en cabildo, mediante el voto de las dos terceras partes de los mismos; o el quince por ciento de los electores inscritos y electoras inscritas en el Registro Civil y Electoral.

"que ya no hacía falta la manifestación del pueblo en cuanto a la activación de la Constituyente, y que además como quien realizo (sic) la iniciativa era el presidente (sic) de la República pues es el (sic) quien debe presentar los candidatos realizar la escogencia de los mismos, invitando a todos a inscribirse para su elección (...)" (mayúsculas y resaltado del escrito)."

En definitiva, estas fueron según la Sala, las dudas e interrogantes planteadas por el recurrente:

"-Será que el termino (sic) la iniciativa deba entenderse como un todo, y que solo lo indispensable sería entonces aprobar o no el proyecto que presente de modelo de Constitución luego de discutida.

-[S]erá que no se requiere que el soberano poder originario evalué (sic) si acepta, si está de acuerdo o no, con una nueva Constitución.

-Será que solo emitirá el voto de aprobación o no al proyecto ya presentado por quien ejerció la iniciativa.

La Sala, luego de declararse competente para conocer del recurso de interpretación abstracta de la Constitución, inconstitucionalmente establecido en forma pretoriana por la sentencia Nº 1077, del 22 de septiembre de 2000 (caso: *Servio Tulio León*), y luego recogida en el artículo 25 de la Ley Orgánica del Tribunal Supremo de Justicia de 2004, procedió a admitirlo considerando que el recurrente tenía la legitimidad necesaria:

"por su interés legítimo, como parte del poder originario, como venezolano y profesional del derecho y ante el clamor popular, vista la ambigüedad e incertidumbre jurídica de los artículos 347 y 348 de la Constitución de la República Bolivariana de Venezuela, manifestada en la realización de la iniciativa y la consulta para la elección de los integrantes de la Asamblea Nacional Constituyente, así como la iniciativa o solicitud al Consejo Nacional Electoral a los fines de que realice la consulta al poder originario, para que manifieste si está de acuerdo en que se efectúe o no el proceso constituyente, el cual podría iniciarse a finales del mes de julio del año 2017, lo cual resulta un hecho notorio y comunicacional, visto el Decreto N° 2.830, dictado el 1° de mayo de 2017, por el Presidente de la República Bolivariana de Venezuela, ciudadano Nicolás Maduro Moros."

Y luego de declarar el asunto planteado como "de mero derecho, en tanto no requiere la evacuación de prueba alguna al estar centrado en la obtención de un pronunciamiento interpretativo," la Sala pasó de inmediato a decidir "sin más trámites" sobre "el alcance y el contenido de los artículos 347 y 348 de la Constitución," en particular en:

"lo relativo a la realización de la iniciativa y la consulta para la elección de los integrantes de la Asamblea Nacional Constituyente, así como la iniciativa o solicitud al Consejo Nacional Electoral, a fin de que realice la consulta al poder originario, para que manifieste si está de acuerdo en que se efectúe o no el proceso Constituyente."

Después de copiar el texto de los artículos 347 y 348 de la Constitución, y recordar que la Constitución de 1961, a pesar de contemplar las figuras de la Enmienda y Reforma, no reguló la de "la Asamblea Constituyente para que el pueblo, como poder constituyente originario, pudiera redactar un nuevo texto fundamental," la Sala pasó a referirse al proceso de interpretación del artículo 4 de la Constitución (1961) y el artículo 181 de la Ley Orgánica del Sufragio y Participación Política que unos ciudadanos habían intentado en diciembre de 1998, "con la finalidad de aclarar si era posible, con base en él, convocarse un referéndum consultivo para que el pueblo determinara si estaba de acuerdo con la convocatoria de una Asamblea Constituyente," que concluyó en la sentencia de la Sala Político Administrativa de la antigua Corte Suprema de Justicia, de 19 de enero de 1999;[262] "proceso en el cual dicha Sala lo único que resolvió fue que a través de un referendo consultivo podía:

---

262 Véase sobre dicha sentencia los comentarios en Allan R. Brewer-Carías, *Poder constituyente originario y Asamblea Nacional Constituyente (Comentarios sobre la interpretación jurisprudencial relativa a la naturaleza,*

"ser consultado el parecer del cuerpo electoral sobre cualquier decisión de especial trascendencia nacional distinto a los expresamente excluidos por la propia Ley Orgánica del Sufragio y Participación Política en su artículo 185, incluyendo la relativa a la convocatoria de una Asamblea Constituyente" (subrayado de este fallo).

Nada dijo la Sala Constitucional, sin embargo, sobre la segunda pregunta que entonces se le formuló y que no fue respondida en 1999 por la antigua Corte Suprema, sobre si se podía convocar una Asamblea Constituyente (no prevista en la Constitución se 1961) sin reformar previamente la Constitución; y solo se refirió a las vicisitudes de la convocatoria de entonces al referendo consultivo por el Presidente de la República mediante Decreto N° 3 del 2 de febrero de 1999, y las modificaciones de las "bases comiciales'" de entonces como consecuencia de otras decisiones judiciales, entre ellas, "la sentencia de la Corte Suprema de Justicia del 18 de marzo de 1999 y su aclaratoria del 23 de marzo del mismo año, así como según fallo del 13 de abril de 1999."[263]

En todo caso, luego de constatar que el proceso constituyente de 1999 se inició mediante la convocatoria por el Presidente Chávez "de un referéndum consultivo para que el pueblo se pronunciase sobre la convocatoria de una Asamblea Nacional Constituyente, en cuya oportunidad, el convocante propuso las bases para la elección de los integrantes del cuerpo encargado de la elaboración del nuevo texto fundamental," indicó que tales circunstancias iniciales se debieron a la ausencia en la Carta de 1961 de previsión alguna sobre la Asamblea Nacional Constituyente.

Sin embargo, como se ha visto, en la Constitución de 1999, efectivamente conforme lo afirmó la Sala "la situación constitucio-

---

la misión y los límites de la Asamblea Nacional Constituyente), Colección Estudios Jurídicos N° 72, Editorial Jurídica Venezolana, Caracas 1999.

263 Véase Allan R. Brewer-Carías, "La configuración judicial del proceso constituyente en Venezuela de 1999 o de cómo el guardián de la Constitución abrió el camino para su violación y para su propia extinción", en *Revista Jurídica del Perú*, Año LVI, N° 68, 2006, pp. 55-130.

nal actual es totalmente diferente," ya que en la misma ahora sí se regula la Asamblea Nacional Constituyente como una de las "tres modalidades de "revisión" constitucional: la enmienda, la reforma y la Asamblea Nacional Constituyente;" pasando a declarar la Sala, con un simplismo que ni siquiera los libros escolares adoptaron, que a pesar de que la Constitución reserva la convocatoria de la Asamblea Nacional Constituyente al pueblo en ejercicio del poder constituyente originario, sin embargo "no hay previsión alguna sobre un referéndum acerca de la iniciativa de convocatoria de una Asamblea Nacional Constituyente."

Luego pasó la Sala a afirmar que de acuerdo con el *Diario de Debates* de la Asamblea Constituyente, en particular la parte correspondiente de la sesión N° 41 de 9 de noviembre de 1999, "la propuesta del Constituyente Manuel Quijada de que el pueblo pudiera convocar a la Asamblea Constituyente mediante un referéndum, fue negada."

Ello, simplemente, es absolutamente falso. Al contrario, en el *Diario de Debates* lo que quedó claro es que la convocatoria de la Asamblea Constituyente solo se podía hacer por el pueblo mediante un "referendo de convocatoria."[264] Ese, como antes se ha argumentado, fue el espíritu de la discusión y el sentido de lo que fue aprobado al atribuirle al pueblo la potestad única de convocar la Asamblea, y evidente y lógicamente el pueblo solo puede convocarla mediante referendo. No hay otra forma, en esta materia, cómo el pueblo pueda manifestarse.

La Sala luego pasó a referirse con argumentos no jurídicos y que de nada sirven para interpretar las normas constitucionales, que aun cuando el artículo 71 de la Constitución al regular el derecho a la participación popular prevé el referendo, supuestamente habría unas "circunstancias objetivas sobrevenidas" que "ambientarían" la

---

264 Véase lo indicado en Allan R. Brewer-Carías, "La Asamblea Nacional Constituyente de 1999 aprobó que solo el pueblo mediante "referendo de convocatoria" convocar una Asamblea Constituyente: análisis del *Diario De Debates.* 17 de mayo de 2017, en http://allanbrewercarias.net/site/wp-content/uploads/2017/05/159.-doc.-Brewer.-ANC-y-referendo-de-convocatoria.-17-5-2017.pdf.

premura del proceso de instalación de la Asamblea Nacional Constituyente, en medio de "un estado de excepción no concluido aún," considerando que ello habría motivado al Presidente a tomar:

"decisiones genéricas, expeditas y de profundidad constitucional, dentro de la cuales, por iniciativa del Presidente de la República se ha resuelto iniciar la convocatoria a una Asamblea Nacional Constituyente, que pueda en condiciones pacíficas poner de acuerdo al país en un nuevo Contrato Social, sin hacer uso en esta oportunidad, por tales circunstancias, de lo previsto en el citado artículo 71."

En fin, a pesar de que la Sala identificó como "uno de los rangos fundamentales distintivos que hacen de la Carta de 1999 una Constitución Social de nuevo tipo, es la opción por la democracia participativa y protagónica," y reconocer que "el ejercicio directo" de la soberanía, es decir, la democracia directa se "manifiesta en los medios de participación y protagonismo contenidos en el artículo 70 de la Constitución" entre los cuales está el referendo; sin embargo, en definitiva le negó al pueblo su derecho de participar y poder decidir en forma directa si convoca o no una Asamblea Nacional Constituyente. Para ello, luego de referencias y citas innecesarias sobre las formas de ejercicio de la soberanía, directa e indirecta, la Sala simplemente concluyó afirmando que:

"El artículo 347, cuya interpretación se solicita, debemos necesariamente articularlo con el artículo 348, ambos del texto constitucional. En efecto, el pueblo de Venezuela es el depositario del poder constituyente originario y, en tal condición, y como titular de la soberanía, le corresponde la convocatoria de la Asamblea Nacional Constituyente. Pero la iniciativa para convocarla le corresponde, por regla general, a los órganos del Poder Público (el Presidente o Presidenta de la República en Consejo de Ministros; la Asamblea Nacional, mediante acuerdo de las dos terceras partes de sus integrantes; y los Concejos Municipales en cabildos, mediante el voto de las dos terceras partes de los mismos) quienes ejercen indirectamente y por vía de representación la soberanía popular. La única excepción de iniciativa popular de convocatoria es la del quince por ciento de los electores inscritos y electoras inscritas en el Registro Civil y Electoral."

Hasta aquí, la Sala sólo copió lo que dicen los artículos 347 y 348 de la Constitución, pero sin darle importancia alguna a lo que reconoce la sentencia en el sentido de que:

"el pueblo de Venezuela es el depositario del poder constitu-yente originario y, en tal condición, y como titular de la sobe-ranía, le corresponde la convocatoria de la Asamblea Nacional Constituyente."

Y de ello, concluyó en la forma más absurda que:

"no es necesario ni constitucionalmente obligante, un re-feréndum consultivo previo para la convocatoria de una Asam-blea Nacional Constituyente, porque ello no está expresamente contemplado en ninguna de las disposiciones del Capítulo III del Título IX."

O sea que a pesar de que se diga que solo el pueblo como titular del poder constituyente originario puede convocar la Asamblea Na-cional Constituyente, como no se identifica expresamente la forma como puede manifestar su voluntad que no es otra que a través de un referendo, simplemente se le quitó su poder y se le asigna arbi-trariamente al Presidente de la República, usurpándose así la volun-tad popular.

De lo que resulta la aberración constitucional de que ni más ni menos, como hemos dicho, para cambiarle una coma a un artículo constitucional el pueblo debe participar mediante un referendo, pero para sustituir en su totalidad de la Constitución por otra y crear un nuevo Estado, el pueblo no debe participar mediante referendo, simplemente porque no se previó expresamente su forma de convo-car la Asamblea Constituyente.

El intérprete debió escudriñar en la Constitución cómo el pue-blo podía convocar una Asamblea Constituyente, que no era otra vía que no fuera un referendo de convocatoria, pero no podía concluir que como no se indicaba expresamente dicha modalidad, entonces simplemente ya no tenía la potestad exclusiva de convocatoria que le da la Constitución.

2. El desprecio por el Juez Constitucional de las previsiones constitucionales de 1999, considerando ajustadas a las mismas las inconstitucionales "bases comiciales" dictadas para la conformación de la Asamblea Nacional Constituyente[265]

Por otra parte, la Sala Constitucional del Tribunal Supremo, mediante sentencia N° 455 de 12 de junio de 2017, declaró sin lugar el recurso de nulidad de nulidad por inconstitucionalidad que había sido intentado por el abogado Emilio J Urbina, "actuando en su propio nombre" contra el Decreto N° 2.878, de 23 de mayo de 2017[266] que estableció las "bases comiciales" para la integración de la Asamblea Nacional Constituyente[267] convocada por el Presidente de la República mediante Decreto N° 2830 de 1 de mayo de 2017; declarando, además, expresamente "la constitucionalidad" del mismo.

La Sala Constitucional, para decidir, comenzó advirtiendo que ya había emitido el fallo antes comentado N° 378 del 31 de mayo de 2017, estableciendo su interpretación de los artículos 347 y 348 de la Constitución, antes comentada, donde simplemente decidió como antes hemos destacado, ignorando lo que regula la Constitución de que sólo el pueblo puede convocar una Asamblea Nacional Constituyente, que "*no es necesario ni constitucionalmente obligante, un*

---

265   New York, 19 de junio de 2017, Véase en Allan R. Brewer-Carías, *La inconstitucional convocatoria de una Asamblea Nacional Constituyente en mayo de 2017 Un nuevo fraude a la Constitución y a la voluntad popular*, Colección Textos Legislativos, N° 56, Editorial Jurídica Venezolana, Caracas 2017, pp. 131 ss. Véase igualmente Allan R. Brewer-Carías: "El Juez Constitucional vs. el pueblo, como poder constituyente originario," (Sentencias de la Sala Constitucional N° 378 de 31 de mayo de 2017 y N° 455 de 12 de junio de 2017), 16 de junio de 2017, en http://allanbrewer-carias.net/site/wp-content/uploads/2017/06/161.-doc.-Sobre-proceso-constituyente-SC-sent.-378-y-455.pdf.

266   Véase en *Gaceta Oficial* N° 41.156 de 23 de mayo de 2017.

267   El decreto fue modificado mediante Decreto N° 2.889 de fecha 4 de junio de 2017, *Gaceta Oficial* N° 41.165 de 5 de junio de 2017.

referéndum consultivo previo para la convocatoria de una Asamblea Nacional Constituyente, porque ello no está expresamente contemplado en ninguna de las disposiciones del Capítulo III del Título IX (...);" y además, que ya el Consejo Nacional Electoral, mediante Resolución N° 170607-118, de 7 de junio de 2017, había dado su conformidad a las "Bases Comiciales para la Asamblea Nacional Constituyente."

Y luego pasó la Sala Constitucional a resumir, a desechar y a decidir lo que en su criterio fueron los alegatos fundamentales del recurrente sobre la inconstitucionalidad de las mencionadas bases comiciales, reduciéndolos a los siguientes:

> Primero: *"a) Que en el primer Considerando del Decreto N° 2.878, se le asignan a la Asamblea Nacional Constituyente, atribuciones que exceden el artículo 347 de la Constitución de 1999, al proponer la construcción del socialismo y la refundación de la Nación venezolana."*

Sobre este alegato, la Sala indicó que como se trató de una afirmación en los "Considerandos" del Decreto, la misma "no forma parte del texto de tal acto," y no tenía "un contenido normativo," considerando además que no contenía "en absoluto propuestas vinculantes para el órgano encargado de la elaboración del nuevo texto fundamental." En definitiva, sobre ello, la Sala resolvió que:

> "menciones como la impugnada en un "Considerando", son irrelevantes a los efectos de examinar la constitucionalidad del acto (decreto), salvo si se tratara del fundamento constitucional de su competencia; así se decide."

En fin, pura y simplemente una negativa a impartir justicia, negándose la Sala a decidir sobre la inconstitucionalidad alegada, en particular sobre la indicación de que la convocatoria a una Asamblea Constituyente tenía un propósito fundamental y era la construcción del socialismo, propuesta rechazada por el pueblo en el referendo de 2007 y por la cual nadie nunca ha votado; y además, con el propósito, no de reformar el Estado que es lo que autoriza la Constitución, sino de "refundar la nación" que no es lo mismo por más malabarismos que pudiera hacer la Sala para confundir Nación con Estado.

Como bien lo observó el impugnante, primero "proponer una ANC para introducir el socialismo, implica un *flagrante fraude constitucional*," y segundo, "la ANC lo que pudiera en todo caso es refundar al Estado venezolano y su ordenamiento jurídico -*in toto*- por medio de una Nueva Constitución. Nunca, pero nunca, una ANC podría ser establecida para "REFUNDAR LA NACIÓN", sino al Estado, éste último, personificación jurídica de la Nación."

> Segundo: *"b) El Decreto Presidencial se encuentra en contradicción con el artículo 4 de la Constitución y colide con el carácter universal del sufragio."*

En relación con esta denuncia, la Sala se limitó a indicar que no advertía "violación alguna del contenido del artículo 4 del Título I de la Constitución vigente," pues dicha "disposición ratifica el carácter federal descentralizado de la República Bolivariana de Venezuela, 'en los términos consagrados en esta Constitución.'" Agregó la Sala, simplemente que:

> "Se sabe que el régimen federal venezolano tiene rasgos particulares que lo alejan de un Estado Federal clásico. Por ejemplo, desde 1945 el Poder Judicial es nacional (no estadal) y en la Carta de 1999 se eliminó el Senado, como Cámara representante de los estados como entidades federativas. Por otra parte, no se advierte en este artículo referencia alguna al carácter universal del sufragio. Así se declara."

> Tercero: *"c) Que se desconoce el modelo federal venezolano y se atenta contra el principio de la soberanía popular, prevista en el principio de proporcionalidad poblacional."*

Sobre esta denuncia, la Sala Constitucional insistió en que "no observa del Decreto impugnado una violación al modelo federal venezolano" considerando que el recurrente, como fundamento de esta denuncia de violación, para la elección de la Asamblea Constituyente, proponía "asumir el itinerario electoral previsto en la Ley

Orgánica de Procesos Electorales para las elecciones de los cuerpos colegiados (un concejo municipal, un consejo legislativo estadal o la Asamblea Nacional)," lo que a juicio de la Sala era diferente "por sus propios objetivos" a "la conformación de un cuerpo o convención constituyente." En este caso, a criterio de la Sala las normas que regulaban esta materia "están contenidas en las Bases Comiciales que corresponde presentarlas al convocante," que fueron "objeto de recursos jurisdiccionales y del control del Consejo Nacional Electoral, lo cual se ha dado en similares términos en la presente oportunidad." Y nada más.

Cuarto: *"d) La falta de consulta popular de las Bases Comiciales, por oposición a la consulta por vía "referendaria" de las mismas en el proceso constituyente de 1999."*

Sobre esta denuncia, la Sala simplemente ratificó "lo decido en relación con el recurso de interpretación de los artículos 347 y 348 constitucionales, en su decisión 378/2017, por lo cual resulta inoficiosa pronunciarse de nuevo sobre este punto. Así se declara."

Quinto: *"e) Usurpación de la soberanía popular por la soberanía territorial, al contemplar las bases comiciales inconstitucionales que los constituyentes territoriales representarán a los municipios y no a los ciudadanos."*

En lo referente a esta denuncia la Sala, al ratificar que conforme al artículo 5 de la Constitución, el pueblo, titular de la soberanía, la ejerce tanto en forma indirecta, "mediante el sufragio, por los órganos que ejercen el Poder Público," como en forma directa "mediante los medios de participación y protagonismo del pueblo en ejercicio de su soberanía," que se mencionan en el artículo 70 constitucional, agregó que respecto de "los mecanismos de ejercicio directo de la soberanía [que aun cuando] no exigen en principio el mecanismo del sufragio, en algunos casos es necesario utilizar los comicios, normalmente universales, directos y secretos, en virtud del carácter masivo de algunas comunidades."

Luego agregó la Sala, que estimaba imprescindible advertir:

"que en la democracia directa, que implica la organización de grupos humanos según su especialidad laboral, profesional, su condición social, la necesidad de su especificidad étnica o cultural o la especial protección que requiere una discapacidad física, motora o etaria; hace que el convocante pueda y/o deba resaltar tales circunstancias para que su participación y sus derechos no se "pierdan" en la masa."

Respecto del Estado federal, la Sala Constitucional reiteró su apreciación de que era de carácter particular, a cuyo efecto la Constitución, "al haber eliminado el Senado, ha instrumentado mecanismos para así asegurar en lo posible la igualdad de las entidades territoriales al margen del elemento cuantitativo de la población," lo que no es cierto, argumentando que el artículo 168 constitucional pauta que "cada entidad federal elegirá, además, tres diputados o diputadas" sin tener nada "que ver con la base poblacional" de los Estados, concluyendo que las bases comiciales establecieron "un mecanismo eleccionario particular que pretende una integración de la Asamblea Nacional Constituyente" que además de asegurar la personalización del sufragio:

"garantice una adecuada representación territorial, a los fines de incorporar efectivamente a cada uno de los municipios que integran la República, en atención a su condición de "unidad política primaria de la organización nacional" (artículo 168 *eiusdem*)."

Concluyó la Sala afirmando que en el caso de la Asamblea Constituyente, lo que se ha buscado en las bases comiciales es "la personalización del sufragio y la representación nacional, a través de la unidad política fundamental: el municipio.

Y en cuanto a la "representación sectorial" prevista en las bases comiciales, se limitó a indicar que:

"está en la base de la democracia directa, contemplada en la Constitución y desarrollada por el legislador (ver sentencia N° 355 del 16 de mayo de 2017). Así se declara."

Por supuesto, todas esas, afirmaciones a la ligera, sin fundamento ni explicación, y no creíbles, cuando es bien sabido que las
Leyes sobre los órganos del Poder Popular han ignorado al Municipio y han establecido en contra de la Constitución que la unidad
política primaria son los Consejos Comunales y no los municipios.

Sexto: *"f) Desconocimiento del principio de organización
comicial en representación proporcional a la población en base
federal y su sustitución por representación territorial municipal."*

Sobre esta denuncia, la Sala Constitucional estimó que en materia de convocatoria de una Asamblea Constituyente, sin consultar al
pueblo, "el convocante de la Constituyente tiene la libertad de proponer las "Bases Comiciales," como estime, recurriendo a un absurdo temporal y fue, el afirmar que se aplica el "principio del para-
lelismo de las formas (en lo que respecta al proceso constituyente
de 1999)" cuando aquél proceso se hizo al margen de la Constitución de 1961 y éste convocado inconstitucionalmente en 2017 se
hizo supuestamente siguiendo lo pautado en la Constitución de
1999.

A juicio de la Sala Constitucional, antes de la elección de los
constituyentistas, lo único que debía verificarse era que las bases
comiciales no traspasasen los límites contenidos en el artículo 350
de la Constitución, en particular para asegurar:

"la adecuada representación territorial, para que todos los
municipios tengan voz y voto y el resultado de la Asamblea no
implique la imposición de unos pocos estados cuantitativamente
mayoritarios; la participación de sectores representativos de los
cuerpos sociales que hagan realidad la democracia directa y los
medios de participación y protagonismo del pueblo y de sus integrantes individuales (participación territorial) y comunitarios
(participación sectorial)."

Y así, la Sala simplemente dio por buena la representación de
los territorios de los municipios y de sectores arbitrariamente definidos, y no de la población que en definitiva es el pueblo (represen-

tación poblacional), en una Asamblea Constituyente nada más y nada menos que para reformar el Estado, crear un nuevo ordenamiento jurídico y dictar una nueva Constitución.

Séptimo: *"g) Vicios de desfiguración del principio constitucional de la universabilidad (sic) del sufragio al contemplar la representación sectorial."*

Sobre esto, en la sentencia la Sala Constitucional consideró que las "Bases Comiciales" respetaban "el concepto de la democracia participativa y el sufragio universal, directo y secreto," al facultar "la presencia privilegiada de sectores sociales cuyo protagonismo ha sido destacado por el legislador, en particular a través de las leyes del poder popular," indicando por último que la escogencia de los constituyentistas debía hacerse "en el ámbito territorial y sectorial, mediante el voto universal, directo y secreto" no habiendo a juicio de la Sala, "violación alguna del principio constitucional del sufragio."

Y eso fue todo lo resuelto en la sentencia.

Las bases comiciales formuladas por el Presidente de la República, usurpando la voluntad popular, al contrario de lo sostenido por la Sala Constitucional, como se ha explicado, eran violatorias de la Constitución, primero por usurpación de autoridad del pueblo, pues solo el pueblo era el que podía aprobar las bases comiciales para elegir los constituyentes, y siendo la Asamblea Nacional Constituyente un órgano del pueblo, tenía que representar al pueblo de Venezuela en su conjunto. Para ello, el sistema de elección de los constituyentes tenía que asegurar la representación de todo el pueblo, y no había otra forma de determinar el pueblo que no fuera por el número de habitantes, lo que excluía fórmulas de representación territorial, como la "representación de municipios" independientemente de su población; y de "representación sectorial" arbitrariamente establecida, cuando la única admitida en la Constitución era la representación de los pueblos indígenas.

En este caso, una vez más, la Sala Constitucional sin duda tenía instrucciones de cómo debía decidir de acuerdo con lo que había ya decretado el Presidente de la República, y nada más.

Y lo más grave, la Sala terminó decidiendo, no sólo declarando sin lugar el recurso intentando, negándose a impartir justicia, sino declarando de antemano, y *Urbi et Orbi*, la "constitucionalidad" del decreto impugnado con lo cual con ello se anticipó a decir que desecharía en el futuro cualquier otro recurso de nulidad por inconstitucionalidad, así los fundamentos del mismo fueran otros. [268]

Y eso fue precisamente lo que ocurrió con el recurso de nulidad por inconstitucionalidad intentado por la Fiscal General de la República y otros altos funcionarios del Ministerio Público contra el mismo Decreto que estableció las "bases comiciales" de la Constituyente fraudulenta, que la Sala mediante sentencia N° 470 de 27 de junio de 2017[269] declaró inadmisible, precisamente por haber operado la cosa juzgada sentada en dicha sentencia N° 455 de 12 de junio de 2017 que ya había "juzgado la constitucionalidad" del Decreto.

V. LA ESENCIA DE LA PROPUESTA CONSTITUYENTE DE 2017: LA CREACIÓN DEL ESTADO COMUNAL EN SUSTITUCIÓN DEL ESTADO DEMOCRÁTICO Y SOCIAL DE DERECHO Y DE JUSTICIA, COMO TAREA QUE QUEDÓ "PENDIENTE" DESDE 2007[270]

El Decreto N° 2.830 de 1 de mayo de 2017, mediante el cual el Presidente de la República convocó inconstitucionalmente la Asamblea Nacional Constituyente, entre los "objetivos programáti-

---

268 Como lo indicó Emilio Urbina, recurrente en el caso, haciendo el decreto, *"inmune a cualquier otra acción"*, o sea declarándolo como no controlables por el Poder Judicial. Véase los comentarios a la sentencia en Emilio J. Urbina, "El Apartheid criollo socialista: La interpretación constitucional como creadora de discriminación política. Los efectos de la sentencia 455/2017 de la Sala Constitucional Constituyente," 19 de junio de 2017.

269 Véase en http://historico.tsj.gob.ve/decisiones/scon/junio/200380-470-27617-2017-17-0665.HTML

270 Véase en Allan R. Brewer-Carías, *La inconstitucional convocatoria de una Asamblea Nacional Constituyente en mayo de 2017 Un nuevo fraude a la Constitución y a la voluntad popular*, Colección Textos Legislativos, N° 56, Editorial Jurídica Venezolana, Caracas 2017, pp. 139 ss.

cos" que le definió a la misma, había dos, específicamente con redacción ampulosa, que apuntaron directamente a la necesidad de
reformar la Constitución para reforma el Estado, establecer un nuevo orden jurídico y dictar una nueva Constitución, que fueron los
siguientes:

"3. Constitucionalizar las Misiones y Grandes Misiones Socialistas, desarrollando el Estado democrático, social, de derecho y de justicia, hacia un Estado de Suprema felicidad Social,
con el fin de preservar y ampliar el legado del Comandante
Hugo Chávez, en materia de pleno goce y ejercicio de los derechos sociales para nuestro país."

"5. Constitucionalización de las nuevas formas de la democracia participativa y [protagónica, a partir del reconocimiento
de los nuevos sujetos del Poder Popular, tales como las Comunas y los Consejos Comunales, Consejos de Trabajadoras y
Trabajadores, entre otras formas de organización de base territorial y social de la población."

Estos "objetivos programáticos" que se le fijaron a la Asamblea
Nacional Constituyente eran otra cosa que una "reedición" de la
propuesta de reforma constitucional que el Presidente Chávez formuló en 2007 para la creación de un Estado Socialista, Centralizado
y Militarista,[271] y que fue rechazada por votación popular en el refe-

---

271 Véase Allan R. Brewer-Carías, "Estudio sobre la propuesta presidencial de
reforma constitucional para la creación de un Estado Socialista, Centralizado y Militarista en Venezuela (análisis del anteproyecto presidencial,
agosto 2007," en *Anuario da Facultade de Dereito da Universidade da
Coruña, Revista jurídica interdisciplinaria internacional*, Con. 12, La Coruña 2008, pp. 87-125; "La proyectada reforma constitucional de 2007, rechazada por el poder constituyente originario", en *Anuario de Derecho
Público 2007*, Año 1, Instituto de Estudios de Derecho Público de la Universidad Monteávila, Caracas 2008, pp. 17-65; "La reforma constitucional
en Venezuela de 2007 y su rechazo por el poder constituyente originario",
en *Revista Peruana de Derecho Público*, Año 8, N° 15, Lima, Julio-
Diciembre 2007, pp. 13-53; "El sello socialista que se pretendía imponer
al Estado", en *Revista de Derecho Público*, N° 112, Editorial Jurídica Venezolana, Caracas 2007, pp. 71-76; "Estudio sobre la propuesta presidencial de reforma constitucional para la creación de un Estado Socialista,

rendo que tuvo lugar el 2 de diciembre de 2007; y que en fraude a la voluntad popular se ha venido implementando en forma ilegítima e inconstitucional, mediante leyes y decretos leyes[272] e, incluso, mediante "interpretaciones constitucionales" emitidas solícitamente por la Sala Constitucional, en muchos casos a petición del propio Ejecutivo Nacional.[273]

Centralizado y Militarista en Venezuela (Agosto 2007", *Revista de Derecho Público"*, N° 111, (julio-septiembre 2007), Editorial Jurídica Venezolana, Caracas 2007, pp. 7-42; "Estudio sobre la propuesta de Reforma Constitucional para establecer un Estado Socialista, Centralizado y Militarista (Análisis del Anteproyecto Presidencial, Agosto de 2007)", *Cadernos da Escola de Direito e Relações Internacionais da UniBrasil,* N° 07, Curitiba, 2007; "Hacia creación de un Estado socialista, centralizado y militarista en Venezuela (2007)", *Revista de Derecho Político*, N° 70, Madrid, septiembre-diciembre 2007, pp. 381-432. Igualmente véase lo que expuse en Allan R. Brewer-Carías, *Hacia la consolidación de un Estado socialista, centralizado, policial y militarista.* Comentarios sobre el sentido y alcance de las propuestas de reforma constitucional 2007, Colección Textos Legislativos, N° 42, Editorial Jurídica Venezolana, Caracas 2007; *La reforma constitucional de 2007 (Comentarios al proyecto inconstitucionalmente sancionado por la Asamblea Nacional el 2 de noviembre de 2007),* Colección Textos Legislativos, N° 43, Editorial Jurídica Venezolana, Caracas 2007.

272 Véanse los trabajos de Lolymar Hernández Camargo, "Límites del poder ejecutivo en el ejercicio de la habilitación legislativa: Imposibilidad de establecer el contenido de la reforma constitucional rechazada vía habilitación legislativa," en *Revista de Derecho Público*, N° 115 *(Estudios sobre los Decretos Leyes)*, Editorial Jurídica venezolana, Caracas 2008, pp. 51 ss.; Jorge Kiriakidis, "Breves reflexiones en torno a los 26 Decretos-Ley de Julio-Agosto de 2008, y la consulta popular refrendaría de diciembre de 2007", *Idem*, pp. 57 ss.; y José Vicente Haro García, Los recientes intentos de reforma constitucional o de cómo se está tratando de establecer una dictadura socialista con apariencia de legalidad (A propósito del proyecto de reforma constitucional de 2007 y los 26 decretos leyes del 31 de julio de 2008 que tratan de imponerla)", *Idem*, pp. 63 ss.

273 Véase Allan R. Brewer-Carías, "¿Reforma constitucional o mutación constitucional?: La experiencia venezolana." en *Revista de Derecho Público,* N° 137 (Primer Trimestre 2014, Editorial Jurídica Venezolana, Caracas 2014, pp. 19-65.

Entre esos objetivos estaba, en primer lugar, el establecimiento de un Estado Socialista Centralizado, como se propuso en 2007,[274] pues como dijo el mismo Presidente Chávez en 2007, "así como el candidato Hugo Chávez repitió un millón de veces en 1998, 'Vamos a Constituyente', el candidato Presidente Hugo Chávez [en 2006] dijo: 'Vamos al Socialismo', [agregando que a su juicio] todo el que votó por el candidato Chávez, votó por ir al socialismo".[275]

Por ello, el Anteproyecto de Constitución que presentó en 2007 ante la Asamblea Nacional fue para "la construcción del socialismo Bolivariano, el socialismo venezolano, nuestro socialismo, nuestro modelo socialista",[276] cuyo "núcleo básico e indivisible" era "la comunidad", "donde los ciudadanos y las ciudadanas comunes, tendrán el poder de construir su propia geografía y su propia historia."[277] Y todo ello bajo la premisa de que "sólo en el socialismo será posible la verdadera democracia,"[278] pero por supuesto, una

---

274 Véase *Discurso de Orden pronunciado por el ciudadano Comandante Hugo Chávez Frías, Presidente Constitucional de la República Bolivariana de Venezuela en la conmemoración del Ducentésimo Segundo Aniversario del Juramento del Libertador Simón Bolívar en el Monte Sacro y el Tercer Aniversario del Referendo Aprobatorio de su mandato constitucional,* Sesión especial del día miércoles, 15 de agosto de 2007, Asamblea Nacional, División de Servicio y Atención Legislativa, Sección de Edición, Caracas, 2007.

275 *Idem,* p. 4.

276 Véase *Discurso de Orden pronunciado por el ciudadano Comandante Hugo Chávez Frías ... cit.,* p. 34.

277 *Idem,* p. 32.

278 *Idem,* p. 35. Estos conceptos se recogieron igualmente en la *Exposición de Motivos* para la Reforma Constitucional, Agosto 2007, donde se expresa la necesidad de "ruptura del modelo capitalista burgués" (p. 1), de "desmontar la superestructura que le da soporte a la producción capitalista" (p. 2); de "dejar atrás la democracia representativa para consolidar la democracia participativa y protagónica" (p. 2); de "crear un enfoque socialista nuevo" (p. 2) y "construir la vía venezolana al socialismo" (p. 3); de producir "el reordenamiento socialista de la geopolítica de la Nación" (p. 8); de la "construcción de un modelo de sociedad colectivista" y "el Estado sometido al poder popular" (p. 11); de "extender la revolución para que Venezuela sea una República socialista, bolivariana", y para "construir la vía vene-

"democracia" sin representación que, como lo propuso Chávez y fue sancionado por la Asamblea Nacional en la rechazada reforma del artículo 136 de la Constitución, "no nace del sufragio ni de elección alguna, sino que nace de la condición de los grupos humanos organizados como base de la población". Es decir, lo que se buscaba entonces, y ahora se busca con la Asamblea Nacional Constituyente de 2017, es el establecimiento de una "democracia" que no es democracia, pues en el mundo moderno no hay ni ha habido democracia sin elección de representantes.

Todas esas propuestas de entonces rechazadas por el pueblo en diciembre de 2007, las resumió el Presidente Chávez en su Discurso del 15 de agosto de 2007, así:

> "en el terreno político, profundizar la democracia popular bolivariana; en el terreno económico, preparar las mejores condiciones y sembrarlas para la construcción de un modelo económico productivo socialista, nuestro modelo, lo mismo en lo político, la democracia socialista; en lo económico, el modelo productivo socialista; en el campo de la Administración Pública, incorporar novedosas figuras para aligerar la carga, para dejar atrás el burocratismo, la corrupción, la ineficiencia administrativa, cargas pesadas del pasado, que todavía tenemos encima como rémoras, como fardos en lo político, en lo económico, en lo social.[279]

Esta reforma, por supuesto, y de allí que en 2017 se haya convocado inconstitucionalmente una Asamblea Constituyente, toca las bases fundamentales del Estado, en particular, en relación con la ampliación constitucional de la propuesta de crear un Estado Socialista en sustitución del Estado democrático y social de Derecho; y con la eliminación de la descentralización como política de Estado, supuestamente en aras de promover una participación política pro-

---

zolana al socialismo; construir el socialismo venezolano como único camino a la redención de nuestro pueblo" (p. 19).

279 *Idem*, p. 74.

tagónica del pueblo, pero sin libertad alguna, encadenada en un sistema de centralización del poder.

En ese contexto, tanto en 2007 como en 2018, según se infiere de las "bases programáticas" de la Asamblea Constituyente inconstitucionalmente convocada, lo que se pretende es crear las comunas, los consejos comunales y de trabajadores como el núcleo territorial básico del Estado Socialista como supuestos medios de participación y protagonismo del pueblo y para la construcción colectiva y cooperativa de una economía socialista; barriendo de la Constitución toda idea de descentralización como organización y política pública, de autonomía territorial y de democracia representativa a nivel local, y por tanto, de la posibilidad de existencia de entidades políticas autónomas como los Estados y Munícipios, sustituyendo a éstos por los Consejos del Poder Popular como formas de agregación comunitaria controlados desde el Poder central, pero sin democracia representativa alguna, sino sólo como supuesta expresión de democracia di-recta.[280]

En ese esquema entonces, lo que se propone es la eliminación de la democracia representativa a nivel local que exige, conforme a la Constitución de 1999 que todos los titulares de los órganos del poder público tengan siempre su origen en elección popular.

Esa democracia representativa, por supuesto, no se opone a democracia participativa; pero en forma alguna ésta puede pretender sustituir a aquélla, particularmente porque participar es sólo posible cuando, mediante la descentralización, se crean autoridades locales autónomas cerca del ciudadano, en los niveles territoriales más pequeños, lo que implica desparramar el poder.

Este sistema democrático es contrario a la concentración del poder y al centralismo, que es lo que se buscaba encubrir con la

---

280   Como Chávez lo indicó en 2007: se trataba del "desarrollo de lo que nosotros entendemos por descentralización, porque el concepto cuartorepublicano de descentralización es muy distinto al concepto que nosotros debemos manejar. Por eso incluimos aquí la participación protagónica, la transferencia del poder y crear las mejores condiciones para la construcción de la democracia socialista." Véase *Discurso de Orden pronunciado por el ciudadano Comandante Hugo Chávez Frías...., cit.*, p. 5.

falacia de la supuesta "participación protagónica,"[281] en un régimen autoritario, centralizador y concentrador del poder que impedirá la efectiva participación política, al eliminarse los entes territoriales descentralizados políticamente, sin los cuales no puede haber, efectivamente, democracia participativa. En ese esquema que se propone "constitucionalizar," los Consejos del Poder Popular no serán más de lo que son, es decir, una simple manifestación de movilización controlada desde el poder central, que es lo que ha ocurrido, precisamente, con los Consejos Comunales desde su creación por Ley en 2006,[282] cuyos miembros no son electos mediante sufragio, sino designados por asambleas de ciudadanos a mano alzada controladas por el propio Poder Ejecutivo Nacional. Ello es lo que se perseguía con la rechazada reforma constitucional de 2007, que en 2018 se quiere reeditar, habiéndose previsto entonces de manera expresa que los integrantes de los diversos Consejos del Poder Popular no nacen "del sufragio ni de elección alguna, sino que nacen de la condición de los grupos humanos organizados como base de la población."

Por otra parte, no es posible concebir un esquema de supuesta participación protagónica del pueblo si solo es para la construcción del socialismo, como se propone en las "bases programáticas" de-

---

281   En la *Exposición de Motivos del Proyecto de Reforma Constitucional presentado por el Presidente de la República*, en agosto 2007, se lee que el Poder Popular "es la más alta expresión del pueblo para la toma de decisiones en todos sus ámbitos (político, económico, social, ambiental, organizativo, internacional y otros) para el ejercicio pleno de su soberanía. Es el poder constituyente en movimiento y acción permanente en la construcción de un modelo de sociedad colectivista de equidad y de justicia. Es el poder del pueblo organizado, en las más diversas y disímiles formas de participación, al cual está sometido el poder constituido. No se trata del poder del Estado, es el Estado sometido al poder popular. Es el pueblo organizado y organizando las instancias de poder que decide las pautas del orden y metabolismo social y no el pueblo sometido a los partido políticos, a los grupos de intereses económicos o a una particularidad determinada", *op. cit,* p. 11.

282   Véanse los comentarios sobre ello en Allan R. Brewer-Carías *et al, Ley Orgánica del Poder Público Municipal*, Caracas, Editorial Jurídica Venezolana, 2007, pp. 75 y ss.

cretadas en 2017 para la elección inconstitucional de la Asamblea Constituyente en 2017. Ello es lo contrario a lo previsto en el artículo 62 de la Constitución de 1999, que habla del derecho "de *participar libremente* en los asuntos públicos, directamente o por medio de sus representantes elegidos o elegidas," refiriéndose a "la participación del pueblo en la formación, ejecución y control de la gestión pública" como "el medio necesario para lograr el protagonismo que garantice su completo desarrollo, tanto individual como colectivo", a través de los mecanismos de participación enumerados en el artículo 70.

Con la rechazada reforma constitucional de 2007, que se ha querido reeditar a partir de 2017, dichos medios de participación política, entre los cuales están los Consejos del Poder Popular, en ningún caso son "libres" pues quedan reducidos a "la construcción del socialismo," siendo en definitiva excluyentes y discriminatorios.

Por otra parte, otro de los aspectos esenciales de la reforma constitucional rechazada de 2007 que ahora se busca reeditar a partir de 2017, fue el referido vaciamiento total de la forma de organización federal del Estado, con la eliminación de la previsión constitucional que garantiza la autonomía de los Estados y Municipios.

En un Estado centralizado del Poder Popular como el propuesto en 2007 y que se quiere reeditar a partir de 2017, no hay posibilidad de que existan entidades políticas territoriales (Estados y Municipios), con autoridades electas mediante sufragio directo, universal y secreto. Por ello no fue más que otra falacia que la Presidenta del Consejo Nacional Electoral anunciara el 16 de mayo de 2017 que habría elecciones regionales de gobernadores a finales de 2017. Efectivamente se realizaron, pero electa la Asamblea Constituyente, quedó eliminada la autonomía de los Estados, al imponerse a los gobernadores su sumisión a la Asamblea Constituyente.

Por otra parte, en cuanto a los Municipios, con la reforma de 2007, que se quiere reeditar a partir de 2017, los mismos perderán su carácter de unidad política primaria en la organización nacional, como lo indica la Constitución, trasladándose esa condición a las comunas, como las células sociales del territorio, conformadas por las "comunidades," como el núcleo territorial básico e indivisible del Estado Socialista. Por lo demás, con la elección de Alcaldes decretada inconstitucionalmente por la Asamblea Constituyente para diciembre de 2017, también quedó eliminada la autonomía de los Municipios, al imponerse igualmente a los alcaldes su sumisión a la Asamblea Constituyente

En definitiva, lo que se buscaba es eliminar la distribución vertical del Poder Público entre el Poder Municipal, el Poder Estatal y el Poder Nacional (art. 136), cada uno con su grado de autonomía, sus autoridades electas mediante sufragio directo y universal, y sus respectivas competencias; y sustituirlo por un esquema centralizado de un denominado Poder Popular, con la advertencia expresa como se concibió en 2007, de que dicho "Poder Popular no nace del sufragio ni de elección alguna, sino que nace de la condición de los grupos humanos organizados como base de la población," mediante un agregado de consejos organizados en forma piramidal y de designación de sus directivas mediante elecciones indirectas. Un signo de ello fue la eliminación por la Asamblea Nacional Constituyente en diciembre de 2017, de las autoridades municipales electas del nivel metropolitano del Distrito del Alto Apure y del Área Metropolitana de Caracas, como se explica más adelante.

Otro aspecto que debe mencionarse respecto de la propuesta de "constitucionalizar" determinados temas con la convocatoria en 2017 de una Asamblea Nacional Constituyente para reformar el Estado, tiene relación con lo expresado en el "objetivo programático" tercero del Decreto Nº 2830 de 1 de mayo de 2017, en relación con las Misiones y Grandes Misiones.

Ello fue, también, una reedición de lo propuesto por el Presidente Chávez en 2007, de reforma del artículo 141 de la Constitución de 1999 sobre la Administración Pública del Estado, eliminando el principio de que la Administración Pública, como una universalidad de órganos y entes, debe estar siempre al servicio de los ciudadanos, planteando al contrario que lo que debía es estar al servicio del Estado, como estructuras organizativas destinadas a servir de instrumento a los poderes públicos para el ejercicio de sus funciones, y para la prestación de los servicios".

Por otra parte, en la reforma rechazada de 2007, también se quiso "constitucionalizar" a las Misiones, dándosele una nueva redacción del artículo 141 de la Constitución, fragmentándose a la Administración Pública, al "clasificarla" en dos grupos: por una parte "las administraciones públicas burocráticas o tradicionales, que son las que atienden a las estructuras previstas y reguladas en esta Constitución"; y por la otra "las misiones, constituidas por organizaciones de variada naturaleza, creadas para atender a la satisfacción de las más sentidas y urgentes necesidades de la población, cuya prestación exige de la aplicación de sistemas excepcionales, e incluso, experimentales, los cuales serán establecidos por el Poder Ejecutivo mediante reglamentos organizativos y funcionales".

Ahora, a partir de 2017, al quererse constitucionalizarse las misiones mediante una Asamblea Nacional Constituyente, lo que se pretende es reeditar la reforma constitucional rechazada de 2007, que en lugar de corregir el descalabro administrativo que se ha producido en los últimos años por la indisciplina presupuestaria derivada de fondos asignados a programas específicos del gobierno denominados "misiones," concebidos fuera de la organización general del Estado, lo que busca es constitucionalizar el desorden administrativo.

Lo anterior es lo que se podía deducir de los "objetivos programáticos" que se le fijaron a la Asamblea Nacional Constituyente convocada inconstitucionalmente en 2017, siguiendo los lineamientos ya formulados en 2007, en la propuesta de reforma constitucional que fue rechazada por el pueblo.

VI. LOS LÍMITES DE LA ASAMBLEA NACIONAL CONSTITUYENTE Y SU INCONSTITUCIONAL ACTUACIÓN AL USURPAR TANTO EL PODER CONSTITUYENTE ORIGINARIO DEL PUEBLO COMO LAS COMPETENCIAS DE LOS PODERES CONSTITUIDOS

La Asamblea Nacional Constituyente, convocada inconstitucionalmente mediante el Decreto Nº 2830 de 1º de mayo de 2017,[283] con base en unas "bases comiciales" también decretadas unilateral e inconstitucionalmente por el Presidente de la República,[284] sin participación popular, usurpando el poder constituyente originario que sólo pertenece al pueblo, que es el único que podía convocarla; formalmente fue electa, también inconstitucional y fraudulentamente el 30 de julio de 2017, con resultados electorales que fueron manipulados según confesó la empresa encargada de los cómputos electorales.[285]

La inconstitucional convocatoria de la referida Asamblea Nacional Constituyente de 2017, fue rechazada, por fraudulenta, por la Asamblea Nacional y la mayoría de las instituciones nacionales

---

283 Decreto Nº 2830 de 1 de mayo de 2017, en *Gaceta Oficial* Nº 6295 Extra de 1º de mayo de 2017.

284 Decreto Nº 2878 de 23 de mayo de 2017, en *Gaceta Oficial* Nº 41156 de 23 de mayo de 2017.

285 Véase la reseña con las declaraciones de los directivos de la empresa Smartmatic, en: "Smartmatic: CNE manipuló los datos de participación de la Constituyente // #MonitorProDaVinci," en prodavinci, 2 de agosto de 2017, en http://proda-vinci.com/2017/08/02/actualidad/smartmatic-cne-manipulo-los-datos-de-participacion-de-la-constituyente-monitorprodavinci-1-1/. Igualmente, en "Smartmatic extrajo de Venezuela cajas con toda la información para soportar el "fraude" del CNE, *Dolar-Today* / Aug 3, 2017 @ 6:00 am, en https://dolartoday.com/smartmatic-extrajo-de-venezuela-cajas-con-toda-la-informacion-para-soportar-el-fraude-del-cne/?new=1. Sobre ello, véase lo declarado por la Fiscal General de la República: "Desconozco los resultados de esa ANC. La Fiscal General dijo que las cifras dadas por el CNE son fraudulentas," *El Nacional* 31 julio de 2017, en http://www.elnacional.com/noticias/politica/ortega-diaz-desconozco-los-resultados-esa-anc_196319#comments.

representativas de valores democráticos, y además por múltiples instituciones extranjeras, que la consideraron inconstitucional.[286]

Adicionalmente, la Asamblea fue repudiada y desconocida por la Secretaría de la Organización de Estados Americanos,[287] la Unión Europea, varias decenas de Estados Extranjeros,[288] e incluso por el Mercosur, que a causa de la misma acordó el retiro de Venezuela como Estado miembro, por considerar que con la instalación de la Asamblea Constituyente se había producido una ruptura del orden constitucional.[289]

Dicha Asamblea Nacional Constituyente, además, una vez electa, al instalarse, se configuró como un órgano estatal inconstitucional, al comenzar a funcionar conforme a un "Estatuto" que se había aprobado en la Asamblea Nacional Constituyente de 1999,[290] el

---

286 Véase los estudios y pronunciamientos sobre la inconstitucionalidad de la Asamblea en Allan R. Brewer-Carías y Carlos García Soto, *Estudios sobre la Asamblea Nacional Constituyente, Editorial Jurídica Venezolana, Caracas (29 de julio) 2017.* Véase el texto en http://allanbrewercarias.net/site/wp-content/uploads/2017/07/ESTUDIOS-SOBRE-LA-AN-CONSTITUYENTE-29-7-2017.-9am.pdf.

287 Véase Comunicado de prensa: "Secretaría General de la OEA respalda decisión de MERCOSUR sobre Venezuela," 5 de agosto de 2017, en http://www.oas.org/es/centro_noticias/comunicado_prensa.asp?sCodigo=C-062/17.

288 Véase las reseñas: "Hasta el momento, 40 países desconocen la constituyente cubana de Maduro," en *La Patilla*, 1 de agosto de 2017, en http://www.lapatilla.com/site/2017/08/01/hasta-el-momento-40-paises-desconocen-la-constituyente-cubana-de-maduro/. Véase igualmente en: http://cnnespanol.cnn.com/2017/07/31/los-paises-que-no-reconoceran-la-constituyente-de-venezuela-y-los-que-si/.

289 Véase la reseña: "Protocolo de Ushuaia: qué es la cláusula democrática del Mercosur que le aplicaron a Venezuela," en La nación, 5 de agosto de 2017, en http://www.lanacion.com.ar/2050382-protocolo-de-ushuaia-que-es-la-clausula-democratica-del-mercosur-que-le-aplicaron-a-venezuela . Véase igualmente, la reseña: "Se confirmó la suspensión de Venezuela del Mercosur," en La Nación, 5 de agosto de 2017, en http://www.lanacion.com.ar/1961560-se-confirmo-la-suspension-de-venezuela-del-mercosur.

290 Así se dispuso en la "base comicial" N° 10: "La Asamblea Nacional Constituyente se regirá por el estatuto de la Constituyente del 1999, hasta tanto

cual no sólo entonces fue contrario a la Constitución de 1961, sino que ahora es contrario a la propia Constitución de 1999.

Conforme a dicho "Estatuto," sin embargo, como lo expresó la Presidenta de la Asamblea el día 3 de agosto de 2017, que fue el de su instalación, la misma asumió un "poder plenipotenciario" que no tenía, supuestamente actuando "en nombre del poder originario del pueblo de Venezuela," lo que no era cierto, pues éste nada le ha delegado,[291] pues no había sido consultado.

La Asamblea Nacional Constituyente, al contrario, a pesar de su origen inconstitucional y fraudulento, está en todo caso sometida a la Constitución de 1999 y no tiene competencia para interferir en el funcionamiento de los Poderes Constituidos; y en el ejercicio de su misión que la Constitución le asigna con precisión, está en todo caso sometida a límites, los cuales, sin embargo no ha atendido.

Por tanto, la inconstitucionalidad de la Asamblea Nacional Constituyente de 2017, no sólo resultó de un vicio de inconstitucionalidad de origen causado en su convocatoria y elección, sino además, de un vicio de inconstitucionalidad derivado de su instalación, al adoptar un "Estatuto" para su funcionamiento que violaba la Constitución de 1999.

1. *El marco constitucional de la Asamblea Nacional Constituyente y su sujeción a la constitución*

Recordemos de nuevo que el artículo 347 de la Constitución de 1999, bajo cuyo articulado se eligió la Asamblea Nacional Consti-

---

dicte su propio estatuto de funcionamiento." Decreto N° 2878 de 23 de mayo de 2017.

291 Véase las referencias al discurso de instalación de la Asamblea nacional Constituyente de quien asumió la presidencia de la misma, Sra. Delcy Rodríguez, *en elsalvador.com*, 4 de agosto de 2017, en http://www.elsalvador.com/noticias/internacional/381637/10-frases-mas-polemicas-del-discurso-de-delcy-rodriguez/; en *bbc.mundo*, 4 de agosto de 2017, en http://www.bbc.com/mundo/noticias-america-latina-40806539.

tuyente el 30 de julio de 2017,[292] - aun cuando inconstitucionalmente - dispone lo siguiente:

> Artículo 347.   El pueblo de Venezuela es el depositario del poder constituyente originario. En ejercicio de dicho poder, puede convocar una Asamblea Nacional Constituyente **con el objeto de transformar el Estado, crear un nuevo ordenamiento jurídico y redactar una nueva Constitución.**

Es decir, la Constitución de 1999, bajo cuyas normas supuestamente se eligió la Asamblea Nacional Constituyente de 2017, y que sigue vigente hasta que se reforme o se sustituya por otra conforme a la Constitución, establece claramente los cuatro parámetros básicos de funcionamiento de una Asamblea Nacional Constituyente:

Primero, que el pueblo es el único depositario del poder constituyente originario, el cual en ningún caso puede delegar, ni siquiera mediante referendo, porque como lo reafirma el artículo 5 de la misma Constitución, "la soberanía reside *intransferiblemente* en el pueblo." Por eso es que el pueblo como depositario de dicho poder es el único que puede convocar una Asamblea Nacional Constituyente. Ello no se hizo con la Asamblea Nacional Constituyente de 2017, y por eso fue inconstitucional tanto su convocatoria como su elección.

Segundo, la Asamblea Nacional Constituyente no puede asumir el "poder constituyente originario" del cual el pueblo es el único depositario. En consecuencia, la Asamblea no puede usurpar ni intervenir a los Poderes Constituidos.

Tercero, la única misión posible de una Asamblea Nacional Constituyente es "transformar el Estado, crear un nuevo ordenamiento jurídico y redactar una nueva Constitución."

---

292   Véase los estudios y pronunciamientos sobre la inconstitucionalidad de la Asamblea en Allan R. Brewer-Carías y Carlos García Soto, *Estudios sobre la Asamblea Nacional Constituyente,* Editorial Jurídica Venezolana, Caracas (29 de julio) 2017. Véase el texto en http://allanbrewercarias.net/site/wp-content/uploads/2017/07/ESTUDIOS-SOBRE-LA-AN-CONSTITUYENTE-29-7-2017.-9am.pdf.

Cuarto, si bien es cierto que el artículo 349 de la Constitución dispone que "los poderes constituidos no podrán en forma alguna impedir las decisiones de la Asamblea Nacional Constituyente," ello se refiere única y exclusivamente a las decisiones que pueda adoptar la Asamblea Nacional Constituyente en *el marco del cumplimiento de su misión y de sus funciones* antes indicadas ("transformar el Estado, crear un nuevo ordenamiento jurídico y redactar una nueva Constitución"), y no puede interpretarse dicha frase en forma alguna en el sentido de que pueda intervenir, disolver o afectar el funcionamiento de los Poderes Constituidos.

Es decir, no teniendo la Asamblea Nacional Constituyente "poder constituyente originario" alguno, la misma, incluso si hubiese sido electa constitucionalmente, necesariamente tiene que actuar en el marco de la Constitución de 1999, cuyas normas tiene que respetar, no teniendo poder alguno para actuar al margen de la Constitución, ni para tomar decisiones que signifiquen apartarse de sus regulaciones.

Con base en ello, la disposición contenida en la "base comicial: N° 10 establecida en el Decreto N° 2728 de 23 de mayo de 2017, según la cual la Asamblea Nacional Constituyente se debe regir "por el Estatuto de la Constituyente del 1999, hasta tanto dicte su propio estatuto de funcionamiento," tiene que interpretarse en el sentido de que dicha aplicación solo puede aceptarse *en lo que fuere aplicable y no fuere contrario al texto de la Constitución* de 1999.

Todo lo anterior sobre la Asamblea Nacional Constituyente como mecanismo de reforma constitucional, lo expusimos desde el mismo momento en el cual la Constitución se sancionó en 1999,[293] como lo hemos destacado anteriormente en este libro.

---

293 Véase Allan R. Brewer-Carías, *La Constitución de 1999 y la Enmienda Constitucional* N° 1 de 2009 (Con el texto oficial publicado en *Gaceta Oficial* N° 5.908 Extraordinaria de 19-02-2009. Anotada con referencias a la legislación vigente hasta el 1° de agosto de 2011), Editorial Jurídica Venezolana, Caracas 2011. pp. 30-301.

2. La inconstitucional adopción del Estatuto de funcionamiento de la Asamblea Constituyente de 1999 para su aplicación en 2017, y la arbitraria fijación de su duración por dos años

La elección de los miembros de la Asamblea Nacional Constituyente se llevó a cabo el 30 de julio de 2017, sin que el pueblo la hubiera convocado ni hubiera aprobara sus bases comiciales.

Además, al instalarse el día 5 de agosto de 2017, como se dijo, la Asamblea adoptó supuestamente en forma transitoria, como su "Estatuto de Funcionamiento," el que se aprobó el 7 de agosto de 1999 para la Asamblea Constituyente de la época,[294] con una sola modificación que se refirió al tiempo de duración de la misma, que en lugar de los 6 meses como se previó para la Asamblea de 1999, en 2017 se extendió a dos años,[295] es decir, hasta julio de 2019, originando en definitiva la instalación de un sistema de gobierno asambleario y tumultuario al cual le están subordinados todos los poderes constituidos.

Con esta decisión, la Asamblea Constituyente incurrió en una nueva inconstitucionalidad, pues dicho Estatuto establece poderes para la Asamblea Constituyente que son contrarios a lo dispuesto en la Constitución de 1999, que fue el texto que supuestamente le dio nacimiento; y en particular, la misma puede decirse que dio un golpe de Estado, al expresar en parágrafo único del artículo 1 de dicjo Estatuto, que la Constitución de 1999 solo se mantendría en vigencia en tanto no resultare derogado directa o indirectamente derogada por los actos de la propia Asamblea.

Ese Estatuto de la Asamblea Nacional Constituyente de 1999 que se resolvió aplicar a la de 2017, por tanto implicó la suspensión

---

294 Véase el texto en el Acta de la sesión de la Asamblea Nacional Constituyente del día 7 de agosto de 1999. En el Diario de debates, y por ejemplo, en https://carloseramos.files.wordpress.com/2013/02/04-anc-07-08-1999.pdfa

295 Véase "¡Aprobado! Asamblea Nacional Constituyente tendrá funcionamiento por 2 años," en WWW.VTV.GOB.VE, 5 de agosto de 2017, en http://vtv.gob.ve/aprobado-asamblea-nacional-constituyente-tendra-funcionamiento-por-2-anos/C.

de hecho de la Constitución de 1999, y se comenzó a emplear de inmediato para "revocar" inconstitucionalmente el mandato de la Fiscal General de la República,[296] violándose la Constitución que dispone que el único órgano que puede revocar a los altos funcionarios del Poder Ciudadano es la Asamblea Nacional (art. 279).

En todo caso, cuando el artículo 1 del Estatuto de la Constituyente de 1999 se discutió en la sesión de la Asamblea Nacional Constituyente del 7 de agosto de 1999, aun cuando la Constitución de 1961 ni siquiera tenía una norma tan clara como la del actual artículo 347 de la Constitución de 1999, consideré que la disposición que contenía era inconstitucional pues, en todo caso, el poder constituyente originario corresponde únicamente al pueblo, no siendo constitucional que la Asamblea Constituyente se declarara a sí misma como "originaria." es decir, como poder constituyente originario usurpando la soberanía popular.

Esa argumentación, como se ha expuesto anteriormente, la desarrollé como miembro de la Asamblea Nacional Constituyente en esa sesión del 7 de agosto de 1999, cuando el Estatuto de Funcionamiento se aprobó –con mi voto salvado–; y la repetí en los diferentes debates posteriores que se desarrollaron respecto de decisiones mediante las cuales la Asamblea de 1999 se auto-atribuyó el ejercicio del poder constituyente originario adoptando Decretos de intervención de los Poderes Constituidos.[297]

---

296   Véase "La primera decisión de la Constituyente: remover a Luisa Ortega de la Fiscalía // #MonitorProDaVinci," en *Prodavinci*, 5 de agosto de 2017, en http://prodavinci.com/2017/08/05/actualidad/la-primera-decision-de-la-constituyente-remover-a-luisa-ortega-de-la-fiscalia-monitorprodavinci/. Véase igualmente en http://www.ntn24america.com/noticia/en-vivo-asamblea-nacional-constituyente-inicia-su-primera-sesion-pese-a-su-amplio-rechazo-148848.

297   Véase todos los argumentos que presenté oralmente en las sesiones de la Asamblea de 1999, y por escrito mediante votos salvados en Allan R. Brewer-Carías, *Debate Constituyente (Aportes a la Asamblea Nacional Constituyente), Tomo I (8 agosto-8 septiembre 1999)*, Fundación de Derecho Público-Editorial Jurídica Venezolana, Caracas 1999, pp. 11-39.

Después de la experiencia de 1999, como hemos dicho, la figura de la Asamblea Nacional Constituyente se incorporó como mecanismo de reforma constitucional en el texto de la Constitución de 1999, razón por la cual ahora cuenta con un marco mucho más preciso sobre su misión y sus límites establecidos expresamente en el artículo 347 de la Constitución, que la Asamblea Constituyente no puede violar.

Ese marco constitucional, en efecto, *en primer lugar*, no permite que como se indica en dicho artículo 1° del Estatuto mencionado, la Asamblea Nacional Constituyente pueda asumir el rol de ser "depositaria de la voluntad popular y expresión de su soberanía con las atribuciones del Poder Originario para reorganizar el Estado venezolano y crear un nuevo ordenamiento jurídico democrático."

Ello no es cierto, teniendo la Asamblea conforme a la Constitución, solamente la misión de "reorganizar el Estado venezolano y crear un nuevo ordenamiento jurídico democrático." Por ello, en forma alguna puede la Asamblea Constituyente electa en 2017, pretender asumir, contra el texto expreso de la Constitución de 1999 y como se indicó inconstitucionalmente en la base comicial Décima primera, el carácter de "poder originario que recoge la soberanía popular," o como se expresa en el artículo 1° del Estatuto, el carácter de "depositaria de la voluntad popular y expresión de su soberanía," pues la misma no fue convocada por el pueblo mediante referendo de convocatoria, y por tanto ni puede ser depositaria de la voluntad popular, ni puede ser expresión de la soberanía popular.

Por otra parte, es absolutamente inconstitucional que la Asamblea Nacional Constituyente pretenda actuar como lo dice el artículo 1° del Estatuto, "con las atribuciones del Poder Originario," que solo el pueblo puede ejercer, pues solo el pueblo es depositario del mismo, e incluso no lo puede delegar ni transferir, ni siquiera mediante referendo.

En el citado marco constitucional, *en segundo lugar*, nada en la Constitución le otorga a la Asamblea Nacional Constituyente supuestas "atribuciones que le sean inherentes" distintas a la misión de reformar el Estado, crear un nuevo ordenamiento jurídico y redactar una nueva Constitución. Esas son las únicas atribuciones inherentes a la Asamblea Nacional Constituyente, y es por ello y para ello que solo debe ser convocada por el pueblo.

En *tercer lugar*, conforme al referido marco constitucional fijado en el artículo 347 y siguientes de la Constitución, la Asamblea Nacional Constituyente no tiene en absoluto, poder alguno para "limitar o definir la cesación de las actividades de las autoridades que conforman el Poder Público" como dice el referido artículo 1º del Estatuto.

Y en *cuarto lugar*, conforme a la Constitución de 1999 la Asamblea Constituyente tiene por misión definir el esquema para transformar al Estado, crear un nuevo ordenamiento jurídico y redactar una nueva Constitución, pero no para asumir un gobierno dictatorial por un largo período de dos años, sometiendo todos los poderes constituidos a sus designios, barriendo así con el principio fundamental de la separación de poderes y derogando de hecho la Constitución de 1999.

Al contrario, la Asamblea Nacional Constituyente está sometida a los límites que le impuso el poder constituyente originario, es decir, el pueblo, al aprobar la Constitución de 1999 mediante referendo efectuado el 15 de diciembre de 1999.

Dichos límites se refieren, en *primer lugar,* a la precisión de su misión; y en *segundo lugar,* a la vigencia de la Constitución de 1999 hasta tanto no sea sustituida por la nueva Constitución que elabore la Asamblea Nacional Constituyente. Además, en *tercer lugar,* la Asamblea Nacional Constituyente tiene como límite a su actuación, el conjunto de valores y principios que están a la base de la sociedad democrática que el pueblo quiere consolidar.

3. *La misión de la Asamblea Nacional Constituyente es, en definitiva, solo redactar una nueva constitución*

En el artículo 347 de la Constitución de 1999, incorporado en el Título relativo a "de la reforma constitucional," se fijó con toda precisión la *misión constitucional única de la Asamblea Nacional Constituyente* que se eligió inconstitucionalmente el 30 de julio de 2017, tal como fue indicado expresamente por el pueblo al manifestar su voluntad manifestada a través del referendo aprobatorio de la

Constitución de 15 de diciembre de 1999, precisando que la misma tiene como único fin y propósito transformar el Estado, crear un nuevo ordenamiento jurídico y redactar una nueva Constitución, por supuesto, dentro de los límites impuestos por los principios y valores republicanos y democráticos establecidos en la Constitución.

Es completamente inconcebible que en el marco de la Constitución de 1999 que regula un Estado de derecho de democracia representativa y participativa, una Asamblea Nacional Constituyente pueda llegar a eliminar la democracia representativa, el sistema de control del ejercicio del poder, la separación de poderes, y el estatuto fundamental de los ciudadanos (derechos y garantías).

Y en cuanto a su misión específica, mientras la Asamblea Nacional Constituyente cumple su tarea de redactar un nuevo texto constitucional que refleje su misión de transformar el Estado y crear un nuevo ordenamiento jurídico en el marco de un sistema que se anunció durará dos años de su funcionamiento, tiene que estar montado sobre principios y valores democráticos, necesariamente continúa en vigencia la Constitución de 1999, la cual no puede ser violada por la propia Asamblea, conservando todo su vigor.

Por ello, la asunción de facultades dictatoriales por la Asamblea Nacional Constituyente, al fijarse un lapso de duración de dos años para gobernar sin límites, sometiendo todos los poderes constituidos a sus designios, y sin que la nueva Constitución que debe sancionar tenga prioridad alguna, no es otra cosa que una derogación de hecho de la Constitución de 1999, con base a cuya aplicación supuestamente pudo ser convocada.

4. La necesaria vigencia de la Constitución de 1999 durante el funcionamiento de la asamblea nacional constituyente

Como se ha dicho, el pueblo soberano, en el referendo aprobatorio de la Constitución de 1999, al aprobar mediante referendo el artículo 347 de la Constitución, indicó con precisión cuál es la misión de una Asamblea Nacional Constituyente cuando es convocada por el pueblo como instrumento de reforma de la Constitución; fijándole entonces los límites impuestos para el cumplimiento de su misión, que derivan del propio texto de la Constitución de 1999, la cual solo pierde vigencia cuando se apruebe por el pueblo la nueva Constitución que redacte la Asamblea Nacional Constituyente.

Es decir, la Asamblea Constituyente, conforme a la Constitución, no tiene poder alguno para poner en vigencia una nueva Constitución, que es un poder que corresponde en forma exclusiva al poder constituyente originario del cual el pueblo es depositario exclusivo. La Asamblea Nacional Constituyente, conforme lo dice la Constitución, solo tiene competencia para "redactar una nueva Constitución"; y redactar es solo eso, redactar, y ello constitucionalmente no implica poner en vigencia una nueva Constitución usurpando la voluntad del pueblo, y mucho menos adoptar actos que violan o sean contrarios a la Constitución, suspendiendo su aplicación como ha ocurrido.

En consecuencia, la Asamblea Nacional Constituyente no sólo no tiene carácter soberano ni es titular de poder constituyente originario alguno, sino que solo tiene poderes constitucionales de actuación en lo que se refiere a la "redacción de una nueva Constitución." Por otra parte, conforme al artículo 349, el hecho de que "los poderes constituidos no podrán en forma alguna *impedir las decisiones* de la Asamblea Nacional Constituyente," no implica que la Asamblea pueda tener otras actuaciones distintas a las derivadas de su misión constitucional. Las únicas decisiones de la misma que no pueden ser impedidas por los poderes constituidos, son las que pueda adoptar la Asamblea Nacional Constituyente en *el marco del cumplimiento de su misión y de sus funciones,* que solo son: establecer los lineamientos para "transformar el Estado, crear un nuevo ordenamiento jurídico y redactar una nueva Constitución."

Dicha frase del artículo 349 constitucional, por tanto, no puede interpretarse en forma alguna, en el sentido de que la Asamblea pueda tener competencia o poderes para intervenir, disolver o afectar el funcionamiento de los Poderes Constituidos, o para asumir las competencias que le son propias, o para tomar decisiones contrarias a la Constitución.

Por tanto, por ejemplo, la decisión adoptada por la Asamblea Nacional Constituyente el día 5 de agosto de 2017, mediante la cual resolvió "remover" de su cargo a la Fiscal General de la República y nombrar un Fiscal General provisionalmente, lo que significó fue una derogación y modificación de la Constitución de 1999, antes de haber sido sustituida por la otra que la Asamblea redacte y sea aprobada por el pueblo mediante referendo como titular del poder constituyente originario.

No es posible pensar, por tanto, en el marco de la Constitución de 1999, que la Asamblea Constituyente pueda en forma alguna modificar en cualquier forma a los poderes constituidos, como podría ser por ejemplo, la disolución de la Asamblea Nacional o de cualquier otro órgano constitucional, en el sentido de terminación anticipada del mandato de dichos órganos constitucionales. Ello, si acaso, sólo podría ocurrir después de que la nueva Constitución sea redactada por la Asamblea, sea aprobada mediante referéndum, y ello resulte necesario del diseño de transformación del Estado que se proyecte. Nunca podría ocurrir durante el funcionamiento de la Asamblea Constituyente, antes de que se redacte la nueva Constitución y la misma sea aprobada por el pueblo.

Sin embargo, la realidad, es que la Asamblea Nacional Constituyente terminó de barrer con la Constitución de 1999 al adoptar con fecha 8 de agosto de 2017,"[298] sin competencia alguna para ello, unas *Normas para garantizar el pleno funcionamiento institucional de la Asamblea Nacional Constituyente en armonía con los Poderes Públicos constituidos,* declarando, copiando lo que estaba en el Estatuto de Funcionamiento de la Asamblea Constituyente de 1999, "que la Constitución de 1999 seguirá en vigencia, en todo aquello en lo que ella no disponga lo contrario," es decir, en tanto la Asamblea Nacional Constituyente no disponga otra cosa puntualmente en cualquiera de las decisiones que adopte.

Con ello de nuevo, la Asamblea Nacional Constituyente consolidó el golpe de Estado.

---

298   Véase *Gaceta Oficial* N° 6.323 Extraordinario del 8 de agosto de 2017.

VII. LOS LÍMITES IMPUESTOS A LA ASAMBLEA NACIO-NAL CONSTITUYENTE PARA EL CUMPLIMIENTO DE SU MISIÓN, POR LAS INCONSTITUCIONALES "BA-SES COMICIALES" DECRETADAS EL 23 DE MAYO DE 2017 [299]

Pero además de los límites constitucionales al funcionamiento de la Asamblea Nacional Constituyente, e independientemente de la inconstitucional adopción de las "bases comiciales" dictadas mediante Decreto N° 2878 de 23 de mayo de 2017 para la elección de la misma, pues las mismas no fueron aprobadas por el pueblo mediante referendo,[300] dichas "bases comiciales" que se decretaron para regir su elección y su funcionamiento, le establecieron a la Asamblea Nacional Constituyente una serie de límites que deben guiar su misión de "transformar el Estado, crear un nuevo ordenamiento jurídico y redactar una nueva Constitución" tal como lo dispuso el pueblo al aprobar la Constitución mediante referendo el 15 de diciembre de 1999.

Es decir, en su tarea de transformar el Estado, de crear un nuevo ordenamiento jurídico y de redactar una nueva Constitución, la Asamblea Nacional Constituyente no tiene poderes ilimitados ni absolutos, sino al contrario, está sometida a los límites precisos que fueron dispuestos en la "base comicial" Décima primera inserta en el mencionado Decreto N° 2878 de 23 de mayo de 2017, que son: en *primer lugar,* el respeto de "los valores y principios de nuestra

---

299   Véase Allan R. Brewer-Carías, "Los límites de la Asamblea Nacional Constituyente, y su actuación inconstitucional al usurpar, tanto el poder constituyente originario del pueblo como las competencias de los poderes constituidos," New York, 7 de agosto de 2017, >> http://allanbrewerca-rias.net/site/wp-content/uploads/2017/08/170.-doc.-Brewer.-L%C3%ADmites-a-la-ANC-2017.pdf.

300   Véase Allan R. Brewer-Carías, *La inconstitucional convocatoria de una asamblea nacional constituyente en mayo de 2017 un nuevo fraude a la Constitución y a la voluntad popular*, Colección Textos Legislativos, N° 56, Editorial Jurídica Venezolana, Caracas 2017. Véase en http://allanbrewercarias.net/site/wp-content/uploads/2017/06/BREWER-CARIAS-LA-INCONSTITUCIONAL-CONVOCATORIA-AN-CONSTITUYENTE-JUNIO-2017-FINAL.pdf.

historia republicana;" en *segundo lugar*, "el cumplimiento de los tratados internacionales, acuerdos y compromisos válidamente suscritos por la República;" en *tercer lugar*, el respeto del "carácter progresivo de los derechos fundamentales de los ciudadanos;" y en *cuarto lugar*, el aseguramiento de "las garantías democráticas dentro del más absoluto respeto de los compromisos asumidos."

1. El respeto de los valores y principios de nuestra historia republicana

El *primer* límite que tiene la Asamblea Nacional Constituyente en su misión de transformar el Estado, crear un nuevo ordenamiento jurídico y redactar una nueva Constitución es el que deriva de "los valores y principios de nuestra historia republicana."

Dicha historia republicana de Venezuela, debe recordarse, ha transcurrido, toda, dentro de los valores y principios del constitucionalismo moderno que tienen sus raíces tanto en la Revolución norteamericana de 1776 como en la Revolución Francesa de 1789,[301] y que se plasmaron, en primer lugar, en la Constitución de los Estados Unidos de Norteamérica de 1787, en segundo lugar, en la Constitución francesa de 1791 y en tercer lugar, en la Constitución Federal de la Provincias de Venezuela de 1811, la tercera Constitución del mundo moderno.

Esos valores y principios de nuestra historia republicana, que constituyen los límites dentro de los cuales deben llevarse a cabo los trabajos de la Asamblea Nacional Constituyente y que, por tanto, deben ser conservados, son los siguientes:

En *primer lugar*, el principio del *republicanismo* mismo, que parte del postulado de que la soberanía sólo reside en el pueblo, lo que impide que se pueda considerar a cualquier órgano del Estado como soberano, incluyendo por supuesto a cualquier Asamblea

---

301 Véase Allan R. Brewer-Carías, *Reflexiones sobre la Revolución Norteamericana (1776), la Revolución Francesa (1789) y la Revolución Hispanoamericana (1810-1830) y sus aportes al constitucionalismo moderno*, 2ª Edición Ampliada, Serie Derecho Administrativo N° 2, Universidad Externado de Colombia, Editorial Jurídica Venezolana, Bogotá 2008.

Constituyente, que no podría pretender actuar "como poder originario que recoge la soberanía popular." Sólo el pueblo es soberano, sólo el pueblo es depositario del poder constituyente originario, por lo que no hay persona u órgano estatal alguno que pueda arrogarse la soberanía.

Ello implica que cualquier idea de poder absoluto está rechazada, y por supuesto, toda idea monárquica o a cualquier intento de situar la soberanía en algún órgano del Estado, incluso, se insiste, en la propia Asamblea Constituyente, la cual no puede ser nunca soberana ni pretender asumir la soberanía ni el poder constituyente originario, que sólo pertenece al pueblo. El pueblo es el soberano, el pueblo es el depositario del poder constituyente originario, nunca es la Asamblea. Así fue que se plasmó dicho principio, desde la propia Constitución de 1811, en la norma que constituyó el antecedente del actual artículo 5 de la Constitución de 1999.

En *segundo lugar,* como segundo valor y principio de nuestra historia republicana, está el de la *democracia representativa,* que implica que el pueblo sólo puede ejercer su soberanía mediante el sufragio, a través de representantes. Es decir, uno de los principios constantes de nuestra historia republicana ha sido el de la democracia representativa, el cual la Asamblea Nacional Constituyente debe respetar, no pudiendo alterar el sistema electoral de manera de afectar el derecho al sufragio universal y a la representación.

Por ello, todas las propuestas que puedan formularse para hacer efectiva la democracia participativa, deben respetar el principio republicano de la democracia representativa, que en ningún caso puede desaparecer o ser sustituida.

La democracia participativa, por tanto, no es un régimen político que pueda diseñarse en sustitución de la democracia representativa, sino que es su complemento y perfeccionamiento, de manera de asegurar una participación más efectiva del pueblo en la toma de decisiones políticas, por ejemplo, mediante los referendos y consultas públicas que lamentablemente hasta ahora han sido rigidizadas.

El *tercer* principio fundamental de nuestra historia republicana, que ha sido el fundamento del constitucionalismo moderno, es el principio de la *supremacía constitucional* que implica que dado el carácter de Ley Suprema que tiene la Constitución, toda violación a la misma acarrea la nulidad del acto estatal que se encuentre en colisión con la misma. Este principio, por tanto, es otro de los límites impuestos por la soberanía popular a la Asamblea Nacional Constituyente, que ésta debe respetar.

Dicho principio exige, en consecuencia, que el ordenamiento garantice la supremacía constitucional declarando nulo todo acto violatorio de la Constitución, y estableciendo, como ha sido tradición constitucional de Venezuela desde el Siglo pasado, mecanismos efectivos de protección y defensa de la Constitución, como el control judicial tanto difuso como concentrado de la constitucionalidad de las leyes y demás actos normativos, ejercido por un juez constitucional que sea efectivamente autónomo e independiente.

El *cuarto* de los valores de nuestra historia republicana es el principio de la *distribución territorial del Poder Público* como garantía de libertad y como mecanismo para la prevención del abuso de poder.

En toda nuestra historia republicana, en efecto, el Poder Público ha estado distribuido territorialmente en tres niveles de gobierno que respectivamente ejercen, conforme a la forma federal del Estado, el Poder Nacional, el Poder de los Estados y el Poder Municipal. Por ello, el *Federalismo* y el *Municipalismo* son dos valores de nuestra historia republicana que deben ser respetados por la Asamblea Constituyente.

El *quinto* de los principios de nuestra historia republicana, es el principio de la *separación de los Poderes Públicos* que debe asegurarse en los tres niveles territoriales, al menos entre el Poder Ejecutivo, el Poder Legislativo y el Poder Judicial, lo que origina un rechazo a toda fórmula de unicidad del Poder Público, y exige su separación en órganos estatales, cada uno con sus competencias y, además, un sistema de frenos, controles y contrapesos entre ellos, a los efectos de garantizar la libertad. Al sistema de la separación de poderes, además, deben agregarse los órganos encargados del control de las elecciones y de los controles ciudadanos, como son los actuales Poder Electoral y el Poder Ciudadano.

Por ello, sería contrario al principio de la separación de poderes toda decisión que pretendiera la unicidad del Poder, es decir, que un solo órgano del Estado asumiera el ejercicio de varios poderes estatales.

El respeto al principio de la separación de poderes, incluso, impide a la Asamblea Constituyente poder asumir, además de su tarea de formulación constituyente, el Poder Legislativo o el Poder Judicial disolviendo la Asamblea Nacional o el Tribunal Supremo.

Ello, además de ser contrario a la voluntad popular que le dio origen y le fijó sus límites al aprobarse la Constitución de 1999 por referendo del 15 de diciembre de ese año, contrariaría el principio de la separación de poderes que es esencial en nuestra historia republicana, establecido desde la Constitución de 1811, y que constituye uno de los límites específicos impuestos a la Asamblea Constituyente.

El *sexto* de los principios de nuestra historia republicana que la Asamblea Constituyente debe respetar al organizar el Poder Público, es el del *sistema presidencial* de gobierno, lo que implica, no sólo la separación entre el órgano legislativo y el órgano ejecutivo, sino la atribución de la Jefatura del Estado y del Gobierno a un Presidente de la República electo mediante votación universal, directa y secreta.

El presidencialismo, así, ha sido de la esencia no sólo de nuestra historia republicana sino de toda América Latina, donde nunca ha existido un sistema de gobierno parlamentario ni asambleario. Pueden establecerse correctivos parlamentarios (controles y contrapesos) en relación al presidencialismo como algunos de los que existen en la Constitución de 1999 (existencia del Consejo de Ministros responsable; voto de censura de la Asamblea Nacional respecto de los Ministros; deber de comparecencia de éstos a las Comisiones parlamentaria; derecho de los Ministros a tener iniciativa legislativa y participar en la discusión de las leyes), pero ello no cambia la naturaleza presidencial del sistema de gobierno que, como principio del republicanismo, debe conservarse.

El *séptimo* de los principios del republicanismo en relación con el sistema de gobierno, como principio esencial de nuestra historia republicana, que la Asamblea Constituyente está obligada a respetar, es el principio del *gobierno alternativo y responsable*, que además de los principios del gobierno democrático y representativo, debe complementarse con otros como el del carácter participativo. La alternabilidad gubernamental, por tanto, es de la esencia de nuestra historia republicana, lo que había dado origen a la tradición de la limitación a la reelección presidencial, que debe restablecerse; al igual que lo es la responsabilidad de los gobernantes.

El *octavo* de los principios de nuestra historia republicana que debe respetar la Asamblea Nacional Constituyente, es el *sistema constitucional de controles* en relación con el ejercicio del Poder Público. Una formulación original de este principio fue la propuesta del Libertador Simón Bolívar en el Congreso de Angostura de 1819 sobre el Poder Moral, y que el constitucionalismo contemporáneo se ha regulado mediante el establecimiento de órganos constitucionales especializados, con autonomía funcional, como la Contraloría General de la República, la Fiscalía General de la República, o el Defensor del Pueblo o de los Derechos Humanos, que deben conservarse.

El *noveno* de los valores de nuestra historia republicana, es la consagración constitucional de los *derechos y garantías constitucionales* en el texto fundamental, lo cual tiene su antecedente remoto en la Declaración de los Derechos del Pueblo adoptada el 1° de julio de 1811 por la Sección Legislativa de la Provincia de Caracas del Congreso General de 1811,[302] incluso 4 días antes de la Declaración de Independencia.

La Asamblea Nacional Constituyente, por tanto, debe respetar el principio republicano de la enumeración de los derechos y garantías constitucionales, ampliándola sin duda, y en particular, re-

---

302 Véase Allan R. Brewer-Carías, *Las Declaraciones de derechos del pueblo y del hombre de 1811 (Bicentenario de la Declaración de "Derechos del Pueblo" de 1° de julio de 1811 y de la "Declaración de Derechos del Hombre" contenida en la Constitución Federal de los Estados de Venezuela de 21 de diciembre de 1811)*, Prólogo De Román José Duque Corredor), Academia de Ciencias Políticas y Sociales, Caracas 2011.

forzando y haciendo efectiva la atribución de rango constitucional a los tratados internacionales que los consagran.

Por último, también puede decirse que se configuran como valores y principios de nuestra historia republicana, los denominados *principios pétreos* de nuestro constitucionalismo, y que son tanto el principio de la *independencia nacional* como el principio de la *integridad del territorio,* a los que la Asamblea Nacional Constituyente está sujeta. La Asamblea, por tanto, en forma alguna podría afectar la Independencia de Venezuela o la integridad de su territorio que tiene su origen en el que correspondió a la Capitanía General de Venezuela antes de la transformación política independentista iniciada el 19 de abril de 1810.

2. *El cumplimiento de los Tratados Internacionales, Acuerdos y Compromisos válidamente suscritos por la República*

El segundo gran límite impuesto a la Asamblea Constituyente por la soberanía popular manifestada en el referendo aprobatorio de la Constitución de 1999 de 15 de diciembre de ese año, es el cumplimiento de los Tratados Internacionales, Acuerdos y Compromisos válidamente suscritos por la República.

Este límite, en realidad, le establece a la Asamblea Nacional Constituyente un marco para transformar el Estado y crear un nuevo ordenamiento jurídico que haga efectiva la democracia social y participativa, conformado por todos los tratados, acuerdos y compromisos suscritos válidamente por la República, tanto de carácter bilateral como multilateral y en los cuales, entre otros, se regula el principio democrático, el régimen de protección de los derechos humanos y las garantías ciudadanas a la libertad.

Por otra parte, este límite impuesto a la Asamblea, responde al mismo principio del artículo 10 de la Constitución de 1999 que precisa el territorio nacional en relación con el que era de la Capitanía General de Venezuela a inicios del Siglo XIX, pero con las modificaciones resultantes de los Tratados no viciados de nulidad, lo que excluye toda posibilidad de que la Asamblea pretenda desconocer los Tratados de límites territoriales que han sido celebrados por la República.

3. El respeto del carácter progresivo de los derechos fundamentales del hombre

El tercero de los límites establecidos en el decreto que estableció en las "bases comiciales" para la Asamblea Nacional Constituyente, en su misión de transformar el Estado y crear un nuevo ordenamiento jurídico que asegure efectivamente una democracia social y participativa, es el carácter progresivo de los derechos fundamentales del hombre.

Esto significa que la garantía de los derechos humanos no se agota con su enumeración constitucional y la previsión de los medios judiciales de protección, como la acción de amparo, sino mediante su aplicación e interpretación progresiva, en favor de la persona humana y de la libertad. Ello implica que la Asamblea Constituyente en ningún caso podría disminuir la garantía y protección de los derechos, y que en todo caso de duda, la Ley debe ser interpretada de manera favorable a los derechos fundamentales, a su preservación y protección buscando que siempre prevalezca la libertad.

En tal sentido las limitaciones a los derechos fundamentales establecidas legalmente, siempre deben interpretarse restrictivamente, a favor de la libertad, y nunca podrían establecer en la nueva Constitución previsiones que desmejoren la garantía y protección de los derechos de las personas.

4. El aseguramiento de las garantías democráticas dentro del más absoluto respeto de los compromisos asumidos

Por último, la Décima Primera de las Base Comicial inconstitucionalmente decretadas mediante Decreto N° 2878 de 23 de mayo de 2017, aun cuando fueron dictadas sin aprobación popular, estableció como límite a la Asamblea Nacional Constituyente, consistente en el respeto a las garantías democráticas dentro del más absoluto respeto de los compromisos asumidos.

Estas garantías democráticas apuntan a los principios fundamentales del régimen democrático, representativo, alternativo y responsable que deben preservarse en la nueva Constitución, además de la previsión de instrumentos para hacer de la democracia un régimen más representativo, participativo y social.

Por ello, el respeto de las garantías democráticas implica el respeto de los valores esenciales de la democracia como régimen político, entre ellos, el de la igualdad, la libertad, la dignidad de la persona humana, el sometimiento al derecho, la tolerancia, el pluralismo, el respeto de las minorías y el control y limitación del poder como garantía de libertad.

***

De todo lo anteriormente expuesto resulta por tanto, que no sólo la convocatoria de la Asamblea Nacional Constituyente de 2017, y la fijación de "bases comiciales" para su elección, estuvieron viciados de inconstitucionalidad por usurpación del poder constituyente originario que solo corresponde al pueblo, por parte del Presidente de la República, afectando todo el proceso como un fraude a la voluntad popular; sino que la elección de la misma también estuvo viciada de inconstitucionalidad por haber el Consejo Nacional Electoral manipulado las cifras de las votaciones, como fue denunciado-confesado por la empresa encargada de los cómputos electorales.

Además, al instalarse la Asamblea Nacional Constituyente, y adoptar para su funcionamiento el Estatuto de la Asamblea Nacional Constituyente de 1999, de nuevo incurrió en inconstitucionalidad, al pretender arrogarse con ello un poder constituyente originario que solo corresponde al pueblo, y colocarse por encima de la Constitución de 1999, que quedó pospuesta, y con ello, pretender interferir e intervenir los poderes constituidos, lo cual no puede hacer en ningún caso. Sin embargo, lo hizo, habiendo sido su primera decisión, decretar la remoción de la Fiscal General de la República, y nombrar un Fiscal General encargado para lo cual no tiene competencia alguna; la segunda, decretar la realización de elecciones de gobernadores, de alcaldes y de presidente, usurpando las funciones del Poder Electoral; y la tercera, usurpar todas las funciones legislativas y de control político atribuidas a la Asamblea Nacional.

La Asamblea Nacional Constituyente, aún si hubiera sido electa constitucionalmente, está sometida a limitaciones que no puede desconocer, comenzando por las disposiciones de la propia Constitución de 1999 la cual no puede perder vigencia durante su funcionamiento. Conforme a ella, lo único que compete a la Asamblea Nacional Constituyente es redactar una nueva Constitución para transformar el Estado y crear un nuevo orden jurídico, y nada más; debiendo someter la nueva Constitución que redacte a aprobación popular mediante referendo.

En el cumplimiento de esa misión de redactar la nueva Constitución con esos fines, exclusivamente, es que los poderes constituidos no pueden "en forma alguna impedir las decisiones de la Asamblea Nacional Constituyente," lo que no significa que esta pueda afectar el funcionamiento de los mismos en forma alguna.

El anterior, y no otro, es el marco constitucional de actuación de la Asamblea Nacional Constituyente, con los límites que tiene.

VIII. LA ASAMBLEA NACIONAL CONSTITUYENTE NI ES SOBERANA, NI ES DEPOSITARIA DEL PODER CONSTITUYENTE ORIGINARIO, NI ES RECONOCIDA GLOBALMENTE[303]

La fraudulenta Asamblea Nacional Constituyente, inconstitucionalmente convocada y electa el 30 de julio de 2017, adoptó el 8 de agosto de 2017 un "Acuerdo en respaldo a la Fuerza Armada Nacional Bolivariana," en el cual hizo una serie de afirmaciones que son constitucionalmente falsas.

En el encabezamiento del Acuerdo, en efecto, se afirma falsamente que quien lo dictó es:

---

303 Véase Allan R. Brewer-Carías, "La Gran Mentira: La Asamblea Nacional Constituyente ni es soberana, ni es depositaria del poder constituyente originario, ni es reconocida globalmente," New York, 8 de agosto de 2017, http://allanbrewercarias.net/site/wp-content/uploads/2017/08/171.-doc.-La-Gran-mentira.-ANC-no-es-soberana.pdf.

"La Soberana Asamblea Nacional Constituyente, depositaria del Poder Originario, electa el día de 30 de julio del 2017 por votación libre, universal, directa y secreta; convocada por el Presidente Constitucional de la República Nicolás Maduro Moros, realizada por el Poder Electoral, e instalada en Caracas el 4 de agosto del 2017 y en uso de sus facultades constitucionales."

Este texto engloba una Gran mentira, que se desglosa en las siguientes:

1. La Asamblea Constituyente no es soberana

En primer lugar, la fraudulenta Asamblea Nacional Constituyente no puede autocalificarse como "**Soberana** Asamblea Nacional Constituyente," pues ello es falso e inconstitucional, ya que el artículo 5 de la Constitución de 1999, al contrario, dispone que

"Artículo 5. **La soberanía reside intransferiblemente en el pueblo**, quien la ejerce directamente en la forma prevista en esta Constitución y en la ley, e indirectamente, mediante el sufragio, por los órganos que ejercen el Poder Público.

Los órganos del Estado emanan de la soberanía popular y a ella están sometidos."

Por tanto, de acuerdo con la Constitución todos los órganos del Estado están sometidos a la soberanía popular, que reside intransferiblemente en el pueblo. No puede entonces ningún órgano del Estado, y menos la fraudulenta Asamblea Nacional Constituyente de 2017 que no ha emanado en forma alguna de la soberanía popular, arrogarse carácter de "soberano." Ello viola la Constitución y constituye una usurpación a la soberanía popular, de manera que los actos que dicte la fraudulenta Asamblea Nacional Constituyente, en tal carácter usurpado, son nulos de nulidad absoluta conforme al artículo 136 de la Constitución, y no pueden reconocerse ni nacional ni internacionalmente.

2. *La Asamblea Constituyente no es depositaria del Poder Originario*

En *segundo lugar*, la fraudulenta Asamblea Constituyente de 2017 no puede autocalificarse como "depositaria del Poder Originario" alguno, pues ello es falso e inconstitucional, ya que el artículo 347 de la Constitución, al contrario, claramente dispone que "El pueblo de Venezuela es el depositario del poder constituyente originario."

Por tanto, ningún órgano del Estado y menos la fraudulenta Asamblea Nacional Constituyente, que no fue producto de una manifestación popular de convocatoria mediante referendo, puede usurpar el carácter de ser depositaria del poder constituyente originario, que solo el pueblo puede tener, el cual nunca puede ser ni siquiera delegado.

Por tanto, los actos que dicte tal fraudulenta Asamblea Nacional Constituyente con tal usurpado y pretendido carácter de ser "depositaria del poder originario," son nulos de nulidad absoluta conforme al artículo 136 de la Constitución, y no pueden ser reconocidos ni nacional ni internacionalmente.

3. *La Asamblea Constituyente no fue electa mediante sufragio libre, universal, directo y secreto*

En *tercer lugar,* la fraudulenta Asamblea Constituyente de 2017 no fue en forma alguna electa mediante sufragio libre, universal, directo y secreto.

Es un hecho público, notorio y comunicacional, al contrario, que la elección realizada el domingo 30 de julio **no fue libre**, pues el gobierno amenazó y forzó a los funcionarios y empleados públicos a votar en el írrito proceso electoral.

Tampoco fue una elección universal pues las bases comiciales mismas que lo rigieron, establecieron un sistema de elección "territorial" y "sectorial," corporativa o fascista que anuló el carácter universal del voto.

Tampoco fue secreta pues según denunció-confesó la empresa Smartmatic, encargada de los cómputos de los votos, el voto fue manipulado por el Consejo Nacional Electoral. [304]

4. *La Asamblea Constituyente tiene poderes constitucionales limitados*

En cuarto lugar, la fraudulenta Asamblea Constituyente, aún si hubiese sido electa constitucionalmente, solo tendría como únicas "facultades constitucionales" las específicamente establecidas en el artículo 347 de la Constitución que son: formular las ideas para "transformar el Estado, crear un nuevo ordenamiento jurídico y redactar una nueva Constitución," que constituye el único objeto o misión de una Asamblea Nacional Constituyente.

No hay en la Constitución ningunas "otras" "facultades constitucionales" que pueda invocar la fraudulenta Asamblea Nacional Constituyente para emitir Acuerdos, que no se refieran a su objeto y misión. Como órgano de hecho ilegítimo e ilegal, puede adoptar cuantos Acuerdos le parezca, pero nunca invocando el uso de "facultades constitucionales" que no tiene.

5. *La Asamblea Constituyente no fue electa en ninguna elección masiva*

En quinto lugar, el día 30 de julio de 2017, cuando se eligió inconstitucionalmente la fraudulenta Asamblea Nacional Constituyente, y esto también es un hecho público, notorio y comunicacional, no hubo ninguna "masiva concurrencia a la elección" de la misma,

---

304   Véase la reseña con las declaraciones de los directivos de la empresa Smartmatic, en: "Smartmatic: CNE manipuló los datos de participación de la Constituyente // #MonitorProDaVinci," en *Prodavinci*, 2 de agosto de 2017, en http://proda-vinci.com/2017/08/02/actualidad/smartmatic-cne-manipulo-los-datos-de-participacion-de-la-constituyente-monitorprodavinci-1-1/. Sobre ello, véase lo declarado por la Fiscal General de la República: "Desconozco los resultados de esa ANC. La Fiscal General dijo que las cifras dadas por el CNE son fraudulentas," *El Nacional* 31 julio de 2017, en http://www.el-nacional.com/noticias/politica/ortega-diaz-desconozco-los-resultados-esa-anc_196319#comments.

siendo que, al contrario de lo que se afirma en el Acuerdo, lo que hubo fue un masivo ausentismo electoral y una extraordinaria soledad de los centros de votación durante todo ese día, de lo cual, precisamente la Fuerza Armada Nacional Bolivariana fue testigo de excepción a través del denominado Plan República.

La ausencia de participación electoral fue, por lo demás, públicamente denunciado por la empresa encargada de los cómputos electorales del país, en una declaración que tuvo que ser dada desde el exterior, una vez que todo su personal abandonó el país. [305]

6. *La Asamblea Constituyente y el gobierno lo que han contribuido es a tratar de imponer la mentira*

Y *en sexto lugar*, lejos de que supuestamente "la Fuerza Armada Nacional Bolivariana, ha contribuido poderosamente a que la verdad se imponga sobre las falsas mediáticas y a las postverdad" (sic), lo cierto es que en relación con todo el proceso de la inconstitucional elección de la fraudulenta Asamblea Constituyente de 2017, lo que el régimen corroboró, y fue ratificado por la Asamblea Constituyente con sus acuerdos, es la mentira de su origen, de su elección y de sus funciones, pensando además, que repitiendo la mentira mil veces podrían llegar a que alguien se lo crea.

Sin embargo, bien es sabido que por más que se repitan las mentiras, las mismas nunca llegarán a ser verdad, pues como dijo Sófocles, "una mentira nunca vive hasta hacerse vieja;"[306] y menos cuando ni siquiera ha sido capaz el régimen de haberla dicho o repetido mil veces "adecuadamente."

Por ello, la fraudulenta Asamblea Nacional Constituyente ni siquiera se puede basar en la conocida e insensata frase, generalmente

---

305 Véase la reseña con las declaraciones de los directivos de la empresa Smartmatic, en: "Smartmatic: CNE manipuló los datos de participación de la Constituyente // #MonitorProDaVinci," en prodavinci, 2 de agosto de 2017, en http://proda-vinci.com/2017/08/02/actualidad/smartmatic-cne-manipulo-los-datos-de-participacion-de-la-constituyente-monitorprodavinci-1-1/.

306 Véase en http://es.wikiquote.org/wiki/S%C3%B3focles.

atribuida a Joseph Goebbels, Ministro de propaganda del Tercer *Reicht* de que: "Una mentira repetida *adecuadamente* mil veces se convierte en una verdad." Por tanto, si la misma ha sido repetida inadecuadamente, y si hay evidencia comunicacional que la desenmascare, incluso a pesar de la censura, la mentira no la cree nadie.

7. *Una mentira que nadie cree como resultó de la Declaración de Lima de 8 de agosto de 2017*

Por ello, la más certera evidencia de la Gran mentira que se pretendió vender de que la fraudulenta Asamblea Nacional Constituyente instalada en Venezuela el 4 de agosto de 2017 haya podido haber sido electa constitucionalmente, con supuesto respaldo popular, y pueda legítimamente actuar como "soberana" o como "depositaria de un poder originario," ha sido acreditada, no sólo en el *Acuerdo* adoptado por la Asamblea Nacional el 7 de agosto de 2017 de "reafirmación de la vigencia de la Constitución y de desconocimiento de los actos contrarios al orden constitucional y democrático y a los derechos humanos emanados de la fraudulenta Asamblea Nacional Constituyente,"[307] sino por la muy importante "Declaración de Lima" sobre la situación de Venezuela adoptada por los Cancilleres y Representantes de Argentina, Brasil, Canadá, Chile, Colombia, Costa Rica, Guatemala, Honduras, Jamaica, México, Panamá, Paraguay y Perú,[308] y en la cual declararon, como mentis continental a todas las mentiras que se pretenden difundir mediante medios de comunicación controlados, nada más ni nada menos, que:

> "1. Su condena a la ruptura del orden democrático en Venezuela.

---

307 Véase la reseña: "Asamblea Nacional desconoce por unanimidad la ANC," en *El Nacional*, 7 de agosto de 2017, en http://www.el-nacional.com/noticias/asamblea-nacional/asamblea-nacional-desconoce-por-unanimidad-anc_197570.

308 Véase en http://www.infobae.com/america/venezue-la/2017/08/08/los-cancilleres-de-17-paises-de-america-condenaron-la-ruptura-del-orden-democratico-en-venezuela/.

2. Su decisión de no reconocer a la Asamblea Nacional Constituyente, ni los actos que emanen de ella, por su carácter ilegítimo.

3. Su pleno respaldo y solidaridad con la Asamblea Nacional, democráticamente electa.

4. Los actos jurídicos que conforme a la Constitución requieran autorización de la Asamblea Nacional, sólo serán reconocidos cuando dicha Asamblea los haya aprobado."

IX. LA INCONSTITUCIONAL REMOCIÓN POR PARTE DE LA ASAMBLEA NACIONAL CONSTITUYENTE DE LA FISCAL GENERAL DE LA REPÚBLICA, Y LA INCONSTITUCIONAL DESIGNACIÓN DE UN FISCAL GENERAL "ENCARGADO"[309]

1. La Asamblea Constituyente no tiene poder para remover a los Poderes Constituidos

Conforme a lo que ya ha sido expuesto, y de acuerdo con el artículo 347 de la Constitución, la Asamblea Constituyente no puede asumir y usurpar el poder constituyente originario que solo detenta el pueblo, ni puede asumir supuestos poderes ilimitados o absolutos o plenipotenciarios que le permita durante su funcionamiento, modificar o suspender la vigencia de la Constitución de 1999, ni puede, antes de que la nueva Constitución sea aprobada por el pueblo, interferir en el funcionamiento de los poderes constituidos. El hecho de tener como misión el transformar el Estado y crear un nuevo ordenamiento jurídico lo que implica son solo poderes para redactar una nueva Constitución que responda a esa misión, la cual sólo podría entrar en vigencia una vez sea aprobada por el pueblo soberano mediante referendo.

---

309 Véase Allan R. Brewer-Carías, "El gran temor: la remoción de la Fiscal General de la República y el pavor frente a sus investigaciones," New York, 12 de agosto de 2017, en http://allanbrewercarias.net/site/wp-content/uploads/2017/08/172.-doc.-Brewer.-Gran-Temor.-Remoc-FGR.pdf.

Como antes se explicó, las decisiones a que se refiere el artículo 349 de la Constitución cuando dispone que "los poderes constituidos no podrán en forma alguna impedir las decisiones de la Asamblea Nacional Constituyente." son única y exclusivamente las que pueda adoptar dicha Asamblea en el marco del cumplimiento de su misión y de sus funciones antes indicadas que, se insiste, son "transformar el Estado, crear un nuevo ordenamiento jurídico y redactar una nueva Constitución," no pudiendo interpretarse dicha frase en el sentido de que sea una autorización para intervenir, disolver o afectar el funcionamiento de los Poderes Constituidos, lo cual no es cierto.

2. *La inconstitucional remoción de la Fiscal General de la República*

En consecuencia, no teniendo la Asamblea Nacional Constituyente, durante su funcionamiento, poder alguno para poder derogar, modificar o suspender la vigencia de la Constitución de 1999, ni para intervenir en forma alguna los poderes constituidos, ni usurpar sus funciones, ni cesarlos en forma alguna; la decisión adoptada por la Asamblea Nacional Constituyente el día 5 de agosto de 2017 de "remover" de su cargo a la Fiscal General de la República,[310] luego de que las fuerzas militares le impidieron el ingreso a la sede del Ministerio Público, fue absolutamente inconstitucional, contraria al artículo 279 de la Constitución que le atribuye esa competencia en forma exclusiva a la Asamblea Nacional.[311]

---

310 Véase en *Gaceta Oficial* N° 6.322 Extraordinario de 5 de agosto de 2017, Véase igualmente la reseña "Asamblea Constituyente remueve del cargo a la fiscal general de Venezuela," en *cnn.español*, 5 de agosto de 2017, en http://cnnespanol.cnn.com/2017/08/05/asamblea-constituyente-suspende-del-cargo-a-la-fiscal-general-de-venezuela/ Véase el Comunicado oficial del Ministerio Público, en la reseña "Ortega Díaz: No me rindo, Venezuela no se rendirá ante la barbarie, el hambre, la oscuridad y la muerte," en *aporrea.org*, 5 de agosto de 2017, en https://www.aporrea.org/ddhh/n312596.html.

311 Véase sobre las reacciones en el mundo en contra de la medida, en la reseña: "Así reaccionó el mundo a la destitución de la fiscal general de Venezuela," en *Cnn.español*, 5 de agosto de 2017, en http://cnnespa-

Igualmente, la decisión adoptada por la Asamblea Nacional Constituyente el mismo día 5 de agosto de 2017, de "nombrar" como "encargado" o "provisionalmente" como Fiscal General de la República al Defensor del Pueblo,[312] también fue absolutamente inconstitucional, contraria al mismo artículo 279 de la Constitución que también le atribuye la competencia de elegir en segundo grado al Fiscal General de la República, en forma exclusiva, a la Asamblea Nacional.

Ante esas decisiones evidentemente inconstitucionales, la Asamblea Nacional mediante Acuerdo de 7 de agosto de 2017, expresó categóricamente y con razón que:

"la decisión de remover a la Fiscal General de la República adoptada por el órgano constituyente espurio es absolutamente nula e inexistente, pues implica usurpación de las atribuciones constitucionales de la Asamblea Nacional; igualmente nulo e inexistente es el acto de designación de Tarek William Saab como Fiscal General de la República."[313]

La Fiscal General de la República, Luisa Ortega Díaz, por su parte, el 6 de agosto de 2017, con razón había expresado que:

"No puede ser que la primera decisión de esta Asamblea, esta Constituyente presidencial, teniendo instrucciones del Ejecutivo cuando la Constitución dice que el poder constituido no le va a dar instrucciones a la Asamblea Constituyente, [...] procedieron a remover, de manera ilegítima, a la Fiscal General. Yo desconozco esa remoción. Yo sigo siendo la Fiscal General de este país".

---

nol.cnn.com/2017/08/05/asi-reacciono-el-mundo-a-la-destitucion-de-la-fiscal-general-de-venezuela/.

312 Véase sobre el nombramiento "provisional" del Defensor del Pueblo como Fiscal General en: "Designan a Tarek William Saab de forma inconstitucional como Fiscal provisional de la República, en *Lapatilla,* 5 de agosto de 2017, en https://www.lapatilla.com/site/2017/08/05/designan-a-tarek-william-saab-como-fiscal-provisional-de-la-republica/.

313 Véase el texto del Acuerdo en http://www.asambleavenezuela.com/documentos_archivos/acuerdo-contra-la-constituyente-56.pdf.

Y agregó:

"Estamos ante un poder de facto porque no es un gobierno. Aquí no hay gobierno. Los gobiernos, además de todo el concepto doctrinario y filosófico que existe, son para garantizar la felicidad al pueblo. Y aquí, quien está ocupando de manera ilegal el poder es la Asamblea Nacional Constituyente." [314]

Esta posición fue respaldada por la Asamblea Nacional en su Acuerdo del 7 de agosto de 2017, en el cual resolvió:

"respaldar a la Fiscal General de la República, Luisa Ortega Díaz, en su determinación de continuar en el desempeño de las funciones para las que fue designada por la Asamblea Nacional y rechazar el proceder arbitrario de efectivos militares que, siguiendo instrucciones del régimen dictatorial, fuera de toda legalidad, impidieron a la titular del Ministerio Público el ingreso a la sede de la institución, así como deplorar la violación del derecho al debido proceso cometida por el Tribunal Supremo de Justicia y por el órgano supuestamente constituyente." [315]

Dichos actos inconstitucionales tuvieron amplio rechazo nacional, pues como lo resumió José Ignacio Hernández,

"De haber sido electa conforme a la Constitución, la asamblea nacional constituyente no podría haber tomado esa decisión, pues su única función –así definida en el artículo 347 constitucional– es dictar una nueva Constitución. No puede, por ello, ejercer funciones de los otros órganos del Poder Público, como es la función de la Asamblea Nacional de designar y remover a la Fiscal conforme a la Constitución de 1999.

---

314   Véase en la reseña "Oposición y chavismo disidente en un mismo foro: ¿qué dijeron? // #MonitorProdavinci, en *Prodavinci,* 6 de agosto de 2017, en http://procavinci.com/2017/08/06/actualidad/oposicion-y-chavismo-disidente-en-un-mismo-foro-que-dijeron-monitorprodavinci/.

315   Véase el texto del Acuerdo en http://www.asambleavenezuela.com/documentos_archivos/acuerdo-contra-la-constituyente-56.pdf.

Al haber sido constituida de manera ilegítima y fraudulenta, menos podría esta asamblea usurpar funciones de la Asamblea a fin de remover a la Fiscal y designar a su sustituto. Con lo cual, tanto la decisión de remoción de la Fiscal como la designación transitoria de quien ejercería tal cargo, son actos nulos e inexistentes, de acuerdo con el artículo 137 de la Constitución.

Por más que la constituyente diga lo contrario, Luisa Ortega Díaz sigue siendo la Fiscal General de la República. Y quien hoy ocupa ese cargo no es más que un funcionario que de hecho usurpa funciones.",[316]

El rechazo a la inconstitucional decisión, en todo caso, también fue generalizado a nivel internacional,[317] de manera que entre muchas manifestaciones, por ejemplo: el Secretario General de la Organización de Estados Americanos (OEA), Luis Almagro, dijo que el organismo desconocía la destitución de Ortega y la designación de Saab; la Cancillería y la Fiscalía mexicanas condenaron la destitución de la Fiscal, llamando al gobierno a cesar "los actos de hostigamiento y uso de la fuerza pública contra las instituciones del Estado;" la Presidenta de Chile, Michelle Bachelet, dijo que la destitución de Ortega era "un paso más en el quiebre democrático" de Venezuela; la Fiscalía General de Guatemala expresó su "profunda preocupación por la grave vulneración de la independencia institucional del Ministerio Público de Venezuela;" la Cancillería de Canadá condenó la remoción de Ortega y dijo que la primera acción de la Asamblea Constituyente había sido desmantelar aún más la separación de poderes y la democracia en Venezuela; y el presidente del Parlamento Europeo,

---

316 Véase lo expuesto por José Ignacio Hernández, "Sobre el intento de remover a la Fiscal General de la República," en *Prodavinci*, 6 de agosto de 2017, en http://prodavinci.com/blogs/sobre-el-intento-de-remover-a-la-fiscal-general-de-la-republica-por-jose-ignacio-hernandez/?platform=hootsuite.

317 Véase José Ignacio Arcaya, "Estos son los países enfrentados a la constituyente de Maduro," 11 de octubre de 2017, en El Estímulo http://elestimulo.com/blog/estos-son-los-paisesenfrentados-a-la-constituyente-de-maduro/.

Antonio Tajani, dijo que la destitución de la fiscal era "otra prueba de la alteración del orden institucional" en Venezuela.[318]

Este desconocimiento global respecto de la decisión de la fraudulenta Asamblea Nacional Constituyente de remover a la Fiscal General, violando la Constitución porque ello solo corresponde a la Asamblea Nacional, fue generalizado en el ámbito de los Fiscales y Ministerio Público de América Latina, habiendo recibido el respaldo de la Cumbre de Fiscales Generales Iberoamericanos, lo que incluso le permitió a la Fiscal General, luego de abandonar el país, haber intervenido en la reunión de dicha Cumbre realizada en México el mismo día de 18 de agosto de 2017.[319]

Por todo lo anterior, también, con razón, el Presidente de Colombia, Juan Manuel Santos, expresó que la "destitución de Fiscal Luisa Ortega es el primer acto dictatorial de una Constituyente ilegítima;"[320] y la representante de la Unión Europea para la Política Exterior, Federica Mogherini, indicó que:

"La investidura de la Asamblea Constituyente y sus primeras acciones, incluyendo la remoción de Luisa Ortega de su puesto

---

318 Véase la reseña: "Así reaccionó el mundo a la destitución de la fiscal general de Venezuela," en CCN español, 5 de agosto de 2017, en http://cnnespanol.cnn.com/2017/08/05/asi-reacciono-el-mundo-a-la-destitucion-de-la-fiscal-general-de-venezuela/#0

319 Véase la reseña: "¡Rompió el Silencio! Luisa Ortega en Cumbre de Fiscales en México: "Les pido que no abandonemos a Venezuela"", en www.noticias-videos, 18 de agosto de 2017, en https://noticiasvideos1.com/rompio-silencio-luisa-ortega-cumbre-fiscales-mexico-les-pido-no-abandonemos-venezuela/. Véase también la reseña: "Fiscales iberoamericanos respaldaron a Luisa Ortega e impidieron ingresar a una reunión a la enviada del régimen chavista. Katherine Harrington intentó irrumpir en la Asamblea extraordinaria en Buenos Aires y los procuradores de la Asociación se negaron. Solo permitieron la entrada de la enviada de la fiscal general de Venezuela."

320 Véase en la reseña "Colombia calificó destitución de la FGR como "primer acto dictatorial" de la constituyente cubana," en la patilla. 5 de agosto de 2017, en http://www.lapatilla.com/site/2017/08/05/colombia-califico-destitucion-de-la-fgr-como-primer-acto-dictatorial-de-la-constituyente-cubana/.

en el Ministerio Público, han debilitado más las perspectivas de una vuelta pacífica al orden democrático en Venezuela."[321]

Por otra parte, en la misma fecha de remoción de la Fiscal General de la República y de nombrar un sustituto sometido a sus designios, la fraudulenta Asamblea Nacional Constituyente, decretó

"la emergencia y reestructuración del Ministerio Público, por su inactividad manifiesta conforme a los índices delictivos y de actos conclusivos acusatorios mínimos, según constan en la Memoria y Cuenta de esta Institución durante los últimos diez años, colocando a la República en situación de vulnerabilidad en su combate contra la violencia delictiva y la violencia con fines políticos, generando por esta vía la desestabilización del país."

Y para velar mediante esas declaraciones por el "fiel cumplimiento y seguimiento de esta decisión soberana," la fraudulenta Asamblea Nacional Constituyente nombró una comisión presidida por uno de sus miembros, usurpando de nuevo la soberanía que conforme al artículo 5 de la Constitución "reside intransferiblemente en el pueblo," y nadie puede arrogársela; y mucho menos una Asamblea inconstitucional que el pueblo no convocó como lo impone el artículo 347 de la Constitución.

Luego, la Fiscal General de la Republica, quien persiguió sin límites durante más de una década a toda la disidencia política en el país, y dejó de perseguir igualmente sin límites a quien debía, denunció bien tardíamente hechos delictivos cometidos por funcionarios del régimen en materia de corrupción,[322] narcotráfico,[323] y vio-

---

321 Véase en la reseña "Unión Europea: Instalación de Constituyente y "remoción" de Fiscal dificulta vuelta al orden democrático," en *Lapatilla*.com, 7 de agosto de 2017, en http://www.lapatilla.com/site/2017/08/07/union-europea-instalacion-de-constituyente-y-remocion-de-fiscal-dificulta-vuelta-al-orden-democratico/.

322 Véase las reseñas: "Ortega Díaz anunció que pronto acusarán a funcionarios por caso Odebrecht," en *Runrunes*, 11 de julio de 2017, en http://runrun.es/nacional/317135/ortega-diaz-anuncio-que-pronto-

laciones a los derechos humanos.[324] No se refirió, sin embargo, a otros hechos delictivos que en su momento también dejó de investigar y denunciar, como los relativos a la progresiva y sistemática violación impune de la soberanía nacional por países extranjeros con la anuencia del régimen, que fueron denunciados por la Mesa de la Unidad Democrática, MUD el 13 de agosto de 2017, al rechazar de "la intervención cubana," explicar "la presencia e injerencia en los asuntos internos de nuestro país y, muy especialmente, de nuestra Fuerza Armada Nacional Bolivariana, de personal civil y militar extranjero," y destacar el hecho de que "Venezuela tiene años intervenida militar y políticamente por Cuba no solo afectando nuestra soberanía e independencia, sino también constituyendo una de las principales causas de la violencia y la represión por parte del Gobierno." [325]

---

acusaran-a-funcionarios-por-caso-odebrecht.html; "Fiscal Ortega denuncia que el TSJ bloquea investigación de Odebrecht en Venezuela," en *CNNespañol*, 14 de julio de 2017, en http://cnnespa-nol.cnn.com/2017/07/14/fiscal-ortega-denuncia-que-el-tsj-bloquea-investigacion-de-odebrecht-en-venezuela/.

323 Véase la reseña: "Luisa Ortega Días se refirió al caso de los "narcosobrinos," en *El Nacional,* 4 de julio de 2017, en http://www.el-nacional.com/videos/politica/luisa-ortega-diaz-refirio-caso-los-narcosobrinos_38206

324 Véase la reseña: "Luisa Ortega Díaz: ha sido grave la violación de DDHH en el país," en *El Estímulo*, 20 de junio de 2017, en http://elestimulo.com/blog/luisa-ortega-diaz-ha-sido-grave-la-violacion-de-ddhh-en-el-pais/

325 Véase el texto en http://www.noticiasbarquisimeto.com/2017/08/13/hablo-la-mud-y-rechazo-amenazas-militares-de-donald-trump/

X. LA GRAN PERSECUCIÓN: LA COMISIÓN DE LA VERDAD, JUSTICIA, PAZ Y TRANQUILIDAD COMO INSTRUMENTO PARA PERSEGUIR Y CRIMINALIZAR A LA OPOSICIÓN [326]

1. *La "Comisión de la Verdad" para actuar basada en la mentira*

La fraudulenta Asamblea Nacional Constituyente de 2017, con fecha 8 de agosto de 2017 aprobó una "Ley Constitucional" mediante la cual creó una Comisión para la verdad, la justicia, la paz y la tranquilidad pública.[327]

Debe decirse de dicha "Ley Constitucional," ante todo, es absolutamente inconstitucional, pues en la Constitución de 1999 no existen "leyes constitucionales," y las "leyes" solo son los actos sancionados por la Asamblea Nacional como cuerpo legislador (art. 202).

La "Ley Constitucional" dictada, por tanto, es contraria a la Constitución, y siendo un acto usurpador de la potestad legislativa que corresponde en exclusiva a la Asamblea Nacional, es y debe considerarse como un acto nulo de nulidad absoluta (art. 138 de la Constitución).

Con la "Ley Constitucional," en todo caso, en medio de su inconstitucionalidad intrínseca, la fraudulenta Asamblea Nacional Constituyente, lo que ha hecho, tal y como acertadamente lo resumió un titular del diario La Vanguardia, fue crear "una 'comisión de la verdad' para juzgar a los políticos."[328]

---

326   Véase Allan R. Brewer-Carías, "La gran persecución: la Comisión de la Verdad, Justicia, Paz y Tranquilidad como instrumento para perseguir y criminalizar a la oposición," New York, 16 / 17 de agosto de 2017, http://allanbrewercarias.net/site/wp-content/uploads/2017/08/175.-doc.-Brewer.-Gran-Persecuci%C3%B3n.-Comision-Verdad.pdf.

327   El texto se publicó en *Gaceta Oficial* N° 6.323 Extra. del 8 de agosto de 2017, la cual sin embargo solo circuló y se conoció el día 14 de agosto de 2017.

328   Véase en http://www.lavanguardia.com/internacional/20170808/43-436207783/constituyente-comision-verdad-politicos.html.

Eso fue, por otra parte, y precisamente, lo que anunció quien ejerce la presidencia de la República al presentar ante la Asamblea Nacional Constituyente un proyecto de "ley contra el odio," afirmando que con ello:

"algunos de los líderes opositores que han convocado manifestaciones contra el Gobierno en los últimos meses irán a la cárcel, al considerarlos responsables de los disturbios en que han desembocado estas marchas."[329]

La Presidenta de la Asamblea Constituyente, en todo caso, al referirse a la Comisión creada precisó que se trataba de un "poderosísimo instrumento para sofocar la violencia, el odio y la intolerancia," que inscribiría "su ejercicio a los hechos de violencia por motivos políticos y de intolerancia" ocurridos en el país; todo con el objetivo de:

"darle el tratamiento jurídico pertinente a los casos de violaciones de los Derechos Humanos y otros delitos cometidos a partir de las acciones violentas impulsadas por factores de la oposición en Venezuela a fin de derrocar al Presidente Nicolás Maduro." [330]

En los "Considerandos" que precedieron a dicha "Ley Constitucional" se repitió una y otra vez ese objeto de la Comisión en relación con los "hechos de violencia por motivos políticos," cuyo ámbito se precisó en su artículo 1°, al indicarse que se trataba de los hechos:

---

329 Véase la reseña "Asamblea Constituyente crea "comisión de la verdad" para juzgar violencia en Venezuela. "Algunos de los líderes opositores que han convocado manifestaciones contra el Gobierno en los últimos meses irán a la cárcel", adelantó Maduro, en El Salvador.com, 8 de agosto de 2017 en http://www.elsalvador.com/noticias/internacional/383153/asamblea-constituyente-crea-comision-de-la-verdad-para-juzgar-violencia-en-venezuela/.

330 *Idem.*

"ocurridos en la jurisdicción de la República, durante el período comprendido entre los años 1999 y 2017, así como dirigida a generar políticas, medidas y soluciones sustentables para la reducción de todas las formas de violencias e intolerancias, sus factores, dinámicas y condicionantes que han generado tales hechos."

2. La Comisión de la Verdad como instrumento de persecución basado en mentiras declaradas

La Comisión para la verdad, la justicia, la paz y la tranquilidad pública, por tanto, se creó como instrumento de persecución contra la oposición por dichos "hechos de violencia por motivos políticos," acaecidos en un período de 18 años, que si bien en la "Ley Constitucional" no se precisaron ni enumeraron, ello lo hizo la propia Asamblea Constituyente el mismo día 8 de agosto, en otro "decreto" dictado, y en cuyos considerandos la misma dio por sentados y probados tales hechos para iniciar la persecución política de inmediato, sin necesidad de tener que determinarlos.

Ello se hizo, en efecto, en el "decreto" mediante el cual la Asamblea Constituyente decidió expresar su rechazo (i) "a la vil campaña contra el ciudadano Nicolás Maduro Moros;" (ii) repudiar "de forma absoluta el intento de criminalizar al Ciudadano Nicolás Maduro Moros; (iii) "rechazar las sanciones establecidas y amenazas proferidas contra su persona por Gobiernos extranjeros;" (iv) reiterar su "solidaridad con en el Presidente Constitucional, Nicolás Maduro Moros;" y (v) "reconocer al Ciudadano Nicolás Maduro Moros Presidente Constitucional de la República Bolivariana de Venezuela, como Presidente de la Paz."[331]

En los "Considerandos" de dicho decreto, para declarar todo esto, la fraudulenta Asamblea Nacional Constituyente hizo el recuento precisamente de los "hechos de violencia por motivos políticos" que como "programa" ya definido y publicitado de antemano, fue el que marcó las actividades de la Comisión creada el mismo día, y que fueron los siguientes:

---

331   Véase en *Gaceta Oficial* N° 6.323 Extra. del 8 de agosto de 2017.

1. El hecho de una supuesta "brutal campaña de desprestigio y criminalización mediática y política que incluye de forma desvergonzada la agresión a su gentilicio, su dignidad y su familia," supuestamente iniciada contra el Sr Maduro a partir del 8 de diciembre de 2012, cuando "Hugo Chávez lo designó para sustituirlo en caso de su ausencia temporal al cargo de Presidente de la República."

2 El hecho de que la campaña supuestamente se arreció "de forma exponencial a partir de la noche del 14 de abril de 2013 cuando el Consejo Nacional Electoral anunció el supuesto "legítimo e incuestionable triunfo [de Nicolás Maduro] en la elección presidencial," lo cual supuestamente "se expresó en un criminal llamado a la violencia por parte del candidato derrotado que produjo la muerte de 11 venezolanos y decenas de heridos."

3. El hecho de que la supuesta "campaña de desprestigio nacional e internacional contra el Presidente Nicolás Maduro Moros," habría "sido la más salvaje, extensa y profunda que recuerde la historia política de nuestra Patria," habiendo supuestamente "tenido como fin destruir su imagen y trayectoria política, con la intención de inhabilitarlo en el ejercicio de su cargo y facilitar así los planes para su derrocamiento."

4. El hecho de "que la campaña contra el Presidente Nicolás Maduro Moros," supuestamente se habría manifestado "con particular crueldad en los años 2014, a través del plan insurreccional denominado "La salida" que produjo la muerte de 43 compatriotas y más de 800 heridos."

5. El hecho de que la supuesta "campaña contra el Presidente Nicolás Maduro Moros," supuestamente se habría manifestado "con particular crueldad" también, "en los años 2015 y 2016 con la aplicación del esquema de la guerra económica y el bloqueo financiero a fin de destruir la economía nacional," y,

6. El hecho de que la supuesta "campaña contra el Presidente Nicolás Maduro Moros," se habría manifestado "con particular crueldad," también, "en el año 2017 con la nueva arremetida violenta y de naturaleza fascista y terrorista de la Derecha venezolana, con el objetivo públicamente expresado de lograr la salida del poder del Presidente Constitucional de la República Bolivariana de Venezuela

e instaurar un régimen inconstitucional de transición, plan criminal que produjo la muerte de más de cien ciudadanos y miles de heridos, así como millonarias pérdidas materiales generando zozobra y angustia en la población venezolana."

De acuerdo con todos estos enunciados, por tanto, la Asamblea Nacional Constituyente, el mismo día en el cual creó la Comisión, dejó claramente sentados cuales eran los "hechos de violencia por motivos políticos" que de inmediato serían objeto de instrucción y persecución por parte de la Comisión para la Verdad, la Justicia, la Paz y la Tranquilidad Pública, y que podrían concluir en declaraciones de "responsabilidad política y moral."

En relación con todos esos "hechos de violencia por motivos políticos," el artículo 3 de la "Ley Constitucional" le fijó a la Comisión los siguientes objetivos:

1. Realizar un levantamiento de información sistematizada y analítica, para presentarla ante la Asamblea Nacional Constituyente que identifique, describa y caracterice los hechos de violencia por motivos políticos y de intolerancias, así como las dinámicas delictivas conexas, que permitan conocerlos científicamente y comprender sus condicionantes, causas y dinámicas, para superarlos y prevenir su ocurrencia.

2. Investigar a profundidad los graves hechos de violencia por motivos políticos y de intolerancia, así como las dinámicas delictivas conexas, ocurridos en Venezuela a partir del año 1999.

3. Contribuir al establecimiento de la verdad y a la determinación de las responsabilidades legales a que hubiera lugar.

4. Dictar políticas, normas y medidas dirigidas a garantizar la adecuada atención integral a las víctimas, incluyendo su reconocimiento y reivindicación nacional e internacional y su acceso efectivo a la justicia.

5. Someter a la Asamblea Nacional Constituyente las propuestas normativas dirigidas al logro de sus objetivos.

6. Proponer las acciones necesarias para prevenir que los hechos sometidos a su conocimiento vuelvan a producirse.

7. Promover la convivencia pacífica, el entendimiento nacional, la paz y la tranquilidad pública y la prevención de la violencia por motivos políticos o de intolerancias.

8. Dirigir su labor a la identificación y conocimiento científico aplicado sobre las causas, condicionantes y dinámicas involucradas en tan lamentables episodios y a su prevención y erradicación."

Para cumplir con este objetivo, la "Ley Constitucional" le fijó a la Comisión, como mandato (art. 4), circunscribir su ejercicio:

"a los hechos de violencia por motivos políticos y de intolerancia, así como sus delitos conexos dirigidos a causar tal violencia, ocurridos dentro de la jurisdicción de la República, durante el periodo comprendido entre los años 1999 y 2017, incluyendo las violaciones a los derechos humanos vinculadas con tales acontecimientos, que implique afectaciones a: 1. La vida e integridad personal sea física, psíquica o moral. 2. La libertad personal. 3. La paz y tranquilidad pública. 4. Contra el patrimonio público. 5. El sistema socioeconómico nacional. 6. Daños al ambiente, ecocidio y maltrato animal. 7. Otras graves afectaciones contra los derechos a la paz y la tranquilidad pública como sucede con la difusión masiva de contenidos bélicos dirigidos a banalizar o incitar la violencia por motivos políticos, de odio, o intolerancias.

3. *La inconstitucional Comisión de la verdad como resurrección caribeña del* Comité de Salut Public *de la época del Terror (1793)*

Ahora bien, entre los aspectos fundamentales de orden constitucional que deben analizarse en relación con la creación de esta Comisión como instrumento de persecución política, hay dos: primero, uno de orden instrumental, sobre su composición y poderes para actuar en cuanto a esos "hechos políticos" que se anunció que serían objeto de persecución por esta "poderosísima comisión" – como la calificó la presidenta de la Asamblea - ; y segundo, otro más de orden formal, relativo a las modalidades de funcionamiento y las funciones otorgadas a la Comisión, que por supuesto nada tiene que ver ni con la verdad, ni con la justicia, ni con la paz ni con la tranquilidad pública.

En cuanto a la forma de su creación, y al estatus de sus integrantes, la Comisión para la Verdad, la Justicia, la Paz y la Tranquilidad Pública, fue creada por la Asamblea Constituyente en una forma nunca vista en la historia jurídica del país, "como ente de derecho público de rango constitucional, con personalidad jurídica y autonomía funcional, administrativa y presupuestaria" (art. 3).

Aparte de no tener poder alguno para crear "entes constitucionales," lo que la Asamblea creó fue una especie de híbrido entre un instituto autónomo, por la personalidad jurídica que se le asignó, y un "poder público" por la "autonomía funcional, administrativa y presupuestaria" que se le asignó, integrado por catorce "comisionados" (art. 7), entre los que se incluyó a "tres diputados a la Asamblea Nacional designados por el bloque político o grupo de opinión de los partidos de oposición"(art. 7), que por supuesto, éstos nunca los designaron pues desconocieron la Asamblea Constituyente.

En todo caso, los Comisionados, y por ende aquellos que sí fueron designados por la Asamblea el día 15 de agosto de 2017,[332] conforme al artículo 8 de la "Ley Constitucional" gozan "de inmunidad y demás prerrogativas en el ejercicio de sus funciones," y como ninguna persona o funcionario en los anales de la legislación venezolana, a dichos Comisionados y a todos los funcionarios de la Comisión se les otorgó inmunidad e impunidad oficial absoluta, al indicarse que:

> "no están obligados a declarar, tanto en los procesos judiciales como en los procedimientos administrativos, respecto de las actuaciones realizadas en el cumplimiento del mandato atribuido a la Comisión. Igualmente estarán exentos del deber de denuncia previsto en la legislación nacional."

---

332 Véase la reseña "Conozca los integrantes de la Comisión de la verdad creada por la ANC," en *aporrea*, 15 de agosto de 2017, en https://www.aporrea.org/actualidad/n313100.html.

Esto no fue otra cosa que declarar la formal irresponsabilidad de estos funcionarios, en una forma contraria a lo previsto en el artículo 139 de la Constitución, que indica que "el ejercicio del Poder Público acarrea responsabilidad individual por abuso o desviación de poder o por violación de esta Constitución o de la ley."

En contraste, dichos funcionarios, con los poderes tan extremos que se les confieren, y que se analizan más adelante, si no pueden ser objeto de ninguna averiguación ni judicial ni administrativa por lo que hagan, de modo que se los ha materialmente declarado irresponsables, mucho más allá, por ejemplo, de lo que establece la Constitución respecto de los diputados, al precisar que por lo único que "no son responsables [es] por votos y opiniones emitidos en el ejercicio de sus funciones" (art. 199).

En consecuencia, la previsión del artículo 8 de la "Ley Constitucional," como se dijo, es contraria a lo dispuesto en la norma del artículo 139 de la Constitución, y además, también contraria a lo dispuesto en el artículo 25 de la misma Constitución, que establece, que:

"*Artículo 25*.   Todo acto dictado en ejercicio del Poder Público que viole o menoscabe los derechos garantizados por esta Constitución y la ley es nulo; y los funcionarios públicos y funcionarias públicas que lo ordenen o ejecuten incurren en responsabilidad penal, civil y administrativa, según los casos, sin que les sirvan de excusa órdenes superiores."

Por todo ello, con base en los anuncios efectuados y recordando hechos históricos, la Comisión creada, podría parecerse mutatis mutandis al históricamente famoso Comité de salvación pública (*Comité de salut public*) creado el 5 y 6 de abril de 1793 por la Convención en Francia, de carácter claramente policial y represivo para aplicar en forma fuerte, arbitraria y expedita, condenas firmes y duras a los que se apartaran de los ideales revolucionarios, y ante las amenazas que se cernían sobre Francia. Con ese Comité se inició la época del Terror, que llevó a la guillotina a los propios líderes del mismo, entre ellos Danton y Robespierre.

De allí que en cuanto a la Comisión de la Verdad y el retroceso que significa hacia épocas pasadas, José Ignacio Hernández observó que su creación:

"por la ilegítima y fraudulenta Asamblea Nacional Constituyente, reproduce primitivos mecanismos de violación de derechos humanos mediante la creación de órganos *de facto* que, con poderes inquisitivos, simulan procesos judiciales que son, en realidad, procesos políticos.

Es el caso, por ejemplo, del Tribunal del Pueblo, creado en la Alemania nazi para juzgar delitos políticos. Otro ejemplo son los tribunales populares creados en Cuba, en 1959. Mucho antes, en el terror de la revolución francesa, se creó al Comité de Salvación, como instancia *de facto* que promovió juicios políticos.

En pleno siglo XXI, mientras la civilización se enrumba hacia la era de los derechos humanos, la ilegítima Constituyente hace retroceder a Venezuela a esas épocas primitivas y obscuras, al crear, bajo un nombre confuso, lo que es en realidad un Tribunal de Inquisición."[333]

En todo caso, con la inmunidad, impunidad e irresponsabilidad antes referida de sus Comisionados y funcionarios, el artículo 11 de la "Ley Constitucional" asigna a la Comisión –sin perjuicio de las funciones asignadas a los órganos del Poder Público– una serie de funciones para cuyo cumplimiento el artículo 12 impone a "todas las personas naturales y jurídicas, incluyendo todos los órganos y entes del Poder Público Nacional, Estadal y Municipal" la obligación de "prestar la colaboración que les sea requerida por la Comi-

---

333 Véase José Ignacio Hernández, "La Comisión para la Verdad: un Tribunal de Inquisición," en Prodavinci, 17 de agosto de 2017, en http://prodavinci.com/blogs/la-comision-para-la-verdad-un-tribunal-de-inquisicion-por-jose-ignacio-hernandez/ Véase además, sobre esto: Víctor Manuel De Abreu, "Comisión de la Verdad: el nuevo "tribunal popular" que condenará a la disidencia," en *Caraota Digital*, 11 de agosto de 2017, en http://www.caraotadigital.net/investigacion/comision-de-la-verdad-disidencia-venezuela/

sión para el cumplimiento de su mandato." La misma norma dispone que si una persona no presta su colaboración y "todo su apoyo" a la Comisión, "incurrirá en los hechos punibles correspondientes conforme a las leyes penales aplicables."

Es bien conocida la garantía prevista en el artículo 49.6 de la Constitución conforme a la cual "Ninguna persona podrá ser sancionada por actos u omisiones que no fueren previstos como delitos, faltas o infracciones en leyes preexistentes." En este contexto, Ley, conforme al artículo 202 de la Constitución es solo el acto emanado de la Asamblea Nacional actuando como cuerpo legislador; y no hay norma alguna que regule la obligación de colaborar con una Comisión como la creada en esta Ley Constitucional."

4. *Las funciones inquisidoras de la Comisión de la Verdad*

Ahora bien, en el marco de esa obligación general de acatar y colaborar con la Comisión, el artículo 11 de la "Ley Constitucional" le asigna las siguientes funciones que violan directamente la Constitución:

> "1. Entrevistar y tomar testimonio de cualquier persona, autoridad, servidor público o servidora pública para investigar los hechos sometidos a su conocimiento."

Para cumplir con esta función, conforme al artículo 15 de la ley Constitucional, la Comisión puede "convocar a comparecer a cualquier persona cuyo testimonio se considere necesario y relevante para el cumplimiento de su mandato, incluyendo a servidores públicos de todas las ramas del Poder Público Nacional, Estadal y Municipal," disponiendo la norma que "no será oponible frente a la Comisión ninguna prerrogativa procesal." Se establece además, que la Comisión puede "solicitar a la justicia que haga comparecer con el auxilio de la fuerza pública a las personas que, siendo llamadas a prestar declaración, no se presenten ante la Comisión sin causa justificada."

Frente a esta función, tiene que quedar a salvo, por supuesto, la garantía de toda persona a no ser "obligada a confesarse culpable o declarar contra sí misma, su cónyuge, concubino o concubina, o pariente dentro del cuarto grado de consanguinidad y segundo de afinidad" (art. 49.5 de la Constitución).

> "2. Acceder a cualquier archivo o registro contentivo de información relacionada con los hechos investigados por la Comisión, así como obtener copias simples o certificadas de los documentos, incluyendo los confidenciales o secretos."

Para hacer cumplir esta función, el artículo 13 de la "Ley Constitucional" dispone que la Comisión puede "acceder a toda la información y documentación contenida en informes, expedientes y documentos de cualquier índole, que sea requerida en el marco de sus funciones, sin que sea posible oponer reserva alguna."

Esta función es absolutamente inconstitucional, pues pretender que los Comisionados y sus funcionarios puedan tener derecho absoluto de acceso a "cualquier" archivo o registro, en el caso de archivos o registros de personas particulares o empresas privadas, ello viola el derecho constitucional que tiene toda persona "a la protección de su honor, vida privada, intimidad, propia imagen, confidencialidad y reputación" (art. 60).

Esa función de acceso ilimitado a cualquier registro, igualmente viola la garantía establecida en el artículo 48 de la Constitución respecto del "secreto e inviolabilidad de las comunicaciones privadas en todas sus formas" y de la preservación, en todo caso, "del secreto de lo privado."

En cuanto a los archivos y registros públicos, el artículo 13 de la "Ley Constitucional" dispone que los servidores públicos "están obligados a suministrar, en forma preferente y urgente, las copias de todo documento que sean solicitadas por la Comisión," así se trate de documentos declarados como reservados conforme a la ley Orgánica de la Administración Pública. Sin embargo, la norma precisa que "cuando por disposición legal la información solicitada deba mantenerse en reserva," la Comisión está "obligada a mantener la reserva, no pudiendo difundir o hacer pública la información, sirviéndole únicamente como elemento para continuar la investigación que esté desarrollando."

En todo caso, la misma norma dispone que "la negativa del servidor público a permitir el acceso y suministrar la información requerida por la Comisión será considerada como causal de destitución."

"3. Realizar visitas e inspecciones o cualquier otra diligencia que resulte conveniente para el cumplimiento de su mandato."

Esta función también es absolutamente inconstitucional, pues pretender que los Comisionados y sus funcionarios puedan tener derecho absoluto de realizar visitas e inspecciones o cualquier diligencia que consideren conveniente viola la garantía constitucional de la inviolabilidad del "hogar doméstico y todo recinto privado de persona," los cuales no pueden ser "allanados sino mediante orden judicial, para impedir la perpetración de un delito o para cumplir, de acuerdo con la ley, las decisiones que dicten los tribunales, respetando siempre la dignidad del ser humano."

Por tanto, constitucionalmente no es posible que los Comisionados y funcionarios puedan realizar la "visitas e inspecciones" que consideren conveniente en el hogar o recinto privado de las personas.

5. *La usurpación de funciones judiciales por parte de la Comisión de la Verdad*

Otras funciones asignadas a la Comisión, son en general de naturaleza judicial, y más bien deberían corresponder a los tribunales de la República conforme a los principios establecidos en la Constitución relativos al sistema de Justicia. Estas funciones son conforme al artículo 11 de la "Ley Constitucional," las siguientes:

"4. Instruir la realización de las experticias y cualquier tipo de medios de prueba que resulten necesarios para la adecuada investigación de los hechos.

5. Celebrar audiencias públicas o privadas con la participación de las víctimas y/o los presuntos responsables, con el objeto de recibir información y contribuir a la reparación moral de las víctimas y la reconciliación nacional.

6. Adoptar y proponer medidas para el reconocimiento, protección y atención integral de las víctimas de la violencia en el período señalado en la presente Ley.

7. Brindar acompañamiento y asistencia jurídica a las víctimas de los hechos sometidos a su conocimiento."

Para el cumplimiento de esta función, el artículo 16 detalla los principios de atención a las víctimas y garantía de sus derechos que deben orientar la actividad de la Comisión; previendo el artículo 17 de la Ley Constitucional, que la Comisión puede "ordenar a los órganos competentes la implementación de medidas de atención específica a favor las víctimas y familiares, incluyendo su incorporación en las misiones y grandes misiones desarrolladas por el Ejecutivo Nacional y al sistema de seguridad social."

"8. Impulsar, colaborar y velar por la celeridad, transparencia e idoneidad de las investigaciones y procesos penales del Sistema de Justicia dirigidos a determinar las responsabilidades y aplicar las sanciones a que hubiere lugar por los hechos objeto de su ámbito de competencia, a los fines de luchar contra la impunidad en cualquiera de sus formas y lograr la Justicia."

6. *La usurpación de las funciones de la Asamblea Nacional*

Las funciones que se atribuyeron a la Comisión para la Verdad, la Justicia, la Paz y la Tranquilidad Pública antes indicadas, en definitiva tienen un objeto específico que se determina en el mismo artículo 11 de la inconstitucional La Ley Constitucional" que en parte, es también una competencia exclusiva de la Asamblea Nacional, al enumerar entre sus funciones la de:

"9. Determinar y declarar la responsabilidad moral y política de las personas e instituciones responsables de los hechos objeto de su ámbito de competencia."

La declaratoria de responsabilidad política, por supuesto solo puede referirse a los funcionarios públicos encargados de funciones políticas o de gobierno, y la misma es una atribución exclusiva de la

Asamblea Nacional, la cual conforme al artículo 222 de la Constitución, tiene la potestad exclusiva para "en ejercicio del control parlamentario," poder "declarar la responsabilidad política de los funcionarios públicos y solicitar al Poder Ciudadano que intente las acciones a que haya lugar para hacer efectiva tal responsabilidad."

La "Ley Constitucional" por lo que se refiere a la responsabilidad política de funcionarios públicos, por tanto, viola directamente la Constitución, configurándose en una usurpación de autoridad que el artículo 138 sanciona con nulidad absoluta.

7. La absurda e inconstitucional atribución para determinar La responsabilidad moral de las personas

Pero la norma del artículo 11.9 de la "Ley Constitucional," además de la declaratoria de responsabilidad política que debe referirse solo a funcionarios, también le atribuye a la Comisión competencia para determinar y declarar la responsabilidad moral" "de las personas e instituciones" responsables de los "hechos de violencia por motivos políticos y de intolerancia" que investigue, lo que abarcaría tanto a funcionarios públicos como a cualquier persona natural, incluyendo a las instituciones (personas jurídicas).

Ello no es posible en el Estado Moderno, el cual precisamente comenzó a surgir cuando terminó la época de la Inquisición. El Estado y sus órganos pueden juzgar la responsabilidad jurídica de las personas, conforme se han regulado sus conductas en las leyes, desglosada en responsabilidad administrativa, disciplinaria o penal, según las conductas sancionadas; pero en forma alguna puede referirse a la moral, es decir, al mero carácter interno de las conductas de las personas, o sea, a la conciencia o intención de quien ha actuado que es lo que se engloba en el concepto de responsabilidad moral.

Ningún órgano del Estado puede pretender ir al interior de la conducta de las personas y tratar de declarar su "responsabilidad moral" cuya única finalidad sería someterla al escarnio y desprecio público. Por lo demás, ningún funcionario o Comisionado es quién, para pretender juzgar la moral en el actuar de nadie. Se insiste la época de la Inquisición fue superada ya hace siglos.

En todo caso, para materializar el afán de desprecio de las personas, el artículo 18 de la "Ley Constitucional" inconstitucional, indica que en el Informe Final de la Comisión, entre otros, se debe incluir "el listado de personas e instituciones declaradas moral y políticamente responsables por los hechos sometidos a su conocimiento."

8. *Los poderes inquisitoriales de implementación de las investigaciones*

Además de las funciones anteriores, la inconstitucional "Ley Constitucional" también asignó a la Comisión para la Verdad, la Justicia, la Paz y la Tranquilidad Pública, en el mismo artículo 11, otras funciones para velar por la implementación de los resultados de sus investigaciones, entre ellas:

"10. Formular recomendaciones vinculantes destinadas a favorecer la convivencia, la reconciliación nacional, el mejoramiento de la justicia, la tranquilidad y paz pública, con el objeto de evitar que hechos violentos por motivos políticos y de intolerancia, y hechos delictivos conexos vuelvan a producirse.

11. Proponer, para su adopción ante la Asamblea Nacional Constituyente, las medidas conducentes a la protección de la sociedad frente a aquellas personas incursas en investigación por hechos de violencia política y de intolerancia, delitos contra el orden constitucional y delitos conexos, atendiendo a la gravedad y grado de participación. Tales medidas pueden comprender medidas cautelares, sustitutivas y accesorias, conforme al debido proceso.

12. Presentar ante la Asamblea Nacional Constituyente las propuestas para las medidas de indulto o amnistía para las personas señaladas como responsables de los hechos sometidos a su conocimiento, en los términos y condiciones definidos por la Asamblea Nacional Constituyente, atendiendo a la gravedad y grado de participación."

Sobre esta función, en la Disposición Transitoria Tercera de la "Ley Constitucional" se indica que la Comisión, dentro de los 90 días siguientes a su instalación, debe presentar "a la Asamblea Nacional Constituyente la propuesta de acto constituyente que regule el otorgamiento de las medidas de indulto o amnistía para las personas señaladas como responsables de los hechos sometidos a su conocimiento, en los términos previstos en la presente Ley."

Esta disposición, por supuesto, es inconstitucional pues conforme al artículo 187.5 de la Constitución, es atribución privativa de la Asamblea Nacional "decretar amnistías," y conforme al artículo 236.19, es potestad exclusiva del Presidente de la República, "conceder indultos." No puede por tanto, la Asamblea Constituyente de acuerdo con la Constitución, regular en forma alguna esas prerrogativas y facultades, y mucho menos usurparlas en forma alguna.

"13. Elaborar informes, recomendaciones, estudios y un Informe Final que dé cuenta de las actividades desarrolladas y los resultados alcanzados".

En cuanto a las recomendaciones, el artículo 19 de la ley obliga a todos los órganos y entes del Poder Público Nacional, Estadal y Municipal a "realizar las acciones necesarias para implementar las recomendaciones vinculantes emitidas por la Comisión en el marco de sus atribuciones, en correspondencia con las medidas y normas emanadas de la Comisión para la Verdad." En cuanto a las personas naturales y jurídicas de naturaleza privada las mismas "deberán contribuir con la implementación de las recomendaciones de la Comisión, con base en el principio de corresponsabilidad y sus deberes constitucionales y legales."

En todo caso, el otorgarle carácter vinculante a las decisiones de la Comisión de la verdad, es una subversión del principio del control judicial de todos los actos estatales, pues al tener tal carácter dichos actos no podrían ser nunca revisados judicialmente.

"14. Solicitar a los organismos competentes la adopción de medidas de prevención y de seguridad necesarias para el desempeño de su labor, así como las medidas para la protección de víctimas, declarantes y demás personas que estime pertinente para el cumplimiento de sus funciones, cuando las circunstancias del caso así lo ameriten.

15. Acordar la reserva de la identidad de cualquier persona que contribuya al cumplimiento de su labor, a fin de salvaguardar la integridad física y moral de los involucrados."

Por último, en cuanto a las actuaciones y documentos de la Comisión, el artículo 14 dispuso su carácter reservado frente a terceros, "con el objeto de garantizar la confidencialidad de las fuentes, así como la seguridad de las víctimas, posibles responsables, testigos e informantes." Sin embargo, agrega dicha norma que la Comisión puede "dar carácter público a determinados documentos cuando ello resulte necesario para el cumplimiento de su mandato o existan razones de interés general que lo justifiquen."

Para el cumplimiento de sus funciones, la Asamblea Nacional Constituyente dictó un Reglamento con una regulación detallada sobre el cumplimiento de las actividades encomendadas a la Comisión, estructurándola además, como órgano permanente con una organización compleja integrada por "la Plenaria, la Presidencia y la Secretaría Ejecutiva, como unidades superiores; las Direcciones de Registro de Testimonios, Investigación, Atención Integral a la Víctima de Violencia Política, Acceso a la Justicia y Promoción de Reconciliación y Paz, como unidades sustantivas; las Direcciones de Auditoría Interna, Sistematización y Análisis de la Información, Archivo, Participación Ciudadana, Planificación y Presupuesto, Gestión Administrativa, Consultoría Jurídica y Gestión Humana, como unidades de apoyo, y por las demás unidades o dependencias que se establezcan en el reglamento." [334]

---

334 Véase la Resolución N° 01/2017, "Reglamento interno de la Comisión para la Verdad, la Justicia, la Paz y la Tranquilidad Pública," 27 de septiembre de 2017, en *Gaceta Oficial* N° 6.338 Extra. de 3 de noviembre de 2017.

9. *La resurrección de la Inquisición*

En definitiva, en relación con esta Comisión de la Verdad, estamos en presencia de un instrumento inconstitucional establecido para diseñar e implementar la persecución política de los líderes de la oposición, entre otros con motivo de los denominados "hechos de violencia por motivos políticos," que según "Ley Constitucional" acaecieron, en particular, a partir de 14 de abril de 2013 al anunciarse la elección del Sr. Maduro, expresados "en un criminal llamado a la violencia por parte del candidato derrotado que produjo la muerte de 11 venezolanos y decenas de heridos;" en 2014, "a través del plan insurreccional denominado "La salida" que produjo la muerte de 43 compatriotas y más de 800 heridos;" en 2015 y 2016 "con la aplicación del esquema de la guerra económica y el bloqueo financiero a fin de destruir la economía nacional;" y en 2017, "con el objetivo públicamente expresado de lograr la salida del poder del Presidente Constitucional de la República Bolivariana de Venezuela e instaurar un régimen inconstitucional de transición, plan criminal que produjo la muerte de más de cien ciudadanos y miles de heridos, así como millonarias pérdidas materiales generando zozobra y angustia en la población venezolana."

El mensaje, lamentablemente, debe decirse que está claro, no debiendo haber duda sobre el propósito de esta resurrección caribeña del *Comité de salut public* de la Convención francesa de 1793, como instrumento de persecución política, que aún sin Guillotina, buscará la aniquilación política de los perseguidos.

Y como muestra de ello, basta indicar que el mismo día de su instalación, el 16 de agosto de 2017, la Presidente de la Comisión anunció en compañía de quien ejerce el cargo de Fiscal General de la República, que:

"La comisión investigará al diputado Freddy Guevara por ser uno de los promotores de la violencia y el terror que generaron grupos de choque opositores durante los últimos meses en el país. Así mismo abrió una investigación para determinar la verdad y las responsabilidades en los planes desestabilizadores promovidos por Julio Borges contra el sistema socioeconómico y financiero del país."[335]

Como lo informó Reuters, el anuncio fue que se iniciaba una investigación contra:

"los opositores que convocaron a protestas contra el presidente Nicolás Maduro entre abril y julio, dijo el miércoles su presidenta, Delcy Rodríguez, abriendo la posibilidad de encarcelarlos.

La también presidenta de la Asamblea Nacional Constituyente agregó que igualmente se abrieron investigaciones contra los parlamentarios que enviaron cartas a bancos e instituciones instando a que no dieran financiamiento al Gobierno por considerarlo una "dictadura."[336]

En el mismo acto se anunció que se solicitaría al Consejo Nacional Electoral el listado de los postulados a cargos de gobernadores, con el fin de "investigarlos y aprobarlos" "para evitar que ocupen esos cargos quienes hayan llamado a la violencia."[337]

---

335 Véase la reseña "Constituyente cubana anuncia "investigación" a diputados y candidatos a Regionales," en La patilla, 16 de agosto de 2017, en http://www.lapatilla.com/site/2017/08/16/constituyente-cubana-anuncia-investigacion-a-diputados-y-candidatos-a-regionales-usando-comision-de-la-verdad/.

336 Véase la reseña "Comisión de la Verdad de Venezuela investigará a líderes opositores por llamar a protestas," en Reuters, 16 de agosto de 2017, en http://lta.reuters.com/article/topNews/idLTAKCN1AW2L7-OUSLT. Véase sobre la persecución iniciada con la Comisión, Pedro Pablo Peñaloza, "La Constituyente afila el aparato represivo chavista,' en Vertice, 16 de agosto de 2017, en https://www.verticenews.com/la-constituyente-afila-aparato-represivo-chavista-2/l.

337 Véase la reseña "Constituyente cubana anuncia "investigación" a diputados y candidatos a Regionales," en La patilla, 16 de agosto de 2017, en http://www.lapatilla.com/site/2017/08/16/constituyente-cubana-anuncia-investigacion-a-diputados-y-candidatos-a-regionales-usando-comision-de-la-verdad/.

XI. LA GRAN USURPACIÓN BASADA EN UNA GRAN MENTIRA: LA FRAUDULENTA ASAMBLEA NACIONAL CONSTITUYENTE IMPONIÉNDOSE SOBRE LA CONSTITUCIÓN Y LOS PODERES CONSTITUIDOS[338]

1. *Mentira tras mentira, la Asamblea Constituyente asumiendo supuestos poderes supraconstitucionales*

La fraudulenta Asamblea Nacional Constituyente, inconstitucionalmente electa el 30 de julio de 2017, con fecha 8 de agosto de 2017,"[339] sin competencia alguna para ello, aprobó unas *"Normas para garantizar el pleno funcionamiento institucional de la Asamblea Nacional Constituyente en armonía con los Poderes Públicos constituidos* mediante las cuales pretendió someter a sus designios a todos los Poderes Constituidos, y se colocó por encima de la Constitución de 1999, la cual violada impunemente, quedó convertida en papel de desecho. Sólo la Asamblea Nacional se resistió a comparecer al "circo" del "reconocimiento" y sumisión a la supuesta superioridad de una Asamblea, que es falsa.

En todo caso, con las Normas dictadas, la fraudulenta Asamblea Nacional Constituyente, como observó José Ignacio Hernández, procedió a "formalizar en Venezuela un régimen político dictatorial,"[340] basándose sus promotores e integrantes en una gran mentira, que fue decir una y otra vez que la misma se podía imponer sobre los Poderes Constituidos del Estado (porque supuestamente se habría suplantado en el pueblo para ejercer el poder constituyente originario), que era "soberana," que era "plenipotenciaria" y que era "magna," todo lo cual es falso, y lo peor, que nadie lo cree.

---

338   New York, 20 de agosto de 2017.

339   Véase *Gaceta Oficial* N° 6.323 Extraordinario del 8 de agosto de 2017.

340   Véase José Ignacio Hernández, "La Constituyente declara un régimen político dictatorial," en *Prodavinci*, 15 de agosto de 2017, en http://prodavinci.com/blogs/la-constituyente-declara-un-regimen-politico-dictatorial-por-jose-ignacio-hernandez/?platform=hootsuite. Véase también Javier Antonio Vivas Santana, "Constituyente" no es supraconstitucional ni plenipotenciaria: en https://www.aporrea.org/ideologia/a250560.html.

Como acertadamente lo observo Alberto Barrera Tyszka, al referirse a los sucesores de Hugo Chávez Frías, de quien fue biógrafo: [341]

"Chávez sabía mentir. Y, generalmente, lo hacía bien. Sus herederos conocen el método, tratan de seguirlo, pero son mucho más torpes, más evidentes. Les sale fácil lo fácil: la sorna, la burla, la ironía, el descaro. Pero son incapaces de convocar una esperanza, de comunicar con un mínimo de emoción algo que aunque no sea, parezca una verdad. Son demasiado obvios. En muy pocos días, sin ayuda de nadie, ellos solitos le han confirmado al país y al mundo que todo lo que prometieron con respecto a la Constituyente era una fantasía infantil, que lo único que realmente les interesa es terminar de apagar la democracia, que la Constituyente sólo sirve para tratar de legitimar la dictadura en Venezuela."[342]

De allí todo el esfuerzo que hay que hacer para lograr el total desenmascaramiento de la falsedad.

En efecto, aun cuando la Gaceta Oficial en la cual se publicaron las Normas solo circuló más de una semana después de haberse aprobado, la decisión adoptada por la fraudulenta Asamblea Nacional Constituyente se conoció desde el mismo día en el cual se dictó, el 8 de agosto de 2017, habiendo sido difundida de inmediato por la AVN (Agencia Venezolana de Noticias), haciendo referencia a que la Asamblea Constituyente había aprobado un decreto para asegurar el "funcionamiento armónico" de la misma "con los Poderes Públicos Constituidos."

---

341 Véase Alberto Barrera Tyszka y Cristina Marcano, *Hugo Chavez: The Definitive Biography of Venezuela's Controversial President*, Random House 2005.

342 Véase Alberto Barrera Tyszka, "La tragedia y la esperanza," en *Prodavinci*, 20 de agosto de 2017, en http://prodavinci.com/blogs/la-tragedia-y-la-esperanza-por-alberto-barrera-tyszka/.

Así lo indicó también el Vicepresidente de la Asamblea, para supuestamente "hacer más eficiente al Estado y corregir las posibles desviaciones en funciones de algunos de los Poderes Públicos," pero por sobre todo, para asegurar que:

"Todos los organismo del orden público quedan subordinados a la Asamblea Nacional Constituyente y están obligados a cumplir los actos jurídicos que dicte dicha asamblea que está dirigida a fines de preservación de la paz, de la tranquilidad pública, soberanía e independencia nacional." [343]

La noticia fue difundida internacionalmente por la Agencia AP con el siguiente título: "*Venezuela constitutional assembly decrees itself superior to all other government institutions,*"[344] que el diario *La Tercera* de Chile, por ejemplo, tituló como "Asamblea Constituyente venezolana firma decreto para subordinar a ella los poderes públicos,"[345] recogiendo lo expresado por el Vicepresidente de la Asamblea en el sentido de que "el decreto le otorga facultades al organismo para "reformar, limitar las funciones."

Por su lado, la información difundida oficialmente por el Gobierno, tituló la noticia como "Poderes públicos subordinados a la ANC," afirmando que las Normas:

---

343 Véase la reseña "ANC aprobó decreto para el funcionamiento armónico con Poderes Públicos," en AVN, Caracas 8 de agosto de 2017, en http://www.avn.info.ve/contenido/anc-debate-decreto-para-funcionamiento-arm%C3%B3nico-poderes-p%C3%BAblicos.

344 Véase por ejemplo en ABCNews, 8 de agosto de 2017, en http://abcnews.go.com/International/wireStory/venezuela-constitutional-assembly-decrees-superior-government-institutions-49099542; The Washington Post, 8 de agosto de 2017, en https://www.washingtonpost.com/world/the_americas/venezuela-constitutional-assembly-decrees-itself-superior-to-all-other-government-institutions/2017/08/08/7717aba6-7c7d-11e7-b2b1-aeba62854dfa_story.html?utm_term=.b66f2123990c.

345 Véase en http://www.latercera.com/noticia/constituyente-venezolana-firma-decreto-para-subordinar-poderes-publicos/.

"facultan a la ANC, en su condición de órgano supraconstitucional, para limitar o decidir el cese de las actividades de las autoridades que conforman el poder público." Los organismos que conforman las distintas ramas del poder público quedan subordinados a la Asamblea Nacional Constituyente y están obligados a cumplir y a hacer cumplir los actos jurídicos que emanen del Poder Originario."

La reseña recogió igualmente lo expresado por la Presidenta de la Asamblea, al indicar que

"el decreto de convivencia era necesario para ratificar la subordinación que le debe el poder constituido al Poder Constituyente, en clara alusión al desacato en que se ha mantenido la Asamblea Nacional.

Rodríguez indicó que una vez que asumió la presidencia de la ANC se comunicó con el diputado Julio Borges, presidente de la Asamblea Nacional, para explicarle la necesidad de la convivencia de la Constituyente con ese poder constituido, y su respuesta en ese momento fue que ellos no iban a contribuir."[346]

De todo ello, Carlos Ayala Corao formuló su apreciación de que con sus actuaciones, es evidente que la Asamblea Nacional Constituyente no está realmente interesada "en hacer prontamente una "nueva" Constitución y someterla a aprobación por referendo y cesar en sus funciones." Al contrario, la Asamblea declaró "que la Constitución de 1999 seguirá en vigencia, en todo aquello en lo que ella no disponga lo contrario," lo que significa que:

"se acabó la Constitución. En su lugar tenemos un Leviatán supraconstitucional, que todo lo puede y que no tiene límites superiores, ni temporales ni materiales. Se olvida, evidentemen-

---

346 Véase http://www.leyresorte.gob.ve/2017/08/poderes-publicos-subordinados-a-la-anc/. Véase igualmente en http://minci.gob.ve/2017/08/anc-decreto-funcionamiento-poderes-publicos/.

te, que entre sus límites están los derechos humanos y su progresividad."[347]

La fraudulenta Asamblea Nacional Constituyente es, en todo caso, un parapeto institucional ilegítimo y en el cual sus miembros no pueden siquiera creer. Por ello la insistencia de quienes redactan sus actos en decir, una y otra vez, que es soberana, soberanísima y plenipotenciaria, como si repetir esa mentira mil veces la va a convertir realmente en verdad. Como lo precisó el padre Luis Ugalde S.J,:

> "La Asamblea Dictatorial Constituida se ha autoproclamado "plenipotenciaria". Saben que es mentira, pues no la convocó el pueblo y viola la vigente Constitución. El Ejecutivo, el Electoral y el Judicial se apresuraron a hacerle genuflexión de súbditos; exigirá que también se arrodillen gobernadores, alcaldes, candidatos e instituciones. La ANC ilegítima se proclama y actúa como poder dictatorial "plenipotenciario", con todas las armas para reprimir y nula legitimidad."[348]

2. *El carácter dictatorial de la Asamblea Constituyente*

En todo caso, las Normas antes mencionadas para supuestamente "garantizar el pleno funcionamiento institucional de la Asamblea Nacional Constituyente en armonía con los Poderes Públicos constituidos," pero que en realidad fueron el instrumento para proclamar su carácter dictatorial, las dictó la Asamblea, supuestamente:

> "en ejercicio de las atribuciones conferidas por el Pueblo de Venezuela" mediante las elecciones nacionales y universales de los constituyentes que el cuatro de agosto del corriente confor-

---

347　Véase Carlos Ayala Corao, "Venezuela: Lecciones de una crisis predecible," en *Agenda Pública*, 14 de agosto de 2017, en http://agenda-publica.elperiodico.com/venezuela-lecciones-una-crisis-predecible/.

348　Véase Luis Ugalde SJ, "Plenipotenciaria impotente," en http://www.lacabilla.com/ContenidoOpinion/opinion/plenipotenciaria-impotente-por-luis-ugalde/353.

maron la Asamblea Nacional Constituyente plenipotenciaria y soberana, cumpliendo el mandato de los artículos 347, 348 y 349 de la Constitución de la República Bolivariana de Venezuela.";

Por supuesto, todo lo que se afirmó en este párrafo es mentira. El pueblo no le asignó atribución alguna a la Asamblea, pues la misma no fue convocada por el pueblo mediante referendo de convocatoria; y por lo demás, la Asamblea no es soberana, ni es plenipotenciaria. Ello no está establecido en norma constitucional alguna, y aun si la Asamblea hubiese sido electa siguiendo los principios constitucionales, solo tendría la misión de redactar una nueva Constitución, conforme a los criterios de transformación del Estado y de formulación de un nuevo ordenamiento jurídico que hubiera podido definir,

Las Normas, con el falso fundamento antes mencionado, estuvieron precedidas de un conjunto de "Considerandos" plagados también de expresiones falsas, que lo único que reflejan es la mentira como política de Estado. Entre esas mentiras están, por ejemplo, (i) que la fraudulenta Asamblea Nacional Constituyente "cumple el mandato del pueblo soberano" cuando su único mandato, de haber sido electa constitucionalmente, hubiera sido redactar una nueva Constitución; (ii) que "es la respuesta constitucional derivada del mandato del artículo 347 que en pleno ejercicio de la soberanía el pueblo venezolano se ha dado," cuando ello es falso porque conforme a esa norma, el mandato era que el pueblo la convocara, lo que no ocurrió; y porque el pueblo no se manifestó en forma alguna mediante referendo de convocatoria como lo impone dicha norma, y su voluntad fue usurpada por el Presidente de la República quién la convocó inconstitucionalmente; (iii) que la jurisdicción constitucional haya "dirimido perfectamente" los conflictos entre los poderes del Estado cuando ello es falso, y al contrario, fue la Sala Constitucional del Tribunal Supremo la que ha acabado con la separación de poderes, ha instaurado una dictadura judicial, y es la responsable de haber cometido "atentados graves contra el orden constitucional dirigidos a desestabilizar el Estado;" (iv) que la fraudulenta Asamblea Nacional Constituyente "puede decretar medidas sobre competencias, funcionamiento y organización de los órganos del Poder

Público," lo cual también es falso, pues ninguna norma de la Constitución ni siquiera si hubiese sido electa constitucionalmente, la autoriza a imponerse sobre los Poderes del Estado; y (v) que la fraudulenta Asamblea Nacional Constituyente pueda dictar "medidas que todas las ramas de los Poderes Públicos deban adoptar en su campo competencial," cuando ello es falso porque ninguna norma constitucional la autoriza a ello.

Con base en todas las anteriores mentiras y falsedades, la fraudulenta Asamblea Nacional Constituyente definió como "objeto" de las Normas, "regular el ejercicio de la potestad soberana de la Asamblea Nacional Constituyente" cuando, de nuevo, ello es falso, porque en Venezuela, solo el pueblo es soberano en los términos del artículo 5 de la Constitución al disponer que "La soberanía reside intransferiblemente en el pueblo." Ningún órgano del Estado puede asumir la soberanía que es intransferible.

Por tanto, la fraudulenta Asamblea Nacional Constituyente, ni aún si hubiese sido electa constitucionalmente, podría dictar normativa alguna "dirigida a garantizar el funcionamiento armonioso, justo y equilibrado de todas las ramas de los poderes públicos" (Primera Norma) ni a garantizar "la institucionalidad armoniosa, constitucional y eficiente de todas las ramas de los Poderes Públicos" (Segunda Norma), que es lo que está establecido precisamente en la propia Constitución conforme al principio de la separación de poderes entre los diversos órganos del Poder Público, con lo cual la fraudulenta Asamblea pretendió acabar.

Con base en todo lo anterior, la Tercera Norma comenzó con una absolutamente falsa afirmación al indicar que:

> "Para garantizar el cumplimiento de su objeto, la Asamblea Nacional Constituyente podrá decretar medidas sobre competencias, funcionamiento y organización de los órganos del Poder Público, de cumplimiento inmediato."

Se insiste, esta supuesta atribución de la Asamblea Nacional Constituyente no está en ninguna parte, ni en norma constitucional alguna. Al contrario, lo único que establece la Constitución como "objeto" de la Asamblea Nacional Constituyente cuando es convocada por el pueblo, es única y exclusivamente "transformar el Estado, crear un nuevo ordenamiento jurídico y redactar una nueva Constitución" (art. 347, Constitución), y solo cuando ello ocurra y la nueva Constitución la apruebe el pueblo mediante referendo, es que de acuerdo con sus normas, de ser el caso, se podrían afectar las competencias, funcionamiento y organización de los órganos del Poder Público.

Siendo por tanto lo dispuesto en el encabezamiento de la Tercera Norma absolutamente inconstitucional, igual inconstitucionalidad afecta a lo previsto en el último párrafo de dicha Norma al disponer que la fraudulenta Asamblea Nacional Constituyente:

> "en uso de las atribuciones que le son inherentes, podrá limitar o decidir la cesación de las actividades de las autoridades que conforman el Poder Público."

Las atribuciones de los órganos del Poder Público fueron determinadas por el pueblo al aprobar a Constitución de 1999 mediante referendo, y su ejercicio proviene igualmente del mandato popular ejercido mediante elección directa de sus representantes, como son el Presidente de la República y los diputados a la Asamblea Nacional, o mediante elección indirecta o de segundo grado por parte de ésta de los titulares de los Poderes Públicos Judicial, Ciudadano y Electoral. Esos mandatos no pueden cesar sin la participación del pueblo mediante referendo revocatorio o mediante remoción por la Asamblea Nacional según los casos.

Nadie más puede pretender usurpar el poder del pueblo o de sus representantes en la Asamblea Nacional y asumir poder alguno para limitar o cesar las actividades de los Poderes públicos, por lo que no es sino una gran usurpación de la voluntad popular basada en una gran mentira la atribución que ha pretendido auto-conferirse la fraudulenta Asamblea Constituyente, para incidir en el ejercicio de sus competencias constitucionales por parte de los órganos de los diversos poderes públicos.

Es falso, por tanto, que la Asamblea pueda justificar "atribuciones que le son inherentes" que no son más que una gran usurpación de autoridad, cuyos actos son por tanto nulos de nulidad absoluta e ineficaces conforme al artículo 138 de la Constitución.

3. El falso carácter "supra constitucional" de la Asamblea Constituyente y el golpe de Estado constituyente

Pero la gran usurpación basada en mentiras tras mentiras, en realidad se materializó en la Cuarta Norma de esta inconstitucional decisión de la fraudulenta Asamblea Nacional Constituyente, mediante la cual la misma pretendió ponerse por encima de la Constitución de 1999 y auto atribuirse una facultad que no puede tener ningún órgano del Estado que es la de reformar, modificar, moldear, alterar, transformar, variar, cambiar puntualmente la Constitución de 1999, a su antojo, mientras funcione, conforme el vaivén del proceso político, al prescribir que "la Constitución de 1999 y el resto del ordenamiento jurídico vigente, mantendrán su vigencia en todo aquello que no colide o sea contradictorio" con los actos normativos y decisiones" de dicha fraudulenta Asamblea (art. 1, Estatutos).

Es realmente imposible conseguir una norma que defina tan precisamente lo que es un golpe de Estado, que ante todo es contra la Constitución. Con esa previsión, la Constitución quedó reducida a ser una normativa sin supremacía, en violación al artículo 7 de la Constitución que no sólo dispone que la misma "es la norma suprema y el fundamento del ordenamiento jurídico," sino que "todas las personas y los órganos que ejercen el Poder Público están sujetos" a la misma.

La fraudulenta e inconstitucional Asamblea Nacional Constituyente con estas Normas ha pretendido desligarse de la Constitución y reformarla o moldearla a su arbitrio, en violación de todas las normas del Título XI de la Constitución sobre la reforma Constitucional

En definitiva, con dichas Normas, como lo expresó José Ignacio Hernández.

"la ilegítima constituyente asume poderes "supra-constitucionales," o sea, que se coloca por encima de la Constitución de

1999, al afirmar que ésta podrá ser derogada por las decisiones dictadas por la propia Asamblea.

No solo la Asamblea Nacional Constituyente es ilegítima y fraudulenta. Con esta declaratoria de poderes "supraconstitucionales" se aparta del artículo 347 de la Constitución, pues de acuerdo con esa norma, lo único que podría hacer una Asamblea Nacional Constituyente legítimamente electa es dictar una nueva Constitución. En modo alguno esa norma faculta a la Constituyente para asumir funciones por encima de la propia Constitución, como pretenden hacer las normas comentadas."[349]

La secuela de tamaña inconstitucionalidad la plasmó la fraudulenta Asamblea Nacional Constituyente en la Quinta Norma de la inconstitucional decisión adoptada, prescribiendo que, no sólo está por encima de la Constitución, sino que supuestamente:

"todos los organismos del Poder Público quedan subordinados a la Asamblea Nacional Constituyente, y están obligados a cumplir y hacer cumplir los actos jurídicos que emanen dicha Asamblea."

Por supuesto, nada en la Constitución autoriza a la Asamblea Nacional Constituyente a erigirse como órgano del Estado que pueda pretender ser superior a los órganos de los Poderes Constituidos conforme a la misma Constitución, y nada en la misma obliga a que dichos Poderes deban someterse a la fraudulenta Asamblea Constituyente, de la cual no pueden aceptar quedar subordinados.

Por ello, con toda razón, las Academias Nacionales, en comunicado del día 15 de agosto de 2017, expresaron lo siguiente:

---

349 José Ignacio Hernández, "La Constituyente declara un régimen político dictatorial," en *Prodavinci*, 15 de agosto de 2017, en http://prodavinci.com/blogs/la-constituyente-declara-un-regimen-politico-dictatorial-por-jose-ignacio-hernandez/?platform=hootsuite.

"Las circunstancias de la convocatoria en violación del texto constitucional y el empeño de proseguir con una intención constituyente han sido tan patentes que han merecido el desconocimiento y la condena internacionales. Desde su instalación, esta asamblea ha pretendido constituirse en un poder supraconstitucional, asumiendo funciones propias de los poderes establecidos del Estado venezolano y decidiendo materias sobre las cuales carece de atribuciones.

Entre otras facultades usurpadas, esta asamblea ha destituido y nombrado -a conveniencia partidista- funcionarios diversos del Poder Moral, amenaza la inmunidad parlamentaria y está interfiriendo en las elecciones regionales que están claramente definidas en el texto constitucional y otras leyes al respecto, elecciones que no son una concesión gratuita del gobierno, ni mucho menos de esa asamblea, sino un derecho constitucional aplazado intencionalmente por el CNE desde el año pasado. Las actuaciones de dicha asamblea, radicalmente nulas y que apuntan al desmantelamiento de las instituciones republicanas y a instaurar una dictadura, han merecido el repudio de la Unión Europea, el Secretario General de la Organización de Estados Americanos, un grupo importante de gobiernos hemisféricos y organizaciones diversas ocupadas en temas de derechos humanos, libertad y democracia en todo el mundo." [350]

4. *El Gran Circo: los poderes constituidos sometidos a las "horcas caudinas" de la Asamblea Constituyente*

En todo caso, las referidas *Normas*, sirvieron para que la fraudulenta Asamblea Nacional Constituyente montara un "gran circo" para presenciar el sometimiento, uno a uno, de los Poderes Públicos a ese enjambre de constituyentistas, que guiados por unos pocos, sin debate, lo único que han hecho es levantar la mano alborozados y solazándose del supuesto poder que tienen. Lo lograron efectivamente

---

350 Véase el texto en https://elecciones7oenbil-bao.word-press.com/2017/08/16/pronunciamiento-de-las-academias-nacionales-ante-la-ilegitima-asamblea-nacional-constituyente-15-de-agosto-2017/.

con todos los Poderes Constituidos que ya estaban sometidos al Poder Ejecutivo, pero no lo lograron con la Asamblea Nacional que se rebeló frente a la "mentira constituyente."

Y todo comenzó, como antes se indicó, luego de su instalación, el día 5 de agosto de 2017, cuando la Asamblea Nacional Constituyente se aseguró la sumisión del Ministerio Público y, a la vez, de la Defensoría del Pueblo, a haber inconstitucionalmente removido sin mayores motivaciones a la Fiscal General de la República de su cargo,[351] acto calificado por el Presidente Juan Manuel Santos de Colombia como el "primer acto dictatorial de una constituyente ilegítima;"[352] y a la vez, como primer espectáculo del "circo," haber designado como Fiscal General a quien ya ejercía sus funciones sumisamente sometido al control político del Poder Ejecutivo, como supuesto Defensor del Pueblo.[353]

A. *La pantomima presidencial*

El segundo espectáculo del "circo" para supuestamente "domar" a los Poderes Constituidos se produjo el día 10 de agosto de 2017,

---

351   Véase en *Gaceta Oficial* N° 6.322 Extraordinario del 5 de agosto de 2017. Véase sobre ello, Allan R. Brewer-Carías, El Gran Temor: La remoción de la Fiscal General de la República y el pavor frente a sus investigaciones, 12 de agosto de 2017, en http://allanbrewercarias.net/site/wp-content/uploads/2017/08/172.-doc.-Brewer.-Gran-Temor.-Remoc-FGR.pdf.

352   Véase la información en "Colombia calificó destitución de la FGR como "primer acto dictatorial" de la constituyente cubana," en *la patilla*, 5 de agosto de 2017, en http://www.lapatilla.com/site/2017/08/05/colombia-califico-destitucion-de-la-fgr-como-primer-acto-dictatorial-de-la-constituyente-cubana/.

353   Véase *Gaceta Oficial* N° 6.322 Extraordinario del 5 de agosto de 2017. Véase sobre ello las reseñas: "Tarek William Saab, el fiel chavista que se hizo "Fiscal General de la República" en La patilla, 5 de agosto de 2017, en http://www.lapatilla.com/site/2017/08/05/tarek-william-saab-el-fiel-chavista-que-se-hizo-fiscal-general-de-la-republica/ ;"Designan a Tarek William Saab de forma inconstitucional como Fiscal provisional de la República," en la patilla, 5 de agosto de 2017, en https://www.lapatilla.com/site/2017/08/05/designan-a-tarek-william-saab-como-fiscal-provisional-de-la-republica/.

esta vez respecto del Presidente de la República, quien supuestamente acudió sumiso ante la Asamblea para poner su cargo a la orden y fue entonces ratificado con gran júbilo.[354]

Así lo decidió la fraudulenta Asamblea Nacional Constituyente, alegando con toda falsedad que lo hacía "en ejercicio de su poder originario emanado del mandato conferido por el Pueblo de Venezuela el 30 de julio de 2017," lo cual no es cierto pues el poder constituyente originario es intransferible y en ningún caso el pueblo convocó la Asamblea Constituyente mediante referendo de convocatoria, que era su única forma de expresarse.

Además, fraudulentamente, la Asamblea invocó como fuente de su competencia, las "Normas para Garantizar el Pleno Funcionamiento Institucional de la Asamblea Nacional Constituyente en Armonía con los Poderes Públicos Constituidos," antes comentadas, dictadas por ella misma, para lo cual, también falsamente, se autocalificó como "órgano soberano," usurpando así la soberanía del pueblo que como lo dice el artículo 5 de la Constitución, es intransferible.

El Decreto para ratificar a Maduro en la Presidencia de la República también tuvo "Considerandos" llenos de falsedades que se repiten, ya comentadas, en los cuales se indicó, entre otras cosas, (i) que la fraudulenta Asamblea "cumple el mandato del Pueblo Soberano," cuando éste no la convocó mediante referendo, pues su poder fue usurpado por quien ejerce la Presidencia de la República; (ii) que "todos los órganos del Poder Público se encuentran subordinados a la Asamblea Nacional Constituyente, como expresión del poder originario y fundacional del Pueblo venezolano," cuando ello es falso, no sólo porque la Asamblea fraudulenta no es expresión alguna de "poder originario" del pueblo, pues éste no la convocó, y más bien se configuró en forma contraria a la Constitución; porque el poder originario "fundacional" de la Republica quedó en su sitio histórico de 1811 y 1830, donde hay que dejarlo; y porque dicha subordinación es solo un "invento" inconstitucional de la propia Asamblea, contenido en las *Normas* antes comentadas; y (iii) que dicha fraudulenta Asamblea Nacional supuestamente "se encuentra facultada para adoptar

---

354   *Gaceta Oficial* N° 6325 Extra de 10 de agosto de 2017.

medidas sobre las competencias, funcionamiento y organización de los órganos del Poder Público," cuando ello es falso, y solo establecido en las referidas *Normas* mencionadas, que la Asamblea se dictó a su medida, para sí misma.

Y todo lo anterior a los efectos de tratar de completar el "circo" montado con el objeto de ir construyendo su propia competencia para sujetar, a sus designios, a los Poderes Constituidos, indicando respecto del Presidente de la República, que el Sr. Maduro había concurrido, ya supuestamente sumiso y manso, como para que alguien lo creyera, ante:

> "esta soberana Asamblea Nacional Constituyente y expresó su voluntad absoluta de acatar el carácter plenipotenciario de esta Magna Asamblea Nacional Constituyente, en los términos contemplados en el artículo 349 de la Constitución de la República Bolivariana de Venezuela y las Normas para Garantizar el Pleno Funcionamiento Institucional de la Asamblea Nacional Constituyente en Armonía con los Poderes Públicos Constituidos, reconociendo su carácter originario en un gesto profundamente democrático y de apego constitucional.";

Esta tramoya, concluyó con la decisión de la fraudulenta Asamblea de "ratificar" a Maduro en el cargo de Presidente, después de darle una especie de "certificado de buena conducta," lo que por supuesto no se lo cree nadie.

Como se ha dicho repetidamente, ni la fraudulenta Asamblea Nacional Constituyente es "soberana", ni tiene carácter "plenipotenciario," ni es "magna," ni tiene "carácter originario"; y el hecho de que quien ejerce la Presidencia de la República supuestamente lo haya dicho y reconocido ante la Asamblea, no tiene ningún efecto, sino el de poner al descubierto la pantomima de que habría concurrido ante la Asamblea, sumiso, para acatar todo lo que la misma decida, considerando la Asamblea que con ello podía contar con él, como "soporte fundamental para la implementación de las medidas" que adoptase, y engañar al país.

B. *La sumisión del Poder Electoral ya sometido*

El tercer espectáculo del "circo" para la sujeción de los Poderes Constituidos, fue en relación con el Poder Electoral, y tuvo como protagonistas a las rectoras del Consejo Nacional Electoral, quienes luego de dárseles otro "certificado de buena conducta" por los "favores recibidos," también fueron ratificadas en sus cargos mediante Decreto, con los mismos inconstitucionales considerandos y motivaciones que el antes analizado decreto de ratificación del quien ejerce la Presidencia de la Republica.

En este caso, de manera similar a lo ocurrido con el Presidente, se alegó que las mencionadas rectoras, el 11 de agosto de 2017, también habían concurrido ante la "soberana" Asamblea, lo cual es falso, como antes se ha dicho, pues soberano solo es el pueblo; para "reconocer y subordinarse al carácter Originario y Plenipotenciario de esta Magna Asamblea Nacional Constituyente," lo cual también es falso, pues como se ha dicho, la fraudulenta Asamblea ni tiene "carácter originario," ni es "plenipotenciaria," ni es "magna." Todo ello, como lo hemos argumentado, es una gran mentira, repetida una y otra vez para ver si alguien se la cree.[355]

C. *La absurda sumisión del Poder Judicial*

El 15 de agosto de 2017, en las sesiones del "circo" tendiente a hacerse reconocer formalmente por todos los Poderes Constituidos como una entidad con tal "carácter originario," "plenipotenciaria," y "magna, y así someter a dichos Poderes Constituidos a sus designios, le tocó su turno de dar un salto mortal al Tribunal Supremo de Justicia, en un ejercicio inútil pues dicho órgano ya se había sometido desde hace lustros al Poder Ejecutivo. Para cumplir con el "programa" los magistrados principales y suplentes de dicho Tribunal también concurrieron ante la fraudulenta Asamblea y, nada más ni nada

---

355   Véase Allan R. Brewer-Carías, "La Gran Mentira: La Asamblea Nacional Constituyente ni es soberana, ni es depositaria del poder constituyente originario, ni es reconocida globalmente," 8 de agosto de 2017, en http://allanbrewercarias.net/site/wp-content/uploads/2017/08/171.-doc.-La-Gran-mentira.-ANC-no-es-soberana.pdf.

menos, "expresaron su voluntad de reconocer y acatar el carácter originario y plenipotenciario de esta Magna Asamblea Nacional Constituyente."[356]

Esto, además de ser parte de una burda actuación en el "circo" montado por la fraudulenta Asamblea Nacional Constituyente para tratar de demostrar su supuesto poder supremo, fue la expresión más trágica y aberrante que se puede registrar de un Poder Judicial en un Estado de derecho, pues en sí misma fue la renuncia a su autonomía e independencia, que debería ser el único pilar de los tribunales que solo deben estar sometidos a la ley; lo que mereció la más absoluta repulsa de toda la comunidad jurídica.

XII. LA USURPACIÓN DE LAS FUNCIONES LEGISLATIVAS Y DE CONTROL DE LA ASAMBLEA NACIONAL POR PARTE DE LA ASAMBLEA NACIONAL CONSTITU-YENTE

1. *La negativa de la Asamblea Nacional a someterse a la Asamblea Nacional Constituyente*

A la fraudulenta Asamblea Nacional Constituyente, después del desfile de funcionarios sumisos que tuvo durante varios días, para asegurar que todos la "reconocieran" como originaria, plenipotencia-ria, soberana y magna, solo le faltaba realizar lo mismo con la Asamblea Nacional.

Para lograr su objetivo, dado el desconocimiento reiterado que la Asamblea Nacional había formulado sobre la fraudulenta Asamblea Constituyente desde su elección, la Presidenta de la Asamblea deci-dió citar a los diputados miembros de la directiva de la Asamblea Nacional, para que comparecieran ante la misma el día 18 de agosto de 2017, para en definitiva hacerles reconocer la falsa supremacía de la fraudulenta Asamblea Constituyente.

La respuesta de los representantes de la Asamblea Nacional se manifestó en esa misma fecha mediante una "Carta abierta de la Asamblea Nacional de Venezuela y los diputados de la Unidad

---

356   Véase *Gaceta Oficial* N° 41214 de 15 de agosto de 2017.

Democrática al pueblo venezolano, a la comunidad internacional y a Nicolás Maduro Moros" en la cual, en representación de 109 diputados, expresó claramente lo siguiente:

"La fraudulenta Asamblea Nacional Constituyente es un poder de facto, expresión de la naturaleza hegemónica que pretende perpetuar a Nicolás Maduro Moros en el poder. No es una auténtica asamblea constituyente. Es una mentira constituyente, una estructura de dominación nacida al margen de la Constitución de 1999 y de espaldas al pueblo. Fue convocada sin un referéndum popular, destruyó la universalidad del derecho al voto, fue pobremente avalada por dos millones de venezolanos, tiñó de sangre la conciencia del país y ha sido desconocida por el pueblo mayoritario de Venezuela, por la comunidad internacional y por la Asamblea Nacional. Por eso, reiteramos que desconocemos la fraudulenta asamblea nacional constituyente, sus mandatos y todos los actos emanados de la misma: ¡ ¡La única Constitución que encarna la justicia del pueblo de Venezuela es la de 1999! [...]

Por todas las razones expuestas anteriormente, no compareceremos ante la mentira constituyente. No estamos obligados a hacerlo. En cambio, tenemos el deber de permanecer del lado de la Constitución de 1999 y de los más de catorce millones de electores que nos convirtieron en legítimos representantes de la soberanía popular."[357]

Ante este anuncio, y como consecuencia del fracaso del espectáculo que se quería montar del "circo," la reacción de la fraudulenta Asamblea Nacional Constituyente fue la de adoptar un Decreto mediante el cual decidió asumir "las competencias para legislar" de la Asamblea Nacional, así como las competencias para "dictar actos parlamentarios en forma de ley," es decir, eliminar de facto a

---

[357] Véase el texto en http://elvenezolano.com.pa/wp-content/uploads/2017/08/carta-de-la-asamblea-nacional-a-la-anc-70.pdf; y en http://www.pedromogna.com/asamblea-nacional-no-comparecio-ante-la-constituyente-cubana-por-ser-un-poder-de-facto-comunicado/.

la Asamblea Nacional, al quitarle todas sus competencias constitucionales.

La decisión la adoptó la Asamblea Constituyente al considerar que "la junta directiva de la Asamblea Nacional fue debida y oportunamente convocada a concurrir a la sesión ordinaria soberana de la Asamblea Nacional Constituyente el día 18 de agosto de 2017 y no asistió, en franco desconocimiento del artículo 349 de la Constitución de la República Bolivariana de Venezuela."

En dicho decreto, en efecto, la fraudulenta Constituyente resolvió:

"Asumir las competencias para legislar sobre las materias dirigidas directamente a garantizar la preservación de la paz, la seguridad, la soberanía, el sistema socioeconómico y financiero, los fines del Estado y la preeminencia de los derechos de los venezolanos, así como para dictar actos parlamentarios sin forma de ley vinculados con las referidas materias conforme al mandato del artículo 349 de la Constitución de la República Bolivariana de Venezuela, y las normas para garantizar el pleno funcionamiento institucional de la Asamblea Nacional Constituyente en concordancia con la declaración de supraconstitucionalidad de las decisiones de la Asamblea Nacional Constituyente en sentencia del Poder Judicial del año 1999."[358]

Aparte de que el artículo 349 de la Constitución no contiene ningún mandato que pueda fundamentar tan inconstitucional decisión,[359] la misma en definitiva significó, como lo observó José Ignacio Hernández, una ratificación de "lo que ya había hecho la Sala Constitucional y lo que ella misma había decidido con anterioridad"

---

358 Véase en la reseña: "18 países rechazan que Constituyente asuma funciones del Parlamento venezolana," en *Prodavinci*, 18 de agosto de 2017, en http://prodavinci.com/2017/08/18/actualidad/ante-rechazo-global-asamblea-constituyente-asumira-funciones-del-parlamento-venezolano/.

359 Recuérdese que dicha norma constitucional lo único que dispone es que "Los poderes constituidos no podrán en forma alguna impedir las decisiones de la Asamblea Nacional Constituyente," por supuesto en lo que constituye la realización de su objeto que es solo "transformar el Estado, crear un nuevo ordenamiento jurídico y redactar una nueva Constitución."

en el sentido de "que la Asamblea Nacional no puede ejercer sus funciones, las cuales serán asumidas por la Asamblea Nacional Constituyente como poder supra-constitucional," quedando evidenciado entonces que "la constituyente no va a redactar una constitución, cual es la tarea de una Constituyente, sino que va a ejercer las funciones que la Constitución de 1999 asigna a la Asamblea Nacional."[360]

En todo caso, la situación derivada de tal decisión fue de extrema gravedad, pues en virtud de que conforme a la Constitución solo la Asamblea Nacional actuando como cuerpo legislativo puede sancionar leyes (art. 202), cualquier "ley" dictada por la fraudulenta Asamblea Constituyente no podría sino considerarse como nula de nulidad absoluta e ineficaz, por usurpación de autoridad, en los términos del artículo 138 de la Constitución.

Por otra parte, como actos de autoridad ilegítima tendrían que desconocerse conforme lo dispone el artículo 350 de la Constitución estando todas las personas obligadas a velar por el restablecimiento de la Constitución de acuerdo con el artículo 333 de la misma.

En esa situación, por ejemplo, en relación con la comunidad internacional, un Tratado internacional que requiera de aprobación mediante ley, que solo puede sancionar de la Asamblea Nacional, no podría entrar en aplicación en el país si llegase a ser aprobado por la fraudulenta Asamblea Constituyente. Y lo mismo se puede decir de los actos parlamentarios sin forma de ley, como por ejemplo sería la aprobación de contratos de interés nacional, que si fueran aprobados por la fraudulenta Asamblea Nacional Constituyente también serían ineficaces, lo que sería catastrófico, por ejemplo, en relación a operaciones de crédito público.

En todo caso, con dicha decisión absolutamente inconstitucional, en definitiva lo que se hizo fue vaciar totalmente de competen-

---

360 Véase sobre ello José Ignacio Hernández, "¿Qué perpetró la ilegítima Constituyente al asumir funciones de la AN?", en *Prodavinci*, 19 de agosto de 2017, en http://prodavinci.com/blogs/que-perpetro-la-ilegitima-constituyente-al-asumir-funciones-de-la-an-por-jose-ignacio-hernandez/?platform=hootsuite.

cias a la Asamblea Nacional, lo que equivalió a haber decidido la cesación de sus funciones y, en definitiva, igualmente a la terminación de hecho del mandato de todos los diputados.

Por lo demás, así fue como se interpretó nacional y mundialmente a pesar del esfuerzo de la Presidenta de la fraudulenta Asamblea Nacional Constituyente de explicar, sin éxito, que supuestamente "no habían disuelto a la Asamblea Nacional," sino solo le habían quitado su poder de legislar y decidir, [361] tratando de explicar que no es lo mismo; y del Ministro de Relaciones Exteriores tratar de explicar que no se había disuelto el Parlamento sino que éste no había acatado lo resuelto por la Asamblea Nacional Constituyente; de manera que la Asamblea Nacional supuestamente podía

---

361   Véase por ejemplo, la reseña sobre la explicación en *Informe 21*: "La presidenta de la Asamblea Nacional Constituyente, Delcy Rodríguez, descartó que este cuerpo con poderes plenipotenciarios haya disuelto al Parlamento venezolano y dijo que "deben trabajar" y convivir como poderes. "No hay disolución, lo que hay es trabajar". Instó este viernes a la Asamblea Nacional en desacato, a que trabajen, a que se remitan a sus funciones consustanciales, y a que respeten la voluntad del Poder Constituyente Originario. "Les estamos diciendo ajusten su actuación, ustedes tienen funciones consustanciales que deben cumplir y respetar y honrar, ustedes no llegaron para dar golpes de Estado, ustedes llegaron para legislar a favor del pueblo de Venezuela y a eso deben remitirse y deben además respetar el poder constituyente originario", expresó la presidenta de la ANC. "Ellos no pueden impedir las decisiones de esta plenipotenciaria Asamblea", insistió y "tienen que remitirse a sus funciones consustanciales respetando a esta Asamblea Nacional Constituyente", expresó. Así que les estamos diciendo ¡a trabajar! No venga ahorita CNN a darles licencia de vagancia, ni de vacaciones, tienen que trabajar, y tienen que respetar al poder constituyente originario". Rodríguez afirmó: "Ya está claro, vamos a convivir, no está disuelta, se quedaron con su titular y sus ganas de estar disuelta, vayan a trabajar y háganlo conforme a las leyes de la República y nuestra Constitución madre". Véase en *Informe 21*, "Delcy Rodríguez: No disolvimos la Asamblea, los vagos tienen que trabajar,' *Informe 21*, 18 de agosto de 2017, enhttp://informe21.com/politica/delcy-rodriguez-no-disolvimos-la-asamblea-los-vagos-tienen-que-trabajar. Véase igualmente la información en https://www.lapatilla.com/site/2017/08/18/delcy-eloina-no-disolvimos-la-asamblea-los-vagos-tienen-que-trabajar/.

funcionar pero sin ningún efecto.[362] Mayor cinismo, por supuesto, es imposible encontrar, y por ello, nadie se lo creyó.

2. El repudio generalizado respecto de lo decidido por la Asamblea Constituyente en relación con el Poder Legislativo

La reacción nacional contra lo decidido por la fraudulenta Asamblea Nacional Constituyente se reflejó en lo expresado por la propia Asamblea Nacional en *Acuerdo* emitido el 19 de agosto de 2017, en el cual ratificó "el compromiso de la misma de continuar

---

362 El Ministro de Relaciones Exteriores, en lo que fue la primera expresión pública del gobierno sobre la Asamblea Constituyente, según lo reseñó *el periódico*, el 19 de agosto de 2017, negó ante los representantes diplomáticos en el país que "la asunción por parte de la Asamblea Constituyente (ANC) de competencias legislativas suponga una "disolución" del Parlamento, como sostiene la oposición, y criticó las reacciones internacionales, que llamó "solidaridades automáticas". "De manera absolutamente falaz indican que el Poder Legislativo venezolano fue disuelto por la Asamblea Nacional Constituyente (ANC). Es (...) el Poder Legislativo venezolano el que no reconoce a la ANC como poder plenipotenciario", dijo Arreaza sobre la condena a la decisión expresada por numerosos países europeos y americanos. Tras una reunión con el cuerpo diplomático acreditado en Caracas, el canciller criticó lo que considera "solidaridades automáticas" con el Parlamento opositor de Venezuela, y se refirió específicamente a la reacción de Estados Unidos, que calificó en un comunicado de "nuevo acto de injerencia". El de Arreaza es el primer pronunciamiento del Gobierno después de que la ANC -instaurada por el oficialismo el 4 de agosto para reordenar con poderes absolutos el Estado- se atribuyera las funciones legislativas al acusar al Parlamento de sabotear al país para satisfacer su agenda política. Algunas de las voces con más poder dentro de la ANC han negado que se trate de una disolución del Parlamento, que puede seguir operando desde su sede en el Palacio Federal Legislativo sin que sus decisiones tengan ningún efecto." Lo adoptado por el Parlamento ya no tenía validez o efectos prácticos, al haber dictado el Tribunal Supremo de Justicia la nulidad de sus actos al declarar "en desacato" a este órgano elegido en diciembre de 2015 en las últimas elecciones con participación de la oposición y el Gobierno celebradas en el país." Véase la reseña en "Venezuela niega disolución del Parlamento y rechaza críticas internacionales," en *el periódico*, 19 de agosto de 2017, en http://www.elperiodico.com/es/internacional/20170819/venezuela-niega-disolucion-del-parlamento-y-rechaza-criticas-internacionales-6233864.

ejerciendo sus atribuciones constitucionales y en rechazo de las pretensiones de usurpación de las funciones de este cuerpo parlamentario, por parte de la inconstitucional y fraudulenta Asamblea Nacional Constituyente."

En el Acuerdo, además, la Asamblea Nacional denunció "el fraude constitucional de la Asamblea Nacional Constituyente y la usurpación de la soberanía popular, legítimamente representada por este cuerpo parlamentario único titular del Poder Legislativo Nacional," basándose, entre otros "Considerandos," en los siguientes:

"Que el 18 de agosto de 2017, mediante un acto viciado de las inconstitucionalidades denunciadas y jurídicamente ineficaz, esa fraudulenta Asamblea Nacional Constituyente ha pretendido asumir las atribuciones legislativas de esta Asamblea Nacional, en materias dirigidas a garantizar la seguridad, la soberanía y el sistema socioeconómico y financiero del país y los derechos de los venezolanos;

Que la Asamblea Nacional, expresión del Poder Legislativo constituido conforme a la Constitución de 1999, permanece en pleno ejercicio de sus atribuciones constitucionales; que esa supuesta Asamblea Constituyente no puede en forma alguna interferir en sus funciones, menos aún pretender suplirla en la adopción de la legislación en materias de la reserva legal, que corresponden exclusivamente a este cuerpo parlamentario, legítimo representante de la voluntad general;

Que ese acto de la Asamblea Nacional Constituyente además de jurídicamente nulo e ineficaz persigue desconocer y burlar, una vez más, la voluntad del electorado expresada en las elecciones parlamentarias del 6 de diciembre de 2015, electorado que con su abstención el pasado 30 de julio manifestó su absoluto rechazo al fraude constituyente." [363]

---

363 Véase el texto en http://www.asambleavenezuela.com/documentos_archivos/acuerdo-ratificando-el-compromiso-de-esta-asamblea-nacional-de-continuar-ejerciendo-sus-atribuciones-constitucionales-y-en-rechazo-de-las-pretensionesde-usurpacion-de-las-funciones-de-este-cuerpo-parl-

Como resultado, en el mismo Acuerdo, la Asamblea Nacional ratificó su compromiso con el pueblo, "de mantenerse firme en la defensa de los valores y principios democráticos, con fundamento en los cuales desconoce el acto de esa pretendida Asamblea Nacional Constituyente del 18 de agosto de 2017, mediante el cual pretende asumir potestades legislativas de este cuerpo legislativo." La Asamblea nacional, además, rechazó y desconoció

"las pretensiones de usurpar las funciones legislativas que le corresponden a este cuerpo parlamentario legítimamente constituido, conforme a la vigente Constitución de 1999."[364]

En cuanto a la reacción internacional contra la decisión de la fraudulenta Asamblea Nacional Constituyente como violadora del principio democrático, reconociendo en cambio la legitimidad de la elección de la Asamblea Nacional y la ilegitimidad de la Asamblea Nacional Constituyente, puede decirse que fue generalizada. Entre las primeras se destaca la del gobierno de España, expresada a través de Comunicado del Ministerio de Asuntos Exteriores y Cooperación, en el cual se indicó que:

"El Gobierno de España expresa su firme condena por la decisión de la ilegítima Asamblea Constituyente de usurpar las competencias legislativas de la Asamblea Nacional de la República Bolivariana de Venezuela.

Es una decisión que no contribuye a la reconciliación ni al futuro democrático de Venezuela. Asimismo, constituye un

---

73.pdf Véase igualmente el texto en la reseña de *CNNEspañol*: http://cnnespanol.cnn.com/2017/08/18/asamblea-constituyente-de-venezuela-disuelve-la-asamblea-nacional/.

364 Véase el texto en http://www.asambleavenezuela.com/documentos_archivos/acuerdo-ratificando-el-compromiso-de-esta-asamblea-nacional-de-continuar-ejerciendo-sus-atribuciones-constitucionales-y-en-rechazo-de-las-pretensionesde-usurpacion-de-las-funciones-de-este-cuerpo-parl-73.pdf Véase igualmente el texto en la reseña de *CNNEspañol*: http://cnnespanol.cnn.com/2017/08/18/asamblea-constituyente-de-venezuela-disuelve-la-asamblea-nacional/

grave desconocimiento de la voluntad del pueblo venezolano expresada de manera democrática en las elecciones legislativas de 2015 y, si no es revertida, una quiebra definitiva del orden democrático y constitucional en la República Bolivariana de Venezuela.

El Gobierno de España no reconoce la decisión de la Asamblea Constituyente y exige al Ejecutivo de ese país que garantice la independencia y separación de los poderes del Estado."[365]

Igualmente fue contundente y clara la expresión del gobierno de los Estados Unidos, a la cual se refirió específicamente el Canciller de Venezuela,[366] en la cual a través del vocero del Departamento de Estado expresó:

"Los Estados Unidos condenan fuertemente la asunción de los poderes legislativos por la ilegitima Asamblea Constituyente. Esta toma de poder está designada a suplantar la Asamblea Nacional electa democráticamente con un comité autoritario

---

365   Véase el Comunicado del Gobierno de España en http://www.exterio-res.gob.es/Portal/es/SalaDePrensa/Comunicados/Paginas/2017_CO-MUNICADOS/20170818_COMU194.aspx?platform=hootsuite.

366   El Ministro de Relaciones Exteriores, en su exposición ante el Cuerpo Diplomático acreditado en el país, explicando sobre lo que supuestamente había decidido la Asamblea Constituyente, según reseña de prensa: "Tras una reunión con el cuerpo diplomático acreditado en Caracas, el canciller critico lo que considera "solidaridades automáticas" con el Parlamento opositor de Venezuela, y se refirió específicamente a la reacción de Estados Unidos, que calificó en un comunicado de "nuevo acto de injerencia". Véase la reseña en "Venezuela niega disolución del Parlamento y rechaza críticas internacionales," en *el periódico*, 19 de agosto de 2017, en http://www.elperiodico.com/es/internacional/20170819/venezuela-niega-disolucion-del-parlamento-y-rechaza-criticas-internacionales-6233864
Véase el texto del Comunicado de rechazo emitido por el Ministerio de relaciones Exteriores en la patilla, 19 de agosto de 2017, en http://www.lapatilla.com/site/2017/08/19/venezuela-rechaza-pronunciamiento-emitido-por-la-portavoz-del-departamento-de-estado-de-eeuu-contra-la-anc/.

operando por encima de la ley. En nuestro criterio, la Asamblea nacional electa democráticamente es el único órgano legislativo.

Nos unimos a los vecinos de Venezuela en la condena de la ilegítima Asamblea Constituyente y sus autoritarias directivas [...]".[367]

Por su parte, Alan Duncan, Ministro del Exterior y de la Comunidad del Reino Unido, expresó:

"Estoy absolutamente horrorizado por la decisión de la impostora Asamblea Constituyente en Venezuela de retirar los poderes legislativos de la electa Asamblea Nacional. Esto es un soplo chocante contra la democracia en Venezuela, y un ataque directo contra una institución democrática legítima. Ignora la voluntad del pueblo venezolano y solo contribuirá a socavar

---

[367] "The United States strongly condemns the assumption of legislative powers by the illegitimate Constituent Assembly. This power grab is designed to supplant the democratically-elected National Assembly with an authoritarian committee operating above the law. In our view, the democratically-elected National Assembly is the only legitimate legislative body. We join Venezuela's neighbors in condemning the illegitimate Constituent Assembly and its authoritarian directives. As long as the Maduro regime continues to conduct itself as an authoritarian dictatorship, we are prepared to bring the full weight of American economic and diplomatic power to bear in support of the Venezuelan people as they seek to restore their democracy."

Véase en https://www.state.gov/r/pa/prs/ps/2017/08/273543.htm. Esta posición ya se había expresado el 8 de agosto de 2017, por el mismo departamento de Estado expresando ante la aprobación por la fraudulenta Constituyente de las *Normas* para imponerse sobre los Poderes Constituidos, lo siguiente: "En 2015, los actuales miembros de la Asamblea Nacional de Venezuela fueron elegidos democráticamente para un mandato de cinco años por el pueblo venezolano", recordó la fuente. "La Asamblea Nacional -subrayó- es el único cuerpo legislativo legítimo y democráticamente elegido en Venezuela" Véase en la reseña, "EEUU exige restablecimiento de la democracia en Venezuela luego de "destitución" de la fiscal Ortega Díaz, "en la patilla, 5 de agosto de 2017, en http://www.lapatilla.com/site/2017/08/05/eeuu-exige-restablecimiento-de-la-democracia-en-venezuela-luego-de-destitucion-de-la-fiscal-ortega-diaz/.

aún más la confianza en la democracia de Venezuela. La Asamblea nacional y sus diputados deben ser respetados y sus derechos resguardados."[368]

En el ámbito latinoamericano, en el Encuentro de Presidentes de Parlamentos realizado en Lima, en el Congreso de Perú, precisamente el mismo día 18 de agosto de 2017, en el cual participan representantes de Panamá, Canadá, México, Argentina, Chile, Brasil, España, Costa Rica y Perú, se emitió un Comunicado en el cual declararon (Declaración de Lima):

"1. Condenar la ruptura de la democracia y del orden constitucional en Venezuela derivada, entre otras cosas, de la usurpación de las funciones de la Asamblea Nacional por la Asamblea Nacional Constituyente ocurrida en el día de hoy, consolidando la dictadura en esa nación.

2. No reconocer a la Asamblea Nacional Constituyente de Venezuela ni a sus actos, por quebrantar la Constitución de Venezuela y carecer de legalidad y de legitimidad."[369]

El Secretario General de la Organización de Estados Americanos, Luis Almagro, por su parte, consideró que la "disolución fraudulenta de la Asamblea Nacional de Venezuela por Asamblea Nacional Constituyente es una profundización del golpe de Estado en Venezuela," advirtiendo que la "Asamblea Nacional fue elegida por

---

368 "I am utterly appalled by the decision of the sham-democratic Constituent Assembly in Venezuela to remove legislative powers from the elected National Assembly. This is a shocking blow to democracy in Venezuela, and a direct attack on a legitimate democratic institution. It ignores the will of the Venezuelan people and will only further undermine confidence in Venezuela's democracy. The National Assembly and its Deputies must be respected and their rights honoured." Véase en https://www.gov.uk/government/news/minister-appalled-by-developments-in-venezuela

369 Véase el texto de la Resolución de los parlamentarios en la reseña: "Presidentes parlamentarios condenan usurpación de funciones por parte de la ANC,' en la patilla, 18 de agosto de 2017, en http://www.lapatilla.com/site/2017/08/18/presidentes-parlamentarios-condenan-usurpacion-de-funciones-por-parte-de-la-anc-resolucion/.

el pueblo soberano por sufragio directo" por lo que "su disolución es ilegítima e inconstitucional"[370]

En la misma línea de expresión puede decirse que, en general, se sumaron voceros de países y personalidades de la comunidad internacional, de condena contra el gobierno y la fraudulenta Asamblea Nacional Constituyente,[371] lo que sin duda tendrá graves consecuencias contra el Gobierno, que quedará aislado, y lamentablemente también en forma directa contra el país, por las repercusiones que ello tendrá en la población venezolana.[372]

En todo caso, lo que presenció el país y el mundo el 18 de agosto de 2017 con el despojo de las funciones legislativas de la Asamblea Nacional por parte de la fraudulenta Asamblea Nacional Constituyente fue, sin duda, la materialización de una muerte anunciada desde la instalación de la ilegítima Asamblea Constituyente el 4 de agosto de 2017 y, en particular, desde la aprobación por la misma, el 8 de agosto de 2017 de las antes analizadas *"Normas para garantizar el pleno funcionamiento institucional de la Asamblea Nacional Constituyente en armonía con los Poderes Públicos constituidos"*

Se consumó con todo ello, una Gran Usurpación de las funciones de la Asamblea Nacional que fue electa por el pueblo el 6 de diciembre de 2015, basada en una Gran Mentira, que es el antes mencionado supuesto carácter originario, supremo, soberano, plenipotenciario o magno (que es sinónimo de regia, egregia, excelsa),

---

370   Véase en la reseña "Comunidad internacional rechaza usurpación de funciones del Parlamento por parte de la ANC," en runrunes, 18 de agosto de 2017, en http://runrun.es/internacional/322264/comunidad-internacional-rechaza-usurpacion-de-funciones-del-parlamento-por-parte-de-la-anc.html

371   Véase por ejemplo la reseña "Crece rechazo mundial a constituyente cubana tras usurpación de funciones del Parlamento," en *La patilla*, 19 de agosto de 2017, en http://www.lapatilla.com/site/2017/08/19/crece-rechazo-mundial-a-constituyente-cubana-tras-usurpacion-de-funciones-del-parlamento/.

372   Véase por ejemplo lo expuesto ya desde el 30 de julio de 2017, por Mariano de Alba," ¿Qué implicaciones tiene el desconocimiento internacional de la Constituyente?," en *Prodavinci*, ;30 de julio de 2017, en http://prodavinci.com/2017/07/30/actualidad/que-implicaciones-tiene-el-desconocimiento-internacional-de-la-constituyente-por-mariano-de-alba/.

de la fraudulenta Asamblea Nacional Constituyente, que por supuesto no tiene.

Ni siquiera si una Asamblea Constituyente fuera convocada constitucionalmente por el pueblo mediante referendo de convocatoria, como lo prescribe el artículo 347 de la Constitución, el pueblo podría delegar en ella el poder constituyente originario, del cual es único depositario; y menos podría el pueblo delegar la soberanía, que solo reside en el mismo, en un órgano representativo, porque conforme al artículo 5 de la Constitución, la misma es intransferible.

Todo lo anterior lo que nos muestra es que a través de mentira, tras mentiras, el régimen y su fraudulenta Asamblea Nacional Constituyente lo que ha venido pretendiendo es construirle a la misma un "andamiaje" jurídico totalmente falso, basado en una gran falacia, pero que simplemente ya nadie le cree. Y como es bien sabido, y hemos dicho, la mentira aún repetida mil veces, nunca podrá llegar a ser verdad.

Recordemos, la Asamblea Nacional Constituyente, al instalarse y adoptar su Estatuto de funcionamiento provisorio, que por lo visto será permanente, se fijó a sí misma sin que el pueblo mediante referendo se lo hubiese otorgado, un mandato por dos años, hasta agosto de 2019, durante los cuales seguirá conduciendo a su arbitrio, sin límites, el gobierno y dictadura constituyente que se ha instalado en el país, muestra de lo cual fueron sus ejecutorias durante 2017.

El signo común de las mismas ha sido su desprecio total a la Constitución de 1999, la cual, de hecho, puede considerarse que ha sido derogada, pues la Asamblea Nacional Constituyente se declaró a sí misma como un cuerpo supraconstitucional, absoluto, soberano y omnipotente; y un cuerpo de tal naturaleza no solo no requiere de Constitución alguna, sino que la que pueda existir le estorba y no no pasa de ser sino un pedazo de papel para cualquier uso menos para regir una sociedad y un Estado.

En ese marco, a partir de 207, y durante los primeros seis meses de su funcionamiento, entre las decisiones más destacadas de la Asamblea Nacional Constituyente, como lo observó Carlos García Soto, estuvieron:

"(i) la usurpación no sólo de la función legislativa de la Asamblea Nacional, sino también (ii) la usurpación de su función de control; (iii) la supresión de figuras propias de la descentralización y (iv) la sujeción de la participación electoral de partidos políticos de oposición a la voluntad de la ANC y del CNE."[373]

3. La usurpación de las funciones de control de la Asamblea Nacional por parte de la Asamblea Nacional Constituyente

Con el mismo argumento y "motivación" de que "todos los órganos del Poder Público se encuentran subordinados a la Asamblea Nacional Constituyente," lo que como hemos argumentado a lo largo de este libro es falso, violando entonces la Constitución de 1999, la Asamblea Constituyente ha usurpado las funciones de control de la Asamblea Nacional, entre ellas, en la siguiente forma:

Primero, violando lo dispuesto en los artículos 318 y siguientes de la Constitución que asigna potestad exclusiva a la Asamblea Nacional para autorizar el nombramiento del Banco Central de Venezuela, y procedió inconstitucionalmente a requerimiento del Presidente de la República a autorizar tal designación, mediante el "Decreto constituyente que autoriza la designación del Presidente del Banco Central de Venezuela" de 26 de octubre de 2017.[374]

Segundo, violando lo establecido en el artículo 200 de la Constitución que le asigna a la Asamblea nacional la potestad exclusiva de allanar la inmunidad parlamentaria para el enjuiciamiento de los diputados a la misma, la Asamblea nacional Constituyente dictó el "Acto Constituyente que autoriza la continuación del enjuiciamiento del ciudadano Freddy Alejandro Guevara Cortez"[375]

Tercero, en materia presupuestaria, violando las previsiones de los artículos 187.6 y 311 y siguientes de la Constitución que reser-

---

373 Véase Carlos García Soto, "Quinto mes de la ANC: un cierre de año con impacto en 2018," en *Prodavinci*, 3 de enero de 2018, en http://prodavinci.com/quinto-mes-de-la-anc-un-cierre-de-ano-con-impacto-en-2018/.

374 Véase en *Gaceta Oficial* N° 41265 de 26 de octubre de 2017.

375 Véase en *Gaceta Oficial* N° 41272 de 6 de noviembre de 2017.

van a la Asamblea nacional las competencias legislativas de control presupuestario, la Asamblea Nacional Constituyente sancionó la Ley de presupuesto para el ejercicio económico-financiero 2018; Ley especial de endeudamiento anual para el ejercicio económico-financiero 2018 y Plan Operativo Anual 2018, todas de 30 de noviembre de 2017.[376]

Cuarto, en cuanto al control sobre el Banco Central, en violación del artículo 319 de la Constitución, la Asamblea Nacional Constituyente dictó el "Decreto Constituyente" mediante el cual se aprueba el Presupuesto de Ingresos y Gastos Operativos del Banco Central de Venezuela, para el Ejercicio Económico Financiero 2018, de 14 de diciembre de 2017.[377]

4. La usurpación de la función legislativa de la Asamblea Nacional por parte de la Asamblea Nacional Constituyente

La Asamblea Nacional Constituyente, igualmente, fundándose solo en que supuestamente los artículos 347, 348 y 349 de la Constitución le asignan funciones legislativas, lo cual no es cierto, y ello además, también supuestamente como consecuencia del "mandato" que le habría otorgado el pueblo como depositario del poder originario" al elegir a los constituyentes, el 30 de julio de 2017, procedió a dictar varias "leyes" las cuales conforme al artículo 202 de la Constitución solo pueden ser sancionadas por la Asamblea Nacional.

Esas leyes, aparte la "Ley Constitucional mediante la cual creó una Comisión para la verdad, la justicia, la paz y la tranquilidad pública, de 8 de agosto de 2017,[378] a la cual ya hemos hecho referencia (hasta enero de 2018) fueron las siguientes:

---

376 Véase en *Gaceta Oficial* N° 41293 de 5 de diciembre de 2017.

377 Véase en *Gaceta Oficial* N° 41300 de 14 de diciembre de 2017.

378 El texto se publicó en *Gaceta Oficial* N° 6.323 Extra. del 8 de agosto de 2017, la cual sin embargo solo circuló y se conoció el día 14 de agosto de 2017.

A. *Ley Constitucional que creó el conglomerado agrícola denominado AGROSUR*

En *primer lugar*, la Ley Constituyente o Ley Constitucional que creó el conglomerado agrícola denominado AGROSUR de 31 de octubre de 2017,[379] integrado por las empresas del sector agrícola que a tal efecto indique el Ejecutivo Nacional, con la finalidad de orientar, planificar y ejecutar "la producción, industrialización, comercialización y financiamiento de bienes y servicios agrícolas, "para garantizar la seguridad y soberanía alimentaria" (art. 1). Para la administración del conglomerado dispuso la Ley que debía crearse una "sociedad mercantil del Estado" conforme al "ordenamiento vigente en materia de régimen jurídico de las empresas del Estado" (art. 8).

B. *Ley constitucional contra el odio, por la convivencia pacífica y la tolerancia*

En *segundo lugar*, la "Ley constitucional contra el odio, por la convivencia pacífica y la tolerancia" 8 de noviembre de 2017,[380] supuestamente con el objeto de "generar las condiciones necesarias" para garantizar el reconocimiento a la diversidad, la tolerancia y el respeto recíproco y para "prevenir y erradicar toda forma de odio, desprecio, hostigamiento, discriminación y violencia" (art. 1).

---

379   Véase en *Gaceta Oficial* N° 41272 de 6 de octubre de 2017.

380   Véase en *Gaceta Oficial* N° 41.274 de 8 de noviembre de 2017. Véase el comentario de Badell & Grau, "Asamblea Nacional Constituyente dictó Ley Constitucional Contra el Odio, por la Convivencia Pacífica y la Tolerancia," en http://www.badellgrau.com/?pag=230&ct=2260. Véase el Acuerdo de rechazo de la Asamblea Nacional sobre este instrumento "legal", en http://www.asambleanacional.gob.ve/documentos_archivos/acuerdo-en-rechazo-al-instrumento-generador-de-odio-e-intolerancia-promovido-por-nicolas-maduro-y-la-fraudulenta-constituyente-119.pdf.
Véase igualmente el artículo de *Acceso a la Justicia*: "La ANC legalizó la persecución política y la arbitrariedad," noviembre de 2017, en http://www.accesoalajusticia.org/wp/infojusticia/noticias/la-anc-legalizo-la-persecucion-politica-y-la-arbitrariedad/.

A tal efecto la Ley declaró el "derecho a la paz, junto a la convivencia pacífica y la tranquilidad pública, como derecho irrenunciable del pueblo venezolano" (art. 3); el derecho y el deber de las personas y organizaciones "de participar de forma directa y protagónica en la construcción de la paz y la convivencia solidaria" (art. 5, 6); y la obligación del Estado de desarrollar políticas públicas para la promoción y garantía de la convivencia pacífica (art. 7); y reguló una serie de medidas específicas de prevención contra el odio, desprecio, hostigamiento, la discriminación, xenofobia y violencia moral o física entre las personas (art. 8).

La Ley, sin embargo, en realidad, fue una Ley represiva que bajo el velo de declaraciones y repetición de principios relativos a los derechos humanos, en realidad, como lo observó *Acceso a la Justicia*, "legalizó la persecución política y la arbitrariedad," constituyéndose en un "instrumento para perseguir a la oposición política e incluso para eliminar el pluralismo político, y que además afectará la libertad de pensamiento, expresión e información," y erigiendo "como una política pública la persecución con el nombre de "política pública para la convivencia pacífica." [381] Así lo destacó igualmente Ramón Escobar León, al indicar que:

"lo que ocurrirá es que este instrumento, de legalidad aparente y título ampuloso, será utilizado únicamente para perseguir a quien disienta del pensamiento único que se pretende imponer por quien maneja el poder." [382]

A tal efecto, la Ley prohibió la inscripción de los partidos políticos cuyas declaraciones de principios o actividades se funden o promuevan el fascismo, la intolerancia o el odio nacional, racial, étnico, religioso, político, social, ideológico, de género, orientación

---

381 Véase "La ANC legalizó la persecución política y la arbitrariedad," *Acceso a la Justicia*, 9 de noviembre de 2017, en http://www.accesoalajusticia.org/wp/infojusticia/noticias/la-anc-legalizo-la-persecucion-politica-y-la-arbitrariedad/.

382 Véase Ramón Escobar León, "Sobre la Ley contra el Odio," 10 de noviembre de 2017, en http://historico.prodavinci.com/blogs/sobre-la-ley-contra-el-odio-por-ramon-escovar-leon/.

sexual, identidad de género, expresión de género y de cualquier otra naturaleza que constituya incitación a la discriminación y la violencia, obligándolos a expulsar de su seno a quienes contravengan la Ley (art. 11); prohibió toda propaganda y mensajes a favor de la guerra y toda apología del odio nacional, racial, étnico, religioso, político, social, ideológico, de género, orientación sexual, identidad de género, expresión de género y de cualquier otra naturaleza que constituya incitación a la discriminación, la intolerancia o la violencia (art. 13); obligó a los prestadores de "servicios de radio o televisión, a ceder espacios gratuitos destinados a la difusión de mensajes que promuevan la diversidad, la tolerancia y el respeto recíproco, así como para prevenir y erradicar toda forma de violencia política, odio e intolerancia (art. 23), y determinó la responsabilidad por la difusión de mensajes a través de las redes sociales y medios electrónicos que promuevan lo que prohíbe (art. 14), y la responsabilidad de los funcionarios. En el cumplimiento de la Ley (art. 23). Siendo la secuela de todas estas prohibiciones la previsión de tipos delictivos difusos y draconianos, enunciados sobre la base de conceptos jurídicos indeterminados que darán pie a cualquier interpretación arbitraria, con imposición de sanciones de hasta vente años de prisión para quienes "fomenten, promuevan o inciten" o "difundan" las conductas prohibidas (Arts. 20 ss.).

La Ley, en definitiva, como lo apreció Carlos García Soto es un "instrumento está diseñado para la persecución política,"[383] de manera que con la misma, como lo apreció *Acceso a la Justicia*:

> "Si se tenía alguna duda sobre la vigencia de la Constitución de 1999 en Venezuela, con la Ley Constitucional Contra el Odio, por la Convivencia Pacífica y la Tolerancia queda claro que ya no es válida. Igual ocurre con la democracia y con todas sus implicaciones, por mencionar algunas de las más básicas

---

383 Véase Carlos García Soto, "Cuarto mes de la Asamblea Nacional Constituyente: la usurpación de la función legislativa," en *Prodavinci*, 7 de diciembre de 2017, en http://prodavinci.com/cuarto-mes-de-la-asamblea-nacional-constituyente-la-usurpacion-de-la-funcion-legislativa/.

para su existencia: la libertad de expresión, el pluralismo político y el derecho al voto.

En efecto, esta supuesta "ley constitucional" persigue e incluso instiga a perseguir cualquier actividad o mensaje que promueva el "fascismo", la "discriminación", la "intolerancia", el "odio" o la "violencia política" (artículos 4, 5, 24.1)." [384]

La Ley contra el Odio fue rechazada por inconstitucional por la Asamblea Nacional, la cual el 14 de noviembre de 2017 aprobó el "Acuerdo en rechazo al instrumento generador de odio e intolerancia promovido por Nicolás Maduro y la fraudulenta constituyente," indicando, en particular, que dicha supuesta Ley: "configura un grosero intento de criminalizar sancionar la disidencia política, poniendo en riesgo la pluralidad , la libertad de expresión y el derecho a la información,"; que "constituye el instrumento con el cual el régimen implantado en Venezuela, pretende legitimar el abuso de poder en las materias reguladas, principalmente materia de comunicación y de acceso a la información;" que "pretende desnaturalizar el derecho al libre ejercicio de asociación por parte de las personas y organizaciones, consagrado en nuestra Carta Magna;" y que "lejos de ser una ley contra el odio, promueve abiertamente al odio, además promueve la división y la persecución allanando de esta forma el camino para que el gobierno se ensañe contra los ciudadanos que protestan o que se expresan en las redes sociales erradicando de una vez nuestros valores democráticos." [385]

---

384 Véase "La ANC legalizó la persecución política y la arbitrariedad," *Acceso a la Justicia*, 9 de noviembre de 2017, en http://www.accesoalajusticia.org/wp/infojusticia/noticias/la-anc-legalizo-la-persecucion-politica-y-la-arbitrariedad/.

385 Véase   en http://www.asambleanacional.gob.ve/documentos_archivos/acuerdo-en-rechazo-al-instrumento-generador-de-odio-e-intolerancia-promovido-por-nicolas-maduro-y-la-fraudulenta-constituyente-119.pdf.

C. *Ley Constitucional de Precios Acordados*

En *tercer lugar*, la "Ley Constitucional de Precios Acordados" de 22 de noviembre de 2017,[386] creando un Programa de Precios Acordados, para ser aplicado a los bienes y servicios que el Poder Ejecutivo determine como "priorizados" (art. 1); precios que supuestamente debían fijarse o ser "acordados" entre el Gobierno y los sectores productivos. En cuanto a estos bienes "priorizados" en cierta forma se modificó el régimen de fijación de precios previsto en la Ley Orgánica de Precios Justos, reservándose el Estado la potestad de fijar los precios de tales bienes y servicios priorizados cuando así lo requieran circunstancias especiales o el interés general y social (art. 12).

D. *Ley Constitucional sobre la creación de la Unidad Tributaria Sancionatoria*

En *cuarto lugar*, la Ley "Ley Constitucional sobre la creación de la Unidad Tributaria Sancionatoria," de 21 de diciembre de 2017,[387] con el objeto de que fuera "utilizada exclusivamente para determinar el monto de las multas y sanciones pecuniarias, cuya base de cálculo esté prevista en unidades tributarias, en los respectivos instrumentos normativos que las prevén, la cual se denomina Unidad Tributaria Sancionatoria" (art. 1). De acuerdo con dicha Ley, esa Unidad Tributaria Sancionatoria se debía establecer con base en la variación producida en el índice de Precios al Consumidor (IPC) del Área Metropolitana de Caracas, en el año inmediatamente anterior, fijado por la autoridad competente (art. 4); el cual no se ha fijado desde hace unos años.

---

386   Véase *Gaceta Oficial* N° 6341 de 22 de noviembre de 2017.

387   Véase *Gaceta Oficial* N° 41.305 de 21 de diciembre de 2017.

E. *La modificación de las Leyes sobre el gobierno municipal a dos niveles en Área Metropolitana de Caracas y del Distrito del Alto Apure*

En *quinto lugar*, el "Decreto Constituyente" mediante el cual se suprimió y ordenó la liquidación de la Alcaldía Metropolitana, el Cabildo Metropolitano y la Contraloría Metropolitana, todas éstas del Área Metropolitana de Caracas y del Distrito del Alto Apure, sus órganos y entes adscritos," de 27 de diciembre de 2017, [388] con el cual, en definitiva se reformaron dos leyes que tienen base constitucional directa: primero, la Ley Especial del Régimen Municipal a Dos Niveles del Área Metropolitana de Caracas de 2009, [389] que derogó la Ley Especial sobre el Régimen del Distrito Metropolitano de Caracas de 2000,[390] mediante las cuales se creó y reguló el gobierno metropolitano de Caracas a cargo de la Alcaldía Metropolitana y el Consejo Metropolitano de Caracas; y segundo, la Ley N° 56, Ley Especial que Crea el Distrito Alto Apure,[391] que creó las autoridades municipales (Alcaldía Metropolitana, el Cabildo Metropolitano y la Contraloría Metropolitana) del Distrito.

Con ello, la Asamblea Nacional Constituyente desconoció el mandato constitucional establecido en el artículo 18 de la Constitución que exige la estructuración de un gobierno municipal a dos niveles en el Área Metropolitana de Caracas; y el establecido en la Disposición Transitoria Tercera de la Constitución que ordenó la creación de un régimen especial para los Municipios José Antonio Páez y Rómulo Gallegos, del estado Apure; desconociendo y violando en ambos casos el principio democrático y el derecho del pueblo en dichas entidades políticas a elegir sus autoridades. [392]

---

388   Véase *Gaceta Oficial* N° 41.308 de 27 de diciembre de 2017.

389   Véase *Gaceta Oficial* N° 39.276 de 1 de octubre de 2009.

390   Véase *Gaceta Oficial* N° 36.906, de 8 de marzo de 2000.

391   Véase *Gaceta Oficial* N° 37.326 de 16 de noviembre de 2001.

392   A los efectos de ejecutar las inconstitucionales decisiones, la Asamblea dictó las Resoluciones N° 001/17 y N° 002/17, designan los Integrantes de las Juntas de Liquidación del Distrito del Alto Apure, y del Nivel Metro-

Como lo expresó José Ignacio Hernández, la sola existencia de la Asamblea Nacional Constituyente, como se demuestra con este Decreto:

"es incompatible con el Estado de Derecho y con la democracia constitucional. Ni política ni constitucionalmente es posible compatibilizar la ANC con las instituciones reconocidas en la Constitución de 1999, pues el poder absoluto e ilimitado de la ANC le permitiría, en cualquier momento, desconocer cualquier arreglo institucional llamado a lograr esa convivencia.

Mientras la ANC siga ejerciendo su "poder originario", ninguna institución y ningún ciudadano estarán a salvo en Venezuela."[393]

F. *Modificación de la Ley de Partidos Políticos mediante el Decreto Constituyente para la participación en procesos electoral*

En *quinto lugar*, el "Decreto Constituyente *para la participación en procesos electorales. de 27 de diciembre de 2017*,[394] mediante el cual la Asamblea Nacional Constituyente, sin competencia alguna para ello y en abierta violación de la Constitución, procedió a reformar de hecho la Ley de Partidos Políticos, Reuniones Públicas y Manifestaciones de 1965, al disponer que:

"Las organizaciones con fines políticos para participar en los procesos electorales nacionales, regionales o municipales deberán haber participado en las elecciones del periodo constitucional de ámbito nacional, regional o municipal inmediatamente

---

politano de Caracas, Véase en *Gaceta Oficial* N° 41.315 de 8 de enero de 2018.

393   Véase José Ignacio Hernández, "Sobre la eliminación de la Alcaldía Metropolitana de Caracas y la del Alto Apure por parte de la ANC," en *Prodavinci*, 21 de diciembre de 2017, en http://prodavinci.com/sobre-la-eliminacion-de-la-alcaldia-metropolitana-de-caracas-y-la-del-alto-apure-por-parte-de-la-anc/.

394   Véase *Gaceta Oficial* N° 41.308 de 27 de diciembre de 2017.

anterior, además de cumplir con los demás requisitos previstos en la Ley de Partidos Políticos, Reuniones Públicas y Manifestaciones."

Con ello, la Asamblea Nacional Constituyente lo que hizo fue formalizar la amenaza que el gobierno había formulado, de castigar a los partidos políticos que habían promovido la abstención en la irregular elección de Alcaldes que la propia Asamblea Constituyente había convocado inconstitucionalmente, eliminándoles su capacidad de actuar como tales, ignorando que conforme al artículo 47 de la Ley Orgánica de Procesos Electorales, la postulación de candidatos por los partidos es un derecho de los mismos, y no una obligación que éstos deban cumplir.

Al contrario, como lo observó José Ignacio Hernández,

"En uno de sus *considerando*, el citado Decreto señala que la postulación de candidatos en elecciones es una obligación de los partidos políticos, a los fines de evitar *"acciones de rechazo y boicot en el ejercicio del derecho humano al sufragio y al sistema de partidos."* En otras palabras: la ANC considera que la postulación de candidatos y el voto son deberes, y que por ello, la abstención electoral es una conducta ilegítima." (destacados en el original). [395]

Con esta Ley, por tanto, la Asamblea Nacional Constituyente lo que hizo fue modificar ilegítimamente lo dispuesto en el artículo 25 de la Ley de Partidos Políticos, Reuniones Públicas y Manifestaciones, que lo único que estipula es la necesidad de que los partidos políticos pasen por un proceso de renovación de su nómina, solamente "en el primer año del período constitucional, siempre y cuando no hubiesen obtenido en elecciones *nacionales* el 1% de los votos." En cambio con esta "Ley" lo que hizo la Asamblea Constituyente fue imponerle a los partidos una obligación que no tienen y es

---

[395] Véase José Ignacio Hernández, "¿Qué decidió la "ANC" en relación con los partidos políticos?," en *Prodavinci,*, 30 de diciembre de 2017, en http://prodavinci.com/que-decidio-la-anc-en-relacion-con-los-partidos-politicos/.

la de renovación de su nómina simplemente por haber el partido decidido ejercer su derecho a no participar en un proceso electoral.

Agregó además el Decreto Constituyente, en violación adicional al principio democrático, que los partidos que no postularon en las elecciones de gobernadores o alcaldes de 2017, "no podrán postular candidatos hasta tanto no renueven su nómina," con lo cual, como lo observó José Ignacio Hernández, "de hecho, se ilegalizó a los partidos políticos que no participaron en las elecciones municipales, hasta tanto no cumplan con el trámite de renovación de nómina," y en esa forma, adicionalmente, se "censura una legítima decisión política cual es la no participación en eventos comiciales considerados arbitrarios e injustos."[396]

En definitiva, como de nuevo lo observó José Ignacio Hernández:

"la concentración de poderes dictatoriales en la ilegítima y fraudulenta ANC impide considerar que en Venezuela existe Estado de Derecho, con lo cual, no existe democracia constitucional. Bajo estas condiciones, es imposible que en Venezuela se realicen elecciones libres y transparentes. [...]

Mientras la ANC siga ejerciendo sus poderes ilimitados y absolutos, no será posible realizar en Venezuela elecciones libres y transparentes en condiciones adecuadas de integridad electoral."[397]

La primera aplicación incidental de esta Ley ocurrió mediante sentencia de 25 de enero de 2018, de la Sala Constitucional del Tribunal Supremo de Justicia, que excluyó a la MESA DE LA UNIDAD DEMOCRÁTICA (MUD) del proceso de renovación de la inscripción como partido político convocado por el Consejo Nacional Electoral, "en razón de que su conformación obedece a la agru-

---

396 Véase José Ignacio Hernández, "¿Qué decidió la "ANC" en relación con los partidos políticos?," en *Prodavinci,*, 30 de diciembre de 2017, en http://prodavinci.com/que-decidio-la-anc-en-relacion-con-los-partidos-politicos/.

397 *Idem.*

pación de diversas organizaciones políticas ya renovadas y otras pendientes de renovación que podrán participar en el proceso electoral de carácter nacional, lo cual contraría abiertamente la prohibición de la doble militancia."[398] La Sala aplicó así la interpretación respecto de la prohibición de la doble militancia en los partidos políticos en el proceso de renovación de su inscripción, que había establecido mediante sentencia interpretativa No 1 de 5 de enero de 2016.

G. *Ley Constitucional del Régimen Tributario para el desarrollo soberano del Arco Minero*

En *séptimo lugar*, la *"Ley Constitucional del régimen tributario para el desarrollo soberano del Arco Minero,*[399] que estableció un Régimen Especial Tributario en materia de Impuesto Sobre la Renta, aplicable a los enriquecimientos netos de fuente territorial obtenidos de la venta de oro al Banco Central de Venezuela o a los sujetos que éste autorizase con arreglo a lo previsto en el artículo 31 del Decreto Ley de Ley Orgánica que Reserva al Estado las Actividades de Exploración y Explotación del Oro y demás Minerales Estratégicos; extraído en la Zona de Desarrollo Estratégico Nacional "Arco Minero del Orinoco", por entes públicos, empresas mixtas o alianzas estratégicas con participación del Estado (art. 1).

Es de destacar de esta Ley, la excepción que establece respecto del uso obligatorio de la moneda nacional, el bolívar, para el pago del impuesto cuando se genere con ocasión de la venta del oro en el exterior autorizada por el Banco Central de Venezuela, en cuyo caso, conforme al artículo 4 de la Ley, el mismo se debe determinar y pagar en moneda extranjera o su equivalente en oro; y la disposición que prevé la aplicación de la ley al ejercicio fiscal 2017 (art. 7).

---

398   Véase en http://historico.tsj.gob.ve/decisiones/scon/enero/207132-0053-25118-2018-15-0638.HTML

399   Véase *Gaceta Oficial* N° 41.310 de 27 de diciembre de 2017.

H. *Ley Constitucional de Inversión Extranjera Productiva*

En *octavo lugar*, la "Ley Constitucional de Inversión Extranjera Productiva,"[400] que derogó la Ley de Inversiones Extranjeras de 2014, sancionada con el objeto de regular las inversiones extranjeras productivas de bienes y servicios, "que contribuya a desarrollar las potencialidades productivas existentes en el país, a los fines de consolidar un marco que promueva, favorezca y otorgue seguridad jurídica a la inversión, garantice la soberanía económica y contribuya al bienestar del Pueblo" (art. 1).

Entre los sujetos de aplicación de la ley, además de las "empresas extranjeras y sus filiales" y las "Empresas Gran Nacionales cuyos objetivos y funcionamiento están sujetos a un plan estratégico de dos o más Estados, que garanticen el protagonismo del poder popular, ejecutando inversiones de interés mutuo a través de empresas públicas, mixtas, formas cooperativas y proyectos de administración conjunta, fortaleciendo la solidaridad entre los pueblos y potenciando su desarrollo productivo" (art. Art. 7.10), se incluyó s las "Empresas nacionales privadas, públicas y mixtas," las "Personas naturales nacionales acreditadas como residentes o domiciliadas en el extranjero y personas naturales extranjeras residentes en el exterior que realicen inversiones en el territorio nacional," y las "personas naturales extranjeras residentes en el país que realicen inversión extranjera" (art. 5).

No se trató de una Ley de promoción y protección de inversiones como la que fue dictada por Decreto ley por el Presidente Hugo Chávez en 1999, sino de una ley destinada a establecer controles a las inversiones extranjeras, a cuyo efecto se regula, fundamentalmente, la necesidad de que los inversionistas extranjeros registren ante el órgano competente de la Administración, su inversión extra-

---

400 Véase *Gaceta Oficial* N° 41.310 de 27 de diciembre de 2017. Véase sobre esta Ley los comentarios de Anabella Abadi M., Carlos García Soto, "Ley Constitucional" de Inversión Extranjera Productiva de la ANC: algunas claves," en Prodavinci, 5 de enero 2018, en http://prodavinci.com/ley-constitucional-de-inversion-extranjera-productiva-de-la-anc-algunas-claves/.

njera, que debe estar reflejada en "aportes que deberán estar constituidos a la tasa de cambio oficial vigente, por un monto mínimo de ochocientos mil euros (€ 800.000) o seis millones quinientos mil *rénminbi* (6.500.000) o su equivalente en otra moneda extranjera" (art. 19). En vez de tener como divida de referencia al dólar, se recurrió así, al *rénminbi* que es la moneda de curso legal de la República Popular China y es emitida por el Banco Popular Chino, siendo el *yuan* la unidad básica del *rénminbi*.

Dicho registro de Inversión Extranjera es el instrumento mediante el cual se acredita a una persona natural o jurídica la condición de inversionista extranjero (art. 37). Adicionalmente, para dichas inversiones reguladas en el artículo 19 de la Ley, es obligatorio para el inversionista firmar un contrato de inversión (art. 38), y debe estar adjunto al registro de la inversión con cualquiera que sea el inversionista sujeto a la Ley.

El artículo 32 de la ley exigió que las empresas extranjeras se comprometieran "a tener una conducta empresarial responsable y comprometida con el carácter de bien público que implica la provisión de bienes y servicios a la comunidad," no pudiendo "asumir una conducta que entorpezca, detenga o dificulte el proceso productivo propio o de las empresas vinculadas por motivos políticos, ni podrá adherirse a paros o boicots productivos que contribuyan o pretendan contribuir a la desestabilización de la democracia y sus instituciones."

Se observa, por otra parte, que la Ley excluyó la inversión extranjera en las áreas que el Estado se reserva conforme al artículo 15 de la Ley, que son las relativas "al desarrollo de sectores estratégicos conforme al interés nacional, lo dispuesto en la Constitución de la República Bolivariana de Venezuela, y lo establecido en el ordenamiento jurídico nacional, sin menoscabo de lo dispuesto en la legislación que establece regímenes especiales para determinadas actividades económicas."

Sin embargo, de acuerdo con el mismo texto de la Ley, "el Ejecutivo Nacional, por razones de seguridad y defensa de la Nación, podrá establecer regímenes de inversión con participación de capital extranjero en porcentajes distintos" a los previstos en la misma.

Se destaca por último en materia de Jurisdicción, la previsión del artículo 6 de la Ley que dispuso como cuestión de principio que "las inversiones extranjeras quedarán sujetas a la jurisdicción de los tribunales de la República Bolivariana de Venezuela, de conformidad con lo dispuesto en la Constitución de la República Bolivariana de Venezuela y las leyes venezolanas." Sin embargo, prevé la posibilidad de que la República pueda "participar y hacer uso de otros mecanismos de solución de controversias construidos en el marco de la integración de América Latina y el Caribe, así como en el marco de otros esquemas de integración," [...] "siempre que se hayan agotado los recursos judiciales internos y se haya pactado previamente" (art. 37).

I. *Ley Constitucional contra la guerra económica para la racionalidad y uniformidad en la adquisición de bienes, servicios y obras públicas*

En noveno lugar, la "Ley Constitucional contra la guerra económica para la racionalidad y uniformidad en la adquisición de bienes, servicios y obras públicas,"[401] que modificó la Ley de Contrataciones Públicas de 2014, con el objeto de establecer "normas básicas de conducta para la Administración Pública, en todos sus niveles, que promuevan la honestidad, participación, celeridad, eficiencia y transparencia en los procesos de adquisición y contratación de bienes, servicios y obras públicas" (art. 1), que debían ser "aplicadas de forma preferente por la administración pública nacional, estadal y municipal" (art. 2).

Para tal efecto, la Ley reguló el funcionamiento del "Sistema Integrado de Contrataciones del Estado" guiado por "la armonización de metodologías, criterios y conceptos utilizados por todos los órganos y entes contratantes del Estado" (arts 3,4), regulando un Registro Único de Contrataciones Públicas, estableciendo que a los fines de la participación en procesos de selección y contratación con el sector público, solo sería necesaria la presentación del comprobante de inscripción en dicho Registro Único (art. 8). La Ley, sin

---

401   Véase *Gaceta Oficial* N° 41.318 del 11 de enero de 2018.

embargo, dejó amplio poder discrecional a la Administración para aceptar o rechazar dicha inscripción (art. 9). En todo caso, en una disposición transitoria, la Ley habilitó al organismo competente en materia de registro de contratistas del sector público, para inscribir en el mencionado Registro Único a "aquellas personas jurídicas creadas y debidamente inscritas ante el registro correspondiente antes del primero de diciembre de 2017."

La Ley, por otra parte buscó promover el Valor Agregado Nacional, al disponer que "todo régimen, legal o administrativo, relativo a la contratación pública, así como los mecanismos de implementación directa de estos, deberán contener disposiciones que garanticen la promoción, desarrollo y estímulo de la industria nacional, y establecer márgenes de preferencia porcentual que beneficien la pequeña y mediana industria y organizaciones socioproductivas del Sistema Económico Comunal, productoras de bienes, prestadoras de servicios o ejecutoras de obras, domiciliadas en la República Bolivariana de Venezuela, utilizando esquemas de contratación que impliquen la incorporación de bienes con Valor Agregado Nacional, transferencia de tecnología y la incorporación de talento humano nacional" (art. 15).

A tal efecto, y en relación con el Valor Agregado Nacional la Ley estableció criterios para la aplicación e interpretación de "las leyes especiales relativas a contrataciones públicas, los actos normativos del Ejecutivo Nacional que las desarrollen, así como los procesos llevados a cabo con ocasión de estas," entre ellos, la definición misma de Valor Agregado Nacional (VAN), como "el resultado de sumar las contribuciones porcentuales en la formación del precio final de cada uno de los componentes de origen nacional que se utilizan para producir un bien, prestar un servicio o ejecutar una obra," enumerando a tal efecto todos dichos componentes (art. 16), definiendo en la Ley, además, qué es lo que no puede ser Valor Agregado Nacional (art. 17).

La Ley, por otra parte, previó como "fin primordial de todo régimen de contrataciones públicas la promoción y protección de la pequeña y mediana industria, así como de las organizaciones socioproductivas comunales y del Poder Popular, ubicadas en el país, para lo cual las leyes, reglamentos y demás actos de contenido normativo debían prever medidas suficientes para asegurar la participación de dichos actores económicos de mediana y pequeña escala, escala comunal y del Poder Popular en su desarrollo, crecimiento y permanencia en la economía nacional" (art. 18).

J. *Ley Constitucional del Comité Local de Abastecimiento y Producción*

En décimo lugar, la Ley Constitucional del Comité Local de Abastecimiento y Producción,[402] que además de regularizarlos (regular su constitución, organización y funcionamiento), reconoce "la organización de las instancias de agregación y participación y organizaciones de base del Poder Popular, para asegurar la producción, abastecimiento y distribución de los alimentos y productos, a fines de garantizar, la independencia, el bienestar social del Pueblo, la seguridad alimentaria y el desarrollo integral de la Nación" (art. 1)

Entre las finalidades de la Ley, está la implementación de las Leyes Orgánicas del Poder Popular de 2010, y en particular:

"3. Coadyuvar en la construcción del nuevo sistema de producción, abastecimiento y distribución de alimentos y productos para el consumo, enmarcado en una economía productiva y diversificada, particularmente del Sistema de Economía Comunal.

6. Profundizar la corresponsabilidad y la autogestión en las comunas, los consejos comunales y demás instancias de agregación del Poder Popular" (art. 4).

El Sistema Económico Comunal que se quiere implementar con esta Ley Constitucional es el regulado en la Ley Orgánica del mismo nombre de 2010, que establece un sistema económico comunista.[403]

---

402   Véase en *Gaceta Oficial* Nº 41.330 de 29 de enero de 2018.

403   Véase sobre dicha Ley: Allan R. Brewer-Carías, "La reforma de la Constitución económica para implantar un sistema económico comunista (o de cómo se reforma la Constitución pisoteando el principio de la rigidez constitucional), en Jesús María Casal y María Gabriela Cuevas (Coordina-

De acuerdo con la Ley, el Comité Local de Abastecimiento y Producción se debe conformarse a escala local en cada una de las comunas, comunidades y sectores sociales del territorio nacional, de forma flexible y en atención a las circunstancias de la realidad cultural, económica, política y social (art 6), y debe estar integrado por las siguientes personas: un líder territorial; un fiscal popular; un activador productivo; un comunicador; un vocero de la Milicia Bolivariana.; un vocero de la organización UNAMUJER; un vocero de las comunas; un vocero del Frente Francisco de Miranda; y un vocero de la Unidad de Batalla Bolívar Chávez (art 7).

De acuerdo con la Ley, Comité Local de Abastecimiento y Producción puede desarrollar "actividades socioproductivas para generar alimentos y productos de consumo directo, entre ellas en el área agrícola, pecuaria, cunícula, acuícola, caprina, ovina y cualesquiera otras formas de especies menores, así como actividades para la producción de artículos de vestido, higiene personal y del hogar" (art. 12); y además, tienen la "obligación de participar en la distribución y abastecimiento de los alimentos y otros productos requeridos por las familias que los integran" (art. 15). En todo caso, debe formar parte del Sistema Económico Comunal, a cuyo efecto, debe inscribirse ante el Ministerio del Poder Popular con competencia en materia de economía comunal (art 13).

Esta Ley Constitucional, como se indica en las disposiciones finales "prevalece sobre las leyes orgánicas y especiales."

---

dores), *Homenaje al Dr. José Guillermo Andueza. Desafíos de la República en la Venezuela de hoy. Memoria del XI Congreso Venezolano de Derecho Constitucional*, Universidad Católica Andrés Bello, Caracas 2013, Tomo I, pp. 247-296.

XIII. LA USURPACIÓN DE LA FUNCIÓN JUDICIAL: LA ABSURDA "CONDENA" POR EL DELITO DE TRAICIÓN A LA PATRIA A LÍDERES DE LA OPOSICIÓN, POR LA ASAMBLEA CONSTITUYENTE

1. Las "sanciones" financieras impuestas a la dictadura

En efecto, el 25 de Agosto de 2017, mediante Comunicado difundido por el Secretario de Prensa del gobierno de los Estados Unidos, se anunció la emisión de una Orden Ejecutiva del Presidente de ese país, "imponiendo nuevas y fuertes sanciones financieras a la dictadura en Venezuela," consistentes fundamentalmente en "prohibir los tratos en nueva deuda y valores emitidos por el gobierno de Venezuela y su empresa petrolera estatal." Se anunció "también que se prohibían transacciones en relación con ciertos bonos existentes propiedad del sector público venezolano, así como los pagos de dividendos al gobierno de Venezuela." [404]

Se informó, además, en el Comunicado, entre otros factores, que "estas medidas han sido calibradas cuidadosamente para negar a la dictadura de Maduro una fuente crítica de financiamiento para mantener su gobierno ilegítimo, para proteger al sistema financiero de los Estados Unidos de la complicidad en la corrupción de Venezuela y en el empobrecimiento del pueblo venezolano y para permitir la asistencia humanitaria." [405]

---

404 Véase el texto: "Statement by the Press Secretary on New Financial Sanctions on Venezuela," 25 agosto de 2017, en https://www.whitehouse.gov/the-press-office/2017/08/25/statement-press-secretary-new-financial-sanctions-venezuela.

405 Sobre las medidas, el Diario *El País* informó que: "El presidente de Estados Unidos, Donald Trump, firmó este viernes una orden ejecutiva que prohíbe al sistema financiero estadounidense la compra de bonos públicos y deuda del Gobierno de Venezuela y la petrolera estatal, PDVSA. Las sanciones, destinadas a crear un contundente bloqueo económico al Ejecutivo venezolano, suponen un cambio respecto a las medidas anteriores, dirigidas contra individuos del entorno de Nicolás Maduro y no a la maquinaria gubernamental." Véase: "EE UU prohíbe comprar deuda venezolana para estrangular la financiación del régimen. La Casa Blanca impone las primeras sanciones económicas globales contra el gobierno chavista," en

Según el texto del Comunicado, la motivación central de las medidas, estuvo en el hecho de que:

"La dictadura de Maduro continúa privando al pueblo de Venezuela de alimentos y medicinas, deteniendo opositores democráticamente electos, y suprimiendo violentamente la libertad de expresión. La decisión del régimen de crear una ilegítima Asamblea Constituyente - y más recientemente de hacer que tal entidad usurpe poderes de la Asamblea Nacional democráticamente electa – representan una ruptura fundamental en el legítimo orden constitucional de Venezuela."

En un esfuerzo por preservarse, la dictadura de Maduro premia y enriquece a funcionarios corruptos en el aparato de seguridad del gobierno gravando las futuras generaciones de venezolanos con costosas deudas masivas. La mala gestión económica de Maduro y el saqueo desenfrenado de los activos de su nación han llevado a Venezuela a estar cada vez más cerca del incumplimiento de sus compromisos financieros. Sus funcionarios ahora están recurriendo a esquemas opacos de financiamiento y liquidando los activos del país a precios de venta de remate."

Al adoptar las medidas, en el Comunicado oficial se indicó que los Estados Unidos no estaba "solo en condenar al régimen de Maduro," explicando que a través de la Declaración de Lima del 8 de agosto, otros países de América Latina "se negaron a reconocer la Asamblea Constituyente ilegítima o las leyes que adopta," considerando que "las nuevas sanciones financieras de Estados Unidos apoyan esta postura regional de aislamiento económico de la dictadura de Maduro."

Concluyó el Comunicado indicando que, los:

"Estados Unidos reitera nuestro llamamiento para que Venezuela restablezca la democracia, celebre elecciones libres y jus-

---

El País, 25 de agosto de 2017, en https://elpais.com/internacional/2017/08/25/esta-dos_unidos/1503680401_228290.html.

tas, libere a todos los presos políticos de inmediato e incondicionalmente y ponga fin a la represión del pueblo venezolano. Continuamos estando con el pueblo de Venezuela durante estos tiempos difíciles."[406]

El mismo día del anuncio en Washington de las sanciones financieras indicadas, quien ejerce la presidencia de la República, Nicolás Maduro, según informó la prensa, "solicitó al presidente del Tribunal Supremo de Justicia, Maikel Moreno y a la presidenta de la Constituyente, Delcy Rodríguez, iniciar un "juicio histórico por traición a la patria" contra aquellos que han promovido las medidas económicas de EE. UU contra Venezuela," tildando "al presidente de la Asamblea Nacional, Julio Borges, y a otros políticos de la oposición venezolana como los principales promotores de dichas medidas económicas."[407]

2. El "decreto constituyente" condenatorio del "bloqueo financiero"

Y así, en ejecución de lo solicitado por quien ejerce la Presidencia de la República, días después, en su sesión del 29 de agosto de 2017, la fraudulenta Asamblea Nacional Constituyente acordó según informó la prensa, "iniciar conjuntamente con los órganos competentes un juicio histórico por traición a la patria contra los que estén incursos en la promoción de estas inmorales acciones contra los intereses del pueblo venezolano," a cuyo efecto aprobó "un Decreto contra el Bloqueo Financiero y en Defensa del Pueblo Venezolano," mediante el cual "condenó lo que se llamó un "blo-

---

406   Véase el texto: "Statement by the Press Secretary on New Financial Sanctions on Venezuela," 25 agosto de 2017, en https://www.whitehouse.gov/the-press-office/2017/08/25/statement-press-secretary-new-financial-sanctions-venezuela.

407   Véase la reseña "Maduro solicita al TSJ y Constituyente iniciar "juicio histórico por traición a la patria," en NTN24, 25 agosto de agosto de 2017, en http://www.ntn24america.com/noticia/maduro-solicita-al-TSJ-y-constituyente-iniciar-juicio-histórico-por-traición-a-la-patria-150641.

queo financiero contra el pueblo," y declaró oficialmente, como se ha dicho,

"como traidores a la patria a los actores políticos nacionales de marcado carácter anti-venezolano que han promovido la agresión económica y la intervención contra la República Bolivariana de Venezuela."[408]

La decisión adoptada apareció publicada días después cuando circuló, en la *Gaceta Oficial* N° 41.224 de 29 de agosto de 2017, en la cual se incluyó el texto del "Decreto Constituyente contra el bloqueo financiero del Gobierno de los Estados Unidos de América contra el Pueblo Venezolano."

Respecto del decreto, lo primero que debe destacarse es el uso, por primera vez, del calificativo de "constituyente" para calificar el decreto en cuestión.

Por otra parte, el decreto lo dictó la fraudulenta Asamblea Nacional Constituyente, supuestamente "en ejercicio de su poder originario emanado del mandato conferido por el Pueblo Soberano de Venezuela el 30 de julio de 2017," cuando ello es falso, pues es bien sabido que no sólo el pueblo no fue el que convocó a dicha fraudulenta Asamblea como lo exigía el artículo 347 de la Constitución, sino porque en la ilegítima "elección" de los "constituyentes" el día 30 de julio de 2017 no hubo conferimiento alguno a la fraudulenta Asamblea de poder originario alguno, que solo reside en el pueblo en forma intransferible.

El decreto, estuvo motivado, entre otros factores, en el hecho de que el Presidente de los Estados Unidos de América, Donald Trump, había dictado el 25 de agosto de 2017 una "Orden Ejecutiva

---

408   Véase la reseña: "La Asamblea Constituyente venezolana comenzó a perseguir por decreto a los "traidores a la patria" Entre los objetivos de la dictadura chavista destacan los dirigentes de la oposición, pero no faltan disidentes del oficialismo como el ex ministro del Interior Miguel Rodríguez Torres o la ex fiscal general Luisa Ortega Díaz," en *Infobae,* 29 de agosto de 2017, en http://www.infobae.com/america/venezuela/2017/08/29/la-asamblea-constituyente-venezolana-comenzo-a-perseguir-por-decreto-a-los-traidores-a-la-patria/.

imponiendo un bloqueo económico y financiero contra el Pueblo Soberano de la República Bolivariana de Venezuela, a través de ilícitas e ilegítimas sanciones, en extensión y aplicación de la Orden Ejecutiva de Barack Obama que considera a Venezuela "una amenaza inusual y extraordinaria a la seguridad nacional de los EE.UU y a su política exterior"; y que supuestamente

"la oposición reunida en la autodenominada Mesa de la Unidad Democrática (MUD), junto a otros factores políticos nacionales de profundo carácter anti-venezolano, ha trabajado de manera sostenida para labrar estas inmorales e ilegales sanciones del gobierno de los Estados Unidos de América, al punto de expresar a través de un comunicado infame y sin precedente en la historia política venezolana, su respaldo a las acciones adoptadas contra el Pueblo Soberano de Venezuela, en clara contravención del deber constitucional de honrar y defender la Patria."

Con base en ello, la fraudulenta Asamblea, además de "repudiar y condenar categóricamente" la antes mencionada Orden Ejecutiva del Presidente de los Estados Unidos de América," decidió proceder a:

"iniciar conjuntamente con los órganos del Estado competentes un juicio histórico por traición a la Patria contra los que estén incursos en la promoción de estas inmorales acciones contra los intereses del Pueblo Soberano."

Y a renglón seguido, pura y simplemente decidió en el punto tercero del Acuerdo, sin juicio ni proceso, como se ha comentado anteriormente:

"Declarar como traidores a la Patria a los actores políticos nacionales de marcado carácter anti-venezolano que han promovido la agresión económica e intervención contra la República Bolivariana de Venezuela y solicitar a los órganos competentes el inicio inmediato de las investigaciones y procesos respectivos para determinar la responsabilidad y sanciones correspondientes."

O sea, que el órgano que se ha autoproclamado inconstitucionalmente como soberano, supraconstitucional, absoluto, con supuesto poder originario, con su decreto, ya decidió y ya condenó por el delito "traición a la patria" a los que identificó como los "actores políticos nacionales" que supuestamente promovieron "la agresión económica e intervención contra la República," quedando en realidad solo pendiente "determinar quiénes son, es decir, identificar dichos "actores políticos, sin que puedan en forma alguna defenderse ni argumentar, pues ya fueron declarados por un órgano supuestamente "supraconstitucional" como "traidores a la patria."[409]

3. La condena sin proceso a líderes políticos

Luego de estos antecedentes, la fraudulenta Asamblea Nacional Constituyente, que se autocalificó a sí misma como soberana, magna y originaria, y que el Presidente del Tribunal Supremo de Justicia consideró como "supraconstitucional," mediante "decreto constituyente" dictado en su sesión del 29 de agosto de 2017, usurpando la función judicial, pero sin juicio ni proceso, [410] decidió:

"Declarar como traidores a la Patria a los actores políticos nacionales de marcado carácter anti-venezolano que han promovido la agresión económica e intervención contra la República Bolivariana de Venezuela y solicitar a los órganos competentes el inicio inmediato de las investigaciones y procesos respectivos para determinar la responsabilidad y sanciones correspondientes."

No es que la Asamblea ordenó o solicitó que los órganos judiciales competentes del Estado determinaran, previo el procedimien-

---

409   Véase en *Gaceta Oficial* N° 41.224 de 29 de agosto de 2017.

410   Véase Allan R. Brewer-Carías, "La condena por el delito de traición a la patria a líderes de la oposición, por la Asamblea Constituyente, sin juicio ni proceso, usurpando el Poder Judicial," Madrid/Atenas, 4 / 9 septiembre 2017, en http://allanbrewercarias.net/site/wp-content/uploads/2017/09/177.-doc8.-Brewer.-ANC-y-la-condena-traici%C3%B3n-a-la-patria.-9-2017.pdf.

to de allanamiento de la inmunidad parlamentaria, si determinados "actores políticos nacionales" habrían incurrido en el delito de traición a la patria. No!!. Lo que sucedió fue que la Asamblea Constituyente, de entrada, usurpando el Poder Judicial, los declaró como culpables de haber cometido dicho gravísimo delito, quedando pendiente solo la "identificación" precisa de los mismos, lo que seguramente harán diligentemente los ilegítimos titulares del Ministerio Público y del Tribunal Supremo de Justicia, sin prueba alguna, basándose – probablemente– en "hechos públicos comunicacionales."

Es muy posible que el "antecedente" para adoptar esta absurda decisión, haya sido la inconstitucional sentencia que meses antes había dictado la Sala Constitucional del Tribunal Supremo de Justicia N° 155 de 28 de marzo de 2017,[411] a solicitud de nulidad de un diputado del partido de gobierno, contra el "Acuerdo Sobre la Reactivación del Proceso de Aplicación de la Carta Interamericana de la OEA, como mecanismo de resolución pacífica de conflictos para restituir el orden constitucional en Venezuela," en la cual denunció que el mismo –a su juicio– se constituía "en delitos tipificados en el Código Penal, específicamente el de Traición a la Patria, previsto y sancionado en sus artículos 128, 129 y 132."

Ante esta denuncia, a la Sala Constitucional no se le ocurrió otra cosa, sin juicio ni proceso ni partes, que dar por válido lo denunciado y afirmar en la sentencia, en las "consideraciones para decidir," pura y simplemente que como el asunto planteado era de "mero derecho" y no requería de material probatorio para su resolución, consideró que:

"se evidencia que efectivamente existe una clara intención de mantenerse en franco choque con la Constitución, sus principios y valores superiores, así como en desacato permanente de las sentencias dictadas por la Sala Electoral y por esta Sala

---

411 Véase los comentarios a la sentencia en Allan R. Brewer-Carías, *La Consolidación de la tiranía judicial. El Juez Constitucional controlado por el Poder Ejecutivo asumiendo el Poder Absoluto,* Editorial Jurídica Venezolana, Caracas 2017, pp. 165 ss.

Constitucional, al punto de que su incumplimiento ya no sólo responde a una actitud omisiva sino que en acto de manifiesta agresión al pueblo como representante directo de la soberanía nacional, existe una conducta que desconoce gravemente los valores superiores de nuestro ordenamiento jurídico, como son la paz, la independencia, la soberanía y la integridad territorial, los cuales constituyen actos de "Traición a la Patria," como lo ha referido el recurrente."

Esto, literalmente, para el que sepa leer castellano, no fue otra cosa que una condena pronunciada por el Tribunal Supremo contra todos los diputados que aprobaron el Acuerdo impugnado.

A ello se agregó lo también decidido por la fraudulenta Asamblea nacional Constituyente, lo que constituye una actuación cuya inconstitucionalidad es realmente imposible de concebir en un régimen de Estado de derecho, en el sentido de haber pronunciado una condene penal por un delito tan grave, sin juicio ni proceso, sin garantías del debido proceso, usurpado la función del Poder Judicial, lo que es propio de un Estado Totalitario. [412]

Los artículos 128 y 129 del Código Penal venezolano, con los cuales se inicia el Título I. De los delitos contra la independencia y la seguridad de la Nación," "Capítulo I. De la traición a la Patria y otros delitos contra ésta," disponen lo siguiente:

> *Artículo 128.-* Cualquiera que, de acuerdo con una Nación extranjera o con enemigos exteriores, conspire contra la integridad del territorio de la patria o contra sus instituciones republicanas, o la hostilice por cualquier medio para alguno de estos fines, será castigado con la pena de presidio de veinte a treinta años.
>
> *Artículo 129.-* El que dentro o fuera de Venezuela, sin complicidad con otra Nación, atente por si solo contra la indepen-

---

412 Véase Allan R. Brewer-Carías, *Estado totalitario y desprecio a la Ley. La desconstitucionalización, desjuridificación, desjudicialización y desdemocratización de Venezuela*, Fundación de Derecho Público, Editorial Jurídica Venezolana, Caracas, 2014.

dencia o la integridad del espacio geográfico de la República, será castigado con la pena de presidio de veinte a veintiséis años. Con la misma pena será castigado quien solicite, gestione o impetre, en cualquier forma, la intervención de un Gobierno extranjero para derrocar al gobierno venezolano."

Ha sido dicho delito de "traición a la patria" tipificado en estas normas, el que la fraudulenta Asamblea Nacional Constituyente ya ha declarado como cometido por "actores políticos nacionales," es decir, por diputados dirigentes de oposición y otras personas, a solicitud de quien ejerce la presidencia de la República; y todo, a raíz del anuncio, unos días antes, de unas sanciones financieras decretadas por el gobierno de los Estados Unidos en relación con nuestro país.

4. *La reacción de la Asamblea Nacional*

Ante esta decisión de la fraudulenta Asamblea Nacional Constituyente, la Junta Directiva de la Asamblea Nacional, en fecha 31 de agosto de 2017, emitió un Comunicado dirigido "a los Parlamentos y Gobiernos del mundo" denunciando que:

"A través de una irrita y fraudulenta Asamblea Nacional Constituyente, que ha sido desconocida y repudiada por toda la comunidad internacional, el régimen de Maduro pretende declarar como "traidores a la patria" a los diputados de la Asamblea Nacional legitima y electa por 14 millones de venezolanos, con el único propósito de proteger sus intereses económicos y de perpetuación en el poder.

La acusación de "traición a la patria", que en boca de la oligarquía que hoy somete a Venezuela en realidad quiere decir "traición a los oscuros intereses económicos de la dictadura", es la respuesta desesperada de Maduro a la exigencia permanente de la Asamblea Nacional que se respete la Constitución Nacional y se evite así el remate irresponsable de los activos del país por parte de la tiranía. Hay que recordar que ha sido la Asamblea Nacional quien ha solicitado que ninguna nación apruebe compromisos ilegales, operaciones financieras o contratos de interés nacional con el gobierno, sin que hayan sido aprobadas

545

por el único órgano constitucional legítimo para autorizarlas, como lo es precisamente la Asamblea Nacional. Este es el "delito" de "traición" que molesta a Maduro, pues es un obstáculo para sus planes de continuar apropiándose de las riquezas del país, financiar la represión contra el pueblo y la permanencia de la dictadura, a pesar del rechazo mayoritario del país y del mundo.

Las acusaciones y amenazas de llevar a juicio a los parlamentarios de la Asamblea Nacional, no son acciones contra individualidades aisladas, sino que constituye un nuevo y auténtico *apartheid* que busca criminalizar a la oposición venezolana y a la resistencia democrática toda. No es una medida sólo contra líderes políticos, sino contra la institución del Parlamento nacional y contra todo un país que reclama cambio.

Esto forma parte de la estrategia de represión y violencia que desarrolla Maduro a través de su fraudulenta "asamblea constituyente". Para los venezolanos, los traidores a la patria son aquellos que han utilizado el dinero público para enriquecerse sacrificando las necesidades de la gente, y pretenden seguir haciéndolo.

La dolorosa crisis que vive el pueblo venezolano es responsabilidad exclusiva de Maduro. Es él y su gobierno quienes han traicionado a los venezolanos condenándolos a una escasez crónica e insoportable de alimentos y medicinas, entregando al país al hampa y a la delincuencia, imponiendo una política económica de multiplicación de la pobreza, traicionando la soberanía nacional a cambio de la sumisión al régimen cubano, cerrando todos los espacios de solución política a la crisis y violando sin rubor la Constitución Nacional para eternizarse en el poder. Hoy, la Venezuela de Maduro es el país con la mayor inflación del planeta, el decrecimiento económico más severo de la región, la escasez de alimentos y medicinas más aguda de América Latina, la tasa de homicidios más alta del mundo, y la nación más pobre en términos de ingreso de todo el continente, con un escandaloso 82% de familias por debajo de la línea de pobreza, y 53% de su población en situación de pobreza extrema." [...]

La dictadura de Maduro no sólo es masivamente empobrecedora sino estructuralmente injusta. Además de cruel máquina de fabricar pobres, es un instrumento de generación acelerada de injusticia y desigualdad. Y la base de esta perversa dinámica está en la posibilidad del alto gobierno de aprovecharse indebidamente de recursos públicos que son de todos los venezolanos, y de hacer negocios con contratos de interés nacional y con el remate sin control de activos y riquezas del país. A ello se opone la Asamblea Nacional, exigiendo se respete la Constitución y alertando al mundo sobre estos delitos, y por ello se le acusa de "traición", con las consabidas amenazas de juicio y privación de libertad.".[413]

A lo anterior habría que agregar que si de "traidores" a la patria se trata, a quienes habría que enjuiciar es a quienes desde el gobierno, durante los últimos dieciocho años le han entregado el país a Cuba, lo han hipotecado a Rusia y han permitido que China tome posesión de buena parte de la faja petrolífera del Orinoco y su producción futura.

En todo caso, ante la decisión de la fraudulenta Asamblea Nacional Constituyente de enjuiciar a los diputados a la Asamblea Nacional por traición a la patria, el Consultor Jurídico de la Asamblea Nacional, Jesús María Casal, expresó que la misma "forma parte de un esquema de persecución en contra de la oposición que, en tal caso, profundiza la ruptura del orden constitucional," explicando que "el procedimiento para allanar la inmunidad parlamentaria a un diputado debería ser a través de un fiscal independiente, que solicite la investigación ante un tribunal autónomo y luego sea remitido a la Asamblea Nacional pero, a su parecer, este no es el caso de la solicitud que aprobó ayer la ANC," considerando que "al dirigirse al

---

413 Véase el texto del Comunicado en http://www.asambleanacional.gob.ve/noticias/_la-asamblea-nacional-a-los-parlamentos-y-gobiernos-del-mundo

Ministerio Público subordinado por el gobierno, ese fiscal va a proceder a hacer lo que ellos le dirigieron sin ninguna autonomía."[414]

Por su parte, el Departamento de Estado del gobierno de los Estados Unidos, mediante Comunicado emitido el 30 de agosto de 2017, condenó "el llamamiento de la ilegítima Asamblea Constituyente de Venezuela para los juicios a la oposición política, incluidos los miembros de la legislatura democráticamente elegida, por cargos de traición y presunta participación en la crisis económica de Venezuela. La situación económica de Venezuela es el resultado de las políticas equivocadas y la corrupción del régimen de Maduro, que es responsable directamente del sufrimiento del pueblo venezolano," agregando que:

"Esta injusticia es sólo la última de un esfuerzo sostenido del régimen de Maduro para socavar la democracia, reprimir la disidencia política y sembrar el miedo entre sus críticos. Encarna otra ruptura en el orden constitucional de Venezuela y desafía el hecho de que en las democracias, las ideas y opiniones no son delitos."[415]

5. La solicitud de inicio de un "juicio histórico"

Por otra parte, debe destacarse que en su Decreto, la fraudulenta Asamblea Nacional Constituyente, según informó la prensa, había ordenado "al Ministerio Público y al Tribunal Supremo de Justicia

---

414   Véase en Ayatola Nuñez: "Es nulo el juicio de la ANC contra diputados y profundiza persecución," *El Nacional*, 31 de agosto de 2017, en http://www.el-nacional.com/noticias/politica/nulo-juicio-anc-contra-diputados-profundiza-persecucion_201373.

415   Véase el texto del Comunicado en la reseña de Ayatola Nuñez:"Es nulo el juicio de la ANC contra diputados y profundiza persecución," *El Nacional*, 31 de agosto de 2017, en http://www.el-nacional.com/noticias/politica/nulo-juicio-anc-contra-diputados-profundiza-persecucion_201373.
Véase igualmente: "EEUU: rechaza juicios de la "ilegítima Asamblea Constituyente" contra delito de traición a la patria," en *Eljojoto*, 30 de agosto de 2017, en http://www.eljojoto.net/2017/08/31/eeuu-rechaza-juicios-de-la-ilegitima-asamblea-constituyente-contra-delito-de-traicion-a-la-patria/.

[…] iniciar un "juicio histórico" contra los dirigentes de la oposición que habrían "alentado la adopción de ese tipo de medidas desde Washington," conforme a lo solicitado por "el propio presidente, Nicolás Maduro, a la Constituyente" de "procesar a varios diputados del parlamento de mayoría bajo la presunción de haber cometido el delito de traición a la patria."[416]

Y así fue cómo, aún sin conocerse el texto del Acuerdo, el cual si bien se anunció como publicado en la *Gaceta Oficial* N° 41.224 de 29 de agosto de 2017, la misma solo circuló días después, en la página web del Tribunal Supremo de Justicia el día 30 de agosto de 2017 se anunció que quien ejerce como presidente del Tribunal Supremo de Justicia, en forma muy diligente, se había pronunciado

"sobre la decisión de la Asamblea Nacional Constituyente de iniciar una investigación contra dirigentes políticos por el delito de Traición a la Patria. Al respecto, indicó que la Asamblea Nacional Constituyente con su *carácter supraconstitucional y el Poder Originario que le ha concedido el pueblo* venezolano, está facultada para dirigir cualquier tipo de acciones en resguardo de la soberanía, la seguridad y la integridad territorial y económica del país."

Con esta declaración, el presidente del Tribunal Supremo, quien comanda la dictadura judicial al demostrar el grado de sumisión de dicho órgano judicial ante la fraudulenta Asamblea Nacional Constituyente, poniéndose a su disposición para iniciar la persecución anunciada contra los dirigentes políticos de oposición, y sin tener competencia alguna para ello, prejuzgó, primero, sobre el carácter de la fraudulenta Asamblea Nacional Constituyente como supuesto órgano "supraconstitucional;" y segundo, sobre el supuesto "poder originario que le ha concedido el pueblo venezolano" todo lo cual

---

416   Véase la reseña "La Constituyente chavista aprueba procesar a dirigentes de la oposición por traición a la patria. La nueva Asamblea ha concentrado su atención en ajustar cuentas con los líderes opositores al régimen," en *El País*, 30 de agosto de 2017, en https://elpais.com/internacional/2017/08/30/america/1504059277_909903.html.

es falso, es decir, es una mentira, pues ello nunca ocurrió, ya que no hubo referendo de convocatoria de la Asamblea Constituyente.

En efecto, conforme se ha argumentado anteriormente,[417] en la estructura constitucional del Estado en Venezuela, no hay ni puede haber ningún órgano que pueda ser considerado "supraconstitucional;" es decir, que esté por encima de la Constitución.

La Constitución en Venezuela es la Ley suprema como lo indica el artículo 7 de su propio texto, por lo que ningún órgano regulado en la misma, como es el caso de una Asamblea Nacional Constituyente (artículo 347 de la Constitución), aun si fuera convocada y electa correctamente, podría llegar a tener el carácter de órgano supraconstitucional.[418] Al contrario, la Asamblea Constituyente, es un órgano del poder constituyente derivado, que sólo puede funcionar sometido a la Constitución conforme a la cual debe ser electa.

Por otra parte, como también se ha argumentado, de acuerdo a la misma norma constitucional del artículo 347 de la Constitución, sólo el pueblo es depositario del poder constituyente originario, y solo el pueblo es el que ejerce la soberanía (art. 5) en forma intransferible, por lo cual ni siquiera cundo una Asamblea Nacional Constituyente es convocada y electa conforme a la Constitución, puede afirmarse que el pueblo "conceda," transfiera o traslade a la misma su poder constituyente originario.

Según el "Comunicado de prensa" del Presidente del Tribunal Supremo, éste agregó que "solo haciendo valer el derecho y las leyes, podemos dar con los responsables de las [...] macabras gestiones de algunos actores para bloquear económicamente al país, con

---

417   Véase Allan R. Brewer-Carías, "La Gran Mentira: la Asamblea Nacional Constituyente ni es soberana, ni es depositaria del poder constituyente originario, ni es reconocida globalmente," 8 de agosto de 2017, en http://allanbrewercarias.net/site/wp-content/uploads/2017/08/171.-doc.-La-Gran-mentira.-ANC-no-es-soberana.pdf.

418   Sobre esta manipulación ideológica, véase lo que advertí desde el inicio en Allan R. Brewer-Carías, "El desequilibrio entre soberanía popular y supremacía constitucional y la salida constituyente en Venezuela en 1999," en *Anuario Iberoamericano de Justicia Constitucional*, N° 3, Centro de Estudios Políticos y Constitucionales, Madrid, 2000, pp. 31-56.

el único argumento de querer salir por las vías de facto de los poderes democráticos y soberanos del país," precisando que en el Tribunal Supremo solo se esperaba "que la Asamblea Nacional Constituyente formalice la solicitud ante el Tribunal Supremo de Justicia, como resultado de su decisión soberana," para iniciar las acciones de persecución."[419]

Es decir, con estas declaraciones, para quien ejerce la presidencia del Tribunal Supremo, convertido en una especie de comisario político, el derecho y garantía de la presunción de inocencia y a ser juzgado por un tribunal competente e imparcial previstos en el artículo 49 de la Constitución, quedaron definitivamente enterrados, y los "actores políticos" señalados por quien ejerce la Presidencia de la República y por la fraudulenta Asamblea Nacional, puede decirse que ya fueron condenados, sin proceso alguno.

6. *La reiteración de la sumisión del Fiscal General a la Asamblea Constituyente*

Por su parte, e igualmente sin conocer el propio texto del Decreto adoptado por la fraudulenta Asamblea Nacional Constituyente, quien ejerce inconstitucional e ilegalmente de Fiscal General de la República, anunció el día 31 de agosto de 2017 "la designación de dos fiscales para investigar a los "traidores a la patria" que respaldaron las sanciones económicas de Estados Unidos" contra Venezuela, explicando que "la investigación se centrará en quienes hicieron un "escandaloso llamado a intervención militar, no solo a bloqueo económico." [420]

---

419 Véase "Tribunal Supremo de Justicia se pone a la orden de la ANC para dar con los responsables de los delitos de traición a la patria," 30 de agosto de 2017, en http://www.tsj.gob.ve/-/tribunal-supremo-de-justicia-se-pone-a-la-orden-de-la-anc-para-dar-con-los-responsables-de-los-delitos-de-traicion-a-la-patria.

420 Véase la reseña: "Ministerio Público venezolano designa fiscales para investigar a "traidores"," en *La Vanguardia,* , EFE 30 de agosto de 2017, en
http://www.lavanguardia.com/politica/20170831/43942561546/ministerio-publico-venezolano-designa-fiscales-para-investigar-a-traidores.html

Es decir, el Ministerio Público, renunciando a su función de investigación para preparar, de ser procedente, alguna acusación, ya dijo y resolvió de antemano, y dio por aceptado que hay una condena por parte de la fraudulenta Asamblea Nacional Constituyente, y que lo que faltaría sería solamente "identificar" a los ya declarados culpables; todo en violación abierta a la garantía del debido proceso establecida en el artículo 49 de la Constitución

En definitiva, ante estas actuaciones, estamos en presencia de una condena penal pronunciada contra unos ciudadanos por el delito de traición a la patria, por la fraudulenta Asamblea Nacional Constituyente, usurpado la función del Poder Judicial y además, sin juicio ni proceso, sin garantías del debido proceso, quedando los órganos competentes" del Estado solo para cumplir ciegamente lo ya resuelto, "identificando" a los ya condenados.

Esa maquinaria aceleró su curso, sin duda, después de la gira realizada durante la primera semana de septiembre de 2017, por países europeos, por el Presidente y los vicepresidente de la Asamblea Nacional, con motivo de la cual se reunieron con los jefes de Estado o de gobierno de Francia, España y Alemania, los cuales reconocieron la legitimidad democrática de la Asamblea Nacional y a la vez desconocieron a la Asamblea Nacional Constituyente

XIV. LA USURPACIÓN DEL PODER ELECTORAL POR PARTE DE LA ASAMBLEA NACIONAL CONSTITUYENTE Y EL DILEMA DE LA REALIZACIÓN DE LAS ELECCIONES EN DICTADURA

La elecciones para la renovación de las autoridades de los Estados y de los Municipios debieron haberse realizado en Venezuela en 2016, una vez que los Gobernadores y los diputados a los Consejos Legislativos habían cumplido su período; y lo mismo debió haber ocurrido con la elecciones de Alcaldes y Concejales.

La elección de Gobernadores y Alcaldes fue pospuesta inconstitucionalmente por el Consejo Nacional Electoral en octubre de 2016, [421] inicialmente por seis meses lapso que luego se convirtió *sine die*.

Una vez electa la Asamblea Nacional Constituyente, la misma, usurpando las funciones del Poder Electoral, convocó a elecciones regionales, pero solo de Gobernadores y de Alcaldes que se realizaron durante los últimos meses de 2017, habiendo caído en el olvido en el país la necesaria elección, también pendiente, de los diputados a los Consejos Legislativos de los Estados y de los concejales a los Concejos Municipales del país, en su mayoría dominados por el partido de gobierno.

La Asamblea Nacional Constituyente también convocó en enero de 2018, muy anticipadamente, a una elección presidencial para elegir el Presidente que deberá sustituir a Nicolás Maduro el 10 de enero de 2019, de manera que así, contra toda lógica política, pueda eventualmente funcionar un Estado, con un presidente electo y otro en ejercicio de su cargo por un período de casi un año.

El tema central en relación con todas estas elecciones, tardías o anticipadas, a gusto de la Asamblea Nacional Constituyente, es el dilema que se le plantea a los venezolanos de participar o no en unas elecciones cando se sabe que no existen las garantías mínimas para que puedan ser limpias y transparentes, particularmente por la ausencia de un "arbitro" electoral confiable, por la sumisión del Poder Electoral, ahora a la Asamblea Nacional Constituyente y desde hace lustros al partido de gobierno; por la falta de confiablidad en el registro electoral y sistema de escrutinios electorales, que han sido fácilmente manipulables; por la ausencia de observadores electorales imparciales; por la persecución desatada desde hace años contra los líderes de la oposición que podrían ser candidatos en las elecciones quienes han sido incluso detenidos, juzgados sin garantías o inhabilitados políticamente por el régimen; por la inhabilita-

---

421   Véase la reseña: "El CNE aplaza por seis meses las elecciones regionales en Venezuela," en *BBCMundo*, 18 de octubre de 2016, en http://www.bbc.com/mundo/noticias-america-latina-37699764.

ción o negativa de renovación de la inscripción de partidos políticos de oposición; por el abuso por parte del gobernó del uso de los recursos y medios gubernamentales en las campañas electorales, a los cuales los candidatos de la oposición no tienen acceso; en fin, por la carencia de las más mínimas condiciones para que pueda haber una elección justa, libre y transparente.

Esa ausencia de garantías, sin duda, es lo único que explica a que en un país en el cual el gobierno y los candidatos del régimen tienen los más ínfimos niveles de aceptación, se pueda producir el "milagro" de que ganen en cualquier elección, lo cual por supuesto no resulta creíble, ni dentro ni fuera del país.[422]

Todo ello, desde que se produjo la convocatoria por parte de la Asamblea Nacional Constituyente para la elección de gobernadores en 2017, originó el gran dilema que han tenido los ciudadanos en Venezuela, en el marco antes indicado de ausencia de garantías suficientes, de pensar si puede realmente haber unas elecciones totalmente libres de fraude, con un Consejo Nacional Electoral sometido e ilegítimo, y por tanto si debe o no participarse en procesos electorales.

1. *El dilema de Votar o no votar.*

El dilema se planteó específicamente cuando se convocó para las elecciones de gobernadores, por supuesto, tardíamente pues debieron haber tenido lugar en 2016, entre participar o no participar en las mismas. Sin duda, no había condiciones democráticas que pudieran asegurar la libertad del voto, pero a la vez se indicaba que no se podían abandonar todos resquicios democráticos ante la dictadura. La experiencia de 2005 con la abstención global de la oposición en la elección parlamentaria había sido de las más trágicas en el proceso de destrucción de la democracia en el país.

---

422   Véase por ejemplo Kenneth Raposa, "It's A 'Miracle': Venezuela's Socialist Party Dominates Weekend Election," en *Forbes*, 16 de octubre de 2017, en https://www.forbes.com/sites/kenrapoza/2017/10/16/its-a-miracle-venezuelas-socialist-party-dominates-weekend-election/#72201a824056.

El dilema entonces estaba planteado: *Votar o no votar*. La decisión que buena parte del liderazgo de la oposición tomó, con la oposición de otra buena parte, al final fue la de participar en las elecciones, la cual muchos ciudadanos siguieron, con el resultado de que como dijo Armando Durán, "ganó el pueblo que, con o sin pañuelo en la nariz, de nuevo demostró su resuelta disposición a hacerlo todo con tal de producir un cambio político profundo."[423]

Pero, lamentablemente la decisión política no se adoptó en forma unitaria y unánime, una vez que un sector de la Mesa de la Unidad Democrática decidió inscribir candidatos, lo que sin duda dividió las fuerzas opositoras.

En todo caso, formalizada por la Mesa de la Unidad Democrática la opción de participar en las elecciones, la posición de muchos fue que la no participación ni siquiera hubiera permitido en alguna forma contribuir, una vez más, a evidenciar y desenmascarar la existencia de una dictadura en el país. Y así, se participó en el proceso, con todos los riesgos que implicaba como manifestación ciudadana de protesta colectiva o de rebelión contra el régimen, poniendo en evidencia una vez más su carácter dictatorial. Por ello como lo expresó Antonio Mora:

"la democracia en Venezuela, la cual ha estado en agonía de muerte durante los últimos dos años, el domingo recibió su último *coup de grâce* cuando la dictadura de Nicolás Maduro perpetró un descarado fraude electoral de una magnitud raramente vista en el mundo.

Una vez más, una triste máxima que quedó comprobada: Las dictaduras nunca entregan el poder a través de elecciones democráticas."[424].

---

423   Véase Armando Durán, "¿Quién ganó? ¿Quién perdió?," en *El Nacional*, 17 de octubre de 2017, en http://www.el-nacional.com/noticias/columnista/quien-gano-quien-perdio_208078.

424   Véase Antonio Mora, "Democracy is dead and buried in Venezuela," en *The Hill*, 16 de octubre de 2017, en http://thehill.com/opinion/international/355619-democracy-is-dead-and-buried-in-venezuela.

2. Elecciones en dictadura: el gran problema

Y ello es así, porque en principio, en dictadura no puede haber elecciones justas, libres y confiables.

Como lo dijo el Secretario General de la Organización de Estados Americanos, Luis Almagro, en el Mensaje que dirigió sobre el proceso electoral el 16 de octubre de 2017, expresando su "escepticismo, y denunciar la falta de garantías que son recurrentes en actos electorales que hacen las dictaduras," rechazando en general "los actos ilegítimos convocados por gobiernos ilegítimos;" y condenando "especialmente, una vez más, los abusos a los derechos civiles y políticos del pueblo venezolano por parte del régimen;" de todo lo cual agregó, después de afirmar que "no se pueden reconocer los resultados de una elección en un país en el cual no existen garantías para el ejercicio efectivo de la Democracia," que:

> "cualquier fuerza política que acepta ir a una elección sin garantías se transforma en instrumento esencial del eventual fraude, y demuestra que no tiene reflejos democráticos como para proteger los derechos de la gente, en ese caso, el voto [...]

> Solamente podemos esperar resultados como éstos -fraude y violación a los Derechos Humanos- si la estrategia y acción política se alejan de los principios y valores democráticos, y se conforman con acuerdos fáciles y circunstanciales."[425]

Nadie como Luis Almagro, ha abogado tanto en el Continente por el restablecimiento de la democracia en Venezuela; sin embargo, ante la opción adoptada por la Mesa de la Unidad Democrática, como ciudadano me resisto a creer que las fuerzas políticas que tomaron la decisión hayan actuado como "instrumento esencial de un fraude" renunciando "a proteger los derechos de la gente." pues ello llevaría a también poner a todos los millones de votantes que

---

425 Véase Mensaje del Secretario General sobre Venezuela, 16 de octubre de 2017,   en http://www.oas.org/es/centro_noticias/comunicado_prensa.asp?sCodigo=D-031/17.

optaron por participar en la elección, en la situación de ser en alguna forma cómplices del fraude. Como lo precisó Milagros Socorro
en una "carta abierta" que dirigió a Almagro, en la cual le precisó
con razón que "quien aceptó ir a las elecciones de este domingo 15
de octubre no fue solamente la fuerza política organizada en partidos y coaligada en la MUD. Fue la gente," agregando que:

> "este evento electoral dista mucho de ser el primero al que
> los venezolanos concurrimos sin garantías, como usted muy
> atinadamente observa. Los venezolanos estamos más que curti-
> dos en la experiencia de ir a votar en medio de flagrantes tram-
> pas, burlas y abuso, que el régimen no se molesta en disimular.
> Pero seguimos acudiendo a las urnas porque es nuestra manera
> de protestar contra la tiranía y de volverle a repetir que nosotros
> creemos en el voto, en las instituciones, y que es de esa manera
> como queremos renovar nuestras autoridades y sacar del poder
> a quien ha destruido nuestro país [...]."

> "Vi mucha gente humilde, que no se movilizó hasta allí por
> ningún cálculo político sino porque creen en el voto y no están
> dispuestos a que este pierda significado.

> Esa gente no es instrumento del fraude. Al contrario. Fueron
> defraudados. Lo han sido una y otra vez. Son víctimas del frau-
> de y ahí estaban. Y creo que muchos seguiremos estando. Por-
> que creemos en el voto y porque no tenemos otra manera de
> poner gobernadores y de desalojar al dictador."[426]

El tema, en todo caso, seguirá siendo parte de la diatriba que
originó la división de la oposición entre participantes y abstencio-
nistas en el proceso electoral, la cual seguirá teniendo sus secue-
las.[427]

---

426   Véase Milagros Socorro, "Carta abierta a don Luis Almagro, en *Climax*,
       20 de octubre de 2017, en http://elestimulo.com/climax/carta-abierta-a-
       don-luis-almagro/.

427   Véase Iniciativa democrática España y las Américas (IDEA), "Declaración
       de respaldo al Secretario General de la OEA, Luis Almagro, sobre las
       elecciones regionales en Venezuela," 18 de octubre de 2017.

Sin embargo, lo cierto fue que a los ciudadanos electores comunes, preocupados por la situación del país y de su democracia, se les planteó la disyuntiva, que se resume en lo que me describió alguien muy cercano al día siguiente de la realización de las elecciones de gobernadores, escribiéndome:

"Nos tocó jugar un juego contra un contrincante (gobierno) que es el dueño del estadio, dueño de la pelota, le paga a los árbitros y los amenaza. Inclusive ellos deciden qué día se juega y cómo.

Ante eso, nos quedaban dos opciones: o no ir a jugar y perder por forfait, o jugar como se pudiera, haciéndolos pasar más trabajo para inventar cómo nos ganaban. Las dos opciones las perdíamos, pero en una se trataba de trabajar por no perderla.

Yo elegí la segunda, aunque igual, probablemente iba a perder. La verdad, prefiero haber perdido así, que haberme ido a la grada a ver el juego.

Me queda la tranquilidad de espíritu de haber aportado mi granito de arena una vez más."[428]

Y así fue, y fue bien hecho, a pesar de que muchos dirigentes expresaran su posición contraria a participar, resultando en definitiva –que es en lo que tenemos que convenir– como lo destacó Paciano Padrón, que:

"Cada uno hizo lo que a conciencia entendió debía hacer, sin que fuésemos unos más patriotas que otros. Hoy tenemos derecho a molestarnos por lo hecho o no hecho por nosotros mismos, y derecho a indignarnos ante el brutal y masivo fraude, pero lo que no podemos es desalentarnos y dejar fluir que no hay salida."[429]

---

428   Email recibido desde Caracas el 16 de octubre de 2017.

429   Véase Paciano Padrón, "¿La peor derrota? El desaliento," en *Noticiario*, 17 de octubre de 2017, en https://mercadonowline.blog-spot.com/2017/10/la-peor-derrota-el-desaliento.html.

Como dijo Luis Ugalde s.:., frente a lo ocurrido:

"todos los demócratas debemos ser serenos y lúcidos para reconocer los propios fallos, más que echar la culpa a los otros. El país entra en un estadio nuevo y más grave, que solo con unidad y claridad estratégica frente a la dictadura y con apoyo internacional podrá salir de este régimen y emprender la dura tarea de la reconstrucción." [430]

Y por supuesto, sí hay salida, y con lo ocurrido nadie se puede sentir "engañado," pues como lo expresó el Alcalde Ramón Muchacho, quien perseguido, se encuentra en el extranjero:

"como era de esperarse, el régimen se robó las elecciones. Cometió el más descarado fraude electoral de nuestra historia.

Pero nadie debe sorprenderse. Precisamente, una de las principales razones para participar en las regionales era impedir que el régimen ganara por "forfait" y se quedara con todas las gobernaciones "de gratis."

El régimen se quedó con la mayoría de las gobernaciones, pero no de gratis, sino a un costo altísimo: el costo de perpetrar un fraude electoral pornográfico ante los ojos del mundo.

Desde ese punto de vista, se logró el objetivo. Hoy el mundo democrático tiene muy pero muy sólidos argumentos y razones para aumentar rápida y dramáticamente la presión sobre el régimen." [431]

3. *La disyuntiva diabólica*

En todo caso, se trató de un proceso complejo desarrollado en medio de la disyuntiva planteada de votar o no votar en dictadura.

---

430 Véase Luis Ugalde, "Levántate y camina," en *La Bitácora de Pedro Mogna*, 20 de octubre de 2017, en http://www.pedromogna.com/luis-ugalde-levantate-y-camina/.

431 Véase en la crónica diaria, *LaCeiba*, 16 de octubre de 2017, en http://es.orbinews.com/2017/10/16/titulares-la-ceiba-16oct-venezuela/.

En tal sentido, para hacer referencia a la misma, podemos comenzar haciendo referencia a lo expresado por el ex rector de la Universidad Valle del Momboy del Estado Trujillo, Dr. Francisco González Cruz, quien desde mayo de 2016 había aceptado la candidatura a la Gobernación del Estado Trujillo, a propuesta del editor del *Diario Los Andes*, Dr. Eladio Muchacho.

En la víspera de iniciarse el proceso electoral para la elección de gobernadores, finalmente declinó a dicha candidatura, expresando en su escrito *"Mis razones,"* que ello lo hacía pues: "En dictadura no puedo ser ni candidato ni gobernador."[432]

Unos días antes, Gustavo Tarre ya había llegado a la misma conclusión, al decir:

> "Mientras esté gobernando Nicolás Maduro, no volverá a haber en Venezuela elecciones libres. La elección fraudulenta del 31 de julio se hizo para consolidar la dictadura arropada ahora por el manto de una "legitimidad electoral" expresada por ocho millones de venezolanos que nunca existieron. El Gobierno no perderá más elecciones. Sencillamente no habrá más consultas populares o si las hay, serán igualmente fraudulentas."[433]

En dictadura, en efecto, no puede haber elecciones libres; y en Venezuela menos, particularmente luego del monumental fraude electoral del 30 de julio de 2017 cometido con la elección de una Asamblea Nacional Constituyente convocada inconstitucionalmente. En dictadura, tampoco se puede esperar que gobernadores que puedan ser electos, que no sean afectos al gobierno, puedan efectivamente gobernar.

---

432 Véase Francisco González Cruz, "Mis razones," 10 de agosto de 2017, en *El Diario de Los Andes*, en http://www.diariodelosandes.com/index.php?r=site/columnas&id=2155.

433 Véase Gustavo Tarre Briceño, desde el exilio: Las elecciones regionales, en *La Patilla*, 5 de agosto de 2017, en https://www.lapatilla.com/site/2017/08/05/gustavo-tarre-briceno-desde-el-exilio-las-elecciones-regionales/.

En ese contexto, nadie de la oposición podía pensar seriamente que podía ser candidato en unas elecciones regionales, o que podría "ganar" libremente una elección; y aún menos cuando no existe un Consejo Nacional Electoral legítimo y confiable, y todavía menos cuando desde el inicio hasta miembros de la Asamblea Constituyente argumentaron que quienes pretendieran ser candidatos a cualquier tipo de elección, debían obtener el visto bueno de la propia Asamblea.[434]

El "dilema diabólico" que antes de todo ello pudo haber existido, y que en todo caso ineludiblemente exigía una solución unánime y unitaria por parte de toda la oposición democrática, sin embargo, rápidamente en mi criterio se disipó,[435] aún cuando sin una solución unitaria.

El dilema lo resumí el 3 de agosto de 2017, en cuatro tweets difundidos apenas fue electa la fraudulenta Asamblea Nacional Constituyente y antes de que se conociera la magnitud del fraude cometido el 30 de julio de 2017 con la participación activa de los militares llamados a cuidar el proceso electoral, en los cuales indique lo siguiente:

"1/4: Disyuntiva diabólica: si la oposición se inscribe en elecciones regionales, la Asamblea Nacional Constituyente puede eliminarlas; si no se inscriben, el gobierno las controla.

---

434 Véase las reseñas "Cabello dice que candidaturas deben ser aprobadas por la ANC. El constituyentista aseguró que este requisito está enmarcado en el decreto aprobado este martes por la Comisión de la Verdad," en *El Universal,* 9 de agosto de 2017, en http://www.eluniversal.com/noticias/politica/cabello-dice-que-candidaturas-deben-ser-aprobadas-por-anc_665076; y "Cabello: El quiera ir a regionales debe tener un certificado de buena conducta de la ANC," en Noticierodigital, 9 de agosto de 2017, en http://www.noticierodigital.com/2017/08/cabello-el-quiera-ir-a-regionales-debe-tener-un-certificado-de-buena-conducta-de-la-anc/.

435 Véase Allan R. Brewer-Carías, "La gran burla: las elecciones regionales y el "dilema diabólico" que la oposición no supo resolver unida y por unanimidad," New York / Atenas, 13 de agosto de 2017, 11 septiembre 2017, http://allanbrewercarias.net/site/wp-content/uploads/2017/08/173.-doc.-Brewer.-Gran-Burla.-Elecciones-regionales.pdf.

2/4. Si la oposición se inscribe en elecciones regionales, siempre habría la opción de retirarse, y solo sería para participar si hay nuevo Consejo Nacional Electoral.

3/4. Si la oposición no se inscribe en elecciones regionales, y la Asamblea Nacional Constituyente no las elimina, el gobierno controlaría todas las gobernaciones.

4/4. La decisión sobre participar o no en las elecciones regionales es muy compleja, y solo debería adoptarse con participación de toda oposición."

Pero como dije, esa disyuntiva rápidamente se disipó. Primero, porque algunos partidos de la oposición se adelantaron y sin que hubiese una decisión unitaria, anunciaron que sí inscribirían candidatos a las elecciones regionales; y segundo, porque el Consejo Nacional Electoral no solo no fue renovado en su composición – lo que debió haber ocurrido desde comienzos de 2016 - , sino que sus miembros fueron rápidamente "ratificados" el 11 de agosto de 2017 por la fraudulenta Asamblea Nacional Constituyente, sin competencia alguna para ello, pero ahora escudada en la frase mágica que encontraron sus miembros en la Constitución, y que indica que "Los poderes constituidos no podrán en forma alguna impedir las decisiones de la Asamblea Nacional Constituyente" (art. 349).

Lo que es cierto, como lo observó Francisco González Cruz al justificar su rechazo a participar en las elecciones regionales para la Gobernación de Trujillo, es que:

"Hoy la realidad es otra. Si bien la deriva autoritaria ya existía el año pasado, es a partir de marzo pasado cuando la dictadura se consolida con las infortunadas sentencias del TSJ, se agrava con la convocatoria fraudulenta a una Asamblea Nacional Constituyente claramente fascista. En este marco institucional la transformación de Trujillo en los términos planteados no es posible, pues en dictadura solo prospera la miseria, el atraso y la corrupción. Por otra parte el CNE, a pesar de estar integrado por las mismas personas ahora es otro, pues esas personas avalaron el fraude de la convocatoria y alteraron de manera gravísima los resultados de la consulta." [436]

En todo caso, sobre el dilema que existía, Gustavo Tarre Briceño, en su atinado escrito del 5 de agosto de 2017: *"Gustavo Tarre Briceño, desde el exilio: Las elecciones regionales,"* puede decirse que lo esclareció con precisión, expresando:

"Son muchos los argumentos que se han esgrimido en torno al dilema diabólico como acertadamente lo define Allan Brewer Carías, planteado a la oposición por las elecciones regionales: Inscribir o no inscribir candidatos. Hay argumentos poderosos en favor de ambas posibilidades. Después de sopesarlos con la mayor amplitud de espíritu, mi conclusión es que la oposición no debe participar en ese proceso, diseñado por el Gobierno con la única finalidad de dividirnos y, en ningún caso, para permitir que los estados escojan libremente a sus gobernadores en el marco de un federalismo en el que no creen, ni que el pueblo exprese su voluntad por la vía del voto." [437]

Además, indicó con razón Gustavo Tarre Briceño que sin "un nuevo CNE, mal puede pensarse en participar en un proceso de elección convocado por una autoridad electoral usurpada y jurídicamente inexistente," que "al inscribir candidatos en este proceso de elecciones regionales se acata, tácitamente, la autoridad del Consejo Nacional Electoral," es decir, "se legitima, así sea bajo protesta, la autoridad de un árbitro que ya sabemos totalmente parcializa-

---

436   Véase Francisco González Cruz, "Mis razones," 10 de agosto de 2017, en *El Diario de Los Andes*, en http://www.diariodelosandes.com/index.php?r=site/columnas&id=2155.

437   Véase Gustavo Tarre Briceño, desde el exilio: Las elecciones regionales, en *La Patilla*, 5 de agosto de 2017, en https://www.lapatilla.com/site/2017/08/05/gustavo-tarre-briceno-desde-el-exilio-las-elecciones-regionales/.

do, culpable de innumerables delitos electorales y desconocido por buena parte de la comunidad internacional."[438]

El tema central, en todo caso, ante la disyuntiva planteada era la necesidad de que la oposición tuviese una posición absolutamente unitaria frente al dilema de participar o no en el proceso de elección de gobernadores, teniendo en cuenta todos los factores adversos, y sobre todo, las incontroladas posibilidades que el Consejo Nacional Electoral tendría en la manipulación de los resultados electorales.

4. *Los consejos que no se siguieron*

Lamentablemente, los consejos no se siguieron; no hubo decisión unánime en la oposición, de manera que la división comenzó a producirse de inmediato, en gran parte manipulada por el gobierno. Debemos recordar, por ejemplo, la reacción inmediata de burla respecto de los partidos de oposición que sí habían optado por inscribir sus candidatos en el proceso electoral, por parte de quien ejerce la presidencia de la República, en el discurso pronunciado el día 10 de agosto de 2017 ante la Asamblea Nacional Constituyente, en la sesión en la cual la misma, sin competencia alguna para ello, lo "ratificó en su cargo." Allí expresó lo siguiente según reseñó la prensa:

"El presidente Nicolás Maduro le agradeció a los partidos de la oposición venezolana por haberse inscrito en las elecciones para gobernadores. "¿Tanto nadar para morir en el CNE?", se preguntó.

"Han reconocido la legitimidad del Poder Electoral, han reconocido la legitimidad de esta ANC, muy bien por la oposición venezolana, muy bien (…)

¿Tanto nadar para morir en la oficina de Tibisay Lucena", afirmó el primer mandatario nacional ante la Asamblea Nacional Constituyente la tarde de este jueves.

---

438 Véase Gustavo Tarre Briceño, desde el exilio: Las elecciones regionales, en *La Patilla*, 5 de agosto de 2017, en https://www.lapatilla.com/site/2017/08/05/gustavo-tarre-briceno-desde-el-exilio-las-elecciones-regionales/.

El Jefe de Estado se preguntó "para qué sirvieron 120 días de violencia, para qué sirvieron 120 días donde atacaron bases militares, donde atacaron hospitales, escuelas, donde con barricadas secuestraron a miles y miles de familias de la clase media, para qué sirvieron más de 100 muertos".

[…] Maduro saludó que el día de hoy todos los partidos políticos de oposición hayan inscrito candidatos y candidatas ante el CNE y se dispongan a participar en las elecciones democráticas y libres bajo la rectoría de Tibisay Lucena".

"Ese fue el único logro de su violencia y que haya elecciones de gobernadores y gobernadores y que haya una magnánima y magnífica ANC", concluyó."[439]

Burla y cinismo, pues bien sabía quien ejerce la presidencia de la República, que los partidos que se adelantaron a anunciar su participación en las elecciones regionales, no reconocían la legitimidad del Consejo Nacional Electoral ni de la fraudulenta Asamblea Nacional Constituyente.

Lo que siguió, en todo caso, fue una carrera que el gobierno emprendió para continuar dividiendo la oposición e impedir que el pueblo realmente pudiera llegar a manifestarse en las elecciones regionales, buscando que de las mismas el gobierno pudiera al final llegar a controlar la totalidad de las gobernaciones de Estado.

Para ello, al día siguiente de la ratificación de las rectoras del Consejo Nacional Electoral en sus cargos, el día 12 de agosto de 2017, la fraudulenta Asamblea Nacional Constituyente, sin competencia alguna para ello, y usurpando los poderes constitucionales del Poder Electoral, adoptó un decreto "reprogramando" para el mes de octubre de 2017, "el proceso electoral para la escogencia de gobernadores de estado, en el marco del cronograma electoral ya

---

439   Véase la reseña de Gilberto Rojas "Maduro, a la MUD: ¿Tanto nadar para morir en la oficina de Tibisay Lucena?", en *Noticierodigital*, 10 Agosto, 2017, en http://www.noticierodigital.com/2017/08/maduro-a-la-mud-tanto-nadar-para-morir-en-la-oficina-de-tibisay-lucena/.

anunciado por el Poder Electoral, en ejercicio de sus funciones constitucionales."

Con ello el gobierno quiso dejar sentado que las elecciones de Gobernadores que estaban pendientes desde el año anterior, entonces se hacían, no porque la Constitución lo imponía, sino porque supuestamente las había "decretado" la fraudulenta Asamblea Nacional Constituyente, de manera de vender la idea de que participar en la elección ya significaba "reconocer" en alguna forma la legitimidad de aquella, lo que por supuesto no era cierto.

El decreto, en todo caso, también expresó las mismas inconstitucionales mentiras de los anteriores, como fue el afirmar que la Asamblea lo dictaba "en ejercicio de su poder originario emanado del mandato conferido por el pueblo de Venezuela el 30 de julio de 2017 en elecciones democráticas, libres, universales, directas y secretas," cuando ni la Asamblea podía tener poder originario alguno, ni el pueblo pudo habérselo transferido, y las elecciones de los miembros de la Asamblea estuvieron signadas por un fraude electoral, en elecciones que no fueron ni democráticas, ni libres, ni universales, ni directas ni secretas.[440]

Pero además, el Decreto, según se indicó en su encabezamiento, se dictó conforme a unas "Normas para Garantizar el Pleno Funcionamiento Institucional de la Asamblea Nacional Constituyente en Armonía con los Poderes Públicos Constituidos," dictadas por la fraudulenta Asamblea que se autocalificó de "órgano soberano" y que como se indicó en el texto del decreto, supuestamente fueron publicadas en la *Gaceta Oficial* N° 6.323 Extraordinario de 8 de agosto de 2017," pero cuyo texto, sin embargo, solo se conoció muchos días después cuando finalmente circuló la *Gaceta Oficial*. De nuevo otra mentira, alegar la existencia de una *Gaceta Oficial*, pero afirmando que había sido publicada, cuando ello era falso.

---

440 Véase Allan R. Brewer-Carías, "La Gran mentira: La Asamblea Nacional Constituyente ni es soberana, ni es depositaria del poder constituyente originario, ni es reconocida globalmente, 8 de agosto de 2017, http://allanbrewercarias.net/site/wp-content/uploads/2017/08/171.-doc.-La-Gran-mentira.-ANC-no-es-soberana.pdf.

Con mentiras tras mentiras, se siguió pretendiendo convertir en verdad lo que nunca será verdad, y siempre será mentira.

Entre esas mentiras, en todo caso, que se presume la Asamblea Constituyente las sacó de lo expresado en su propia decisión en la cual se auto-confirió supuestos poderes absolutos, soberanos, magnos, plenipotenciario (menos mal que todavía no se ha autocalificado de "divina"), estuvieron las expresadas en los "Considerandos" del decreto como justificativos para haber reprogramado las elecciones regionales, de que "todos los órganos del Poder Público se encuentran subordinados a la Asamblea Nacional Constituyente," y que supuestamente la Asamblea Nacional Constituyente "se encontraba facultada para adoptar medidas sobre las competencias, funcionamiento y organización de los órganos del Poder Público." En ninguna parte de la Constitución de 1999, se dice nada de eso, por lo que ello es sencillamente falso.[441]

A esas falsedades sobre sus supuestos poderes para reprogramar elecciones regionales y, en fin, tomar medidas sobre las competencias que son del Consejo Nacional Electoral, en los Considerandos del decreto sobre la reprogramación de las elecciones regionales se dejó constancia de los engaños, que rayan en la ironía, tales como que en Venezuela había "confianza de la inmensa mayoría de nuestro pueblo en las instituciones, y el sistema electoral;" que el sistema electoral se hubiera "construido en Venezuela para asegurar el fiel y absoluto respeto a la voluntad soberana expresada en las urnas electorales; que hubiera un "amplio y diverso sistema de partidos políticos [...] plenamente vigente en nuestro país;" que las elecciones de 30 de julio de 2017 para la conformación de la fraudulenta Asamblea Nacional Constituyente hubieran restablecido "la paz y tranquilidad en todo el territorio nacional;" o que el sistema electo-

---

441   Véase Allan R. Brewer-Carías, "Los límites de la Asamblea Nacional Constituyente, Y su actuación inconstitucional al usurpar, tanto el poder constituyente originario del pueblo como las competencias de los poderes constituidos," 7 de agosto de 2017, en http://allanbrewercarias.net/site/wp-content/uploads/2017/08/170.-doc.-Brewer.-L%C3%ADmites-a-la-ANC-2017.pdf.

ral vigente estaba "dotado de todas las garantías de confiabilidad y transparencia para el fiel resguardo de la voluntad soberana del Pueblo."

Esto, lamentablemente para la fraudulenta Asamblea Nacional Constituyente y para el gobierno, no se lo cree nadie, ni en el país ni en el extranjero. Son unas mentiras que repetirán mil veces, pero que no pasarán de ser eso: mentiras.

5. La elección de gobernadores y la preparación del fraude con la intervención de la Sala Electoral del Tribunal Supremo y del Consejo Nacional Electoral

Aún sin haber sido objeto de una decisión adoptada por unanimidad en el marco de un acuerdo en el cual hubiesen participado todos los partidos políticos de la oposición, la mayoría de ellos, como se dijo, con todos los riesgos que ello significó, en definitiva decidieron participar en el proceso de elección de gobernadores, habiendo fijado el Consejo Nacional Electoral después de todas las manipulaciones imaginables, el día 15 de octubre de 2017, para la realización de las mismas.

El proceso se realizó en el marco de una diatriba que resultó inaceptable entre opositores que defendían la participación y los que defendían la abstención, y todo ello, además, sometido a la manipulación divisionista que alentó el gobierno respecto de la oposición.

El proceso electoral, además, se realizó bajo la amenaza anunciada, entre otros, por el Sr. Maduro de que los gobernadores que pudieran resultar finalmente electos en el proceso, debían "reconocer" a la Asamblea Constituyente como poder supremo y originario, o de lo contrario serían destituidos. El 7 de septiembre de 2017 dijo, en efecto, no sólo que era "imposible que un gobernador asumiera sus funciones si no aceptaba los comicios convocados por el "poder constituyente," sino que:

"todos los gobernadores o gobernadoras que resulten electos deben subordinarse al poder constituyente; si no, deben ser destituidos de inmediato."[442]

Ello lo ratificó un mes después, el 11 de octubre de 2017, al expresar públicamente en un programa de televisión, que:

"todo aquel gobernador electo el próximo domingo, en las elecciones regionales, tiene que subordinarse a la Asamblea Nacional Constituyente, o no ejerce sus funciones.

Cuando se inscribieron para participar en las elecciones, reconocieron a la ANC, porque estas elecciones, fueron convocadas por la ANC, dijo Maduro.

Si no se subordinan, entonces, no tendrán competencia para ejercer, no lo podrán hacer, sentenció el mandatario nacional."

Como clara expresión de chantaje de baja ralea, quien ejerce la presidencia de la República llegó a afirmar en dicho programa, falsamente, en "mensaje directo dirigido a todo el electorado" que "todo venezolano que salga a votar el domingo, estará dando un voto de apoyo y reconocimiento a la Asamblea Constituyente." [443] Todo esto anunciaba lo que vendría.

Sin embargo, aún ante esta clara amenaza de chantaje, como lo expresamos a comienzos de octubre de 2017, "definida como había sido la opción electoral, ante la destrucción del país producto de 18 años de desgobierno, el deber de todos los venezolanos era votar para rechazarlo,"[444] en el sentido de que se trataba de un voto pro-

---

442   Véase la reseña, "Maduro: Gobernadores electos deberán subordinarse ante la ANC. El jefe de Estado amenazó con la destitución a los candidatos a las regionales," en *El Nacional*, 7 de septiembre de 2017, en http://www.el-nacional.com/noticias/gobierno/maduro-gobernadores-electos-deberan-subordinarse-ante-anc_202572.

443   Véase la reseña de Elio Bolívar," ¡O no ejercerá! Maduro: Todo gobernador electo tiene que subordinarse a la ANC," *en* www.noticiasvideos1, 11 de octubre de 2017, en https://noticiasvideos1.com/no-ejercera-maduro-gobernador-electo-subordinarse-la-anc/.

444   Tweet: @arbrewercarias.

testa, es decir, considerar la elección de los gobernadores como un acto más de contundente rebelión contra el régimen que debía haber seguido la línea de la protesta expresado en el referendo realizado por la oposición de rechazo a la Asamblea Nacional Constituyente realizado en julio de 2017. El régimen, sin embargo, era evidente que seguiría con su táctica de obstaculizar la participación en la elección, y de finalmente materializar la amenaza chantajista de exigir que los gobernadores electos, para poder ejercer sus cargos, debían reconocer y someterse a la fraudulenta Asamblea Nacional Constituyente.

En todo caso, en el curso del proceso electoral, respecto del cual como se dijo, una importante corriente de opinión de la oposición manifestó su rechazo en participar,[445] como era previsible y estaba anunciado, no faltó la actuación tanto del Consejo Nacional Electoral como de la Sala Electoral del Tribunal Supremo de Justicia para "interpretar" la ley y seguir obstaculizando la participación de los partidos y candidatos de la oposición.

Ello sucedió, por ejemplo, con el proceso de sustitución de candidatos en el tarjetón electoral. En efecto, luego de la realización de las elecciones primarias para la selección de candidatos para la elección de gobernadores, la Mesa de la Unidad Democrática (MUD) había solicitado al Consejo Nacional Electoral que fueran eliminados del tarjetón electoral los candidatos que habían perdido en las primarias internas de la coalición para que fueran sustituidos por quienes ganaron.

Como el Consejo Nacional Electoral no adoptó decisión alguna al respecto, a 10 días de la fecha fijada para que tuvieran lugar las elecciones, el 5 de octubre de 2017, un ciudadano actuando en representación de un de los partidos políticos del país interpuso un recurso de interpretación del artículo 63 de la Ley Orgánica de Procesos Electorales, que establece que las organizaciones políticas "podrán modificar las postulaciones que presenten y, en consecuen-

---

445 Por ello por ejemplo la opinión de Pablo Aure, en "!Hasta cuándo! ?Votar bajo amenaza?, *El Nacional*, 10 de octubre de 2017, en http://www.el-nacional.com/noticias/columnista/votar-bajo-amenaza_206890.

cia, sustituir candidatos o candidatas hasta diez días antes de ocurrir el acto electoral."

Como fundamento del recurso, el recurrente adujo que era un "hecho público comunicacional" que las distintas organizaciones políticas postulantes en el proceso comicial de gobernadores convocado para el 15 de octubre de 2017, habían denunciado que el Consejo Nacional Electoral "había impedido las sustituciones de candidatos postulados y electos en elecciones primarias de la Mesa de la Unidad Democrática en el proceso comicial de elección de gobernadores," alegando que ello generaba "una incertidumbre en los electores de estar informados sobre la oferta electoral para dichos comicios en ejercicio del derecho constitucional al sufragio."

La Sala Electoral del Tribunal Supremo decidió el recurso intentado al día siguiente, el 6 de octubre de 2017,[446] con toda celeridad como lo ha hecho siempre cuando le conviene al gobierno, observando que la mencionada disposición legal "prevé una condición de orden temporal para la presentación de modificaciones o sustituciones de las postulaciones realizadas," estimando que la interpretación solicitada no podía "hacerse de forma aislada," sino en el contexto actual, destacando que la Asamblea Nacional Constituyente mediante Decreto Constituyente de fecha 12 de agosto de 2017, dictado "en ejercicio del poder originario," había resuelto que "todos los órganos del Poder Público se encuentran subordinados" a la misma, y había reprogramado el proceso electoral para la escogencia de gobernadores.

De ello siguió la Sala argumentando que el Consejo Nacional Electoral, había decidido "disponer sobre la reprogramación de las fases del proceso electoral de gobernadores," estableciendo que la fase de "Sustitución y Modificación de las Postulaciones Nominales" sería "por el término de un día (16 de agosto de 2017), en una forma evidentemente contraria al artículo 63 que prevé un lapso de

---

446 Sentencia N° 165 de la Sala Electoral del Tribunal Supremo de Justicia, de 6 de octubre de 2017 9 Expediente N° AA70-E-2017-000107), en http://historico.tsj.gob.ve/decisiones/selec/octubre/203561-165-51017-2017-2017-000107.HTML.

hasta diez días antes de ocurrir el acto electoral" para la fijación de la mencionada fase en el cronograma electoral respectivo.

La Sala entendió, ante esa norma, que:

"la fijación de la oportunidad para el cambio o modificación de postulación de candidatos o candidatas corresponde al órgano rector electoral, el cual podrá establecerla mediante lapso o término que apreciará de acuerdo a las particularidades y requerimientos técnicos de cada proceso electoral, siempre y cuando no sobrepasen los diez días anteriores al acto de votación."

De lo anterior concluyó la Sala decidiendo que el artículo 63 de la Ley Orgánica de Procesos Electorales:

"debe interpretarse en el sentido que el Consejo Nacional Electoral puede establecer la oportunidad para la ejecución de la fase de sustitución y modificación de las postulaciones nominales, siempre y cuando no exceda el límite máximo temporal de diez días anteriores a la ocurrencia del acto electoral, atendiendo a las particularidades y requerimientos técnicos del proceso electoral de que se trate. Así se declara."

La Sala Electoral decidió, el asunto planteado, así de simple y nada más, cercenando el derecho de las organizaciones políticas de "modificar las postulaciones que presenten y, en consecuencia, sustituir candidatos o candidatas hasta diez días antes de ocurrir el acto electoral."[447]

Por ello, uno de los rectores del Consejo Nacional Electoral manifestó:

---

447 Sobre esta decisión, entre otras reacciones, incluso se manifestó el Gobierno de Canadá. Véase la reseña, "Canadá exhortó al CNE a realizar sustitución de candidatos. El país norteamericano pidió al Poder Electoral respetar la ley," en *El Nacional*, 5 de octubre de 2017, en http://www.el-nacional.com/noticias/mundo/canada-exhorto-cne-realizar-sustitucion-candidatos_206533.

"su desacuerdo con la sentencia emitida el 5 de octubre por el Tribunal Supremo de Justicia (TSJ) que indicó que se había vencido el plazo para que el CNE procediera a sustituir los candidatos, tomando en cuenta que desde el pasado 12 de septiembre la MUD ha estado solicitando este procedimiento."[448]

A ello siguió, en la víspera de las elecciones, la decisión unilateral del Consejo Nacional Electoral de reagrupar y reasignar electores en otros sitios de votación, particularmente en aquellos donde históricamente la oposición había sacado mayor cantidad de votos,[449] todo con el objeto de entorpecer el desarrollo de las votaciones.[450]

6. El resultado del fraude continuado cometido en la elección de Gobernadores

En definitiva, lo que ocurrió el 15 de octubre en Venezuela, tal como lo observó la *Plataforma Ciudadana en Defensa de la Constitución,* en una muy completa "Crónica del fraude continuado a la Constitución y a la Ley Orgánica de Procesos Electorales" emitida como Declaración, en Venezuela se produjo:

"en forma pública y notoria, durante más de año y medio un proceso de fraude sostenido a la Constitución y a la Ley Orgánica de Procesos Electorales [... de tal magnitud que hacen inválidos los resultados que han sido anunciados por las actuales

---

448 Véase en *Spitnikmundo,* 5 de octubre de 2017, en https://mundo.sputnik-news.com/americalatina/201710071072970856-cne-mud-caracas-politica-elecciones/.

449 Véase la reseña: "CNE reubica 200 centros de votación a cinco días de las regionales," en *El Nacional,* 10 de octubre de 2017, en http://www.el-nacional.com/noticias/politica/cne-reubica-200-centros-votacion-cinco-dias-las-regionales_207107.

450 Véase sobre ello, incluso la reacción del gobierno de los Estados Unidos, "EEUU preocupado por reubicación de centros que afectaría a más de 400 mil electores," en *Lapatilla.com* (publicado en La Calle), 12 de octubre de 2017, en https://www.lapatilla.com/site/2017/10/12/eeuu-preocupado-por-reubicacion-de-centros-que-afectaria-a-mas-de-400-mil-electores/.

autoridades del Consejo Nacional Electoral (CNE). Está claro que estos resultados corresponden a la voluntad del Gobierno Nacional pero de modo alguno expresan la opinión de la mayoría de la población venezolana."

Por ello, con razón en adición a los dos ejemplos antes mencionados de acciones fraudulentas, la *Plataforma Ciudadana*, agregó que también (i) fue "fraudulento, que no se permitiera la inscripción de una organización política para participar en elecciones con una tarjeta propia cuando el gobierno considere que no es conveniente la existencia de un partido que represente una oposición de izquierda; " (ii) fue "fraudulenta la suspensión de las elecciones de gobernadores que estaban previstas, de acuerdo al artículo 160 constitucional, para diciembre del año 2016;" (iii) fue "fraudulenta forma como se realizó la convocatoria a las elecciones de gobernadores para el mes de octubre de 2017; " (iv) fue "fraudulento el que el CNE decidiese no convocar la elección de los Consejos Legislativos Regionales cuyos períodos de gestión de cuatro años, taxativamente establecidos en el artículo 162 de la Constitución, están vencidos;" (v) fue "fraudulento amenazar a un candidato presentado por algunas organizaciones de izquierda con acusaciones de supuesta corrupción que podrían llevarlo a prisión si no retiraba su candidatura y apoyaban la del PSUV: " (vi) fue "fraudulento que sobre la base de la opinión de unos tribunales penales estatales sin competencia alguna en el tema electoral, el CNE impidiera que las organizaciones políticas organizadas en la MUD pudiesen utilizar su tarjeta unitaria en las elecciones de gobernadores;" (vii) fue "fraudulento el uso masivo de recursos y medios públicos en apoyo a los candidatos del PSUV, en violación de prohibiciones expresas del artículo 75 de la Ley Orgánica de Procesos Electorales;" (viii) fue "doblemente fraudulenta la semi-cadena nacional de Nicolás Maduro en la noche del viernes 13 de octubre" usando en "forma ilegítima los medios del Estado para hacer una agresiva campaña electoral" fuera del "lapso de la campaña electoral establecido por el Consejo Nacional Electoral; " (ix)fue "fraudulenta la sistemática campaña dirigida a empleados públicos y a los beneficiarios de los programas sociales como los CLAP, amenazándolos con despidos o la pérdida de su acceso a dichos beneficios si no participaban en las elecciones;" (x) fue "fraudulenta la reubicación a última hora de centros de votación, afectando a centenares de miles de votantes" y "el ataque de grupos armados -bajo la mirada complaciente de efectivos del Plan República- en contra de autobuses que trasladaban a votantes a los nuevos centros de votación a los cuales habían sido reubicados a última hora;" (xi) fue "fraudulento que en muchos centros electorales el Plan República no permitiese la presencia del público en el cierre de muchas mesas electorales en diferentes partes del país;" (xii) fue "fraudulento que en vista de resultados electorales poco favorables para el gobierno en algunos estados, el Ejecutivo Nacional cambie, a posteriori, las reglas del juego y decrete, como lo ha hecho ante resultados adversos en ocasiones anteriores, la creación de autoridades paralelas u otras medidas para restarle atribuciones a los gobernadores recién electos y continuar controlando esos territorios a pesar de la voluntad de los votantes;" y (xiii) fue "un hecho fraudulento el que se exija a los gobernadores de la oposición que se juramenten ante la ANC, bajo la amenaza de que se desconocería el mandato popular que los eligió y que serían sustituidos por militantes del PSUV (los candidatos derrotados), o que se convocarían nuevas elecciones en dichos estados."

Concluyó la *Plataforma Ciudadana en Defensa de la* Constitución su Crónica del fraude continuado, afirmando con razón que:

> "Este continuado proceso constituye un certero golpe mortal contra la democracia y dinamita, peligrosamente, las posibilidades de dirimir nuestras diferencias políticas a través de la vía pacífica y constitucional. Estamos en presencia del avance en la consolidación de un nuevo régimen político y la configuración de un Estado Autoritario al cual hay que oponerse. La recuperación del derecho a elecciones genuinamente democráticas, no controladas ni manipuladas por el poder del Estado, es hoy parte central de esta resistencia."[451]

---

451 Véase "Crónica de un fraude continuado a la Constitución y a la Ley Orgánica de Procesos Electorales. Las Elecciones Regionales del 15 de

Como lo observó Carlos Canache Mata, todos estos componentes del fraude electoral, fueron abusos y arbitrariedades que en flagrante violación de las normas cometió el CNE, con los cuales "a lo largo del proceso se van rebanando, por varios procedimientos y vías al margen de la ley, los votos de uno de los competidores," refiriéndose en particular, a:

"a) la reubicación de centros de votación a zonas lejanas y de difícil acceso 48 horas antes y el mismo día de la elección; b) y el impedimento de la sustitución en la boleta electoral de los candidatos de la oposición que se habían retirado para apoyar a los candidatos ganadores en las primarias internas de la MUD. Con solo esos dos felones atropellos se les rebanaron, por no decir se le robaron, centenares de miles de votos a los candidatos de la oposición postulados para las gobernaciones regionales."[452]

En el mismo sentido, la Conferencia Episcopal Venezolana en Comunicado sobre las elecciones regionales deploró:

"que el Consejo Nacional Electoral, haciendo caso omiso de los llamados realizados desde diversas instancias nacionales e internacionales, se haya mostrado una vez más como un árbitro parcializado, al servicio del Partido oficial. Son múltiples las irregularidades cometidas en la implementación del proceso electoral: el impedir que las organizaciones políticas pudieran sustituir los candidatos tal como está previsto en la ley, la migración a última hora de electores hacia otros centros de votación, la falta de una observación internacional plural, los abusos en el voto inducido. Todo esto constituye un obstáculo para el

---

Octubre. Declaración de la Plataforma Ciudadana en Defensa de la Constitución," 21 de octubre de 2017, en *Aporrea.org*, en https://www.aporrea.org/actualidad/n316163.html.

452   Véase Carlos Canache Mata, "El fraude y sus dos caras, en *Últimas Noticias*, 19 de octubre de 2017, en http://www.ultimasnoti-cias.com.ve/noticias/opinion/carlos-canache-mata-fraude-dos-caras/.

ejercicio del sufragio y genera desconfianza en los procesos electorales."[453]

Con base en todo lo ocurrido, el resultado parecía estar decretado en un país que estaba sufriendo la peor crisis económica y social de su historia, azotado por la escases, las carencias de todo tipo, con el mayor índice de miseria e inflación del mundo, en situación de exigir acción internacional por la crisis humanitaria que vive, y con un gobierno que tiene efectivamente más del 80% de rechazo de la población. Sin embargo, ante ello, el Consejo Nacional Electoral logró el "milagro" de que de los 23 gobernadores de Estados que debía ser electos, el gobierno lograra la elección de sus candidatos en 18 gobernaciones, habiendo la oposición ganado solo la elección de 5 gobernadores.[454]

Ese "milagro"[455] no se lo cree nadie y menos aún que la oposición hubiera ganado solo en Estados que precisamente estaban gobernados por agentes del gobierno, respecto de los cuales el propio gobierno quizás lo que quería era deshacerse de alguno de ellos, como los barcos hacen con el lastre.

---

453   Véase Comunicado de la Conferencia Episcopal Venezolana con motivo de las elecciones regionales, 19 de octubre de 2017, en http://www.cev.org.ve/index.php/noticias/266-comunicado-de-la-conferencia-episcopal-venezolana-con-motivo-de-las-elecciones-regionales.

454   Véase la reseña: "Estos son los resultados de las elecciones regionales de este 15-O," en *Globovisión*, 15 de octubre de 2017, en http://globo-vision.com/article/estos-son-resultados-de-los-gobernadores-electos-este-15-o. Véase igualmente la reseña: "El chavismo obtiene una polémica victoria en las elecciones de gobernadores en Venezuela. La oposición asegura que el Consejo Nacional Electoral ha anunciado resultados fraudulentos, en *El País*, 16 de octubre de 2017, https://elpais.com/internacional/2017/10/16/america/1508122348_405331.html.

455   Véanse los comentarios de Kenneth Raposa, "It's A 'Miracle': Venezuela's Socialist Party Dominates Weekend Election," en *Forbes*, 16 de octubre de 2017, en https://www.forbes.com/sites/kenrapoza/2017/10/16/its-a-miracle-venezuelas-socialist-party-dominates-weekend-election/#72201a824056.

Es ciertamente imposible que ello haya ocurrido realmente, tal como lo resumió Antonio Sánchez García, al referirse a lo que se había preguntado asombrada Patricia Janiot de CNN, sobre:

"cómo era posible que una dictadura que tiene los más altos índices de inflación, de miseria, de violencia y criminalidad del mundo, que ha despilfarrado trillones de dólares y cuya cúpula cívico militar se ha robado cientos de miles de millones de dólares – la inmensa mayoría de ellos aún a resguardo en serios establecimientos bancarios del mundo de los negocios -, es el primer cartel narcotraficante del planeta, sirve de base al terrorismo del Estado Islámico en Occidente y puede llegar al extremo de asesinar un manifestante por día, entre muchos otros récords Guinness sólo posibles en un país mutilado por la barbarie castro comunista; podía arrasar en un proceso electoral como lo hiciera supuestamente este domingo 15 de Octubre de 2017, fecha que debe quedar consignada para la historia de los fraudes más descomunales habidos en la historia de las dictaduras de América Latina y, posiblemente, del Tercer Mundo."[456]

No es necesario, ante la realidad de lo ocurrido, ponerse a buscar culpables. Se sospechaba, como lo observó el Secretario General de la Organización de Estados Americanos Luis Almagro, que en el proceso se repetirían "las variables de ilegalidad, incertidumbre y fraude" observadas en elecciones anteriores;[457] razón por la cual, ocurrido todo ello de nuevo, la Unidad Democrática no reconoció los resultados ofrecidos por el Consejo Nacional Electoral.[458]

---

456 Véase la reseña: Antonio Sánchez García, "La dictadura prodigiosa,", 17 de octubre de 2017, en https://noticiasvene-zuela.info/2017/10/la-dictadura-prodigiosa/.

457 Véase Mensaje del Secretario General sobre Venezuela, 16 de octubre de 2017, en http://www.oas.org/es/centro_noti-cias/comunicado_prensa.asp?sCodigo=D-031/17.

458 Véase la reseña: "Gerardo Blyde La Unidad no reconoce resultados dados por CNE,", en *Panorama.com.ve*, 16 de octubre de 2017, en http://www.panorama.com.ve/politicayeconomia/Gerardo-Blyde-La-

Por ello, en el Comunicado de "Mesa de la Unidad Democrática ante el proceso electoral fraudulento consumado el día de ayer 15 de octubre de 2017," se indicó con toda precisión al día siguiente que:

"El día de ayer se materializó un proceso electoral fraudulento sin precedentes en nuestra historia. Como Mesa de la Unidad Democrática asumimos la responsabilidad de desconocer los resultados, profundizar la lucha para que se respete la voluntad del pueblo expresada el 15-O y cambiar este corrupto sistema electoral para lograr el cambio de régimen y la vuelta a la democracia.

Desde el inicio de este proceso, denunciamos todas y cada una de las arbitrariedades que violaron la ley y los derechos electorales de los venezolanos. A pesar de ello, asistimos a este proceso con la firme convicción que al régimen también debíamos enfrentarlo en este terreno para lograr o bien continuar la conquista de nuevos espacios en la lucha democrática, o por el contrario acusar una mayor deslegitimación nacional e internacional de la dictadura como consecuencia de un proceso electoral amañado.

Lamentablemente, el régimen optó por la segunda opción. Asumió el camino del fraude, la violencia, irregularidad, manipulación, ventajismo, corrupción, trampa, extorsión, coacción y chantaje para torcer y desconocer la voluntad de nuestro pueblo.

Nadie duda que las elecciones en Venezuela no son libres, justas ni transparentes."[459]

Unidad-Democratica-no-reconoce-los-resultados-dados-por-el-CNE-20171016-0001.html.

459   Véase las reseñas: "El proceso electoral de ayer fue fraudulento," 16 de octubre de 2017, en http://www.unidadvene-zuela.org/noticias/7912=el-proceso-electoral-de-ayer-fue-fraudulento; y "La Unidad Democrática ante el proceso electoral fraudulento consumado el día de ayer (COMUNICADO)," *Lapatilla.com*, 16 de octubre de 2017, en https://www.lapatilla.com/site/2017/10/16/la-unidad-democratica-ante-el-proceso-electoral-fraudulento-consumado-el-dia-de-ayer-comunicado/.

La Asamblea Nacional, igualmente, en el Acuerdo en rechazo al proceso fraudulento de elecciones regionales celebradas el 15 de octubre de 2017," el 19 de octubre de 2017, declaró:

"como fraudulento el proceso de elecciones de Gobernadores llevado a cabo el 15 de octubre de 2017, así como las actuaciones del Consejo Nacional Electoral, en alianza con el gobierno nacional y el Tribunal Supremo de Justicia.: [460]

El resultado del proceso electoral, por tanto, por supuesto, no fue nada más que otra burla y una gran mentira, en este caso, producto de un mega-fraude electoral cometido por un Consejo Nacional Electoral[461] el cual controlado por el gobierno, en un proceso en el cual las "auditorías" estuvieron proscritas, se convirtió en la institución con mayor experticia en la manipulación de resultados electorales de América Latina, permitiendo, sin duda, la utilización de una base de datos de electores que sin votar, votan, debidamente distribuidos territorialmente a conveniencia.

Por ello, con razón, Mary Anastasia O'Grady, apreció que si en Venezuela "en un buen día la verdad tiene poco chance, mucho menos la tiene en un día llamado de elecciones," cuando "el fraude estaba en curso bien antes de que se pusiera el primer voto," siendo "el ejercicio del domingo una impostura [realizada] en dictadura respalda por Cuba." [462]

Pero nada de ello, en nuestro criterio justificaba que la oposición venezolana pudiera abandonar la lucha, resignada. Había necesidad de luchar, a pesar de que, como lo expresó la expresidenta de Costa Rica, Laura Chinchilla el 16 de octubre de 2017:

460　Véase en Prodavinci, 19 de octubre de 2017, en http://prodavinci.com/2017/10/19/actualidad/lea-el-acuerdo-de-la-an-en-el-que-declara-fraudulento-el-proceso-de-elecciones-regionales/.

461　Véase la reseña: "Oposición denuncia fraude en los comicios de Venezuela," 16 de octubre de 2017, en http://impacto-cna.com/oposicion-denuncia-fraude-en-los-comicios-de-venezuela/.

462　Véase Mary Anastasia O'Grady, "Venezuela's Latest Election Fraud," en *The Wall Street Journal*, New York, 16 de octubre de 2017, p. A17.

"Los resultados electorales son la crónica de un fraude anunciado. Indignan, pero no extrañan. Las dictaduras nunca pierden."[463]

Por ello también, el expresidente de Colombia Andrés Pastrana consideró que "Dictadura y Democracia son incompatibles,"[464] lo que recuerda con lo destacado anteriormente sobre lo que dijo el 10 de agosto de 2017 el ex-rector Francisco González Cruz al declinar la candidatura a la Gobernación del Estado Trujillo: "En dictadura no puedo ser ni candidato ni gobernador,"[465] y de lo que afirmó unos días antes Gustavo Tarre Briceño:

"Mientras esté gobernando Nicolás Maduro, no volverá a haber en Venezuela elecciones libres [...] El Gobierno no perderá más elecciones. Sencillamente no habrá más consultas populares o si las hay, serán igualmente fraudulentas."[466]

Y en todo caso, si las hay, y hay una Asamblea Constituyente funcionando, los electos al tener que someterse y subordinarse a la misma, no podrán ejercer sus cargos como efectivamente ocurrió en relación con los gobernadores electos de la oposición.

Todo ello es una parte más de la gran tragedia venezolana resultado de los 18 años de desgobierno totalitario que hemos tenido, que además, se ha sometido a los dictados de un gobierno extranjero: Cuba; pero que en ningún caso puede permitir que nos resignemos a sufrir impávidos la dictadura, razón por la cual nunca debe-

---

463   Véase en *El Nacional*, 16 de octubre de 2017.

464   Véase en http://www.caraotadigital.net/internacionales/pastrana-dijo-que-hubo-fraude-en-elecciones-de-gobernadores-foto/.

465   Véase Francisco González Cruz, "Mis razones," 10 de agosto de 2017, en *El Diario de Los Andes*, en http://www.diariodelosandes.com/index.php?r=site/columnas&id=2155.

466   Véase Gustavo Tarre Briceño, desde el exilio: "Las elecciones regionales," en *La Patilla*, 5 de agosto de 2017, en https://www.lapatilla.com/site/2017/08/05/gustavo-tarre-briceno-desde-el-exilio-las-elecciones-regionales/.

mos perder oportunidad de manifestar nuestro rechazo ante la misma, así sospechemos que no va a tener el resultado deseado.

7. El espectáculo del "circo" con consecuencias mortales para la democracia: la subordinación de los gobernadores de Estado electos el 15 de octubre de 2017 a la Asamblea Constituyente

Como se ha dicho, durante todo el proceso electoral para la elección de gobernadores desarrollado entre agosto y octubre de 2017, desde la fraudulenta Asamblea Nacional Constituyente y desde la presidencia de la República se formuló reiterada y públicamente la amenaza de que los gobernadores de Estado que pudieran resultar finalmente electos, para poder ejercer sus funciones, debían previamente "reconocer" a la Asamblea Constituyente como poder supremo y originario, o de lo contrario no podrían ejercer sus cargos.[467]

La orden quiso cumplirse de inmediato, de manera que al día siguiente de la realización de las elecciones, la Presidenta de la fraudulenta Asamblea Constituyente anunció que al siguiente día, 17 de octubre de 2017 sería el acto de juramentación ante la Asamblea Constituyente de todos los gobernadores de Estado electos,[468] sin lo cual, - se anunció - no podrían tomar posesión de sus cargos.

El espectáculo no se realizó el día anunciado, sino al siguiente 18 de octubre de 2017, quedando todo el "espectáculo" materializado en un "decreto" constituyente completamente inconstitucional

---

467 Véase la reseña, "Maduro: Gobernadores electos deberán subordinarse ante la ANC. El jefe de Estado amenazó con la destitución a los candidatos a las regionales," en El nacional, 7 de septiembre de 2017, en http://www.el-nacional.com/noticias/gobierno/maduro-gobernadores-electos-deberan-subordinarse-ante-anc_202572. Véase igualmente: la reseña de Elio Bolívar," ¡O no ejercerá! Maduro: Todo gobernador electo tiene que subordinarse a la ANC," *en www.noticiasvideos1*, 11 de octubre de 2017, en https://noticiasvideos1.com/no-ejercera-maduro-gobernador-electo-subordinarse-la-anc/.

468 Véase la reseña, "Este martes la ANC cubana juramentará a candidatos electos en regionales"," en *LaPlatilla.com*, 16 de octubre de 2017, en https://www.lapatilla.com/site/2017/10/16/este-martes-la-anc-cubana-juramentara-a-candidatos-electos-en-regionales//.

mediante el cual, por lo que se refiere a los gobernadores que se negaron a acudir a "subordinarse" ante la Asamblea Nacional, se desconoció la voluntad popular de los electores que en cada Estado los habían electo.

La Constitución de 1999, en efecto, establece sobre el régimen de los Estados, que es de la "competencia exclusiva" de los mismos "dictar su Constitución para organizar los poderes públicos, de conformidad con lo dispuesto en esta Constitución" (art. 164.1), estableciéndose en consecuencia en todas las Constituciones estadales que los gobernadores, una vez electos, para tomar posesión de sus cargos, deben juramentarse ante el respectivo Consejo Legislativo de los Estados.[469]

Todo ello fue pateado por la Asamblea Constituyente, la cual el 18 de octubre no sólo procedió a juramentar a los 18 gobernadores que habían sido proclamados electos de las filas de los candidatos del gobierno, sino que impuso que aquellos electos de candidatos de la oposición, no podrían ser juramentados ante los Consejos Legislativos de los Estados, y por tanto, a pesar del voto popular que los eligió, no podrían ejercer el mandato que el pueblo les había dado, salvo que se subordinaran y sometieran a la Asamblea Constituyente.

Todo ello apareció publicado en la *Gaceta Oficial* Nº 41259 del día 18 de octubre de 2017, la cual por supuesto solo fue conocida el 19 de octubre, en la cual, la Asamblea Nacional Constituyente resolvió que:

Primero: "se declaran juramentados ante esta soberana Asamblea Nacional Constituyente" los gobernadores de los siguientes 18 Estados Amazonas, Apure, Aragua, Barinas, Bolívar, Carabobo, Cojedes, Delta Amacuro, Falcón, Guárico, Lara, Miranda, Monagas, Portuguesa, Sucre, Trujillo, Vargas, y Yaracuy.

Segundo: "Se ordena a los Consejos Legislativos como voceros de la población del estado en cada uno de sus ámbitos político territoriales, proceder a la juramentación de cada gobernadora o gober-

---

469 Conforme a la orientación que se había establecido en la Ley de Elección y remoción de Gobernadores de Estado de 1989, en *Gaceta Oficial*, Nº 4086 Extra de 14 de abril de 1989 (art. 12).

nador electo antes de ocupar el cargo, de conformidad con la Constitución vigente de cada estado. En dichos actos estarán acompañados por las y los Constituyentes de cada estado.

Tercero: Se prohibió a los Consejos Legislativos "juramentar a aquellos gobernadores proclamados que no hayan prestado juramento previo ante esta Asamblea Nacional Constituyente."

Esto último implicó, en consecuencia que los gobernadores de Estado que fueron electos legítimamente en los Estados Anzoátegui, Nueva Esparta, Táchira, Mérida y Zulia y que no acudieron a subordinarse ante la Asamblea Constituyente y a "regalarle" la autonomía que les garantiza la Constitución (art. 159), no pudieron tomar posesión de sus cargos, constituyendo el acto "constituyente" de la Asamblea una usurpación y fraude a la voluntad del pueblo expresada en dichos Estados.

En todo caso, como en dichos Estados, a falta de Gobernador electo que pudiera ejercer sus funciones, el gobernador no electo popularmente que sería "aceptado" por la Asamblea Nacional Constituyente sería el que designasen los respectivos Consejos Legislativos de las entidades, que el gobierno controla, en la misma *Gaceta Oficial*, aparecieron publicadas sendas Resoluciones de la misma fecha, emitidas por el "Ministro del Poder Popular del Interior, de Justicia y Paz" quitándole a dichos Estados sus competencias exclusivas en materia de policía (art. 164.6, Constitución), a través del mecanismo de la "intervención" de los Cuerpos de Policía de los mismos, designando una Junta de Intervención para cada Cuerpo de Policía.

Así, en una misma *Gaceta Oficial*, la Asamblea Constituyente de un plumazo vació al pueblo de dichos Estados de su poder exclusivo para elegir gobernadores libremente; y el Poder Ejecutivo vació a los Estados de sus competencias exclusivas en materia de policía.

Antes, incluso, para minar el ejercicio de sus funciones a los gobernadores de oposición que hubieran podido llegar a tomar posesión de sus cargos, el Ejecutivo Nacional amenazó con nombrar funcionarios nacionales en los Estados que asumieran el control de todos los órganos periféricos de sus Administraciones, como fue el caso en el Estado Táchira, lo que llevó a la Conferencia Episcopal de Venezuela a denunciar que:

"La decisión de crear nuevas autoridades, quitando competencias a los gobernadores electos de aquellos Estados que no favorecieron electoralmente al oficialismo, son un claro desconocimiento y una burla a la voluntad popular en la cual reside la legitimidad de cualquier elección."[470]

En todo caso, la Asamblea Constituyente por supuesto no tenía competencia alguna para adoptar la decisión antes mencionada, ni para exigir la sumisión y subordinación de los Gobernadores de Estado ante ella, lo que atentó contra la autonomía de los Estados que garantiza la Constitución.

Sin embargo, para tratar de legitimar la inconstitucionalidad, en los considerandos del "acto constituyente" se hizo mención a lo siguiente:

Primero, que la Asamblea dictaba la decisión "en ejercicio de las facultades previstas en los artículos 347, 348 y 349 de la Constitución," que nada indican sobre la misma, y supuestamente basada en el "mandato otorgado el treinta de julio de dos mil diecisiete en elecciones democráticas, libres, universales, directas y secretas por el pueblo venezolano como depositario del poder originario;" cuando ese día el pueblo no otorgó mandato alguno a la Asamblea Constituyente, ni la elección de los constituyentes fue democrática, libre, universal, directa y secreta; y además, lo que supuestamente hizo fue elegir a unos constituyentes conforme a unas "bases comiciales" que el pueblo nunca aprobó mediante referendo.

Segundo, que supuestamente "todos los órganos del Poder Público se encuentran subordinados a la Asamblea Nacional Constituyente," lo que no es cierto, pues ello solo lo ha dicho y se lo ha

---

470 Véase "Comunicado de la Conferencia Episcopal Venezolana con motivo de las Elecciones regionales," 19 de octubre de 2017, en http://www.cev.org.ve/index.php/noticias/266-comunicado-de-la-conferencia-episcopal-venezolana-con-motivo-de-las-elecciones-regionales.

auto-atribuido la misma Asamblea Constituyente en el Estatuto de Funcionamiento que ella misma se aprobó, no siendo la misma, en forma alguna, como afirmó, "expresión del Poder Originario del Pueblo venezolano," el cual nunca se expresó mediante referendo sobre la misma.

Tercero, "que la Asamblea Nacional Constituyente se encuentra facultada para adoptar medidas sobre las competencias, funcionamiento y organización de los órganos del Poder Público," lo cual es falso pues los Poderes Constituidos solo están sometidos a la Constitución que es la que establece sus competencias y regula su funcionamiento y organización.

En verdad, el "circo" de sumisión de los Gobernadores de Estado ante la Asamblea Constituyente, se realizó, como la Asamblea lo expresó en los "Considerandos" del decreto, porque los "gobernadores" de los 18 Estados juramentados, acudieron sumisos ante la Asamblea a "manifestar su disposición *a subordinarse* a esta soberana Asamblea Nacional Constituyente,"

Con ello, de nuevo, la Asamblea no sólo usurpó la "soberanía" que solo la tiene el pueblo, sino que usurpó la voluntad popular al impedir que los gobernadores que no acudieron a "subordinarse" ante la "soberana" Asamblea pudieran ejercer el mandato que el pueblo les dio.[471]

Como lo resumió el 20 de octubre de 2017, el exalcalde Ramón Muchacho, en definitiva:

---

471 Por ello, por ejemplo, el portavoz del gobierno de los Estados Unidos Heather Nauert expresó el 19 de octubre de 2017, que: "Estados Unidos condena la última acción antidemocrática del gobierno venezolano: exigir que los gobernadores recién elegidos se sometan a la ilegítima Asamblea Constituyente para asumir el cargo. El uso de esta institución ilegítima y paralela para tomar el control de autoridades constitucionales del país es alarmante", indicó el Departamento de Estado en un comunicado." Véase en *Diario El Comercio*, 19 de octubre de 2017, en https://www.elcomercio.com/actualidad/estadosunidos-condena-nicolasmaduro-subordinaciongobernadores.html .

"el régimen no se robó 18 gobernaciones, se las robó todas! Unas por el fraude cometido antes de la elección (la mayoría). Otras por el fraude cometido antes y después de la votación (Bolívar). Y otras por la pretensión de que nuestros gobernadores electos se juramenten ante la "prostituyente" (Zulia, Mérida, Táchira, Anzoátegui y Nueva Esparta). Estos últimos casos son aún más graves que los del fraude electoral, porque se trata de gobernadores legítimamente electos por el pueblo soberano, cuyas victorias fueron reconocidas por el oficialismo y certificadas por el CNE."[472]

Frente a todo lo anterior, por lo pronto, y ante el rechazo de los gobernadores electos como candidatos de la oposición de subordinarse ante la Asamblea Constituyente, lo que correspondía era que la Asamblea Nacional hubiera procedido a juramentar a los Gobernadores electos, pues entre sus atribuciones tiene a su cargo, conforme a la Constitución la de *velar por los intereses y autonomía de los Estados*" (art. 187.16). Ante el masivo ataque a la autonomía de los Estados por parte de la Asamblea Constituyente y el Poder Ejecutivo, la Asamblea Nacional quizás debió entonces asumir esa responsabilidad, siendo esa la primera vez en la historia constitucional del país en la cual dicha competencia se hubiera ejercido.

Como lo analizó Froilán Barrios Nieves, Secretario General del Movimiento Laborista y Secretario Ejecutivo de la CTV:

"es partir de nuestra victoria más inmediata como lo fue la elección de la Asamblea Nacional el 6 de diciembre de-2015, que quien tiene según la todavía vigente CRBV en el artículo 187, numeral 16 la atribución de "Velar por los intereses y la autonomía de los Estados," debe ejercer la competencia para proclamar y juramentar los gobernadores, ante la omisión del poder electoral y los consejos legislativos por estar condicionados absolutamente a la dictadura. Se trata de que la Asamblea Nacional asuma por analogía una competencia a la que han renunciado por entreguistas los poderes ya mencionados, esta de-

---

472   Véase en *La Ceiba,* 20 de octubre de 2017.

cisión de la Asamblea Nacional es política, va más allá de lo jurídico. Esta decisión sería un desafío a la dictadura, que se hundiría más en el fango de sus barbaridades, ante el mundo entero y posibilitaría aún más la intervención de la comunidad internacional para restaurar la democracia."[473]

Pero no ocurrió así; la Asamblea no tomó decisión alguna de protección de la autonomía de los Estados, y el fraude posterior, aún más grave, se consumó el 23 de octubre de 2017, cuando los Gobernadores de los Estados Táchira, Mérida, Anzoátegui y Nueva Esparta, electos como candidatos de la oposición, sucumbieron ante las presiones, y procedieron a juramentarse y subordinarse ante la directiva de la fraudulenta Asamblea Nacional Constituyente,[474] pero para recibir como "premio" su relegamiento a no ser sino "monigotes" de unos nuevos funcionarios nombrados unas horas más tarde por el Presidente de la República, denominados "protectores" de los Estados, colocados por supuesto por encima de cada uno de esos Gobernadores que se subordinaron ante la Asamblea Constituyente.

No solo se trató de algo inédito en la historia del Estado y la Administración Pública, sino de una burla de tal naturaleza que los nombramientos recayeron, nada más ni nada menos, que en "los candidatos oficialistas que no resultaron ganadores durante las pasadas elecciones regionales," es decir, como lo reseño la prensa: "Francisco Árias Cárdenas pasa a ser el protector del estado Zulia; Jehyson Guzmán, de Mérida; Carlos Mata Figueroa, en Nueva Espar-

473 Véase en *biendateado.com*, 20 de octubre de 2017, http://bien-dateao.com/froilan-barrios-si-gobernadores-electos-se-subordinan-a-la-anc-entregaran-el-pais-a-la-dictadura/.

474 Véase la reseña "Gobernadores electos de AD se juramentaron ante la ANC," en *El Nacional*, 23 de octubre de 2017, en http://www.el-nacional.com/noticias/politica/gobernadores-electos-juramentaron-ante-anc_208966.

ta; y Aristóbulo Istúriz, de Anzoátegui," para – dijo el Presidente – "seguir atendiendo al pueblo y no dejarlo desamparado." [475]

Todo esto, además de significar la consolidación de un Gran Fraude, también se configuró como una Gran Burla tanto a la voluntad popular como a los Gobernadores que cayeron en la trampa de haber creído que con su subordinación ante la Asamblea Constituyente podrían haber sido "gobernadores" de verdad.

8. La nueva elección del Gobernador en el "Protectorado" del Zulia.

En el caso del Gobernador electo en el Estado Zulia, Sr. Juan Pablo Guanipa, luego de haber sido dicho Estado sometido a un "Protector" Nacional, el mismo se negó a someterse y a juramentarse ante la Asamblea Nacional Constituyente, pues siendo constitucionalmente los Estados autónomos, solo debía juramentarse ante el Consejo Legislativo del Estado.

La respuesta a ello fue la emisión por la Asamblea Nacional Constituyente el 26 de octubre de 2017, del "Decreto constituyente de convocatoria y programación" de una nueva elección de gobernador del Estado Zulia, fijándola para el mes de diciembre de 2017,[476] motivado, entre otros, por la mentira repetida una y otra vez de que :

"todos los órganos del Poder Público se encuentran subordinados a la Asamblea Nacional Constituyente, como expresión del Poder Originario y fundacional del Pueblo venezolano, en los términos establecidos en las Normas para Garantizar el Pleno Funcionamiento Institucional de la Asamblea Nacional

---

475 Véase la reseña "Maduro designó protectores en gobernaciones de oposición. Los candidatos del Psuv serán protectores de Zulia, Mérida, Nueva Esparta y Anzoátegui, entidades gobernadas por representantes de la Mesa de la Unidad Democrática," en *Primicia,* 23 de octubre de 2017, en http://www.primicia.com.ve/maduro-designo-protectores-en-gobernaciones-de-oposicion/.

476 Véase en *Gaceta Oficial* N° 41265 de 26 de octubre de 2017.

Constituyente en Armonía con los Poderes Públicos Constitui-dos,"

Con base en ello, la Asamblea constató que el Gobernador elec-to en el Estado, el Sr. Guanipa, no había comparecido ante la misma "a la toma de posesión de su cargo," y que más bien:

"de manera pública, notoria y comunicacional ha manifesta-do su negativa a cumplir con lo dispuesto en el artículo Segun-do del Decreto Constituyente y del Acto Constituyente, relativo a la juramentación de las gobernadoras proclamadas y goberna-dores proclamados, publicados en *Gaceta Oficial* de la Re-pública Bolivariana de Venezuela Nros. 41.259, de fecha 18 de octubre de 2017 y 41.262 de fecha, respectivamente."

Así, considerando que el Gobernador electo había incurrido en "incumplimiento contumaz de su obligación de prestar juramento ante la Asamblea Nacional Constituyente," y de que por ello el Consejo Legislativo del Estado Zulia había declarado "la falta abso-luta del gobernador electo antes de tomar posesión del cargo," re-solvió "convocar a un nuevo proceso electoral" para el mes de di-ciembre, para elegir el gobernador de esa entidad federal.

La elección se efectuó simultáneamente con la elección de Al-caldes que la propia Asamblea convocó de seguidas, acudiendo en-tonces el nuevo gobernador electo a someterse sumiso ante la Asamblea nacional Constituyente; a cuyo efecto dictó el corres-pondiente "Decreto Constituyente" mediante el cual se Juramenta el Gobernador Proclamado del estado Zulia. [477]

9. *La inconstitucional elección de Alcaldes y su sujeción a la Asamblea Nacional Constituyente en desprecio a la autono-mía municipal que garantiza la Constitución*

El mismo día 26 de octubre de 2017, dado que las elecciones de las autoridades locales en los Municipios del país también habían sido pospuestas inconstitucionalmente por el Consejo Nacional

---

477 Véase en *Gaceta Oficial* N° 41300 de 14 de diciembre de 2017.

Electoral, la Asamblea Nacional Constituyente emitió, sin competencia alguna para ello, un "Decreto Constituyente de convocatoria y programación de las elecciones de Alcaldesas y Alcaldes, para el mes de diciembre del año 2017,"[478] porque supuestamente "todos los órganos del Poder Público se encuentran subordinados a la Asamblea Nacional Constituyente." Para ello, la Asamblea indicó que en las elecciones para Gobernadores que había convocado supuestamente se había evidenciado una "concurrencia masiva," de electores "superando los niveles históricos de participación en procesos electorales," lo cual evidentemente era falso.

Las elecciones de alcaldes entonces la fijó sumisamente el Consejo Nacional Electoral para el día 10 de diciembre de 2017, habiéndose celebrado igualmente con una mínima participación, y una oposición dividida pues es esta ocasión, formalmente varios partidos abogaron por la abstención.

Todos los alcaldes electos, pasaron por el "circo" constituyente y se sometieron a la Asamblea Constituyente violando la Constitución que al contrario garantiza la autonomía municipal (la cual conceptualmente implica su no sujeción a ningún otro órgano del Estado), a cuyo efecto la Asamblea dictó un "Decreto Constituyente" mediante el cual se delegó la Juramentación de las Alcaldes Proclamados de 14 de diciembre de 2017 , disponiendo que "el acto de juramentación de las alcaldesas y alcaldes proclamados deberá celebrarse de forma conjunta en cada Estado ante las y los constituyentes delegados a tales efectos por la Junta Directiva en representación de la Asamblea Nacional Constituyente" (art. 1).[479]

Y así ocurrió, de manera que todos los Alcaldes se juramentaron como lo dispuso la Asamblea Constituyente, reconociendo su sujeción a la misma.

---

478   Véase en *Gaceta Oficial* N° 41265 de 26 de octubre de 2017.

479   Véase en *Gaceta Oficial* N° 41.300 de 14 de diciembre de 2017.

10. *La cuestionada convocatoria anticipada por la Asamblea Nacional Constituyente, para el primer cuatrimestre de 2018, de la elección presidencial para el período constitucional 2019-2025*

La Asamblea Nacional Constituyente, en forma totalmente inconstitucional, con fecha 23 de enero de 2018, adoptó el *Decreto Constituyente de Acciones en Defensa de la Paz, la Democracia, la Soberanía e Independencia de la República Bolivariana de Venezuela*[480] mediante el cual decidió "convocar para el primer cuatrimestre del 2018 el proceso electoral para la escogencia de la presidencia de la República Bolivariana de Venezuela" (Art. 1).

Se trató de una convocatoria totalmente descabellada y violatoria de la Constitución, pues Nicolás Maduro, quien fue electo conforme a lo previsto en el artículo 233 de la Constitución, en elecciones realizadas luego del fallecimiento del Presidente Chávez, en abril de 2013 para completar el período constitucional de seis años que se inició el 10 de enero de 2013, conforme al artículo 231 de la Constitución concluye su período constitucional el 10 de enero de 2019, oportunidad en la cual debe entonces tomar posesión del cargo quien resulte electo en la elección presidencial correspondiente.

Por ello es que la elección presidencial históricamente se convoca para el mes de diciembre del año inmediatamente anterior a la toma de posesión del nuevo presidente a ser electo, de manera que entre la elección y toma de posesión haya un lapso razonable, pero en todo caso breve, para preparar la transición.

La convocatoria que se hizo por la Asamblea Nacional Constituyente, implicará que cualquiera que sea el resultado de la elección convocada, Nicolás Maduro permanecería en el ejercicio de su cargo hasta el 10 de enero de 2019, y entonces tomaría posesión del cargo para el nuevo período presidencial 2019-2025, o él mismo o el candidato que pudiere haber sido electo. En este último supuesto, por consiguiente, cohabitarían por casi un año, un presidente en funciones y un presidente electo, lo que no tiene sentido político alguno.

---

480   Véase *Gaceta Oficial* N° 41.327 de 24 de enero de 2018; y *Gaceta Oficial* N° 6361 Extra. de 23 de enero de 2018.

El Decreto, por otra parte no tiene motivación racional alguna para justificar ese adelanto en la elección presidencial de casi un año, con la posibilidad de crear la situación descrita, lo que resulta de los propios considerandos del Decreto. En ellos, como se afirma con cierto cinismo, supuestamente "invocando el espíritu democrático y libertario de la unión cívico-militar que hace sesenta (60) años se alzó contra una sangrienta dictadura," se afirma que se convocó a la elección presidencial, entre otros, *primero*, porque "los Estados Unidos de América y la Unión Europea han impuesto ilegítimas e ilícitas sanciones coercitivas y unilaterales," a funcionarios del régimen por violación de derechos humanos, lo que nada tiene que ver con que se adelante o no la elección presidencial; y *segundo*, porque "la oposición venezolana se retiró de la mesa de diálogo alegando escusas fútiles," lo que sin embargo nada contribuye a explicar que en supuesta "retaliación" entonces se haya adelantado la elección presidencial.

Ninguna de esas dos "motivaciones" justifica una decisión política como la convocatoria anticipada de una elección presidencial tal y como la ha hecho la inconstitucional y fraudulenta Asamblea Nacional Constituyente.

Por ello, entre otras manifestaciones de rechazo al inconstitucional adelanto de la elección presidencial, se destaca la que han hecho los cancilleres de Argentina, Brasil, Canadá, Chile, Colombia, Costa Rica, Guatemala, Guyana, Honduras, México, Panamá, Paraguay, Perú y Santa Lucía, miembros del grupo de Lima reunidos el mismo día 23 de enero de 2018 en Santiago de Chile, considerando que la decisión "imposibilita la realización de elecciones presidenciales democráticas, transparentes y creíbles, conforme a estándares internacionales y contradice los principios democráticos y de buena fe para el diálogo entre el gobierno y la oposición," exigiendo al contrario que "las elecciones presidenciales sean convocadas con una adecuada anticipación, con la participación de todos los actores políticos venezolanos y con todas las garantías que corresponda, incluida la participación de observadores internacionales independientes."

Los Cancilleres, sin dejar de destacar "los actos de violencia, con la consecuente pérdida de vidas humanas," que se han producido en el país, demandando específicamente "una investigación imparcial sobre las presuntas ejecuciones extrajudiciales," ocurridas recientemente, concluyeron expresando, con razón, que "unas elecciones que no cumplan estas condiciones carecerán de legitimidad y credibilidad."

Los cancilleres, además, reiteraron su "pleno respaldo a la Asamblea Nacional, democráticamente electa," exigiendo "que se le restituyan los poderes que legítimamente le corresponden, como paso indispensable para el retorno de la democracia en ese país,' reafirmando adicionalmente sobre "la carencia de legitimidad y legalidad de los actos emanados de la asamblea nacional constituyente y condenamos las medidas que ha adoptado y que han resultado en la profundización del conflicto social y en el menoscabo de las libertades en Venezuela."[481]

Por su parte, el Secretario General de la Organización de Estados Americanos, Luis Almagro declaró que saludaba:

"la declaración del Grupo de Lima ante la nueva farsa electoral anunciada por el régimen de Venezuela. Para salir de la crisis, hay que hacer elecciones libres, sin proscritos y con sistema electoral creíble."[482]

Por otra parte, el Departamento de Estado de los Estados Unidos expresó:

"Esta votación no va a ser ni libre ni justa. Solo profundizará, y no servirá para ayudar, las tensiones nacionales. No reflejará la voluntad del pueblo venezolana, y será vista como antidemocrática e ilegítima por la comunidad internacional [...]

---

481 Véase la información en *NTN24*, 23 de enero de 2018, en http://www.ntn24america.com/noticia/grupo-de-lima-rechaza-adelanto-de-elecciones-en-venezuela-por-considerar-que-no-seran-transparentes-163435.

482 Véase la información en *El Nacional*, 24 de enero de 2018, en http://www.el-nacional.com/noticias/politica/almagro-respaldo-decision-del-grupo-lima-sobre-elecciones-presidenciales_220117.

Un proceso electoral libre, justo y transparente abierto a la credibilidad internacional es esencial para la restauración del orden constitucional democrático en Venezuela."[483]

Más directo fue lo expresado por la Embajadora de los Estados Unidos ante la ONU, Nikky Haley, quien indicó:

"Al convocar a elecciones presidenciales repentinas, el dictador Maduro y su fraudulenta Asamblea Constituyente le están mostrando al mundo que nunca tuvieron la intención de permitir que se escuche la voz del pueblo de Venezuela. Maduro sigue haciendo caso omiso del bienestar del pueblo venezolano y les arrebata su democracia. Nos hacemos eco del rechazo del Grupo Lima al voto anticipado y pedimos un proceso libre, justo y transparente que restablezca la democracia constitucional en Venezuela. Estados Unidos no se quedará de brazos cruzados mientras el pueblo de Venezuela continúe siendo víctima del régimen de Maduro."[484]

En cuanto al gobierno de algunos países, la reacción fue más enfática, al punto de que Mauricio Macri, Presidente de Argentina, dijo que ese país '"no va a reconocer" las próximas elecciones presidenciales en Venezuela."[485]

---

483   Véase lo expresado por Heather Nauer, Vocera del departamento de Estado: "Venezuela's Snap Presidential Elections," 24 de enero de 2018, en https://www.state.gov/r/pa/prs/ps/2018/01/277649.htm. Véase igualmente la reseña: "Estados Unidos no reconocerá el resultado de las elecciones presidenciales venezolanas: "Serán ilegítimas," en *Infobae*, 26 de enero de 2018, en https://www.infobae.com/america/venezuela/2018/01/26/estados-unidos-no-reconocera-el-resultado-de-las-elecciones-presidenciales-venezolanas-seran-ilegitimas/.

484   Véase el texto en *US Department of State*, 25 de enero de 2018, en https://translations.state.gov/2018/01/25/comunicado-de-prensa-embajadora-haley-sobre-el-cronograma-de-las-elecciones-presidenciales-venezolanas/.

485   Véase la reseña en *La Nación*, 27 de enero de 2018, en http://www.lanacion.com.ar/2104367-mauricio-macri-dijo-que-argentina-no-va-a-reconocer-las-proximas-elecciones-presidenciales-en-venezuela.

En fin, la reacción general ha sido, como lo dijo el Presidente Emmanuel Macron de Francia, que "tenemos que exigir una elección libre y transparente en la que los venezolanos puedan expresarse y construir su futuro;" [486] pero lamentablemente, es bien sabido que en el país no hay condiciones para que puedan haber tales elecciones libres y transparentes; y al contrario, lo que hay son todas las condiciones para que el gobierna controle las elecciones a su gusto.

Ante esta situación, en enero de 2018, ante la convocatoria a la elección presidencial anticipada, el dilema entre votar o no votar que se planteó a los venezolanos en octubre de 2017 con ocasión de la convocatoria a las elecciones de gobernadores, volvió a surgir. La decisión de no participar en un proceso electoral que de antemano se sabe que va a estar viciado, sin duda, es la que tendría más lógica política si se hiciese acompañada de un boicot activo al desarrollo del proceso; pero también la podría tener la decisión de participar en la misma con el objetivo de evidenciar y desenmascarar aún más el fraude, con todas las consecuencias que ello pueda tener en el ámbito interno y externo.

Como lo apreció José Ignacio Hernández, después de analizar las opciones:

"la participación en las elecciones debe ser valorada no en función de la probabilidad de que se admita la libre expresión ciudadana, sino en función de la probabilidad de que esas elecciones, y el fraude que las rodea, puedan propiciar un cambio político y constitucional. Bajo esta perspectiva, participar en las elecciones presidenciales podría ser una condición necesaria –

---

486 Véase la reseña "Presidente Macron pide a la Unión Europea "ir más allá" con las sanciones a Venezuela," en *Efecto Cocuyo*, 26 de enero de 2018, en http://efectococuyo.com/principales/presidente-macron-pide-a-la-union-europea-ir-mas-alla-con-las-sanciones-a-venezuela.

pero no suficiente– para promover un cambio constitucional y político en Venezuela."[487]

Sin embargo, el punto esencial, en cualquier caso, es que esa decisión solo puede ser adoptada por el liderazgo político del país representado en los partidos y grupos políticos de la oposición, que renovados tendrían que adoptarla en forma pactada y unitaria. En ningún caso podría ser una decisión que deje posiciones divergentes. Para eso es el liderazgo y los partidos, para pactar, para agruparse con imaginación ante el peligro inminente de desaparición de cualquier vestigio democrático que aun pueda quedar.

Como lo destacó la Conferencia Episcopal Venezolana en Comunicado de 29 de enero de 2018:

"La dirigencia política debe asumir responsablemente la difícil y real situación: la comunidad internacional ha declarado abiertamente su convicción de que la actuación del gobierno es inaceptable. La dirigencia de los partidos políticos ha sido en muchas circunstancias deficiente e incoherente. Deben abrirse a buscar un consenso con los diferentes sectores de la sociedad, pues una condición imprescindible es el reconocerse y lograr una unidad política que va mucho más allá de las alianzas electorales."[488]

Y la decisión unitaria tiene que adoptarse teniendo siempre en cuenta que una de las variables impuestas por la usurpación constituyente, que es que la Asamblea Nacional Constituyente se auto-fijó un plazo de funcionamiento hasta agosto de 2019 (el cual podría

---

487   Véase José Ignacio Hernández, "Sobre las elecciones presidenciales ordenadas por la "ANC", en *Prodavinci*, 23 de enero de 2018, en http://prodavinci.com/sobre-las-elecciones-presidenciales-ordenadas-por-la-anc/.

488   Véase "Comunicado de la Presidencia de la CEV ante la convocatoria a las elecciones presidenciales adelantadas," 29 de enero de 2017, en http://www.cev.org.ve/index.php/noticias/276-comunicado-de-la-presidencia-de-la-cev-ante-la-convocatoria-a-las-elecciones-presidenciales-adelantadas

prorrogar *ad libitum*), lo que implica que un Presidente que se elija en 2018, para tomar posesión del cargo, deberá juramentarse ante la misma, reconocer su supremacía y someterse a sus designios.

Y ello, sin olvidar que en el ínterin, la Asamblea Constituyente podría simplemente cambiar la estructura del Estado, desdibujar la separación de poderes, eliminar la figura de un Presidente como Jefe del Ejecutivo electo en forma directa por el pueblo y consolidar un gobierno de Asamblea, con un Presidente que supuestamente sea electo por las organizaciones del Poder Popular, designado en forma indirecta por los agregados de los Consejos Comunales. De todo lo cual, la elección presidencial convocada, solo sería una burla más al país, que es lo más probable, como en definitiva y lamentablemente, fue la elección parlamentaria de 2015.[489]

11. *APÉNDICE: Dos apreciaciones importantes sobre la convocatoria de la elección presidencial anticipada en enero de 2018*

La convocatoria de la Asamblea Nacional Constituyente para la elección presidencial en enero de 2018, dio lugar a muchos análisis, y entre ellos, los dos que siguen que vinieron de la academia, uno del Grupo de Profesores de Derecho Público, y otro de José Ignacio Hernández:

A. *Comunicado de los Profesores de Derecho Público de las Escuelas de Derecho de las Facultades de Ciencias Jurídicas y Políticas de diversas universidades del país*

"Ante el decreto constituyente sobre la convocatoria de elecciones presidenciales en el primer cuatrimestre del año 2018, publica-

---

489 Por ello, el 9 de enero de 2017 expresé mi opinión en un Tweet con el siguiente texto: "No hay que hacerse ilusiones y menos hacer que el pueblo se las haga. En Venezuela no podrá haber elecciones libres mientras exista una Asamblea Nacional Constituyente que se ha auto-atribuido poderes supra constitucionales y absolutos, usurpándoselos al pueblo, y que exige que los electos se rindan ante ella." Véase en: Twitter: @arbrewercarias.

do en la *Gaceta Oficial* N° 6.361 Extraordinario, de fecha 23 de enero de 2018, emanado de la ilegítima e inconstitucional Asamblea Nacional Constituyente, quienes suscribimos, profesores de Derecho Público de las Escuelas de Derecho de las Facultades de Ciencias Jurídicas y Políticas de diversas universidades del país, expresamos:

La democracia comprende todos los elementos esenciales y componentes fundamentales contenidos en la Carta Democrática Interamericana. Las elecciones son un requisito necesario, pero no suficiente para definir una democracia. Las elecciones en todo caso deben convocarse y llevarse a cabo en respeto a los estándares universales de libertad, transparencia, igualdad e imparcialidad.

La libertad y el respeto de los derechos fundamentales son una condición de los sistemas democráticos; en lo electoral son garantías mínimas: el ejercicio libre del voto, que permita a los electores expresar su preferencia, sin manipulaciones, ni condicionamientos; el derecho a la asociación con fines políticos, la libertad de postularse como elegibles y la autonomía e independencia de los órganos del Poder Electoral, condiciones consagradas en nuestra Constitución vigente en los artículos 63, 67 y 294 y en instrumentos internacionales.

La inviolabilidad de esas disposiciones es un imperativo para el desarrollo de los procesos electorales, que no pueden ser usados fraudulentamente para distorsionar la voluntad del electorado.

Esas garantías no existen hoy en Venezuela, por la inconstitucional conformación del Consejo Nacional Electoral, las irregularidades en el Registro Nacional Electoral, la arbitraria inhabilitación de líderes políticos, su persecución y hasta encarcelamiento de algunos, la invalidación de las asociaciones con fines políticos, la ausencia de cronograma electoral, la negativa a la observación internacional objetiva e independiente, además de las irregularidades y ventajismos de los que se sirve el oficialismo durante la campaña electoral.

El Decreto de la írrita Asamblea Nacional Constituyente, además de los vicios que afectan a todos los actos de ese cuerpo convocado, elegido y operando en clara violación de la Constitución vigente, adolece del vicio de extralimitación de funciones, porque incluso si estuviera válidamente constituida y pudiera considerarse una legítima expresión del poder constituyente del pueblo, sus funciones estarían circunscritas a la redacción de un nuevo texto constitucional, como lo dispone el artículo 347 de la Constitución, careciendo de atribuciones para decretar la oportunidad en que deban celebrarse los procesos electorales.

La convocatoria para las elecciones presidenciales debe hacerse durante el 2018, en virtud de la culminación del período presidencial en curso.

La elección para un cambio de Presidente es un clamor de los venezolanos, debido a la grave crisis humanitaria, económica y política, generada por las erradas políticas del actual gobierno. Sin embargo, para la realización del proceso electoral es necesario previamente el restablecimiento de las garantías electorales y la separación de poderes.

La reivindicación de esas garantías electorales ha sido una de las exigencias que la oposición le ha presentado al régimen durante el proceso de diálogo que se adelanta desde finales del 2017, con la asistencia de representantes de la comunidad internacional.

El desconocimiento y violación de todos los derechos ciudadanos ha sido una constante del régimen, evidenciada una vez más en el decreto publicado en la Gaceta Oficial del 23 de enero de 2018, con el cual se pretende impedir que se generen las condiciones necesarias para el ejercicio libre del voto, atentando una vez más contra la soberanía del pueblo venezolano, en violación de los derechos políticos consagrados expresamente en la Constitución vigente y considerados internacionalmente como derechos humanos fundamentales.

Ese decreto es un nuevo acto de fuerza, de un régimen opresor, un desconocimiento de los principios más elementales del Estado de Derecho que debemos reivindicar.

Como expresión de la sociedad civil exigimos al gobierno seriedad, responsabilidad y respeto a la Constitución vigente.

Hacemos nuestro el rechazo expresado por la comunidad internacional a ese inconstitucional decreto, que se publica estando en curso un proceso de diálogo, que debía servir de espacio de entendimiento para alcanzar consensos que permitieran adelantar acciones para superar la grave crisis humanitaria, económica y política que atraviesa el país.

La decisión de adelantar el proceso de las elecciones presidenciales, sin que estén dadas las garantías mínimas de respeto de la voluntad del electorado, lejos de contribuir a la búsqueda de una solución, agrava la situación y evidencia las pretensiones del gobierno de permanecer en el poder en contra de la voluntad del pueblo.

Rechazamos la imposición de un proceso electoral sin las debidas garantías, el atropello de los derechos políticos de los venezolanos y de sus aspiraciones de elegir un gobierno democrático, que atienda las necesidades de la población y desarrolle políticas en favor del bienestar de los venezolanos."

26 de enero de 2018

Alvarado Andrade, Jesús María, Profesor UCV; *Angrisano silva, Humberto J.,* Profesor UCV-UMA; *Araujo García, Ana Elvira*, Profesora UCV, LUZ; *Ayala Corao, Carlos*, Profesor UCAB, Individuo de número de la Academia de Ciencias Políticas y Sociales; *Blanco-Uribe Quintero, Alberto*, Profesor UCV; *Brewer Carías, Allan R.*, Profesor emérito UCV, Individuo de número de la Academia de Ciencias Políticas y Sociales; *Canova, Gonzalez, Antonio*, Profesor UCAB; *Chavero, Rafael*, Profesor UCAB-UCV; *Correa Martín, María Alejandra*, Profesora UCV- UMA; *Díaz Blanco, Rafael*, Profesor URU; *García Soto, Carlos*, Profesor UCV-UMA; *Grau, Gustavo*, Profesor UCAB-UCV; *Haro, José Vicente*, Profesor UCV; *Hernandez, José Ignacio*, Profesor UCAB-UCV; *Kiriakidis, Jorge*, Profesor de la UCAB, UMA; *Korody, Juan*, Profesor UMA; *Linares Benzo, Gustavo*, Profesor UCV; *Louza, Laura*, Profesora UCV; *Monaco, Miguel*. Profesor UCAB; *Martínez. Alfredo*, Profesor Unimet; *Nikken, Claudia*, Profesora UCV; *Orlando S. Freddy J.*, Profesor UCV, UCAB; *Pérez Perdomo, Rogelio*, Profesor UCV, UNIMET; *Pérez Salazar, Gonzalo*, Profesor UMA; *Pesci Feltri, Flavia*, Profesora UCV; *Raffalli, Juan Manuel*, Profesor UCAB, UMA; *Rodríguez, Armando*, Profesor UCV; *Sánchez Falcón, Enrique*, Profesor UCAB-UCV; *Santacruz, Andrea*, Profesora UNIMET; *Silva Aranguren, Antonio*, Profesor UCV; *Sosa, Cecilia*, Profesora UCAB, Individuo de número de la Academia de Ciencias

Políticas y Sociales; *Toro, María Elena*, Profesora UMA; *Tarre Briceño, Gustavo*, Profesor UCV- UCAB; *Urdaneta, Gustavo*, Profesor UCV; *Urosa, Daniela*, Profesora UCAB.

B. *La ilegítima convocatoria a "elecciones presidenciales" por la Asamblea Nacional Constituyente, por José Ignacio Hernández G. (Enero 27, 2018)*

I. En la Gaceta Oficial N° 6.361 extraordinario de 23 de enero 2018 fue publicado el Decreto *"sobre la convocatoria de las Elecciones para la Presidencia de la República Bolivariana de Venezuela"* dictado por la ilegítima y fraudulenta Asamblea Nacional Constituyente (ANC). Con ese Decreto, puede concluirse que la ANC eliminó todo vestigio de integridad electoral en Venezuela, en clara violación a la Constitución y a los Tratados Internacionales dictados en la materia.

En efecto, como es sabido, la convocatoria y elecciones de la ANC violaron la Constitución al suponer una directa usurpación de la soberanía popular[*]. Pero luego de su instalación, en agosto de 2018, la ilegítima ANC decidió asumir todos los poderes del Estado y derogar, *de facto,* a la Constitución, cuya vigencia quedó así supeditada a las propias decisiones de la ANC. Desde entonces, tal ilegítima asamblea ha venido dictado decisiones que usurpan las atribuciones de los Poderes Públicos definidas en la Constitución[**].

II. Dentro de las ilegítimas decisiones adoptadas por la ANC encontramos aquellas dictadas en materia electoral. No solo la ilegitimidad de origen de la ANC le impide dictar decisiones válidas; además, en modo alguno esa asamblea puede usurpar las atribuciones asignadas al Poder Electoral. Pero obviando ello, la ANC ha dictado decisiones en materia electoral, en concreto, al pronunciarse

---

[*]   Sobre ello, véanse los trabajos contenidos en *Estudios sobre la Asamblea Nacional Constituyente y su inconstitucional convocatoria en 2017,* Editorial Temis-Editorial Jurídica Venezolana, Bogotá, 2017.

[**]   Brewer-Carías, Allan, "La gran mentira: la asamblea nacional constituyente no es seoberana, ni es depositaria del poder constituyente originario ni es reconocida globalmente", agosto de 2017.

sobre la convocatoria a elecciones, al exigir la juramentación de los funcionarios electos popularmente y al modificar sobrevenidamente las condiciones aplicables a los partidos políticos*.

Como extensión de esta usurpación de funciones del Poder Electoral, en el Decreto señalado, la ANC decidió convocar elecciones presidenciales para el primer cuatrimestre del año 2018. Aun cuando esa decisión debe ser concretada por el Consejo Nacional Electoral (CNE), lo cierto es que ese Decreto debe reputarse ineficaz, no solo por derivar de una asamblea ilegítima sino en especial, por ser resultado de la usurpación de funciones privativas del Poder Electoral.

Al respecto, cabe señalar en sentido muy estricto, no podemos hablar del "adelanto" de las elecciones presidenciales, pues ninguna norma de nuestro ordenamiento jurídico precisa cuándo deben convocarse las elecciones presidenciales. La única fecha que está definida es el 10 de enero de 2019, día en el cual comenzará un nuevo período presidencial (artículo 231 constitucional). Luego, las elecciones deberán realizarse en cualquier momento *antes* de esa fecha.

Sin embargo, los principios de seguridad jurídica y transparencia aconsejan que la convocatoria a elecciones se realice con suficiente antelación a los fines de poder definir adecuadamente sus reglas, que de acuerdo con el artículo 298 de la Constitución, no pueden ser modificadas al menos seis meses antes de la elección.

Junto a ello, debe recordarse que la ANC carece de competencias para convocar a elecciones y para intervenir en el sistema electoral. Primero, pues la ANC es un órgano ilegítimo y fraudulento que, en tal virtud, no puede asumir ninguna función pública. Segundo, pues la convocatoria a elecciones es una competencia exclusiva del Poder Electoral (artículo 293 de la Constitución), aun cuando, en realidad, será el CNE quien formalmente convoque y organice las elecciones presidenciales.

---

* Sobre uno de los episodios mencionados, vid. Brewer-Carías, Allan, "Un circo con consecuencias mortales para la democracia: la inconstitucional subordinación de los Gobernadores de Estado electos el 15 de octubre de 2017 a la asamblea constituyente", octubre de 2017.

Con lo cual, con esta decisión, la ANC intervino ilegítimamente en el sistema electoral y propició la fijación de las elecciones presidenciales en violación a los principios de transparencia y seguridad jurídica. Para ello, nuevamente, trató de justificarse invocando su carácter "originario", lo que no es más que una burda distorsión de la Constitución*. Además, en el citado Decreto, cuestiona abiertamente a toda la oposición democrática venezolana, lo que permite comprobar que, para la ANC, no se trata de elecciones competitivas, sino de un simulacro de proceso comicial que solo pretende preservar el poder del Gobierno.

III. La decisión de la ANC de convocar a elecciones presidenciales se adoptó, además, en un contexto en el cual no existen en Venezuela condiciones de integridad electoral.

El concepto de integridad electoral ha venido siendo estudiado recientemente a los fines de describir las condiciones mínimas que debe respetar toda elección a los fines de garantizar la libre expresión de los electores y por ende, la solución pacífica y electoral de crisis políticas. A tal fin, se considera que las condiciones electorales abarcan a todo el sistema, así como a las fases previas, concomitantes y posteriores de la elección**.

Tomando en cuenta los estándares generalmente empleados para medir la integridad electoral, podemos concluir que en Venezuela no existen condiciones de integridad electoral que permitan la realización de elecciones libres y transparentes. Basta con referir, por los momentos, a los principales indicios que soportan esta conclusión.

---

* En efecto, el llamado poder constituyente originario reside en el pueblo y es intransferible –artículos 5 y 347 de la Constitución. Una legítima asamblea nacional constituyente solo es representante de tal poder constituyente que únicamente puede ejercerse para dictar una nueva Constitución. Por ello, además de su ilegitimidad de origen, la ANC ha actuado con ilegitimidad al usurpar la soberanía popular.

** Norris, Pippa, *Why elections fails,* Cambridge University Press, Cambridge, 2015, pp. 3 y ss.

Así, el CNE no es una instancia imparcial pues todos sus integrantes fueron fraudulentamente designados por la Sala Constitucional. Además, en su actuación, el CNE ha demostrado una clara parcialización a favor del Gobierno: los retrasos en el referendo revocatorio presidencial no guardan relación con la eficiencia mostrada en la organización de la ilegítima elección de la ANC[*].

Luego, el registro electoral no es transparente, en parte, por la propia corrupción electoral presente en el CNE. Basta con recordar el reciente episodio del cambio arbitrario de centros de votación para comprobar cómo el registro electoral no es una base de datos cierta y confiable[**].

Tampoco hay libre participación política. A la lista de líderes políticos inhabilitados o encarcelados, debe ahora agregársele la ilegítima decisión de la ANC de obligar a los partidos políticos que decidieron no participar en las elecciones municipales a renovar su nómina de militantes[***]. Al fijar las elecciones para abril, además, la ANC obstaculizó que esos partidos puedan cumplir, a tiempo, con el nuevo trámite de renovación de nómina de militantes. Incluso, luego del ilegítimo Decreto de la ANC, la Sala Constitucional decidió –arbitrariamente- que la organización política "Mesa de la Unidad Democrática" (MUD) no podía participar en el procedimiento de renovación de nómina, al ponerse en duda su legalidad[****].

---

[*] Sobre el caso del referendo presidencial, véase nuestro trabajo *El referendo revocatorio presidencial en Venezuela y el abuso del poder*, Iniciativa Democrática de España y las Américas (IDEA), Editorial Jurídica Venezolana International, Miami, 2017.

[**] *El Nacional*, 13 de octubre de 2017: http://www.el-nacional.com/noticias/politica/lista-oficial-los-centros-votacion-reubicados-por-cne_207434.

[***] Hernández G., José Ignacio, "¿Qué decidió la ANC en relación con los partidos políticos?", *Prodavinci*, diciembre de 2017.

[****] Sentencia de 25 de enero de 2018. Allí la Sala Constitucional, de oficio, anuló la decisión del CNE de exigir a la MUD la renovación de la nómina de militantes, al considerar que esa organización política, al ser resultado de una agrupación de organizaciones, violaba el principio de prohibición de doble militancia. Todo ello lo decidió la Sala de oficio, y sin permitir siquiera el derecho a la defensa de la MUD.

Asimismo, no hay mecanismos transparentes de revisión. Por el contrario, el Tribunal Supremo de Justicia ha demostrado, con sus decisiones, una clara parcialidad a favor del Gobierno. El mejor ejemplo sigue siendo la decisión de la Sala Electoral de "suspender" a los diputados de Amazonas, en un juicio que más de dos años después no ha concluido[*].

Pero actualmente, el elemento más determinante es la ANC, que ha demostrado su disposición de intervenir ilegítimamente en las elecciones, incluso, para desconocer resultados electorales, como sucedió con el Gobernador electo del estado Zulia, Juan Pablo Guanipa[**].

IV. La decisión de la ANC de convocar elecciones presidenciales para abril de 2018, por ello, demuestra que en Venezuela no existen condiciones de integridad electoral y que, en especial, mientras la ANC siga existiendo, no será posible realizar elecciones libres y transparentes en Venezuela, no solo de acuerdo con lo previsto en la Constitución, sino además, tomando en cuenta los estándares internacionales, especialmente, previstos en la Carta Democrática Interamericana.

Por ello, mientras se mantenga la ausencia de condiciones de integridad electoral en Venezuela no será posible lograr por la vía electoral un cambio democrático de Gobierno. Bajo estas condiciones, la participación de la oposición democrática en las anunciadas elecciones presidenciales sería claramente insuficiente, pues no existen garantías mínimas que aseguren que esa participación permita la legítima expresión de los electores en comicios libres y transparentes. De allí la advertencia de la comunidad internacional: las anunciadas elecciones presidenciales deben reputarse ilegítimas

---

[*]   Véase en general a Brewer-Carías, Allan, *Dictadura judicial y perversión del Estado de Derecho,* Editorial Jurídica Venezolana, Caracas, 2016.

[**]   Hernández G., José Ignacio, "La ilegítima destitución del Gobernador del estado Zulia", en *Prodavinci,* octubre de 2017: http://historico.prodavinci.com/blogs/la-ilegitima-destitucion-del-gobernador-del-estado-zulia-por-jose-ignacio-hernandez/.

y sus resultados –que ya lucen amañados a favor del Gobierno- deberán reputarse como ilegítimos[*].

Estas elecciones presidenciales permiten así recordar que no toda elección es democrática. Antes por el contrario, existen evidencias de procesos de destrucción de la democracia logrados a través de simuladas elecciones[**]. Tal es el caso, precisamente, de la anunciada elección presidencial en Venezuela, que podría ser empleada para justificar, desde el Gobierno y la ANC, la definitiva instauración de un régimen dictatorial en Venezuela.

Aquí es importante advertir que el sistema electoral venezolano ya no puede ser considerado como un "autoritarismo competitivo", o sea, un sistema autocrático que, a pesar de lo anterior, permite muy limitadamente elecciones en condiciones precarias que, con todo, podrían permitir en ciertas condiciones cambios democráticos[***]. Por el contrario, luego del golpe de Estado permanente en contra de la Asamblea Nacional y de la instalación de la ilegítima y fraudulenta ANC, Venezuela es un autoritarismo no competitivo en el cual las elecciones no ofrecen ninguna garantía de cambio democrático.

Con lo cual, en realidad, lo determinante no parece ser tanto la decisión política que adopte la oposición democrática venezolana en cuanto a participar o no participar en esas elecciones, pues ninguna de esas decisiones, en sí misma, será relevante bajo las actua-

---

[*] Puede verse por ejemplo la reciente declaración del Grupo de Lima en *El Tiempo,* 23 de enero de 2018: http://www.eltiempo.com/mundo/venezuela/grupo-de-lima-rechaza-elecciones-adelantadas-en-venezuela-174318.

[**] Levitsky, Steven y Ziblatt, Daniel, *How democracies die,* Crown, Nueva York, 2018, pp. 72 y ss.

[***] Para el contexto Latinoamericano, *vid.* Levitsky, Steven y Loxton, James, "Populism and competitive authoritarianism in the Andes, Democratization", en *Democratization* Vol. 20, N° 1, 20017, pp. 107 y ss. Hasta la elección de diciembre de 2015 de la Asamblea Nacional, el sistema venezolano pudo ser calificado de autoritarismo competitivo. Luego de esa elección hay evidencias que comprueban que no es posible promover un cambio electoral del Gobierno nacional.

les condiciones. Ello, en todo caso, tomando en cuenta que la opción de participar en estas elecciones en modo algún podría valorarse como una participación activa mediante la postulación de candidatos orientados a captar votos a través de programas políticos. Insistimos, la corrupción del sistema electoral venezolano impide considerar a estas elecciones como competitivas, con lo cual, no sería racional postular candidatos como si se trataran de elecciones competitivas[*].

En realidad, el gran reto consiste en articular una estrategia coordinada que, desde la legítima Asamblea Nacional, la sociedad civil, los partidos políticos y las demás organizaciones democráticas en Venezuela, junto con el apoyo de la comunidad internacional, permita restablecer la vigencia de la Constitución de 1999 tal y como ordena su artículo 333. Solo entonces podrá plantearse en Venezuela la realización de elecciones libres y transparentes.

---

[*]   En sistemas autoritarios no competitivos, la participación de la oposición en elecciones no ofrece garantías de cambio, al no ser posible lograr reconocer la legítima expresión de los electores. Luego, esa participación podría justificarse para canalizar protestas en contra de la corrupción electoral que puedan crear condiciones propicias para un cambio. Pero en modo alguno cabría valorar, como opción, la postulación de candidatos para promover programas competitivos, pues las anunciadas elecciones presidenciales, además de ilegítimas, no son competitivas. Puede verse a Gandhi, Jennifer y Lust-Okar, Ellen, "Elections Under Authoritarianism", en *Annual Review of Political Science* N° 12, 2009, pp. 403 y ss. Las elecciones en regímenes autoritarios sirven a diferentes propósitos, pero no son, en sí, un mecanismo que promueva el cambio democrático.

REFLEXIÓN FINAL:
LA TIRANÍA CONSTITUYENTE

La duración de la Asamblea Constituyente de 1999 fue de seis meses, al término de los cuales sancionó una nueva Constitución, que fue la Constitución de 1999, cesando en sus funciones. A pesar de que en su Estatuto de Funcionamiento, la Asamblea se auto-atribuyó el poder de actuar por encima de la Constitución al indicar que "la Constitución de 1999 y el resto del ordenamiento jurídico vigente, *mantendrán su vigencia en todo aquello que no colide o sea contradictorio*" con los "actos normativos y decisiones," sumiendo así un poder constituyente originario para lo cual no tenía competencia; con ello intervino todos los poderes públicos, dando así un golpe de Estado, aun cuando no llegó a usurpar los poderes de los mismos durante su funcionamiento, y sólo dispuso su usurpación en forma transitoria luego de que la nueva Constitución fue sancionada.

Ese fue el caso, por ejemplo, de la usurpación del poder de legislar que atribuyó a una Comisión Legislativa designada a finales de diciembre de 1999 y que funcionó como órgano legislativo hasta que se instaló la nueva Asamblea Nacional una vez electa en 2000.

En cuanto a la Asamblea Constituyente de 2017, el término que la misma se auto-fijó para funcionar fue de dos años, pero también con la característica de haberse previsto, sin competencia alguna para ello, en unas *Normas para garantizar el pleno funcionamiento institucional de la Asamblea Nacional Constituyente en armonía con los Poderes Públicos constituidos* 8 de agosto de 2017,[490] que

---

490   Véase *Gaceta Oficial* N° 6.323 Extraordinario del 8 de agosto de 2017.

"la Constitución de 1999 y el resto del ordenamiento jurídico vigente, *mantendrán su vigencia en todo aquello que no colide o sea contradictorio*" con los "actos normativos y decisiones" de dicha fraudulenta Asamblea.

Es decir, formalmente, la Asamblea Nacional Constituyente de 2017, al igual que la de 1999, también dio un golpe de Estado al dejar sin efectos la Constitución en la medida de sus decisiones, poniendo de lado la Constitución, prevaleciendo sobre la misma lo que pudiera decidir la Asamblea Constituyente.

Ahora, al término de seis meses de su funcionamiento, en enero de 2018, de los dos años que se fijó a sí misma la Asamblea Constituyente para funcionar desde que se instaló a comienzos de agosto de 2017, ningún atisbo de "nueva Constitución" se percibió, y lo único que resultó de su gestión fue la acumulación y usurpación total del poder que fue consolidando en el "circo constituyente" que organizó, estableciendo en consecuencia una tiranía constituyente.

Esa tiranía, producto de la concentración del poder, recuerda la que Francisco de Miranda denunció en 1795, después de haber sufrido personalmente los embates de la Convención en Francia y particularmente de su Comité de Salvación Pública comandado por Maximillien Robespierre, que lo llevó incluso a una larga prisión y a ser sometido a un juicio por uno de los Tribunales penales del Terror. En un escrito que publicó ese año en Paris, titulado "*Opinión de Miranda sobre la situación actual de Francia y los remedios convenientes a sus males,*" expresó lo siguiente:

"Así es que solamente por una sabia división de los poderes podrá dársele estabilidad al gobierno. Todas las autoridades constituidas vienen a celarse mutuamente, porque todas se interesan en la permanencia de la Constitución de que ellas emanan, y por esto es que todas se ligan contra cualquiera que quisiere atacar –a una de ellas. Mas al contrario, si todos los poderes se concentran en un solo cuerpo, se arrogará siempre la autoridad de la masa entera y bastará a una facción dirigir sus tiros a esta masa soberana de hecho, para hacer una revolución. El 31 de mayo, y el 9 de Termidor han dejado subsistir la misma

Convención Nacional, y sin embargo ambos han mudado la faz del Estado, porque ambos hicieron mudar de mano al poder.

La espantosa tiranía de Robespierre y de la antigua comisión de seguridad pública no fue producida sino por esta fatal confusión de los poderes, y es bien notable que el principio de las iniquidades y asesinatos se debe fijar en la época en que la Convención, transfiriendo toda su fuerza al Comité de Salud Pública, hizo desvanecer enteramente la fantasma del poder ejecutivo, que aunque sometido y dependiente de los caprichos del legislador, no obstante le oponía aún una débil barrera. Este se apoderó bien pronto del poder judicial que la Asamblea, había ya usurpado en una grave circunstancia. La Convención, ó por la influencia del Junta, ó por sí misma, dictaba los juicios; y hasta la sombra de la libertad civil y política, desapareció de este territorio desgraciado.

Así es que solamente por una sabia división de los poderes podrá dársele estabilidad al gobierno. Todas las autoridades constituidas vienen á celarse mutuamente, porque todas se interesan en la permanencia de la Constitución de que ellas emanan, y por esto es que todas se ligan contra cualquiera que quisiere atacar a una de ellas. Mas al contrario, si todos los poderes se concentran en un solo cuerpo, se arrogará siempre la autoridad de la masa entera y bastará á una facción dirigir sus tiros á esta masa soberana de hecho para hacer una revolución.

Las relaciones de la sociedad estaban desordenadas, sus lazos relajados, la seguridad personal no tenía garantía alguna, ni la propiedad base sólida. La fuente de las riquezas nacionales estaba agotada, y sus canales obstruidos, separados ó rotos. Todo cuanto el Estado tomaba con una mano, lo disipaba con la otra. Tales son los efectos de la tiranía, y tales las consecuencias de la confusión de los poderes." [491]

---

[491] Véase el texto en Arístides Rojas, *Miranda en la Revolución Francesa, Colección de documentos auténticos referentes a la historia del General Francisco de Miranda, durante su permanencia en Francia de 1792 a*

Por supuesto, cualquier parecido, más de doscientos años después, no es sino una mera coincidencia.

Las ejecutorias de la Asamblea Nacional Constituyente después de la elección de los Gobernadores de Estado y de los Alcaldes, y de la sumisión de los electos a sus designios, en efecto, lo que han hecho es confirmar la tiranía que padecemos, y basta para entenderlo, los "decretos constituyentes" y las "leyes constitucionales " que la Asamblea Constituyente dictó y sancionó hasta enero de 2018, "sancionadas" usurpando las funciones de la Asamblea Nacional,

En fin, con una duración que se fijó de dos años, la cual además podrá prorrogar a su antojo, y con la muestra de sus ejecutorias durante los primeros meses de su funcionamiento, lo que los venezolanos han presenciado es la instalación en el país de una Asamblea Constituyente "supraconstitucional," en forma totalmente ilegítima y fraudulenta que como lo resumió el padre Luis Ugalde s.j., pretende estar "por encima de toda Constitución," lo que significa que "Venezuela vive y agoniza en el reino de la supraconstitucionalidad," como "los reyes absolutos" a los cuales "ningún súbdito podía juzgarlos, ninguna ley condenarlos, por criminales que fueran." En cuanto a la Asamblea Nacional Constituyente de 2017, dijo Ugalde:

"pretende ser supraconstitucional, es decir dictatorial, que puede juzgar, condenar, hacer o deshacer todo lo constituido. El régimen, agobiado por su fracaso total, se sacó de una manga la ANC. En una democracia solamente es legítima la Asamblea Constituyente que es convocada por el voto universal y secreto del poder originario ciudadano para hacer una constitución que, luego de ser aprobada por el voto del pueblo soberano, entra en vigencia.

La actual ANC no fue convocada por el poder originario del pueblo, fue fraudulenta su elección con voto corporativo de algunas agrupaciones arbitrariamente definidas por el Ejecutivo, y nunca existieron, ni siquiera, la mitad de los votos que pro-

_1798,_ Imprenta y Litografía del Gobierno Nacional, Caracas 1889, pp. 333, 334.

clamaron. La ANC es usada fraudulentamente para convocar a elecciones, anular a rivales electos, hacer leyes, regular precios, castigar y perseguir a todo lo constituido que no sea del gusto del gobierno. Los dictadores siembran el odio y persiguen a los que no se sometan. [...] En el colmo del amor, ahora han sacado una ley contra el odio que les permite perseguir "legalmente" a quienes disientan y critiquen al régimen. Ley para perseguir ideas, sentimientos e intenciones. Como los dictadores criminales (Stalin y compañía) obligaban a sus rivales a confesiones públicas y arrepentimientos, antes de fusilarlos.

Se fomenta la constitucionalización de todo, hasta del pasaje estudiantil; por ese camino pronto blindarán el derecho de los neonatos al consumo de leche materna. Todo lo constituido debe someterse a lo supraconstitucional: asamblea nacional, gobernadores, alcaldes, candidatos presidenciales, presidentes electos, rectores, empresarios, equipos de béisbol, párrocos y obispos. Por eso la ANC no dura unos meses sino que se dio un plazo de dos años prorrogables para tener todo el control de este período presidencial y del comienzo del otro.

Ciertamente es un hecho que en Venezuela existe la ANC, como lo ha dicho hace poco algún genio político, pero es una Asamblea dictatorial constituida. Una asamblea de militantes cuya opinión hay que conocer, pero de ninguna manera es supraconstitucional y sería una barbaridad reconocerle su pretendida supraconstitucionalidad. La ANC existe como una monstruosidad dictatorial a la que ningún demócrata puede reconocer moralmente, ni someterse legalmente. Una cosa es no ignorar su existencia y pretensiones y otra subordinarse a su dictadura." [492]

O sea, la farsa de la Asamblea Nacional Constituyente de 1999, que asumió el poder constituyente originario e intervino el funcionamiento de los Poderes Constituidos pero sin usurpar sus funciones, durando solo seis meses en sus funciones durante los cuales

---

492 Véase Luis Ugalde s.j., "!!Supraconstitucional!!," en *El Nacional*, 30 de noviembre de 2017, en http://www.el-nacional.com/noticias/columnista/supraconstitucional_213476.

sancionó una Constitución, como lo enseña la historia, ciertamente, se ha repetido dos veces, pero en 2017, como una tragedia dictatorial, que no tiene término de duración, a la cual no le interesa tener una constitución sino solo ser instrumento de gobierno absoluto, tumultuario y asambleario que es lo que hoy tenemos.

30 de enero de 2018.

EPÍLOGO:

DIAGNÓSTICO ACTUAL Y PRONÓSTICO DE VENEZUELA, 2018

Asdrúbal Aguiar
Profesor Visitante del Miami Dade College
Director de Iniciativa Democrática de España y las Américas
(IDEA)
Miembro de la real Academia Hispanoamericana de Ciencias,
Artes y Letras de España

Preliminar

Durante los últimos 19 años (1999-2017), una vez agotada la experiencia de la república civil en la década 1989-1999, siendo las constantes de ésta y aquellos hasta el presente la anomia social y el desarraigo ciudadano, Venezuela ha sido objeto de distintas terapias políticas transicionales. Ellas no logran reconstituirla, ni como nación ni en lo público, menos en lo institucional; lo que es exigencia indefectible para su cabal emancipación, el ejercicio pleno de la democracia por sus habitantes, y su ingreso ya dilatado al siglo XXI, a la sociedad de la información y el conocimiento.

Antes bien, esa nación que se muestra ilustrada a finales del siglo XVIII, que forja libertades durante la primera mitad del siglo XIX, y que durante la segunda mitad del siglo XX – incluso sufriendo dictaduras militares recurrentes – es ejemplo regional de madurez democrática, hoy se debate entre la civilización y la barbarie.

Varios intentos de recomposición, distintos, sólo aparentes o sin éxito, tienen lugar desde entonces.

El gobierno, en lo sustantivo, impulsa la constituyente de 1999 a la que sigue *La Nueva Etapa: El Nuevo Mapa Estratégico de la Revolución Bolivariana* de 2004 con sus consecuencias: la frustrada reforma constitucional comunista de 2007 y la enmienda constitucional de 2008, que le pone punto final al principio de la alternabilidad democrática, con la reelección sin término de todas las titularidades del Estado.

La oposición, sólo en lo táctico y luego en lo electoral, procura – una parte de ella - el frustrado golpe de Estado de 2001; el fallido, fraudulento – se demuestra luego - y sucesivo referéndum revocatorio presidencial de 2004 bajo la guía de la Coordinadora Democrática [con mediación del Centro Carter y del Secretario General de la OEA]; y la victoria electoral parlamentaria de 2015 conducida por la Mesa de la Unidad Democrática (MUD), con sus únicas derivaciones: la confiscación judicial de las competencias de la Asamblea Nacional electa, por órdenes del régimen dictatorial de Nicolás Maduro – que a la sazón reconfigura al máximo tribunal de la república y lo integra con seguidores suyos antes de que ésta se instale, y la frustración, por el mismo Maduro, del intento de realización de un referéndum revocatorio de su mandato, en 2016.

Hoy hace crisis terminal, de suyo, esa larga transición que casi cubre dos décadas si se toma en cuenta la fecha del inicio de la revolución, o casi 30 años – toda una generación política – si se parte de la fecha de El Caracazo, la insurrección popular de 1989. Degenera ella, sin solución de continuidad, en una "explosión del desorden" por sobre un fenómeno de muy hondo calado, huérfano de análisis a fondo por parte de las élites venezolanas, por ende, de imposible reparación eficaz en lo inmediato.

El desconocimiento cabal de la Asamblea Nacional; el acusado fracaso del diálogo de 2016, impulsado en República Dominicana por la UNASUR – junto a los expresidentes Ernesto Samper, José Rodríguez Zapatero, Leonel Fernández y Martín Torrijos - a pedido del mismo gobierno para manipular su propio entuerto; la suspensión de todo acto electoral pendiente – incluido el referendo revocatorio presidencial - para preferir la inconstitucional instalación, en 2017, de una Constituyente totalitaria que liquida de raíz el voto universal, directo y secreto, son apenas los síntomas de esa cuestión más aguda. Ella es de corte netamente moral, pues trastoca el sentido mismo de la identidad nacional y de su patrimonio intelectual, y no solo arriesga el destino y la viabilidad de Venezuela como expresión social y política, sino que amenaza a la paz americana.

El secuestro del poder real venezolano por actores coludidos con el terrorismo islámico y los negocios del narcotráfico, controlados por el gobierno de Cuba, sin disposición alguna de abandonarlo por las vías democráticas, es máxima de la experiencia actual. No la modifican o trastocan, antes bien la confirman, la realización posterior, bajo amenazas policiales y judiciales, ahora bajo control total de la Constituyente dictatorial, de las elecciones de gobernadores y de alcaldes antes suspendidas, respectivamente, en 2017; ni la reapertura – que tiene lugar los días 1 y 2 de diciembre, antes de frustrarse otra vez - del diálogo citado de República Dominicana, al que se han avenido sectores partidarios de oposición coludidos. Para colmo, todavía dialogando se ven inhabilitados políticamente – los partidos que no acuden a los comicios para regidores – por la Constituyente inconstitucional de Maduro. Se les impide participar, así, de las elecciones presidenciales que desde ya anuncia ésta para 2018 y que contarán, como se aprecia, con una oposición dibujada a la medida y sin garantías electorales de equidad y transparencia.

Acaso el diagnóstico previo de tal dolencia nacional, por obviado o equivocado, o por agravada ésta deliberadamente o por omisión, ha hecho ineficaces el propósito reconstituyente señalado y necesario como sus terapias respectivas, en uno u otro sentido: el del gobierno, por interesado en la profundización de la anomia nacional como estrategia de dominio, y el de la oposición partidaria: la de la MUD (Mesa de la Unidad Democrática), por empeñada en el método electoral como única forma de lucha, que a la vez usa y le sirve al propio Maduro como táctica diluyente de su clara vocación despótica y criminal, para relegitimarse durante cada crisis.

Lo cierto es que la crisis humanitaria corriente y agravada esta vez con el default, el incremento de las persecuciones de opositores y las violaciones sistemáticas de derechos humanos, la violencia narco-criminal envolvente y dominante de todo el espectro del poder en Venezuela, y el vacío manifiesto de poder constitucional, de conjunto muestran un cuadro de grave ingobernabilidad. El mismo, ahora y como se constata, le abre puertas al terrorismo desde el Estado, que mata la política y encuentra su clímax con la Masacre de El Junquito de enero de 2018; lo que no alivia la anterior y reciente liberación de algunos presos políticos, que se administra a cuentagotas, como objetos que pasan por una puerta giratoria: salen unos, entran otros.

Urge acometer, pues, una lectura crítica responsable de todo lo anterior, en búsqueda de apreciaciones distintas que sean susceptibles de forjar una narrativa o relato, una estrategia de liberación y reconstrucción nacional apropiadas, que contemple medidas innovadoras para la solución final del problema de Venezuela, a saber, readquirir sus raíces para mejor digerir el presente y dibujar, con menos ánimo trágico, el porvenir.

LA INGOBERNABILIDAD, TAMBIÉN OBRA DE LA GLOBALIZACIÓN

a) *Premisa conceptual*

La gobernabilidad autónoma o consensual –léase democrática– es distinta de la heterónoma o autoritaria, que se sostiene, sea sobre la personalidad carismática del gobernante, la fuerza de policía, el pacto con la corrupción, o de uno y otros de dichos factores en su conjunto. Las medidas de alta policía –para afirmar la estabilidad o mantener la seguridad y el orden público en la democracia– exigen de legitimidad o respaldo social y de legalidad formal sustantiva. Son las fuentes inexcusables –ausentes en Venezuela– del ejercicio por el gobernante de competencias regladas y sujetas al control ciudadano, y atadas a las finalidades de la democracia. Ello resulta complejo sino imposible lograrlo a corto plazo en comunidades invertebradas o espontáneas que, como la venezolana antes descrita, ora abandonan o no alcanzan o resisten el estadio asociativo, consecuencia de la racionalidad convencional en el plano de lo ético y luego en el terreno de la política. Tanto que, se repite y habla de la beligerancia en curso de la anti-política.

b) *Las hipótesis*

El Estado contemporáneo – como expresión política de la sociedad – entra en crisis terminal por obra de la distinta perspectiva cultural y los cambios estructurales que impulsa la globalización. En el caso de Venezuela, ella pierde su institucionalidad y equilibrios funcionales precarios, además, bajo la centralización y personalización totalizante de sus poderes públicos a manos de Hugo Chávez Frías; con apoyo en la arquitectura constitucional hegemónica y militarista diseñada en 1999; sobre un el rompecabezas que se hace social y políticamente evidente desde 1989, según lo señalado.

La sociedad, como soporte necesario del Estado y obra del pacto entre los individuos y sus comunidades de base, se desintegra en Occidente al ceder el mismo Estado nacional y con éste los partidos políticos, en tanto que correas clásicas de transmisión de la cosa pública y formas propiciatorias de identidad dentro de la ciudadanía. No obstante, por defecto histórico de una cultura propia compartida y raizal, preliminar al mismo Estado, la nación venezolana, en lo puntual, ofrece una débil textura, apenas arraigada alrededor de los símbolos patrios; los que, en la hora corriente, paradójicamente derivan en factores de confrontación y violencia colectivas: el bolivarianismo. Le resta a ella, a todo evento, como factor positivo, un espíritu difuso de libertad al que se ha acostumbrado y subyace históricamente en el alma nacional.

La comunidad de nuestro tiempo, no solo la venezolana, disgregada y espontánea, se reorganiza sucesivamente, por defecto del Estado, alrededor de retículas múltiples o de pequeños nichos o cavernas primarias o primitivas – culturales, históricas, religiosas, locales, vocacionales, étnicas, generacionales, comunales, urbanas – que se excluyen y desconocen, las unas a las otras, presas de cosmovisiones caseras y arguyéndose el derecho a la diferencia, distinto del sentido de la pluralidad democrática. Existe así, en efecto, una "globalización de las transformaciones" sin que ella predique la simetría global de sus consecuencias humanas; salvo que, las formas de disgregación enunciadas, por lo dicho y sin mengua de sus legitimidades, conspiran contra la experiencia de la libertad, que está hecha de tolerancia en la convivencia, en el reconocimiento a los otros sin perjuicio de las diferencias.

El Estado venezolano, como tal y por ser históricamente nominal – salvo el intento mencionado que ocupa la segunda mitad de nuestro siglo XX - es ya incapaz de construir por si solo la gobernabilidad; aun cuando estudios recientes del PNUD (Programa de las Naciones Unidas para el Desarrollo) reivindiquen la idea equivocada de la reconstitución plena de sus fortalezas a fin de superar el "desencanto con la democracia". Antes que resolver conflictos los exacerba en medio de un cuadro creciente de incumplimiento colectivo de las normas, de nula predictibilidad de las conductas sociales, y de demandas exponenciales que mal puede satisfacer aquél, ahora bajo la trampa del populismo. De allí la peligrosa tentación de otra vuelta a la idea del "gendarme necesario".

El Estado contemporáneo es actualmente ineficaz para la gobernanza o gobernación, incluso la de origen autoritario; entendiéndose tal gobernanza como la realización posible y material de los valores del Estado de Derecho y de la democracia. Como se aprecia, es deficiente para la toma de decisiones a largo plazo y acerca de los problemas vertebrales de actualidad (criminalidad transnacional, terrorismo y narcotráfico, protección del ambiente, pobreza y exclusión, comunicaciones planetarias) tanto como para solventar la inflación de las demandas – ahora distintas y grupalmente diferenciadas - que le dirigen los gobernados, creándose así, adicionalmente, la llamada "ingobernabilidad por sobrecarga"; que en Venezuela se agudiza bajo su recrudecida y mencionada crisis humanitaria.

Las partes o nichos de lo que antes se integra bajo la idea de la Nación o como patria de bandera, dada sus acusadas naturalezas introspectivas y hasta fundamentalistas – piénsese en las comunidades originarias o los "indignados" o en los grupos LGBT - no encuentran caminos transversales – hilos de Ariadna - que las hagan confluir en un propósito común con sus diferentes, que no sea en el mantenimiento del referido sentido difuso, parcelado y colectivo de la libertad; o que al menos favorezcan su cooperación recíproca para la forja de un orden mínimo estable, promotor de la mencionada y urgida gobernabilidad.

CONTEXTUALIZACIÓN HISTÓRICA, PARA ENTENDER EL PRESENTE

A la caída de la penúltima dictadura – la de Marcos Pérez Jiménez – se crea en Venezuela una situación de ingobernabilidad, muy diferente de la actual. El presidente Rómulo Betancourt llega al poder en 1959 sin contar con la cooperación – antes bien padeciendo el rechazo – de las Fuerzas Armadas y la Iglesia Católica, elementos primarios e históricos de vertebración de la venezolanidad.

Los partidos políticos (AD, COPEI, URD, y Comunista), capaces entonces de ayudar a la gobernanza o gobernación, no cuentan para el momento con la fuerza indispensable para asegurarla pues vienen de una década de clandestinidad e ilegalización. El secretario de la Presidencia, Ramón J. Velásquez, se ocupa de tirar puentes con la milicia y el episcopado, y Betancourt acude a la plaza pública ante cada amago de golpe militar a fin de contenerlo. Pacta la estabilidad social, así, con las dos organizaciones mejor establecidas y de mayor peso y articulación para la época, el empresariado y los sindicatos, y sobre tal piso puede gobernar conforme a las reglas y propuestas del célebre Pacto de Puntofijo, forjado por los primeros.

He aquí, sin embargo, una variable que conspira contra la gobernanza de su administración: la injerencia social y políticamente disolvente cubana, la de Fidel Castro, que comprende invasiones armadas y apoyos a la guerrilla entonces insurgente, cuyas razones, premonitorias del presente, explica el mismo Betancourt en 1964 (Véase mi libro *El Problema de Venezuela*, EJV, Caracas, 2016, pp. 421-422):

"Fácil resulta explicar y comprender por qué Venezuela ha sido escogida como objetivo primordial por los gobernantes de La Habana para la experimentación de su política de crimen exportado. Venezuela es el principal proveedor del Occidente no comunista de la materia prima indispensable para los modernos países industrializados, en tiempos de paz y en tiempos de guerra: el petróleo. Venezuela es, además, acaso el país de la América Latina donde con más voluntariosa decisión se ha realizado junto con una política de libertades públicas otra de cambios sociales, con simpatía y respaldo de los sectores laboriosos de la ciudad y el campo. Resulta así explicable cómo dentro de sus esquemas de expansión latinoamericana, el régimen de La Habana conceptuara que su primero y más preciado botín era Venezuela, para establecer aquí otra cabecera de puente comunista en el primer país exportador de petróleo del mundo".

Las circunstancias a partir de 1989 – al término de la república civil de partidos - son, aquí sí, el anticipo inmediato del cuadro de ingobernabilidad corriente y sobrevenido. La crisis del Estado y la anomia son manifiestas, según lo comentado. La ética pública y privada se relajan abriéndosele paso tímido pero inicial al narcotráfico en su modalidad de lavado de dineros; lo que impulsa el fenómeno de los homicidios semanales por ajustes de cuentas y la corrupción policial al punto de transformarse el país en el segundo más violento del mundo.

La indiscutible legitimidad de origen con la que cuenta el presidente Carlos Andrés Pérez, durante su segunda administración, no basta para sostener la gobernabilidad y a renglón seguido la gobernación, menos después de ocurridos El Caracazo citado (que deja centenares de muertos) y los golpes de Estado de 1992, que involucran a Hugo Chávez Frías; incluso comportándose el presidente Pérez de manera democrática ejemplar, al punto extremo que decide no perseguir a los militares que ejecutaran el golpe en su contra, en número de 650 aproximadamente, ordenando sobreseer sus causas y devolverlos a los cuarteles. Sin embargo, es víctima, paradójicamente, de un andamiaje estatal sin poder real y ya deslegitimado, cooptado por las franquicias en que se transforman las mismas organizaciones políticas tradicionales que, al paso, promueven su destitución.

Llegada la administración de Rafael Caldera en 1994, catapultada por sobre la citada anomia social y política reinante, mediando el desprestigio de los poderes públicos, sobrevenida la crisis financiera, y actuante la división interna de las Fuerzas Armadas, sólo su *auctoritas* sostiene precariamente los hilos de la gobernabilidad; lo que es impropio de una democracia madura. La gobernanza que se realiza, por ende, mal revierte la tendencia hacia la desestructuración de lo nacional que toma cuerpo pleno y muestra al país hecho hilachas social y políticamente, a pesar de las apelaciones de Caldera para que se debata públicamente sobre los valores éticos y la obra de la democracia comparándosela con la de la última década dictatorial (1948-1957). No basta, tampoco y para ello, el apoyo que recibe Caldera para la gobernación por el declinante partido Acción Democrática.

LO MÁS RECIENTE, QUE INCIDE SOBRE EL PRESENTE Y CONDICIONA EL PORVENIR

Ausentes las fortalezas y equilibrios institucionales del Estado y sobre el complejo archipiélago social que es la Venezuela del presente, penetra el poder fáctico sustitutivo y articulador de la inteligencia política cubana, y bajo el mando de Jacinto Gómez Valdés (*Granma*, agosto 29, 2017), jefe del Grupo de Trabajo Nacional, ejerce la jefatura de las misiones en Venezuela Víctor Gaute López. Se trata de un ejército de ocupación de 15.000 hombres, según la OEA, o de 30.000 miembros de los CDR (Comités de Defensa de la Revolución), según lo confiesa Juan José Revilero, miembro del Consejo de Estado cubano (*El Universal*, agosto 4, 2007).

En paralelo, desde 1998 y en agosto de 1999, sucesivamente adquieren ciudadanía el terrorismo (ya integrado al chavismo a través de la ETA, Libia, e Irak) y el narcotráfico colombiano: autorizado en su despliegue por Chávez al acordarse formalmente con las FARC, a través de su jefe de inteligencia, Ramón Rodríguez Chacín; asimismo, la corrupción petrolera y la transnacional (inaugurada por la ODEBRECHT con Lula da Silva), a partir de 2003, junto a sus efectos disolventes de la ética social y política.

Tales desviaciones o fenómenos, desde entonces, penetran y ejercen su control sobre los restos y partes de la organización del Estado y sobre la invertebrada sociedad civil y política venezolana. Fijan un contexto – hasta hoy silenciado dentro del debate de opinión sobre el régimen, salvo en lo adjetivo – que, a la vez de indicar la incapacidad del mismo gendarme – Chávez, con todo y su personalidad mesiánica – y sus causahabientes Nicolás Maduro y Diosdado Cabello para sostenerse y prorrogar el poder autoritario que detentan, demuestran que el objetivo de su conservación, al término, priva inevitablemente. Quedan en el margen las formas democráticas y su expresión electoral, y en el centro el uso de la violencia. Esa es la exigencia superior ante la que los comicios y su celebración derivan en simple medio alternativo o táctica de ocultamiento de la narco-dictadura imperante.

El tránsito a lo largo de las casi dos décadas recorridas, desde la cifra de 4.550 muertes violentas al año, en 1999, a 28.479 en 2016 y a 26.616 en 2017 – lo que representa la tasa más alta del mundo (91,8 homicidios/100.000 h.) - y la progresiva como creciente criminalización de los actores del "orden" político y social considerados como contrarrevolucionarios, sea por razones políticas propias – dirigentes de partidos o medios de comunicación social - o impropias por atentar contra el modelo que disimula la igual narco-economía "socialista" en constante forja – empresarios, hacendados, constructores, banqueros, editores – son aleccionadoras respecto de lo antes dicho.

La profundización y sostenimiento de la anomia pasa a ser, en lo adelante, funcional a la realidad establecida en el país. De allí la creación, fuera de la Constitución, de redes de comunas y colectivos armados, que son tributarios y no pocas veces compiten por el mismo control fáctico que ejerce el poder narco-criminal en sus ejercicios espasmódicos de disciplina social. Así lo corrobora la referida Masacre de El Junquito, en la que se ejecutan varios venezolanos insurgentes y decididos a entregarse, en un festín de acciones concurrentes y desalmadas entre las fuerzas regulares e irregulares de la misma dictadura.

Al ceder la omnipresencia de Chávez, dada su enfermedad y muerte, junto a la declinación en el imaginario social del mito del líder hecho con barro de los dioses, se muestra en su mayor crudeza, por ende, la pulverización del espectro colectivo venezolano. Los restos del andamiaje estatal, además, quedan al desnudo y en su deriva. Y la prueba de la anomia se expresa, ahora sí, en el final de la simulación democrática y el abierto desprecio por las normas constitucionales; primero las relativas a la misma sucesión presidencial, que llevan a Maduro al ejercicio del poder a partir de 2013, sustentado sólo por las bayonetas y un fraude electoral, hasta que impone en 2017 su colegiado dictatorial, como una suerte de asamblea constituyente inconstitucionalmente constituida para ensamblar a su medida a los causahabientes o herederos del propio Chávez que se le subordinan.

La MUD, a su turno, como esfuerzo de articulación social para la acción política en su vertiente electoral opositora, quiérase o no sólo se ha explicado y justificado desde sus inicios – sin otro propósito a profundidad - alrededor de las personas de Chávez y de Maduro, no como alternativa. El ánimo voluntarista de sustituirlos, aparte de que reduce el espectro nacional - en su invertebración sostenida - al mundo relativo de los partidos políticos, no le dado paso, aún, a una narrativa que sirva para la reconstitución social y política del país. De allí que el respaldo popular creciente a sus iniciativas – hasta 2015 y que luego decrece bajo el peso de la frustración al iniciarse el 2018 – tiene lugar o se impone en la medida en que hace crisis la economía rentista y redistribuidora; y por la misma razón de ser la MUD el único vehículo de protesta social admitido por el régimen. En consecuencia, el acompañamiento social que recibe la denominada Unidad y antes de perderlo como consecuencia de su cohabitación reciente con la dictadura, mal puede entenderse como una rearticulación de la nación alrededor de los partidos que la forman. La fuerza cohesionadora que en el pasado alcanzan éstos, según lo señalado antes, decae con el mismo agotamiento de las estructuras y cometidos del Estado moderno, dentro de cuyos predios se realiza la democracia como mera forma de gobierno y por obra de la globalización. Chávez, por ende, apenas certifica la defunción partidaria a la manera de un médico forense, en 1999.

LA DINÁMICA OPOSITORA, EN RETROSPECTIVA Y EN PERSPECTIVA

a) *La simulación democrática bajo Hugo Chávez (1999-2013)*

A lo largo del régimen de Chávez, el sostenimiento formal de la ortodoxia constitucional democrática – de base piramidal, representativa y de separación de poderes – a pesar del control que sobre éstos ejerce aquél, y la realización en paralelo de un modelo de neta inspiración cubana revisado (*Socialismo del siglo XXI*), apalancado en el marco de la anomia nacional comentada, obliga a la oposición al sostenimiento de un comportamiento institucional formal. Queda sujeta a la lógica de éste y reducido a la denuncia de las violaciones constitucionales en que incurre el mismo Chávez en su despropósito marxista en escorzo.

Se explica, así, la percepción de escándalo que supone, para la comunidad internacional y los mismos partidos venezolanos que vienen desde el siglo XX, la crisis constitucional – el golpe militar de micrófonos y sin armas – que ocurre el 11 de abril de 2002, expulsando a Chávez del poder durante algunas horas.

La oposición alcanza a organizarse, al efecto, bajo un mecanismo de lucha idóneo, a saber, el de la Coordinadora Democrática (CD). Si bien se origina en la citada crisis y se compromete con vistas a un hecho electoral concreto – la realización del referéndum revocatorio presidencial de agosto del año 2004 que alcanzan la OEA y el Centro Carter – su representatividad es socialmente diversificada. Su actuación política tiene como base un piso intelectual compartido y programático – restablecer los pulmones de la democracia, según los estándares de la Carta Democrática Interamericana - que a la par trasvasa a los partidos. Tanto que dicha CD adquiere una fuerza movilizadora popular inédita, dentro del cuadro de anomia reinante en el país.

Que la oposición venezolana no haya alcanzado su objetivo durante la jornada comicial señalada por ajena a los principios de transparencia y equidad en la competitividad e intervenida ésta por Cuba, como lo confiesa Chávez en noviembre de 2004, en nada varía la validez de la premisa. La visión omnicomprensiva que se tiene en la CD acerca del hecho político venezolano la reflejan los Acuerdos de Mayo de 29 de mayo de 2003, incumplidos por el gobierno una vez como supera el acto de votación contando a su favor con la indiferencia hemisférica. El cuadro geopolítico le es favorable en la circunstancia, dado el contexto de bonanza petrolera que le acompaña.

b) *La "explosión del desorden" y el terrorismo bajo Nicolás Maduro (2013-2017)*

La simulación democrática queda en entredicho una vez como asume el poder Maduro y se hace evidente la pérdida de apoyo popular a la revolución, a pesar de controlar y tener ésta a su servicio el Poder Electoral. Es cuando arrecia la persecución y criminalización de la disidencia, en lo particular aquélla que amenaza la estabilidad del régimen y no le es funcional. Antonio Ledezma, Leopoldo López, María Corina Machado, entre otros, suscriben con agudo sentido político y visión de mediano plazo el *Acuerdo Nacional para la Transición*. La decisión del colegiado dictatorial pentagonal (Maduro – Cabello – los Rodríguez – El Aissami – Alto Mando Militar) es sostener el poder, a costa de lo que sea.

Como medida táctica el régimen procede a la adquisición – a través de testaferros - de los medios de comunicación social independientes restantes en el país. La hegemonía comunicacional de Estado se hace concreta, ahora sí, y sirve para sostener de un modo virtual el apoyo que ya no encuentra en las urnas. No obstante, al hacérsele difícil evitar la controversia electoral parlamentaria, una vez como la pierde, desde ese instante, ha lugar al desconocimiento abierto del orden institucional piramidal y ortodoxo. Llega a su final la simulación democrática del tiempo chavista.

La organización formal del Estado pierde en lo adelante total conexión con la sociedad civil, ahora sin mínima vertebración por razón de la hambruna y el cese cabal de libertades que hacen presa del conjunto de los venezolanos. Apenas se mantienen unidos éstos por las urgencias, que igualmente les atomizan por imperativo de la subsistencia. El aparato público sostiene su direccionalidad instrumental sólo en la medida en que le es necesaria al colegiado de facto gobernante, o cuando le es imprescindible al eje de oposición para no perder su presencia en la opinión pública, fundamentalmente desde la Asamblea Nacional que ahora controla mayoritariamente, aun cuando fracturada su integración opositora.

Superado el 2016, la Asamblea Nacional y su referente político – la MUD, como partido de partidos y de exclusivo propósito electoral – frustran la expectativa de cambio que avizoraba la sociedad invertebrada venezolana, la que le moviliza masivamente durante las elecciones de diciembre de 2015. La opinión mayoritaria, si en parte les considera hoy funcionales a la realidad dictatorial, en lo sustantivo aprecia que una y otro son carentes de poder real o al menos simbólico para la lucha por la libertad. Se transforma Venezuela, es lo característico del año 2018 que se inicia, en un barco a la deriva, sin timonel ni destino cierto.

La dinámica del colegiado dictatorial, dentro de tal contexto, se orienta a ejercer a cabalidad su poder material y de violencia para sosegar y someter a la sociedad invertebrada que no le reconoce. No se disimulan las prácticas de terrorismo desde el Estado.

Entre tanto, estimula en la oposición la profundización de su visión democrática esquizofrénica, primero ofreciéndole, fuera de tiempo y pasado el lapso constitucional, unas elecciones regionales y municipales que, al aceptarlas le desprestigian ante el país y hacen convalidar, tácitamente, el fraude electoral que da lugar a la constituyente de facto o directorio revolucionario, de base corporativa, instalado bajo protesta de la comunidad internacional.

Para la fecha, bajo chantaje – usando como "rehenes" a los presos políticos y en medio del clima de terror que crea con la Masacre de El Junquito – Maduro obliga a parte de la oposición a mantenerse en el diálogo de ficción que conduce República Dominicana, con integrantes que han perdido toda legitimidad y representación, en espera de obtener la aprobación "democrática" de los recursos que demanda para superar el default. Nada más.

DIAGNÓSTICO DEL PROBLEMA DE VENEZUELA

a) *La carencia institucional democrática y la inviabilidad del diálogo*

Desde el centro del poder en Venezuela, a partir de 2004 con *La Nueva Etapa*, se hace manifiesta la tesis de que la revolución no tiene marcha atrás, "es pacífica pero armada", lo que implica, sobre todo después de la citada enmienda constitucional de 2008, la tácita negación de la alternabilidad en el ejercicio del poder. Que la oposición logre espacios de gobierno local y municipal desde entonces, en modo alguno le resta validez a lo postulado. El poder político reside, constitucional e históricamente, en el nivel central: presidencial/personalista, económico, y militar, y el mismo es reconfigurado por la Constitución de 1999 para profundizar esa desviación de la democracia.

Si se trata de sujetar el nivel descentralizado de poder que, eventualmente, ha de compartir la revolución con la oposición, aquélla forja a propósito un constitucionalismo paralelo y material – el llamado Estado comunal – o desvía sumas importantes del ingreso fiscal hacia entidades regionales que crea y/o controla al efecto. Los casos de la Alcaldía Metropolitana de Caracas y del Gobierno del Estado Miranda, son emblemáticos al respecto. Al Alcalde Mayor, Antonio Ledezma, se le mantiene como preso político: se escapa luego, y al resto de los burgomaestres de oposición se les lleva la cárcel o al exilio cuando dejan de ser remisos al dominio centralizado del régimen.

La victoria parlamentaria de la Unidad opositora significa, es verdad, la primera y real amenaza capaz de comprometer la estabilidad del poder del gobierno nacional y su revolución. De allí la estrategia del secuestro inmediato del Tribunal Supremo de Justicia por parte éste, antes de la toma de posesión de la nueva Asamblea Nacional electa en enero de 2016; como su propuesta, en paralelo, de un diálogo de utilería por el mismo Maduro – apoyado por sus aliados del Foro de San Pablo y con el que tienta, incluso, a los ex Jefes de Estado y de Gobierno de IDEA (Iniciativa Democrática de España y las Américas) sin lograrlo – pero capaz de permitirle su cohabitación con sectores de la oposición funcionales, dispuestos a no poner en riesgo la estabilidad de su gobierno.

En cuanto a la acción de secuestro de la Justicia para los propósitos de la revolución, cabe observar que como fenómeno tiene lugar desde la instalación de la Asamblea Nacional Constituyente en 1999 y es inherente al modelo socialista del siglo XXI, léase, dicho sin ambages, debido a la decisión inaugural de Chávez de ejercer el poder político sin ataduras constitucionales ni responder por su mudanza inaugural en un cartel narco-criminal. A la Constitución, según criterio que valida la propia Sala Constitucional del TSJ, se le considera como un instrumento subsidiario al servicio de los objetivos revolucionarios. Éstos privan en la interpretación de aquella y, de ser necesario, permiten su mutación normativa sin reforma ni enmienda, a manos de los jueces.

Carece de relevancia para la revolución, en fin, cualquier exégesis constitucional que se afinque sobre la idea del Estado democrático y de Derecho. La revolución, en efecto, por ser de neta inspiración política y constitucional cubana, se mira a conveniencia en el criterio de la constitucionalista de dicha nación, Martha Prieto Valdés, a cuyo tenor la unidad del Estado y el objetivo comunista no son conciliables con la visión occidental de la democracia y su principio de separación de los poderes; de donde resulta ilusorio cualquier diálogo democrático de fondo entre esta y la oposición, que no sea para transar sobre asuntos que no pongan en peligro la irreversibilidad de la propia revolución o le beneficien.

b) La "explosión del desorden" y el neopopulismo

La Constitución de 1999, antes que procurar categorías constitucionales renovadoras e integradoras de lo social – más allá de su exagerado nominalismo participativo - y al relajar normativamente los equilibrios y contrapesos institucionales, opta por profundizar la señalada ruptura del tejido social doméstico a fin de fortalecer el "cesarismo" revolucionario en su regreso, amamantado por la idea emergente de la "posdemocracia" (Líder-medios-pueblo). En tal sentido, el texto constitucional y la práctica oficial revolucionaria reivindican o estimulan, de modo inflacionario, la generación de "nuevos" derechos para nichos sociales particulares formados por ex-ciudadanos: indígenas, afrodescendientes, ecologistas, abortistas, sin tierra, tribus urbanas, etc., provocando la ya señalada "explosión del desorden" – sobre todo legislativo - y asegurándose, así, el dominio político utilitario sobre éstos.

El pueblo venezolano – nación cultural y social desmembrada – desde entonces adhiere mayoritariamente a la revolución mientras dispone de ingentes recursos y medios de comunicación capaces de amalgamar sus opiniones; pero se vuelve, como conjunto coyuntural, hacia la oposición – la llamada Unidad - como expresión del desencanto y la rabia, agravados por la crisis humanitaria y puestos al desnudo desde los sucesos del 18 de febrero de 2014. Esa adhesión social a uno u otro extremo de la escena política, por su naturaleza no partidaria, es fugaz e inestable, y sólo se deja atraer, como lo demuestra la experiencia, por el imán que en la coyuntura le ofrezca también posibilidades concretas de cambio sustantivo en sus realidades diversas y adversas.

El renacer del populismo en Venezuela, tiene un significado distinto del tradicional – el del Estado social redistribuidor e intervencionista de la economía – o el de la pretendida vuelta a las raíces históricas bolivarianas como factor de reconstitución social; que, por cierto, dura mientras es constante y creciente el asistencialismo oficial de factura militante. En su expresión contemporánea, como neopopulismo mediático y "posdemocrático", deja de ser beneficioso para la revolución en el momento en el que ocurre el choque entre la unidad de sus mensajes simbólicos redentores y la realidad popular cotidiana, signada por la hambruna y la disolución de solidaridades bajo la ley de la supervivencia.

La multiplicidad espasmódica y competitiva del contenido de los mensajes de la oposición, predominantemente narcisistas, como su falta de representatividad social y de preeminencia partidista, le impide a ésta, a su vez, sostener, más allá del hecho electoral, la adhesión de un pueblo en anomia y desesperado. La experiencia parlamentaria de 2016 y parte de 2017, y los resultados del diálogo nacional son contestes al respecto. Y la falta de una narrativa coherente, compartida y realista en la Unidad opositora, capaz de reu-

nir a las partes sociales en sus expectativas comunes y diferentes –
que son extrañas al formalismo institucional democrático – la viene
situando en un plano de eficacia política decreciente y casi nula. Ha
quedado reducida a un ejercicio político meramente táctico e im-
predecible, incluso sin fuerza simbólica movilizadora, en lo inmediato.

c) *La crisis económica y humanitaria, profundizadora de la
anomia*

La confiscación sistemática de la economía privada – industrial,
comercial y bancaria - por parte del Estado, el secuestro político de
la industria petrolera estatal, la expansión del morbo de la corrupción por el relajamiento de los controles y contrapesos democráticos, son las macro-causas de la dramática caída de la producción e
importación de alimentos y medicinas en Venezuela, dando lugar a
la crisis humanitaria severa que padecen hoy los venezolanos.

Durante 2017 la inflación acumulada alcanza a 1.369% y se
proyecta hacia el 13.000 % en 2018, con una mayor contracción del
PIB estimada en 10% y que puede alcanzar el 15% durante el año
en curso, según el Fondo Monetario Internacional. El nuevo cono
monetario que entra en vigor en 2017 hace evidente la pulverización de la moneda a niveles sin precedentes históricos: En 2008 el
bolívar pierde tres ceros para dar lugar a 1 bolívar fuerte, siendo el
billete de más alta denominación el de 100 bolívares, que en el mercado paralelo de divisas equivale a 0,03 US $ para el momento en
que se modifica otra vez el cono monetario y dicho billete es transformado en otro de 100.000 bolívares. A la fecha, 1 US $ es equiva-
lente a la suma de 266.630, 77 bolívares. El ingreso de un venezolano de clase media no alcanza para adquirir una quinta parte de lo
que compra un colombiano del estrato más pobre con dicha cantidad, afirma Ricardo Hausmann a mediados de 2017. Ahora, se requieren 93 salarios mínimos para adquirir la canasta alimentaria fa-
miliar, estimada en 16.501.392, 78 bolívares para diciembre último.

Por lo visto, la simulación de la organización social sobrevenida
que intenta forjarse con motivo de la crisis humanitaria y fiscal, con
los llamados CLAP o Comités Locales de Abastecimiento y Pro-

ducción, y sus llamados Carnés de la Patria, no logra hacerse realidad al haberse transformado éstos en fuentes reconocidas de corrupción política, discriminación, y realización espasmódica. Y al paso, el carácter decreciente del ingreso de divisas, necesario para sostener ese modelo de asistencia y control, a pesar del incremento de los precios petroleros, no sugiere posibilidades de reversión en lo inmediato, dado el colapso de la gestión de la industria petrolera nacional (Pdvsa) y las sanciones impuestas a las operaciones financieras de ésta por los Estados Unidos.

d) *El morbo social y políticamente envolvente de la corrupción y el narcotráfico*

Sobre la anomia y el criterio de atracción política que se hace regla obligante en Venezuela – la dádiva estatal y la emergencia humanitaria – y es propio de contextos sin armazón institucional, tanto como propiciadores del consumo popular insaciable y del dominio utilitario sobre las personas, los factores de poder real, a saber, los morbos de la corrupción y el delito, fundamentalmente el narcotráfico, adquieren una movilidad inusitada en la circunstancia. El efecto social devastador es inmenso. Ha hecho más profunda la ruptura del entramado social, obra inicial de la crisis democrática contemporánea. Ha prostituido la idea del interés nacional e introducido como variante o agregado del criterio "utilitario" en boga - ahora con más fuerza por la carencia colectiva de alimentos y de medicinas – el de la lucha por la supervivencia personal, que a falta de Estado y sobre todo de sociedad organizada individualizan los comportamientos y mineralizan los egoísmos.

Dicha variable de la corrupción y el narcotráfico, en otro orden, compromete a la administración pública, en lo particular la vinculada al mundo militar y policial, relajando las bases mínimas de la cohesión y subordinación funcional y del sentido del servicio a la gente. Después de la muerte de Chávez y al término de su liderazgo carismático, sobreviene en Venezuela, como se aprecia de lo antes explicado, la multiplicación de los ejes personales de poder de vocación despótica, dentro del esqueleto sin carnes del Estado (Maduro-Flores, Cabello, El Aissami, los Rodríguez, Padrino, Bernal, etc.). La unidad colegiada de éstos, no obstante, por contaminada con el hecho criminal, se hace agonal, es de vida o muerte; pero a la vez puede hacerse relativa si arrecian los peligros sociales y políticos que comprometen sus estabilidades, en lo interno y en lo internacional.

La Unidad de la oposición, por ser apenas táctica y electoral, no tiene carácter agonal o existencial. Priva en ella y en sus líderes una dinámica introspectiva y partidaria formal, que se sobrepone o desconoce la realidad de la anomia y la urgencia de su solución, resolviéndola con otras motivaciones vitales, la lucha por la libertad y superar la violencia y la miseria; tanto como subestima la fuerza narco-criminal como la invasión cubana, que hacen presa del país sin que existan espacios inmunes. Y al carecer de realidad social objetiva los partidos que la componen, aquella y éstos son víctimas, son presas fáciles, dentro de la debilidad de poder real que acusan, de los chantajes y manipulaciones del poder delictivo que ha secuestrado al Estado venezolano.

DOS PREMISAS A MANERA DE PREGUNTAS

El tema de la gobernabilidad, que es esencial para la renovación democrática de Venezuela y para la asunción de la democracia como derecho humano que han de garantizar los gobiernos, ¿acaso le preocupa a quien sólo se ocupa – Chávez o Maduro - de permanecer en el poder y detentarlo como fuero personal, por encima de cualquier referente institucional integrador y libre de sujeciones a un orden social autónomo, incluido el electoral?

¿El hecho electoral se basta y es suficiente como estrategia para frenar o contener un propósito de poder personal abroquelado con estrategias varias para su conservación - donde la electoral es una mera alternativa instrumental - y sustentado por intereses propios y de aliados para quienes no cuenta la gobernabilidad democrática?

UN DESAFÍO DE SUPERAR

La legitimidad interna de todo gobierno - como lo prueba la experiencia del presidente Pérez en Venezuela - no es suficiente para sostenerse en el poder si se funda sobre una población desarticulada, huérfana de lazos sociales y afectivos. Aquél carece de estabilidad y es incapaz para la gobernación de no encontrar basamento – orgánico y social - sobre la articulación de las múltiples y distintas retículas o parcelas, léase demandas sociales, que configuren a la geografía humana que lo justifica. Otro tanto vale para la llamada legitimidad internacional, que se alcanza con la legitimidad de origen del respectivo gobernante y se pierde, como en el caso de Maduro, por destruir la puerta de entrada a la democracia: el voto universal, directo y secreto; pero la comunidad internacional, de hecho y según lo revela su práctica, se moviliza y sus medidas de tutela democrática alcanzan ser efectivas sólo en proporción al respaldo social interno y sobre todo eficaz que alcance el gobernante en ejercicio.

CONCLUSIONES Y RECOMENDACIONES

a) *Conclusiones*

Venezuela – sus poderes públicos y el pueblo – ha de adquirir con urgencia y preferencia, cualidad de gobernable. Siendo la salida o caída del régimen colegiado de Maduro, apenas el primer paso. Es una premisa-condición del mero hecho electoral o de adquisición de legitimidad originaria, para que alguna entidad o personalidad pueda o intente ejercer dentro de ella, luego, su arte de gobernar y favorezca su desarrollo institucional, político, económico y social, democráticamente, en condiciones de estabilidad, con vistas a un nuevo proyecto generacional y dentro de cauces constitucionales adecuados al siglo de las comunicaciones en curso.

Bajo el narco-Estado colegiado cubano que representan Maduro y sus socios de causa, rigiendo la "explosión del desorden", sólo adquieren eficacia en la lucha contra el mismo la acumulación de poderes reales o fácticos que cabe construirlos de modo estable, por la oposición, en medio de la anomia dominante y en un propósito que exige de una activa cooperación internacional; para no decir que habría de sujetarse la propia oposición – bajo el señalado contexto - a la guía o acompañamiento de un Comité Internacional de Reconstrucción que doblegue al narco-régimen y sus tentáculos, pues son susceptibles de sobrepasar éstos al cambio de aquél.

La controversia "institucional" nacida de la elección del 6D y que otorga la mayoría calificada dentro de la Asamblea Nacional a la oposición, es ajena o accidental a la realidad invertebrada del país. De allí que la dinámica institucional, por esto y por lo anterior, se encuentre neutralizada (TSJ/AC-Dictatorial vs. Asamblea Nacional) y carezca de efectos políticos socialmente movilizadores, tanto como debilita aún más a quien no detenta el poder real del Estado, a saber, a la oposición formal (MUD/Asamblea).

La simulación democrática que se sostuvo mientras la revolución contaba con apoyo popular, al haber llegado a su final con el engendro constituyente hace inocua la dialéctica, el debate o el diálogo respecto del comportamiento inconstitucional de la misma revolución o para arbitrar fórmulas de cohabitación entre modelos que objetivamente se excluyen: Narco-dictadura vs. democracia civil. Si fuere el caso, que no lo es, aquella se justificaría, hacia afuera recurriendo a la argumentación ideológica constitucional cubana ya señalada y tolerada hasta ayer – pero no más desde ayer - por actores externos importantes: USA, el Vaticano, la ONU, Colombia; o afirmando que sólo ella posee el poder factual que garantiza la paz de la república y a la oposición le cabría, por ende, lo absurdo, negociar el reconocimiento de esa prioridad fatal, aceptando la permanencia en el gobierno de Maduro y sus cómplices.

b) *Recomendaciones*

La reconfiguración de la lucha opositora en Venezuela y su eficacia, como poder real oponible, dependerá de la representatividad que sus pretendidos conductores les den a las piezas disueltas de la realidad social venezolana. Pero sólo podrán moverlas en una misma dirección o sobre un mismo tablero a través de acciones de resistencia, mensajes coherentes e interpretativos de la misma realidad invertebrada de la nación y de sus urgencias actuales, con fuerza simbólica suficiente; es decir, mensajes que han de ser despersonalizados [ajenos al narcisismo en boga y dominante], congruentes con las expectativas mínimas comunes de esos ex ciudadanos desarraigados y víctimas del hambre, como de los distintos nichos sociales que componen el mapa disuelto de la nación y sobre todo, como mensajes, han de ser racionales, veraces y confiables en cuanto a la probabilidad de los logros que se planteen alcanzar.

En lo interno, los actuales partidos políticos – en especial los nacidos en el siglo que va en curso y sean sus expresiones auténticas – a pesar de las ilegalizaciones que sufren han de comprender el anterior mapa de la realidad. Han de hacerse, al efecto, de un liderazgo verdaderamente representativo, alternativo, renovado, si acaso aspiran a permanecer como actores en el futuro y trasvasar desde el plano meramente electoral hacia otro que les otorgue una capacidad de liderazgo político popular efectivo y capaz de ser opuesto a las cabezas del narco-Estado revolucionario y ayudar en las tareas del cambio.

La dinámica de la Asamblea Nacional ha de pasar, si acaso ya no es tarde para el momento, desde el plano formal, como órgano de legislación y control y de diálogo institucional con el gobierno, hacia otro, en el que actúe como caja de resonancia de la nueva dinámica política que emerja de la recomposición de la oposición democrática y la generación de un mecanismo de vertebración transitoria del conjunto del rompecabezas de lo venezolano; asumiendo como eje de lucha preferente el de la liberación del coloniaje cubano y de sus organizaciones narco-criminales asociadas.

En lo internacional, ha de hacerse comprender a la comunidad de los Estados y a las empresas trasnacionales que tienen interés en Venezuela, la verdadera naturaleza del narco-gobierno colegiado imperante, la condición de víctima secuestrada de todo su pueblo, incluidos los dirigentes opositores, y los altos riesgos que significa - para la seguridad global y regional - la permanencia de aquél en el poder o la de quienes mantienen una colusión utilitaria con éste, incluida la política. De donde, cualquier fórmula de negociación o diálogo mal puede apuntar hacia la cohabitación, antes bien sólo a facilitar el desalojo del poder por parte del grupo narco-criminal que lo detenta y el desalojo del territorio nacional por los "cooperadores" cubanos y sus dirigentes.

Dos narrativas complementarias han de guiar la acción opositora, como expectativas de base o mínimas que han de ser compartidas por el rompecabezas nacional, a fin de lograr su ensamblaje.

Una de corto plazo, consistente en la movilización y protesta social sostenida, con un objetivo preciso, a saber, superar la crisis humanitaria mediante la separación política de sus responsables y la denuncia de sus responsables cubanos. Sólo mediante la prioridad de ese logro, el conjunto aceptará como razonable la lucha por la libertad de los presos políticos, empañada hoy, primero, por el desacertado mecanismo de diálogo de la UNASUR citado e iniciado en República Dominicana y, sucesivamente, por la falacia en que termina la consulta popular opositora del 16 de julio último. Otra, de corto y mediano plazo, es la reconstitución o la constitución *ex novo* de la cosa pública en Venezuela y del entramado social que habrá de ofrecerle su soporte.

El ensamblaje del rompecabezas nacional mediante la comprensión y reconocimiento constitucional de la novedosa realidad invertebrada que es Venezuela y de la fuerza propia de sus nichos plurales, exigirá que un grupo interdisciplinario imagine y formule otras categorías constitucionales que luego sean el objeto de un proceso constituyente auténtico, ordinario o *ad hoc*, cabalmente democrático. El sostenimiento de la invertebración supone atomización, heteronomía, supervivencia, en fin, conflicto como constante de la realidad social y política. Tales fueron, en efecto y miradas desde lo internacional, las variables que dieran lugar a las grandes guerras del siglo XX.

La vertebración, en un primer estadio y en su defecto, reclama para alcanzarse de cooperación, interdependencia, decisiones autónomas, valores compartidos, elementos que, observados desde la experiencia internacional pero susceptibles de ser extrapolados a lo constitucional e interno, alcanzan a dar perfil al modelo ético político de la ONU, a partir de 1945 y sobre la tragedia del Holocausto.

La llegada del siglo XXI, en lo interno y en lo internacional, habrán de suponer, quizás, más que cooperación sentido de solidaridad; más que autonomía o consensos democráticos formales, diálogo democrático como sistema de vida y a la luz de valores superiores compartidos universalmente, que sean patrimonio del país y de la humanidad: la paz; la participación social y ciudadana; la confianza como fundamento de la asociación; la justicia social internacional y la solidaridad; el derecho humano a la democracia, que es derecho a los derechos y todos los derechos para todos, por ser universales; la libertad de intercambios humanos y económicos; el acceso universal a la información y a la informática, y el derecho a la seguridad digital; la ética científica y tecnológica y el derecho universal a sus beneficios; la cooperación entre las culturas; el derecho a la identidad nacional y cultural; en fin, los derechos de las generaciones futuras. Es este el verdadero desafío de la política contemporánea y de políticos que no se conformen con las medianías, que aspiren a superar la barbarie y regresar sobre los caminos de la civilización democrática.

> "La historia no es causalidad. Cuando alguien pregunte ¿qué va a pasar en Venezuela? cabe responderle que pasará algo si algo se hace y se mueve en el presente. No es hora para la brujería".

ÍNDICE GENERAL

www.ingramcontent.com/pod-product-compliance
Lightning Source LLC
Chambersburg PA
CBHW020328270326
41926CB00007B/94

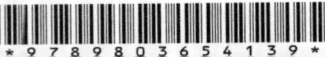